DEUTSCHES INSTITUT FÜR WIRTSCHAFTSFORSCHUNG

BEITRÄGE ZUR STRUKTURFORSCHUNG HEFT 94 · 1987

Kurt Geppert, Bernd Görzig, Wolfgang Kirner,
Erika Schulz, Dieter Vesper
unter Mitarbeit von Johannes Bröcker

Die wirtschaftliche Entwicklung der Bundesländer in den siebziger und achtziger Jahren
— eine vergleichende Analyse —

DUNCKER & HUMBLOT · BERLIN

Verzeichnis der Mitarbeiter

Bearbeiter:

Johannes Bröcker
Kurt Geppert
Bernd Görzig
Wolfgang Kirner
Erika Schulz
Dieter Vesper

EDV/Statistik:

Rosemarie Mehl
Gerda Noack
Jörg Pfeiffer
Reza Rassouli
Susanne Reising
Joachim Schintke
Manfred Schmidt
Edwin Wohlgemuth

Textverarbeitung:

Sylvia Brauner
Ingrid Moewius
Eva-Maria Reske
Roswitha Richter

Herausgeber: Deutsches Institut für Wirtschaftsforschung, Königin-Luise-Str. 5, D-1000 Berlin 33
Telefon (0 30) 82 99 10 — Telefax (0 30) 82 99 12 00
BTX-Systemnummer * 2 99 11 #
Schriftleitung: Dr. Peter Ring
Verlag Duncker & Humblot GmbH, Dietrich-Schäfer-Weg 9, D-1000 Berlin 41. Alle Rechte vorbehalten.
Druck: 1987 bei ZIPPEL-Druck, Oranienburger Str. 170, D-1000 Berlin 26.
Printed in Germany.
ISBN 3-428-06210-8

Inhalt

		Seite
1	Vorbemerkungen	19
1.1	Räumliches Bezugssystem	20
1.2	Statistische Informationen	26
1.3	Aufbau der Untersuchung	29
2	Einkommen und Nachfrage	37
2.1	Vorbemerkungen	37
2.2	Entwicklung der Einkommen in den Ländern und Regionen	39
2.3	Einkommen und Verbrauch der privaten Haushalte in den Bundesländern	50
2.4	Anlageinvestitionen der Unternehmen in den Bundesländern	63
2.5	Externe und interne Impulse in den Regionen	71
2.6	Entwicklung der Warenexporte in den Bundesländern	79
2.6.1	Datenbasis	79
2.6.2	Exportsituation in den Bundesländern	82
2.6.3	Güterstruktur der Exporte	84
2.6.4	Exportquoten der warenexportierenden Branchen	96
2.6.5	Beschäftigungseffekte der Ausfuhr	103
2.7	Zusammenfassung für Bundesländer	108
3	Regionale Wirkungen öffentlicher Haushalte	123
3.1	Vorbemerkung	123
3.2	Staatliche Nachfrage und regionale Entwicklung	126
3.2.1	Zur Messung des Staatseinflusses auf das Wirtschaftsgeschehen	126
3.2.2	Staatliches Verhalten und gesamtwirtschaftliche Entwicklung	127

3.2.3	Staatliche Nachfrage in den Regionen	130
3.2.3.1	Zeitliche Entwicklung der Nachfrage	130
3.2.3.2	Beteiligung der Ebenen an der Nachfrage	141
3.3	Entwicklung und Struktur der Länderhaushalte	146
3.3.1	Einnahmen der Länder	147
3.3.2	Der Länderfinanzausgleich	149
3.3.3	Ausgaben der Länder	160
3.3.4	Verschuldung der Länder	163
3.3.5	Fazit	165
3.4	Entwicklung und Struktur der Kommunalfinanzen nach Bundesländern	179
3.4.1	Entwicklung der Einnahmen	179
3.4.2	Entwicklung der Ausgaben	183
3.4.3	Entwicklung der kommunalen Verschuldung	187
3.4.4	Fazit	189
3.5	Entwicklung und Struktur der regionalen Haushalte insgesamt	200
3.6	Zusammenfassung der Ergebnisse	212
4	Regionales Wachstum und Strukturwandel	223
4.1	Zum Einfluß der Strukturkomponente auf das regionale Wachstum	227
4.2	Wachstumsbranchen und regionales Wachstum	231
4.3	Tempo des Strukturwandels und regionales Wachstum	234
5	Produktion und Einsatz von Produktionsfaktoren	238
5.1	Entwicklung der Produktion	241
5.2	Entwicklung der Beschäftigung	247
5.3	Entwicklung der Arbeitsproduktivität	259
5.4	Produktivität und Löhne	271
5.5	Produktivität und Kapitaleinsatz im verarbeitenden Gewerbe	284

5.5.1	Bruttoanlagevermögen	288
5.5.2	Kapitalintensität	291
5.5.3	Zum Verhältnis von Kapitalintensivierung und Wachstum	295
5.5.4	Modernisierung und Innovationen	305
5.6	Produktivität und Qualität des Arbeitseinsatzes	310
5.7	Produktivität und Wettbewerb	319
5.7.1	Preise und Erlöse	319
5.7.2	Lohnstückkosten	327
5.8	Zusammenfassung für Bundesländer	336
6	Bevölkerung, Erwerbsbeteiligung und regionale Arbeitsmärkte	349
6.1	Natürliche Bevölkerungsentwicklung und Wanderungen	349
6.2	Ausländische Wohnbevölkerung	357
6.3	Erwerbspotential in den Regionen	360
6.4	Zur Entwicklung der Arbeitslosigkeit in den Regionen	367
6.5	Zusammenfassung der Ergebnisse: Zur Entwicklung der regionalen Arbeitsmarktbilanzen	373
7	Technische Infrastruktur und regionale Entwicklung	388
7.1	Vorbemerkungen	388
7.2	Abgrenzung der untersuchten Infrastrukturbereiche	392
7.3	Messung von Infrastrukturleistungen	394
7.4	Indikatoren der wirtschaftlichen Entwicklung	395
7.5	Statistische Tests	397
7.6	Verkehrsinfrastruktur	398
7.7	Energie und Wasser	410
7.8	Ausbildung, Wissenschaft und Forschung	415
7.9	Telekommunikationsinfrastruktur	421
7.10	Zusammenfassung der Ergebnisse	427

8	Zusammenfassung der Ergebnisse	432
8.1	Ausgangsbedingungen für die wirtschaftliche Entwicklung von Regionen	434
8.2	Einkommen und Nachfrage	439
8.3	Regionale Wirkungen öffentlicher Haushalte	460
8.4	Regionales Wachstum und Strukturwandel	470
8.5	Produktion und Beschäftigung	473
8.6	Angebot und Nachfrage auf den regionalen Arbeitsmärkten	506

Anhang A
Informationssystem für die Produktion und den Arbeitseinsatz in Raumordnungsregionen 522

1	Statistische Basis	522
2	Gebietsstandsprobleme	523
2.1	Gliederung nach Wirtschaftszweigen	524
2.2	Ermittlung der Ländervorgaben	526
2.3	Informationen in tiefer regionaler Gliederung	530

Anhang B
Bevölkerungs- und Erwerbstätigenzahlen nach dem Inlandskonzept und dem Inländerkonzept 538

Verzeichnis der Tabellen

		Seite
1.1	Zuordnung der Raumordnungsregionen zu den siedlungsstrukturellen Grundtypen in den Bundesländern	24
2.2.1	Bruttosozialprodukt zu jeweiligen Preisen	41
2.2.2	Bruttosozialprodukt je Einwohner	42
2.2.3	Pro-Kopf-Einkommen	47/8
2.3.1	Volkseinkommen in vH des Bruttosozialprodukts Bruttoerwerbs- und -vermögenseinkommen der privaten Haushalte in vH des Volkseinkommens	52
2.3.2	Bruttoerwerbs- und -vermögenseinkommen je Einwohner	53
2.3.3	Direkte Steuern und Sozialbeiträge in vH des Bruttoerwerbs- und -vermögenseinkommens Verfügbares Einkommen in vH des Nettoerwerbs- und -vermögenseinkommens	55
2.3.4	Verfügbares Einkommen der privaten Haushalte je Einwohner	59
2.3.5	Privater Verbrauch je Einwohner	61
2.3.6	Privater Verbrauch in vH des verfügbaren Einkommens	62
2.3.7	Privater Verbrauch in vH des Bruttosozialprodukts	64
2.4.1	Bruttoanlageinvestitionen der Unternehmen	66
2.4.2	Ausrüstungsinvestitionen der Unternehmen	67
2.4.3	Bauinvestitionen der Unternehmen	68
2.4.4	Anteil der Bruttoanlageinvestitionen der Unternehmen am Bruttosozialprodukt in vH	69
2.5.1	Kennziffern der außenwirtschaftlichen Verflechtung 1982	73
2.6.1	Ausfuhr 1983 nach verschiedenen Meßkonzepten in Mrd. DM	80
2.6.2	Ausfuhr nach Warengruppen 1970, 1978, 1984 und 1985	83
2.6.3	Warenausfuhr je Erwerbstätigen (Inlandskonzept)	87

2.6.4	Ausfuhr 1984	89
2.6.5	Ausfuhrentwicklung 1970 - 1978 (1970 = 100)	90
2.5.6	Ausfuhrentwicklung 1978 - 1984 (1978 = 100)	91
2.6.7	Ausfuhrentwicklung 1970 - 1984 (1970 = 100)	92
2.6.8	Ausfuhrentwicklung 1970 - 1984 (Veränderungen in Mill. DM)	94
2.6.9	Ausfuhrquoten 1978	98
2.6.10	Ausfuhrquoten 1983	99
2.6.11	Entwicklung der Ausfuhrquoten 1978 - 1983 (1978 = 100)	100
2.6.12	Ausfuhrquoten 1970, 1978 und 1984	104
2.6.13	Beschäftigungswirkungen der Exporte 1980	106
3.2.2.1	Nachfrageimpulse der Gebietskörperschaften	129
3.2.3.1	Bruttowertschöpfung des Staates	132
3.2.3.2	Erwerbstätige im Staatssektor	133
3.2.3.3	Staatliche Käufe	135
3.2.3.4	Anteil der Staatskäufe am Bruttosozialprodukt	137
3.2.3.5	Investitionen des Staates je Einwohner	139
3.2.3.6	Öffentlicher Verbrauch je Einwohner	140
3.2.3.2.1	Regionale Aufteilung der staatlichen Käufe nach Haushaltsebenen	142
3.2.3.2.2	Regionale Aufteilung des Staatsverbrauchs nach Haushaltsebenen	143
3.2.3.2.3	Regionale Aufteilung der Anlageinvestitionen des Staates nach Haushaltsebenen	144
3.3.2.1	Länder- und Gemeindeanteile an der Lohn- und Körperschaftsteuerzerlegung (Saldo)	151
3.3.2.2	Örtliches Umsatzsteueraufkommen und Umsatzsteuer nach der Einwohnerzahl	153
3.3.2.3	Berechnung des Umsatzsteuerausgleichs für 1984	154

3.3.2.4	Ausgleichsbeträge (-) und Zuweisungen (+) im Länderfinanzausgleich	157
3.3.2.5	Ergänzungszuweisungen des Bundes an ausgleichsberechtigte Länder	159
3.3.1	Einnahmen bzw. Ausgaben der Länder pro Kopf der Bevölkerung Insgesamt	168
3.3.2	Einnahmen bzw. Ausgaben der Länder pro Kopf der Bevölkerung Schleswig-Holstein	169
3.3.3	Einnahmen bzw. Ausgaben der Länder pro Kopf der Bevölkerung Niedersachsen	170
3.3.4	Einnahmen bzw. Ausgaben der Länder pro Kopf der Bevölkerung Nordrhein-Westfalen	171
3.3.5	Einnahmen bzw. Ausgaben der Länder pro Kopf der Bevölkerung Hessen	172
3.3.6	Einnahmen bzw. Ausgaben der Länder pro Kopf der Bevölkerung Rheinland-Pfalz	173
3.3.7	Einnahmen bzw. Ausgaben der Länder pro Kopf der Bevölkerung Baden-Württemberg	174
3.3.8	Einnahmen bzw. Ausgaben der Länder pro Kopf der Bevölkerung Bayern	175
3.3.9	Einnahmen bzw. Ausgaben der Länder pro Kopf der Bevölkerung Saarland	176
3.3.10	Einnahmen bzw. Ausgaben der Länder pro Kopf der Bevölkerung Hamburg	177
3.3.11	Einnahmen bzw. Ausgaben der Länder pro Kopf der Bevölkerung Bremen	178
3.4.1	Einnahmen bzw. Ausgaben der Gemeinden pro Kopf der Bevölkerung Insgesamt	191

3.4.2	Einnahmen bzw. Ausgaben der Gemeinden pro Kopf der Bevölkerung Schleswig-Holstein	192
3.4.3	Einnahmen bzw. Ausgaben der Gemeinden pro Kopf der Bevölkerung Niedersachsen	193
3.4.4	Einnahmen bzw. Ausgaben der Gemeinden pro Kopf der Bevölkerung Nordrhein-Westfalen	194
3.4.5	Einnahmen bzw. Ausgaben der Gemeinden pro Kopf der Bevölkerung Hessen	195
3.4.6	Einnahmen bzw. Ausgaben der Gemeinden pro Kopf der Bevölkerung Rheinland-Pfalz	196
3.4.7	Einnahmen bzw. Ausgaben der Gemeinden pro Kopf der Bevölkerung Baden-Württemberg	197
3.4.8	Einnahmen bzw. Ausgaben der Gemeinden pro Kopf der Bevölkerung Bayern	198
3.4.9	Einnahmen bzw. Ausgaben der Gemeinden pro Kopf der Bevölkerung Saarland	199
3.5.1	Einnahmen, Ausgaben und Finanzierungssaldo der Länder und Gemeinden je Einwohner - in DM	201
3.5.2	Einnahmen, Ausgaben und Finanzierungssaldo der Länder und Gemeinden je Einwohner - Bundesdurchschnitt = 100	202
3.5.3	Sachinvestitionen pro Kopf der Länder und Gemeinden	207
3.5.4	Personal- und Sachaufwand pro Kopf der Länder und Gemeinden	209
3.5.5	Transfers pro Kopf der Länder und Gemeinden	211
4.1	Branchenstruktur der Produktion 1982	224/5
5.1	Bruttowertschöpfung zu Preisen von 1976	245/6

5.2	Erwerbstätige	251/2
5.3	Arbeitnehmer	254/5
5.4	Ergebnisse von Regressionsschätzungen des Zusammenhangs zwischen Produktionswachstum und Beschäftigtenanstieg	257
5.5	Bruttowertschöpfung je Erwerbstätigen	262/3
5.6	Ergebnisse von Regressionsschätzungen des Zusammenhangs zwischen Beschäftigtenanstieg und Produktivitätsanstieg	267
5.7	Ergebnisse von Einfachregressionen über den Zusammenhang zwischen Produktivitätsanstieg und den Komponenten des Produktivitätsanstiegs	270
5.8	Ergebnisse von Regressionsschätzungen des Zusammenhangs zwischen Produktionswachstum und Produktivitätsanstieg	272
5.9	Bruttolohn- und -gehaltsumme je Arbeitnehmer	276/7
5.10	Ergebnisse von Einfachregressionen über den Zusammmenhang zwischen Lohnsatzanstieg und den Komponenten des Lohnsatzanstiegs	281
5.11	Ergebnisse von Regressionsschätzungen des Zusammenhangs zwischen Produktivitätsanstieg und Lohnsatzanstieg	283
5.12	Bruttoanlagevermögen zu Preisen von 1976 im Bergbau und verarbeitenden Gewerbe	289/90
5.13	Bruttoanlagevermögen je Erwerbstätigen im Bergbau und verarbeitenden Gewerbe	293/4
5.14	Ergebnisse von Regressionsschätzungen des Zusammenhangs zwischen Kennziffern für die Kapitalausstattung und dem Produktionswachtum	304
5.15	Modernisierungs- und Innovationsgrad	306
5.16	Tätigkeitsstruktur der sozialversicherungspflichtig Beschäftigten	312/3
5.17	Ergebnisse von Einfachregressionen über den Zusammenhang zwischen dem Anstieg der Beschäftigten in den höherwertigen produktionsorientierten Diensten und der Entwicklung von Beschäftigung, Produktivität, Produktion und Lohnsätzen	318
5.18	Preisindex (1976 = 100)	320/1

5.19	Ergebnisse von Regressionsschätzungen des Zusammenhangs zwischen Lohnquotenanstieg und den Komponenten des Lohnquotenanstiegs	326
5.20	Lohnstückkosten	330/1
5.21	Ergebnisse von Regressionsschätzungen des Zusammenhangs zwischen Produktionswachstum und Lohnstückkostenanstieg	335
6.1	Einwohner	350
6.2	Natürliche Bevölkerungsentwicklung und Wanderungen 1979-1984	352/3
6.3	Ausländische Wohnbevölkerung	358/9
6.4	Alters- und geschlechtsspezifische Erwerbsbeteiligung insgesamt Männer Frauen	362 363 364
6.5	Arbeitslose / Beschäftigte Arbeitnehmer / Arbeitslosenquote	368/9
6.6	Bschäftigte Arbeitnehmer und Arbeitslose - Inländerkonzept	371/3
6.7	Komponenten der Veränderung der Arbeitsmarktbilanz 1970-1982	375
6.8	Veränderung der Arbeitsmarktbilanz 1970-1982	378/9
6.9	Veränderung der Arbeitsmarktbilanz in den Bundesländern 1970-1982	381/2
6.10	Zusammengefaßte Ergebnisse zur Entwicklung der Arbeitmarktbilanz	385
7.1	Korrelation zwischen BIP pro Kopf 1982 sowie Wachstumsrate des BIP (=W-BIP) 1978-1982 und Indikatoren der Verkehrsinfrastruktur	406
7.2	Korrelation zwischen dem Standortfaktor und Indikatoren für die Verkehrsinfrastruktur	408
7.3	Korrelation zwischen BIP pro Kopf 1982 sowie Wachstumsrate des BIP (=W-BIP) 1978-1982 und Strompreis sowie Wasserqualität	413

7.4	Korrelation zwischen dem Standortfaktor in der Industrie und Strompreis sowie Wasserqualität	413
7.5	Korrelation zwischen BIP pro Kopf 1982 sowie Wachstumsrate des BIP (=W-BIP) 1978-1982 und Indikatoren der Bildungs- und Wissenschaftsinfrastruktur	419
7.6	Korrelation zwischen Standortfaktoren und Indikatoren der Bildungs- und Wissenschaftsinfrastruktur	419
8.2.1	Beschäftigungswirkungen der Exporte 1980	446
8.3.1	Einnahmen, Ausgaben und Finanzierungssaldo der Länder und Gemeinden je Einwohner - Bundesdurchschnitt = 100	464
8.4.1	Branchenstruktur der Produktion 1982	471
8.6.1	Natürliche Bevölkerungsentwicklung und Wanderungen 1977-1984	507
8.6.2	Zunahme der Erwerbspersonen 1970 bis 1982	510
8.6.3	Komponenten der Veränderung der Arbeitsmarktbilanz 1970-1982	513
8.6.4	Veränderung der Arbeitsmarktbilanz in den Bundesländern 1970-1982	516/7
8.6.5	Zusammengefaßte Ergebnisse zur Entwicklung der Arbeitsmarktbilanz	521
	Anhang	
A 1	Systematik der Wirtschaftszweige	525
A 2	Ermittlung der Wertschöpfung der übrigen Dienstleistungen mit Hilfe der Umsatzsteuerstatistik	528
A 3	Ermittlung des Einkommenszuschlags für die Beschäftigten, deren Einkommen über der Bemessungsgrundlage in der Sozialversicherung liegt	534
B 1	Wohnbevölkerung und Wirtschaftsbevölkerung	542/3
B 2	Erwerbstätige und Pendlersalden	544/5

Verzeichnis der Abbildungen

		Seite
1.1	Raumordnungsregionen 1981	21
1.2	Siedlungsstrukturelle Regionstypen	25
2.2.1	Bruttosozialprodukt je Einwohner	44/5
2.3.1	Verfügbares Einkommen je Einwohner	57/8
2.5.1	Regionale Inlands- und Auslandsausfuhrquoten 1982	75
2.5.2	Ausfuhr- und Einfuhrquoten im Außenhandel zwischen den Raumordnungsregionen 1982	76
2.5.3	Ausfuhrquoten im verarbeitenden Gewerbe 1980 bzw. 1982	78
2.6.1	Warenausfuhr je Erwerbstätigen	85/6
	Indikatoren der Nachfrage:	
2.7.1	Nord-Regionen	109
2.7.2	Nordrhein-Westfalen	112
2.7.3	Hessen	113
2.7.4	Rheinland-Pfalz	115
2.7.5	Baden-Württemberg	118
2.7.6	Bayern	119
4.1	Wachstum und Struktureinfluß 1970 bis 1982	229
4.2	Wachstum und Standorteinfluß 1970 bis 1982	230
4.3	Wachstum und Anteil von Wachstumsbranchen	233
4.4	Tempo des Strukturwandels und Produktionswachstum	236

5.1	Entwicklung der Produktion	242/3
5.2	Entwicklung der Erwerbstätigkeit	248/9
5.3	Produktionswachstum und Beschäftigtenanstieg	256
5.4	Entwicklung der Arbeitsproduktivität	260/1
5.5	Beschäftigtenanstieg und Produktivitätsanstieg	265
5.6	Produktionswachstum und Produktivitätsanstieg	268
5.7	Entwicklung der Lohnsätze	274/5
5.8	Lohnniveau und Lohnsatzanstieg	279
5.9	Anlageinvestitionen je Erwerbstätigen im Unternehmensbereich	285/6
5.10	Anstieg von Kapitalintensität und Kapitalstock im verarbeitenden Gewerbe	292
5.11	Anstieg und Niveau der Kapitalintensität im verarbeitenden Gewerbe	296
5.12	Zunahme des Kapitalstocks und Produktionswachstum im verarbeitenden Gewerbe	297
5.13	Anstieg des Kapitalkoeffizienten und Produktionswachstum im verarbeitenden Gewerbe	298
5.14	Zunahme der Kapitalintensität und Produktionswachstum im verarbeitenden Gewerbe	300
5.15	Niveau von Kapitalintensität und Produktivität im verarbeitenden Gewerbe	301
5.16	Zunahme der Kapitalintensität und Produktivitätsanstieg im verarbeitenden Gewerbe	302
5.17	Produktivitätsanstieg und Produktionswachstum im verarbeitenden Gewerbe	303
5.18	Arbeitsproduktivität und Modernisierung	307
5.19	Innovationsgrad und Modernisierungsgrad - Arbeitsproduktivität und Innovationsgrad	309
5.20	Höherwertige unternehmensbezogene Dienste (HuD) und Beschäftigtenanstieg	315
5.21	Entwicklung höherwertiger unternehmensbezogener Dienste (HuD) und Produktionswachstum, Produktivitätsanstieg und Lohnsatzanstieg	317

5.22	Produktionswachstum und Preise	323
5.23	Produktionswachstum und Lohnquotenanstieg	325
5.24	Entwicklung der Lohnstückkosten	328/9
5.25	Lohnstückkostenanstieg und Produktionswachstum	333

Produktion und Beschäftigung - Angebotsfaktoren:

5.26	Nord-Regionen	338
5.27	Nordrhein-Westfalen	340
5.28	Hessen	341
5.29	Rheinland-Pfalz	343
5.30	Baden-Württemberg	344
5.31	Bayern	346
7.1	Qualität der Verkehrsinfrastruktur - DB-Netzanschluß	399
7.2	Qualität der Verkehrsinfrastruktur - Flughafenanschluß	400
7.3	Qualität der Verkehrsinfrastruktur - Verbindungsqualität zwischen den regionalen Mittelzentren	402
7.4	Qualität der Verkehrsinfrastruktur - großräumige Lagegunst	403
7.5	Qualität der Verkehrsinfrastruktur - kleinräumige Lagegunst	405
7.6	Energie- und Wasserversorgung - Strompreis für die Industrie	411
7.7	Energie- und Wasserversorgung - Trinkwasserqualität	412
7.8	Ausbildung, Wissenschaft und Forschung - Technikstudenten	417
7.9	Ausbildung, Wissenschaft und Forschung - Beschäftigte in Wissenschaft und Forschung	418

8.2.1	Bruttosozialprodukt je Einwohner	440/1
8.2.2	Verfügbares Einkommen je Einwohner	443/4
8.2.3	Indikatoren der Nachfrage Nord-Regionen	448
8.2.4	Indikatoren der Nachfrage Nordrhein-Westfalen	450
8.2.5	Indikatoren der Nachfrage Hessen	452
8.2.6	Indikatoren der Nachfrage Rheinland-Pfalz	454
8.2.7	Indikatoren der Nachfrage Baden-Württemberg	456
8.2.8	Indikatoren der Nachfrage Bayern	458
8.4.1	Wachstum und Struktureinfluß 1970 bis 1982	472
8.5.1	Entwicklung der Produktion	474/5
8.5.2	Entwicklung der Erwerbstätigkeit (1970 = 100)	477/8
8.5.3	Produktionswachstum und Produktivitätsanstieg 1970 bis 1976	479
8.5.4	Entwicklung der Arbeitsproduktivität	481/2
8.5.5	Entwicklung der Lohnsätze	484/5
8.5.6	Zunahme der Kapitalintensität und Produktionswachstum im verarbeitenden Gewerbe	488
8.5.7	Lohnstückkostenanstieg und Produktionswachstum	492
8.5.8	Nord-Regionen Produktion und Beschäftigung - Angebotsfaktoren	495
8.5.9	Nordrhein-Westfalen Produktion und Beschäftigung - Angebotsfaktoren	497
8.5.10	Hessen Produktion und Beschäftigung - Angebotsfaktoren	498
8.5.11	Rheinland-Pfalz Produktion und Beschäftigung - Angebotsfaktoren	500

8.5.12	Baden-Württemberg Produktion und Beschäftigung - Angebotsfaktoren	502
8.5.13	Bayern Produktion und Beschäftigung - Angebotsfaktoren	503

Anhang B:

Bevölkerungs- und Erwerbstätigenzahlen nach dem
Inlandskonzept und dem Inländerkonzept

B 1	Information für Bundesländer	539
B 2	Information für Regionen	541

1. Vorbemerkungen

Im Dezember 1984 hat der Bundesminister für Wirtschaft das Deutsche Institut für Wirtschaftsforschung beauftragt, eine vergleichende Analyse der wirtschaftlichen Entwicklung der Bundesländer in den siebziger und achtziger Jahren durchzuführen. An sich besteht kein Mangel an Untersuchungen über die wirtschaftliche und demographische Entwicklung in den Bundesländern. Die meisten beschäftigen sich jedoch jeweils nur mit einem Bundesland. Vergleiche beschränken sich in der Regel auf einzelne Indikatoren, ohne daß bestehende Zusammenhänge zwischen den Indikatoren hinreichend berücksichtigt werden. Mit diesem Forschungsvorhaben wird der Versuch unternommen, beide Aspekte etwas stärker zu verzahnen.

Untersuchungskonzepte, die in die gleiche Richtung gehen, hat es auch früher schon gegeben. Erinnert sei in diesem Zusammenhang nur an die Diskussion über Möglichkeiten und Grenzen einer Regionalisierung der sektoralen Strukturberichterstattung. Vergegenwärtigt man sich die mögliche Aufgabenstellung einer regionalisierten Strukturberichterstattung, wie sie vom DIW folgendermaßen umschrieben wurde:

- "die Ursachen des regionalen Strukturwandels zu ermitteln,
- Wechselwirkungen zwischen Veränderungen der Regionalstruktur und der gesamtwirtschaftlichen Entwicklung aufzudecken,
- interregionale Zusammenhänge zwischen Expansions- und Schrumpfungsvorgängen aufzuzeigen,
- regionalstrukturelle Entwicklungslinien herauszuarbeiten und
- die Auswirkungen des regionalen Strukturwandels auf den Arbeitsmarkt sichtbar zu machen,"[1)]

so werden die Parallelen zu der für diese Untersuchung formulierten Fragestellung deutlich.

Gleichzeitig läßt die Detaillierung der Fragestellung aber auch erkennen, daß nicht das ganze Spektrum regionalisierter Strukturberichterstattung gefragt ist, sondern nur ein Ausschnitt, bei dem es im wesentlichen um die

Determinanten regionaler Arbeitsmärkte geht. Auf diesen Arbeitsmärkten wird die Nachfrage nach Arbeitskräften von den Auswirkungen gesamtwirtschaftlicher und regionsinterner Impulse auf die Produktion und den Einsatz von Produktionsfaktoren bestimmt, das Angebot an Arbeitskräften von der Entwicklung der Bevölkerung und der Erwerbsbeteiligung.

1.1 Räumliches Bezugssystem

In der Aufgabenbeschreibung ist als räumliches Bezugssystem nur die Länderebene angesprochen. Die von dieser Untersuchung erwarteten Ergebnisse machen es jedoch unerläßlich, bei der Analyse so weit als möglich von kleineren regionalen Einheiten auszugehen, da die Unterschiede in den regionalen Aktivitätsniveaus innerhalb der Flächenländer so groß sind, daß eine Nivellierung der Aussagen auf Länderebene problematisch erscheint. Hinzu kommt, daß die Stadtstaaten als eigenständige Bundesländer in großräumiger Betrachtung nur zusammen mit ihrem in den Flächenstaaten gelegenen Umland betrachtet werden können, es sei denn, man bezieht die Kern-Umland-Problematik in die Betrachtung ein und betrachtet auch in den Flächenstaaten die großen Städte getrennt von ihrem Umland.

Dieser Weg ist hier nicht beschritten worden. Vielmehr wurde ein für großräumige Betrachtungen auch unterhalb der Länderebene geeignetes Gebietsraster gewählt, bei dem die Stadtstaaten nicht nur isoliert, sondern auch eingebettet in das sie umgebende Umland betrachtet worden sind.

Als ein solches Regionsraster unterhalb der Länderebene haben sich die Raumordnungsregionen, wie sie von der Bundesforschungsanstalt für Landeskunde und Raumordnung definiert worden sind, bewährt, so daß für Zwecke dieser Untersuchung so weit als möglich diese regionale Gliederung verwendet wird (vgl. Abbildung 1.1). In vielen Analysebereichen ist es allerdings kaum möglich, die Länderebene zu unterschreiten.

Abbildung 1.1

Die Raumordnungsregionen entsprechen im wesentlichen demjenigen Regionsraster, das seinerzeit vom DIW für eine regionalisierte Strukturberichterstattung vorgeschlagen worden ist[2], damals auch im Hinblick darauf, anstelle der für das Bundesraumordnungsprogramm verwendeten Gebietseinheiten auf solche Raumordnungsregionen überzugehen, die für die großräumige Betrachtung des Bundesgebietes besser geeignet sind. Kleinteiliger als seinerzeit vorgeschlagen sind die Raumordnungsregionen lediglich in Nordrhein-Westfalen (einschließlich der Teilregionen 20 statt 12). Dabei darf nicht übersehen werden, daß insbesondere mit der stärkeren Zerlegung des Ruhrgebiets das angestrebte großräumige Gliederungsprinzip nicht immer durchgehalten werden konnte.

Die für diese Regionsabgrenzung damals angeführten Argumente gelten auch heute:

- Kleinster Baustein sind Kreise bzw. kreisfreie Städte als administrative Raumeinheiten, für die sehr viel mehr statistische Informationen zur Verfügung stehen als für Gemeinden.
- Die Regionen sind so geschnitten, daß die für großräumige Betrachtungen notwendige Zusammenfassung von Zentren mit ihrem Umland weitgehend gewährleistet ist. Bedeutsam ist dies insbesondere für die Stadtstaaten Hamburg und Bremen, die mit ihrem in Schleswig-Holstein bzw. Niedersachsen gelegenen Umland zu Regionen zusammengefaßt werden können, die sich mit anderen Verdichtungsregionen in den Flächenländern vergleichen lassen.
- Gleichzeitig sind diese Regionen klein genug, um Disparitäten deutlich werden zu lassen, die auf der Länderebene verwischt werden. Durch den Ausweis von Teilregionen wird darüber hinaus sichergestellt, daß sich die Ergebnisse für Länder zusammenfassen lassen.

Die Raumordnungsregionen lassen sich auch nach den von der BfLR definierten siedlungsstrukturellen Grundtypen zusammenfassen. Grundsätzlich wurde daher die jeweilige Länderentwicklung zugleich nach den drei siedlungsstrukturellen Grundtypen

- Regionen mit Verdichtungsräumen (im folgenden verkürzt auch als hochverdichtet bezeichnet)
- Regionen mit Verdichtungsansätzen
- Ländlich geprägte Regionen

dargestellt. Darüber hinaus wurden von den Verdichtungsregionen in Nordrhein-Westfalen diejenigen Regionen besonders ausgewiesen, die sich in etwa zum Ruhrgebiet zusammenfassen lassen[3]. In Baden-Württemberg und Bayern wurde das Alpenvorland als Teil der ländlich geprägten Regionen gesondert ausgewiesen. Über die länderweise Zuordnung der Raumordnungsregionen zu diesen Siedlungstypen gibt die Tabelle 1.1 Auskunft. Aus Abbildung 1.2 wird die regionale Verteilung dieser Siedlungstypen deutlich.

Bei der Abgrenzung der Regionstypen wurde bewußt auf die Einbeziehung ökonomischer Faktoren wie beispielsweise der Leistungskraft einer Region verzichtet, da die Verwendung ökonomischer Indikatoren letztlich die Ergebnisse vorwegnehmen würde und insbesondere die längerfristigen Veränderungen in der wirtschaftlichen Entwicklung nicht deutlich werden würden.

Um auch die Entwicklung in Ländergruppen diskutieren zu können, wurden die beiden Stadtstaaten Hamburg und Bremen zusammen mit Schleswig-Holstein und Niedersachsen zu einer Nord-Region zusammengefaßt. Hessen, Rheinland-Pfalz und das Saarland bilden zusammen die Mitte-Region, Baden-Württemberg und Bayern die Süd-Region. Nordrhein-Westfalen wurde keiner dieser Ländergruppen zugerechnet; dies ist angesichts der Größe und des ökonomischen Gewichts dieses Landes sicherlich gerechtfertigt. Auch Berlin wurde in diese Ländergruppen nicht einbezogen.

In den Abbildungen mit Ergebnissen für Raumordnungsregionen sind die neun größten Regionen mit Verdichtungsräumen - Hamburg (5), Hannover (14), Essen (22), Düsseldorf (27), Köln (31), Untermain (36), Mittlerer Neckar (49), München (70) und Berlin (75) - besonders gekennzeichnet worden.

Tabelle 1.1

Zuordnung der Raumordnungsregionen zu den
siedlungsstrukturellen Grundtypen in den Bundesländern

Land Siedlungsstrukturelle Grundtypen	Raumordnungsregion Nr.
Schleswig-Holstein	
Region mit Verdichtungsräumen	5a
Region mit Verdichtungsansätzen	2, 4
Ländlich geprägte Region	1, 3
Hamburg = Region mit Verdichtungsraum	5b
Niedersachsen	
Region mit Verdichtungsräumen	5c, 13a, 14b
Region mit Verdichtungsansätzen	7a, 8, 10, 12, 14c, 15, 16
Ländlich geprägte Region	6, 9, 11, 14a
Bremen	
Region mit Verdichtungsräumen	13b
Region mit Verdichtungsansätzen	7b
Nordrhein-Westfalen	
Region mit Verdichtungsräumen	18, 20b, 21-29, 31, 32
Ruhrgebiet	20b, 21-23
Übrige	18, 24-29, 31, 32
Region mit Verdichtungsansätzen	17, 19, 30
Ländlich geprägte Region	20a
Hessen	
Region mit Verdichtungsräumen	36, 37, 38b
Region mit Verdichtungsansätzen	33, 34, 38a
Ländlich geprägte Region	35
Rheinland-Pfalz	
Region mit Verdichtungsräumen	42b
Region mit Verdichtungsansätzen	39, 41, 42a, 43
Ländlich geprägte Region	40
Baden-Württemberg	
Region mit Verdichtungsräumen	45, 47, 49
Region mit Verdichtungsansätzen	46, 48, 51, 52, 54, 55
Ländlich geprägte Region	50, 53, 56
Alpenvorland	53, 56
Übrige	50
Bayern	
Region mit Verdichtungsräumen	63, 70
Region mit Verdichtungsansätzen	57, 58, 65, 67, 71
Ländlich geprägte Region	59-62, 64, 66, 68, 69, 72-74
Alpenvorland	72-74
Übrige	59-62, 64, 66, 68, 69
Saarland = Region mit Verdichtungsraum	44
Berlin (West) = Region mit Verdichtungsraum	75

Abbildung 1.2
SIEDLUNGSSTRUKTURELLE REGIONSTYPEN

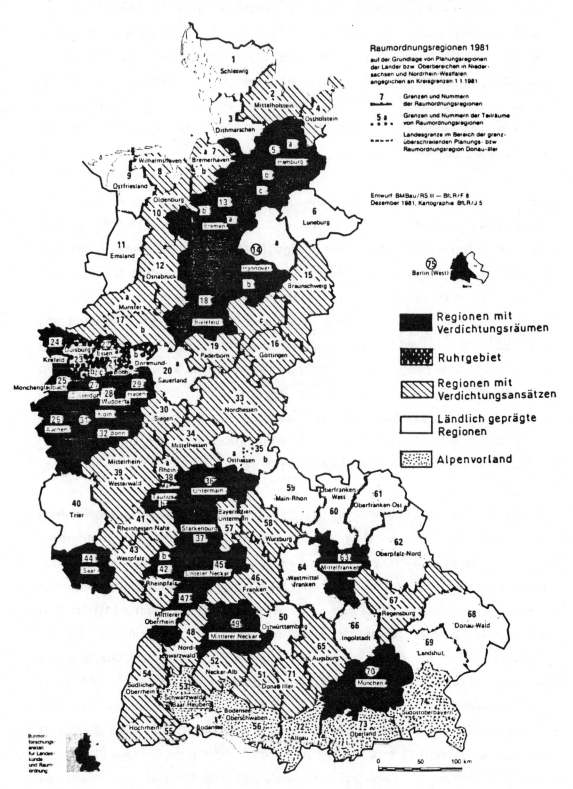

1.2 Statistische Informationen

Als zentrale Informationsquelle für die wirtschaftliche Entwicklung in den Bundesländern stehen die volkswirtschaftlichen Gesamtrechnungen (VGR) der Länder zur Verfügung[4]. Sie haben inzwischen einen Stand erreicht, der es ermöglicht, eine Fülle von Analysen durchzuführen - vor allem auch, was die zeitliche Entwicklung der Wirtschaftstätigkeit in den Ländern anbelangt. Das schließt freilich nicht aus, daß es auch für dieses Rechenwerk noch Verbesserungsmöglicheiten gibt[5].

Da es in der Untersuchung im Schwerpunkt um Determinanten regionaler Arbeitsmärkte geht, mußte darüber hinaus eine Fülle von Daten aus dem demographischen Bereich und der Geschäftsstatistik der Bundesanstalt für Arbeit verarbeitet werden. Dieses Material wird im Rahmen der VGR der Länder nur in rudimentärer Form bereitgestellt, da es in diesem Rechenwerk nur zur Berechnung von Bezugszahlen verwendet wird. Hier hat uns vor allem die Bundesforschungsanstalt für Landeskunde und Raumordnung (BfLR) geholfen und aus ihren Datenbeständen für Raumordnungsregionen eine Vielzahl von Informationen bereitgestellt. Einzelheiten der Berechnung, der für diese Untersuchung besonders wichtigen Bevölkerungs- und Erwerbsfähigenzahlen sowohl nach dem Inlandskonzept, als auch nach dem Inländerkonzept, finden sich im Anhang B.

Während für den ökonomischen Bereich auf der Ebene von Bundesländern in Form der VGR der Länder ein einheitliches und vergleichsweise umfassendes Informationssystem vorliegt, dessen Teilaggregate konsistent aufeinander abgestimmt sind, ist die Datenlage für Raumordnungsregionen erheblich komplizierter. Zwar gibt es eine Vielzahl von statistischen Informationen, doch handelt es sich hierbei in der Regel um statistische Aufbereitungen für Teilbereiche. So sind beispielsweise bei der Bundesanstalt für Arbeit lediglich die sozialversicherungspflichtig Beschäftigten erfaßt. Informationen über die Beamten bei Bahn, Post und den Gebietskörperschaften gibt es nur aus der Personalstandsstatistik; die Zahl der in der Landwirtschaft Beschäftigten wiederum erhält man aus den Landwirtschaftszählungen. Es liegt auf der Hand, daß jede Analyse der regionalen

Entwicklung, die sich lediglich auf Teilstatistiken stützt, Gefahr läuft, zu fehlerhaften Aussagen zu gelangen.

Um dies zu vermeiden, wurde versucht, auch auf der Basis von Raumordnungsregionen ein Informationssystem aufzubauen, das eine konsistente Analyse dieser Zusammenhänge ermöglicht. Am ehesten ist dies noch möglich für den Bereich der Entstehungsrechnung, wo es um die Produktion und den Einsatz von Produktionsfaktoren geht. Im Kern besteht dieses Informationssystem aus folgenden Größen:

- Erwerbstätige
- Beschäftigte Arbeitnehmer
- Bruttolohn- und -gehaltsumme
- Bruttowertschöpfung zu jeweiligen Preisen
- Bruttowertschöpfung zu Preisen von 1976.

Sie sind für insgesamt 52 Wirtschaftszweige in den 88 Raumordnungsregionen mit Teilregionen berechnet worden (Einzelheiten der Berechnung sind im Anhang A zusammengestellt worden).

Es versteht sich von selbst, daß ein solches Rechenwerk nicht für sämtliche Jahre von 1970 an aufgebaut werden kann. Eine Beschränkung auf einzelne Stichjahre ist unerläßlich. Diese sollten eigentlich in eine etwa gleiche Konjunkturlage fallen, damit bei einem Vergleich konjunkturelle Verzerrungen vermieden werden. Aus Materialgründen war dies jedoch leider nicht möglich; die notwendigen Basisstatistiken standen nur für die Jahre 1970, 1976 und 1982 zur Verfügung. Die Verzerrungen, die dadurch bedingt sind, daß zwar 1970 und 1982 in Perioden konjunktureller Abschwächung fallen, 1976 dagegen ein Jahr des Aufschwungs ist, wird jedoch in gewisser Weise dadurch relativiert, daß die konjunkturellen Bewegungen sich in den Regionen unterschiedlich ausprägen. Berücksichtigt werden muß auch, daß es time-lags gibt, mit denen die jeweiligen Indikatoren der konjunkturellen Entwicklung folgen. Die Zahl der Beschäftigten zum Beispiel ist ein Indikator, der auf konjunkturelle Schwankungen der Produktion verzögert reagiert. Insofern ist eine präzise Zurechnung zu bestimmten Phasen der konjunkturellen Entwicklung immer mit Schwierigkeiten verbunden.

Die Schwierigkeiten bei der Aufbereitung des statistischen Materials unterhalb der Länderebene resultieren auch daraus, daß es bis in die zweite Hälfte der siebziger Jahre hinein durch die Gebietsreform erhebliche Änderungen im Zuschnitt der administrativen Raumeinheiten, für die überhaupt Statistiken aufbereitet werden, gegeben hat. Dies geht teilweise so weit, daß selbst auf Gemeindeebene eine präzise Zuordnung kaum möglich ist. Diesen Prozeß nachzuvollziehen, dürfte auch der amtlichen Statistik heute schon kaum mehr möglich sein.

Es bestand daher nur die Möglichkeit, die Zuordnung grundsätzlich nach dem von der BfLR praktizierten Rechtsnachfolgeprinzip vorzunehmen. Von diesem Prinzip konnte nur dort abgewichen werden, wo entsprechende Sonderaufbereitungen zur Verfügung standen.

1.3 Aufbau der Untersuchung

Einleitend ist darauf hingewiesen worden, daß die Untersuchung ihren Schwerpunkt in der Analyse der Determinanten regionaler Arbeitsmärkte hat. Damit ist nicht gemeint, daß wirtschaftliche und demographische Bestimmungsfaktoren der Entwicklung auf den Arbeitsmärkten im Rahmen dieser Untersuchung den gleichen Stellenwert haben. Das Schwergewicht liegt eindeutig auf Analysen der wirtschaftlichen Entwicklung, von der letztlich das Angebot an Arbeitsplätzen in den Regionen abhängt.

Dies wird auch aus dem Aufbau der Untersuchung deutlich, in deren Mittelpunkt Analysen der regionalen Verteilungsmuster von Nachfrage und Produktion stehen. Dabei geht es im Grunde um die Frage, wie zum einen von außen auf die Regionen einwirkende Impulse und zum anderen regionsinterne Impulse von den Regionen aufgenommen und verarbeitet worden sind.

Bei solchen Untersuchungen muß schon auf Bundesebene berücksichtigt werden, daß es eine Reihe von Ausgangsbedingungen gibt, die als weitgehend unbeeinflußbar auf diesen Prozeß einwirken. Die Entwicklung des Welthandels ist eine solche Determinante, aber auch die Bevölkerungsentwicklung, die auf Bundesebene als eine weitgehend unbeeinflußbare Ausgangsbedingung für den wirtschaftlichen Strukturwandel anzusehen ist.

Für Regionen erhöht sich das Gewicht dieser Ausgangsbedingungen beträchtlich. Es ist nicht nur der Welthandel, von dem das Volumen der Außenbeziehungen einer Region abhängt. Auch die inländischen Güterströme, sofern sie die Regionsgrenzen überschreiten, gehören für die Regionen zum Außenhandel. Die außenwirtschaftlichen Beziehungen einer Region sind damit wesentlich größer als die des Gesamtraums. Dies gilt sowohl für die Ausfuhr als auch für die Einfuhr.

Vergegenwärtigt man sich das Spektrum der vorhandenen Informationen für Bundesländer und Regionen, so wird deutlich, daß sich der Einfluß außenwirtschaftlicher Beziehungen auf die wirtschaftliche Entwicklung wenn überhaupt, nur sehr unvollkommen messen läßt. Dies liegt daran, daß es fast keine Informationen über die grenzüberschreitenden Nachfrage- und Produktionsströme für Regionen der Bundesrepublik gibt. Was für das Bundesgebiet möglich ist, nämlich die Auslandsnachfrage zu erfassen und gleichzeitig den Beitrag zu bestimmen, den Importe zur Befriedigung der Gesamtnachfrage beitragen, läßt sich für Regionen nicht ermitteln.

Insofern ist die Entwicklung der Nachfrage, die von den ansässigen Wirtschaftssubjekten in den Regionen entfaltet wird, nur ein sehr unvollkommener Indikator für die Impulse, die auf die Produktion in den Regionen ausgehen. In Abschnitt 2 dieser Untersuchung ist daher - über die Analyse der Einkommen sowie der Komponenten der Endnachfrage auf Länderbasis hinaus - versucht worden, aus der Produktionsstruktur der Regionen - modellmäßig - Rückschlüsse auf das Verhältnis von internen zu externen Impulsen zu ziehen. Für Regionen, deren Produktionsstruktur erheblich von der im Durchschnitt zu erwartenden Verwendungsstruktur abweicht, ergibt eine solche Rechnung, daß sie in stärkerem Maße von externen Impulsen abhängen als solche Regionen, deren Produktionsstruktur näher am Durchschnitt liegt. Auswirkungen haben externe Impulse in einer solchen Modellrechnung aber nicht nur auf der Exportseite, sondern auch auf der Importseite. Reicht das Produktionspotential der unterdurchschnittlich vertretenen Branchen nicht aus, um die im Durchschnitt zu erwartende Nachfrage nach diesen Gütern zu befriedigen, so muß diese Lücke durch Importe aus anderen Regionen geschlossen werden.

Detaillierter untersucht werden konnten in diesem Zusammenhang lediglich die Warenexporte der Bundesländer in das Ausland. Während ein positiver Saldo externer Impulse - als Resultat der oben erwähnten Modellrechnung - ein Indikator für den Grad der Orientierung an der Entwicklung der Nachfrage auch außerhalb der Region ist, weisen Exporterfolge im Ausland auf die Stärke der internationalen Wettbewerbsfähigkeit hin.

Der Einfluß von Rahmenbedingungen auf die wirtschaftliche Entwicklung in den Regionen beschränkt sich nicht nur auf den Bereich der außenwirtschaftlichen Beziehungen. Grundlegend anders stellt sich die Situation auch im Bereich der staatlichen Aktivitäten dar. Wie im Außenwirtschaftsbereich ist die Region hier im wesentlichen Betroffener der Entwicklung und nicht Akteur mit entsprechenden Handlungsspielräumen. Dies gilt für Bundesländer sicherlich weniger als für Raumordnungsregionen unterhalb der Landesebene. Dennoch liegt die Kompetenz für den weitaus gewichtigeren Teil der wirtschaftspolitischen Aktivitäten auf der Bundesebene. Unmittelbar einsichtig ist dies für die Geldpolitik und die Haushalte des Bundes und der Sozialversicherungen. Da die Gesetzgebungskompetenz jedoch in allen wesentlichen Bereichen der Wirtschafts- und Finanzpolitik ebenfalls beim Bund liegt, gilt dies auch hier.

Wenn in Abschnitt 3 die regionalen Wirkungen öffentlicher Haushalte untersucht werden, geht es also weniger um die Frage der aktiven Gestaltung der regionalen Entwicklung als vielmehr um die Wirkungen, die sich für die Regionen aus der gesamtstaatlichen Entwicklung und ihrer regionalen Ausprägungen ergeben haben.

Um die staatliche Einflußnahme auf die regionale Entwicklung beurteilen zu können, reicht es nicht aus, die in den Ländern wirksame Nachfrage des Staates in Form des öffentlichen Verbrauchs und der staatlichen Investitionen zu analysieren. Vielmehr muß die Gesamtheit der staatlichen Einnahmen- und Ausgabenströme in die Betrachtung einbezogen werden. Immerhin beanspruchen die öffentlichen Haushalte inzwischen fast ein Viertel der gesamtwirtschaftlichen Ressourcen, und der Umfang der Transferzahlungen an Unternehmen, private Haushalte und das Ausland, mit denen der Staat eine Umverteilung der Primäreinkommen bewirkt, ist sogar noch etwas größer.

Die Analyse der Haushaltsgebarung sämtlicher staatlicher Ebenen ist auch deshalb erforderlich, weil letztlich alle Aktivitäten des Staates räumliche Wirkungen haben. Dies gilt für rentenpolitische Maßnahmen, deren räumliche Verteilungswirkungen davon abhängen, wo die betreffenden Rentner wohnen, ebenso wie für Investitionsprogramme, deren konkrete Ausgestaltung zu Bauvorhaben in bestimmten Gemeinden führt. Auch die Subventionspolitik hat ausgeprägte regionale Wirkungen. Hier konzentriert sich das Augenmerk häufig auf diejenigen Maßnahmen, die ausdrücklich zum

Ziel haben, die regionale Entwicklung zu beeinflussen, wie zum Beispiel die Gemeinschaftsaufgabe "Verbesserung der regionalen Wirtschaftsstruktur", das ERP-Regionalprogramm oder die verschiedenen, von den Ländern in eigener Regie durchgeführten Wirtschaftsförderungsprogramme. Dabei wird jedoch leicht übersehen, daß andere, in ihrer Mittelausstattung weit umfangreichere Subventionsprogramme nicht minder gezielt regionale Wirkungen entfalten. Erinnert sei in diesem Zusammenhang nur an den gesamten Komplex der Agrarpolitik, die in ihrer Bedeutung als Regionalpolitik für ländliche Regionen alle industriepolitischen Aktivitäten in diesem Feld weit in den Schatten stellt.

Der Abschnitt 4 - regionales Wachstum und Strukturwandel - leitet bereits über zu den Analysen, die sich mit dem Angebotspotential der Regionen befassen. Sie sind deshalb in einem besonderen Abschnitt zusammengefaßt worden, weil es hier nicht um Einflußfaktoren geht, von denen die Entwicklung des Angebotspotentials abhängt, sondern um Ausprägungen des Strukturwandels, von dem vermutet wird, daß sie etwas zu tun haben mit den Wachstumschancen der Regionen.

Während es in den ersten Abschnitten der Untersuchung um den Einfluß der Nachfrage auf die regionale Entwicklung geht, folgen in Abschnitt 5 Untersuchungen über die Zusammenhänge zwischen der Produktion und dem Einsatz von Produktionsfaktoren in den Regionen. In diesen Wandlungen der Produktionsprozesse kommen die Reaktionen zum Ausdruck, die die Regionen in die Lage versetzt haben, mehr oder weniger erfolgreich an der wirtschaftlichen Entwicklung zu partizipieren. Einen Schwerpunkt in diesem Zusammenhang bildet die Analyse von Struktur und Entwicklung des Arbeitseinsatzes und der Arbeitsproduktivität.

In den Untersuchungen über die Bestimmungsgrößen der Arbeitsproduktivität spielt der Kapitaleinsatz und seine Ausweitung durch Investitionen eine wesentliche Rolle. Auf gesamträumlicher Ebene steht hier ein breit gefächertes Informationssystem zur Verfügung, das ins Einzelne gehende Aussagen über den Einfluß erlaubt, den der Investitionsprozeß in den Branchen auf die Entwicklung der Arbeitsproduktivität hat. Für die Regionen scheitern vergleichbare Analysen an Informationsschranken, die aus Datenschutzgründen nicht überschritten werden konnten. Es bestand daher nur die Möglichkeit, als Indikator für den Einsatz von Kapitalgütern in den Regionen das Investitionsniveau und den Kapitalbestand des verarbeitenden Gewerbes in den Raumordnungsregionen heranzuziehen. Soweit dies möglich war, sind diese Untersuchungen ergänzt worden durch Analysen, in denen versucht wurde, den Einfluß des in den Regionen vorhandenen Innovationspotentials und der Innovationsaufwendungen auf den Prozeß der wirtschaftlichen Entwicklung in den Regionen zu bestimmen.

Von Einfluß auf die Arbeitsproduktivität ist nicht nur der Prozeß der Sachkapitalbildung. Der Unternehmer kann auch versuchen, den Produktionsprozeß so umzugestalten (oder von vornherein so zu produzieren), daß die Effizienzvorsprünge eines leistungsfähigeren Arbeitseinsatzes zum Tragen kommen. Wenn es ihm gelingt, hochbezahlte Arbeitskräfte zu gewinnen, die intelligentere und wettbewerbsfähigere Produkte herstellen ist es durchaus möglich, daß sich trotz höherer Löhne die spezifischen Lohnkosten in Grenzen halten.

Eine wichtige Rolle in diesem Zusammenhang spielen Unterschiede in der Tätigkeitsstruktur der Beschäftigten. Eine Reihe von Analysen hat gezeigt, daß die Entwicklung der Beschäftigung in den Regionen weniger von den Produktionsstrukturen abhängig ist, sondern in stärkerem Maße von dem Gewicht höher qualifizierter Arbeitskräfte. Dieser Sachverhalt, der vom DIW bereits in anderem Zusammenhang unter kleinräumigeren Aspekten untersucht worden ist, wirkt sich auch auf die großräumigen Entwicklungstrends aus.

Die gewinnschmälernde Wirkung steigender Lohnkosten über die Mobilisierung von Arbeitsproduktivitätsfortschritten hinaus kann auch durch überdurchschnittliche Preissteigerungen gemildert werden. Um zu einem Urteil darüber zu kommen, welche Bedeutung dieser Sachverhalt unter regionalem Aspekt hat, ist unter den Restriktionen, die hier aus statistischen Gründen besonders groß sind, im Rahmen des Möglichen auch die Entwicklung von Preisen und Erlösen in den Regionen untersucht worden.

In Abschnitt 6 ist versucht worden, die Resultate wirtschaftlicher Aktivitäten, die ihren Niederschlag in der Entwicklung der Zahl der Erwerbstätigen in den Regionen finden, zu konfrontieren mit der Entwicklung der Bevölkerung und des Potentials an Personen, die einen Arbeitsplatz suchen. Um die Bestimmungsgründe für die Entwicklung der Bevölkerung in den Regionen besser analysieren zu können, ist unterschieden worden zwischen demographischen Einflußfaktoren und solchen, die durch Wanderungsbewegungen ausgelöst werden. Diese Untersuchungen sind soweit als möglich getrennt für die deutsche und die ausländische Wohnbevölkerung durchgeführt worden.

Für den Arbeitsmarkt von besonderem Interesse ist die Bevölkerung im erwerbsfähigen Alter. Hier war es möglich, nicht nur die aus Veränderungen im Altersaufbau resultierenden Einflüsse auf das Erwerbspotential zu isolieren. Quantifiziert wurden auch die Änderungen im Erwerbsverhalten, die bei Männern zu einer insgesamt rückläufigen Erwerbsbeteiligung geführt haben, während die Verhaltensänderungen bei Frauen eine insgesamt zunehmende Erwerbsbeteiligung zur Folge hatten. Auf diese Weise war es möglich, differenzierte Aussagen auch über die angebotsbedingten Bestimmungsfaktoren der regionalen Arbeitsmarktbilanzen zu treffen.

In der Zusammenfassung dieses Abschnitts sind die Einflüsse bilanziert worden, die zum einen von der Arbeitsnachfrage und zum anderen vom Angebot von Arbeitskräften in den Regionen auf die regionalen Arbeitsmärkte ausgehen.

An vielen Stellen dieser Untersuchung wird deutlich, daß über den im Rahmen dieser Untersuchung analysierten harten Kern ökonomischer Bestimmungsgrößen hinaus, eine Fülle weiterer Einflußfaktoren die wirtschaftliche Entwicklung in den Regionen mitbestimmt. Dies gilt für die Ausstattung mit Infrastruktureinrichtungen ebenso, wie für die Qualität der Wohnungsversorgung und das Wohnumfeld. Das Spektrum reicht hier von der Verkehrsinfrastruktur bis hin zum Angebot an kulturellen Einrichtungen, von der Qualität der Wohnungsversorgung bis hin zum landschaftsgebundenen Freizeitpotential. Es versteht sich von selbst, daß auf diese Fragen - schon im Hinblick auf die vielfältigen Forschungsaktivitäten anderswo - in dieser Untersuchung im einzelnen nicht eingegangen werden konnte. In dem Abschnitt 7 ist daher nur ein Komplex aus diesem Bereich herausgegriffen und untersucht worden, welche Beziehungen zwischen der Ausstattung mit technischer Infrastruktur und der regionalen Entwicklung bestehen.

Anmerkungen zu Abschnitt 1

1) Möglichkeiten und Grenzen der Regionalisierung der sektoralen Strukturberichterstattung. DIW-Beiträge zur Strukturforschung, Heft 64, Berlin 1981, S. 7.

2) Ebenda, S. 21 ff.

3) Es handelt sich um die sechs Teilregionen Dortmund (20 B), Bochum (21), Nördliches Ruhrgebiet (22 A), Mühlheim-Oberhausen (22 B), Essen (22 C), Duisburg (23). Diese Regionen sind auch für die Bundesraumordnungsprognose zum Ruhrgebiet zusammengefaßt worden.

4) Volkswirtschaftliche Gesamtrechnungen der Länder. Gemeinschaftsveröffentlichung der Statistischen Landesämter, Heft 13, Stuttgart 1984.

5) Vgl. K. Geppert u. B. Görzig, Möglichkeiten und Grenzen der Regionalisierung der volkswirtschaftlichen Gesamtrechnung in der Bundesrepublik Deutschland. Untersuchung des DIW im Auftrage des Bundesministers für Wirtschaft, unveröffentlichtes Manuskript, Berlin 1985.

2 Einkommen und Nachfrage

2.1 Vorbemerkungen

In diesem Teil der Untersuchung geht es um die Frage, welchen Einfluß die Entwicklung der Nachfrage auf die Produktion in den Regionen und den regionalen Strukturwandel gehabt hat. Bei solchen Untersuchungen muß schon auf Bundesebene berücksichtigt werden, daß es eine Reihe von Ausgangsbedingungen gibt, die als weitgehend unbeeinflußbar auf diesen Prozeß einwirken[1]. Die Entwicklung des Welthandels ist eine solche Determinante, aber auch die Bevölkerungsentwicklung, die auf Bundesebene als eine weitgehend unbeeinflußbare Ausgangsbedingung für den wirtschaftlichen Strukturwandel anzusehen ist.

Für die Regionen erhöht sich das Gewicht dieser Ausgangsbedingungen beträchtlich. Es ist nicht nur der Welthandel, von dem das Volumen der Außenbeziehungen einer Region abhängt. Auch die inländischen Güterströme, sofern sie die Regionsgrenzen überschreiten, gehören für die Regionen zum Außenhandel. Die außenwirtschaftlichen Beziehungen einer Region sind damit wesentlich größer als die des Gesamtraums. Dies gilt sowohl für die Ausfuhr als auch für die Einfuhr.

Das Gewicht der Rahmenbedingungen vergrößert sich aber nicht nur im Bereich der außenwirtschaftlichen Beziehungen. Grundlegend anders stellt sich die Situation einer Region auch im Bereich der staatlichen Aktivitäten dar. Wie im Außenwirtschaftsbereich ist die Region hier im wesentlichen Betroffener der Entwicklung und nicht Akteur mit entsprechenden Handlungsspielräumen. Dies gilt für Bundesländer sicherlich weniger als für Raumordnungsregionen unterhalb der Landesebene. Dennoch liegt die Kompetenz für den weitaus gewichtigeren Teil der wirtschaftspolitischen Aktivitäten auf der Bundesebene. Unmittelbar einsichtig ist dies für die Geldpolitik und die Haushalte des Bundes und der Sozialversicherungen. Da die Gesetzgebungskompetenz jedoch in allen wesentlichen Bereichen der Wirtschafts- und Finanzpolitik ebenfalls beim Bund liegt, gilt dies auch hier.

Diese Abhängigkeit der Region von den auf Bundesebene gesetzten Rahmenbedingungen engt den Spielraum für eine Abkoppelung von der gesamtwirtschaftlichen Entwicklung erheblich ein. Dies gilt insbesondere für die Gestaltungsspielräume auf der Nachfrageseite. Zumindest auf direktem Weg haben die Regionen kaum Einfluß auf die Nachfrage nach Erzeugnissen der regionalen Wirtschaft.

Größer ist ihr Einfluß auf die Nachfrage dagegen auf indirektem Weg, d.h. vermittelt über die Angebotsseite des Wirtschaftsprozesses. Im Grunde sind es nicht Regionen, sondern Unternehmen bzw. staatliche Institutionen, die Nachfrage auf sich ziehen. Die Regionen versuchen, möglichst prosperierende Unternehmen an sich zu binden. Dabei unterliegen sie bestimmten, kurzfristig nicht veränderbaren Ausgangsbedingungen - hergebrachte Wirtschaftsstruktur, Standortgunst bzw. -ungunst. Innerhalb dieses Rahmens haben sie aber Möglichkeiten, auf Investitionsentscheidungen Einfluß zu nehmen, z.B. durch Wirtschaftsförderung, Entwicklung der Infrastruktur und Qualifizierung der Arbeitskräfte. Längerfristig können auch die Standortbedingungen verändert werden.

Auch wenn ein Großteil der Nachfrage in den Regionen also durch das Angebot determiniert wird, ist es sinnvoll, die Nachfrageseite gesondert zu analysieren. Zum einen gibt es in gewissem Umfang autonome Bestimmungsfaktoren der Nachfrage; so ist die natürliche Bevölkerungsentwicklung und ein Teil der Wanderungen weitgehend unabhängig vom Angebot. Dasselbe gilt für bestimmte Einkommensströme. Zum anderen kann die Untersuchung der einzelnen Komponenten der Nachfrage dazu beitragen, die bei der Analyse der Angebotsseite festgestellten regionalen Entwicklungsunterschiede zu erklären.

Für eine umfassende, regional und sektoral disaggregierte Analyse der Absatzstrukturen der Regionen reichen die statistischen Angaben nicht aus. Im Rahmen dieser Untersuchung werden - auf der Ebene der Bundesländer - die Entwicklung des privaten Verbrauchs, der Anlageinvestitionen der Unternehmen und der Warenlieferungen ins Ausland näher betrachtet. Die vom öffentlichen Sektor ausgehenden Nachfrageimpulse werden im

Rahmen des gesonderten Abschnitts über die öffentlichen Haushalte behandelt.

Da bestimmte Teile der Gesamtnachfrage in engem Zusammenhang mit der regionalen Einkommensentwicklung stehen - das gilt in besonderem Maße für den privaten Verbrauch und den Wohnungsbau - wird hier zunächst untersucht, wie sich die Einkommen in den Regionen im Zeitraum 1970 bis 1982 entwickelt haben. Dabei geht es vor allem um die Einkommen der privaten Haushalte[2].

2.2 Entwicklung der Einkommen in den Ländern und Regionen

Die Analyse regionaler Einkommensunterschiede kann einmal ausgehen von dem in den Regionen entstandenen Einkommen. Statistische Indikatoren dafür sind das regionale Bruttoinlandsprodukt oder die Wertschöpfung. Sie kennzeichnen die regionale Wirtschaftskraft. Zum anderen können die Einkommensverhältnisse der in den Regionen ansässigen Wirtschaftseinheiten untersucht werden, unabhängig davon, wo die Einkommen erzielt wurden. Für diesen Zweck sind das regionale Bruttosozialprodukt oder das Volkseinkommen geeignete Maßstäbe. Dabei stehen Wohlstands- oder Kaufkraftgesichtspunkte im Vordergrund.

Der Unterschied zwischen Inlands- und Sozialprodukt besteht in dem Saldo der über die Regionsgrenzen fließenden Einkommensströme. Dabei handelt es sich vor allem um Einkommen aus unselbständiger Arbeit von Arbeitnehmern, deren Wohn- und Arbeitsorte in verschiedenen Regionen liegen, um Gewinne von multiregionalen Unternehmen, die - gedanklich - von den einzelnen Betriebsstätten zum Unternehmenssitz transferiert werden und um Einkommen aus Vermögensanlagen. Vergleichsweise unbedeutend sind die Einkommensströme von selbständigen Berufspendlern.

Bei großen Regionen fällt dieser Einkommenssaldo im Verhältnis zum Gesamteinkommen nicht sehr stark ins Gewicht; das Bruttoinlandprodukt Nordrhein-Westfalens war 1982 nur um rund 2 vH größer als das Bruttosozialprodukt dieses Landes. Wesentlich stärker ausgeprägt ist die Differenz bei kleinen Regionen, insbesondere dann, wenn sehr verschiedenartige Regionstypen aneinander grenzen, wie dies bei Städten und ihrem Umland der Fall ist.

Da die statistischen Informationen über die interregionalen Einkommensströme derzeit sehr unvollständig und zudem nicht aktuell sind, müssen die auf das Inländerkonzept umgerechneten Größen der regionalisierten volkswirtschaftlichen Gesamtrechnungen als ungenauer angesehen werden, als die Aggregate der Entstehungsrechnung.

Der Gesamtbetrag der den Bewohnern und Wirtschaftseinheiten einer Region zugeflossenen Primäreinkommen wird durch das Bruttosozialprodukt ausgedrückt. Es umfaßt neben dem Faktoreinkommen auch die indirekten Steuern (abzüglich der Subventionen) und die Abschreibungen. Wegen der erwähnten statistischen Probleme bei der Erfassung der grenzüberschreitenden Einkommensströme wird es nur bis zur Ebene der Bundesländer regionalisiert. Auch auf dieser Ebene sind die Ergebnisse für Stadtstaaten mit erheblichen Unsicherheiten behaftet, da die Einkommensströme, die über Regionsgrenzen hinweg fließen, hier ein großes Gewicht haben. Im norddeutschen Raum sind daher nur die zusammengefaßten Werte für alle vier norddeutschen Bundesländer sinnvoll zu interpretieren.

Bei der Entwicklung des Bruttosozialprodukts von 1970 bis 1982 zeigen sich ganz beträchtliche Unterschiede zwischen den Bundesländern (vgl. Tabelle 2.2.1); das Sozialprodukt Bayerns ist um rund 25 vH-Punkte stärker gestiegen als dasjenige Nordrhein-Westfalens. Insgesamt war das Wachstumstempo im Süden deutlich höher als in den anderen Regionen.

Ein etwas anderes Bild ergibt sich, wenn man die Bevölkerungsentwicklung in die Betrachtung einbezieht. Zwar hat auch das Bruttosozialprodukt je Einwohner im Süden schneller zugenommen als in den anderen Landesteilen. Die Entwicklungsdifferenz ist aber relativ gering (vgl. Tabelle 2.2.2). Betrachtet man die einzelnen Bundesländer, so kann von einem durchgängigen Nord-Süd-Gefälle nicht die Rede sein. Das Bruttosozialprodukt pro

Tabelle 2.2.1

Bruttosozialprodukt zu jeweiligen Preisen

IN MILL. DM

	1970	1973	1974	1975	1976	1977	1978	1979	1980	1981	1982
SCHLESWIG-HOLSTEIN	24451	34329	37531	40003	43245	46319	49106	52352	56306	58120	60166
HAMBURG	30290	40596	42522	43764	46562	49189	52472	56914	59951	62735	65228
NIEDERSACHSEN	68617	95471	103132	108211	119487	120378	136363	144675	154896	161509	167044
BREMEN	9755	13935	14589	15162	16311	17321	18008	18832	19565	20110	20465
NORDRHEIN-WESTFALEN	190892	253437	275781	286678	311107	329466	355158	380882	411134	424876	437721
HESSEN	64459	86904	91617	95634	105099	111604	121188	131044	138012	143774	149512
RHEINLAND-PFALZ	36465	49546	53635	55144	60342	64607	69130	75251	80516	83621	86910
BADEN-WUERTTEMBERG	107441	148103	155663	161972	178270	191746	207186	224981	240002	250134	258094
BAYERN	108068	149611	160512	169275	185962	199841	217707	235743	251027	263151	273728
SAARLAND	9809	13618	14791	15671	16908	17633	18976	21065	22199	23356	24232
BERLIN	25454	33392	35840	37587	39707	42194	44617	47562	51491	53734	56001
BUNDESGEBIET INSGESAMT	675701	918900	985603	1028901	1123000	1196300	1290001	1395301	1485699	1545100	1599101
NORD-REGIONEN	133113	184329	197774	207140	225605	239207	255949	272773	290718	302474	312903
NORDRHEIN-WESTFALEN	190892	253437	275781	286678	311107	329466	355158	380882	411134	424876	437721
MITTE-REGIONEN	110733	150008	160043	166449	182349	193944	209294	227360	241327	250751	260654
SUED-REGIONEN	215509	297874	316185	331247	364232	391587	424983	460724	491029	513285	531622
BERLIN	25454	33392	35840	37587	39707	42194	44617	47562	51491	53734	56001

BUND = 100

	1970	1973	1974	1975	1976	1977	1978	1979	1980	1981	1982
SCHLESWIG-HOLSTEIN	3.6	3.7	3.8	3.9	3.9	3.9	3.8	3.8	3.8	3.8	3.8
HAMBURG	4.5	4.4	4.3	4.3	4.1	4.1	4.1	4.1	4.0	4.1	4.1
NIEDERSACHSEN	10.2	10.4	10.5	10.5	10.6	10.6	10.6	10.4	10.4	10.5	10.4
BREMEN	1.4	1.5	1.5	1.5	1.5	1.4	1.4	1.3	1.3	1.3	1.3
NORDRHEIN-WESTFALEN	28.3	27.6	28.0	27.8	27.7	27.5	27.5	27.7	27.7	27.5	27.4
HESSEN	9.5	9.5	9.3	9.3	9.4	9.3	9.4	9.4	9.3	9.3	9.3
RHEINLAND-PFALZ	5.4	5.4	5.4	5.4	5.4	5.4	5.4	5.4	5.4	5.4	5.4
BADEN-WUERTTEMBERG	15.9	16.1	15.8	15.7	15.9	16.0	16.1	16.1	16.2	16.2	16.1
BAYERN	16.0	16.3	16.3	16.5	16.6	16.7	16.9	16.9	16.9	17.0	17.1
SAARLAND	1.5	1.5	1.5	1.5	1.5	1.5	1.5	1.5	1.5	1.5	1.5
BERLIN	3.8	3.6	3.6	3.7	3.5	3.5	3.5	3.4	3.5	3.5	3.5
BUNDESGEBIET INSGESAMT	100.0	100.0	100.0	100.0	100.0	100.0	100.0	100.0	100.0	100.0	100.0
NORD-REGIONEN	19.7	20.1	20.1	20.1	20.1	20.0	19.8	19.5	19.6	19.6	19.6
NORDRHEIN-WESTFALEN	28.3	27.6	28.0	27.8	27.7	27.5	27.5	27.7	27.7	27.5	27.4
MITTE-REGIONEN	16.4	16.3	16.2	16.2	16.2	16.2	16.2	16.3	16.2	16.2	16.3
SUED-REGIONEN	31.9	32.4	32.1	32.2	32.4	32.7	32.9	33.0	33.1	33.2	33.3
BERLIN	3.8	3.6	3.6	3.7	3.5	3.5	3.5	3.4	3.5	3.5	3.5

1970 = 100

	1970	1973	1974	1975	1976	1977	1978	1979	1980	1981	1982
SCHLESWIG-HOLSTEIN	100.0	140.4	153.5	163.6	176.9	189.4	200.8	214.1	230.3	237.7	246.1
HAMBURG	100.0	134.0	140.4	144.5	153.7	162.4	173.2	187.9	197.9	207.1	215.3
NIEDERSACHSEN	100.0	139.1	150.3	157.7	174.1	184.2	198.7	210.8	225.7	235.4	243.4
BREMEN	100.0	142.8	149.6	155.4	167.2	177.6	184.6	193.0	200.6	206.2	209.8
NORDRHEIN-WESTFALEN	100.0	132.8	144.5	150.1	163.0	172.6	186.0	202.7	215.4	222.6	229.3
HESSEN	100.0	134.8	142.1	148.4	163.0	173.1	188.0	203.3	215.0	223.0	231.9
RHEINLAND-PFALZ	100.0	135.9	147.1	151.2	165.5	177.2	189.6	206.4	220.8	229.3	238.3
BADEN-WUERTTEMBERG	100.0	137.8	144.9	150.8	165.9	178.5	192.8	209.4	223.4	232.8	240.2
BAYERN	100.0	138.4	148.5	156.6	172.1	184.9	201.5	218.1	232.3	243.5	253.3
SAARLAND	100.0	138.8	150.8	159.8	172.4	179.8	193.5	214.8	226.3	237.9	247.0
BERLIN	100.0	131.2	140.8	147.7	156.0	165.8	175.3	186.9	202.3	211.1	220.0
BUNDESGEBIET INSGESAMT	100.0	136.0	145.9	152.3	166.2	177.0	190.9	206.5	219.9	228.7	236.7
NORD-REGIONEN	100.0	138.5	148.6	155.6	169.5	179.7	192.3	204.9	218.4	227.2	235.1
NORDRHEIN-WESTFALEN	100.0	132.8	144.5	150.1	163.0	172.6	186.1	202.7	215.4	222.6	229.3
MITTE-REGIONEN	100.0	135.5	144.5	150.3	164.7	175.1	189.0	205.3	217.9	226.4	235.4
SUED-REGIONEN	100.0	138.1	146.7	153.7	169.0	181.7	197.2	213.8	227.8	238.2	246.8
BERLIN	100.0	131.2	140.8	147.7	156.0	165.8	175.3	186.9	202.3	211.1	220.0

Quelle: Eigene Berechnungen aufgrund amtlicher Statistiken.

Tabelle 2.2.2

Bruttosozialprodukt je Einwohner

IN 1000 DM

	1970	1973	1974	1975	1976	1977	1978	1979	1980	1981	1982
SCHLESWIG-HOLSTEIN	9804	13342	14530	15481	16742	17911	18967	20174	21615	22217	22964
HAMBURG	16384	23091	24396	25356	27261	29140	31383	34306	36334	38730	39995
NIEDERSACHSEN	9689	13192	14200	14922	16522	17487	18874	20016	21374	22240	22999
BREMEN	13254	19037	20067	21029	22845	24499	25689	27019	28151	29019	29702
NORDRHEIN-WESTFALEN	11286	14715	16006	16679	18198	19321	20873	22754	24122	24921	25736
HESSEN	11977	15630	16413	17188	18961	20149	21851	23556	24801	25651	26665
RHEINLAND-PFALZ	10004	13398	14512	14993	16500	17725	19018	20719	22126	22960	23883
BADEN-WUERTTEMBERG	12079	16033	16849	17617	19515	21022	22693	24561	25994	26969	27809
BAYERN	10313	13830	14792	15630	17212	18487	20131	21729	23032	24050	24971
SAARLAND	8758	12203	13349	14246	15469	16237	17619	19687	20786	21912	22839
BERLIN	11995	16257	17620	18756	20187	21773	23262	24967	27115	28401	29804
BUNDESGEBIET INSGESAMT	11139	14827	15883	16441	18251	19483	21035	22739	24131	25049	25943
NORD-REGIONEN	10996	14986	16058	16864	18436	19594	21002	22397	23835	24769	25641
NORDRHEIN-WESTFALEN	11286	14715	16006	16679	18198	19321	20873	22754	24122	24921	25736
MITTE-REGIONEN	10913	14466	15409	16094	17716	18875	20403	22149	23439	24314	25289
SUED-REGIONEN	11124	14866	15738	16542	18267	19644	21303	23026	24390	25389	26272
BERLIN	11995	16257	17620	18756	20187	21773	23262	24967	27115	28401	29804

BUND = 100

	1970	1973	1974	1975	1976	1977	1978	1979	1980	1981	1982
SCHLESWIG-HOLSTEIN	88.0	90.0	91.5	93.0	91.7	91.9	90.2	88.7	89.6	88.7	88.5
HAMBURG	151.6	155.7	153.6	152.4	149.4	149.6	149.2	150.9	150.6	152.6	154.2
NIEDERSACHSEN	87.0	89.0	89.4	89.7	90.5	89.8	89.7	88.0	88.6	88.8	88.7
BREMEN	119.0	128.4	126.3	126.4	125.2	125.7	122.1	118.8	116.7	115.8	114.5
NORDRHEIN-WESTFALEN	101.3	99.2	100.8	100.2	99.7	99.2	99.2	100.1	100.0	99.5	99.2
HESSEN	107.5	105.4	103.3	103.3	103.9	103.4	103.9	103.6	102.8	102.4	102.8
RHEINLAND-PFALZ	89.8	90.4	91.4	90.1	90.4	91.0	90.4	91.1	91.7	91.7	92.1
BADEN-WUERTTEMBERG	108.4	108.1	106.1	105.9	106.9	107.9	107.9	108.0	107.7	107.7	107.2
BAYERN	92.6	93.3	93.1	93.9	94.3	94.9	95.7	95.6	95.4	96.0	96.3
SAARLAND	78.6	82.3	84.0	85.6	84.8	83.3	83.8	86.6	86.1	87.5	88.0
BERLIN	107.7	109.6	110.9	112.7	110.6	111.8	110.6	109.8	112.4	113.4	114.9
BUNDESGEBIET INSGESAMT	100.0	100.0	100.0	100.0	100.0	100.0	100.0	100.0	100.0	100.0	100.0
NORD-REGIONEN	98.7	101.1	101.1	101.3	101.0	100.6	99.8	98.5	98.8	98.9	98.8
NORDRHEIN-WESTFALEN	101.3	99.2	100.8	100.2	99.7	99.2	99.2	100.1	100.0	99.5	99.2
MITTE-REGIONEN	98.0	97.6	97.0	96.7	97.1	96.9	97.0	97.4	97.1	97.1	97.5
SUED-REGIONEN	99.9	100.3	99.1	99.4	100.1	100.8	101.3	101.3	101.1	101.4	101.3
BERLIN	107.7	109.6	110.9	112.7	110.6	111.8	110.6	109.8	112.4	113.4	114.9

1970 = 100

	1970	1973	1974	1975	1976	1977	1978	1979	1980	1981	1982
SCHLESWIG-HOLSTEIN	100.0	136.1	148.2	157.9	170.8	182.7	193.5	205.8	220.5	226.6	234.2
HAMBURG	100.0	136.8	144.5	150.2	161.5	172.6	185.9	203.2	215.2	226.6	236.9
NIEDERSACHSEN	100.0	134.2	146.6	154.0	170.5	180.5	194.8	206.6	220.6	229.5	237.4
BREMEN	100.0	143.6	151.4	158.7	172.4	184.8	193.8	203.9	212.4	218.9	224.1
NORDRHEIN-WESTFALEN	100.0	130.4	141.8	147.8	161.2	171.2	184.9	201.6	213.7	220.8	228.0
HESSEN	100.0	130.5	137.0	143.5	158.3	168.2	182.4	196.7	207.1	214.2	222.6
RHEINLAND-PFALZ	100.0	133.9	145.1	149.9	164.9	177.2	190.1	207.1	221.2	229.5	238.7
BADEN-WUERTTEMBERG	100.0	133.2	139.5	145.9	161.6	174.0	187.9	203.3	215.2	223.3	230.2
BAYERN	100.0	134.1	143.4	151.6	166.9	179.2	195.2	210.7	223.3	233.2	242.1
SAARLAND	100.0	139.3	152.4	162.7	176.6	185.4	201.2	224.8	237.3	250.2	260.8
BERLIN	100.0	135.5	146.9	156.4	168.3	181.5	193.9	208.1	226.0	236.8	248.5
BUNDESGEBIET INSGESAMT	100.0	133.1	142.6	149.4	163.9	174.9	188.8	204.1	216.6	224.9	232.9
NORD-REGIONEN	100.0	136.3	146.0	153.4	167.7	178.2	191.0	203.7	216.8	225.3	233.2
NORDRHEIN-WESTFALEN	100.0	130.4	141.8	147.8	161.2	171.2	184.9	201.6	213.7	220.8	228.0
MITTE-REGIONEN	100.0	132.6	141.2	147.5	162.3	173.0	187.0	203.0	214.8	222.8	231.7
SUED-REGIONEN	100.0	133.6	141.5	148.7	164.2	176.6	191.5	207.0	219.3	228.2	236.2
BERLIN	100.0	135.5	146.9	156.4	168.3	181.5	193.9	208.1	226.0	236.8	248.5

Quelle: Eigene Berechnungen aufgrund amtlicher Statistiken.

Kopf ist in Niedersachsen schneller gewachsen als in Baden-Württemberg, das mit einer Meßziffer von 230 (1970 = 100) sogar noch unter dem Bundesdurchschnitt von 233 liegt. Am schwächsten war die Zunahme in Hessen (223).

Die Entwicklung von 1970 bis 1982 hat ganz eindeutig zu einer Angleichung der Pro-Kopf-Einkommen in den Bundesländern geführt. In Ländern mit niedrigem Ausgangsniveau - Saarland, Bayern, Rheinland-Pfalz und Niedersachsen - war das Wachstum überdurchschnittlich. Eine Sonderstellung nimmt Berlin ein. Diese beruht allerdings allein darauf, daß die amtlichen Zahlen über die Bevölkerung der Stadt zu niedrig sind[3]. Auf der Basis einer realistischen Einwohnerzahl von etwa 2 Millionen im Jahr 1982 ergibt sich eine Entwicklung des Bruttosozialprodukts pro Kopf, die dem bundesdurchschnittlichen Wachstumstempo entspricht.

In der nachfolgenden Abbildung 2.2.1 ist die Entwicklung des Bruttosozialprodukts pro Einwohner im Verlauf des Untersuchungszeitraums dargestellt. Dabei sind - wie auch in einigen der folgenden Abbildungen - die Phasen konjunktureller Abschwächung durch Schraffuren gekennzeichnet worden. Sie sind - wie üblich - gemessen an dem saison- und arbeitstäglich bereinigten Auslastungskoeffizienten für das Produktionspotential der verarbeitenden Industrie. Abschwächungsphasen reichen jeweils vom Beginn bis zum Ende des Rückgangs der Kapazitätsauslastung.

Der Informationsgehalt der Einkommensdaten für die Bundesländer ist insofern eingeschränkt, als es sich um Durchschnittswerte handelt, von denen die Werte der einzelnen Regionen innerhalb der Länder mehr oder weniger deutlich abweichen. Um derartige Differenzierungen abschätzen zu können, sind Pro-Kopf-Einkommen für Raumordnungsregionen berechnet worden. Für diese regional tiefer gegliederte Analyse stand als Indikator allerdings nur die Bruttowertschöpfung zur Verfügung.

Da es sich um eine nach dem Inlandskonzept abgegrenzte Einkommensgröße handelt, muß als Bezugsgröße auch eine Bevölkerung gewählt werden, bei der berücksichtigt wird, daß an der Produktion dieser Wertschöpfung auch Personen beteiligt sind, die nicht in der Region wohnen.

Abbildung 2.2.1

Bruttosozialprodukt je Einwohner

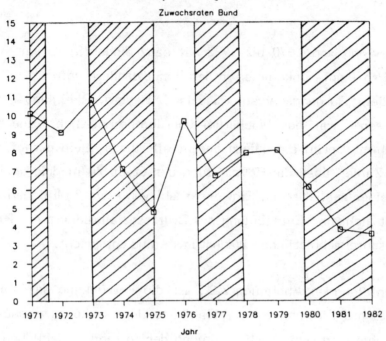

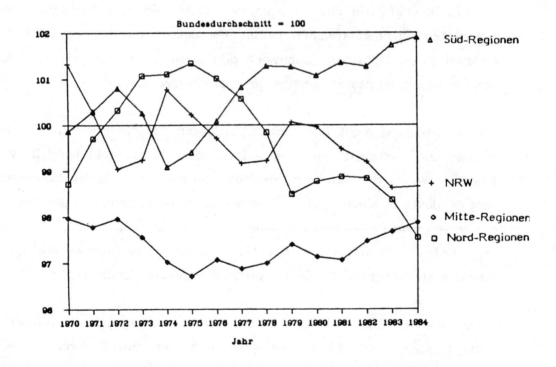

noch Abbildung 2.2.1

Bruttosozialprodukt je Einwohner

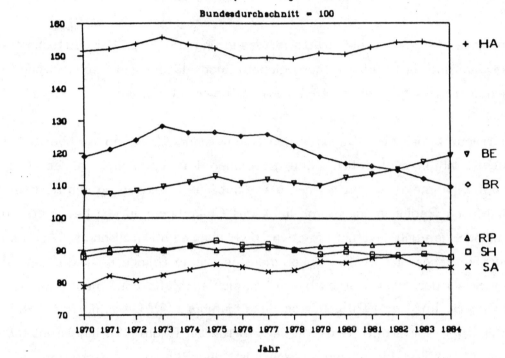

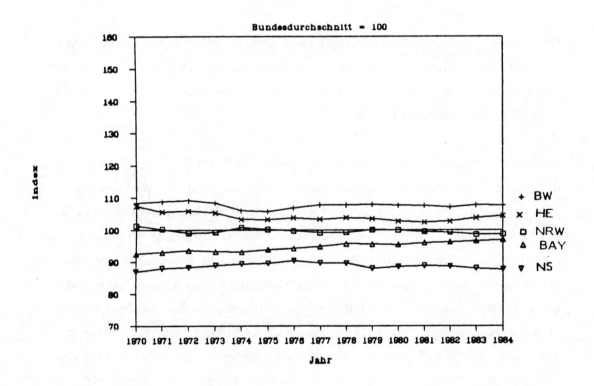

Diese Bezugsgröße ist die Wirtschaftsbevölkerung. Dabei werden also nicht nur diejenigen Personen berücksichtigt, die in der Region wohnen und arbeiten, sondern auch die erwerbstätigen Pendler und - in grober Annäherung - die den Pendlern zurechenbaren Familienangehörigen[4].

In Tabelle 2.2.3 ist die Bruttowertschöpfung pro Kopf der Wirtschaftsbevölkerung für Raumordnungsregionen, Bundesländer und Regionstypen in den Jahren 1970, 1976 und 1982 zusammengestellt worden.

Betrachtet man die Niveaus in den Raumordnungsregionen, so überrascht nicht, daß in den großen Ballungsregionen im allgemeinen höhere Pro-Kopf-Einkommen erzielt werden als in anderen Regionen. In den hochverdichteten Regionen insgesamt liegt das Einkommen in der betrachteten Periode ziemlich konstant um etwa 10 vH über dem Durchschnitt. Auch an der Spitzengruppe in der Einkommenshierarchie (mindestens ein Fünftel höher als der Bundesdurchschnitt) hat sich im Zeitablauf nicht sehr viel geändert. Im Jahr 1970 gehörten dazu Hamburg (5), Düsseldorf (27) Köln (31), der Frankfurter Raum (36), der Stuttgarter Raum (49), Ingolstadt (66) und München (70); hinzugekommen ist die Region Ludwigshafen (42), während Köln deutlich abgefallen ist.

Der Abstand im Einkommensniveau zwischen den hochverdichteten Regionen und den ländlichen Regionen hat sich verringert: 1970 differierten die Einkommensniveaus in diesen beiden Raumkategorien noch um 35 vH, 1982 waren es nur noch 29 vH.

Innerhalb der einzelnen Länder gab es teilweise beträchtliche Unterschiede bei der Zunahme der Bruttowertschöpfung pro Kopf der Wirtschaftsbevölkerung. Für Norddeutschland läßt sich die kleinräumige Einkommensentwicklung nur zum Teil untersuchen, weil die intensive Verflechtung zwischen den Stadtstaaten Bremen und Hamburg einerseits und dem jeweiligen Umland andererseits statistisch nicht zuverlässig abgebildet werden kann. Insgesamt sind in beiden Ballungsgebieten die Einkommen etwas schwächer gestiegen als im Bundesdurchschnitt. Von den Regionen, die außerhalb dieser Verflechtungsräume liegen, weisen in Schleswig-Holstein die Region Ostholstein (4) und in Niedersachsen die Region

Tabelle 2.2.3

Pro-Kopf-Einkommen

	DM			1970 = 100		1976=100	Bund=100		
	1970	1976	1982	1976	1982	1982	1970	1976	1982
1 Schleswig-Holstein	9522	16570	22936	174	241	138	89	94	90
Hochverdichtet	11366	18519	23302	163	205	126	106	105	92
Mit Verdichtungsansaetzen	9039	15671	22386	173	248	143	85	89	88
Laendlich	8854	16342	23493	185	265	144	83	92	93
2 Hamburg	14898	24992	36169	168	243	145	139	141	143
3 Niedersachsen	9402	15797	22705	168	241	144	88	89	90
Hochverdichtet	10785	17960	24522	167	227	137	101	102	97
Mit Verdichtungsansaetzen	8937	14861	22255	166	249	150	84	84	88
Laendlich	8291	14570	20734	176	250	142	78	82	82
4 Bremen	12262	20913	28715	171	234	137	115	118	113
Hochverdichtet	12694	22217	30386	175	239	137	119	126	120
Mit Verdichtungsansaetzen	10173	14819	20853	146	205	141	95	84	82
5 Nordrhein-Westfalen	10944	17679	24624	162	225	139	102	100	97
Hochverdichtet	11198	18163	25151	162	225	138	105	103	99
- Ruhrgebiet	10615	18529	24841	175	234	134	99	105	98
- Restl. Verdichtungsr.	11508	17976	25304	156	220	141	108	102	100
Mit Verdichtungsansaetzen	9633	15251	22220	158	231	146	90	86	88
Laendlich	8863	13968	19979	158	225	143	83	79	79
6 Hessen	11147	18960	27586	170	247	145	104	107	109
Hochverdichtet	12763	21749	31650	170	248	146	119	123	125
Mit Verdichtungsansaetzen	8795	14702	21321	167	242	145	82	83	84
Laendlich	7758	13389	19300	173	249	144	73	76	76
7 Rheinland-Pfalz	9928	16393	23966	165	241	146	93	93	95
Hochverdichtet	12408	21014	29822	169	240	142	116	119	118
Mit Verdichtungsansaetzen	9742	15878	23434	163	241	148	91	90	92
Laendlich	8010	13709	19899	171	248	145	75	78	79
8 Baden-Wuerttemberg	11269	18396	26249	163	233	143	105	104	104
Hochverdichtet	12384	20268	29356	164	237	145	116	115	116
Mit Verdichtungsansaetzen	10312	16881	23746	164	230	141	96	96	94
Laendlich	10140	16323	22856	161	225	140	95	92	90
- Alpenvorland	10009	16135	23016	161	230	143	94	91	91
- Restl. laendliche Regionen	10437	16765	22478	161	215	134	98	95	89
9 Bayern	9948	16516	24668	166	248	149	93	93	97
Hochverdichtet	12599	19933	30924	158	245	155	118	113	122
Mit Verdichtungsansaetzen	9022	15082	21886	167	243	145	84	85	86
Laendlich	8561	14737	21452	172	251	146	80	83	85
- Alpenvorland	8879	15189	21659	171	244	143	83	86	85
- Restl. laendliche Regionen	8445	14563	21369	172	253	147	79	82	84
10 Saarland	8311	15077	22737	181	274	151	78	85	90
11 Berlin	11997	20037	29360	167	245	147	112	113	116
12 Bundesrepublik Deutschland	10687	17674	25353	165	237	143	100	100	100
Hochverdichtet	11822	19460	27782	165	235	143	111	110	110
- Ruhrgebiet	10615	18529	24841	175	234	134	99	105	98
- Restl. Verdichtungsr.	12027	19612	28249	163	235	144	113	111	111
Mit Verdichtungsansaetzen	9431	15540	22576	165	239	145	88	88	89
Laendlich	8734	14923	21485	171	246	144	82	84	85
- Alpenvorland	9347	15578	22210	167	238	143	87	88	88
- Restl. laendliche Regionen	8544	14713	21245	172	249	144	80	83	84
Nord-Regionen	10544	17790	25297	169	240	142	99	101	100
Nordrhein-Westfalen	10944	17679	24624	162	225	139	102	100	97
Mitte-Regionen	10396	17645	25826	170	248	146	97	100	102
Sued-Regionen	10559	17384	25398	165	241	146	99	98	100
Berlin	11997	20037	29360	167	245	147	112	113	116

Pro-Kopf-Einkommen

	DM			1970 = 100		1976=100	Bund=100		
	1970	1976	1982	1976	1982	1982	1970	1976	1982
1 Schleswig	8723	15625	22181	179	254	142	82	88	88
2 Mittelholstein	9026	16129	23014	179	255	143	84	91	91
3 Dithmarschen	9074	17582	25776	194	284	147	85	99	102
4 Ostholstein	9061	14901	21320	164	235	143	85	84	84
5 Hamburg	13747	22778	32020	166	233	141	129	129	126
6 Lueneburg	7858	13220	20397	168	260	154	74	75	80
7 Bremerhaven	9266	13420	20147	145	217	150	87	76	79
8 Wilhelmshaven	6808	13445	20175	197	296	150	64	76	80
9 Ostfriesland	7693	12676	18966	165	247	150	72	72	75
10 Oldenburg	8859	15878	23078	179	261	145	83	90	91
11 Emsland	8563	16125	21533	188	251	134	80	91	85
12 Osnabrueck	9102	15032	22640	165	249	151	85	85	89
13 Bremen	10693	18755	25585	175	239	136	100	106	101
14 Hannover	10630	17724	24294	167	229	137	99	100	96
15 Braunschweig	10794	17172	25116	159	233	146	101	97	99
16 Goettingen	7560	12645	20561	167	272	163	71	72	81
17 Muenster	9544	15380	21753	161	228	141	89	87	86
18 Bielefeld	10274	16406	23044	160	224	140	96	93	91
19 Paderborn	9040	13782	21560	152	239	156	85	78	85
20 Dortmund-Sauerland	9402	15471	20954	165	223	135	88	88	83
21 Bochum	9466	16849	24353	178	257	145	89	95	96
22 Essen	10584	20339	27160	192	257	134	99	115	107
23 Duisburg	12587	18630	24520	148	195	132	118	105	97
24 Krefeld	9330	15782	21779	169	233	138	87	89	86
25 Moenchengladbach	9135	14498	19286	159	211	133	85	82	76
26 Aachen	9219	14717	19704	160	214	134	86	83	78
27 Duesseldorf	13802	23909	33003	173	239	138	129	135	130
28 Wuppertal	11284	17030	23176	151	205	136	106	96	91
29 Hagen	11437	16376	23295	143	204	142	107	93	92
30 Siegen	10375	16080	24311	155	234	151	97	91	96
31 Koeln	13098	19974	28688	152	219	144	123	113	113
32 Bonn	10638	13479	21858	127	205	162	100	76	86
33 Nordhessen	8686	14845	22199	171	256	150	81	84	88
34 Mittelhessen	9189	14949	20802	163	226	139	86	85	82
35 Osthessen	7758	13389	19300	173	249	144	73	76	76
36 Untermain	13803	23903	34579	173	251	145	129	135	136
37 Starkenburg	10199	15863	26353	156	258	166	95	90	104
38 Rhein-Main-Taunus	11234	20290	25253	181	225	124	105	115	100
39 Mittelrhein-Westerwald	9232	15118	21236	164	230	140	86	86	84
40 Trier	8010	13709	19899	171	248	145	75	78	79
41 Rheinhessen-Nahe	10798	17365	27032	161	250	156	101	98	107
42 Rheinpfalz	12442	21265	30359	171	244	143	116	120	120
43 Westpfalz	8187	12820	19248	157	235	150	77	73	76
44 Saar	8311	15077	22737	181	274	151	78	85	90
45 Unterer Neckar	11431	18551	25882	162	226	140	107	105	102
46 Franken	9472	16278	24117	172	255	148	89	92	95
47 Mittlerer Oberrhein	12171	20795	29036	171	239	140	114	118	115
48 Nordschwarzwald	10659	17184	22861	161	214	133	100	97	90
49 Mittlerer Neckar	12907	20866	31074	162	241	149	121	118	123
50 Ostwuerttemberg	10437	16765	22478	161	215	134	98	95	89
51 Donau-Iller (Bad.-Wuert.)	10569	18060	25133	171	238	139	99	102	99
52 Neckar-Alb	10524	17250	22368	164	213	130	98	98	88
53 Schwarzwald-Baar-Heuberg	10401	16571	23378	159	225	141	97	94	92
54 Suedlicher Oberrhein	10449	16832	23835	161	228	142	98	95	94
55 Hochrhein-Bodensee	10493	16131	24273	154	231	150	98	91	96
56 Bodensee-Oberschwarzwald	9656	15754	22712	163	235	144	90	89	90
57 Bayer. Untermain	9098	15122	21098	166	232	140	85	86	83
58 Wuerzburg	8312	14168	20948	170	252	148	78	80	83
59 Main-Rhoen	7939	14506	19388	183	244	134	74	82	76
60 Oberfranken-West	8713	14611	20195	168	232	138	82	83	80
61 Oberfranken-Ost	9620	16760	23526	174	245	140	90	95	93
62 Oberpfalz-Nord	7429	12721	18652	171	251	147	70	72	74
63 Mittelfranken	11207	18148	26356	162	235	145	105	103	104
64 Westmittelfranken	7552	13904	19049	184	252	137	71	79	75
65 Augsburg	9997	15724	23096	157	231	147	94	89	91
66 Ingolstadt	13116	18620	32209	142	246	173	123	105	127
67 Regensburg	8181	14164	20456	173	250	144	77	80	81
68 Donau-Wald	7075	12822	19300	181	273	151	66	73	76
69 Landshut	7077	13473	21190	190	299	157	66	76	84
70 Muenchen	13372	20875	33302	156	249	160	125	118	131
71 Donau-Iller (Bay.)	9221	16322	23486	177	255	144	86	92	93
72 Allgaeu	9381	16228	22178	173	236	137	88	92	87
73 Oberland	8501	14759	20900	174	246	142	80	84	82
74 Suedostoberbayern	8739	14750	21734	169	249	147	82	83	86
75 Berlin	11997	20037	29360	167	245	147	112	113	116
99 Bundesgebiet	10687	17674	25348	165	237	143	100	100	100

Quelle: Eigene Berechnungen aufgrund amtlicher Statistiken.

Hannover (14) eine deutlich ungünstigere Entwicklung auf als der Bundesdurchschnitt und der jeweilige Landesdurchschnitt. In Nordrhein-Westfalen haben sich die Regionen des Ruhrgebiets bis Mitte der siebziger Jahre günstig, die übrigen Regionen dagegen vergleichsweise ungünstig entwickelt. In der Zeit danach ist das Ruhrgebiet deutlich abgefallen, während sich die Entwicklung in den anderen Landesteilen weitgehend stabilisierte. Über den gesamten Untersuchungszeitraum betrachtet ragen hinsichtlich der Zunahme des Pro-Kopf-Einkommens lediglich die Regionen Bochum (21) und Essen (22) positiv heraus. Sehr viel schwächer als im Bundesdurchschnitt ist das erwirtschaftete Einkommen dagegen in den Regionen Duisburg (23), Wuppertal (28), Hagen (29), Köln (31) und Bonn (32) gestiegen.

In Hessen haben sich die im Land entstandenen Einkommen deutlich anders entwickelt als die Einkommen der "Inländer"; dies schlägt sich auch in den hier berechneten Pro-Kopf-Größen nieder. Die Bruttowertschöpfung pro Kopf der Wirtschaftsbevölkerung ist im Zeitraum 1970 bis 1982 stärker als im Bundesdurchschnitt gewachsen (vgl. Tabelle 2.2.3), das Bruttosozialprodukt pro Einwohner hat dagegen vergleichsweise schwach zugenommen (vgl. Tabelle 2.2.2). Diese Diskrepanz dürfte im wesentlichen durch die Entwicklung des Saldos der über die Landesgrenzen fließenden Einkommen aus Unternehmertätigkeit und Vermögen bedingt sein. Offenbar wurden in zunehmendem Maße Unternehmensgewinne, die in Hessen entstanden sind, in andere Bundesländer transferiert. In diesem Zusammenhang dürfte der Gewinn der Bundesbank eine erhebliche Rolle gespielt haben. Von der allgemein vergleichsweise günstigen Entwicklung der Bruttowertschöpfung pro Kopf der Wirtschaftsbevölkerung in Hessen weichen die Regionen Mittelhessen (34) und Rhein-Main-Taunus (38) deutlich nach unten ab.

In Rheinland-Pfalz haben sich die entstandenen Pro-Kopf-Einkommen im Zeitraum 1970-1982 relativ gleichmäßig erhöht. Lediglich die Regionen Mittelrhein-Westerwald (39) und Westpfalz (43) sind etwas hinter der allgemeinen Entwicklung zurückgeblieben.

In Baden-Württemberg ist die Pro-Kopf-Wertschöpfung - ausgehend von einem vergleichsweise hohem Niveau - in den meisten Regionen mit Verdichtungsansätzen und im ländlichen Raum erheblich schwächer gestiegen als im Landes- und im Bundesdurchschnitt. Relativ günstig entwickelte sich das Einkommensniveau dagegen in den Ballungsräumen Stuttgart (49) und Karlsruhe (47).

Bayern hat hinsichtlich der Pro-Kopf-Wertschöpfung von Mitte der siebziger Jahre an deutlich aufgeholt; im Jahr 1982 hatte es den Bundesdurchschnitt fast erreicht. Die starke Einkommenserhöhung wurde wesentlich geprägt durch die Entwicklung im Raum München, Ingolstadt, Landshut. Vergleichsweise schwach zugenommen hat die Wertschöpfung in den Regionen Untermain (57), Oberfranken-West (60) und Augsburg (65).

2.3 Einkommen und Verbrauch der privaten Haushalte in den Bundesländern

Für eine Untersuchung, die das regionale Einkommen vor allem im Hinblick auf die daraus resultierende regionale Nachfrage betrachtet, ist das Bruttosozialprodukt nur ein erster, grober Indikator. Mit den Abschreibungen und den indirekten Steuern enthält es nämlich Bestandteile, die mit dem Einkommen und der Nachfrage in den Bundesländern nur wenig zu tun haben. Die erwirtschafteten Abschreibungen sind der Gegenwert für den Wertverlust der Produktionsmittel; auch wenn sie reinvestiert werden, führen sie nur zum Teil zu Nachfrage in den betreffenden Bundesländern. Die indirekten Steuern sind für Regionen im wesentlichen durchlaufende Posten, da es sich weitgehend um Bundessteuern handelt, deren Aufkommen an die Zentralregierung abzuführen ist.

Abschreibungen und indirekte Steuern sind aus der Betrachtung ausgeschlossen, wenn man die Analyse auf der Basis des Volkseinkommens vornimmt. Sein Anteil am Bruttosozialprodukt lag 1982 in den Flächenländern zwischen 76 und 78 vH. In den Stadtstaaten ist er erheblich kleiner; dort haben vor allem die indirekten Steuern eine wesentlich größere Bedeutung als im Bundesdurchschnitt (vgl. Tabelle 2.3.1).

Das Volkseinkommen ist die Summe der Bruttoeinkommen aus Erwerbstätigkeit und Vermögen der drei Sektoren Unternehmen, Staat und private Haushalte. Der öffentliche Sektor trägt mit dem Saldo von Zinsertrag und Zinsaufwand zum Volkseinkommen bei.[5] Dieser Saldo ist in den siebziger Jahren im Zuge steigender Staatsverschuldung negativ geworden. Der Anteil des Unternehmenssektors am Volkseinkommen besteht in den unverteilten Gewinnen der Unternehmen mit eigener Rechtspersönlichkeit[6]. Die Bedeutung dieses Postens in den einzelnen Bundesländern hängt von der räumlichen Verteilung der Sitze von Kapitalgesellschaften ab. Besonders groß ist sie in Hessen und in Hamburg, aber auch in diesen beiden Bundesländern haben die privaten Haushalte einen Anteil von mehr als 90 vH am regionalen Volkseinkommen (vgl. Tabelle 2.3.1).

Das Bruttoerwerbs- und -vermögenseinkommen der privaten Haushalte - ihr Anteil am Volkseinkommen - hat in der Zeit von 1970 bis 1982 schwächer zugenommen als das Bruttosozialprodukt insgesamt. Die Relationen zwischen den hier zusammengefaßten Ländergruppen hinsichtlich des Entwicklungstempos beider Größen sind in etwa die gleichen. Erhebliche Unterschiede zeigen sich aber, wenn man einzelne Bundesländer betrachtet (vgl. Tabellen 2.2.2 und 2.3.2). Für die Bundesländer Hessen, Niedersachsen und vor allem für Hamburg ergibt sich beim Vergleich der Entwicklung des Bruttoeinkommens der privaten Haushalte ein ungünstigeres Bild als auf der Basis des Bruttosozialprodukts.

Deutlicher noch als bei der Entwicklung sind die Verschiebungen der Relationen zwischen den Bundesländern hinsichtlich des Niveaus dieser beiden Aggregate. Gemessen am Bruttoerwerbs- und -vermögenseinkommen pro Einwohner ist der Vorsprung der Stadtstaaten gegenüber dem Bundesdurchschnitt nur noch halb so groß. Insgesamt ist die Position des Nordens ungünstiger, die des Südens dagegen günstiger als beim Vergleich des Bruttosozialprodukts pro Kopf.

Tabelle 2.3.1

Volkseinkommen
in vH des Bruttosozialprodukts

IN VH

	1970	1973	1974	1975	1976	1977	1978	1979	1980	1981	1982
SCHLESWIG-HOLSTEIN	80.4	80.6	80.3	80.9	80.7	80.7	80.8	80.1	79.5	78.7	78.9
HAMBURG	69.2	68.8	69.0	67.5	67.8	67.4	67.7	68.1	67.5	66.8	66.3
NIEDERSACHSEN	80.5	80.9	80.5	80.1	80.3	80.2	80.0	79.6	78.7	78.2	78.1
BREMEN	68.5	69.6	69.8	69.4	69.5	69.8	69.8	69.9	69.4	69.7	69.8
NORDRHEIN-WESTFALEN	78.6	78.6	78.5	77.7	77.9	77.7	78.0	77.6	77.3	76.7	76.3
HESSEN	80.2	79.8	79.7	79.1	79.2	79.3	79.2	79.1	78.4	78.4	78.7
RHEINLAND-PFALZ	77.3	78.3	78.3	77.8	77.9	77.8	77.7	77.0	76.4	76.0	75.8
BADEN-WUERTTEMBERG	79.3	79.9	79.7	79.3	79.9	79.9	79.8	79.4	78.9	78.4	78.2
BAYERN	79.6	79.2	78.8	79.3	79.3	79.4	79.3	79.0	78.2	77.6	77.5
SAARLAND	79.1	79.9	79.5	79.4	80.2	79.3	79.5	79.4	79.5	79.0	78.2
BERLIN	72.0	73.0	73.5	73.7	74.1	74.3	73.2	72.5	72.4	72.2	71.8
BUNDESGEBIET INSGESAMT	78.5	78.6	78.4	78.1	78.3	78.2	78.2	77.9	77.4	76.9	76.7
NORD-REGIONEN	77.1	77.3	77.2	76.8	77.0	76.9	76.9	76.7	75.9	75.4	75.2
NORDRHEIN-WESTFALEN	78.6	78.6	78.5	77.7	77.9	77.7	78.0	77.6	77.3	76.7	76.3
MITTE-REGIONEN	79.3	79.3	79.2	78.7	78.9	78.8	78.7	78.4	77.8	77.7	77.7
SUED-REGIONEN	79.7	79.5	79.3	79.3	79.6	79.6	79.6	79.2	78.5	78.0	77.8
BERLIN	72.0	73.0	73.5	73.7	74.1	74.3	73.2	72.5	72.4	72.2	71.8

Bruttoerwerbs- und -vermögenseinkommen der
privaten Haushalte in vH des Volkseinkommens

IN VH

	1970	1973	1974	1975	1976	1977	1978	1979	1980	1981	1982
SCHLESWIG-HOLSTEIN	98.7	98.1	98.8	99.4	98.9	99.1	98.4	98.2	99.1	99.3	99.6
HAMBURG	94.3	93.0	95.2	96.1	95.2	95.6	95.2	91.6	92.6	92.2	92.1
NIEDERSACHSEN	97.9	98.0	98.6	99.1	98.4	98.2	97.3	97.0	97.8	97.4	97.4
BREMEN	97.2	96.7	97.8	98.7	98.6	98.8	97.8	97.2	98.1	98.4	98.3
NORDRHEIN-WESTFALEN	96.9	95.8	97.1	97.7	97.5	98.1	97.1	96.8	97.7	97.8	98.2
HESSEN	95.4	93.3	95.1	95.9	95.0	95.4	94.1	93.6	95.1	94.7	93.9
RHEINLAND-PFALZ	97.0	96.3	96.9	98.3	98.0	98.8	97.9	97.5	98.4	98.5	98.7
BADEN-WUERTTEMBERG	95.2	94.3	96.5	97.0	96.1	96.2	95.0	94.7	95.9	95.8	96.2
BAYERN	97.3	96.1	97.1	97.6	97.1	97.3	96.5	96.2	97.1	97.1	97.4
SAARLAND	98.3	96.2	97.0	98.0	98.2	99.2	98.6	98.7	99.6	99.9	100.2
BERLIN	96.1	95.1	97.5	98.5	98.4	99.2	98.8	98.5	98.7	98.8	99.5
BUNDESGEBIET INSGESAMT	96.6	95.6	97.0	97.6	97.1	97.5	96.5	96.0	97.0	97.0	97.2
NORD-REGIONEN	97.3	97.0	97.9	98.6	97.9	97.9	96.8	96.2	97.1	96.9	97.0
NORDRHEIN-WESTFALEN	96.9	95.8	97.1	97.7	97.5	98.1	97.1	96.8	97.7	97.8	98.2
MITTE-REGIONEN	96.4	94.5	95.9	96.9	96.3	96.9	95.7	95.3	96.6	96.4	96.1
SUED-REGIONEN	96.3	95.2	96.8	97.3	96.6	96.8	95.8	95.5	96.5	96.5	96.8
BERLIN	96.1	95.1	97.5	98.5	98.4	99.2	98.8	98.5	98.7	98.8	99.5

Quelle: Eigene Berechnungen aufgrund amtlicher Statistiken.

Tabelle 2.3.2

Bruttoerwerbs- und -vermögenseinkommen je Einwohner

IN DM

	1970	1973	1974	1975	1976	1977	1978	1979	1980	1981	1982
SCHLESWIG-HOLSTEIN	7778	10551	11528	12447	13368	14326	15075	15877	17025	17358	18042
HAMBURG	11028	14771	16014	16440	17592	18791	19794	21394	22699	23561	24411
NIEDERSACHSEN	7639	10453	11278	11849	13045	13767	14690	15463	16451	16953	17503
BREMEN	8832	12818	13696	14415	15660	16900	17539	18350	19186	19908	20379
NORDRHEIN-WESTFALEN	8590	11081	12208	12656	13826	14731	15816	17077	18219	18696	19294
HESSEN	9163	11640	12433	13047	14266	15250	16272	17432	18507	19044	19703
RHEINLAND-PFALZ	7591	10096	11018	11466	12595	13627	14472	15562	16630	17182	17877
BADEN-WUERTTEMBERG	9181	12116	12965	13348	14976	16158	17214	18469	19660	20267	20926
BAYERN	7982	10522	11326	12096	13255	14280	15413	16523	17487	18119	18643
SAARLAND	6807	9375	10286	11075	12181	12765	13812	15429	16471	17283	17899
BERLIN	8305	11290	12621	13611	14724	16049	16837	17810	19383	20252	21270
BUNDESGEBIET INSGESAMT	8450	11134	12082	12681	13877	14857	15875	17014	18116	18674	19333
NORD-REGIONEN	8243	11231	12143	12771	13900	14761	15636	16524	17574	18083	18704
NORDRHEIN-WESTFALEN	8590	11081	12208	12656	13826	14731	15816	17077	18219	18696	19294
MITTE-REGIONEN	8338	10846	11700	12275	13451	14411	15376	16562	17632	18205	18873
SUED-REGIONEN	8532	11255	12079	12763	14043	15139	16237	17414	18484	19104	19798
BERLIN	8305	11290	12621	13611	14724	16049	16837	17810	19383	20252	21270

BUND = 100

	1970	1973	1974	1975	1976	1977	1978	1979	1980	1981	1982
SCHLESWIG-HOLSTEIN	92.0	94.8	95.4	98.2	96.3	96.4	95.0	93.3	94.0	93.0	93.3
HAMBURG	130.5	132.7	132.5	129.6	126.8	126.5	124.7	125.7	125.3	126.2	126.3
NIEDERSACHSEN	90.4	93.9	93.3	93.4	94.0	92.7	92.5	90.9	90.8	90.7	90.5
BREMEN	104.5	115.1	113.4	113.7	112.8	113.7	110.5	107.9	105.9	106.6	105.4
NORDRHEIN-WESTFALEN	101.7	99.5	101.0	99.8	99.6	99.1	99.6	100.4	100.6	100.1	99.8
HESSEN	108.4	104.5	102.9	102.9	102.8	102.6	102.5	102.5	102.2	102.0	101.9
RHEINLAND-PFALZ	89.8	90.7	91.2	90.4	90.8	91.7	91.2	91.5	91.8	92.0	92.5
BADEN-WUERTTEMBERG	108.6	108.8	107.3	106.8	107.9	108.8	108.4	108.6	108.5	108.5	108.2
BAYERN	94.5	94.5	93.7	95.4	95.5	96.1	97.1	97.1	96.5	97.0	97.5
SAARLAND	80.6	84.2	85.1	87.3	87.8	85.9	87.0	90.7	90.9	92.5	92.6
BERLIN	98.3	101.4	104.5	107.3	106.1	108.0	106.1	104.7	107.0	108.4	110.0
BUNDESGEBIET INSGESAMT	100.0	100.0	100.0	100.0	100.0	100.0	100.0	100.0	100.0	100.0	100.0
NORD-REGIONEN	97.5	100.9	100.5	100.7	100.2	99.4	98.5	97.1	97.0	96.8	96.8
NORDRHEIN-WESTFALEN	101.7	99.5	101.0	99.8	99.6	99.1	99.6	100.4	100.6	100.1	99.8
MITTE-REGIONEN	98.7	97.4	96.8	96.8	96.9	97.0	96.9	97.3	97.3	97.5	97.6
SUED-REGIONEN	101.0	101.1	100.0	100.6	101.2	101.9	102.3	102.4	102.0	102.3	102.4
BERLIN	98.3	101.4	104.5	107.3	106.1	108.0	106.1	104.7	107.0	108.4	110.0

1970 = 100

	1970	1973	1974	1975	1976	1977	1978	1979	1980	1981	1982
SCHLESWIG-HOLSTEIN	100.0	135.7	148.2	160.0	171.9	184.2	193.8	204.1	218.9	223.2	232.0
HAMBURG	100.0	133.9	145.2	149.1	159.5	170.4	179.5	194.0	205.8	213.6	221.4
NIEDERSACHSEN	100.0	136.8	147.6	155.1	170.8	180.2	192.3	202.4	215.3	221.7	229.1
BREMEN	100.0	145.1	155.1	163.2	177.3	191.4	198.6	207.8	217.2	225.4	230.8
NORDRHEIN-WESTFALEN	100.0	129.0	142.1	147.3	161.0	171.5	184.1	198.8	212.1	217.7	224.6
HESSEN	100.0	127.0	135.7	142.4	155.7	166.4	177.6	190.2	202.0	207.8	215.0
RHEINLAND-PFALZ	100.0	133.0	145.1	151.0	165.9	179.5	190.6	205.0	219.1	226.3	235.5
BADEN-WUERTTEMBERG	100.0	132.0	141.2	145.4	163.1	176.0	187.5	201.2	214.1	220.8	227.9
BAYERN	100.0	131.8	141.9	151.5	166.1	178.9	193.1	207.0	219.1	227.0	236.1
SAARLAND	100.0	137.7	151.1	162.7	178.9	187.5	202.9	226.7	242.0	253.9	262.9
BERLIN	100.0	135.9	152.0	163.9	177.3	193.2	202.7	214.4	233.4	243.8	256.1
BUNDESGEBIET INSGESAMT	100.0	131.8	143.0	150.1	164.2	175.8	187.9	201.3	214.4	221.0	228.8
NORD-REGIONEN	100.0	136.3	147.3	154.9	168.6	179.1	189.7	200.5	213.2	219.4	226.9
NORDRHEIN-WESTFALEN	100.0	129.0	142.1	147.3	161.0	171.5	184.1	198.8	212.1	217.7	224.6
MITTE-REGIONEN	100.0	130.1	140.3	147.2	161.3	172.8	184.4	198.6	211.5	218.3	226.3
SUED-REGIONEN	100.0	131.9	141.6	149.6	164.6	177.4	190.3	204.1	216.6	223.9	232.0
BERLIN	100.0	135.9	152.0	163.9	177.3	193.2	202.7	214.4	233.4	243.8	256.1

Quelle: Eigene Berechnungen aufgrund amtlicher Statistiken.

Von erheblicher Bedeutung für das tatsächliche Einkommensniveau der privaten Haushalte und damit auch für die von ihnen entfaltete Nachfrage ist es, in welchem Maße die Resultate der primären Einkommensverteilung durch Umverteilung verändert werden. Dieser Umverteilungsprozeß, dessen Ergebnis das verfügbare Einkommen ist, wird hier in zwei Schritten betrachtet. Zunächst werden die von den privaten Haushalten geleisteten öffentlichen Abgaben dargestellt, danach die Transfereinkommen.

Der Anteil der Abgaben - direkte Steuern und Sozialversicherungsbeiträge - am Bruttoeinkommen hat im Bundesdurchschnitt von 28,1 vH im Jahr 1970 auf 36,4 vH im Jahr 1982 zugenommen (Tabelle 2.3.3). In den Stadtstaaten ist die Abgabenquote von 1970 bis 1982 unterdurchschnittlich gestiegen; sie war aber 1982 mit rund 39 vH immer noch deutlich höher als in den Flächenländern[7]. Vergleichsweise stark zugenommen haben die öffentlichen Abgaben dagegen in Rheinland-Pfalz und Hessen, das 1982 unter den Flächenländern die höchste Abgabenquote hatte.

Durch die zweite Komponente der Umverteilung der Primäreinkommen, fließen den privaten Haushalten Transfereinkommen zu, unter denen die Sozialleistungen das größte Gewicht haben. Um diejenigen Beträge zu erhalten, die den Haushalten als Transfereinkommen letztlich zur Verfügung stehen, müssen die empfangenen Übertragungen noch saldiert werden mit den Übertragungen, die die privaten Haushalte neben den direkten Steuern und den Sozialbeiträgen leisten. Von Gewicht sind hier die Überweisungen der Gastarbeiter in ihre Heimatländer.

Im Zuge dieses Umverteilungsprozesses wurde das Nettoerwerbs- und -vermögenseinkommen der privaten Haushalte 1982 im Bundesdurchschnitt um rund ein Drittel erhöht (vgl. Tabelle 2.3.3). Dieser Satz ist regional sehr unterschiedlich. Im Süden hat er im Zeitraum von 1970 bis 1982 zwar etwas stärker zugenommen; er war aber 1982 immer noch wesentlich geringer als im Norden. Die Extremwerte lagen 1982 zwischen 46 vH in Berlin und 26 vH in Baden-Württemberg.

Den Gründen für diese großen regionalen Unterschiede bei der Umverteilung von Kaufkraft kann anhand der verfügbaren Daten aus den regionalen

Tabelle 2.3.3

Direkte Steuern und Sozialbeiträge in vH des Bruttoerwerbs- und -vermögenseinkommens

IN VH

	1970	1973	1974	1975	1976	1977	1978	1979	1980	1981	1982
SCHLESWIG-HOLSTEIN	26.7	32.1	33.6	33.0	34.4	35.0	34.9	35.3	36.3	36.3	36.0
HAMBURG	32.1	36.0	37.2	38.2	39.4	39.7	39.5	38.5	37.9	39.0	39.1
NIEDERSACHSEN	27.1	31.1	33.0	33.0	34.0	35.3	34.9	35.1	36.1	36.3	36.2
BREMEN	31.8	34.5	36.7	36.1	37.6	37.3	37.4	37.7	39.0	39.6	39.2
NORDRHEIN-WESTFALEN	29.3	34.6	35.4	35.3	36.8	37.4	36.2	35.4	36.5	36.6	36.7
HESSEN	27.7	33.7	35.0	34.9	36.3	37.0	36.5	36.0	36.7	37.3	37.3
RHEINLAND-PFALZ	26.9	32.5	33.5	33.9	34.9	35.7	35.2	35.0	36.4	36.5	36.5
BADEN-WUERTTEMBERG	27.5	32.6	34.0	33.6	34.7	35.4	34.7	34.6	36.0	36.1	36.2
BAYERN	27.4	32.6	33.6	32.7	34.1	34.9	34.5	34.4	35.3	35.8	35.7
SAARLAND	28.7	33.4	34.7	34.1	35.4	36.6	35.7	34.5	35.3	35.0	35.1
BERLIN	26.4	30.7	32.0	31.6	33.2	33.1	33.2	33.1	32.8	33.6	33.9
BUNDESGEBIET INSGESAMT	28.1	33.2	34.4	34.1	35.4	36.1	35.5	35.2	36.1	36.4	36.4
NORD-REGIONEN	28.3	32.6	34.1	34.1	35.2	36.1	35.9	35.9	36.7	37.0	36.9
NORDRHEIN-WESTFALEN	29.3	34.6	35.4	35.3	36.8	37.4	36.2	35.4	36.5	36.6	36.7
MITTE-REGIONEN	27.6	33.3	34.5	34.5	35.8	36.5	36.0	35.6	36.5	36.8	36.8
SUED-REGIONEN	27.4	32.6	33.8	33.1	34.4	35.2	34.6	34.5	35.7	36.0	35.9
BERLIN	26.4	30.7	32.0	31.6	33.2	33.1	33.2	33.1	32.8	33.6	33.9

Verfügbares Einkommen in vH des Nettoerwerbs- und -vermögenseinkommens

IN VH

	1970	1973	1974	1975	1976	1977	1978	1979	1980	1981	1982
SCHLESWIG-HOLSTEIN	123.0	124.4	126.3	129.6	130.4	132.0	132.7	133.1	133.8	134.5	134.9
HAMBURG	123.6	126.2	128.7	135.2	136.4	136.9	136.2	134.5	134.8	136.2	137.1
NIEDERSACHSEN	122.3	124.4	126.5	131.8	131.3	133.1	132.7	133.0	133.7	135.4	136.4
BREMEN	125.7	126.0	129.3	133.8	135.3	135.5	137.1	138.1	139.8	141.2	142.4
NORDRHEIN-WESTFALEN	122.5	125.5	127.6	133.2	133.7	134.0	132.7	131.6	132.3	133.8	134.8
HESSEN	118.2	121.1	124.2	129.2	129.2	130.5	129.7	129.1	129.9	131.2	131.7
RHEINLAND-PFALZ	121.7	124.1	125.9	132.1	131.7	132.3	132.0	131.2	131.6	132.9	133.3
BADEN-WUERTTEMBERG	114.8	117.7	118.7	124.1	123.8	124.5	123.9	123.7	124.6	125.7	126.2
BAYERN	119.5	121.9	124.3	128.8	128.6	129.5	128.5	128.1	128.9	130.2	130.4
SAARLAND	133.7	135.1	137.0	142.0	142.3	143.1	140.6	137.2	138.1	138.8	139.2
BERLIN	137.4	141.1	143.5	147.5	149.2	148.8	147.7	147.1	145.8	146.3	146.3
BUNDESGEBIET INSGESAMT	121.1	123.7	125.8	131.0	131.1	131.9	131.0	130.4	131.1	132.4	133.1
NORD-REGIONEN	123.2	124.8	127.0	132.1	132.2	133.7	133.5	133.6	134.3	135.7	136.5
NORDRHEIN-WESTFALEN	122.5	125.5	127.6	133.2	133.7	134.0	132.7	131.6	132.3	133.8	134.8
MITTE-REGIONEN	120.7	123.4	126.0	131.4	131.3	132.3	131.5	130.6	131.3	132.5	133.0
SUED-REGIONEN	117.1	119.8	121.5	126.5	126.2	127.1	126.3	125.9	126.8	128.0	128.4
BERLIN	137.4	141.1	143.5	147.5	149.2	148.8	147.7	147.1	145.8	146.3	146.3

Quelle: Eigene Berechnungen aufgrund amtlicher Statistiken.

volkswirtschaftlichen Gesamtrechnungen der Länder nicht im Einzelnen nachgegangen werden, da die Transferströme nur als Summen, nicht aber in ihren einzelnen Bestandteilen publiziert werden. Einige plausible Vermutungen lassen sich aber anstellen: Der mit Abstand größte Einzelposten im Rahmen der empfangenen Übertragungen sind die Altersrenten. Der Gesamtbetrag der Renten bemißt sich im wesentlichen nach der Zahl der Rentner und nach der Höhe ihrer früheren Erwerbseinkommen. Hinsichtlich der zweiten Komponente sind die süddeutschen Bundesländer im Nachteil, weil das durchschnittliche Arbeitnehmereinkommen dort in der Vergangenheit relativ niedrig war. In Bayern liegt es noch heute deutlich unter dem Bundesdurchschnitt. Diesem Einfluß dürfte allerdings die vergleichsweise starken Zuwanderungen von alten Menschen in die südlichen Bundesländer zunehmend entgegengewirkt haben (vgl. auch Abschnitt 6).

Ein zweiter großer Bestandteil der empfangenen Übertragungen sind die sozialen Leistungen, vor allem die Arbeitslosenunterstützung und die Sozialhilfe. In Anbetracht der relativ günstigen Arbeitsmarktlage in Süddeutschland ist es unmittelbar einsichtig, daß die entsprechenden Transfers geringer sind als in anderen Ländern.

Zu den von privaten Haushalten geleisteten Übertragungen zählen u.a. die Heimatüberweisungen ausländischer Arbeitnehmer. Da deren Anteil an der Gesamtbeschäftigtenzahl im Süden, vor allem in Baden-Württemberg, höher ist als im Bundesdurchschnitt, sind auch die ins Ausland abfließenden Einkommensbestandteile vergleichsweise groß.

Das letztlich für den privaten Konsum zur Verfügung stehende Einkommen pro Einwohner hat sich im Untersuchungszeitraum mehr als verdoppelt; die Meßzahl (1970 = 100) lag 1982 im Bundesdurchschnitt bei 223 (vgl. Tabelle 2.3.4). In der Mehrzahl der Bundesländer ist das verfügbare Pro-Kopf-Einkommen mit ähnlichem Tempo gestiegen. Lediglich in Bremen, im Saarland und in Bayern war der Zuwachs deutlich größer[8]. Während dies aber in Bayern und im Saarland auf die Entwicklung der Erwerbseinkommen zurückzuführen ist, hat in Bremen hauptsächlich die starke

Abbildung 2.3.1

Verfügbares Einkommen je Einwohner

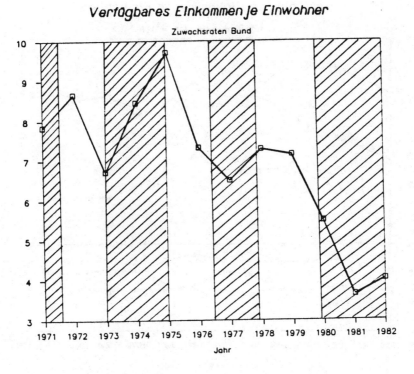

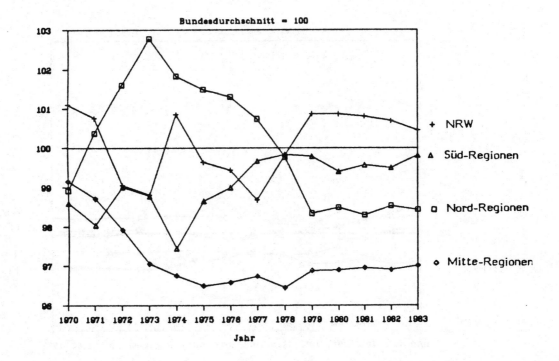

noch Abbildung 2.3.1

Verfügbares Einkommen je Einwohner

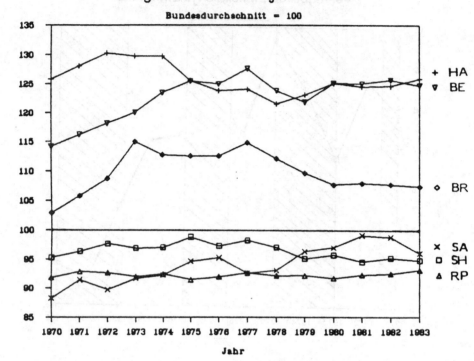

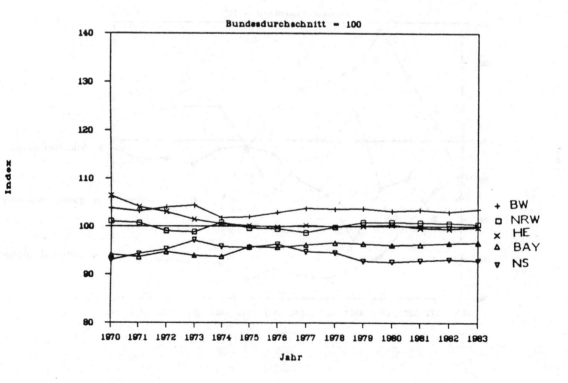

Tabelle 2.3.4

Verfügbares Einkommen der privaten Haushalte je Einwohner

IN DM

	1970	1973	1974	1975	1976	1977	1978	1979	1980	1981	1982
SCHLESWIG-HOLSTEIN	7011	8911	9675	10814	11427	12296	13022	13679	14521	14870	15571
HAMBURG	9252	11936	12941	13747	14542	15525	16319	17706	18991	19583	20386
NIEDERSACHSEN	6838	8931	9554	10463	11312	11859	12690	13344	14069	14602	15227
BREMEN	7569	10578	11253	12325	13228	14373	15058	15779	16345	16981	17630
NORDRHEIN-WESTFALEN	7437	9089	10061	10905	11681	12348	13401	14511	15309	15857	16479
HESSEN	7327	9338	10029	10965	11736	12546	13414	14396	15220	15670	16275
RHEINLAND-PFALZ	6751	8459	9219	10011	10801	11587	12371	13260	13918	14510	15131
BADEN-WUERTTEMBERG	7640	9610	10161	11168	12096	12990	13923	14931	15673	16281	16864
BAYERN	6924	8442	9348	10434	11234	12034	12965	13872	14590	15138	15792
SAARLAND	6487	8434	9202	10358	11189	11584	12492	13859	14718	15584	16160
BERLIN	8398	11041	12314	13733	14682	15971	16618	17529	18992	19666	20568
BUNDESGEBIET INSGESAMT	7355	9199	9976	10945	11747	12512	13425	14387	15178	15731	16366
NORD-REGIONEN	7276	9454	10159	11108	11899	12604	13594	14149	14969	15464	16126
NORDRHEIN-WESTFALEN	7437	9089	10061	10905	11681	12348	13401	14511	15309	15857	16479
MITTE-REGIONEN	7293	8928	9653	10561	11346	12104	12948	13938	14708	15251	15859
SUED-REGIONEN	7253	9087	9722	10798	11629	12472	13404	14357	15087	15662	16284
BERLIN	8398	11041	12314	13733	14682	15971	16618	17529	18992	19666	20568

BUND = 100

	1970	1973	1974	1975	1976	1977	1978	1979	1980	1981	1982
SCHLESWIG-HOLSTEIN	95.3	96.9	97.0	98.8	97.3	98.3	97.0	95.1	95.7	94.5	95.1
HAMBURG	125.8	129.8	129.7	125.6	123.8	124.1	121.6	123.1	125.1	124.5	124.6
NIEDERSACHSEN	93.0	97.1	95.8	95.6	96.3	94.8	94.5	92.8	92.6	92.8	93.0
BREMEN	102.9	115.0	112.8	112.6	112.4	114.9	112.2	109.7	107.7	107.9	107.7
NORDRHEIN-WESTFALEN	101.1	98.8	100.8	99.6	99.4	98.7	99.8	100.9	100.9	100.8	100.7
HESSEN	106.4	101.5	100.5	100.2	99.9	100.3	99.9	100.1	100.3	99.6	99.4
RHEINLAND-PFALZ	91.8	92.0	92.4	91.9	91.9	92.6	92.1	92.2	91.7	92.2	92.5
BADEN-WUERTTEMBERG	103.9	104.5	101.9	102.0	103.0	103.8	103.7	103.8	103.3	103.5	103.0
BAYERN	94.1	93.9	93.7	95.8	95.6	96.2	96.6	96.4	96.1	96.2	96.5
SAARLAND	88.2	91.7	92.2	94.6	95.3	92.6	93.0	96.3	97.0	99.1	98.7
BERLIN	114.2	120.0	123.4	125.5	125.0	127.6	123.8	121.8	125.1	125.0	125.7
BUNDESGEBIET INSGESAMT	100.0	100.0	100.0	100.0	100.0	100.0	100.0	100.0	100.0	100.0	100.0
NORD-REGIONEN	98.9	102.8	101.8	101.5	101.3	100.7	99.8	98.3	98.5	98.3	98.5
NORDRHEIN-WESTFALEN	101.1	98.8	100.8	99.6	99.4	98.7	99.8	100.9	100.9	100.8	100.7
MITTE-REGIONEN	99.2	97.1	96.8	96.5	96.6	96.7	96.4	96.9	96.9	97.0	96.9
SUED-REGIONEN	98.6	98.8	97.5	98.7	99.0	99.7	99.8	99.8	99.4	99.6	99.5
BERLIN	114.2	120.0	123.4	125.5	125.0	127.6	123.8	121.8	125.1	125.0	125.7

1970 = 100

	1970	1973	1974	1975	1976	1977	1978	1979	1980	1981	1982
SCHLESWIG-HOLSTEIN	100.0	127.1	138.0	154.2	163.0	175.4	185.7	195.1	207.1	212.1	222.1
HAMBURG	100.0	129.0	139.9	148.6	157.2	167.8	176.4	191.4	205.3	211.7	220.3
NIEDERSACHSEN	100.0	130.6	139.7	153.0	165.4	173.4	185.6	195.1	205.5	213.5	222.7
BREMEN	100.0	139.7	148.7	162.8	174.8	189.9	198.9	208.5	215.9	224.3	232.9
NORDRHEIN-WESTFALEN	100.0	122.2	135.3	146.6	157.1	166.0	180.2	195.1	205.9	213.2	221.6
HESSEN	100.0	128.1	140.1	149.9	160.3	171.4	183.1	194.4	200.2	207.9
RHEINLAND-PFALZ	100.0	119.3	128.1	149.9	160.0	171.6	183.2	196.4	206.2	214.9	224.1
BADEN-WUERTTEMBERG	100.0	125.3	136.6	148.3	160.0	171.6	183.2	195.0	205.1	213.1	220.7
BAYERN	100.0	125.8	133.0	146.2	158.3	170.0	182.2	195.0	205.1	213.1	220.7
SAARLAND	100.0	124.8	135.0	151.4	162.3	173.8	187.3	200.4	210.7	218.6	228.1
BERLIN	100.0	130.0	141.9	159.7	172.5	178.6	192.6	213.7	226.9	240.2	249.1
BUNDESGEBIET INSGESAMT	100.0	131.5	146.6	163.5	174.8	190.2	197.9	208.7	226.1	234.2	244.9
NORD-REGIONEN	100.0	125.1	135.6	148.8	159.7	170.1	182.5	195.6	206.4	213.9	222.5
NORDRHEIN-WESTFALEN	100.0	129.9	139.6	152.7	163.5	173.2	186.1	194.5	205.5	212.5	221.6
MITTE-REGIONEN	100.0	122.2	135.3	146.6	157.1	166.0	180.2	195.1	205.9	213.2	221.6
SUED-REGIONEN	100.0	122.4	132.4	144.8	155.6	166.0	177.5	191.1	201.7	209.1	217.5
BERLIN	100.0	125.3	134.0	148.9	160.3	172.0	184.8	198.0	208.0	216.0	224.5
	100.0	131.5	146.6	163.5	174.8	190.2	197.9	208.7	226.1	234.2	244.9

Quelle: Eigene Berechnungen aufgrund amtlicher Statistiken.

Zunahme der Transfers zu der relativ günstigen Einkommensentwicklung beigetragen.

Völlig aus dem allgemeinen Trend fällt Hessen mit einer deutlich unterdurchschnittlichen Einkommenssteigerung. Dies erklärt sich aus dem in keinem anderen Bundesland zu beobachtenden Zusammentreffen zweier Entwicklungen: In Hessen sind die Erwerbs- und Vermögenseinkommen pro Erwerbstätigen schwächer gestiegen als im Bundesdurchschnitt. Gleichzeitig hat sich im Zuge einer vergleichsweise kräftigen Zunahme der Einwohnerzahl die Erwerbsquote (Erwerbstätige/Einwohner) stärker vermindert als in den meisten anderen Ländern.

Die regionalen Niveauunterschiede beim verfügbaren Einkommen pro Einwohner haben sich von 1970 bis 1982 ebenso wie beim Bruttosozialprodukt vermindert. Die Werte für die Flächenländer lagen 1982 alle in der Spanne von 93 bis 103 vH des Bundesdurchschnitts (vgl. auch Abb. 2.3.1).

Der private Verbrauch je Einwohner hat sich von 1970 bis 1982 deutlich stärker erhöht als das verfügbare Einkommen, d.h. die Sparquote ist gesunken (vgl. Tabellen 2.3.5 und 2.3.6)[9]. Diese Entwicklung war in den einzelnen Bundesländern unterschiedlich ausgeprägt. In Hessen ist der geringe Einkommensanstieg hinsichtlich der Konsumentwicklung durch einen sehr starken Rückgang der Sparquote kompensiert worden. In Nordrhein-Westfalen, Niedersachsen, Bremen und im Saarland hat die Sparquote dagegen nur wenig abgenommen. Aufgrund dieser regionalen Unterschiede ist die Schere im Wachstumstempo der Verbrauchsausgaben zwischen Norddeutschland und Nordrhein-Westfalen einerseits und Süddeutschland andererseits erheblich größer gewesen als es von der Einkommensentwicklung her zu erwarten war. Immerhin hat der Pro-Kopf-Verbrauch in Bayern um rund 17 vH-Punkte mehr expandiert als in Nordrhein-Westfalen. Das Land hat damit den zu Beginn der siebziger Jahre existierenden beträchtlichen Niveaurückstand gegenüber dem Bundesdurchschnitt fast aufgeholt.

Tabelle 2.3.5

Privater Verbrauch je Einwohner

IN DM

	1970	1973	1974	1975	1976	1977	1978	1979	1980	1981	1982
SCHLESWIG-HOLSTEIN	5621	7548	8152	9038	9759	10601	11289	12078	12795	13347	13956
HAMBURG	7104	9638	10383	11494	12461	13374	14227	15194	16288	17077	17022
NIEDERSACHSEN	5858	7783	8317	9051	9886	10562	11260	12002	12847	13584	14074
BREMEN	6261	8564	9102	9882	10717	11519	12355	13290	14094	15010	15433
NORDRHEIN-WESTFALEN	6209	8023	8635	9527	10326	11113	11812	12700	13572	14226	14710
HESSEN	6210	8233	8813	9713	10587	11392	12125	13006	13892	14665	15058
RHEINLAND-PFALZ	5563	7346	7869	8605	9477	10247	10959	11846	12466	13120	13771
BADEN-WUERTTEMBERG	6122	8138	8746	9643	10416	11251	12091	13056	13843	14646	15094
BAYERN	5687	7435	8190	9074	9921	10691	11405	12265	13149	13916	14444
SAARLAND	5640	7437	7959	8833	9668	10540	11332	12073	12903	13840	14455
BERLIN	7947	10044	10831	11785	12750	13866	14736	15639	16654	17418	18103
BUNDESGEBIET INSGESAMT	6080	7993	8601	9470	10295	11090	11827	12699	13547	14254	14768
NORD-REGIONEN	6018	8045	8621	9440	10267	11014	11736	12527	13373	14084	14570
NORDRHEIN-WESTFALEN	6209	8023	8635	9527	10326	11113	11812	12700	13572	14226	14710
MITTE-REGIONEN	5919	7831	8386	9225	10095	10894	11628	12498	13291	13926	14541
SUED-REGIONEN	5887	7808	8446	9335	10148	10947	11719	12627	13467	14251	14742
BERLIN	7947	10044	10831	11785	12750	13866	14736	15639	16654	17418	18103

BUND = 100

	1970	1973	1974	1975	1976	1977	1978	1979	1980	1981	1982
SCHLESWIG-HOLSTEIN	92.4	94.4	94.8	95.4	94.8	95.6	95.5	95.1	94.5	93.6	94.5
HAMBURG	116.8	120.6	120.7	121.4	121.0	120.6	120.3	119.6	120.2	119.8	119.3
NIEDERSACHSEN	96.3	97.4	96.7	95.6	96.0	95.2	95.2	94.5	94.8	95.3	95.0
BREMEN	103.0	107.1	105.8	104.3	104.1	103.9	104.5	104.6	104.1	105.3	104.5
NORDRHEIN-WESTFALEN	102.1	100.4	100.4	100.6	100.3	100.2	99.9	100.0	100.2	99.8	99.6
HESSEN	102.1	103.0	102.5	102.6	102.8	102.7	102.5	102.4	102.5	101.5	102.0
RHEINLAND-PFALZ	91.0	91.9	91.5	90.9	92.1	92.4	92.7	93.3	92.0	92.0	93.2
BADEN-WUERTTEMBERG	100.7	102.4	101.7	101.8	101.2	101.5	102.2	102.8	102.2	102.8	102.2
BAYERN	93.5	93.6	95.2	95.8	96.4	96.4	96.4	96.6	97.1	97.6	97.8
SAARLAND	93.1	93.0	92.5	93.3	93.9	95.0	95.8	95.1	95.7	97.1	97.9
BERLIN	130.7	125.7	125.9	124.4	123.8	125.0	124.6	123.2	122.9	122.2	122.6
BUNDESGEBIET INSGESAMT	100.0	100.0	100.0	100.0	100.0	100.0	100.0	100.0	100.0	100.0	100.0
NORD-REGIONEN	99.0	100.7	100.2	99.7	99.7	99.3	99.2	98.6	98.7	98.8	98.7
NORDRHEIN-WESTFALEN	102.1	100.4	100.4	100.6	100.3	100.2	99.9	100.0	100.2	99.8	99.6
MITTE-REGIONEN	97.3	98.0	97.5	97.4	98.1	98.2	98.3	98.4	98.1	97.7	98.5
SUED-REGIONEN	96.8	97.7	98.2	98.6	98.6	98.7	99.1	99.4	99.4	100.0	99.8
BERLIN	130.7	125.7	125.9	124.4	123.8	125.0	124.6	123.2	122.9	122.2	122.6

1970 = 100

	1970	1973	1974	1975	1976	1977	1978	1979	1980	1981	1982
SCHLESWIG-HOLSTEIN	100.0	134.3	145.0	160.8	173.6	188.6	200.8	214.9	227.6	237.4	248.3
HAMBURG	100.0	135.7	146.1	161.8	175.4	188.3	200.3	213.9	229.3	240.4	248.1
NIEDERSACHSEN	100.0	132.9	142.0	154.5	168.8	180.3	192.2	204.9	219.3	231.9	239.4
BREMEN	100.0	136.8	145.4	157.8	171.2	184.0	197.3	212.3	225.2	239.7	246.5
NORDRHEIN-WESTFALEN	100.0	129.2	139.1	153.4	166.3	179.0	190.2	204.5	218.6	229.1	236.9
HESSEN	100.0	132.6	141.9	156.4	170.5	183.4	195.2	209.4	223.7	232.9	242.5
RHEINLAND-PFALZ	100.0	131.9	141.3	154.5	170.2	183.9	196.8	212.7	223.9	235.6	247.3
BADEN-WUERTTEMBERG	100.0	133.7	142.9	157.5	170.1	183.8	197.5	213.3	226.1	239.2	246.5
BAYERN	100.0	131.4	144.0	159.6	174.4	188.0	200.6	215.7	231.2	244.7	254.0
SAARLAND	100.0	131.4	140.6	156.1	170.8	186.2	200.2	213.3	229.0	244.5	255.4
BERLIN	100.0	126.4	136.3	148.3	160.4	174.5	185.4	196.8	209.6	219.2	227.8
BUNDESGEBIET INSGESAMT	100.0	131.5	141.5	155.8	169.3	182.4	194.5	208.9	222.8	234.4	242.9
NORD-REGIONEN	100.0	133.7	143.2	156.9	170.6	183.0	195.0	208.2	222.2	234.0	242.1
NORDRHEIN-WESTFALEN	100.0	129.2	139.1	153.4	166.3	179.0	190.2	204.5	218.6	229.1	236.9
MITTE-REGIONEN	100.0	132.3	141.7	155.9	170.6	184.1	196.5	211.2	224.6	235.3	245.7
SUED-REGIONEN	100.0	132.6	143.5	158.6	172.4	186.0	199.1	214.5	228.8	242.1	250.4
BERLIN	100.0	126.4	136.3	148.3	160.4	174.5	185.4	196.8	209.6	219.2	227.8

Quelle: Eigene Berechnungen aufgrund amtlicher Statistiken.

Tabelle 2.3.6

Privater Verbrauch in vH des verfügbaren Einkommens

In vH

	1970	1973	1974	1975	1976	1977	1978	1979	1980	1981	1982
SCHLESWIG-HOLSTEIN	80.2	84.7	84.3	83.6	85.4	86.2	86.7	88.3	88.1	89.8	89.6
HAMBURG	76.8	80.7	80.2	83.6	85.7	86.1	87.2	85.8	85.8	87.2	86.4
NIEDERSACHSEN	85.7	87.1	87.0	86.5	87.4	89.1	88.7	89.9	91.4	93.0	92.1
BREMEN	82.7	81.0	80.9	80.2	81.0	80.1	82.0	84.2	86.2	88.4	87.5
NORDRHEIN-WESTFALEN	83.5	88.3	85.8	87.4	88.4	90.0	88.1	87.5	88.7	89.7	89.3
HESSEN	79.3	88.2	87.9	88.6	90.2	90.8	90.4	90.3	91.3	92.3	92.5
RHEINLAND-PFALZ	82.5	86.8	85.4	86.0	87.7	88.4	83.6	89.3	89.6	90.4	91.0
BADEN-WUERTTEMBERG	80.1	85.2	86.1	86.3	86.1	86.6	86.3	87.4	88.3	90.0	89.5
BAYERN	82.1	86.6	87.6	86.6	88.3	88.8	88.0	88.4	90.1	91.9	91.5
SAARLAND	87.3	88.2	86.5	85.3	86.4	91.0	90.7	87.1	86.1	88.8	89.4
BERLIN	94.6	91.0	88.0	85.8	86.8	86.8	88.7	89.2	87.7	88.6	88.0
BUNDESGEBIET INSGESAMT	82.7	86.9	86.2	86.5	87.6	88.6	88.1	88.3	89.3	90.6	90.2
NORD-REGIONEN	82.7	85.1	84.9	85.0	86.3	87.4	87.6	88.5	89.5	91.1	90.4
NORDRHEIN-WESTFALEN	83.5	88.3	85.8	87.4	88.4	90.0	88.1	87.5	88.7	89.7	89.3
MITTE-REGIONEN	81.2	87.7	86.9	87.4	89.0	90.0	89.8	89.7	90.4	91.5	91.7
SUED-REGIONEN	81.2	85.9	86.9	86.5	87.3	87.8	87.4	88.0	89.3	91.0	90.5
BERLIN	94.6	91.0	88.0	85.8	86.8	86.8	88.7	89.2	87.7	88.6	88.0

Quelle: Eigene Berechnungen aufgrund amtlicher Statistiken.

Die vom privaten Verbrauch auf die Entwicklung des Bruttosozialprodukts der Bundesländer ausgehenden Impulse lassen sich mit den verfügbaren Informationen nicht quantifizieren. Eine grobe Einschätzung ist aber möglich anhand der Veränderung des Anteils des Konsums am regionalen Bruttosozialprodukt. Dieser Anteil ist im Zuge der Rezession 1974/75 deutlich gestiegen; danach hat er sich nur noch wenig verändert (vgl. Tabelle 2.3.7). Besonders stark zugenommen hat der Anteil des privaten Verbrauchs am Bruttosozialprodukt in den Bundesländern, in denen auch die Einwohnerzahl überdurchschnittlich gestiegen ist (vgl. dazu auch Tabelle 6.1). Die vier norddeutschen Länder wurden dabei in ihrer Gesamtheit betrachtet.

2.4 Anlageinvestitionen der Unternehmen in den Bundesländern

Im Rahmen der regionalisierten volkswirtschaftlichen Gesamtrechnung werden zwar Bruttoanlageinvestitionen für Bundesländer berechnet. Ebensowenig wie bei den anderen Nachfragekomponenten gibt es aber Informationen darüber, welcher Teil der nachgefragten Investitionsgüter in den jeweiligen Ländern auch produktions- und beschäftigungswirksam wird und welcher Teil von außen bezogen wird. Der Zusammenhang zwischen regionaler Nachfrage und regionaler Produktion ist tendenziell umso geringer, je kleiner die betrachtete Region ist. Generell muß bei den Ausrüstungsinvestitionen von einer hohen interregionalen und internationalen Verflechtung ausgegangen werden, während der Großteil der regionalen Bauinvestitionen auch unter Einsatz regionaler Produktionsfaktoren erstellt wird. Wegen dieser unterschiedlichen regional-wirtschaftlichen Bedeutung werden im folgenden die Anlageinvestitionen der Unternehmen nicht nur insgesamt, sondern auch getrennt nach Ausrüstungs- und Bauinvestitionen untersucht. Dabei ist der Wohnungsbau der privaten Haushalte - gemäß dem Konzept der volkswirtschaftlichen Gesamtrechnung - in den Bauinvestitionen der Unternehmen enthalten (vgl. Tabellen 2.4.1 - 2.4.4).

Für den norddeutschen Raum gilt auch an dieser Stelle, daß die Werte für Hamburg und Bremen im Grunde nicht für sich allein gesehen werden dürfen, sondern mit denen Schleswig-Holsteins und Niedersachsens zusam-

Tabelle 2.3.7

<u>Privater Verbrauch</u>
<u>in vH des Bruttosozialprodukts</u>

IN VH

	1970	1973	1974	1975	1976	1977	1978	1979	1980	1981	1982
SCHLESWIG-HOLSTEIN	57.3	56.6	56.1	58.4	58.3	59.2	59.5	59.9	59.2	60.1	60.8
HAMBURG	42.1	41.7	42.6	45.3	45.7	45.9	45.3	44.3	44.8	44.7	44.1
NIEDERSACHSEN	60.5	59.0	58.6	60.7	59.8	60.4	59.7	60.0	60.1	61.1	61.0
BREMEN	47.2	45.0	45.4	47.0	46.9	47.0	48.1	49.2	50.1	51.7	52.0
NORDRHEIN-WESTFALEN	55.0	54.5	53.9	57.1	56.7	57.5	56.6	55.8	56.3	57.1	57.2
HESSEN	51.9	52.7	53.7	56.5	55.8	56.5	55.5	55.2	56.0	56.4	56.5
RHEINLAND-PFALZ	55.7	54.8	54.2	57.4	57.4	57.8	57.6	57.2	56.3	57.1	57.7
BADEN-WUERTTEMBERG	50.7	50.9	51.9	54.7	53.4	53.5	53.3	53.2	55.3	54.3	54.3
BAYERN	55.1	54.1	55.4	58.1	57.6	57.8	56.7	56.4	57.1	57.9	57.8
SAARLAND	64.6	60.9	59.6	62.0	62.5	64.9	64.3	61.3	62.4	63.2	63.3
BERLIN	66.3	61.8	61.5	62.8	63.2	63.7	63.3	62.6	61.4	61.3	60.7
BUNDESGEBIET INSGESAMT	54.6	53.9	54.2	56.9	56.4	56.9	56.2	55.8	56.1	56.9	56.9
NORD-REGIONEN	54.7	53.7	53.7	56.0	55.7	56.2	55.9	55.9	56.1	56.9	56.8
NORDRHEIN-WESTFALEN	55.0	54.5	53.9	57.1	56.7	57.5	56.6	55.8	56.3	57.1	57.2
MITTL-REGIONEN	54.2	54.1	54.4	57.3	57.0	57.7	57.0	56.4	56.7	57.3	57.5
SUED-REGIONEN	52.9	52.5	53.7	56.4	55.6	55.7	55.0	54.6	55.2	56.1	56.1
BERLIN	66.3	61.8	61.5	62.8	63.2	63.7	63.3	62.6	61.4	61.3	60.7

1970 = 100

	1970	1973	1974	1975	1976	1977	1978	1979	1980	1981	1982
SCHLESWIG-HOLSTEIN	100.0	98.7	97.9	101.8	101.7	103.2	103.8	104.4	103.2	104.8	106.0
HAMBURG	100.0	99.2	101.1	107.7	108.6	109.1	107.7	105.3	106.5	106.2	104.7
NIEDERSACHSEN	100.0	97.6	96.9	100.3	99.0	99.9	98.7	99.2	99.4	101.0	100.9
BREMEN	100.0	95.2	96.0	99.5	99.3	99.5	101.8	104.1	106.0	109.5	110.0
NORDRHEIN-WESTFALEN	100.0	99.1	98.1	103.8	103.1	104.5	102.9	101.5	102.3	103.8	103.9
HESSEN	100.0	101.6	103.6	109.0	107.7	109.0	107.0	106.5	108.8	108.9	108.9
RHEINLAND-PFALZ	100.0	98.5	97.4	103.1	103.2	103.8	103.5	102.7	101.2	102.7	103.6
BADEN-WUERTTEMBERG	100.0	100.4	102.4	108.0	105.3	105.6	105.1	104.9	105.1	107.1	107.1
BAYERN	100.0	98.1	100.4	105.3	104.5	104.9	102.7	102.4	103.5	104.9	104.9
SAARLAND	100.0	94.3	92.3	95.9	96.7	100.4	99.5	94.9	96.5	97.7	97.9
BERLIN	100.0	93.3	92.8	94.8	95.3	96.1	95.6	94.5	92.7	92.6	91.7
BUNDESGEBIET INSGESAMT	100.0	98.8	99.2	104.3	103.3	104.3	103.0	102.3	102.8	104.2	104.3
NORD-REGIONEN	100.0	98.1	98.1	102.3	101.7	102.7	102.1	102.2	102.5	103.9	103.8
NORDRHEIN-WESTFALEN	100.0	99.1	98.1	103.8	103.1	104.5	102.9	101.5	102.3	103.8	103.9
MITTL-REGIONEN	100.0	99.8	100.3	105.7	105.1	106.4	105.1	104.0	104.6	105.6	106.0
SUED-REGIONEN	100.0	99.2	101.4	106.6	105.0	105.3	103.9	103.6	104.3	106.1	106.0
BERLIN	100.0	93.3	92.8	94.8	95.3	96.1	95.6	94.5	92.7	92.6	91.7

Quelle: Eigene Berechnungen aufgrund amtlicher Statistiken.

mengefaßt werden müssen. Die allgemeine Tendenz der Verlagerung von Wohnsitzen und Betriebsstätten aus den Kernstädten ins Umland schlägt sich natürlich auch in den Investitionsdaten für die beiden norddeutschen Stadtstaaten einerseits und ihre Umgebung andererseits nieder. Sowohl unter dem Aspekt des Angebots als auch bei der hier im Vordergrund stehenden Analyse der Nachfrage wäre es sinnvoll, die beiden Verflechtungsräume jeweils in ihrer Gesamtheit zu betrachten. Dafür fehlt es aber an statistischen Informationen.

In Norddeutschland insgesamt sind die Ausrüstungsinvestitionen im Zeitraum 1970 bis 1982 zwar nicht so kräftig wie in den beiden süddeutschen Ländern, aber deutlich stärker als im Bundesdurchschnitt gestiegen. Die Bauinvestitionen haben dagegen relativ schwach expandiert. Von den beiden Flächenländern weist Niedersachsen mit Abstand die ungünstigere Entwicklung der Bruttoanlageinvestitionen auf.

In Berlin, Nordrhein-Westfalen und vor allem in Hessen sind sowohl die Ausrüstungs- als auch die Bauinvestitionen unterdurchschnittlich gestiegen. Die für Hessen ausgewiesenen Daten erscheinen allerdings vor dem Hintergrund der vergleichsweise günstigen Entwicklung von Wirtschaft und Bevölkerung in diesem Land wenig plausibel. Gegen ein derartig starkes Zurückbleiben der Bauinvestitionen, wie es sich aus den Daten der regionalen VGR ergibt, sprechen auch die Angaben zur Entwicklung der Wertschöpfung des heimischen Baugewerbes.

In Rheinland-Pfalz und insbesondere im Saarland sind die Anlageinvestitionen überdurchschnittlich ausgeweitet worden. In Rheinland-Pfalz war die Entwicklung dabei in den beiden Investitionsbereichen sehr gegensätzlich. Die Ausrüstungsinvestitionen stiegen nur schwach, die Bauinvestitionen dagegen deutlich stärker als im Bundesdurchschnitt.

In Bayern und in Baden-Württemberg war der Vorsprung gegenüber dem bundesdurchschnittlichen Entwicklungstempo bei den Bauinvestitionen wesentlich größer als bei den Ausrüstungen. Dabei hat sicher auch die vergleichsweise starke Zunahme der Einwohnerzahl mit der daraus resultierenden Nachfrage nach Wohnraum eine Rolle gespielt.

Tabelle 2.4.1

Bruttoanlageinvestitionen der Unternehmen

Neue Anlagen in Mill. DM zu jeweiligen Preisen

	1970	1971	1972	1973	1974	1975	1976	1977	1978	1979	1980	1981	1982
Schleswig-Holstein	4801	5844	6747	7302	6853	6748	7727	8551	8886	10565	12909	12360	12142
Hamburg	5970	6881	6966	7470	7530	6246	7194	8039	8031	8348	9207	9557	9257
Niedersachsen	15419	17721	19319	20137	19404	18603	20353	22139	24610	28532	32055	31478	29018
Bremen	1966	2347	2557	2340	2480	2359	2504	3186	3109	2968	3516	3859	3796
Nordrhein-Westfalen	37589	42755	44346	47142	44466	45502	49479	52857	56054	64589	71212	72752	68524
Hessen	14466	16552	18004	18013	16610	17134	17316	19054	20305	22203	23801	24151	23145
Rheinland-Pfalz	7739	8451	9588	10363	9822	9363	10741	12305	13479	14927	16700	17122	16951
Baden-Wuerttemberg	21565	25848	27553	29467	28216	27116	29350	32433	36510	43149	47738	48477	48087
Bayern	24691	28337	32765	34576	31016	30581	35640	38071	45140	51109	55102	56300	60319
Saarland	1956	2655	2705	2494	2350	2685	2904	3028	3338	4054	4754	4646	5614
Berlin	4917	5440	5491	5694	5803	5492	5472	5677	5869	6495	7596	7958	8377
Bundesgebiet	141079	162831	176041	184998	174550	171829	188680	205340	225331	256939	284590	288660	285230
Nord-Regionen	28156	32793	35589	37249	36267	33956	37778	41915	44636	50413	57687	57254	54213
Nordrhein-Westfalen	37589	42755	44346	47142	44466	45502	49479	52857	56054	64589	71212	72752	68524
Mitte-Regionen	24161	27658	30297	30870	28782	29182	30961	34387	37122	41184	45255	45919	45710
Sued-Regionen	46256	54185	60318	64043	59232	57697	64990	70504	81650	94258	102840	104777	108406
Berlin	4917	5440	5491	5694	5803	5492	5472	5677	5869	6495	7596	7958	8377

1970 = 100

	1970	1971	1972	1973	1974	1975	1976	1977	1978	1979	1980	1981	1982
Schleswig-Holstein	100	121.7	140.5	152.1	142.7	140.6	160.9	178.1	185.1	220.1	268.9	257.4	252.9
Hamburg	100	115.3	116.7	125.1	126.1	104.6	120.5	134.7	134.5	139.8	154.2	160.1	155.1
Niedersachsen	100	114.9	125.3	130.6	125.8	120.6	132.0	143.6	159.6	185.0	207.9	204.2	188.2
Bremen	100	119.4	130.1	119.0	126.1	120.0	127.4	162.1	158.1	151.0	178.8	196.3	193.1
Nordrhein-Westfalen	100	113.7	118.0	125.4	118.3	121.1	131.6	140.6	149.1	171.8	189.4	193.5	182.3
Hessen	100	114.4	124.5	124.5	114.8	118.4	119.7	131.7	140.4	153.5	164.5	167.0	160.0
Rheinland-Pfalz	100	109.2	123.9	133.9	126.9	121.0	138.8	159.0	174.2	192.9	215.8	221.2	219.0
Baden-Wuerttemberg	100	119.9	127.8	136.6	130.8	125.7	136.1	150.4	169.3	200.1	221.4	224.8	223.0
Bayern	100	114.8	132.7	140.0	125.6	123.9	144.3	154.2	182.8	207.0	223.2	228.0	244.3
Saarland	100	135.7	138.3	127.5	120.1	137.3	148.5	154.8	170.7	207.3	243.0	237.5	287.0
Berlin	100	110.6	111.7	115.8	118.0	111.7	111.3	115.5	119.4	132.1	154.5	161.8	170.4
Bundesgebiet	100	115.4	124.8	131.1	123.7	121.8	133.7	145.5	159.7	182.1	201.7	204.6	202.2
Nord-Regionen	100	116.5	126.4	132.3	128.8	120.6	134.2	148.9	158.5	179.0	204.9	203.3	192.5
Nordrhein-Westfalen	100	113.7	118.0	125.4	118.3	121.1	131.6	140.6	149.1	171.8	189.4	193.5	182.3
Mitte-Regionen	100	114.5	125.4	127.8	119.1	120.8	128.1	142.3	153.6	170.5	187.3	190.1	189.2
Sued-Regionen	100	117.1	130.4	138.5	128.1	124.7	140.5	152.4	176.5	203.8	222.3	226.5	234.4
Berlin	100	110.6	111.7	115.8	118.0	111.7	111.3	115.5	119.4	132.1	154.5	161.8	170.4

Quelle: Eigene Berechnungen aufgrund amtlicher Statistiken.

Tabelle 2.4.2

Ausruestungsinvestitionen der Unternehmen

Neue Ausruestungen in Mill. DM zu jeweiligen Preisen

	1970	1971	1972	1973	1974	1975	1976	1977	1978	1979	1980	1981	1982
Schleswig-Holstein	2030	2133	2505	2534	2532	2718	3216	3725	3910	4257	4883	4713	5031
Hamburg	3359	4037	3951	4188	4462	3952	4557	5169	5340	5480	5720	5943	5704
Niedersachsen	6665	7397	7957	8047	8497	8177	9175	10016	11122	12375	13721	13508	13556
Bremen	1181	1316	1339	1343	1482	1434	1618	1976	1908	1789	1983	2177	2116
Nordrhein-Westfalen	19278	21157	20724	20744	19411	22492	25174	26575	27832	32234	33877	35992	33318
Hessen	5811	5988	6143	6189	6011	7081	6916	7836	8858	9771	10629	10635	11107
Rheinland-Pfalz	3744	3667	3967	4044	3845	3849	4478	5285	5753	6445	6874	7050	6551
Baden-Wuerttemberg	9536	11400	10372	10821	10154	11131	12286	14033	16966	19403	19842	20272	20529
Bayern	10264	10492	10957	12154	11198	12558	14384	16078	18912	20831	22330	22387	22337
Saarland	1003	1442	1275	1109	942	1385	1285	1322	1525	1905	2217	1998	2617
Berlin	2089	2420	2389	2465	2456	2292	2242	2324	2624	2859	3435	3535	3604
Bundesgebiet	64960	71449	71579	73638	70990	77069	85331	94339	104750	117349	125511	128210	126470
Nord-Regionen	13235	14883	15752	16112	16973	16281	18566	20886	22280	23901	26307	26341	26407
Nordrhein-Westfalen	19278	21157	20724	20744	19411	22492	25174	26575	27832	32234	33877	35992	33318
Mitte-Regionen	10558	11097	11385	11342	10798	12315	12679	14443	16136	18121	19720	19683	20275
Sued-Regionen	19800	21892	21329	22975	21352	23689	26670	30111	35878	40234	42172	42659	42866
Berlin	2089	2420	2389	2465	2456	2292	2242	2324	2624	2859	3435	3535	3604

1970 = 100

	1970	1971	1972	1973	1974	1975	1976	1977	1978	1979	1980	1981	1982
Schleswig-Holstein	100	105.1	123.4	124.8	124.7	133.9	158.4	183.5	192.6	209.7	240.5	232.2	247.8
Hamburg	100	120.2	117.6	124.7	132.8	117.7	135.7	153.9	159.0	163.1	170.3	176.9	169.8
Niedersachsen	100	111.0	119.4	120.7	127.5	122.7	137.7	150.3	166.9	185.7	205.9	202.7	203.4
Bremen	100	111.4	113.4	113.7	125.5	121.4	137.0	167.3	161.6	151.5	167.9	184.3	179.2
Nordrhein-Westfalen	100	109.7	107.5	107.6	100.7	116.7	130.6	137.9	144.4	167.2	175.7	186.7	172.8
Hessen	100	103.0	105.7	106.5	103.4	121.9	119.0	134.8	152.4	168.1	182.9	183.0	191.1
Rheinland-Pfalz	100	97.9	106.0	108.0	102.7	102.8	119.6	141.2	153.7	172.1	183.6	188.3	175.0
Baden-Wuerttemberg	100	119.5	108.8	113.5	106.5	116.7	128.8	147.2	177.9	203.5	208.1	212.6	215.3
Bayern	100	102.2	106.8	118.4	109.1	122.3	140.1	156.6	184.3	203.0	217.6	218.1	217.6
Saarland	100	143.8	127.1	110.6	93.9	138.1	128.1	131.8	152.0	189.9	221.0	199.2	260.9
Berlin	100	115.8	114.4	118.0	117.6	109.7	107.3	111.2	125.6	136.9	164.4	169.2	172.5
Bundesgebiet	100	110.0	110.2	113.4	109.3	118.6	131.4	145.2	161.3	180.6	193.2	197.4	194.7
Nord-Regionen	100	112.5	119.0	121.7	128.2	123.0	140.3	157.8	168.3	180.6	198.8	199.0	199.5
Nordrhein-Westfalen	100	109.7	107.5	107.6	100.7	116.7	130.6	137.9	144.4	167.2	175.7	186.7	172.8
Mitte-Regionen	100	105.1	107.8	107.4	102.3	116.6	120.1	136.8	152.8	171.6	186.8	186.4	192.0
Sued-Regionen	100	110.6	107.7	116.0	107.8	119.6	134.7	152.1	181.2	203.2	213.0	215.4	216.5
Berlin	100	115.8	114.4	118.0	117.6	109.7	107.3	111.2	125.6	136.9	164.4	169.2	172.5

Quelle: Eigene Berechnungen aufgrund amtlicher Statistiken.

Tabelle 2.4.3

Bauinvestitionen der Unternehmen

Neue Bauten in Mill. DM zu jeweiligen Preisen

	1970	1971	1972	1973	1974	1975	1976	1977	1978	1979	1980	1981	1982
Schleswig-Holstein	2772	3711	4243	4768	4321	4030	4512	4825	4976	6309	8026	7647	7111
Hamburg	2612	2844	3015	3282	3068	2293	2638	2869	2691	2868	3487	3614	3553
Niedersachsen	8754	10324	11362	12090	10907	10426	11178	12124	13488	16157	18335	17969	15462
Bremen	785	1031	1217	998	998	925	886	1211	1201	1178	1534	1682	1680
Nordrhein-Westfalen	18311	21598	23622	26397	25054	23011	24305	26282	28222	32355	37335	36760	35206
Hessen	8656	10563	11861	11824	10599	10053	10400	11218	11447	12433	13172	13517	12038
Rheinland-Pfalz	3996	4784	5620	6319	5977	5514	6263	7019	7725	8482	9826	10072	10399
Baden-Wuerttemberg	12029	14448	17181	18646	18062	15985	17064	18400	19545	23746	27896	28205	27558
Bayern	14426	17845	21808	22422	19818	18023	21256	21993	26227	30278	32772	33912	37983
Saarland	953	1213	1430	1385	1409	1299	1619	1706	1813	2149	2537	2649	2997
Berlin	2828	3020	3102	3229	3347	3200	3230	3353	3245	3636	4161	4423	4773
Bundesgebiet	76122	91381	104461	111360	103560	94759	103351	111000	120580	139591	159081	160450	158760
Nord-Regionen	14923	17910	19837	21138	19294	17674	19214	21029	22356	26512	31382	30912	27806
Nordrhein-Westfalen	18311	21598	23622	26397	25054	23011	24305	26282	28222	32355	37335	36760	35206
Mitte-Regionen	13605	16560	18911	19528	17985	16866	18282	19943	20985	23064	25535	26238	25434
Sued-Regionen	26455	32293	38989	41068	37880	34008	38320	40393	45772	54024	60668	62117	65541
Berlin	2828	3020	3102	3229	3347	3200	3230	3353	3245	3636	4161	4423	4773

1970 = 100

	1970	1971	1972	1973	1974	1975	1976	1977	1978	1979	1980	1981	1982
Schleswig-Holstein	100	133.9	153.1	172.0	155.9	145.4	162.8	174.1	179.5	227.6	289.5	275.9	256.5
Hamburg	100	108.9	115.4	125.7	117.5	87.8	101.0	109.8	103.0	109.8	133.5	138.4	136.0
Niedersachsen	100	117.9	129.8	138.1	124.6	119.1	127.7	138.5	154.1	184.6	209.4	205.3	176.6
Bremen	100	131.3	155.0	127.1	127.1	117.8	112.9	154.3	153.0	150.1	195.4	214.3	214.0
Nordrhein-Westfalen	100	118.0	129.0	144.2	136.8	125.7	132.7	143.5	154.1	176.7	203.9	200.8	192.3
Hessen	100	122.0	137.0	136.6	122.4	116.1	120.1	129.6	132.2	143.6	152.2	156.2	139.1
Rheinland-Pfalz	100	119.7	140.6	158.1	149.6	138.0	156.7	175.7	193.3	212.3	245.9	252.1	260.2
Baden-Wuerttemberg	100	120.1	142.8	155.0	150.2	132.9	141.9	153.0	162.5	197.4	231.9	234.5	229.1
Bayern	100	123.7	151.2	155.4	137.4	124.9	147.3	152.5	181.8	209.9	227.2	235.1	263.3
Saarland	100	127.3	150.1	145.3	147.8	136.3	169.9	179.0	190.2	225.5	266.2	278.0	314.5
Berlin	100	106.8	109.7	114.2	118.4	113.2	114.2	118.6	114.7	128.6	147.1	156.4	168.8
Bundesgebiet	100	120.0	137.2	146.3	136.0	124.5	135.8	145.8	158.4	183.4	209.0	210.8	208.6
Nord-Regionen	100	120.0	132.9	141.6	129.3	118.4	128.8	140.9	149.8	177.7	210.3	207.1	186.3
Nordrhein-Westfalen	100	118.0	129.0	144.2	136.8	125.7	132.7	143.5	154.1	176.7	203.9	200.8	192.3
Mitte-Regionen	100	121.7	139.0	143.5	132.2	124.0	134.4	146.6	154.2	169.5	187.7	192.9	186.9
Sued-Regionen	100	122.1	147.4	155.2	143.2	128.6	144.8	152.7	173.0	204.2	229.3	234.8	247.7
Berlin	100	106.8	109.7	114.2	118.4	113.2	114.2	118.6	114.7	128.6	147.1	156.4	168.8

Quelle: Eigene Berechnungen aufgrund amtlicher Statistiken.

Tabelle 2.4.4

Anteil der Bruttoanlageinvestitionen der Unternehmen am Bruttosozialprodukt in vH

	1970	1971	1972	1973	1974	1975	1976	1977	1978	1979	1980	1981	1982
Schleswig-Holstein	19.6	21.1	21.9	21.3	18.3	16.9	17.9	18.5	18.1	20.2	22.9	21.3	20.2
Hamburg	19.7	20.6	19.1	18.4	17.7	14.3	15.5	16.3	15.3	14.7	15.4	15.2	14.2
Niedersachsen	22.5	23.0	22.7	21.1	18.8	17.2	17.0	17.5	18.0	19.7	20.7	19.5	17.4
Bremen	20.2	21.4	20.9	16.8	17.0	15.6	15.4	18.4	17.3	15.8	18.0	19.2	18.5
Nordrhein-Westfalen	19.7	20.3	19.5	18.6	16.1	15.9	15.9	16.0	15.8	16.7	17.3	17.1	15.7
Hessen	22.4	23.4	23.0	20.7	18.1	17.9	16.5	17.1	16.8	16.9	17.2	16.8	15.5
Rheinland-Pfalz	21.2	20.7	21.3	20.9	18.3	17.0	17.8	19.0	19.5	19.8	20.7	20.5	19.5
Baden-Wuerttemberg	20.1	21.5	20.7	19.9	18.1	16.7	16.5	16.9	17.6	19.2	19.9	19.4	18.6
Bayern	22.8	23.4	24.4	23.1	19.3	18.1	19.2	19.1	20.7	21.7	22.0	21.4	22.0
Saarland	19.9	23.5	22.4	18.3	15.9	17.1	17.2	17.2	17.6	19.2	21.4	19.9	23.2
Berlin	19.3	19.7	18.3	17.1	16.2	14.6	13.8	13.5	13.2	13.7	14.8	14.8	15.0
Bundesgebiet	20.9	21.7	21.3	20.1	17.7	16.7	16.8	17.2	17.5	18.4	19.2	18.7	17.8
Nord-Regionen	21.2	22.0	21.6	20.2	18.3	16.4	16.7	17.5	17.4	18.5	19.8	18.9	17.3
Nordrhein-Westfalen	19.7	20.3	19.5	18.6	16.1	15.9	15.9	16.0	15.8	16.7	17.3	17.1	15.7
Mitte-Regionen	21.8	22.5	22.4	20.6	18.0	17.5	17.0	17.7	17.7	18.1	18.8	18.3	17.5
Sued-Regionen	21.5	22.4	22.5	21.5	18.7	17.4	17.8	18.0	19.2	20.5	20.9	20.4	20.4
Berlin	19.3	19.7	18.3	17.1	16.2	14.6	13.8	13.5	13.2	13.7	14.8	14.8	15.0

Bundesdurchschnitt = 100

	1970	1971	1972	1973	1974	1975	1976	1977	1978	1979	1980	1981	1982
Schleswig-Holstein	94.0	97.2	102.6	105.7	103.1	101.0	106.3	107.6	103.6	109.6	119.7	113.8	113.1
Hamburg	94.4	95.2	89.5	91.4	100.0	85.5	92.0	95.2	87.6	79.7	80.2	81.5	79.6
Niedersachsen	107.6	106.0	106.4	104.8	106.2	102.9	101.4	102.1	103.3	107.1	108.0	104.3	97.4
Bremen	96.5	98.8	98.0	83.4	96.0	93.2	91.4	107.2	98.8	85.6	93.8	102.7	104.0
Nordrhein-Westfalen	94.3	93.9	91.4	92.4	91.0	95.1	94.7	93.5	90.4	90.7	90.4	91.7	87.8
Hessen	107.5	107.9	107.9	103.0	102.4	107.3	98.1	99.5	95.9	92.0	89.6	89.9	86.8
Rheinland-Pfalz	101.6	95.4	99.9	103.9	103.4	101.7	105.9	111.0	111.6	107.7	108.3	109.6	109.3
Baden-Wuerttemberg	96.1	99.2	97.0	98.9	102.4	100.2	98.0	98.5	100.9	104.2	103.8	103.7	104.5
Bayern	109.4	107.9	114.2	114.8	109.1	108.2	114.1	111.0	118.7	117.7	114.6	114.5	123.5
Saarland	95.5	108.6	104.9	91.0	89.7	102.6	102.2	100.0	100.7	104.5	111.8	106.6	129.9
Berlin	92.5	90.8	85.6	84.7	91.4	87.5	82.0	78.4	75.3	74.2	77.0	79.3	83.9
Bundesgebiet	100.0	100.0	100.0	100.0	100.0	100.0	100.0	100.0	100.0	100.0	100.0	100.0	100.0
Nord-Regionen	101.3	101.4	101.3	100.4	103.5	98.2	99.7	102.1	99.8	100.4	103.6	101.3	97.1
Nordrhein-Westfalen	94.3	93.9	91.4	92.4	91.0	95.1	94.7	93.5	90.4	90.7	90.4	91.7	87.8
Mitte-Regionen	104.5	103.8	105.0	102.2	101.5	105.0	101.1	103.3	101.5	98.4	97.9	98.0	98.3
Sued-Regionen	102.8	103.5	105.6	106.9	105.8	104.3	106.2	104.9	110.0	111.1	109.3	109.3	114.3
Berlin	92.5	90.8	85.6	84.7	91.4	87.5	82.0	78.4	75.3	74.2	77.0	79.3	83.9

1970 = 100

	1970	1971	1972	1973	1974	1975	1976	1977	1978	1979	1980	1981	1982
Schleswig-Holstein	100	107.3	111.5	108.3	93.0	85.9	91.0	94.0	92.2	102.8	116.8	108.3	102.8
Hamburg	100	104.6	96.9	93.4	89.8	72.4	78.4	82.9	77.7	74.4	77.9	77.3	72.0
Niedersachsen	100	102.1	101.1	93.9	83.7	76.5	75.8	78.0	80.3	87.8	92.1	86.7	77.3
Bremen	100	106.1	103.7	83.3	84.3	77.2	76.2	91.3	85.7	78.2	89.2	95.2	92.0
Nordrhein-Westfalen	100	103.3	99.0	94.5	81.9	80.7	80.8	81.5	80.2	84.8	88.0	87.0	79.5
Hessen	100	104.2	102.6	92.4	80.8	79.8	73.4	76.1	74.7	75.5	76.5	74.8	69.0
Rheinland-Pfalz	100	97.4	100.4	98.6	86.3	80.0	83.9	89.7	91.9	93.5	97.7	96.5	91.9
Baden-Wuerttemberg	100	107.0	103.1	99.2	90.3	83.4	82.0	84.3	87.8	95.6	99.1	96.6	92.8
Bayern	100	102.2	106.6	101.2	84.6	79.1	83.9	83.4	90.7	94.9	96.1	93.6	96.4
Saarland	100	117.9	112.2	91.8	79.7	85.9	86.1	86.1	88.2	96.5	107.4	99.8	116.2
Berlin	100	101.8	94.6	88.3	83.8	75.6	71.3	69.6	68.1	70.7	76.4	76.7	77.4
Bundesgebiet	100	103.7	102.2	96.4	84.8	80.0	80.5	82.2	83.7	88.2	91.7	89.5	85.4
Nord-Regionen	100	103.8	102.2	95.5	86.7	77.5	79.2	82.8	82.4	87.4	93.8	89.5	81.9
Nordrhein-Westfalen	100	103.3	99.0	94.5	81.9	80.7	80.8	81.5	80.2	84.8	88.0	87.0	79.5
Mitte-Regionen	100	103.1	102.7	94.3	82.4	80.4	77.8	81.3	81.3	83.0	85.9	83.9	80.4
Sued-Regionen	100	104.5	105.0	100.2	87.3	81.2	83.1	83.9	89.5	95.3	97.6	95.1	95.0
Berlin	100	101.8	94.6	88.3	83.8	75.6	71.3	69.6	68.1	70.7	76.4	76.7	77.4

Quelle: Eigene Berechnungen aufgrund amtlicher Statistiken.

Der Anteil der Bruttoanlageinvestitionen der Unternehmen am Bruttosozialprodukt war 1982 mit 18 vH geringer als im Jahr 1970 (21 vH). Der in den Jahre 1973 bis 1975 erfolgte starke Rückgang der Investitionsquote konnte also bis Anfang der achtziger Jahre nicht wettgemacht werden. Die regionalen Unterschiede haben sich im Untersuchungszeitraum tendenziell vergrößert. Im Jahr 1982 war der Anteil der Unternehmensinvestitionen am Bruttosozialprodukt in Nordrhein-Westfalen (16 vH), Hessen (16 vH) und Berlin (15 vH) deutlich unterdurchschnittlich. Die Quote Niedersachsens hat sich von einem hohen Niveau im Jahr 1970 auf den Bundesdurchschnitt reduziert.

Relativ hoch waren die Investitionsanteile im Jahr 1982 dagegen in Rheinland-Pfalz (20 vH), im Saarland (23 vH) und in Bayern (22 vH). Der Wert Baden-Württembergs liegt seit Ende der siebziger Jahre ebenfalls leicht über dem Bundesdurchschnitt.

2.5 Externe und interne Impulse in den Regionen

Das nominale Sozialprodukt einer Region ist als Einkommensindikator gleichzeitig auch das Ergebnis des Produktionsprozesses, in dem zum Ausdruck kommt, wie die Regionen die Nachfrageimpulse verarbeitet haben. Dies gilt allerdings nur mit großen Einschränkungen, da der gesamte Komplex der Außenbeziehungen im Sozialprodukt nur als Saldo berücksichtigt wird[10].

Eine Saldierung von Einfuhren und Ausfuhren bedeutet schon auf Bundesebene eine erhebliche Verkürzung des Nachfragevolumens. Für das Bundesgebiet liegen die grenzüberschreitenden Ströme in einer Richtung, bezogen auf das Bruttosozialprodukt, bereits 1970 in der Größenordnung von 21 vH (Einfuhr) bis 23 vH (Ausfuhr). 1985 sind sie auf 31 vH (Einfuhr) bzw. 35 vH (Ausfuhr) angestiegen.

Wenn mann berücksichtigt, daß das Gewicht der Außenwirtschaftsbeziehungen in Teilregionen erheblich zunimmt, weil neben den Auslandsaktivitäten noch grenzüberschreitende Güter- und Dienstleistungsströme hinzu kommen, die mit den übrigen inländischen Regionen bestehen, so wird deutlich, welche Restriktionen für die Analyse der Nachfrageimpulse bestehen.

Um dieses Defizit behelfsmäßig zu überbrücken, ist versucht worden, aus der Produktionsstruktur der Regionen - modellmäßig - Rückschlüsse auf das Verhältnis von internen zu externen Impulsen zu ziehen. Für Regionen, deren Produktionsstruktur erheblich von der im Durchschnitt zu erwartenden Verwendungsstruktur abweicht, ergibt eine solche Rechnung, daß sie in stärkerem Maße von externen Impulsen abhängen als solche Regionen, deren Produktionsstruktur näher am Durchschnitt liegt. Auswirkungen haben externe Impulse in einer solchen Modellrechnung aber nicht nur auf der Exportseite, sondern auch auf der Importseite. Reicht das Potential der unterdurchschnittlich vertretenen Branchen nicht aus, um die im Durchschnitt zu erwartende Nachfrage nach diesen Gütern zu befriedigen, so wird diese Lücke durch Importe aus anderen Regionen geschlossen.

Die Berechnungen basieren auf den bundeseinheitlichen technologischen Gegebenheiten des Jahres 1980, da für dieses Jahr eine entsprechend tief gegliederte Input-Output-Tabelle für das Bundesgebiet vorliegt. Um sie für diese Zwecke verwerten zu können, war es alledings notwendig, von vergleichsweise restriktiven Annahmen über die Verhältnisse in den Regionen auszugehen. Sowohl für die Kostenstruktur als auch für die Absatzstruktur der Branchen wurde angenommen, daß sie auch für die Branchen in den jeweiligen Raumordnungsregionen gelten. Das bedeutet, daß auch die intraregionale Verflechtung abgeleitet ist aus den bundeseinheitlichen Bezugs- und Absatzstrukturen für die einzelnen Branchen.

Unter Berücksichtigung der Produktionsstruktur der jeweiligen Raumordnungsregion ist es dann möglich, den rechnerischen Bedarf zu ermitteln, den die Wirtschaftszweige in der jeweiligen Region an Vorleistungslieferungen von anderen Wirtschaftszweigen haben und gleichzeitig die Lieferungen der Wirtschaftszweige für die Endnachfragebereiche zu bestimmen.

Es versteht sich von selbst, daß diese Annahmen in der Wirklichkeit so nicht zutreffen. Dafür spricht auch die in anderem Zusammenhang festgestellte Bedeutung branchenunabhängiger regionsspezifischer Faktoren für die wirtschaftliche Entwicklung von Regionen. Dennoch vermitteln die Ergebnisse zumindest grobe Anhaltspunkte über das Gewicht der Außenhandelsverflechtungen von Regionen mit dem übrigen Bundesgebiet.

Da die Produktionsstrukturen der Regionen mehr oder weniger stark vom Bundesdurchschnitt abweichen, wird in manchen Branchen einer Region zwangsläufig mehr (oder weniger) produziert als in der Region und im Ausland abgesetzt werden kann. Diese Produktionsüberschüsse (-defizite) der Branchen in den Regionen lassen sich - mit aller Vorsicht und unter Berücksichtigung der modellmäßigen Restriktionen dieses Ansatzes - als Exporte in andere inländische Regionen (Importe aus anderen inländischen Regionen) interpretieren.

In Tabelle 2.5.1 sind die Ergebnisse dieser Berechnungen sowohl für die inländische Außenhandelsverflechtung als auch für die grenzüberschrei-

Tabelle 2.5.1

Kennziffern der aussenwirtschaftlichen Verflechtung 1982

	Ausfuhr in vH des Bruttoproduktionswertes			Einfuhr in vH des Bruttoproduktionswertes			Ausfuhr in vH der Bruttowertschoepfung			Einfuhr in vH der Bruttowertschoepfung		
	insg.	Inland	Ausland	insg.	Inland	Ausland	insg.	Inland	Ausland	insg.	Inland	Ausland
1 Schleswig	36.1	25.6	10.6	33.1	20.7	12.4	72.1	51.0	21.0	66.1	41.2	24.8
2 Mittelholstein	35.0	22.9	12.1	31.9	19.0	12.9	70.3	46.0	24.4	64.1	38.2	25.9
3 Dithmarschen	40.5	28.0	12.5	44.8	19.6	25.1	94.5	65.4	29.1	104.5	45.8	58.7
4 Ostholstein	37.4	25.3	12.1	34.5	21.6	12.9	76.4	51.8	24.7	70.5	44.1	26.4
5 Hamburg	38.0	23.9	14.2	38.0	19.3	18.7	80.5	50.5	30.0	80.4	40.9	39.5
6 Lueneburg	34.8	23.8	11.0	31.8	18.7	13.1	69.7	47.6	22.1	63.7	37.5	26.3
7 Bremerhaven	42.3	30.3	12.0	40.9	27.8	13.1	98.6	63.5	25.1	85.8	58.3	27.5
8 Wilhelmshaven	42.3	29.5	12.8	41.7	21.3	20.3	89.9	62.7	27.2	88.7	45.4	43.3
9 Ostfriesland	40.7	26.0	14.7	41.1	25.3	15.8	88.6	56.6	32.0	89.5	55.1	34.4
10 Oldenburg	32.1	19.3	12.8	29.7	15.7	14.0	65.0	39.1	25.9	60.2	31.8	28.4
11 Emsland	47.2	33.4	13.7	52.3	26.0	26.3	113.8	80.7	33.1	126.3	62.7	63.5
12 Osnabrueck	33.5	18.0	15.4	33.6	18.6	15.0	71.8	38.7	33.1	72.0	39.9	32.1
13 Bremen	37.8	23.3	14.5	36.7	22.6	14.1	78.1	48.2	30.0	75.7	46.7	29.1
14 Hannover	29.7	14.9	14.8	28.7	13.2	15.5	62.0	31.1	30.9	59.8	27.5	32.3
15 Braunschweig	38.1	15.5	22.6	39.3	25.6	13.7	84.6	34.5	50.1	87.3	56.8	30.5
16 Goettingen	35.3	22.1	13.2	32.7	18.8	13.9	71.7	44.8	26.8	66.4	38.1	29.2
17 Muenster	34.5	20.0	14.5	32.2	18.5	13.7	68.9	40.0	28.9	64.3	36.9	27.4
18 Bielefeld	34.2	18.3	15.8	33.2	18.2	15.0	71.8	38.5	33.3	69.8	38.3	31.5
19 Paderborn	36.0	20.4	15.6	34.8	19.6	15.1	73.8	41.9	31.9	71.2	40.2	31.0
20 Dortmund-Sauerland	34.0	18.0	15.9	32.6	18.7	13.9	70.9	37.7	33.3	68.1	39.1	29.0
21 Bochum	40.8	21.2	19.6	43.3	22.9	20.4	94.2	49.0	45.2	99.9	52.8	47.1
22 Essen	41.1	25.1	16.0	42.0	25.4	16.6	90.5	55.4	35.2	92.5	56.1	36.6
23 Duisburg	41.7	21.9	19.8	43.3	26.2	17.1	93.2	49.0	44.2	96.6	58.5	38.1
24 Krefeld	36.1	16.5	19.6	37.5	21.7	15.9	80.4	36.7	43.6	83.6	48.2	35.4
25 Moenchengladbach	34.6	17.1	17.5	33.7	17.5	16.2	73.0	36.1	37.0	71.3	37.0	34.2
26 Aachen	31.0	16.6	14.4	29.7	15.7	14.0	64.1	34.3	29.8	61.4	32.5	29.9
27 Duesseldorf	35.3	17.8	17.4	33.5	19.3	14.1	70.8	35.8	35.0	67.2	38.8	28.4
28 Wuppertal	38.5	17.7	20.9	38.4	22.7	15.7	82.3	37.7	44.6	82.0	48.5	33.5
29 Hagen	41.2	19.5	21.7	42.5	26.2	16.3	91.1	43.1	48.0	94.1	58.1	36.0
30 Siegen	41.4	20.5	20.9	41.5	26.6	14.8	88.2	43.8	44.5	88.4	56.8	31.6
31 Koeln	36.4	18.9	17.5	38.3	17.6	20.7	81.5	42.4	39.1	85.9	39.4	46.5
32 Bonn	36.8	23.4	13.4	32.4	19.7	12.7	72.1	45.8	26.3	63.5	38.6	24.9
33 Nordhessen	28.6	12.3	16.3	28.4	14.9	13.5	59.0	24.9	33.1	57.6	30.2	27.4
34 Mittelhessen	31.0	16.5	14.4	29.5	16.2	13.3	61.6	32.9	28.7	58.7	32.2	26.4
35 Osthessen	39.4	25.6	13.8	39.2	24.8	14.4	81.7	53.2	28.6	81.2	51.4	29.8
36 Untermain	33.8	17.7	16.1	33.3	19.6	13.6	64.4	33.7	30.7	63.5	37.5	26.0
37 Starkenburg	33.8	13.3	20.5	35.8	19.6	16.2	74.0	29.2	44.9	78.6	43.0	35.5
38 Rhein-Main-Taunus	33.8	19.9	13.8	32.1	19.3	12.7	66.3	39.2	27.1	63.0	38.0	25.0
39 Mittelrhein-Westerwald	30.6	16.3	14.3	28.4	14.9	13.5	62.5	33.2	29.3	58.0	30.5	27.6
40 Trier	38.2	24.0	14.2	35.8	22.3	13.6	78.2	49.1	29.2	73.3	45.6	27.8
41 Rheinhessen-Nahe	32.9	17.2	15.7	30.6	16.2	14.5	65.7	34.3	31.4	61.3	32.4	28.9
42 Rheinpfalz	49.4	25.8	23.6	54.8	33.0	21.8	121.0	63.2	57.8	134.2	80.9	53.3
43 Westpfalz	44.1	26.2	17.9	43.1	28.1	15.0	94.9	56.4	38.6	92.8	60.4	32.3
44 Saar	33.6	16.7	16.9	33.4	19.0	14.4	71.3	35.4	35.9	70.8	40.2	30.6
45 Unterer Neckar	29.4	11.2	18.2	29.4	11.6	17.7	63.4	24.2	39.2	63.2	25.1	38.2
46 Franken	31.0	13.7	17.3	31.1	16.1	15.0	64.6	28.5	36.0	64.9	33.5	31.3
47 Mittlerer Oberrhein	33.7	17.8	15.9	35.5	14.4	21.1	75.3	39.9	35.5	79.4	32.2	47.1
48 Nordschwarzwald	38.3	18.8	19.5	36.3	20.4	15.9	78.7	38.6	40.0	74.7	42.0	32.7
49 Mittlerer Neckar	35.9	14.6	21.3	34.6	19.3	15.3	74.1	30.1	44.0	71.4	39.9	31.5
50 Ostwuerttemberg	41.2	18.9	22.3	40.7	25.1	15.6	86.9	39.8	47.1	85.8	52.9	32.9
51 Donau-Iller (Bad.-Wuert.)	32.4	12.8	19.6	32.0	17.0	15.0	68.2	27.0	41.2	67.4	35.8	31.5
52 Neckar-Alb	37.6	18.1	19.5	36.5	20.6	15.9	78.2	37.7	40.5	75.9	42.8	33.1
53 Schwarzwald-Baar-Heuberg	42.0	20.7	21.4	39.8	23.9	16.0	85.4	42.0	43.4	81.0	48.5	32.5
54 Suedlicher Oberrhein	29.3	15.2	14.1	25.7	11.9	13.7	59.0	30.1	27.9	50.8	23.6	27.2
55 Hochrhein-Bodensee	36.5	16.1	20.4	37.2	19.8	17.3	79.5	35.1	44.4	80.9	43.1	37.7
56 Bodensee-Oberschwarzwald	36.8	17.8	19.0	34.8	20.1	14.7	75.5	36.5	39.0	71.4	41.2	30.1
57 Bayer. Untermain	37.0	18.4	18.6	37.8	21.5	16.3	80.2	40.0	40.3	82.1	46.6	35.4
58 Wuerzburg	32.2	18.9	13.2	29.2	15.9	13.3	65.2	38.4	26.8	59.1	32.2	26.9
59 Main-Rhoen	38.9	19.4	19.5	38.2	24.5	13.7	81.1	40.4	40.7	79.7	51.0	28.6
60 Oberfranken-West	34.5	18.5	16.0	34.0	18.5	15.5	72.5	38.9	33.6	71.3	38.7	32.5
61 Oberfranken-Ost	35.2	19.4	15.9	33.6	18.2	15.5	71.9	39.5	32.4	68.7	37.1	31.6
62 Oberpfalz-Nord	36.0	20.7	15.4	35.8	21.5	14.3	74.9	43.0	31.9	74.4	44.7	29.6
63 Mittelfranken	36.6	18.8	17.8	32.6	17.9	14.7	72.3	37.1	35.1	64.3	35.3	29.0
64 Westmittelfranken	36.3	21.9	14.4	36.1	21.6	14.5	75.3	45.4	29.9	74.8	44.7	30.1
65 Augsburg	31.9	13.7	18.2	30.9	15.5	15.4	66.5	28.5	37.9	64.4	32.3	32.1
66 Ingolstadt	54.7	37.9	16.7	64.0	31.3	32.7	147.9	102.7	45.3	173.2	84.7	88.5
67 Regensburg	33.9	21.8	12.2	33.2	15.7	17.6	71.5	45.9	25.6	70.0	33.0	37.0
68 Donau-Wald	33.8	20.4	13.3	33.0	19.1	13.8	69.0	41.8	27.2	67.3	39.1	28.3
69 Landshut	38.7	20.8	18.6	39.1	25.8	13.4	81.4	42.4	39.0	82.2	54.1	28.1
70 Muenchen	32.2	18.0	14.1	27.2	13.2	13.9	61.1	34.3	26.8	51.6	25.2	26.5
71 Donau-Iller (Bay.)	35.4	16.7	18.7	36.6	20.8	15.8	77.1	36.4	40.7	79.7	45.4	34.4
72 Allgaeu	34.9	18.4	16.5	34.5	19.7	14.9	73.0	38.5	34.5	72.3	41.2	31.1
73 Oberland	32.7	17.8	14.8	30.5	16.3	14.2	65.7	35.9	29.8	61.3	32.8	28.5
74 Suedostoberbayern	33.4	17.3	16.1	35.5	16.3	19.2	73.9	38.3	35.6	78.5	36.0	42.5
75 Berlin	36.8	24.2	12.6	31.0	17.4	13.5	70.4	46.3	24.1	59.3	33.4	25.9
99 Bundesgebiet	35.9	19.7	16.3	35.2	19.3	15.8	74.9	40.3	34.6	73.4	40.4	33.1

Quelle: Input-Output-Rechnung des DIW.

tenden Handelsströme in das Ausland zusammengestellt worden, und zwar jeweils als Anteile am Bruttoproduktionswert der Regionen.

Für die inländische Außenhandelsverflechtung gilt natürlich, daß sie ein umso größeres Gewicht hat, je kleiner die Region und damit je unausgewogener die Produktionsstruktur der Region ist. Für größere Regionen sind daher relativ kleinere Anteile für die Inlandsausfuhr zu erwarten als bei kleineren Regionen. Aus diesem Grunde müßte in den großen Ballungsregionen eigentlich der Anteil der in andere Regionen der Bundesrepublik ausgeführten Güter erheblich unter dem Durchschnitt von 19 vH liegen.

Dies trifft allerdings nur auf Hannover und die Region Mittlerer Neckar zu, beides Regionen mit einer inländischen Ausfuhrquote von 15 vH. Nur geringfügig unter dem Durchschnitt liegen die Regionen Düsseldorf (18 vH), Köln (19 vH), Untermain (18 vH) und München (18 vH). Dagegen liegen die Regionen Hamburg und Berlin mit einer inländischen Ausfuhrquote von 24 vH beträchtlich über dem Durchschnitt. Offensichtlich sind die Abweichungen der Produktionsstruktur vom Bundesdurchschnitt trotz der Größe der Regionen hier von größerem Einfluß.

Die Ausfuhren an andere inländische Regionen bleiben auch nicht unbeeinflußt von der Höhe der Ausfuhren in das Ausland. In Regionen, in denen die Auslandsausfuhrquote vergleichsweise hoch ist, ist erwartungsgemäß der Anteil der verbleibenden Produktion, die über die Verwendung in der Region hinaus für Ausfuhren in das übrige Bundesgebiet zur Verfügung steht, gering (Abbildung 2.5.1). Die Gesamtausfuhrquoten der Regionen streuen damit wesentlich geringer als die Auslandsausfuhrquoten. Will man Wachstumsunterschiede der Regionen auf Unterschiede in ihrer Außenhandelsabhängigkeit zurückführen, so würde die alleinige Berücksichtigung der Auslandsausfuhren ein verzerrtes Bild ergeben.

Regionen mit einer einseitigen Produktionsstruktur, die stark auf Ausfuhren ausgerichtet sind, haben zwangsläufig auch einen stärkeren Einfuhrbedarf. Es überrascht daher nicht, daß die Ausfuhrquoten mit den Einfuhrquoten hoch korreliert sind. Dies gilt sowohl für den gesamten als auch für den Außenhandel zwischen den Raumordnungsregionen (vgl. Abbildung 2.5.2). Auf die Salden im Außenhandel wirkt diese Tendenz nivellierend.

Abbildung 2.5.1

Regionale Inlands- und Auslandsausfuhrquoten

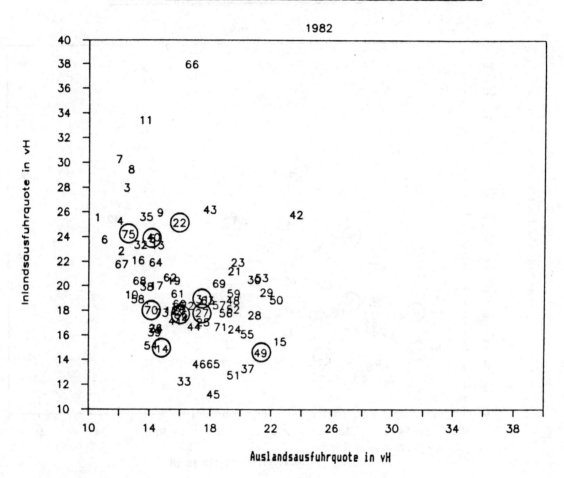

Abbildung 2.5.2

Ausfuhr- und Einfuhrquoten im Außenhandel
zwischen den Raumordnungsregionen

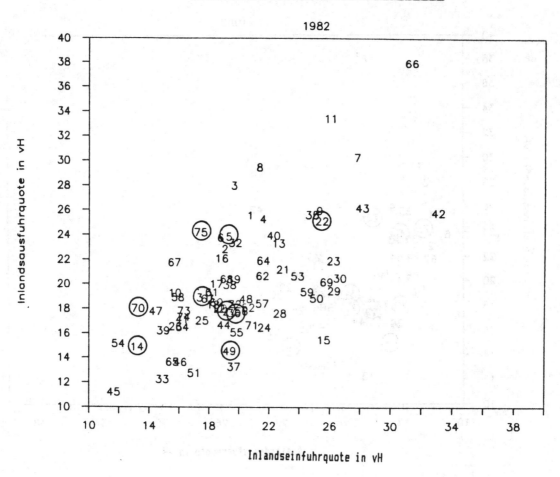

Um die Ergebnisse solcher Modellrechnungen, wie sie hier mit einem sehr vereinfachten Ansatz durchgeführt worden sind, richtig einordnen zu können, ist es allerdings unerläßlich, sie zu ergänzen durch Untersuchungen, die anknüpfen an vorhandene Informationen über die Bedeutung des Außenhandels in den Regionen. Dies ist allerdings - wie bereits erwähnt, nur sehr eingeschränkt möglich und zwar für den Bereich des verarbeitenden Gewerbes (einschließlich Bergbau), wo für das Jahr 1980 Informationen über den Anteil der Auslandsumsätze am Umsatz, differenziert nach Raumordnungsregionen zur Verfügung standen. Stellt man diese Quoten den für 1982 modellmäßig gewonnenen regionalen Auslandsausfuhrquoten für das verarbeitende Gewerbe gegenüber, so erhält man das in Abbildung 2.5.3 dargestellte Bild.

Ein Vergleich wird zunächst dadurch erschwert, daß die Mittelwerte für den Bundesdurchschnitt in beiden Rechnungen voneinander abweichen. Der Anteil der Auslandsumsätze lag 1980 bei etwa 24 vH. Die Rechnungen für 1982 führen zu einer strukturbedingten Exportquote von 29 vH bezogen auf den Produktionswert von 1982. Dies hat zum einen konjunkturelle Gründe: 1982 war der Anteil der Auslandsumsätze im verarbeitenden Gewerbe mit 27 vH um fast 3 Prozentpunkte höher als 1980. Eine Rolle spielen aber auch statistische Abgrenzungsprobleme im Verhältnis von Umsatz zu Produktionswert. Um besser vergleichen zu können, wurde deshalb die Diagonale, die anzeigt, ob die beiden Quoten zusammenfallen, um den Abstand der beiden Mittelwerte nach links verschoben.

In Regionen, die unterhalb dieser Diagonale liegen, war die Exportquote des verarbeitenden Gewerbes höher als auf Grund der Branchenstruktur zu erwarten gewesen wäre. Für die großen Ballungsgebiete trifft das für Köln (31) und München (70) zu. Oberhalb dieser Diagonale liegende Regionen hatten demgegenüber Exportdefizite im Vergleich zur strukturbedingten Entwicklung. Dies gilt für die meisten der im Norden und Westen gelegenen Ballungsgebiete Hamburg (5), Essen (25), Düsseldorf (27), aber auch Berlin (75). Einen der strukturbedingten Entwicklung entsprechenden Exportanteil haben Hannover (14) sowie der Frankfurter (36) und der Stuttgarter Raum (49).

Abbildung 2.5.3

Ausfuhrquoten im verarbeitenden Gewerbe

1980 bzw. 1982

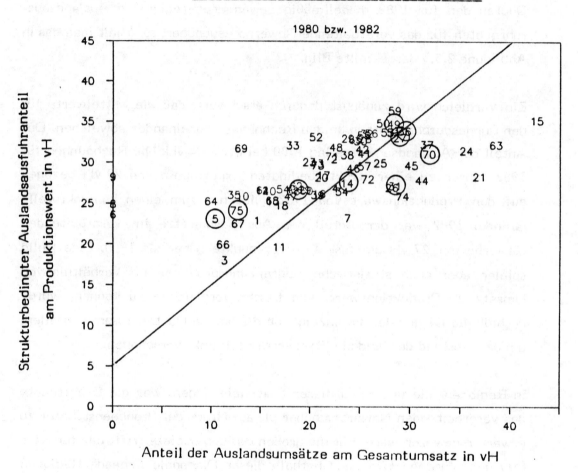

2.6 Entwicklung der Warenexporte in den Bundesländern

Die Nachfrage des Auslandes nach Produkten der deutschen Wirtschaft ist in den vergangenen Jahren wesentlich stärker gestiegen als die inländische Nachfrage. Der Export der Bundesrepublik Deutschland war 1985 mehr als viermal, das Bruttosozialprodukt dagegen nur knapp dreimal so hoch wie 1970. Unter regionalökonomischen Gesichtspunkten liegt daher die Frage nahe, in welchem Maße die einzelnen Regionen die Chancen auf dem Weltmarkt nutzen konnten, ob also regionale Entwicklungsunterschiede in der Bundesrepublik auch außenwirtschaftlich bedingt sind.

In dieser Untersuchung geht es ausschließlich um die quantitative Entwicklung in den vergangenen fünfzehn Jahren und um die Frage, ob die Güterstruktur der regionalen Ausfuhr Wachstumsimpulse verstärkt oder abgeschwächt hat. Qualitative Aspekte, z. B. der technische Standard der exportierten Produkte, werden nicht explizit berücksichtigt. Sie beeinflussen die Ergebnisse der Untersuchung nur insoweit, als sie sich in den wertmäßigen Exportanteilen niederschlagen. Was ebenfalls nicht geleistet werden konnte, ist eine Analyse der Wettbewerbsfähigkeit deutscher Produkte auf den verschiedenen Auslandsmärkten. Im Prinzip ist dies möglich, da die Ausfuhr der Bundesländer auch nach Zielregionen disaggregiert vorliegt. Für einzelne Länder sind Untersuchungen in dieser Richtung auch schon durchgeführt worden[11]. Sie hier mit einzubeziehen hätte den Rahmen dieser Untersuchung jedoch bei weitem gesprengt.

2.6.1 Datenbasis

Die Ausfuhr wird in den verschiedenen statistischen Informationssystemen unterschiedlich abgegrenzt (vgl. Tabelle 2.6.1). Die wichtigste Datenquelle ist die Außenhandelsstatistik. Deren Angaben zur Warenausfuhr werden für die Zwecke der volkswirtschaftlichen Gesamtrechnung und der Input-Output-Tabelle modifiziert. Eine wichtige Veränderung betrifft die Bewertung der Warenausfuhr im Veredelungsverkehr. Die Ausfuhr von Dienstleistungen wird von der Deutschen Bundesbank im Rahmen der Erstellung der Zahlungsbilanz berechnet. Zu den Dienstleistungsexporten

Tabelle 2.6.1

Ausfuhr 1983 nach verschiedenen Meßkonzepten in Mrd. DM

	VGR	Input-Output-Tabelle	Außenhandelsstatistik	
			insgesamt	dar. regionalisiert 1)
Waren (Spezialhandel)[2]	407	407	432	391
Dienstleistungen	47	47	-	-
Priv. Verbrauch von Gebietsfremden im Inland	26	-	-	-
Erwerbs- und Vermögenseinkommen von der übrigen Welt	40	-	-	-
Umstellung auf Generalhandel	6	-	.	.
Ausfuhr insgesamt[3] (Generalhandel)	526	-	.	.

1) Nicht regionalisiert sind der Export von Waren ausländischen Ursprungs (32 400 Mill.DM) und Waren, für die das Bundesland der Herstellung nicht ermittelt werden konnte (9 200 Mill.DM). - 2) Die Ausfuhr im Spezialhandel umfaßt die Ausfuhr von Waren aus dem freien Verkehr und im Veredelungsverkehr. - 3) Der Unterschied zwischen General- und Spezialhandel besteht im wesentlichen darin, daß im Generalhandel zusätzlich der Lagerverkehr erfaßt wird (Freihafenlager, Zollager).

Quelle: Statistisches Bundesamt.

gehören u.a. Leistungen im Reiseverkehr sowie im Transport- und Transithandelsgeschäft.

Regionaldaten stehen nur über die Ausfuhr von Waren in der Abgrenzung der Außenhandelsstatistik zur Verfügung. Die Angaben sind nach den Bundesländern der Herstellung, nach Warengruppen sowie nach Gütergruppen und -zweigen des Güterverzeichnisses für Produktionsstatistiken gegliedert. Rund 10 vH der gesamten Warenausfuhr sind nicht regionalisiert; dabei handelt es sich vor allem um Waren ausländischen Ursprungs.

Im Rahmen der Statistik im produzierenden Gewerbe werden zwar ebenfalls tief gegliederte Informationen zum Auslandsumsatz erhoben. Damit wäre im Prinzip sogar eine Regionalisierung unterhalb der Länderebene möglich. Aus Datenschutzgründen werden diese Angaben aber nur sehr unvollständig publiziert, so daß für diese Untersuchung nur die Außenhandelsstatistik blieb.

Für die Ermittlung der vom Export ausgehenden regionalwirtschaftlichen Impulse sind die Informationen der Außenhandelsstatistik in mehrfacher Hinsicht unzureichend. So ist nicht immer gewährleistet, daß das Herstellungsland zutreffend angegeben ist. Sichtbar wird dies zum Beispiel, wenn sich durch Gegenüberstellung von Ausfuhr und Produktionswert unplausible Ausfuhrquoten ergeben. Aber auch wenn man von derartigen Ungenauigkeiten der Statistik absieht, ist die Aussagefähigkeit der Daten begrenzt. Als Herkunftsland der exportierten Waren erscheint nämlich das Bundesland der Endfertigung, unabhängig davon, in welchem Umfang Zulieferungen von Betrieben in anderen Bundesländern in die exportierten Produkte eingegangen sind. Problematisch ist dies vor allem bei unternehmensinternen Lieferungen: Zwischen zwei Betrieben desselben Unternehmens, von denen der eine die Endmontage von Fahrzeugen vornimmt und der andere die dazugehörenden Motoren oder Getriebe produziert, gibt es unter außenwirtschaftlichen Gesichtspunkten im Grunde keinen Unterschied. Die Ausfuhrstatistik kann diesen Sachverhalt jedoch nicht korrekt abbilden. Regional abweichende Exportquoten sind also nicht immer Ausdruck unterschiedlicher Ausfuhrtätigkeit, sie können auch einfach aus der räumlichen Produktionsorganisation großer Unternehmen resultieren.

Insgesamt haben die indirekten, über Zulieferbeziehungen vermittelten Exporte eine ähnliche Größenordnung wie die direkte Warenausfuhr. Zwischen den einzelnen Bundesländern gibt es aber im Verhältnis von direkter zu indirekter Ausfuhr erhebliche Abweichungen[12]. Um den indirekten Export und die letztlich interessierenden Effekte der Ausfuhr auf Sozialprodukt und Beschäftigung in den Bundesländern quantifizieren zu können, müßten regionale, miteinander verknüpfte Input-Output-Tabellen vorliegen. Eine derartige Tabelle existiert bisher nur für Baden-Württemberg[13].

Trotz der Einschränkungen hinsichtlich Genauigkeit und Aussagefähigkeit liegen mit den Regionaldaten der Ausfuhrstatistik wichtige Informationen über die wirtschaftliche Bedeutung der Warenausfuhr für die einzelnen Bundesländer vor. Soweit möglich wurden im Zuge dieser Untersuchung ergänzend und für Kontrollzwecke auch andere Datenquellen herangezogen. Darüber hinaus wurde versucht, die aus Unterschieden in der Güterstruktur des Exports der Bundesländer resultierenden unterschiedlichen Wirkungen auf Produktion und Beschäftigung wenigstens der Tendenz nach zu bestimmen.

2.6.2 Exportsituation in den Bundesländern

Die Ausfuhr der Bundesrepublik ist von 1970 bis 1985 im Durchschnitt jährlich um 9,3 vH gewachsen. Deutlich überdurchschnittlich hat sie in Bayern, Bremen, Rheinland-Pfalz und Schleswig-Holstein zugenommen (vgl. Tabelle 2.6.2). Baden-Württemberg lag mit 9,7 vH nur wenig über der bundesdurchschnittlichen Zuwachsrate. Am schwächsten stieg die Ausfuhr in Nordrhein-Westfalen mit 8,2 vH.

Um nicht nur die Entwicklung der Ausfuhr, sondern auch regionale Niveauunterschiede bei der Ausfuhrintensität zu Beginn des Unternehmungszeitraumes zu zeigen, ist der Exportwert auf die Zahl der Erwerbstätigen bezogen worden. Die in der Abbildung 2.6.1 und der Tabelle 2.6.3 dargestellten Ergebnisse zeigen, daß die Warenausfuhr je Erwerbstätigen

Tabelle 2.6.2

AUSFUHR NACH WARENGRUPPEN 1970, 1978, 1984 UND 1985

	SH	HA	NS	BR	NW	HE	RP	BW	BA	SA	BE	BUND 1)
1970						STRUKTUR						
AGRARPRODUKTE	13.87	9.10	6.41	12.21	1.56	1.60	3.51	1.72	7.56	1.44	1.77	3.53
GRUNDSTOFFE	15.79	32.16	17.12	29.49	40.04	33.09	46.84	11.69	15.09	61.16	19.09	28.24
INVESTITIONSGUETER	60.06	50.58	69.07	49.53	46.51	53.70	38.77	72.62	56.38	28.54	67.86	55.57
VERBRAUCHSGUETER	10.28	8.17	7.41	8.77	11.89	11.61	10.88	13.98	20.96	8.86	11.28	12.66
INSGESAMT	100.00	100.00	100.00	100.00	100.00	100.00	100.00	100.00	100.00	100.00	100.00	100.00
INSGESAMT (MIO.DM)	2166	3535	12506	1626	41333	10895	6794	22641	15834	2689	2434	122452
1978												
AGRARPRODUKTE	18.56	14.97	7.53	18.00	2.48	2.59	5.65	2.73	8.42	1.67	8.23	5.06
GRUNDSTOFFE	14.52	31.99	21.64	19.51	39.47	33.83	43.51	12.62	15.22	47.44	14.30	27.90
INVESTITIONSGUETER	51.33	46.99	62.75	57.86	46.87	52.77	41.86	71.49	59.34	43.66	67.50	55.42
VERBRAUCHSGUETER	15.58	6.05	8.08	4.64	11.18	10.81	8.98	13.16	17.03	7.23	9.97	11.63
INSGESAMT	100.00	100.00	100.00	100.00	100.00	100.00	100.00	100.00	100.00	100.00	100.00	100.00
INSGESAMT (MIO.DM)	5246	7203	26614	4034	87322	22970	16341	47698	38013	6077	5073	266593
1984												
AGRARPRODUKTE	16.42	11.95	9.36	18.42	3.01	2.37	7.39	2.82	9.05	2.07	9.29	5.72
GRUNDSTOFFE	20.49	28.89	25.34	25.61	43.27	38.23	50.76	14.41	16.19	37.18	15.64	29.93
INVESTITIONSGUETER	39.55	47.76	56.86	47.13	42.71	48.42	33.37	70.08	58.90	54.96	63.58	52.48
VERBRAUCHSGUETER	23.54	11.40	8.45	8.84	11.02	10.98	8.49	12.69	15.85	5.78	11.49	11.87
INSGESAMT	100.00	100.00	100.00	100.00	100.00	100.00	100.00	100.00	100.00	100.00	100.00	100.00
INSGESAMT (MIO.DM)	10081	12465	41831	7670	130064	37073	28058	81417	71339	9038	8022	437058
1985												
INSGESAMT (MIO.DM)	10033	12105	47310	9224	143979	40392	30690	91429	79601	9577	9914	484254
					DURCHSCHNITTLICHE ZUWACHSRATEN 2)							
1978/70	11.36	9.08	10.46	11.13	10.14	10.59	12.29	10.39	11.70	11.50	9.30	10.61
1984/78	9.02	9.24	7.11	8.71	5.91	7.81	8.53	8.93	10.67	5.30	7.35	7.83
1985/78	8.37	8.10	7.39	9.70	6.18	7.80	8.05	9.01	10.61	5.24	8.54	7.91
1984/70	10.35	9.15	9.01	10.09	8.31	9.39	10.66	9.76	11.26	8.80	8.46	9.41
1985/70	10.08	8.83	8.95	10.40	8.21	9.26	10.33	9.72	11.20	8.49	8.80	9.32
					VERAENDERUNGEN GEG. DEM VORJAHR IN VH							
1985/84	-0.48	-2.89	13.10	20.25	10.70	8.95	9.38	12.30	11.58	5.97	23.59	10.80

1) OHNE WAREN AUSLAENDISCHEN URSPRUNGS UND WAREN, DEREN HERSTELLUNGS-BUNDESLAND NICHT ERMITTELT WURDE. 2) ERMITTELT DURCH LOG. LINEARE REGRESSION.
QUELLEN: STATISTISCHES BUNDESAMT; DIW.

im Jahr 1970 regional sehr unterschiedlich war und sich bis 1984 auch sehr unterschiedlich entwickelt hat. (Mangels regionaler Erwerbstätigendaten konnten für 1985 noch keine Exportintensitäten berechnet werden).

Die regionalen Abweichungen in der Exportentwicklung sind in der ersten Hälfte des Untersuchungszeitraums - 1970 bis 1978 - geringer als danach. Seit Mitte der siebziger Jahre bleibt die Steigerung der Ausfuhr in Niedersachsen und vor allem in den sehr exportintensiven Ländern Nordrhein-Westfalen und Saarland erheblich hinter der bundesdurchschnittlichen Expansion zurück. Der Anteil Nordrhein-Westfalens am Gesamtexport der Bundesrepublik insgesamt war 1970 höher als ein Drittel; bis 1984 ist er auf weniger als 30 vH gesunken. Einen völlig anderen Verlauf nahm die Warenausfuhr in Baden-Württemberg, deren Exportintensität ebenfalls deutlich höher ist als im Bundesdurchschnitt. Der Warenexport dieses Landes hat sich bis Mitte der siebziger Jahre relativ schwach entwickelt, seither steigt er überdurchschnittlich. Die Ausfuhr Bayerns ist in nahezu allen Jahren überdurchschnittlich gewachsen. Die Exportintensität ist zwar immer noch vergleichsweise niedrig; der Rückstand gegenüber dem Bundesdurchschnitt hat sich aber seit 1970 halbiert.

2.6.3 Güterstruktur der Exporte

Eine nach Gütergruppen differenzierte Analyse war ebenfalls nur bis zum Jahr 1984 möglich; sie zeigt, daß regionale Unterschiede in der Exportentwicklung zum Teil durch Unterschiede in der Branchenstruktur der Bundesländer zu erklären sind, daß aber andere Einflüsse mindestens ebenso bedeutsam sind. Noch stärker als die Produktion wird die Ausfuhr der Bundesrepublik von multiregionalen Großunternehmen geprägt. Veränderungen von Struktur und Entwicklung des regionalen Exports resultieren in vielen Fällen aus dem Verhalten eines einzigen Unternehmens. Betriebsschließungen bzw. Neuansiedlungen, Veränderungen in der räumlichen Verteilung der Herstellung von Vorprodukten und Enderzeugnissen oder die Substitution von Export durch Fertigung im Ausland beeinflussen das regionale Gefüge der Ausfuhrtätigkeit ganz erheblich. Dabei kann der

Abbildung 2.6.1

Warenausfuhr je Erwerbstätigen

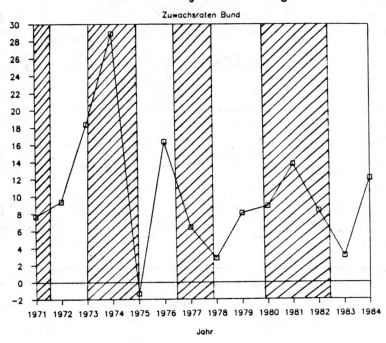

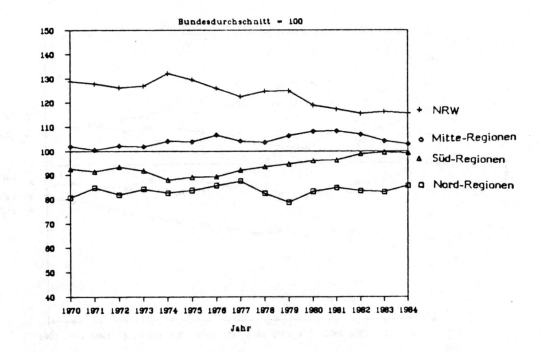

noch Abbildung 2.6.1

Warenausfuhr je Erwerbstätigen

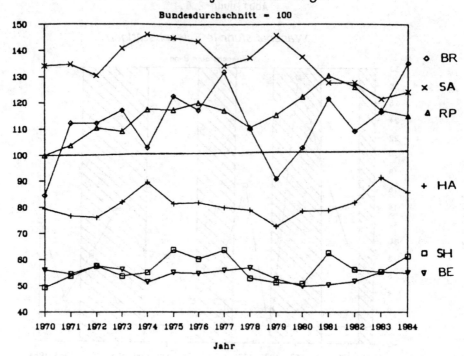

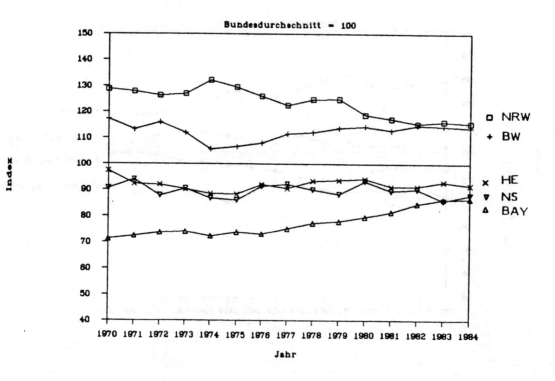

Tabelle 2.6.3

Warenausfuhr je Erwerbstaetigen (Inlandskonzept)

DM

	1970	1971	1972	1973	1974	1975	1976	1977	1978	1979	1980	1981	1982	1983	1984
Schleswig-Holstein	2270	2667	3121	3455	4560	5207	5726	6440	5499	5763	6224	8716	8489	8611	10792
Hamburg	3659	3810	4132	5274	7426	6648	7780	8093	8223	8173	9638	10995	12369	14252	14964
Niedersachsen	4171	4660	4766	5814	7193	7033	8683	9331	9368	9937	11427	12484	13610	13371	15356
Bremen	3896	5572	6095	7524	8513	10003	11143	13336	11460	10224	12599	16935	16501	18157	27600
Nordrhein-Westfalen	5935	6342	6850	8155	10943	10576	11968	12381	12969	14030	14544	16322	17423	18075	20156
Hessen	4482	4577	4988	5803	7327	7217	8739	9163	9708	10535	11540	12710	13779	14465	16000
Rheinland-Pfalz	4600	5152	5999	7014	9723	9580	11407	11648	11500	12958	14971	18164	19059	16265	20070
Baden-Wuerttemberg	5395	5612	6288	7187	8746	8703	10260	11284	11659	12785	14009	15714	17325	17819	19872
Bayern	3290	3593	4000	4760	5983	6027	6952	7602	8045	8770	9762	11364	12792	13444	15092
Saarland	6182	6662	7078	9038	12089	11819	13631	13582	14265	16378	16824	17771	19276	18925	21674
Berlin	2578	2707	3127	3614	4256	4502	5202	5657	5913	5916	6101	7009	7805	8610	9584
Bundesgebiet	4603	4957	5423	6421	8274	8163	9498	10109	10396	11237	12237	13917	15083	15550	17434
Nord-Regionen	3716	4295	4443	5405	6842	6835	8142	8853	8580	8852	10194	11859	12606	12924	14935
Nordrhein-Westfalen	5935	6342	6850	8155	10943	10576	11968	12381	12969	14030	14544	16322	17423	18075	20156
Mitte-Regionen	4692	4985	5541	6539	8611	8479	10133	10525	10773	11943	13238	15067	16117	16206	17950
Sued-Regionen	4263	4575	5066	5896	7294	7291	9497	9312	9722	10635	11745	13399	14912	15493	17311
Berlin	2578	2707	3127	3614	4256	4502	5202	5657	5913	5916	6101	7009	7805	8610	9584

Bundesdurchschnitt = 100

	1970	1971	1972	1973	1974	1975	1976	1977	1978	1979	1980	1981	1982	1983	1984
Schleswig-Holstein	49.3	53.8	57.6	53.8	55.1	63.8	60.3	63.7	52.9	51.3	50.9	62.6	56.3	55.4	61.4
Hamburg	79.5	76.9	76.2	82.1	89.8	81.4	81.9	80.1	79.1	72.7	78.8	79.0	82.0	91.7	85.8
Niedersachsen	90.6	94.0	87.9	90.5	86.9	86.2	91.4	92.3	90.1	88.4	93.4	89.7	90.2	86.0	88.1
Bremen	84.6	112.4	112.4	117.2	102.9	122.5	117.3	131.9	110.2	91.0	103.0	121.7	109.4	116.8	125.4
Nordrhein-Westfalen	128.9	127.9	126.3	127.0	132.3	129.6	126.0	122.5	124.7	124.9	118.9	117.3	115.5	116.2	115.6
Hessen	97.4	92.3	92.0	90.4	88.6	88.4	92.0	90.6	93.4	93.8	94.3	91.3	91.4	93.0	91.8
Rheinland-Pfalz	99.9	103.9	110.6	109.2	117.5	117.4	120.1	117.2	110.6	115.3	122.3	130.5	126.2	117.5	115.1
Baden-Wuerttemberg	117.2	113.2	115.9	111.9	105.7	106.6	108.0	111.6	112.1	113.8	114.5	112.9	114.9	114.6	114.0
Bayern	71.3	72.5	73.8	74.1	72.3	73.8	73.2	75.2	77.4	78.0	79.8	81.7	84.8	86.5	86.6
Saarland	134.3	134.8	130.5	140.8	146.1	144.8	143.5	134.4	137.2	145.8	137.5	127.7	127.8	121.7	124.3
Berlin	56.0	54.6	57.7	56.3	51.4	55.1	54.8	56.0	56.9	52.6	49.9	50.4	51.7	55.4	55.0
Bundesgebiet	100	100	100	100	100	100	100	100	100	100	100	100	100	100	100
Nord-Regionen	80.7	84.8	81.9	84.2	82.7	83.7	85.7	87.6	82.5	78.8	83.3	84.9	83.6	83.1	85.7
Nordrhein-Westfalen	128.9	127.9	126.3	127.0	132.3	129.6	126.0	122.5	124.7	124.9	118.9	117.3	115.5	116.2	115.6
Mitte-Regionen	101.9	100.6	102.2	101.8	104.1	103.9	106.7	104.1	103.6	106.3	108.2	108.3	106.9	104.2	103.0
Sued-Regionen	92.6	91.5	93.4	91.8	88.0	89.2	89.5	92.1	93.5	94.6	96.0	96.3	98.9	99.6	99.3
Berlin	56.0	54.6	57.7	56.3	51.4	55.1	54.8	56.0	56.9	52.6	49.9	50.4	51.7	55.4	55.0

1970 = 100

	1970	1971	1972	1973	1974	1975	1976	1977	1978	1979	1980	1981	1982	1983	1984
Schleswig-Holstein	100	117.5	137.5	152.2	200.9	229.3	252.2	283.6	242.2	253.8	274.1	383.9	373.9	379.3	471.3
Hamburg	100	104.1	112.9	144.1	202.9	181.7	212.6	221.2	224.7	223.3	263.4	300.5	338.0	389.5	408.9
Niedersachsen	100	111.7	114.3	139.4	172.4	168.6	208.2	223.7	224.6	238.2	273.9	299.3	326.3	320.5	368.1
Bremen	100	143.0	156.4	193.1	218.5	256.7	286.0	342.3	294.1	262.4	323.4	434.7	423.5	466.0	605.7
Nordrhein-Westfalen	100	106.9	115.4	137.4	184.4	178.2	201.6	208.6	218.5	236.4	245.0	275.0	293.6	304.5	339.6
Hessen	100	102.1	111.3	129.5	163.5	161.0	195.0	204.4	216.6	235.1	257.5	283.6	307.5	322.7	357.0
Rheinland-Pfalz	100	112.0	130.4	152.5	211.4	208.3	248.0	257.6	250.0	281.7	325.5	394.9	413.9	397.1	436.3
Baden-Wuerttemberg	100	104.0	116.6	133.2	162.1	161.3	190.2	209.2	216.1	237.0	259.7	291.3	321.1	330.3	368.4
Bayern	100	109.6	122.0	145.1	182.4	183.8	212.0	231.8	245.3	267.4	297.7	346.5	390.1	409.9	460.2
Saarland	100	108.1	114.5	146.2	195.6	191.2	220.5	219.7	230.8	264.9	272.2	287.5	311.8	306.1	350.6
Berlin	100	105.0	121.3	140.2	165.1	174.6	201.7	219.4	229.3	229.4	236.6	271.8	302.7	333.9	371.7
Bundesgebiet	100	107.7	117.8	139.5	179.7	177.3	206.3	219.6	225.9	244.1	265.8	302.4	327.7	337.8	378.8
Nord-Regionen	100	113.2	119.6	145.5	184.2	183.9	219.1	238.3	230.9	238.2	274.4	317.8	339.3	347.8	402.0
Nordrhein-Westfalen	100	106.9	115.4	137.4	184.4	178.2	201.6	208.6	218.5	236.4	245.0	275.0	293.6	304.5	339.6
Mitte-Regionen	100	106.2	118.1	139.4	183.5	180.7	216.0	224.3	229.6	254.5	282.1	321.1	343.5	345.4	382.6
Sued-Regionen	100	106.4	118.8	138.3	170.9	170.8	199.3	219.4	228.1	249.5	275.5	314.3	349.8	363.2	406.1
Berlin	100	105.0	121.3	140.2	165.1	174.6	201.7	219.4	229.3	229.4	236.6	271.8	302.7	333.9	371.7

Quelle: Eigene Berechnungen aufgrund amtlicher Statistiken.

dominierende Einfluß eines Unternehmens auf das statistische Bild das Exportverhalten der restlichen Wirtschaft eines Bundeslandes verdecken.

Die unabhängig von der regionalen Branchenstruktur wirkenden Einflüsse waren in dem hier betrachteten Zeitraum teilweise sehr groß. Dies wird deutlich bei einer Betrachtung des Straßenfahrzeugbaus und der chemischen Industrie die die Entwicklung des Exports der Bundesrepublik in den siebziger und achtziger Jahren wesentlich geprägt haben; rund 40 vH der Ausfuhrsteigerung von 1970 bis 1984 entfallen auf diese beiden Branchen. Trotzdem gehören die Bundesländer, in denen der Straßenfahrzeugbau und die chemische Industrie ein hohes Gewicht haben, keineswegs durchgängig zu denjenigen mit überdurchschnittlich expansiver Exportentwicklung. Ein Beispiel dafür ist Hessen; beide Branchen haben dort relativ große Anteile an der Gesamtproduktion. Im Jahr 1983 entfiel fast die Hälfte des Produktionswertes der am Außenhandel beteiligten Wirtschaftszweige auf diese beiden Branchen. Ihre Ausfuhr ist aber deutlich weniger gestiegen als im Bundesdurchschnitt. Dies zeigen die Indizes der Ausfuhrentwicklung zwischen 1970 und 1984 in Tabellen 2.6.5 bis 2.6.7. Sie liegen für den Straßenfahrzeugbau in Hessen um mehr als 100 Indexpunkte unter der bundesdurchschnittlichen Entwicklung in der Zeit von 1970 bis 1984. Bei der chemischen Industrie machte der Abstand zum Bundesdurchschnitt immerhin noch 50 Indexpunkte aus. Dadurch hat auch der Gesamtexport des Landes vergleichsweise schwach zugenommen.

Wie unterschiedlich die branchenspezifische Exportentwicklung zwischen den Bundesländern allgemein war, läßt sich wiederum am Straßenfahrzeugbau verdeutlichen. Die Indices der Exportentwicklung (1970 = 100) der Länder Niedersachsen, Nordrhein-Westfalen, Baden-Württemberg und Bayern, auf die 1984 rund 80 vH der Fahrzeugausfuhr entfielen, streuen zwischen 251 (Niedersachsen) bis 876 (Bayern). Die dazwischenliegenden Werte für Baden-Württemberg (530) und Nordrhein-Westfalen (306) weichen auch noch sehr stark voneinander ab. Die Gründe für diese starken regionalen Abweichungen im Wachstumstempo des Exports sind vor allem in Standortentscheidungen der entsprechenden Unternehmen zu suchen. Der niedersächsische und der nordrhein-westfälische Straßenfahrzeugbau haben im Laufe der siebziger Jahre in beträchtlichem Umfang

Tabelle 2.6.4

AUSFUHR 1984   MILL. DM

	SH	HA	NS	BR	NW	HE	RP	BW	BA	SA	BE	BUND 1)
LANDWIRTSCHAFT, NAHRUNGS- U. GENUSSMITTEL	1656	1489	3914	1413	3909	877	2073	2294	6457	188	745	25016
BERGBAU	58	7	217	0	4452	18	2	28	34	403	5	5224
MINERALOEL	285	967	1063	14	2149	113	327	1187	793	306	4	7205
STEINE, ERDEN	18	17	158	3	913	110	345	249	342	8	0	2164
EISEN U. STAHL, GIESSEREI	42	458	1200	1792	13976	315	1194	661	700	1899	46	22281
NE-METALLE	29	945	949	11	4347	1765	529	1061	1056	34	143	10868
MASCHINENBAU, EDV-GERAETE	1828	1721	5327	393	22692	6068	3121	17875	11382	744	2153	73304
STRASSEN- UND LUFTFAHRZEUGE	329	1560	13580	2109	13461	5281	4784	21829	16596	3227	366	83123
WASSERFAHRZEUGE	286	826	331	92	44	4	27	15	44	0	0	1669
ELEKTROTECHNIK	653	1322	2958	874	7900	4023	408	10652	10513	278	2178	41759
FEINMECHANIK, OPTIK	636	274	406	54	712	1069	114	3254	1627	32	111	8288
EBM, STAHLVERFORM., STAHLBAU	255	251	1183	93	10741	1507	908	3431	1859	686	293	21207
MUSIKINSTR., SPIELWAREN	8	47	64	6	130	199	250	1134	509	3	10	2362
CHEMIE, KUNSTSTOFF, GUMMI	1444	1159	6091	138	28660	11502	11482	7112	7294	665	1034	76580
FEINKERAMIK, GLAS	62	30	230	12	1176	435	566	513	1808	273	45	5150
HOLZBEARBEITUNG	6	43	155	7	316	118	102	289	217	45	2	1299
HOLZVERARBEITUNG	39	7	274	6	1408	169	236	718	672	21	2	3551
PAPIER- U. PAPPEERZEUGUNG	183	6	767	0	1465	232	261	1146	1119	0	21	5200
PAPIER- U. PAPPEVERARBEIT.	51	17	247	13	1403	307	194	715	369	10	74	3401
DRUCK	289	185	98	11	648	372	41	721	656	50	75	3146
LEDER	25	13	58	1	390	196	277	483	352	2	33	1830
TEXTIL	306	69	875	262	5117	644	258	3100	3130	15	360	14137
BEKLEIDUNG	62	70	557	17	1772	924	289	1407	1999	57	149	7303
NICHT ZURECHENBAR	1532	981	1130	351	2284	824	270	1544	1814	91	172	10993
INSGESAMT	10081	12465	41831	7670	130064	37073	28058	81417	71339	9038	8022	437058

1) OHNE WAREN AUSLAENDISCHEN URSPRUNGS UND WAREN, DEREN HERSTELLUNGS-BUNDESLAND NICHT ERMITTELT WURDE.
QUELLEN: STATISTISCHES BUNDESAMT; DIW.

Tabelle 2.6.5

AUSFUHRENTWICKLUNG 1970 - 1978   1970 = 100

	SH	HA	NS	BR	NW	HE	RP	BW	BA	SA	BE	BUND 1)
LANDWIRTSCHAFT, NAHRUNGS- U. GENUSSMITTEL	324	335	250	417	336	342	387	335	267	263	969	312
BERGBAU	246	123	234	58	195	205	299	144	33	152	254	188
MINERALOEL	416	181	426	217	226	149	176	129	231	264	165	223
STEINE, ERDEN	239	191	507	465	219	169	172	321	269	150	1459	234
EISEN U. STAHL, GIESSEREI	103	465	202	186	193	146	241	170	190	156	251	189
NE-METALLE	37	210	364	294	215	205	260	181	181	78	134	211
MASCHINENBAU, EDV-GERAETE	198	164	225	220	206	183	214	184	207	221	168	198
STRASSEN- UND LUFTFAHRZEUGE	340	221	169	447	215	214	316	251	386	603	267	239
WASSERFAHRZEUGE	154	162	200	368	125	66	124	30	189	211	528	212
ELEKTROTECHNIK	216	249	265	341	255	263	230	213	227	574	214	236
FEINMECHANIK, OPTIK	272	185	137	193	220	187	180	181	217	575	364	198
EBM, STAHLVERFORM., STAHLBAU	214	168	293	260	204	213	328	207	215	158	205	211
MUSIKINSTR., SPIELWAREN	152	222	198	163	258	165	98	204	172	312	135	179
CHEMIE, KUNSTSTOFF, GUMMI	244	196	276	185	219	219	222	247	263	462	156	229
FEINKERAMIK, GLAS	176	166	203	242	167	185	227	169	185	161	147	181
HOLZBEARBEITUNG	54	94	204	178	198	480	423	250	225	194	315	232
HOLZVERARBEITUNG	298	164	350	263	333	318	365	270	301	210	190	312
PAPIER- U. PAPPERZEUGUNG	195	99	234	258	293	341	250	286	281	107	85	274
PAPIER- U. PAPPEVERARBEIT.	178	170	225	398	290	204	317	255	229	133	392	255
DRUCK	259	158	254	76	240	200	189	241	200	517	199	218
LEDER	352	126	159	196	214	107	144	111	220	188	230	150
TEXTIL	339	347	194	125	156	142	180	180	153	224	184	163
BEKLEIDUNG	110	185	237	248	224	310	227	181	250	244	164	223
NICHT ZURECHENBAR	849	113	282	173	265	185	242	264	224	263	195	249
INSGESAMT	242	204	213	283	211	211	241	211	240	226	208	218

1) OHNE WAREN AUSLAENDISCHEN URSPRUNGS UND WAREN, DEREN HERSTELLUNGS-BUNDESLAND NICHT ERMITTELT WURDE.
QUELLEN: STATISTISCHES BUNDESAMT; DIW.

Tabelle 2.6.6

AUSFUHRENTWICKLUNG 1978 - 1984 1978 = 100

	SH	HA	NS	BR	NW	HE	RP	BW	BA	SA	BE	BUND 1)
LANDWIRTSCHAFT, NAHRUNGS- U. GENUSSMITTEL	170	138	195	195	181	147	225	176	202	185	178	186
BERGBAU	1501	12	237	57	105	126	68	161	455	88	331	106
MINERALOEL	170	209	283	93	260	198	405	581	186	155	257	256
STEINE, ERDEN	55	207	91	87	134	137	130	142	149	91	25	131
EISEN U. STAHL, GIESSEREI	71	210	114	260	134	145	168	143	142	106	117	138
NE-METALLE	500	125	195	127	206	284	305	181	222	320	165	204
MASCHINENBAU, EDV-GERAETE	142	141	139	96	132	136	116	144	175	141	226	143
STRASSEN- UND LUFTFAHRZEUGE	166	223	149	416	142	151	155	211	227	213	248	181
WASSERFAHRZEUGE	87	196	77	10	82	75	340	136	231	53	1	75
ELEKTROTECHNIK	170	177	132	236	146	158	114	155	158	125	121	151
FEINMECHANIK, OPTIK	219	176	148	255	140	164	125	145	154	306	34	147
EBM,STAHLVERFORM.,STAHLBAU	123	173	151	126	129	155	152	154	183	183	146	142
MUSIKINSTR., SPIELWAREN	114	120	124	121	110	152	186	140	129	273	75	138
CHEMIE, KUNSTSTOFF, GUMMI	340	150	189	206	188	174	202	180	201	173	175	189
FEINKERAMIK, GLAS	205	130	188	125	152	208	143	180	164	100	197	159
HOLZBEARBEITUNG	174	188	205	148	182	156	100	167	162	119	87	162
HOLZVERARBEITUNG	76	93	123	95	113	102	120	134	146	53	31	121
PAPIER- U. PAPPEERZEUGUNG	290	396	275	110	208	249	256	260	289	96	864	251
PAPIER- U. PAPPEVERARBEIT.	252	144	158	274	236	224	258	256	331	92	382	239
DRUCK	349	174	116	837	170	129	141	171	224	208	54	170
LEDER	576	163	140	118	199	193	192	193	153	211	748	186
TEXTIL	170	148	135	247	127	143	136	175	182	132	282	152
BEKLEIDUNG	146	191	173	82	148	141	189	140	196	213	129	159
NICHT ZURECHENBAR	384	628	226	1062	184	241	178	170	159	176	311	221
INSGESAMT	192	173	157	190	149	161	172	171	188	149	158	164

1) OHNE WAREN AUSLAENDISCHEN URSPRUNGS UND WAREN, DEREN HERSTELLUNGS-BUNDESLAND NICHT ERMITTELT WURDE.
QUELLEN: STATISTISCHES BUNDESAMT; DIW.

Tabelle 2.6.7

AUSFUHRENTWICKLUNG 1970 - 1984   1970 = 100

	SH	HA	NS	BR	NW	HE	RP	BW	BA	SA	BE	BUND 1)
LANDWIRTSCHAFT, NAHRUNGS- U. GENUSSMITTEL	551	463	489	811	607	504	870	591	539	485	1730	579
BERGBAU	3689	14	556	33	203	258	204	231	152	134	841	199
MINERALOEL	708	377	1204	201	586	295	712	750	429	410	425	571
STEINE, ERDEN	130	396	463	404	295	233	225	456	401	137	367	305
EISEN U. STAHL, GIESSEREI	73	974	229	483	258	212	405	243	270	166	293	261
NE-METALLE	184	262	712	374	443	582	792	326	403	249	222	430
MASCHINENBAU, EDV-GERAETE	283	232	312	211	272	249	247	265	363	312	379	282
STRASSEN- UND LUFTFAHRZEUGE	563	493	251	1862	306	324	489	530	876	1284	661	433
WASSERFAHRZEUGE	133	318	155	36	103	50	421	40	436	111	7	159
ELEKTROTECHNIK	369	440	350	806	372	415	264	329	359	714	259	356
FEINMECHANIK, OPTIK	596	325	202	493	307	308	226	263	334	1759	125	291
EBM,STAHLVERFORM.,STAHLBAU	263	291	441	328	263	329	497	320	395	290	300	300
MUSIKINSTR., SPIELWAREN	174	267	245	197	284	251	182	284	222	853	102	248
CHEMIE, KUNSTSTOFF, GUMMI	831	294	522	381	411	381	449	444	529	800	273	431
FEINKERAMIK, GLAS	360	216	383	303	254	385	326	304	304	161	289	287
HOLZBEARBEITUNG	94	176	417	264	362	748	424	418	365	231	273	375
HOLZVERARBEITUNG	226	152	429	250	378	323	440	362	439	111	58	378
PAPIER- U. PAPPERZEUGUNG	565	390	643	284	611	849	641	744	811	102	733	687
PAPIER- U. PAPPEVERARBEIT.	447	245	357	1090	684	456	819	653	758	122	1496	611
DRUCK	904	275	295	633	408	259	267	412	448	1078	107	371
LEDER	2028	205	223	232	425	207	277	214	336	396	1723	280
TEXTIL	574	513	262	307	199	203	244	314	278	297	518	249
BEKLEIDUNG	160	353	411	203	333	436	429	254	489	518	211	355
NICHT ZURECHENBAR	3261	709	637	1841	487	446	432	447	356	465	606	549
INSGESAMT	466	353	335	538	315	340	413	360	451	336	330	358

1) OHNE WAREN AUSLAENDISCHEN URSPRUNGS UND WAREN, DEREN HERSTELLUNGS-BUNDESLAND NICHT ERMITTELT WURDE.
QUELLEN: STATISTISCHES BUNDESAMT; DIW.

Fertigungsstätten im Ausland aufgebaut bzw. erweitert. Stärker als in anderen Bundesländern sind also Exporte durch Auslandsfertigung substituiert worden.

In der chemischen Industrie (einschließlich Kunststoff- und Gummiwaren) war die Spannweite der Exportentwicklung zwar geringer als im Straßenfahrzeugbau, aber immer noch beträchtlich. In dieser Branche entfallen auf die drei Bundesländer Nordrhein-Westfalen, Hessen und Rheinland-Pfalz fast 70 vH des Gesamtexports. Den niedrigsten Indexwert weist Hessen auf (381), den höchsten Rheinland-Pfalz (449). Nordrhein-Westfalen lag dazwischen mit 411; die Exportsteigerung des Landes war damit deutlich geringer als im Bundesdurchschnitt (431). Ein Beispiel dafür, daß eine Branche die Exportentwicklung eines Landes weitgehend bestimmen kann, ist Rheinland-Pfalz. Von dem gesamten Ausfuhrzuwachs entfielen dort rund 40 vH auf chemische Erzeugnisse (vgl. Tabelle 2.6.8).

Die Ausfuhr der 1984 drittgrößten Exportbranche, des Maschinenbaus (einschließlich Büromaschinen und EDV-Geräte), hat im Zeitraum 1970 bis 1984 deutlich schwächer zugenommen als die gesamte Warenausfuhr der Bundesrepublik. Insofern waren Bundesländer mit hohem Maschinenbauanteil zumindest hinsichtlich der rein quantitativen Exportentwicklung strukturell benachteiligt. Rund 70 vH der Maschinenexporte kamen 1984 aus den drei Bundesländern Nordrhein-Westfalen, Baden-Württemberg und Bayern. Die Ausfuhrsteigerung war in Bayern mit Abstand am größten (Indexwert 1984: 363). In Nordrhein-Westfalen (272) war sie immerhin etwas stärker als in Baden-Württemberg (265). Dieses relativ günstige Bild für Nordrhein-Westfalen ändert sich aber, wenn man die Teilperioden getrennt betrachtet. Von 1970 bis 1978 haben die Maschinenexporte des Landes überdurchschnittlich zugenommen; seither ist das Expansionstempo vergleichsweise schwach. Offenbar hat sich die Produktpalette des nordrhein-westfälischen Maschinenbaus nicht schnell genug an veränderte Nachfragestrukturen auf dem Weltmarkt angepaßt. In Baden-Württemberg verlief die Entwicklung des Maschinenexports in den beiden Zeitabschnitten dagegen genau umgekehrt. Allerdings erreichte das Exportwachstum dort auch in der Zeit von 1978 bis 1984 bei weitem nicht das Tempo Bayerns.

Tabelle 2.6.8   AUSFUHRENTWICKLUNG 1970-1984   Veränderungen in Mill.DM

	SH	HA	NS	BR	NW	HE	RP	BW	BA	SA	BE	BUND 1)
LANDWIRTSCHAFT, NAHRUNGS- U. GENUSSMITTEL	1355	1167	3113	1239	3266	703	1835	1906	5259	149	702	20694
BERGBAU	56	-41	178	0	2264	11	1	16	12	102	4	2604
MINERALOEL	245	710	975	7	1782	74	281	1029	608	231	3	5944
STEINE, ERDEN	4	13	124	2	604	63	191	194	256	2	0	1454
EISEN U. STAHL, GIESSEREI	-16	411	677	1421	8566	166	899	389	441	753	30	13737
NE-METALLE	13	584	815	8	3366	1461	462	736	794	20	79	8340
MASCHINENBAU, EDV-GERAETE	1181	980	3622	206	14342	3632	1859	11134	8247	506	1585	47294
STRASSEN- UND LUFTFAHRZEUGE	271	1244	8174	1996	9065	3652	3806	17711	14701	2976	311	63907
WASSERFAHRZEUGE	71	566	117	-167	1	-4	20	-22	34	0	-1	617
ELEKTROTECHNIK	476	1021	2113	765	5777	3053	253	7418	7584	239	1337	30035
FEINMECHANIK, OPTIK	529	190	205	43	480	721	63	2015	1140	30	22	5439
EBM,STAHLVERFORM.,STAHLBAU	158	165	915	65	6660	1049	725	2358	1389	449	195	14127
MUSIKINSTR., SPIELWAREN	3	30	38	3	84	120	113	735	280	3	0	1409
CHEMIE, KUNSTSTOFF, GUMMI	1270	765	4924	102	21691	8485	8926	5511	5914	581	654	58824
FEINKERAMIK, GLAS	45	16	170	8	714	322	393	344	1213	103	30	3357
HOLZBEARBEITUNG	0	19	118	4	229	102	78	220	157	25	1	953
HOLZVERARBEITUNG	22	2	210	4	1035	116	182	520	519	2	-2	2611
PAPIER- U. PAPPEERZEUGUNG	151	4	647	0	1225	205	220	992	981	0	18	4444
PAPIER- U. PAPPEVERARBEIT.	40	10	178	12	1198	240	170	605	320	2	69	2845
DRUCK	257	118	65	9	489	228	26	546	509	45	5	2297
LEDER	23	7	32	0	298	101	177	257	247	1	31	1176
TEXTIL	253	56	541	177	2542	326	152	2111	2005	10	291	8464
BEKLEIDUNG	23	50	422	9	1239	712	221	852	1590	46	79	5244
NICHT ZURECHENBAR	1485	843	953	332	1815	640	207	1199	1305	71	144	8992
INSGESAMT	7916	8930	29326	6244	88732	26180	21263	58776	55505	6348	5588	314808

1) OHNE WAREN AUSLAENDISCHEN URSPRUNGS UND WAREN, DEREN HERSTELLUNGS-BUNDESLAND NICHT ERMITTELT WURDE.
QUELLEN: STATISTISCHES BUNDESAMT; DIW.

Bei der Bewertung der Tatsache, daß die Maschinenausfuhr der Bundesrepublik in den vergangenen fünfzehn Jahren langsamer gestiegen ist als der Gesamtexport, muß im Hinblick auf die regionalen Auswirkungen ein qualitativer Aspekt berücksichtigt werden. Der Maschinenbau ist eine der arbeits- und humankapitalintensivsten Branchen. Die Wirkung einer Exportsteigerung auf Wertschöpfung, Beschäftigung und Qualifikationsstruktur der Beschäftigten in den Bundesländern ist also anders zu beurteilen als bei völlig anders strukturierten Branchen wie der Ernährungswirtschaft, die ihren Export im Laufe der vergangenen fünfzehn Jahre stark erhöhen konnte. In einigen Bundesländern, vor allem in Bremen und Berlin, hat das erheblich zur gesamten Ausfuhrentwicklung beigetragen.

Die Ausfuhr elektrotechnischer Erzeugnisse hat von 1970 bis 1984 ebenso stark zugenommen wie die Ausfuhr insgesamt. Hauptexportländer sind Baden-Württemberg und Bayern mit einem Anteil von jeweils einem Viertel am Gesamtexport der Bundesrepublik. Auch in dieser Branche zeigt sich die Exportdynamik der bayerischen Wirtschaft. Der Indexwert lag 1984 mit 359 deutlich über demjenigen in Baden-Württemberg (329).

Eine regionale Differenzierung des Exportwachstums in beträchtlichem Ausmaß bewirkte die ungünstige Entwicklung im Bergbau und in der Eisen- und Stahlindustrie. Die Ausfuhr stieg in diesen Branchen um ein Drittel langsamer als die gesamte Warenausfuhr der Bundesrepublik. Die Länder Nordrhein-Westfalen und Saarland, in denen die entsprechenden Erzeugnisse im Jahr 1970 Anteile von einem Fünftel bzw. der Hälfte am Gesamtexport hatten, konnten die daraus resultierenden Positionsverluste nicht kompensieren. In Nordrhein-Westfalen hat sich vielmehr zusätzlich die Ausfuhr in einigen anderen bedeutenden Branchen ungünstiger als im Bundesdurchschnitt entwickelt. Dies hat natürlich auch damit zu tun, daß verschiedene Industriezweige, vor allem der nordrhein-westfälische Maschinenbau, tradtionell stark auf den Montanbereich und damit auf einen weltweit schrumpfenden Sektor ausgerichtet ist.

Die Exportentwickung in den kleineren Bundesländern, insbesondere in den Stadtstaaten, wird hier nicht im einzelnen kommentiert, da die statistischen Angaben in diesen Fällen nicht zuverlässig sind (vgl. dazu auch den folgenden Abschnitt).

2.6.4 Exportquoten der warenexportierenden Branchen

Um regionale Unterschiede in der Exportorientierung des warenproduzierenden Sektors abschätzen zu können, wurden die Verkäufe ins Ausland in Beziehung gesetzt zum Produktionswert der jeweiligen Branche (Exportquote). Dabei wird auch erkennbar, wie sich die Ausfuhr im Verhältnis zur Produktion für das Inland entwickelt hat. Die für die Berechnung von Exportquoten erforderlichen Daten für die warenexportierenden Wirtschaftszweige stehen für die Zeit von 1970 bis 1983 zur Verfügung. Für 1984 wurden Produktionswerte durch Fortschreibung auf der Basis der Statistik im produzierenden Gewerbe ermittelt. In tiefer Branchengliederung liegen die Produktionswerte allerdings nur für die Zeit von 1978 bis 1983 vor; eine sektoral differenzierte Analyse der Entwicklung der Exportquoten in den Bundesländern ist also nur für diesen Zeitraum möglich.

Bei der Kombination von Ausfuhr- und Produktionsdaten in tiefer Disaggregation ist zu bedenken, daß die Zuordnung der ausgeführten Erzeugnisse zu den Gütergruppen und -zweigen des Güterverzeichnisses für Produktionsstatistiken sich an der Eigenschaft der Produkte selbst orientiert, während die sektorale Gliederung des Produktionswertes im Rahmen der regionalisierten volkswirtschaftlichen Gesamtrechnung nach dem Unternehmensschwerpunkt erfolgt. Das heißt, bei heterogenen Unternehmen wird der gesamte Produktionswert derjenigen Branche zugeordnet, die an der Zahl der Beschäftigten des Gesamtunternehmens den höchsten Anteil hat. Daraus können im Einzelfall beträchtliche Ungenauigkeiten resultieren.

Im Jahr 1983 hatte die Ausfuhr in der Bundesrepublik einen Anteil von 25,5 vH am Produktionswert der warenexportierenden Branchen. Das entspricht dem Anteil des Auslandsumsatzes im verarbeitenden Gewerbe (einschließlich Bergbau) von 27 vH. Von diesem Durchschnitt weichen die einzelnen Bundesländer teilweise beträchtlich ab (vgl. Tabelle 2.6.10). Die sehr niedrigen Exportquoten von Berlin (15 vH), Schleswig-Holstein (18 vH) und Hamburg (22 vH) sind u.a. dadurch bedingt, daß exportschwache Branchen in diesen Ländern ein hohes Gewicht haben. Das gilt ganz besonders für Hamburg. Läßt man das Nahrungs- und Genußmittelgewerbe und die Mineralölverarbeitung unberücksichtigt, so zeigt sich, daß in den übrigen Branchen Hamburgs die Exportquoten eher höher sind als im Bundesdurchschnitt. Im Unterschied dazu sind in Berlin und Schleswig-Holstein zusätzlich zu dem erwähnten Struktureffekt fast alle Branchen vergleichsweise exportschwach. Im Falle Berlins dürfte dazu auch die Tatsache beitragen, daß es im Hinblick auf die Inanspruchnahme von Subventionen im Rahmen der Berlinförderung günstiger ist, indirekt, d.h. über zwischengeschaltete Unternehmen im Bundesgebiet zu exportieren. Dabei dürften in vielen Fällen anstelle Berlins die entsprechenden westdeutschen Bundesländer als Herkunftsländer in die Ausfuhrstatistik eingehen.

Sehr viel höhere Exportquoten als im Bundesdurchschnitt ergeben sich für Bremen und das Saarland, wobei allerdings ebenfalls statistische Probleme eine erhebliche Rolle zu spielen scheinen. Darauf deuten die unplausibel hohen Ausfuhrquoten in der Eisen- und Stahlindustrie Bremens und im Straßenfahrzeugbau des Saarlandes hin. In beiden Fällen gelangen offenbar Erzeugnisse, die in anderen Bundesländern hergestellt werden, über den Handel oder Betriebsstätten desselben Unternehmens ins Ausland und werden in der Ausfuhrstatistik fälschlicherweise als in Bremen bzw. im Saarland hergestellt gemeldet. In Bremen dürfte dies, bedingt durch den Hafen, auch noch für andere Branchen zutreffen. Dasselbe gilt für Hamburg. Dort ist die Exportquote, wie erwähnt, nur aufgrund des extrem hohen Anteils des Nahrungs- und Genußmittelgewerbes und der Mineralölverarbeitung am Produktionswert der warenexportierenden Wirtschaftszweige relativ gering. Diese Branchen sind räumlich stark konzentriert. Sie setzen ihre Produkte fast ausschließlich auf dem Binnenmarkt ab und

Tabelle 2.6.9

AUSFUHRQUOTEN 1978

	SH	HA	NS	BR	NW	HE	RP	BW	BA	SA	BE	BUND 1)
LANDWIRTSCHAFT, NAHRUNGS- U. GENUSSMITTEL	6.65	9.85	5.77	8.81	4.62	4.07	7.20	4.46	7.59	4.49	3.10	5.87
BERGBAU	4.12	.	3.43	.	25.64	.	.	.	.	18.47	.	21.29
MINERALOEL	6.21	4.26	5.58	.	6.20	2.31	2.65	2.79	3.83	20.99	20.33	4.81
STEINE, ERDEN	2.44	1.82	4.65	1.95	8.99	3.08	9.31	4.14	3.79	4.12	0.26	5.59
EISEN U. STAHL, GIESSEREI	27.05	57.92	25.42	61.00	30.20	11.24	33.06	23.62	22.26	42.37	15.04	30.41
NE-METALLE	4.63	35.38	36.52	.	31.77	.	29.43	22.39	27.03	.	11.61	31.43
MASCHINENBAU, EDV-GERAETE	34.85	56.92	48.18	34.15	45.77	42.19	43.34	36.99	32.43	43.59	35.82	40.60
STRASSEN- UND LUFTFAHRZEUGE	10.32	31.18	36.09	37.23	43.93	22.29	38.58	34.03	33.82	78.32	9.40	34.89
WASSERFAHRZEUGE	26.29	25.16	45.56	61.82	.	.	.	.	.	.	.	38.43
ELEKTROTECHNIK	19.09	24.40	32.70	30.10	27.04	26.25	20.54	25.02	27.55	19.71	24.46	26.37
FEINMECHANIK, OPTIK	35.13	39.91	21.74	17.19	17.39	36.23	18.45	35.04	49.50	4.56	39.81	32.35
EBM,STAHLVERFORM.,STAHLBAU	12.87	14.58	13.53	8.78	20.44	18.76	16.68	16.37	10.84	19.88	15.51	17.52
MUSIKINSTR., SPIELWAREN	9.64	13.66	12.42	42.04	23.80	28.60	31.91	30.17	20.70	3.56	15.86	24.82
CHEMIE, KUNSTSTOFF, GUMMI	21.14	18.00	35.56	30.70	26.11	29.94	33.62	22.77	23.48	35.66	25.07	27.20
FEINKERAMIK, GLAS	12.17	.	15.56	18.40	22.48	49.92	22.59	23.37	38.40	42.94	25.68	28.09
HOLZBEARBEITUNG	3.46	39.76	9.70	2.48	8.76	13.35	13.18	8.63	6.44	11.95	2.82	9.03
HOLZVERARBEITUNG	7.66	4.04	8.61	3.79	11.87	7.33	10.63	8.31	6.70	12.63	2.85	9.15
PAPIER- U. PAPPEERZEUGUNG	17.52	.	35.86	.	26.39	32.86	22.32	17.09	18.98	.	9.41	22.56
PAPIER- U. PAPPEVERARBEIT.	4.83	7.41	10.66	7.79	13.62	14.20	11.11	12.23	4.89	21.27	4.14	10.77
DRUCK	17.24	16.13	5.65	1.32	8.57	15.85	3.38	10.74	7.30	11.65	19.52	9.89
LEDER	35.66	11.01	11.32	4.63	13.44	8.76	7.82	13.56	17.45	1.68	11.73	12.00
TEXTIL	50.85	.	28.18	43.17	39.23	31.29	24.32	18.24	27.28	29.96	20.65	28.91
BEKLEIDUNG	15.49	17.20	17.02	16.39	18.71	42.43	21.40	29.43	14.93	9.50	10.55	20.17
AUSFUHRQUOTE I 2)	14.79	17.44	21.56	23.74	24.75	23.14	23.85	22.66	19.70	31.11	14.72	22.30
AUSFUHRQUOTE II 3)	22.65	29.07	29.57	37.62	28.82	27.15	29.13	26.54	24.63	35.38	22.19	27.59

1) OHNE WAREN AUSLAENDISCHEN URSPRUNGS UND WAREN, DEREN HERSTELLUNGS-BUNDESLAND NICHT ERMITTELT WURDE. 2) ANTEIL DER WARENAUSFUHR INSGESAMT AM PRODUKTIONSWERT DES WARENEXPORTIERENDEN SEKTORS INSGESAMT IN VH. 3) OHNE ERNAEHRUNGSWIRTSCHAFT UND MINERALOELVERARBEITUNG.
QUELLEN: STATISTISCHES BUNDESAMT; STATISTISCHE LANDESAEMTER; DIW.

Tabelle 2.6.10

AUSFUHRQUOTEN 1983

	SH	HA	NS	BR	NW	HE	RP	BW	BA	SA	BE	BUND 1)
LANDWIRTSCHAFT, NAHRUNGS- U. GENUSSMITTEL	8.60	10.50	8.34	14.37	5.97	4.31	11.79	6.39	11.72	5.94	3.42	8.12
BERGBAU	18.57	.	4.44	.	14.34	.	.	.	.	11.62	.	12.48
MINERALOEL	6.76	3.95	11.07	.	4.92	18.18	6.49	5.81	4.58	27.15	.	5.87
STEINE, ERDEN	1.04	5.10	4.23	2.74	8.90	3.47	9.23	3.80	4.22	2.72	0.03	5.58
EISEN U. STAHL, GIESSEREI	14.06	93.50	23.44	94.89	32.24	8.70	44.47	19.49	21.63	31.25	44.39	31.92
NE-METALLE	14.51	28.83	28.32	.	37.64	.	52.27	33.82	39.66	41.73	10.61	39.04
MASCHINENBAU, EDV-GERAETE	34.25	56.69	55.81	30.51	47.82	43.40	36.92	39.59	36.50	41.73	47.06	42.81
STRASSEN- UND LUFTFAHRZEUGE	12.58	59.39	35.62	43.09	49.93	24.31	42.74	44.12	43.56	109.06	10.74	41.50
WASSERFAHRZEUGE	21.08	46.03	28.28	30.30	.	.	.	.	.	.	.	35.99
ELEKTROTECHNIK	23.36	32.08	29.96	28.03	27.07	29.96	18.02	26.78	27.54	14.15	22.49	27.03
FEINMECHANIK, OPTIK	51.28	47.28	26.90	21.72	21.44	59.21	18.57	40.06	39.60	6.49	19.98	36.84
EBM,STAHLVERFORM.,STAHLBAU	12.03	21.37	19.59	27.60	25.24	21.62	17.40	17.23	15.83	18.90	12.02	21.02
MUSIKINSTR., SPIELWAREN	7.30	12.68	14.99	71.24	17.50	41.79	45.97	35.63	23.39	2.38	20.75	28.90
CHEMIE, KUNSTSTOFF, GUMMI	31.05	21.49	36.58	40.44	34.20	28.95	35.34	26.10	29.37	38.75	24.21	31.73
FEINKERAMIK, GLAS	14.38	.	16.93	14.08	30.58	64.39	12.92	8.16	26.92	34.33	30.33	24.76
HOLZBEARBEITUNG	5.31	54.11	10.27	3.23	12.24	17.08	13.39	11.89	8.04	24.08	2.57	11.47
HOLZVERARBEITUNG	3.92	3.58	9.47	3.46	12.69	8.16	10.10	8.75	7.44	6.93	1.01	9.52
PAPIER- U. PAPPEERZEUGUNG	26.40	.	36.28	.	33.83	32.74	28.40	24.70	30.15	.	17.82	30.17
PAPIER- U. PAPPEVERARBEIT.	6.49	11.06	12.35	12.38	20.27	22.47	17.95	22.40	9.93	14.52	6.14	16.86
DRUCK	22.59	26.70	7.14	2.37	12.79	15.49	3.69	11.84	11.64	16.58	7.24	12.43
LEDER	35.25	15.41	10.60	11.92	18.94	14.55	11.80	18.88	23.14	2.95	72.68	17.13
TEXTIL	73.87	.	34.40	58.43	45.50	41.59	30.33	25.35	36.88	52.39	37.47	36.41
BEKLEIDUNG	26.73	34.21	24.80	15.30	24.76	52.89	37.83	36.15	25.40	69.28	10.03	28.82
AUSFUHRQUOTE I 2)	18.14	22.04	23.41	31.62	26.86	26.90	26.92	26.69	24.64	33.11	15.42	25.49
AUSFUHRQUOTE II 3)	26.80	44.50	30.90	43.90	32.50	30.40	31.60	31.20	30.20	37.10	23.80	31.60

1) OHNE WAREN AUSLAENDISCHEN URSPRUNGS UND WAREN, DEREN HERSTELLUNGS-BUNDESLAND NICHT ERMITTELT WURDE. 2) ANTEIL DER WARENAUSFUHR INSGESAMT AM PRODUKTIONSWERT DES WARENEXPORTIERENDEN SEKTORS INSGESAMT IN VH. 3) OHNE ERNAEHRUNGSWIRTSCHAFT UND MINERALOELVERARBEITUNG.
QUELLEN: STATISTISCHES BUNDESAMT; STATISTISCHE LANDESAEMTER; DIW.

Tabelle 2.6.11

ENTWICKLUNG DER AUSFUHRQUOTEN 1978-1983   1978 = 100

	SH	HA	NS	BR	NW	HE	RP	BW	BA	SA	BE	BUND 1)
LANDWIRTSCHAFT, NAHRUNGS- U. GENUSSMITTEL	129	107	145	163	129	106	164	143	154	132	110	138
BERGBAU	451	.	130	.	56	.	.	.	.	63	.	59
MINERALOEL	109	93	198	.	79	787	245	208	119	129	.	122
STEINE, ERDEN	42	280	91	140	99	113	99	92	111	66	10	100
EISEN U. STAHL, GIESSEREI	52	161	92	156	107	77	135	83	97	74	295	105
NE-METALLE	313	81	78	.	118	.	178	151	147	.	91	124
MASCHINENBAU, EDV-GERAETE	98	100	116	89	104	103	85	107	113	96	131	105
STRASSEN- UND LUFTFAHRZEUGE	122	190	99	116	114	109	111	130	129	139	114	119
WASSERFAHRZEUGE	80	183	62	49	.	.	.	.	.	.	.	94
ELEKTROTECHNIK	122	131	92	93	100	114	88	107	100	72	92	103
FEINMECHANIK, OPTIK	146	118	124	126	123	163	101	114	80	142	50	114
EBM,STAHLVERFORM.,STAHLBAU	93	147	145	314	123	115	104	105	146	95	78	120
MUSIKINSTR., SPIELWAREN	76	93	121	169	74	146	144	118	113	67	131	116
CHEMIE, KUNSTSTOFF, GUMMI	147	119	103	132	131	97	105	115	125	109	97	117
FEINKERAMIK, GLAS	118	.	109	77	136	129	57	35	70	80	118	88
HOLZBEARBEITUNG	153	136	106	130	140	128	102	138	125	201	91	127
HOLZVERARBEITUNG	51	89	110	91	107	111	95	105	111	55	36	104
PAPIER- U. PAPPEERZEUGUNG	151	.	101	.	128	100	127	145	159	.	189	134
PAPIER- U. PAPPEVERARBEIT.	134	149	116	159	149	158	162	183	203	68	148	157
DRUCK	131	166	126	179	149	98	109	110	160	142	37	126
LEDER	99	140	94	257	141	166	151	139	133	175	619	143
TEXTIL	145	86	122	135	116	133	125	139	135	175	182	126
BEKLEIDUNG	172	199	146	93	132	125	177	123	170	729	95	143
AUSFUHRQUOTE I 2)	123	126	109	133	109	116	113	118	125	106	105	114
AUSFUHRQUOTE II 3)	118	153	104	117	113	112	109	118	123	105	107	114

1) OHNE WAREN AUSLAENDISCHEN URSPRUNGS UND WAREN, DEREN HERSTELLUNGS-BUNDESLAND NICHT ERMITTELT WURDE. 2) ANTEIL DER WARENAUSFUHR INSGESAMT AM PRODUKTIONSWERT DES WARENEXPORTIERENDEN SEKTORS INSGESAMT IN VH. 3) OHNE ERNAEHRUNGSWIRTSCHAFT UND MINERALOELVERARBEITUNG.
QUELLEN: STATISTISCHES BUNDESAMT; STATISTISCHE LANDESAEMTER; DIW.

ihr Produktionswert ist durch die hohe Belastung mit Verbrauchssteuern stark aufgebläht[14]. Ohne diese beiden Branchen ergibt sich für Hamburg für das Jahr 1983 eine Ausfuhrquote von 44,5 vH, die höchste aller Bundesländer.

Diese Ungenauigkeiten der Statistik machen es schwer, ein eindeutiges Bild von der Entwicklung der Ausfuhr und ihrem Anteil an der gesamten Warenproduktion der Bundesländer zu gewinnen. Die Kommentierung bleibt daher auf die größeren Länder und die wichtigsten Gütergruppen beschränkt. Damit ist der größte Teil des bundesdeutschen Warenexports abgedeckt. Natürlich gibt es darüber hinaus in kleineren Branchen, z.B. dem Schiffbau, Entwicklungen, die einzelne Bundesländer ganz erheblich betreffen. Diese im einzelnen zu analysieren, ist im Rahmen der vorliegenden Untersuchung jedoch nicht möglich.

Die Exportquote Niedersachsens war 1983 mit 23,4 vH geringer als in der Bundesrepublik insgesamt. Maßgeblich dafür ist der niedrige Wert im Straßenfahrzeugbau, der mit Abstand größten Branche des Landes. Zurückzuführen ist dies darauf, daß der niedersächsische Straßenfahrzeugbau im Laufe der siebziger Jahre in beträchtlichem Umfang Exporte durch Auslandsfertigung substituiert hat. Noch im Jahr 1978 hatte die Branche eine über dem Bundesdurchschnitt liegende Exportquote (vgl. Tabelle 2.6.9). In den meisten anderen Branchen hat sich die Ausfuhr bis Mitte der siebziger Jahre relativ günstig entwickelt. Die Exportquoten waren 1978 vergleichsweise hoch. Seitdem hat das Land aber in wichtigen Investitionsgüterbranchen, Maschinenbau und Elektrotechnik, an Boden verloren. Im Maschinenbau ist die Exportquote von 1978 auf 1983 nur deswegen überdurchschnittlich gestiegen, weil sich der Inlandsabsatz noch schwächer als die Ausfuhr entwickelt hat.

Nordrhein-Westfalen, Hessen, Rheinland-Pfalz und Baden-Württemberg hatten 1983 mit 27 vH überdurchschnittliche Exportquoten. Die Ausfuhrintensität dieser Länder wird schon von ihrer Wirtschaftsstruktur her begünstigt. Dies gilt vor allem für Hessen, wo der Anteil exportintensiver Branchen mit Abstand am höchsten ist. Die Ausfuhrquote Hessens wäre noch deutlich höher, wenn die Quote im Straßenfahrzeugbau auch nur annähernd bundesdurchschnittliches Niveau erreichen würde. Die geringe Ausfuhrtätigkeit dieser Branche in Hessen ist vor allem dadurch bedingt, daß ein erheblicher Teil der gesamten Produktion unternehmensintern an ein anderes Bundesland geliefert wird und dort in Endprodukte eingeht, die dann zu einem großen Teil exportiert werden.

In Nordrhein-Westfalen ist der Anteil der Warenausfuhr an der Gesamtproduktion nicht nur deswegen hoch, weil exportintensive Branchen dort stark vertreten sind. Auch die einzelnen Branchen selber haben überdurchschnittliche Exportquoten, vor allem der Maschinenbau und der Straßenfahrzeugbau. Daran hat sich trotz der vergleichsweise ungünstigen Exportentwicklung bis 1983 kaum etwas geändert. Die in Nordrhein-Westfalen hergestellen Produkte stoßen also nicht nur im Ausland auf relativ eng begrenzte Märkte, der Inlandsabsatz hat sich vielmehr - verglichen mit dem Bundesdurchschnitt - fast ebenso ungünstig entwickelt wie die Ausfuhr. In der chemischen Industrie haben die Exporte sogar wesentlich dazu beigetragen, daß das Land nicht noch mehr Produktionsanteile verliert. Lediglich im Straßenfahrzeugbau ist die Ausfuhr deutlich stärker hinter der Bundesentwicklung zurückgeblieben als die Verkäufe im Inland.

Anders als in Nordrhein-Westfalen ist die Exportquote in Baden-Württemberg nur aufgrund der Branchenstruktur relativ hoch. Noch im Jahr 1978 waren die Ausfuhrquoten in allen großen Industriezweigen niedriger als im Bundesdurchschnitt. Seither hat sich allgemein der Abstand etwas verringert. Aber nur im Straßenfahrzeugbau hat die starke Ausweitung des Exports dazu geführt, daß die Ausfuhrquote inzwischen deutlich höher ist als im Bundesdurchschnitt. In dieser Branche haben die Verkäufe ins Ausland von 1978 bis 1983 um ein Mehrfaches schneller zugenommen als der Inlandsabsatz. Sie haben den Ausschlag dafür gegeben, daß der Gesamtexport Baden-Württembergs in der zweiten Hälfte der Untersuchungsperiode deutlich überdurchschnittlich gewachsen ist.

Bayern gehörte, auch durch seine Branchenstruktur bedingt, eher zu den weniger exportintensiven Bundesländern. Mit der deutlich überdurchschnittlichen Ausfuhrsteigerung fast aller warenproduzierenden Branchen hat sich die Exportquote des Landes aber immer mehr der bundesdurchschnittlichen angenähert. Im Jahr 1983 war die Differenz mit 0,9 vH-Punkten nur noch gering.

Den mit Abstand größten Anteil an dieser Entwicklung hatte der bayerische Straßenfahrzeugbau, der seine Ausfuhr noch stärker ausweiten konnte als der baden-württembergische. In beiden Bundesländern versorgten die Unternehmen des Straßenfahrzeugbaus die Auslandsmärkte zu einem höheren Teil von inländischen Produktionsstätten aus als dies z.B. in Niedersachsen der Fall ist.

Neben dem Straßenfahrzeugbau hat auch der bayerische Maschinenbau seine Position im Ausland erheblich ausbauen können. Im Jahr 1978 war seine Exportquote mit 32,4 vH noch die geringste unter allen Bundesländern. Seither ist sie deutlich schneller als im Bundesdurchschnitt gestiegen. Insgesamt hätte die Exportquote des warenproduzierenden Sektors in Bayern noch stärker zugenommen, wenn sich nicht auch der Inlandsabsatz vergleichsweise günstig entwickelt hätte.

In der Gliederung nach Branchen konnten die Exportquoten und ihre Entwickung nur für den Zeitraum von 1978 bis 1983 untersucht werden. Für den warenexportierenden Sektor insgesamt sind sie auch für den Zeitraum von 1970 bis 1984 berechnet worden. Die in Tabelle 2.6.12 dargestellten Ergebnisse spiegeln die in den vorigen Abschnitten geschilderten Entwicklungen in zusammengefaßter Form wider. Sie zeigen darüber hinaus, daß sich die für den Zeitraum von 1978 bis 1983 beobachteten Tendenzen der regionalen Exportentwicklung im Jahr 1984 weiter akzentuiert haben.

2.6.5 Beschäftigungseffekte der Ausfuhr

Um die von der Warenausfuhr ausgehenden Effekte auf die wirtschaftliche Entwicklung in den Bundesländern abschätzen zu können, reicht die Analyse der rein quantitativen Entwicklung des regionalen Exports nicht aus. Die regionalen Wachstumsimpulse hängen auch davon ab, in welchem Umfang die Exportgüter regionale Wertschöpfung enthalten. Für die

Tabelle 2.6.12

AUSFUHRQUOTEN 1970, 1978 UND 1984

	SH	HA	NS	BR	NW	HE	RP	BW	BA	SA	BE	BUND 1)
	AUSFUHRQUOTEN 2)											
1970	10.42	13.04	17.40	14.33	18.52	19.27	17.63	19.48	14.87	25.51	11.44	17.40
1978	14.79	17.44	21.56	23.74	24.75	23.14	23.85	22.66	19.70	31.11	14.72	22.30
1984	21.07	22.53	24.75	39.71	27.58	28.33	28.59	28.42	26.35	34.99	15.18	26.80
	1970=100											
1978	142	134	124	166	134	120	135	116	133	122	129	128
1984	202	173	142	277	149	147	162	146	177	137	133	154
	1978=100											
1984	142	129	115	167	111	122	120	125	134	112	103	120

1) OHNE WAREN AUSLAENDISCHEN URSPRUNGS UND WAREN, DEREN HERSTELLUNGS-BUNDESLAND NICHT ERMITTELT WURDE. 2) ANTEIL DER WARENAUSFUHR INSGESAMT AM PRODUKTIONSWERT DES WARENEXPORTIERENDEN SEKTORS INSGESAMT IN VH.
QUELLEN: STATISTISCHES BUNDESAMT; STATISTISCHE LANDESAEMTER; DIW.

Beschäftigungswirkungen kommt es darüber hinaus auf die Produktivität der exportierenden Branchen an.

Für eine eingehende Analyse dieser Zusammenhänge fehlen bisher ausreichend tief gegliederte Informationen, die es erlauben, den Produktionswert der Warenausfuhr in entsprechende Wertschöpfungs- und Beschäftigtenäquivalente umzusetzen. Es bestand nur die Möglichkeit, auf der Basis bundeseinheitlicher branchenspezifischer Input-Output-Strukturen Rückschlüsse auf diejenigen Produktions- und Beschäftigungseffekte zu ziehen, die sich aufgrund der für die Länder unterschiedlichen Warenstruktur der Exporte ergeben. Grundlage dieser Berechnungen war auch hier die für 1980 verfügbare Input-Output-Tabelle des DIW für das Bundesgebiet. Was die Kostenstrukturen anbelangt, gelten damit die gleichen Einschränkungen, auf die schon in Abschnitt 2.5 eingegangen worden ist. Da sich die Analyse auf die Länderebene beschränkt, fallen diese Beschränkungen allerdings weniger ins Gewicht als bei Analysen für Raumordnungsregionen.

Um diese Rechnungen durchführen zu können, wurden die nach Wirtschaftszweigen disaggregierten Warenexporte im Jahr 1980 den Anteilen der Länder an der Warenausfuhr der jeweiligen Gütergruppen entsprechend aufgeteilt. Auf diese Weise war es möglich, für die Länder entsprechende Beschäftigungseffekte zu ermitteln, die von ihren Warenexporten ausgelöst worden sind. Regional zurechenbar sind allerdings nur die unmittelbaren Wirkungen auf die Beschäftigung, die im Zuge der Exportgüterproduktion entstehen. Die mittelbaren Auswirkugen in den vorgelagerten Produktionsstufen lassen sich dagegen nicht regionalisieren.

Die Ergebnisse sind in der nachfolgenden Tabelle 2.6.13 zusammengestellt worden. Sie zeigen deutlich, daß die Beschäftigungsintensitäten der Warenexporte in den Ländern und Ländergruppen auch dann schon erhebliche Unterschiede aufweisen, wenn nur die Struktureffekte berücksichtigt werden, die aus der unterschiedlichen Güterstruktur der Warenexporte in den einzelnen Ländern resultieren. Die geringsten Beschäftigungsintensitäten ergeben sich für die Länder der Mitte-Region. Dabei spielt sicherlich das große Gewicht von Exporten chemischer Erzeugnisse in Hessen

Tabelle 2.6.13

Beschäftigungswirkungen der Exporte 1980

	Mit den branchenspezifischen Länderanteilen aufgeschlüsselte Exporte in den warenproduzieren Wirtschaftszweigen 1) in der Abgrenzung der VGR	von den Exporten der warenproduzierenden Wirtschaftszweige ausgelöste Beschäftigungseffekte			einschl. d. Sekundäreffekte f.d.Bundesgebiet	zum Vergleich: Beschäftigte insgesamt
		den Ländern zurechenbare Primäreffekte				
	Mrd. DM	1 000 Personen	Anteil an den Beschäftigten insgesamt	Beschäftigte je 1 Mrd.DM Export	1 000 Personen	
Nord-Regionen 2)	60,0	430	7,2	7 170	843	5 979
Nordrhein-Westfalen	103,4	736	10,7	7 120	1 403	6 905
Mitte-Region	56,4	392	9,1	6 950	756	4 302
Baden-Württemberg	62,5	490	11,6	7 840	892	4 232
Bayern	53,7	420	8,7	7 820	782	4 833
Bundesrepublik	336,0	2 468	9,4	7 350	4 676	26 251

1) Ohne Energiewirtschaft und Baugewerbe.
2) Einschl. Berlin.

Quelle: Input-Output-Rechnung des DIW.

und Rheinland-Pfalz eine Rolle, die mit hoher Arbeitsproduktivität hergestellt werden. Dichtauf folgt die Nordregion und Nordrhein-Westfalen.

Auch in Nordrhein-Westfalen entfällt ein großer Teil der Ausfuhr auf Produkte der Grundstoffindustrien mit überdurchschnittlichen Arbeitsproduktivitäten. Diese Exportstruktur hat zur Folge, daß die Beschäftigungsintensitäten hier deutlich geringer ausfallen als in den beiden südlichen Bundesländern, wo der Maschinenbau, der Fahrzeugbau und die Elektrotechnik als Exportbranchen dominieren. Auf die Unterschiede im Wachstumstempo der Warenexporte dieser Branchen zwischen den Ländern ist bereits eingegangen worden. Zusätzlich bleibt festzuhalten, daß die Warenexporte von Bayern und Baden-Württemberg nicht nur rascher zugenommen haben als in Nordrhein-Westfalen, sondern auch beschäftigungsintensiver sind.

Um das Gewicht zu verdeutlichen, das den primären Beschäftigungseffekten aus dem Exportgeschäft in den einzelnen Ländern zukommt, sind in der Tabelle auch die Anteile an den in den Ländern insgesamt Beschäftigten ausgewiesen worden, die den Exporten dieser Länder zugerechnet werden können. Die Ergebnisse zeigen, daß in Baden-Württemberg die vergleichsweise hohe Beschäftigungsintensität der Exporte in seiner Wirkung auf die wirtschaftliche Entwicklung dieses Landes noch verstärkt wird durch das vergleichsweise große Gewicht, das die Primäreffekte im Verhältnis zur Gesamtbeschäftigung haben.

2.7 Zusammenfassung für Bundesländer

Der Analyse der Nachfrageseite des Wirtschaftsprozesses in den Bundesländern sind dadurch Grenzen gesetzt, daß die wirtschaftlichen Beziehungen zum Ausland nur teilweise, der Austausch zwischen den Bundesländern überhaupt nicht statistisch erfaßt werden. Dieser Mangel hat einmal zur Folge, daß nicht alle Nachfragekomponenten in die Betrachtung einbezogen werden können. Zum anderen können die Wachstums- und Beschäftigungsimpulse nicht abgeschätzt werden, weil nicht bekannt ist, welcher Teil der regionalen Nachfrage aus regionaler Produktion und welcher Teil durch Bezug von außen gedeckt wird. Die überregionale Verflechtung ist tendenziell um so intensiver, je kleiner die untersuchten Regionen sind. Abgesehen davon muß im allgemeinen davon ausgegangen werden, daß die Zuverlässigkeit der vorhandenen statistischen Informationen mit der Größe der betrachteten Regionen abnimmt.

Im Sinne größerer Übersichtlichkeit werden in diese zusammenfassende Darstellung der Einkommens- und Nachfrageentwicklung in den Bundesländern neben dem privaten Verbrauch, den Anlageinvestitionen der Unternehmen und der Warenausfuhr auch der Staatsverbrauch und die staatlichen Investitionen einbezogen, obwohl der öffentliche Sektor erst im folgenden Abschnitt eingehend untersucht wird. Darüber hinaus werden auch Daten berücksichtigt, die erst nach Abschluß dieses Kapitels zur Verfügung standen. Das betrifft die Jahre 1983 und 1984.

Die umfassendste Einkommensgröße, das Bruttosozialprodukt zu Marktpreisen, hat in den vier <u>norddeutschen Bundesländern</u> von 1970 bis 1982 geringfügig schwächer zugenommen als im Durchschnitt der Länder. Da sich auch die zahl der Einwohner etwas ungünstiger entwickelt hat, stieg das Sozialprodukt pro Kopf genauso stark wie im Bundesgebiet insgesamt (vgl. Abb. 2.7.1); auch sein Niveau entsprach im Jahr 1982 fast dem Bundeswert. In den jahren 1983 und 1984 hat sich die Position Norddeutschlands allerdings etwas verschlechtert.

Eine ähnliche Konstellation im interregionalen Vergleich ergibt sich beim verfügbaren Einkommen der privaten Haushalte und beim privaten Kon-

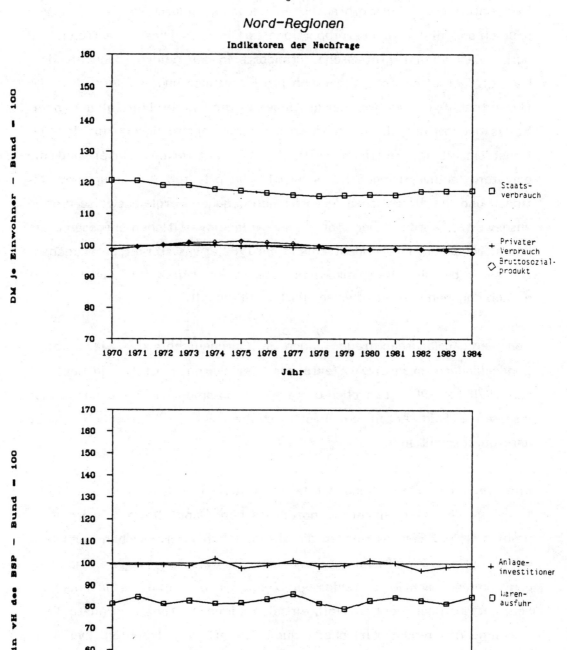

Abbildung 2.7.1

Nord-Regionen

Indikatoren der Nachfrage

sum pro Einwohner. Der Anteil des Konsums am Bruttosozialprodukt ist in Norddeutschland - auch bedingt durch die unterdurchschnittliche Zunahme der Einwohnerzahl - etwas weniger gestiegen als im Bundesdurchschnitt.

Der Anteil des Staatsverbrauchs am Bruttosozialprodukt hat in Norddeutschland ein stark überproportionales Gewicht. Dies ist entscheidend durch die Häufung militärischer Standorte in den beiden Flächenländern bedingt. Der öffentliche Verbrauch pro Einwohner und sein Anteil an der Gesamtnachfrage sind weniger gestiegen als im Durchschnitt aller Länder. Etwas ungünstiger als im Bundesdurchschnitt hat sich auch die Investitionstätigkeit im Zeitraum 1970 bis 1982 entwickelt. Dabei sind die privaten Bauinvestitionen nur schwach, die privaten Ausrüstungsinvestitionen und die öffentlichen Investitionen dagegen vergleichsweise kräftig ausgeweitet worden. Der Anteil der Anlageinvestitionen insgesamt am Sozialprodukt ist in Norddeutschland bis 1982 etwas stärker zurückgegangen als in der gesamten Volkswirtschaft. In den Jahren 1983 und 1984 hat er sich dagegen vergleichsweise günstig entwickelt.

Von der Auslandsnachfrage gingen in Norddeutschland - wie in allen Bundesländern - expansive Effekte aus. Der Warenexport hat in der Zeit von 1970 bis 1984 etwa ebenso stark zugenommen wie im Bundesgebiet insgesamt. Sein Anteil am Bruttosozialprodukt ist aber noch immer unterdurchschnittlich.

Eine getrennte Darstellung der Entwicklung von Einkommen und Nachfrage in den vier einzelnen norddeutschen Bundesländern wäre sehr problematisch. Erstens reichen die statistischen Informationen nicht aus, um die intensive Verflechtung der beiden Stadtstaaten mit ihrem jeweiligen Umland richtig zu erfassen. Zweitens erscheint es in mancher Hinsicht auch gar nicht sinnvoll, einzelne administrativ abgegrenzte Teile zusammengehörender Wirtschaftsräume isoliert zu betrachten. Der Tendenz nach läßt sich feststellen, daß sich Einkommen und Nachfrage in den Ländern Schleswig-Holstein/Hamburg günstiger entwickelt haben als in Niedersachsen/Bremen.

In Nordrhein-Westfalen ist das Bruttosozialprodukt von 1970 bis 1982 unterdurchschnittlich gestiegen. Auch pro Einwohner ergibt sich noch ein etwas geringeres Wachstum als in der Bundesrepublik insgesamt (vgl. Abb. 2.7.2). In den Jahren 1983 und 1984 hat sich diese Tendenz fortgesetzt. Ein Rückstand Nordrhein-Westfalens zeigt sich auch bei der Entwicklung der Bruttoerwerbs- und -vermögenseinkommen der privaten Haushalte. Dieser wurde zwar weitgehend dadurch kompensiert, daß das Land bei der Umverteilung des Einkommens durch Steuern und Transfers vergleichsweise günstig abschnitt. Gleichzeitig hat aber die Ersparnisbildung relativ stark zugenommen, so daß der private Verbrauch pro Einwohner etwas schwächer expandierte als im Bundesdurchschnitt.

Die Verbrauchsausgaben des öffentlichen Sektors pro Einwohner expandierten in Nordrhein-Westfalen stärker als im Bundesdurchschnitt. Der Anteil des Staatsverbrauchs am Bruttosozialprodukt war aber 1984 immer noch unterdurchschnittlich. Relativ ungünstig hat sich die Investitionstätigkeit in Nordrhein-Westfalen entwickelt. Das gilt für den Unternehmenssektor und in noch stärkerem Maße für den Staat. Der Anteil der Bruttoanlageinvestitionen am Sozialprodukt, der bereits zu Beginn des Untersuchungszeitraums vergleichsweise niedrig war, hat stärker abgenommen als im Bundesgebiet insgesamt.

Von der starken Ausweitung der ausländischen Nachfrage konnte Nordrhein-Westfalen verhältnismäßig wenig profitieren. Der Warenexport ist deutlich schwächer gestiegen als in den anderen Bundesländern. Die Exportquote liegt jedoch immer noch um 10 vH über dem Bundesdurchschnitt und ist damit gleich hoch wie in Baden-Württemberg.

Hessen gehört - gemessen an den im Land entstandenen Einkommen - zu den wachstumsstärksten Bundesländern. Das Einkommen der im Land ansässigen Einwohner bzw. Wirtschaftseinheiten, das Bruttosozialprodukt, ist im Zeitraum 1970 bis 1982 allerdings schwächer gestiegen als im Bundesdurchschnitt. Offenbar werden in erheblichem Umfang Unternehmensgewinne, die in Hessen entstehen, an Empfänger außerhalb des Landes transferiert. In diesem Zusammenhang dürfte auch der Gewinn der Bundesbank eine Rolle spielen.

Das unterdurchschnittliche Wachstum des Bruttosozialprodukts und die überdurchschnittliche Zunahme der Bevölkerungszahl hatten zur Folge,

Abbildung 2.7.2

Nordrhein-Westfalen

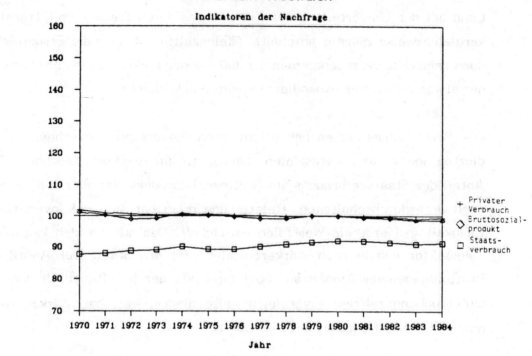

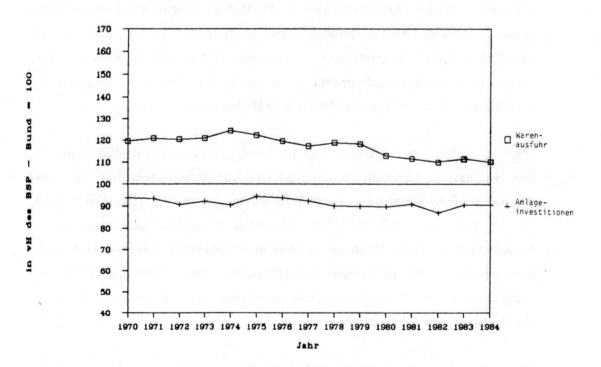

Abbildung 2.7.3
Hessen

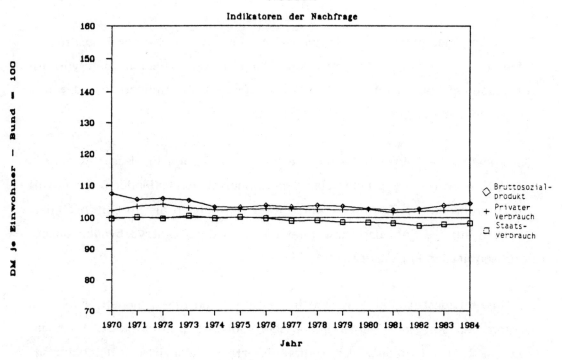

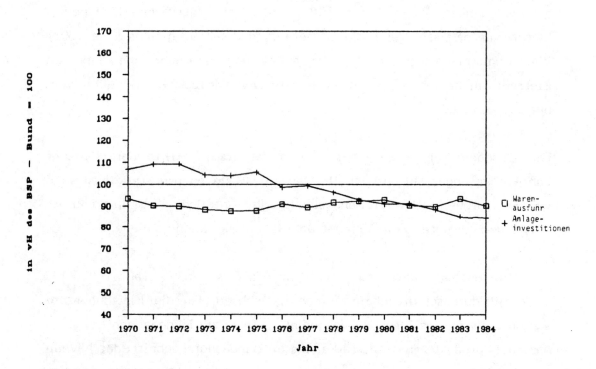

daß sich das Bruttosozialprodukt pro Einwohner in Hessen immer mehr dem Bundesdurchschnitt näherte. Im Jahr 1982 lag es nur noch wenig darüber. In den Jahren 1983 und 1984 hat sich die Position des Landes wieder etwas verbessert.

Trotz der ungünstigen Entwicklung der Einkommen hat der Konsum pro Einwohner in Hessen fast mit demselben Tempo zugenommen wie im Bundesgebiet insgesamt; die Ersparnis wurde - abweichend von der allgemeinen Entwicklung - deutlich vermindert.

Der öffentliche Sektor hat seine Verbrauchsausgaben in Hessen von 1970 bis 1982 ebenso stark erhöht wie in den anderen Bundesländern. Ihr Anteil am Sozialprodukt ist damit etwas stärker gewachsen als im Durchschnitt. Bezogen auf die Zahl der Einwohner hat sich der Staatsverbrauch unterdurchschnittlich entwickelt.

Die Investitionstätigkeit hat sich in Hessen - von einem hohen Niveau zu Beginn der siebziger Jahre aus - sehr ungünstig entwickelt. Dies ist zumindest das Ergebnis der regionalisierten volkswirtschaftlichen Gesamtrechnungen. Wenn dieses Bild nicht durch statistische Ungenauigkeiten verzerrt ist, zeigt dieser Befund, daß ein vergleichsweise hohes Wachstumstempo der wirtschaftlichen Leistung auch über einen längeren Zeitraum nicht unbedingt mit einer expansiven Investitionsfähigkeit verbunden sein muß.

Die Warenausfuhr Hessens hat sich in der ersten Hälfte der siebziger Jahre eher ungünstig entwickelt. Danach ist sie ebenso stark gestiegen wie im Durchschnitt aller Bundesländer. Ihr Anteil am Sozialprodukt ist - über den gesamten Zeitraum betrachtet - etwa gleich geblieben.

Das Bruttosozialprodukt von Rheinland-Pfalz ist im Zeitraum 1970 bis 1982 mit durchschnittlichem Tempo gewachsen. Da die Einwohnerzahl - anders als im gesamten Bundesgebiet - etwas zurückgegangen ist, stieg das Sozialprodukt pro Kopf stärker als im Bundesdurchschnitt; das Niveau war 1982 aber immer noch um rund 8 vH niedriger. Dieser Abstand hat sich in den Jahren 1983 und 1984 wieder etwas vergrößert.

Abbildung 2.7.4

Rheinland-Pfalz

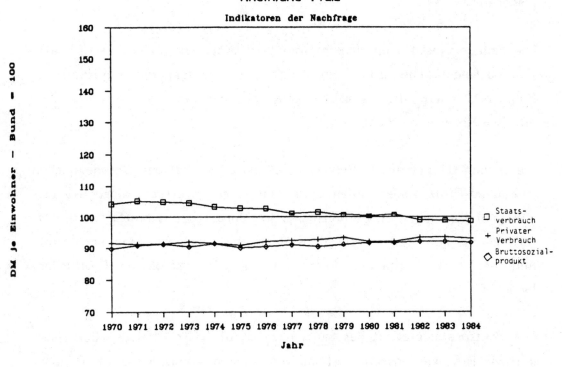

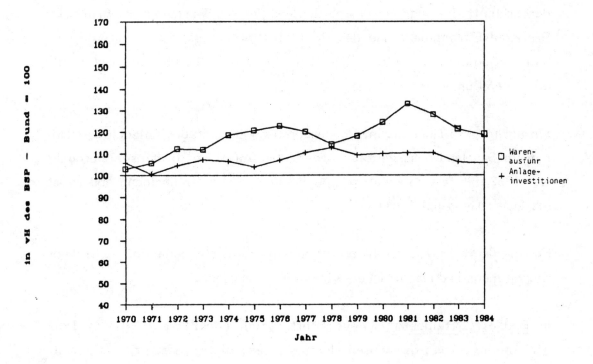

Ein ähnliches Bild ergibt sich beim Vergleich des Einkommens und des Verbrauchs der privaten Haushalte je Einwohner. Der Verbrauch des öffentlichen Sektors hat relativ schwach zugenommen. Sein Anteil am Bruttosozialprodukt war 1982 aber immer noch höher als im Bundesgebiet insgesamt.

Die Anlageinvestitionen sind in Rheinland-Pfalz leicht überdurchschnittlich gestiegen. Dies ist allein Folge einer kräftigen Ausweitung der Bauinvestitionen; die Ausrüstungsinvestitionen wurden dagegen vergleichsweise wenig erhöht.

Wesentlich stärker als im Bundesgebiet insgesamt hat der Warenexport in Rheinland-Pfalz zugenommen. Sein Anteil am Bruttosozialprodukt war 1981 um rund ein Drittel höher als im Bundesdurchschnitt. Diese Differenz hat sich seither allerdings deutlich verringert. Rheinland-Pfalz liegt bei der Exportquote jedoch immer noch an der Spitze der Bundesländer.

Das Bruttosozialprodukt des Saarlandes ist bis 1982 - bei deutlich rückläufiger Bevölkerungszahl - etwas schneller gewachsen als im Bundesdurchschnitt. Im Zuge dieser Entwicklung hat das Saarland hinsichtlich des Pro-Kopf-Einkommens und des Pro-Kopf-Verbrauchs der privaten Haushalte erheblich aufgeholt. Im Jahr 1982 lagen diese Größen nur noch wenig unter den Bundeswerten.

Wesentlich kräftiger als im Bundesdurchschnitt sind die Anlageinvestitionen im Saarland ausgeweitet worden. Ihr Anteil am Bruttosozialprodukt war 1982 mit fast 26 vH ebenso hoch wie 1970; in den übrigen Ländern ist die Investitionsquote gesunken.

Für die Jahre 1983 und 1984 ergibt sich ein deutlich ungünstigeres Bild der Einkommens-und Nachfrageentwicklung im Saarland.

In Baden-Württemberg ist das Bruttosozialprodukt von 1970 bis 1982 geringfügig stärker gewachsen als im Bundesgebiet insgesamt. Das Sozialprodukt pro Einwohner, das 1970 um rund 8 vH über dem Bundeswert lag, hat dagegen etwas weniger zugenommen als im Durchschnitt.

Das verfügbare Einkommen pro Einwohner hat sich ähnlich entwickelt wie das Sozialprodukt. Der Niveauvorsprung des Landes ist dabei aber wesentlich geringer. Das Ergebnis der Umverteilung der Primäreinkommen durch direkte Steuern und Transfers ist für Baden-Württemberg deutlich ungünstiger als für die meisten anderen Bundesländer.

Die überdurchschnittliche Zunahme der Einwohnerzahl und die Annäherung der Sparquote an den Bundeswert hatten zur Folge, daß sich der Anteil des privaten Konsums am Bruttosozialprodukt in Baden-Württemberg von 1970 bis 1982 stärker erhöhte als im Durchschnitt der Länder. Vergleichsweise stark ist auch der Anteil des Staatsverbrauchs gestiegen.

Die Investitionstätigkeit und die Warenausfuhr haben sich in Baden-Württemberg bis Mitte der siebziger Jahre relativ ungünstig entwickelt. Danach haben beide Nachfragekomponenten kräftig expandiert. Das gilt vor allem für die Investitionen der Unternehmen. In den Jahren 1983 und 1984 hat sich die seit Mitte der siebziger Jahre anhaltende Tendenz eines überdurchschnittlichen Sozialproduktwachstums in Baden-Württemberg fortgesetzt.

Am stärksten ist das gesamtwirtschaftliche Einkommen in Bayern gewachsen. Auch das Bruttosozialprodukt pro Einwohner ist vergleichsweise kräftig gestiegen. Es lag 1982 allerdings noch immer um knapp 4 vH unter dem Bundesdurchschnitt.

Beim verfügbaren Pro-Kopf-Einkommen der privaten Haushalte war die Wachstumsdifferenz gegenüber dem Bundesgebiet geringer als beim Sozialprodukt. Hinsichtlich der Wirkung auf den privaten Konsum wurde dies dadurch kompensiert, daß die Sparquote überdurchschnittlich gesunken ist.

Die Verbrauchsausgaben des öffentlichen Sektors sind in Bayern ebenso stark ausgeweitet worden wie im Bundesgebiet insgesamt. Bezogen auf die

Abbildung 2.7.5

Baden-Württemberg

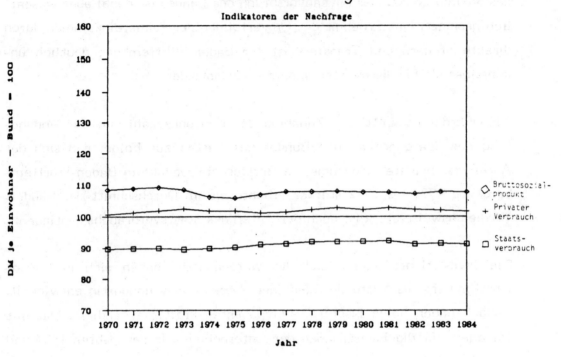

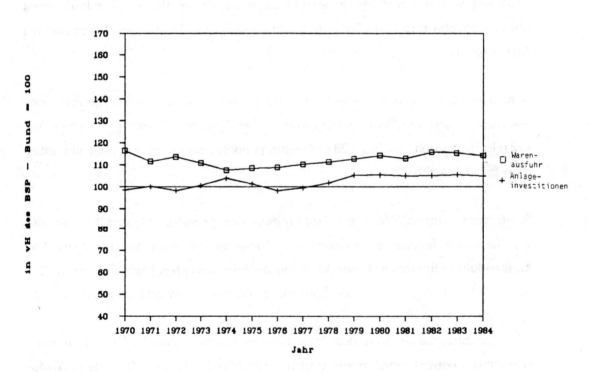

Abbildung 2.7.6

Bayern

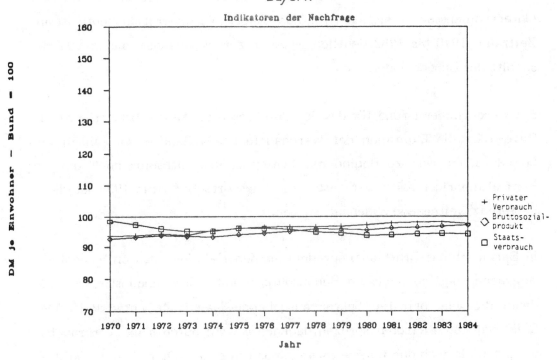

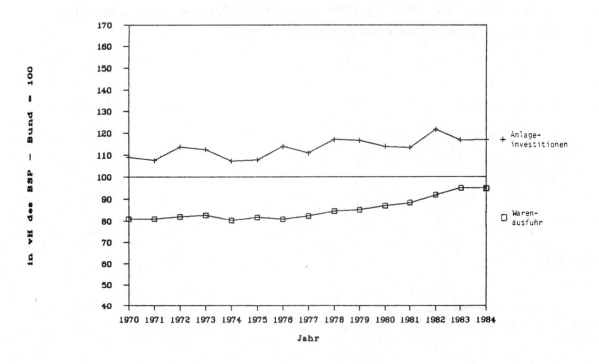

Zahl der Einwohner und auf das Bruttosozialprodukt war der Zuwachs damit vergleichsweise gering.

Die Anlageinvestitionen sind in Bayern, das schon 1970 ein relativ investitionsintensives Land war, stark gestiegen. Das gilt sowohl für den Unternehmenssektor als auch für den Staat. Die Investitionsquote ist im Zeitraum 1970 bis 1982 deutlich weniger zurückgegangen als im Durchschnitt der Bundesländer.

Ein wesentlicher Grund für das überdurchschnittliche Wachstumstempo in Bayern ist die Expansion der Warenausfuhr des Landes. Ihr Anteil am Sozialprodukt war zu Beginn des Untersuchungszeitraums noch um ein Fünftel niedriger als in der gesamten Volkswirtschaft. Bis 1984 ist diese Differenz weitgehend abgebaut worden.

In Berlin ist das Bruttosozialprodukt in den siebziger Jahren wesentlich schwächer gestiegen als im Bundesdurchschnitt. Sehr ungünstig hat sich dabei die vom privaten Sektor ausgehende Nachfrage entwickelt. Der Staat hat den Wirtschaftsprozeß dagegen sowohl durch seine Verbrauchsausgaben als auch durch seine Investitionen in erheblichem Maße gestützt. In den Jahren von 1980 bis 1984 hat sich die Position Berlins im interregionalen Vergleich deutlich verbessert.

Anmerkungen zu Abschnitt 2

1) Vgl. Erhöhter Handlungsbedarf im Strukturwandel, Strukturberichterstattung 1983 des DIW, DIW-Beiträge zur Strukturforschung, Heft 79, Berlin 1984, S.10 ff.

2) Die Analyse der Einkommen, des Verbrauchs und der Anlageinvestitionen erfolgt auf der Basis von Daten aus den regionalisierten volkswirtschaftlichen Gesamtrechnungen, die der Arbeitskreis VGR der Länder errechnet.

3) Vgl. H. Gottschalk, Aktuelle methodische Probleme der amtlichen Bevölkerungsfortschreibung, Berliner Statistik, Monatsschrift, Heft 9/1985.

4) Die Wirtschaftsbevölkerung ist definiert als Wohnbevölkerung ± doppelter Pendlersaldo.

5) Die Werte für zentralstaatliche Institutionen werden durch Schlüsselung auf die Länder verteilt.

6) Die unverteilten Gewinne der Unternehmen ohne eigene Rechtspersönlichkeit sind in den regionalen volkswirtschaftlichen Gesamtrechnungen im Einkommen der privaten Haushalte enthalten. Im Rechenwerk des Statistischen Bundesamtes wird dieser Posten dagegen gesondert ausgewiesen. Er hat im Laufe der siebziger Jahre zunehmend negative Werte angenommen, vor allem deshalb, weil die in der VGR zu Wiederbeschaffungspreisen angesetzten Abschreibungen im Zuge hoher Preissteigerungen stark gestiegen sind. Dadurch werden für den Sektor Wohnungsvermietung hohe Verluste ausgewiesen.

7) Die Abgabenquote in Berlin ist aufgrund der Vergünstigungen im Rahmen der Berlinförderung relativ gering.

8) Zu den Werten für Berlin vgl. Anmerkung 3.

9) Die Sparquote ohne die unverteilten Gewinne der Personengesellschaften war 1982 mit 13,5 vH ebenso hoch wie 1970 (vgl. auch Anmerkung 6).

10) In den für Bundesländer berechneten Salden schlagen sich im übrigen auch die Vorratsveränderungen sowie sämtliche statistische Differenzen nieder, die bei der Zusammenführung von Ergebnissen des aus der Entstehungsrechnung abgeleiteten Sozialprodukts mit der aus der Verwendungsrechnung abgeleiteten Inlandsnachfrage entstehen (Volkswirtschaftliche Gesamtrechnungen der Länder, a.a.O., Heft 13, Tabelle 5.1, S. 256ff.).

11) Vgl. H. Legler, Internationale Wettbewerbsfähigkeit der niedersächsischen Wirtschaft. Forschungsberichte des Niedersächsischen Instituts für Wirtschaftsforschung, Heft 6, Hannover 1983.

12) Vgl. Körber-Weik, Margot, Anke, Harald, Die Auslandsverflechtung Baden-Württembergs 1960-1979. Forschungsberichte des Instituts für Angewandte Wirtschaftsforschung, Tübingen, Serie B, Nr. 5, Band I, Tübingen 1981, S. 155ff.

13) Siehe dazu Münzenmaier, Werner, Zur Abhängigkeit der Wirtschaftsbereiche von den Exporten, Baden-Württemberg in Wort und Zahl, Heft 9/1985, S. 326ff.

14) In den Ausfuhrwerten sind keine Verbrauchssteuern enthalten.

3 Regionale Wirkungen öffentlicher Haushalte
3.1 Vorbemerkung

Eingangs ist bereits darauf hingewiesen worden, daß den Regionen nur in sehr begrenztem Umfang autonome Gestaltungsspielräume auf der Nachfrageseite zur Verfügung stehen. Ihr Erfolg bemißt sich vielmehr an der Fähigkeit, exogene Impulse durch die Gestaltung ihres Angebotspotentials nutzbar zu machen.

Auch die staatlichen Kompetenzen sind nicht so verteilt, daß es den Regionen möglich wäre, Defizite in anderen Nachfragebereichen durch den Einsatz eigener Mittel zu kompensieren oder sich von der gesamtwirtschaftlichen Entwicklung abzukoppeln. Die Kausalitäten sind eher umgekehrt: Je besser eine Region ihr Angebotspotential an veränderte Nachfragebedingungen anpaßt, desto größer werden die Spielräume für staatliche Aktivitäten in den Regionen. Dies gilt im Grunde auch für die Bundesländer, wenn auch im Vergleich zu den Gebietskörperschaften unterhalb der Länderebene in abgeschwächtem Maße.

Wenn hier die regionalen Wirkungen öffentlicher Haushalte untersucht werden, geht es also weniger um die Frage der aktiven Gestaltung der regionalen Entwicklung als vielmehr um die Wirkungen, die sich für die Regionen aus der gesamtstaatlichen Entwicklung und ihren regionalen Ausprägungen ergeben haben. Dazu haben natürlich auch Maßnahmen im Rahmen der regionalen Wirtschaftspolitik beigetragen, doch sind sie im Schwergewicht auf gesamtstaatlicher Ebene konzipiert und nur zum geringen Teil autonome Aktivitäten von Ländern und Gemeinden.

Um die staatliche Einflußnahme auf die regionale Entwicklung beurteilen zu können, reicht es daher weder aus, die speziellen regionalpolitischen Maßnahmen zu analysieren, noch sich darauf zu beschränken, die in den Ländern wirksame Nachfrage des Staates in Form des öffentlichen Verbrauchs und der staatlichen Investitionen zu quantifizieren. Vielmehr muß die Gesamtheit der staatlichen Einnahmen- und Ausgabenströme in die Betrachtung einbezogen werden. Immerhin beanspruchen die öffentlichen Haushalte inzwischen fast ein Viertel der gesamtwirtschaftlichen

Ressourcen, und der Umfang der Transferzahlungen an Unternehmen, private Haushalte und das Ausland, mit denen der Staat eine Umverteilung der Primäreinkommen bewirkt, ist sogar noch etwas größer.

Die Analyse der Haushaltsgebarung sämtlicher staatlicher Ebenen ist auch deshalb erforderlich, weil letztlich alle Aktivitäten des Staates räumliche Wirkungen haben. Dies gilt für rentenpolitische Maßnahmen, deren räumliche Verteilungswirkungen davon abhängen, wo die betreffenden Rentner wohnen, ebenso wie für Investitionsprogramme, deren konkrete Ausgestaltung zu Bauvorhaben in bestimmten Gemeinden führt. Auch die Subventionspolitik hat ausgeprägte regionale Wirkungen. Hier konzentriert sich das Augenmerk häufig auf diejenigen Maßnahmen, die ausdrücklich zum Ziel haben, die regionale Entwicklung zu beeinflussen, wie zum Beispiel die Gemeinschaftsaufgabe "Verbesserung der regionalen Wirtschaftsstruktur", das ERP-Regionalprogramm oder die verschiedenen, von den Ländern in eigener Regie durchgeführten Wirtschaftsförderungsprogramme. Dabei wird jedoch leicht übersehen, daß andere, in ihrer Mittelausstattung weit umfangreichere Subventionsprogramme nicht minder gezielt regionale Wirkungen entfalten. Erinnert sei in diesem Zusammenhang nur an den gesamten Komplex der Agrarpolitik, die in ihrer Bedeutung als Regionalpolitik für ländliche Regionen alle industriepolitischen Aktivitäten in diesem Feld weit in den Schatten stellt.

Wenn die Möglichkeiten des speziellen regionalpolitischen Instrumentariums, das den öffentlichen Haushalten zur Verfügung steht, nicht überschätzt werden darf, so nicht nur wegen der begrenzten Fördermittel, sondern auch deshalb nicht, weil die regionale Entwicklung und die raumbedeutsamen Einflußfaktoren (Agglomerationsvorteile, Transportkosten, Infrastrukturausstattung usw.) von den Veränderungen der gesamtwirtschaftlichen Entwicklungsbedingungen überlagert werden. Die gesamtwirtschaftliche Entwicklung wiederum wird von den Entscheidungen der zentralen wirtschaftspolitischen Institutionen, Bundesbank und Bundeshaushalt, mitbestimmt und umgekehrt. Zwar ist die Bundesbank allein mit "globalen" Aufgaben betraut, indem sie Geldumlauf und Kreditversorgung der Wirtschaft mit dem Ziel regeln soll, die Stabilität der Währung zu sichern. Der Einsatz des geldpolitischen Instrumentariums hat aber zum Teil erhebliche Auswirkungen auf die räumliche Entwicklung, ohne daß deshalb die Geldpolitik regionalpolitische Aufgaben übernimmt oder übernehmen sollte. Zum Beispiel rufen Wechselkursschwankungen Veränderungen der internationalen Wettbewerbsfähigkeit hervor. Dies gilt insbesondere für Wirtschaftszweige, deren Produkte vornehmlich dem Preiswettbewerb unterliegen.

Von den öffentlichen Haushalten ist im Hinblick auf die gesamt- und regionalpolitischen Ziele wohl nur in den seltensten Fällen ein abgestimmtes Verhalten zu erwarten. Viele Entscheidungsträger nehmen mit zum Teil sehr unterschiedlichen Kompetenzen verschiedenartige Aufgaben wahr und verfolgen eigene politische Ziele. Jede prozeßpolitische Entscheidung hat in doppelter Hinsicht Auswirkungen auf die räumliche Entwicklung: Zum einen wird die Entwicklung in einer Region von den die Gesamtwirtschaft prägenden Einflußfaktoren überlagert; zum anderen wirken sich Entscheidungen der zentralen finanzpolitischen Instanzen auf die nachgelagerten Haushaltsebenen aus, begrenzen deren wirtschaftspolitischen Gestaltungsspielraum und engen damit deren Einflußmöglichkeiten auf die Region ein.

Die statistische Basis für Analysen unterhalb der Länderebene ist im Bereich der öffentlichen Haushalte nicht sehr breit. Schon die Zuordnung von Zahlungsströmen der Länderhaushalte zu kleineren regionalen Einheiten bereitet vielfach kaum überwindbare Schwierigkeiten. Aus diesem Grunde wurde die Analyse auf die regionale Ebene der Bundesländer beschränkt, für die im Rahmen der volkswirtschaftlichen Gesamtrechnungen der Länder auch ein Teil der Bundesausgaben regionalisiert worden ist. Über die unmittelbare staatliche Nachfrage hinaus werden in diesem Rechenwerk allerdings auch nur wenige Einzelaggregate erfaßt. Es besteht daher nur die Möglichkeit, weitergehende Analysen auf die Haushalte von Ländern und Gemeinden zu beschränken, für die im Rahmen der Finanzstatistik entsprechende Ergebnisse bereitgestellt werden.

3.2 Staatliche Nachfrage und regionale Entwicklung

3.2.1 Zur Messung des Staatseinflusses auf das Wirtschaftsgeschehen

Jeder Versuch, den Umfang des staatlichen Einflusses auf die ökonomischen Aktivitäten einer Volkswirtschaft und deren Rückwirkungen auf Struktur und Entwicklung des öffentlichen Sektors abzuschätzen, ist mit großen Schwierigkeiten verbunden. Quantifizierbar sind nur Teilbereiche der Einflußnahme, am ehesten jene, die in monetären Größen, also Ausgaben und Einnahmen, bewertet werden können. Mitunter gehen von Interventionen, die nicht unmittelbar die staatlichen Ausgaben- und Einnahmenströme berühren, sondern als normative Regelungen das individuelle Verhalten steuern, stärkere Wirkungen aus als von einer Politik, die auf finanzielle Anreize bzw. Abgaben setzt.

Anknüpfend an die Kategorien der Kreislaufanalyse ist zwischen drei Komponenten der in monetären Größen ausgedrückten Staatsaktivitäten zu unterscheiden:

- Wertschöpfung des Staates: Sie bringt zum Ausdruck, in welchem Umfang der Staat primäre Produktionsfaktoren einsetzt. Da eine dem Kapitaleinsatz zurechenbare Erlöskomponente (Gewinne) nicht existiert, werden neben dem Kapitalverzehr (Abschreibungen) nur die Lohnkosten in Rechnung gestellt. Die Einkommen des Staates aus Unternehmertätigkeit und Vermögen sind eine Komponente der Einkommensverteilung.

- Käufe des Staates von Gütern und Diensten: Sie geben Aufschluß über den Anteil des Staates an der Produktion des Unternehmensbereichs. Unter Einschluß der Wertschöpfung ergibt sich der Gesamtumfang der Ressourcen, die der Staat beansprucht (Staatsverbrauch und Investitionen). Allerdings ist der Staatsverbrauch eine saldierte Größe, denn für einen Teil der Leistungen fordert der Staat spezielle Entgelte, die in der VGR als "Verkäufe des Staates" verbucht werden (z.B. Inanspruchnahme von Entsorgungseinrichtungen). Der staatliche Aufwand für Personal und laufende Käufe von Gütern und Diensten ist also höher, als dies im Staatsverbrauch zum Ausdruck kommt.

- Transferzahlungen an Unternehmen, private Haushalte und Ausland: Mit ihnen bewirkt der Staat eine Umverteilung der Erwerbseinkommen; das Sozialprodukt wird nicht unmittelbar beansprucht.

- Die Einnahmenseite unterteilt man in Steuern und Sozialbeiträge.

Für die Beantwortung der Frage, in welcher Weise der Staat die zyklische Entwicklung der gesamtwirtschaftlichen Produktionstätigkeit beeinflußt, sind verschiedene Meßkonzepte entwickelt worden. Das DIW verwendet seit Jahren ein Impulskonzept. Bezugsbasis ist die Entwicklung des gesamtwirtschaftlichen Produktionspotentials, Abweichungen der finanzpolitischen Aktionsparameter von dieser Bezugsbasis, die "Neutralitätslinie", sind die Impulse, die den Konjunkturverlauf beeinflussen.[1]

3.2.2 Staatliches Verhalten und gesamtwirtschaftliche Entwicklung

Die Bedeutung, die staatliches Verhalten für eine Region hat, steht zunächst in engem Zusammenhang zu dem Wechselspiel von staatlichem Verhalten und gesamtwirtschaftlicher Entwicklung: Einerseits versucht der Staat, Einfluß auf das allgemeine Wirtschaftsgeschehen zu nehmen, andererseits werden Umfang und Struktur der öffentlichen Haushalte von der gesamtwirtschaftlichen Entwicklung mitgeprägt. A priori ist zu vermuten, daß die regionale Ausgestaltung der staatlichen Finanzströme eng mit dem gesamtwirtschaftlichen Verlauf verknüpft ist. Zudem ist zu vermuten, daß es in erster Linie der Bundeshaushalt ist, der die Wirkungsrichtung der Finanzpolitik markiert und von dem erhebliche Einflüsse auf die Gestaltung der Länder- und Gemeindehaushalte ausgehen.

Bezieht man die staatlichen Käufe von Gütern und Diensten auf das Sozialprodukt, so zeigt sich von 1970 bis 1983 im Bundesdurchschnitt eine Zunahme von 21 auf knapp 24 vH (vgl. Tabelle 3.2.3.3); der Anteil des Staatsverbrauchs ist um über 4 vH-Punkte auf 20 vH gestiegen, das Gewicht der staatlichen Anlageinvestitionen ist um fast die Hälfte auf 2,5 vH zurückgegangen. Man kann diese Entwicklung auch so interpretieren, daß dem anlageintensiven Ausbau der Infrastruktur bis zum Beginn der 70er Jahre eine Phase der personalintensiven Ausweitung folgte, denn es war die staatliche Wertschöpfung, die besonders stark zunahm; von 1970 bis 1983 stieg ihr Anteil an der Gesamtwirtschaft von 10 auf 13 vH. Wesentlich stärker war die Expansion der Transferausgaben, in Relation zum Bruttosozialprodukt errechnet sich eine Zunahme um 5,5 vH-Punkte auf über 23 vH.[2] Diese Entwicklung war zum großen Teil bedingt durch die Finanzierungslasten der hohen Arbeitslosigkeit und die Umstellung der Kindergeldregelung als Teil der Steuerreform von 1975.

Der Anteil der Steuereinnahmen am Bruttosozialprodukt hat sich nur wenig verändert, er schwankte um die 25 vH, während das Gewicht der Sozialbeiträge von knapp 13 auf über 17 vH anstieg.[3] Die Differenz zwischen Ausgaben- und Einnahmenrelationen markiert den Anteil der staatlichen Kreditaufnahme: Bezogen auf das Bruttosozialprodukt schwankte der Wert nach 1975 um die 3 vH, 1975 wurde mit knapp 6 vH ein Höchstwert erreicht.

Die Entwicklung der Staatsverschuldung ist einerseits das Spiegelbild der finanzpolitischen Versuche, auf die wirtschaftliche Entwicklung Einfluß zu nehmen, andererseits Ausdruck der gesamtwirtschaftlichen Wachstumsverlangsamung, in deren Gefolge auch die Einnahmen des Staates spärlicher geflossen sind.

Im letzten Jahrzehnt war die Finanzpolitik ständig im Zwiespalt, einerseits mittels staatlicher Impulse die gesamtwirtschaftliche Entwicklung zu forcieren, andererseits aber den Anstieg der Staatsverschuldung zu begrenzen. Über das Ergebnis dieser Gratwanderung gibt es kein eindeutiges Urteil. In der Krise 1974/75 hat der Staat enorme Nachfrageimpulse gegeben und damit entscheidend zur konjunkturellen Wende beigetragen; freilich hatte er zuvor durch eine scharfe Restriktionspolitik die konjunkturelle Talfahrt noch beschleunigt. Die Stimulierung der gesamtwirtschaftlichen Nachfrage ging einher mit einem rapiden Anstieg der Staatsverschuldung. Primat der Finanzpolitik war es nun, die Defizite abzubauen, was aber auch hieß, den Konjunkturaufschwung zu bremsen. Deshalb entschlossen sich die finanzpolitischen Entscheidungsträger 1977 zu einem neuerlichen Kurswechsel, indem die Ausgabenzurückhaltung

Tabelle 3.2.2.1

NACHFRAGEIMPULSE DER GEBIETSKOERPERSCHAFTEN[1]
IN MRD. DM

(+ EXPANSIV/ - KONTRAKTIV)

	1971	1972	1973	1974	1975	1976	1977	1978	1979	1980	1981	1982	1983	1984
STEUERN														
BUND	1.10	8.07	-9.72	5.06	6.74	-8.97	-7.04	0.49	-1.42	3.03	6.43	8.28	-2.07	-6.68
LAENDER	-0.07	-5.56	-3.34	-0.59	10.44	-6.96	-7.63	0.89	-1.30	3.20	7.40	3.62	-2.79	-6.81
GEMEINDEN	-1.20	-1.94	-2.10	-0.43	1.38	-3.13	-1.52	1.11	1.72	-3.66	4.15	0.81	-1.67	-3.45
SOZIALBEITRAEGE														
BUND	-0.05	-0.01	-0.14	-0.12	0.04	0.07	0.02	-0.02	0.05	0.02	-0.06	0.23	0.01	-0.05
LAENDER	-0.19	-0.08	-0.51	-0.55	-0.25	-0.23	-0.25	-0.10	-0.08	-0.15	-0.33	0.42	0.03	-0.12
GEMEINDEN	-0.05	0.02	-0.06	-0.02	0.03	0.04	0.00	0.00	-0.02	-0.03	-0.05	0.02	-0.02	-0.04
SONSTIGE EINNAHMEN														
BUND	-0.02	1.42	0.27	-0.03	0.65	-0.10	-0.18	-1.76	-1.28	1.31	-2.22	-7.95	-0.39	-0.15
LAENDER	-0.56	-2.34	-0.77	0.17	0.21	-1.22	0.70	-0.18	-0.10	0.25	0.34	0.89	0.98	0.27
GEMEINDEN	-0.91	-0.81	-2.35	-1.79	-0.25	0.23	0.86	-2.03	-1.93	-1.56	2.99	1.89	2.00	-1.55
SUMME DER EINNAHMEN														
BUND	1.03	9.48	-9.59	4.91	7.43	-9.00	-7.20	-1.30	-2.65	4.36	4.16	0.55	-2.45	-6.88
LAENDER	-0.82	-7.97	-4.62	-0.97	10.40	-8.40	-7.19	0.62	-1.47	3.30	7.41	4.93	-1.78	-6.67
GEMEINDEN	-2.15	-2.73	-4.51	-2.24	1.17	-2.87	-0.66	-0.92	-0.23	-5.25	7.09	2.72	0.31	-5.04
STAATSVERBRAUCH./.ABSCHR.														
BUND	1.08	-1.33	0.08	0.93	-0.12	-0.39	-1.16	0.67	-0.51	-0.48	0.43	-1.51	0.84	0.39
LAENDER	1.76	0.67	2.37	3.51	0.59	0.66	1.71	0.44	1.37	1.00	-0.35	-2.94	0.10	-0.13
GEMEINDEN [2]	1.32	-0.05	1.73	2.19	0.66	-0.78	0.63	1.06	1.56	2.00	0.08	-0.90	-1.40	1.84
BRUTTOINVESTITIONEN														
BUND	-0.30	-0.68	-0.77	0.10	0.26	-1.06	0.20	-0.04	-0.12	-0.22	-1.56	-0.96	0.06	0.06
LAENDER	-0.91	-0.86	-0.17	0.72	-0.61	-0.71	-0.22	-0.29	0.06	0.29	-1.16	-0.55	-0.49	0.08
GEMEINDEN	0.20	-1.92	-1.07	1.08	-1.66	-1.11	-2.49	1.38	2.05	2.48	-4.31	-5.39	-4.30	-0.28
ZINSAUSGABEN														
BUND	-0.29	-0.19	0.18	0.49	0.49	1.24	1.16	0.44	0.50	1.45	1.70	1.28	3.22	0.44
LAENDER	0.08	0.17	0.15	0.14	0.48	1.14	0.94	0.07	0.24	0.51	1.28	1.98	1.75	1.00
GEMEINDEN	0.18	0.30	0.52	0.45	0.13	0.01	-0.28	-0.58	-0.06	0.58	0.56	0.89	-0.65	-0.14
TRANSFERS														
BUND	-0.36	3.87	-0.45	-0.57	15.48	2.52	-0.09	2.09	-1.77	-4.42	-0.65	-3.07	-8.48	0.21
LAENDER	1.96	3.08	3.18	2.59	0.44	0.53	-1.46	1.70	1.69	0.60	-4.15	-5.54	-4.07	1.42
GEMEINDEN	0.51	0.65	0.66	0.86	0.99	-0.40	-0.04	-0.62	0.11	0.89	0.21	-0.43	-1.10	1.26
SUMME DER AUSGABEN														
BUND	0.13	1.68	-0.96	0.95	16.10	2.31	0.11	3.17	-1.89	-3.66	-0.08	-4.26	-4.37	1.10
LAENDER	2.88	3.05	5.54	6.95	0.90	1.61	0.97	1.92	3.36	2.40	-4.38	-7.06	-2.71	2.37
GEMEINDEN	2.21	-1.02	1.83	4.58	0.13	-2.28	-2.19	1.23	3.66	5.94	-3.46	-5.83	-7.45	2.68
NACHFRAGEIMPULSE INSGESAMT														
BUND	1.16	11.16	-10.54	5.87	23.53	-6.68	-7.09	1.87	-4.54	0.70	4.08	-3.70	-6.82	-5.78
LAENDER	2.07	-4.93	0.92	5.98	11.30	-6.79	-6.22	2.54	1.89	5.70	3.02	-2.13	-4.49	-4.30
GEMEINDEN	0.06	-3.75	-2.68	2.34	1.29	-5.15	-2.84	0.31	3.43	0.69	3.63	-3.11	-7.14	-2.36

[1] OHNE TRANSAKTIONEN MIT DER UEBRIGEN WELT.- [2] NACH PRODUKTION.
QUELLE: STATISTISCHES BUNDESAMT, BERECHNUNGEN DES DIW.

aufgegeben und verschiedene Maßnahmen zur Stimulierung des Wachstums verabschiedet wurden (Zukunftsinvestitions- und Energieeinsparprogramm, Steuerentlastungen).

Alles in allem stärkte die Finanzpolitik mit ihrer potentialorientierten Linie den Aufschwung in den späten 70er Jahren. Auch im Abschwung 1980/81 gingen von der Finanzpolitik als Reflex der in das Steuer- und Transfersystem eingebauten Stabilisatoren noch expansive Impulse aus. Sie erreichten allerdings längst nicht die Größenordnung der Jahre 1974/75. Ähnlich wie 1976/77 waren auch die Jahre nach 1981 von dem Bemühen geprägt, den rezessionsbedingten Anstieg der Staatsdefizite zu drosseln. Ebenso wie damals hatten diese Bemühungen zur Folge, daß vom staatlichen Verhalten in der Summe dämpfende Einflüsse auf die gesamtwirtschaftliche Entwicklung ausgegangen sind.

Die Schwankungen der staatlichen Aktivitäten, die Impulse, verteilen sich zum Teil recht unterschiedlich auf die Haushaltsebenen. Die Intensität der Impulse hängt nicht in jedem Fall vom Gewicht der jeweiligen Ebene ab, wenn auch in der Summe der (negativen und positiven) Impulse der Bundeshaushalt an erster Stelle rangiert. Betrachtet man allein die Wirkungsrichtung der Impulse, so gab es zwischen Bund, Ländern und Gemeinden meist nur relativ geringe Abweichungen. Dieser Befund deckt sich mit der geäußerten Vermutung, daß die Spielräume für eine eigenständige Finanzpolitik regionaler Instanzen begrenzt sind.

3.2.3 Staatliche Nachfrage in den Regionen
3.2.3.1 Zeitliche Entwicklung der Nachfrage

Eine Regionalisierung der staatlichen Aktivitäten ist mit erheblichen Zurechnungsproblemen verbunden, weil ein Teil der staatlichen Leistungen nicht der gleichen Region zugute kommt, in der diese Leistungen produziert werden. Dies gilt vor allem für die Leistungen des Bundes und der Sozialversicherungsträger, aber auch für die Leistungen der nachgeordneten Haushaltsebenen. Je kleinräumiger die Abgrenzung, um so größer werden die Zurechnungsprobleme. Die VGR der Länder unterstellt, daß der Saldo von Ein- und Ausfuhr staatlicher Leistungen in allen Regionen ausgeglichen ist. Es wird nicht berücksichtigt, in welchem Umfang die in einer Region produzierten Staatsleistungen anderen Regionen zugute kommen. In der Realität besteht aber eine Diskrepanz zwischen regionaler Verteilung der Wertschöpfung des Staates und regionaler Verteilung des Verbrauchs staatlicher Leistungen. Letztlich wird der Staatsverbrauch in denjenigen Regionen überschätzt, in denen schwerpunktmäßig zentrale und staatliche Aktivitäten angesiedelt sind.

Bezieht man die Bruttowertschöpfung des Staates (in jeweiligen Preisen) auf die gesamte Bruttowertschöpfung in den jeweiligen Bundesländern, so zeigen sich zum Teil recht große Unterschiede (Tabelle 3.2.3.1). Im Durchschnitt des Bundesgebietes entfielen zuletzt 12 vH der Bruttowertschöpfung auf den Staat. Mit jeweils 18 vH ist der Anteil in Schleswig-Holstein und Berlin überdurchschnittlich hoch, ebenso in Niedersachsen (15 vH), während er in Hamburg (10 vH), Hessen und Baden-Württemberg (jeweils knapp 11 vH) unterdurchschnittliche Werte erreichte. Im Zeitablauf hat die Quote in Berlin, Bremen und Niedersachsen stärker, im Saarland sowie in Bayern und Hamburg schwächer als im Bundesdurchschnitt zugenommen. Der Anstieg hat sich überall in der ersten Hälfte der 70er Jahre vollzogen, seitdem stagniert die Quote oder ist gar rückläufig, in den südlicheren Bundesländern mehr als im Norden und Westen. Faßt man die Bundesländer zu größeren regionalen Einheiten zusammen - Schleswig-Holstein, Hamburg, Niedersachsen, Bremen zur Region Nord, Hessen, Rheinland-Pfalz und das Saarland zur Region Mitte, Baden-Württemberg und Bayern zur Region Süd -, so zeigt sich, daß die Bruttowertschöpfung des Staates je Einwohner im Norden deutlich über, im Süden und Nordrhein-Westfalen merklich unter dem Bundesdurchschnitt lag; die mittleren Regionen repräsentierten bis Ende der 70er Jahre den Bundesdurchschnitt, danach fiel der Wert ab.

Diese Bilder korrespondieren mit der Entwicklung der Beschäftigung im Staatssektor (Tabelle 3.2.3.2). Im Bundesgebiet ist die Beschäftigung im staatlichen Bereich von 1970 bis 1983 um mehr als eine Million auf über 4 Millionen gestiegen. Gleichzeitig ist die Zahl der Erwerbstätigen in allen Wirtschaftsbereichen um 1,3 Millionen zurückgegangen, so daß sich der

Tabelle 3.2.3.1

Bruttowertschöpfung des Staates

je Einwohner in DM

	1970	1973	1974	1975	1976	1977	1978	1979	1980	1981	1982
SCHLESWIG-HOLSTEIN	1402	2062	2390	2573	2691	2819	2949	3175	3415	3608	3745
HAMBURG	1464	2213	2585	2779	2916	3090	3317	3554	3839	4088	4260
NIEDERSACHSEN	1111	1707	1990	2147	2265	2438	2591	2778	3005	3207	3308
BREMEN	1215	1829	2246	2488	2678	2890	3126	3390	3630	3843	3975
NORDRHEIN-WESTFALEN	895	1374	1589	1728	1845	1985	2145	2322	2532	2702	2795
HESSEN	1032	1558	1823	1999	2122	2251	2402	2556	2744	2908	2967
RHEINLAND-PFALZ	1038	1599	1834	1978	2086	2226	2375	2522	2729	2885	2958
BADEN-WUERTTEMBERG	927	1433	1670	1827	1944	2088	2245	2429	2611	2776	2841
BAYERN	1004	1474	1711	1875	1989	2133	2263	2426	2593	2759	2849
SAARLAND	996	1540	1780	1945	2092	2267	2414	2562	2750	2897	2976
BERLIN	1564	2540	2938	3302	3547	3797	4047	4353	4695	4982	5158
BUNDESGEBIET INSGESAMT	1031	1572	1822	1985	2107	2256	2411	2592	2794	2974	3065
NORD-REGIONEN	1230	1865	2173	2345	2470	2635	2797	3003	3241	3448	3567
NORDRHEIN-WESTFALEN	895	1374	1589	1728	1845	1985	2145	2322	2532	2702	2795
MITTE-REGIONEN	1030	1558	1822	1984	2106	2244	2394	2545	2740	2899	2965
SUED-REGIONEN	962	1455	1692	1853	1969	2112	2255	2427	2601	2767	2846
BERLIN	1564	2540	2938	3302	3547	3797	4047	4353	4695	4982	5158

BUND = 100

	1970	1973	1974	1975	1976	1977	1978	1979	1980	1981	1982
SCHLESWIG-HOLSTEIN	135.9	131.2	131.2	129.6	127.7	124.9	122.3	122.5	122.1	121.3	122.2
HAMBURG	141.9	147.1	141.9	140.0	138.4	137.0	137.5	137.1	137.3	137.5	139.0
NIEDERSACHSEN	107.7	108.3	109.2	108.1	107.5	108.1	107.4	107.2	107.5	107.9	107.9
BREMEN	117.8	120.8	123.3	125.3	127.1	128.1	129.6	130.8	129.8	129.9	129.7
NORDRHEIN-WESTFALEN	86.8	87.4	87.2	87.1	87.6	88.0	89.0	89.6	90.5	90.9	91.2
HESSEN	100.0	100.9	100.1	100.7	100.7	99.8	99.6	98.6	98.1	97.8	96.8
RHEINLAND-PFALZ	100.6	101.7	100.7	99.6	99.0	98.7	98.5	97.3	97.6	97.0	96.5
BADEN-WUERTTEMBERG	89.8	91.2	91.7	92.0	92.2	92.5	93.1	93.7	93.4	93.3	92.7
BAYERN	97.3	93.8	93.9	94.4	94.4	94.6	93.8	93.6	92.7	92.8	93.0
SAARLAND	96.6	98.0	97.7	98.0	99.3	100.5	100.1	98.8	98.3	97.4	97.1
BERLIN	151.7	161.6	161.3	166.3	168.3	168.3	167.8	168.0	167.9	167.5	168.3
BUNDESGEBIET INSGESAMT	100.0	100.0	100.0	100.0	100.0	100.0	100.0	100.0	100.0	100.0	100.0
NORD-REGIONEN	119.2	118.7	119.3	118.1	117.2	116.8	116.0	115.9	115.9	116.0	116.4
NORDRHEIN-WESTFALEN	86.8	87.4	87.2	87.1	87.6	88.0	89.0	89.6	90.5	90.9	91.2
MITTE-REGIONEN	99.9	100.0	100.0	99.9	99.9	99.5	99.3	98.2	98.0	97.5	96.7
SUED-REGIONEN	93.3	92.6	92.9	93.3	93.4	93.6	93.5	93.7	93.0	93.0	92.8
BERLIN	151.7	161.6	161.3	166.3	168.3	168.3	167.8	168.0	167.9	167.5	168.3

1970 = 100

	1970	1973	1974	1975	1976	1977	1978	1979	1980	1981	1982
SCHLESWIG-HOLSTEIN	100.0	147.1	170.5	183.5	192.0	201.1	210.4	226.5	243.6	257.3	267.2
HAMBURG	100.0	152.5	176.6	189.9	199.2	211.1	226.6	242.8	262.3	279.3	291.0
NIEDERSACHSEN	100.0	153.7	179.1	193.2	203.8	219.4	233.2	250.0	270.5	288.7	297.7
BREMEN	100.0	156.3	184.2	204.8	220.5	237.9	257.3	279.1	298.9	318.0	327.3
NORDRHEIN-WESTFALEN	100.0	153.4	177.5	193.0	206.1	221.7	239.6	259.5	282.8	301.7	312.2
HESSEN	100.0	153.7	176.7	193.7	205.6	218.2	232.8	247.7	266.0	281.9	287.5
RHEINLAND-PFALZ	100.0	154.0	176.7	190.6	201.0	214.5	228.9	243.0	262.9	278.0	285.0
BADEN-WUERTTEMBERG	100.0	154.7	180.3	197.1	209.4	225.1	242.3	262.1	281.7	299.6	306.6
BAYERN	100.0	146.8	170.5	186.8	198.2	212.5	225.4	241.6	258.3	274.9	283.9
SAARLAND	100.0	154.6	178.6	195.3	210.0	227.5	242.3	257.1	276.0	291.0	298.7
BERLIN	100.0	162.4	187.8	211.1	226.8	242.7	258.8	278.3	300.1	318.5	329.8
BUNDESGEBIET INSGESAMT	100.0	152.4	176.6	192.5	204.3	218.7	233.8	251.3	271.2	288.4	297.2
NORD-REGIONEN	100.0	151.7	176.7	190.8	200.9	214.3	227.5	244.2	263.6	280.5	290.1
NORDRHEIN-WESTFALEN	100.0	153.4	177.5	193.0	206.1	221.7	239.6	259.5	282.8	301.7	312.2
MITTE-REGIONEN	100.0	154.0	176.9	192.8	204.4	217.8	232.4	247.0	266.0	281.4	287.8
SUED-REGIONEN	100.0	150.3	174.8	191.3	203.5	218.1	232.8	250.6	268.6	285.7	293.9
BERLIN	100.0	162.4	187.8	211.1	226.8	242.7	258.8	278.3	300.1	318.5	329.8

Anteil des Staates an der Bruttowertschöpfung insgesamt in vH

	1970	1973	1974	1975	1976	1977	1978	1979	1980	1981	1982
SCHLESWIG-HOLSTEIN	15.7	16.8	17.7	17.9	17.3	16.9	16.8	17.0	17.1	17.6	17.5
HAMBURG (LAND)	8.7	9.6	10.1	10.4	10.0	9.8	9.9	9.7	10.0	10.1	9.9
NIEDERSACHSEN	12.2	13.9	15.2	15.6	14.9	15.0	14.8	14.8	15.0	15.3	15.2
BREMEN (LAND)	8.8	10.0	10.9	11.4	11.1	11.0	11.4	11.7	11.9	12.1	11.9
NORDRHEIN-WESTFALEN	8.2	9.5	10.1	10.6	10.4	10.5	10.7	10.7	11.1	11.4	11.3
HESSEN	9.3	10.6	11.2	11.7	11.2	11.1	11.0	10.8	10.9	11.1	10.8
RHEINLAND-PFALZ	11.0	12.4	13.2	13.4	13.3	13.2	13.2	12.9	13.1	13.1	13.0
BADEN-WUERTTEMBERG	8.2	9.4	10.3	10.8	10.5	10.4	10.5	10.6	10.7	10.9	10.7
BAYERN	10.2	11.2	12.1	12.6	12.1	12.0	11.7	11.6	11.7	11.8	11.6
SAARLAND	11.7	13.0	13.4	13.7	13.6	13.8	13.7	13.0	13.2	12.9	12.6
BERLIN	13.2	16.1	17.1	18.1	18.0	17.7	17.8	17.9	17.9	18.2	17.8
BUNDESGEBIET INSGESAMT	9.7	11.0	11.8	12.3	11.9	11.9	11.9	11.8	12.1	12.3	12.1
NORD-REGIONEN	11.7	13.1	14.1	14.5	13.9	13.9	13.8	13.8	14.0	14.3	14.1
NORDRHEIN-WESTFALEN	8.2	9.5	10.1	10.6	10.4	10.5	10.7	10.7	11.1	11.4	11.3
MITTE-REGIONEN	10.1	11.4	12.1	12.6	12.1	12.0	11.9	11.8	11.8	11.9	11.7
SUED-REGIONEN	9.2	10.3	11.2	11.7	11.3	11.3	11.2	11.1	11.2	11.4	11.2
BERLIN	13.2	16.1	17.1	18.1	18.0	17.7	17.8	17.9	17.9	18.2	17.8

Quelle: Eigene Berechnungen aufgrund amtlicher Statistiken.

Tabelle 3.2.3.2

Erwerbstätige im Staatssektor

in 1000

	1970	1973	1974	1975	1976	1977	1978	1979	1980	1981	1982
SCHLESWIG-HOLSTEIN	187	203	208	212	212	214	215	221	225	228	228
HAMBURG (LAND)	113	124	130	129	129	127	132	135	137	136	137
NIEDERSACHSEN	411	450	468	480	482	493	509	520	525	534	534
BREMEN (LAND)	45	52	54	55	56	57	59	62	61	61	61
NORDRHEIN-WESTFALEN	662	765	813	831	847	856	873	901	916	935	946
HESSEN	256	291	304	314	320	323	332	338	346	352	352
RHEINLAND-PFALZ	195	218	225	229	233	230	233	237	239	241	242
BADEN-WUERTTEMBERG	392	455	474	468	498	495	512	528	541	546	552
BAYERN	510	560	579	592	610	616	629	646	652	675	679
SAARLAND	51	56	58	60	60	59	60	62	63	64	63
BERLIN	157	173	179	185	188	189	192	196	200	202	201
BUNDESGEBIET INSGESAMT	2979	3367	3492	3575	3635	3659	3746	3846	3905	3972	3995
NORD-REGIONEN	756	829	860	876	879	891	915	938	948	959	960
NORDRHEIN-WESTFALEN	662	765	813	831	847	856	873	901	916	935	946
MITTE-REGIONEN	502	565	587	603	613	612	625	637	648	657	657
SUED-REGIONEN	902	1015	1053	1080	1108	1111	1141	1174	1193	1221	1231
BERLIN	157	173	179	185	188	189	192	196	200	202	201

Anteil an den Erwerbstätigen insgesamt in vH

	1970	1973	1974	1975	1976	1977	1978	1979	1980	1981	1982
SCHLESWIG-HOLSTEIN	19.4	20.9	21.5	22.3	22.5	22.4	22.5	22.7	22.8	23.3	23.8
HAMBURG (LAND)	11.7	13.0	13.9	14.3	14.6	14.4	15.1	15.4	15.4	15.4	15.9
NIEDERSACHSEN	13.7	15.0	15.8	16.9	17.1	17.4	17.9	18.1	18.2	18.7	19.1
BREMEN (LAND)	12.3	13.8	14.4	15.2	15.7	16.0	16.8	17.4	17.1	17.3	17.8
NORDRHEIN-WESTFALEN	9.5	11.1	11.7	12.3	12.6	12.7	13.0	13.2	13.3	13.7	14.2
HESSEN	10.5	11.7	12.4	13.2	13.5	13.8	14.0	14.1	14.3	14.7	15.0
RHEINLAND-PFALZ	13.2	14.7	15.5	16.1	16.6	16.3	16.4	16.5	16.5	16.8	17.1
BADEN-WUERTTEMBERG	9.3	10.6	11.1	11.8	12.2	12.3	12.5	12.7	12.8	12.9	13.3
BAYERN	10.6	11.5	12.1	12.6	13.1	13.2	13.3	13.5	13.5	14.1	14.3
SAARLAND	11.7	12.4	13.3	13.9	14.9	13.6	14.1	14.3	14.3	14.5	14.5
BERLIN	16.6	18.9	19.8	21.2	21.8	22.1	22.4	22.7	23.0	23.5	23.8
BUNDESGEBIET INSGESAMT	11.2	12.5	13.2	13.9	14.2	14.4	14.6	14.8	14.9	15.2	15.6
NORD-REGIONEN	14.3	15.7	16.4	17.3	17.6	17.8	18.2	18.5	18.6	18.9	19.3
NORDRHEIN-WESTFALEN	9.5	11.1	11.7	12.3	12.6	12.7	13.0	13.2	13.3	13.7	14.2
MITTE-REGIONEN	11.6	12.8	13.5	14.2	14.6	14.6	14.8	14.9	15.1	15.4	15.7
SUED-REGIONEN	10.0	11.1	11.6	12.3	12.7	12.8	12.9	13.1	13.2	13.5	13.8
BERLIN	16.6	18.9	19.8	21.2	21.8	22.1	22.4	22.7	23.0	23.5	23.8

1970 = 100

	1970	1973	1974	1975	1976	1977	1978	1979	1980	1981	1982
SCHLESWIG-HOLSTEIN	100.0	108.6	111.2	113.4	113.4	114.4	115.0	118.2	120.3	121.9	121.9
HAMBURG (LAND)	100.0	109.7	115.0	114.2	114.2	112.4	116.8	119.5	121.2	120.4	121.2
NIEDERSACHSEN	100.0	109.5	113.9	116.8	117.3	120.0	123.8	126.5	127.7	129.9	129.9
BREMEN (LAND)	100.0	115.6	120.0	122.2	124.4	126.7	131.1	137.8	135.6	135.6	135.6
NORDRHEIN-WESTFALEN	100.0	118.6	122.3	125.5	127.9	129.3	131.9	136.1	138.4	140.9	142.9
HESSEN	100.0	113.7	118.8	122.7	125.0	126.2	129.7	132.0	135.2	137.5	137.5
RHEINLAND-PFALZ	100.0	111.8	115.4	117.4	119.5	117.9	119.5	121.5	122.6	123.6	124.1
BADEN-WUERTTEMBERG	100.0	116.1	120.9	124.5	127.0	126.3	130.6	134.7	138.0	139.3	140.8
BAYERN	100.0	109.8	113.5	116.1	119.6	120.8	123.3	126.7	127.8	132.4	133.1
SAARLAND	100.0	109.8	113.7	117.6	117.6	115.7	117.6	121.6	123.5	125.5	123.5
BERLIN	100.0	110.2	114.0	117.8	119.7	120.4	122.3	124.8	127.4	128.7	128.0
BUNDESGEBIET INSGESAMT	100.0	113.0	117.2	120.0	122.0	122.8	125.7	129.1	131.1	133.3	134.1
NORD-REGIONEN	100.0	109.7	113.8	115.9	116.3	117.9	121.0	124.1	125.4	126.9	127.0
NORDRHEIN-WESTFALEN	100.0	118.6	122.8	125.5	127.9	129.3	131.9	136.1	138.4	140.9	142.9
MITTE-REGIONEN	100.0	112.5	116.9	120.1	122.1	121.9	124.5	126.9	129.1	130.9	130.9
SUED-REGIONEN	100.0	112.5	116.7	119.7	122.8	123.2	126.5	130.2	132.3	135.3	136.5
BERLIN	100.0	110.2	114.0	117.8	119.7	120.4	122.3	124.8	127.4	128.7	128.0

Quelle: Eigene Berechnungen aufgrund amtlicher Statistiken.

Staatsanteil an der Erwerbstätigkeit von 11 auf 16 vH erhöhte. Der Beschäftigungsvergleich zwischen den Bundesländern weist im Umfang und in der Entwicklung auf größere Unterschiede hin als sie bei der Betrachtung der Bruttowertschöpfung aufgetreten sind; in der Rangfolge treten nur geringe Änderungen auf: Mit einem Anteil von jeweils 24 vH liegen Berlin und Schleswig-Holstein 1982 an der Spitze; es folgen Niedersachsen (19 vH) und Bremen (18 vH), während am Ende Baden-Württemberg (13 vH) rangiert. Auch die Anteilsverschiebung war in Berlin, Niedersachsen und Bremen mit 5 bis 7 vH-Punkten am ausgeprägtesten; im Saarland waren es nur 3 vH-Punkte.

In allen Regionen hat das staatliche Einstellungsverhalten per Saldo stabilisierend auf die Beschäftigungsentwicklung gewirkt, auch wenn die Lage im öffentlichen Dienst nicht unberührt geblieben ist von den Schwankungen der gesamtwirtschaftlichen Aktivitäten. So sind im Gefolge der beiden Rezessionen 1974/75 und 1980/82 merklich weniger Arbeitnehmer im öffentlichen Dienst eingestellt worden als in den Jahren zuvor; teilweise ist in diesen Phasen die Zahl der Beschäftigten im Staatssektor sogar zurückgegangen.

Bezieht man die staatlichen Käufe von Gütern und Diensten (Staatsverbrauch und Anlageinvestitionen) auf das jeweilige Bruttosozialprodukt, so ergibt sich eine ähnliche Rangfolge wie bei der Wertschöpfung (Tabelle 3.2.3.3). Mit einem Anteil von rund einem Drittel nehmen Schleswig-Holstein und Berlin 1982 eine Spitzenstellung ein, während Hamburg mit weniger als einem Fünftel am Ende der Rangskala steht. Eine vergleichsweise hohe Quote weist auch Niedersachsen (29 vH) auf, unterdurchschnittliche Werte hingegen errechnen sich für Baden-Württemberg und Nordrhein-Westfalen. Die hohen Anteile von Schleswig-Holstein und auch Niedersachsen resultieren aus der überdurchschnittlichen Zahl militärischer Standorte. Wegen der Größe Nordrhein-Westfalens fällt die Massierung der Bundesverwaltung in der Bundeshauptstadt Bonn zahlenmäßig kaum ins Gewicht; mit rund einem Fünftel ist der Anteil in Nordrhein-Westfalen vergleichsweise niedrig. Wie bei der Wertschöpfung markiert das Jahr 1975 auch für die Entwicklung der staatlichen Käufe einen Wendepunkt. Während bis dahin die staatliche Nachfrage, gemessen am

Tabelle 3.2.3.3

Staatliche Käufe

je Einwohner in DM

	1970	1973	1974	1975	1976	1977	1978	1979	1980	1981	1982
SCHLESWIG-HOLSTEIN	2978	4067	4649	5146	5374	5515	5900	6422	7029	7393	7591
HAMBURG	2739	3895	4577	4880	5108	5485	5833	6342	6881	7181	7528
NIEDERSACHSEN	2476	3501	4049	4387	4584	4834	5161	5637	6130	6506	6617
BREMEN	2361	3430	4345	4866	5192	5351	5696	6198	6728	6949	6878
NORDRHEIN-WESTFALEN	2044	2833	3356	3652	3818	4021	4393	4800	5258	5509	5503
HESSEN	2362	3345	3825	4087	4302	4472	4838	5239	5705	5509	5503
RHEINLAND-PFALZ	2436	3424	3904	4188	4349	4535	4987	5395	5875	5964	5976
BADEN-WUERTTEMBERG	2218	3070	3540	3822	3994	4252	4647	5125	5675	6138	6117
BAYERN	2269	3062	3537	3934	4175	4362	4679	5106	5611	5840	5791
SAARLAND	2075	2894	3441	3775	3971	4187	4559	5013	5524	5763	5857
BERLIN	2771	4443	5206	5911	6354	6874	7225	7791	8499	9042	9659
BUNDESGEBIET INSGESAMT	2299	3227	3733	4070	4275	4494	4856	5299	5775	6051	6104
NORD-REGIONEN	2611	3686	4248	4643	4860	5098	5441	5932	6457	6812	6962
NORDRHEIN-WESTFALEN	2044	2833	3356	3652	3818	4021	4393	4800	5258	5509	5503
MITTE-REGIONEN	2357	3329	3812	4090	4298	4464	4861	5270	5731	5991	5979
SUED-REGIONEN	2245	3065	3539	3883	4092	4312	4665	5114	5564	5798	5827
BERLIN	2771	4443	5206	5911	6354	6874	7225	7791	8499	9042	9659

BUND = 100

	1970	1973	1974	1975	1976	1977	1978	1979	1980	1981	1982
SCHLESWIG-HOLSTEIN	129.5	126.0	124.5	126.4	125.7	122.7	121.5	121.2	121.7	122.2	124.3
HAMBURG	119.1	120.7	122.6	119.9	119.5	122.1	120.1	119.7	119.2	118.7	123.3
NIEDERSACHSEN	107.7	108.5	108.5	107.8	107.2	107.6	106.3	106.4	106.1	107.5	108.4
BREMEN	102.7	114.0	116.9	119.1	121.4	119.1	117.3	117.0	116.5	114.9	112.7
NORDRHEIN-WESTFALEN	88.9	89.3	89.9	89.7	89.3	89.5	90.5	90.6	91.0	91.0	90.1
HESSEN	102.7	103.7	102.5	100.4	100.6	99.5	99.6	98.9	98.8	98.6	97.9
RHEINLAND-PFALZ	105.9	106.1	104.6	102.9	102.7	100.9	102.7	101.8	101.7	101.4	100.2
BADEN-WUERTTEMBERG	96.5	95.1	94.8	93.9	93.4	94.6	95.7	96.7	97.2	96.5	94.9
BAYERN	98.7	94.9	94.8	96.7	97.7	97.1	96.3	96.3	95.7	95.3	95.9
SAARLAND	90.2	89.7	92.2	92.8	92.9	93.2	93.9	94.6	95.1	95.0	90.5
BERLIN	120.5	137.7	139.4	145.2	148.6	153.0	148.8	147.0	147.2	149.4	158.2
BUNDESGEBIET INSGESAMT	100.0	100.0	100.0	100.0	100.0	100.0	100.0	100.0	100.0	100.0	100.0
NORD-REGIONEN	113.6	114.2	114.3	114.1	113.7	113.5	112.0	112.0	111.8	112.6	114.1
NORDRHEIN-WESTFALEN	88.9	89.3	89.9	89.7	89.3	89.5	90.5	90.6	91.0	91.0	90.1
MITTE-REGIONEN	102.5	103.0	102.1	100.5	100.5	99.3	100.1	99.5	99.2	99.0	97.9
SUED-REGIONEN	97.7	95.0	94.8	95.4	95.7	96.0	96.0	96.5	96.4	95.8	95.5
BERLIN	120.5	137.7	139.4	145.2	148.6	153.0	148.8	147.0	147.2	149.4	158.2

1970 = 100

	1970	1973	1974	1975	1976	1977	1978	1979	1980	1981	1982
SCHLESWIG-HOLSTEIN	100.0	136.6	156.1	172.8	180.4	185.2	198.1	215.6	236.0	248.2	254.9
HAMBURG	100.0	142.2	167.1	178.2	186.5	200.3	213.0	231.6	251.2	262.2	274.9
NIEDERSACHSEN	100.0	141.4	163.5	177.2	185.1	195.2	208.5	227.7	247.6	262.8	267.2
BREMEN	100.0	155.9	184.4	205.2	219.9	226.0	241.2	262.5	284.9	294.3	291.5
NORDRHEIN-WESTFALEN	100.0	141.1	164.2	178.7	186.8	196.7	214.9	234.9	257.2	269.5	269.2
HESSEN	100.0	141.6	162.0	173.0	182.2	189.3	204.8	221.8	241.5	252.5	253.0
RHEINLAND-PFALZ	100.0	140.6	160.3	171.9	180.2	186.2	204.7	221.5	241.2	252.0	251.1
BADEN-WUERTTEMBERG	100.0	138.4	159.6	172.3	180.1	191.7	209.5	231.1	255.0	263.3	261.1
BAYERN	100.0	135.0	155.9	173.4	184.0	192.3	206.3	225.0	247.4	257.4	258.2
SAARLAND	100.0	139.5	165.8	181.9	191.4	201.8	219.7	241.6	266.2	277.2	282.2
BERLIN	100.0	160.3	187.9	213.3	229.3	248.1	260.7	281.1	306.7	326.3	348.6
BUNDESGEBIET INSGESAMT	100.0	140.4	162.4	177.0	185.9	195.4	211.2	230.5	251.2	263.2	265.5
NORD-REGIONEN	100.0	141.2	163.4	177.8	186.1	195.2	208.4	227.2	247.3	260.8	266.6
NORDRHEIN-WESTFALEN	100.0	141.1	164.2	178.7	186.8	196.7	214.9	234.9	257.2	269.5	269.2
MITTE-REGIONEN	100.0	141.1	161.8	173.5	182.4	189.4	206.3	223.6	243.2	254.2	253.7
SUED-REGIONEN	100.0	136.5	157.6	172.9	182.2	192.0	207.8	227.8	247.8	258.2	259.5
BERLIN	100.0	160.3	187.9	213.3	229.3	248.1	260.7	281.1	306.7	326.3	348.6

Anteil der staatlichen Käufe am BSP in vH

	1970	1973	1974	1975	1976	1977	1978	1979	1980	1981	1982
SCHLESWIG-HOLSTEIN	30.4	30.5	32.0	33.2	32.1	30.8	31.1	31.8	32.5	33.3	33.1
HAMBURG (LAND)	16.2	16.9	18.8	19.2	18.7	18.8	18.6	18.5	18.9	18.8	18.8
NIEDERSACHSEN	25.6	26.5	28.5	29.4	27.7	27.4	27.3	28.2	28.7	29.3	28.8
BREMEN (LAND)	17.8	19.3	21.7	23.0	22.7	21.8	22.2	22.9	23.9	23.9	23.2
NORDRHEIN-WESTFALEN	18.1	19.6	21.0	21.9	21.0	20.8	21.0	21.1	21.8	22.1	21.4
HESSEN	19.7	21.4	23.3	23.8	22.7	22.2	22.1	22.2	23.0	23.3	22.4
RHEINLAND-PFALZ	24.3	25.6	26.9	27.9	26.9	25.6	26.2	26.0	26.6	26.7	25.6
BADEN-WUERTTEMBERG	18.4	19.1	21.0	21.7	20.3	20.2	20.3	20.9	21.6	21.7	20.8
BAYERN	22.0	22.1	23.7	25.2	24.3	23.6	23.2	23.5	24.0	24.3	23.5
SAARLAND	23.7	23.7	25.8	26.5	25.7	25.8	25.9	25.5	26.0	26.3	25.5
BERLIN	23.1	27.3	29.5	31.5	31.5	31.6	31.1	31.2	31.3	31.8	32.4
BUNDESGEBIET INSGESAMT	20.6	21.8	23.5	24.5	23.4	23.1	23.1	23.3	23.9	24.2	23.5
NORD-REGIONEN	23.7	24.6	26.6	27.5	26.4	26.0	25.9	26.5	27.1	27.5	27.2
NORDRHEIN-WESTFALEN	18.1	19.6	21.0	21.9	21.0	20.8	21.0	21.1	21.8	22.1	21.4
MITTE-REGIONEN	21.6	23.0	24.7	25.4	24.3	23.6	23.8	23.8	24.5	24.6	23.6
SUED-REGIONEN	20.2	20.6	22.5	23.5	22.4	22.0	21.9	22.3	22.8	22.8	22.2
BERLIN	23.1	27.3	29.5	31.5	31.5	31.6	31.1	31.2	31.3	31.8	32.4

Quelle: Eigene Berechnungen aufgrund amtlicher Statistiken.

Bruttosozialprodukt, in allen Regionen kräftig ausgeweitet wurde (um 3 bis 4 vH-Punkte, in Berlin um 8 vH-Punkte), stagniert sie seitdem oder ist sogar - relativ gesehen - rückläufig. Von einem antizyklischen Nachfrageverhalten kann per Saldo nicht gesprochen werden, eher das Gegenteil war der Fall. Alles in allem spiegelt die Entwicklung der staatlichen Käufe das finanzpolitische Verhalten im Konjunkturverlauf recht gut wider.

In der Unterteilung der Staatskäufe nach laufenden Ausgaben und Investitionsausgaben zeigt sich, daß die öffentlichen Investitionen besonders starken Schwankungen ausgesetzt sind. Dies verwundert nicht, sind doch die Investitionsausgaben von allen Ausgaben noch am ehesten gestaltbar. Nahezu 90 vH des jährlichen Ausgabevolumens gelten als relativ unbeweglich, insbesondere deshalb, weil einmal Entscheidungen der Vergangenheit bis in die Gegenwart ausstrahlen, und zweitens, weil sich ein bestimmter "Mindestbedarf" an Staatsleistungen entwickelt hat, der sowohl im Volumen als auch in seiner Struktur aus politischen und sozialen Gründen nicht ohne weiteres reversibel ist; die damit angesprochenen Leistungen firmieren weitgehend unter dem Begriff "Staatsverbrauch".

Wachstum und Struktur der staatlichen Investitionen werden überwiegend vom Verhalten der Gemeinden bestimmt, die allein zwei Drittel aller staatlichen Investitionsvorhaben durchführen. Verfolgt man die Entwicklung in den Regionen, so war diese teilweise recht differenziert. Es gibt nur ein Jahr (1974), in dem alle Bundesländer das gleiche Vorzeichen aufweisen. Nahezu einheitlich, nämlich kontraproduktiv, war das Verhalten 1981/82, hier wich lediglich Hamburg ab. Noch am geringsten ausgeprägt waren die Schwankungen in Bayern und Berlin.

Auch wenn den öffentlichen Investitionen eine wichtige Rolle im Rahmen der Konjunktur- und Wachstumspolitik eingeräumt wird, darf nicht übersehen werden, daß ihr Anteil am Sozialprodukt der Länder zu Beginn der 70er Jahre bei knapp 5 vH im Durchschnitt und 1982 bei ca. 3 vH gelegen hatte (Tabelle 3.2.3.4): Die möglichen Wirkungen einer konjunktur- und wachstumspolitisch motivierten Variation der öffentlichen Investitionen dürfen nicht überschätzt werden. Gemessen am Bruttosozialprodukt ist der Anteil in Berlin mit 4,6 vH am höchsten, es folgen Schleswig-Holstein

Tabelle 3.2.3.4

Anteil der Staatskäufe am Bruttosozialprodukt

Öffentlicher Verbrauch in vH

	1970	1971	1972	1973	1974	1975	1976	1977	1978	1979	1980	1981	1982
Schleswig-Holstein	25.7	26.9	26.4	26.9	28.1	29.2	28.4	27.4	27.4	28.0	28.3	29.3	29.3
Hamburg	13.0	13.8	14.0	14.4	16.0	17.0	16.7	16.6	16.6	16.5	17.0	16.7	16.7
Niedersachsen	20.5	21.6	21.6	22.4	23.8	25.0	23.8	23.8	23.8	24.3	24.7	25.5	25.6
Bremen	14.3	15.3	15.1	15.3	17.5	18.9	18.6	18.5	19.2	20.0	20.8	21.2	21.0
Nordrhein-Westfalen	13.6	14.8	15.3	15.9	17.3	18.2	17.7	17.8	17.9	17.9	18.4	19.0	18.7
Hessen	14.6	16.0	16.1	16.9	18.6	19.9	19.0	18.8	18.7	18.7	19.2	19.7	19.3
Rheinland-Pfalz	18.3	19.6	19.7	20.6	21.9	23.4	22.5	21.8	22.1	21.7	22.0	22.6	21.9
Baden-Wuerttemberg	13.0	13.9	14.1	14.7	16.4	17.4	16.9	16.6	16.7	16.7	17.2	17.6	17.3
Bayern	16.7	17.6	17.5	18.1	19.7	20.9	20.1	19.8	19.4	19.4	19.7	20.1	19.9
Saarland	17.8	18.7	19.2	19.8	21.2	22.2	21.8	22.0	21.9	21.2	21.7	21.6	21.0
Berlin	19.0	20.6	22.5	23.5	25.4	27.1	27.2	27.1	26.7	26.8	26.9	27.4	27.8
Bundesgebiet	15.8	16.9	17.1	17.8	19.3	20.5	19.8	19.6	19.6	19.6	20.1	20.6	20.3
Nord-Regionen	19.3	20.4	20.3	20.9	22.5	23.7	22.9	22.6	22.7	23.1	23.6	24.1	24.1
Nordrhein-Westfalen	13.6	14.8	15.3	15.9	17.3	18.2	17.7	17.8	17.9	17.9	18.4	19.0	18.7
Mitte-Regionen	16.1	17.4	17.6	18.4	20.0	21.2	20.4	20.1	20.1	19.9	20.4	20.9	20.3
Sued-Regionen	14.9	15.8	15.8	16.4	18.0	19.2	18.5	18.2	18.1	18.1	18.5	18.9	18.7
Berlin	19.0	20.6	22.5	23.5	25.4	27.1	27.2	27.1	26.7	26.8	26.9	27.4	27.8

Öffentliche Investitionen in vH

	1970	1971	1972	1973	1974	1975	1976	1977	1978	1979	1980	1981	1982
Schleswig-Holstein	4.6	4.7	4.0	3.6	3.9	4.0	3.7	3.4	3.7	3.7	4.2	4.0	3.7
Hamburg	3.3	2.8	2.5	2.5	2.7	2.3	2.1	2.3	2.0	2.0	1.9	2.0	2.2
Niedersachsen	5.1	4.8	4.4	4.2	4.7	4.4	3.9	3.8	3.6	3.9	3.9	3.7	3.2
Bremen	3.5	4.0	3.7	4.0	4.2	4.1	4.1	3.3	3.0	2.9	3.1	2.7	2.2
Nordrhein-Westfalen	4.5	4.3	3.8	3.7	3.7	3.7	3.2	3.0	3.1	3.2	3.4	3.1	2.6
Hessen	5.1	5.4	5.0	4.5	4.7	3.9	3.7	3.4	3.5	3.6	3.8	3.5	3.1
Rheinland-Pfalz	6.0	5.9	5.5	5.0	5.0	4.5	4.1	3.7	4.2	4.3	4.6	4.1	3.7
Baden-Wuerttemberg	5.3	5.0	4.5	4.4	4.7	4.3	3.6	3.6	3.8	4.1	4.4	4.0	3.5
Bayern	5.3	5.1	4.8	4.1	4.2	4.3	4.1	3.8	3.9	4.1	4.3	3.9	3.6
Saarland	5.9	5.4	4.6	4.0	4.6	4.3	3.8	3.8	3.9	4.3	4.2	4.1	3.2
Berlin	4.1	4.3	3.9	3.9	4.1	4.4	4.3	4.5	4.3	4.4	4.5	4.4	4.6
Bundesgebiet	4.9	4.7	4.3	4.0	4.2	4.0	3.6	3.4	3.5	3.7	3.9	3.6	3.2
Nord-Regionen	4.5	4.3	3.9	3.7	4.1	3.8	3.5	3.4	3.2	3.4	3.5	3.6	3.0
Nordrhein-Westfalen	4.5	4.3	3.8	3.7	3.7	3.7	3.2	3.0	3.1	3.2	3.4	3.1	2.6
Mitte-Regionen	5.5	5.6	5.2	4.6	4.8	4.2	3.8	3.6	3.7	3.9	4.1	3.8	3.3
Sued-Regionen	5.3	5.0	4.7	4.2	4.4	4.3	3.9	3.7	3.8	4.1	4.4	3.9	3.5
Berlin	4.1	4.3	3.9	3.9	4.1	4.4	4.3	4.5	4.3	4.4	4.5	4.4	4.6

Quelle: Eigene Berechnungen aufgrund amtlicher Statistiken.

und Rheinland-Pfalz. Auch in Bayern ist der Anteil überdurchschnittlich hoch. Die niedrigste Quote weisen die beiden Stadtstaaten Hamburg und Bremen auf, auch in Nordrhein-Westfalen ist sie relativ niedrig. Mit Ausnahme Berlins hat das gesamtwirtschaftliche Gewicht der öffentlichen Investitionen überall abgenommen, in den südlicheren Regionen stärker als im Norden.

Pro Kopf der Bevölkerung ist 1982 von den öffentlichen Haushalten am meisten in Berlin investiert worden, nämlich fast 1 400 DM, es folgen mit großem Abstand die Bundesländer Baden-Württemberg, Rheinland-Pfalz und Bayern; am niedrigsten waren die Pro-Kopf-Ausgaben in Bremen und Nordrhein-Westfalen (vgl. Tabelle 3.2.3.5).

Die staatlichen Verbrauchsausgaben pro Kopf der Bevölkerung (Tabelle 3.2.3.6) hingegen weisen in den südlichen Bundesländern ebenso wie in Nordrhein-Westfalen während des gesamten Beobachtungszeitraumes unterdurchschnittliche Werte auf. Sie sind am höchsten in Berlin und in Schleswig-Holstein sowie in den beiden Hansestädten. Die Entwicklung des öffentlichen Verbrauchs verlief überall weitgehend parallel zu der der Wertschöpfung; rund zwei Drittel der Verbrauchsausgaben entfallen auf die Wertschöpfung des Staates, ein Drittel auf die Käufe von Gütern und Diensten für laufende Zwecke.

Läßt man Berlin einmal wegen seiner besonderen Bedeutung außer acht, dann sind insbesondere zwei Tatbestände augenfällig: In den Nord-Regionen waren pro Kopf der Bevölkerung die staatlichen Verbrauchsausgaben um rund ein Viertel höher als in den südlichen Bundesländern, während die öffentlichen Investitionen pro Kopf der Bevölkerung im Süden um ein Fünftel höher waren als im Norden; das Entwicklungstempo war in beiden Regionen gleich. In Nordrhein-Westfalen lag das Niveau der Verbrauchs- wie auch der Investitionsausgaben unter dem im Norden, Süden und in der Mitte; die Verbrauchsausgaben sind hier schneller und die Investitionsausgaben langsamer als in den übrigen Regionen gestiegen.

Die Ergebnisse mögen die Auffassung stützen, daß die regionalen Diskrepanzen im Verhältnis von Staatsverbrauch und Anlageinvestitionen zu dem

Tabelle 3.2.3.5

Investitionen des Staates je Einwohner

DM

	1970	1971	1972	1973	1974	1975	1976	1977	1978	1979	1980	1981	1982
Schleswig-Holstein	455	515	487	477	567	623	614	608	706	782	907	891	853
Hamburg	551	523	518	571	664	572	569	662	631	680	708	778	863
Niedersachsen	493	519	525	549	664	651	645	667	671	780	841	826	739
Bremen	467	593	611	758	846	868	940	808	770	793	868	797	639
Nordrhein-Westfalen	504	529	504	539	593	611	591	574	650	722	809	773	677
Hessen	611	704	713	698	767	675	697	688	755	845	941	900	831
Rheinland-Pfalz	602	656	676	667	731	679	671	662	793	901	1017	941	890
Baden-Wuerttemberg	642	663	665	710	785	750	701	758	855	1017	1149	1084	969
Bayern	543	578	607	563	625	667	714	708	778	896	990	930	887
Saarland	519	542	494	483	617	614	592	619	693	848	871	900	736
Berlin	497	571	569	629	722	819	873	984	1007	1107	1218	1259	1373
Bundesgebiet	544	581	580	594	668	665	663	672	739	842	936	898	827
Nord-Regionen	492	523	521	550	655	647	645	662	679	768	839	832	774
Nordrhein-Westfalen	504	529	504	539	593	611	591	574	650	722	809	773	677
Mitte-Regionen	598	669	676	664	738	670	677	672	762	865	961	914	842
Sued-Regionen	588	617	634	630	698	705	708	730	813	952	1063	1001	925
Berlin	497	571	569	629	722	819	873	984	1007	1107	1218	1259	1373

Bundesdurchschnitt = 100

	1970	1971	1972	1973	1974	1975	1976	1977	1978	1979	1980	1981	1982
Schleswig-Holstein	83.6	88.6	83.9	80.3	84.9	93.6	92.6	90.5	95.7	92.9	96.9	99.2	103.2
Hamburg	101.3	90.0	89.3	96.1	99.5	86.1	85.7	98.6	85.4	80.8	75.7	86.6	104.4
Niedersachsen	90.7	89.4	90.4	92.4	99.5	97.9	97.3	99.4	90.8	92.7	89.9	92.0	89.4
Bremen	85.9	102.2	105.2	127.6	126.6	130.6	141.7	120.2	104.3	94.3	92.7	88.7	77.3
Nordrhein-Westfalen	92.7	91.1	86.9	90.6	88.8	91.9	89.2	85.5	88.0	85.8	86.4	86.1	81.9
Hessen	112.4	121.2	122.8	117.4	114.8	101.5	105.2	102.5	102.2	100.3	100.5	100.2	100.5
Rheinland-Pfalz	110.7	112.9	116.5	112.2	109.4	102.0	101.2	98.6	107.4	107.0	108.7	104.8	107.7
Baden-Wuerttemberg	118.0	114.1	114.6	119.4	117.5	112.8	105.7	112.8	115.8	120.9	122.8	120.7	117.3
Bayern	99.7	99.5	104.7	94.7	93.5	100.3	107.7	105.3	105.3	106.4	105.8	103.6	107.3
Saarland	95.3	93.3	85.2	81.3	92.4	92.3	89.3	92.1	93.8	100.7	93.0	100.2	89.1
Berlin	91.3	98.3	98.0	105.7	108.1	123.1	131.6	146.5	136.3	131.5	130.1	140.2	166.0
Bundesgebiet	100.0	100.0	100.0	100.0	100.0	100.0	100.0	100.0	100.0	100.0	100.0	100.0	100.0
Nord-Regionen	90.5	90.1	89.8	92.5	98.0	97.2	97.3	98.6	91.9	91.2	89.6	92.7	93.7
Nordrhein-Westfalen	92.7	91.1	86.9	90.6	88.8	91.9	89.2	85.5	88.0	85.8	86.4	86.1	81.9
Mitte-Regionen	109.9	115.2	116.5	111.7	110.5	100.7	102.1	100.0	103.2	102.7	102.6	101.8	101.9
Sued-Regionen	108.1	106.2	109.3	106.1	104.6	106.0	106.8	108.7	110.1	113.0	113.6	111.5	111.9
Berlin	91.3	98.3	98.0	105.7	108.1	123.1	131.6	146.5	136.3	131.5	130.1	140.2	166.0

1970 = 100

	1970	1971	1972	1973	1974	1975	1976	1977	1978	1979	1980	1981	1982
Schleswig-Holstein	100	113.1	106.9	104.9	124.6	136.8	134.9	133.7	155.2	171.8	199.2	195.8	187.4
Hamburg	100	94.8	94.0	103.6	120.5	103.8	103.1	120.1	114.5	123.3	128.5	141.0	156.6
Niedersachsen	100	105.2	106.3	111.3	134.7	131.9	130.7	135.3	135.9	158.1	170.5	167.5	149.8
Bremen	100	127.0	130.6	162.2	181.0	185.8	201.1	172.8	164.8	169.8	185.6	170.4	136.6
Nordrhein-Westfalen	100	104.9	100.0	106.8	117.6	121.1	117.2	113.9	128.8	143.2	160.5	153.3	134.3
Hessen	100	115.2	116.5	114.1	125.4	110.4	114.1	112.6	123.5	138.1	153.9	147.1	135.9
Rheinland-Pfalz	100	108.9	112.3	110.7	121.4	112.7	111.5	110.0	131.7	149.6	168.9	156.2	147.8
Baden-Wuerttemberg	100	103.3	103.6	110.6	122.3	116.8	109.2	118.0	133.2	158.5	179.0	168.9	151.0
Bayern	100	106.5	112.0	103.7	115.1	122.9	131.6	130.4	143.3	165.1	182.5	171.4	163.5
Saarland	100	104.5	95.3	93.1	119.0	118.3	114.1	119.3	133.5	163.4	167.9	173.4	141.9
Berlin	100	114.9	114.5	126.5	145.4	164.9	175.7	198.1	202.7	222.9	245.2	253.5	276.3
Bundesgebiet	100	106.8	106.6	109.2	122.8	122.2	121.9	123.5	135.7	154.7	172.0	165.0	151.9
Nord-Regionen	100	106.2	105.8	111.6	132.9	131.3	131.0	134.5	137.8	155.9	170.3	168.9	157.3
Nordrhein-Westfalen	100	104.9	100.0	106.8	117.6	121.1	117.2	113.9	128.8	143.2	160.5	153.3	134.3
Mitte-Regionen	100	111.9	113.0	111.0	123.4	112.0	113.2	112.4	127.4	144.6	160.7	152.9	140.8
Sued-Regionen	100	104.9	107.8	107.2	118.7	119.9	120.3	124.2	138.2	161.8	180.8	170.1	157.2
Berlin	100	114.9	114.5	126.5	145.4	164.9	175.7	198.1	202.7	222.9	245.2	253.5	276.3

Quelle: Eigene Berechnungen aufgrund amtlicher Statistiken.

Tabelle 3.2.3.6
OEFFENTLICHER VERBRAUCH JE EINWOHNER

DM

	1970	1971	1972	1973	1974	1975	1976	1977	1978	1979	1980	1981	1982
Schleswig-Holstein	2523	2955	3182	3590	4082	4523	4760	4906	5193	5640	6122	6502	6738
Hamburg	2187	2581	2885	3324	3912	4308	4540	4823	5202	5662	6172	6403	6665
Niedersachsen	1983	2333	2550	2952	3385	3736	3939	4166	4491	4857	5288	5680	5877
Bremen	1894	2274	2499	2922	3519	3978	4252	4543	4926	5405	5860	6153	6239
Nordrhein-Westfalen	1540	1821	2032	2345	2763	3041	3227	3446	3743	4079	4449	4736	4825
Hessen	1750	2072	2282	2647	3058	3412	3605	3783	4083	4394	4764	5065	5145
Rheinland-Pfalz	1834	2180	2403	2757	3173	3509	3718	3872	4194	4494	4858	5197	5226
Baden-Wuerttemberg	1576	1861	2059	2360	2755	3073	3293	3495	3792	4108	4461	4756	4822
Bayern	1726	2008	2190	2499	2913	3267	3461	3655	3902	4210	4534	4833	4970
Saarland	1556	1879	2070	2411	2824	3162	3379	3568	3866	4163	4507	4728	4786
Berlin	2274	2709	3264	3814	4483	5092	5481	5890	6218	6683	7281	7783	8286
Bundesgebiet	1755	2069	2288	2633	3065	3405	3612	3822	4118	4457	4839	5153	5278
Nord-Regionen	2119	2495	2727	3137	3614	3996	4215	4436	4762	5165	5619	5980	6188
Nordrhein-Westfalen	1540	1821	2032	2345	2763	3041	3227	3446	3743	4079	4449	4736	4825
Mitte-Regionen	1759	2089	2302	2661	3074	3420	3621	3792	4099	4406	4770	5077	5137
Sued-Regionen	1657	1940	2130	2435	2840	3178	3384	3582	3851	4163	4501	4798	4902
Berlin	2274	2709	3264	3814	4483	5092	5481	5890	6218	6683	7281	7783	8286

Bundesdurchschnitt = 100

	1970	1971	1972	1973	1974	1975	1976	1977	1978	1979	1980	1981	1982
Schleswig-Holstein	143.8	142.8	139.0	136.4	133.2	132.8	131.8	128.4	126.1	126.5	126.5	126.2	127.7
Hamburg	124.6	124.8	126.1	126.3	127.6	126.5	125.7	126.2	126.3	127.0	127.6	124.3	126.3
Niedersachsen	113.0	112.8	111.4	112.1	110.4	109.7	109.0	109.0	109.0	109.0	109.3	110.2	111.4
Bremen	107.9	109.9	109.2	111.0	114.8	116.8	117.7	118.9	119.6	121.3	121.1	119.4	118.2
Nordrhein-Westfalen	87.7	88.0	88.8	89.1	90.1	89.3	89.3	90.2	90.9	91.5	91.9	91.9	91.4
Hessen	99.7	100.2	99.7	100.6	99.8	100.2	99.8	99.0	99.1	98.6	98.5	98.3	97.5
Rheinland-Pfalz	104.5	105.4	105.0	104.7	103.5	103.1	102.9	101.3	101.8	100.8	100.4	100.9	99.0
Baden-Wuerttemberg	89.8	89.9	90.0	89.6	89.9	90.2	91.2	91.4	92.1	92.2	92.2	92.3	91.4
Bayern	98.3	97.1	95.7	94.9	95.0	96.0	95.8	95.6	94.7	94.4	93.7	93.8	94.2
Saarland	88.7	90.8	90.5	91.6	92.1	92.9	93.5	93.4	93.9	93.5	93.2	91.7	90.7
Berlin	129.6	131.0	142.7	144.9	146.3	149.5	151.7	154.1	151.0	149.9	150.5	151.0	157.0
Bundesgebiet	100	100	100	100	100	100	100	100	100	100	100	100	100
Nord-Regionen	120.7	120.6	119.2	119.1	117.9	117.4	116.7	116.1	115.6	115.9	116.1	116.0	117.2
Nordrhein-Westfalen	87.7	88.0	88.8	89.1	90.1	89.3	89.3	90.2	90.9	91.5	91.9	91.9	91.4
Mitte-Regionen	100.2	101.0	100.6	101.1	100.3	100.4	100.2	99.2	99.5	98.8	98.6	98.5	97.3
Sued-Regionen	94.4	93.8	93.1	92.5	92.7	93.3	93.7	93.7	93.5	93.4	93.0	93.1	92.9
Berlin	129.6	131.0	142.7	144.9	146.3	149.5	151.7	154.1	151.0	149.9	150.5	151.0	157.0

1970 = 100

	1970	1971	1972	1973	1974	1975	1976	1977	1978	1979	1980	1981	1982
Schleswig-Holstein	100	117.1	126.1	142.3	161.8	179.3	188.7	194.4	205.8	223.5	242.6	257.7	267.0
Hamburg	100	118.0	131.9	152.0	178.9	196.9	207.6	220.5	237.8	258.9	282.2	292.8	304.7
Niedersachsen	100	117.7	128.6	148.9	170.7	188.4	198.7	210.1	226.5	245.0	266.7	286.5	296.4
Bremen	100	120.0	132.0	154.3	185.8	210.0	224.5	239.9	260.1	285.4	309.4	324.9	329.4
Nordrhein-Westfalen	100	118.3	132.0	152.3	179.4	197.5	209.6	223.8	243.1	264.9	289.0	307.6	313.4
Hessen	100	118.4	130.4	151.3	174.7	194.9	205.9	216.1	233.3	251.1	272.2	289.4	293.9
Rheinland-Pfalz	100	118.9	131.1	150.4	173.1	191.4	202.7	211.2	228.7	245.1	264.9	283.4	285.0
Baden-Wuerttemberg	100	118.1	130.6	149.7	174.8	195.0	208.9	221.8	240.6	260.6	283.1	301.8	306.0
Bayern	100	116.4	126.9	144.8	168.7	189.3	200.5	211.7	226.0	243.9	262.7	280.0	287.9
Saarland	100	120.7	133.0	154.9	181.5	203.2	217.1	229.3	248.4	267.7	289.6	303.8	307.5
Berlin	100	119.1	143.5	167.7	197.1	223.9	241.0	259.0	273.4	293.9	320.2	342.2	364.4
Bundesgebiet	100	117.9	130.4	150.0	174.6	194.0	205.8	217.8	234.6	254.0	275.7	293.6	300.7
Nord-Regionen	100	117.7	128.7	148.0	170.5	188.6	198.9	209.3	224.8	243.7	265.2	282.2	292.0
Nordrhein-Westfalen	100	118.3	132.0	152.3	179.4	197.5	209.6	223.8	243.1	264.9	289.0	307.6	313.4
Mitte-Regionen	100	118.8	130.9	151.3	174.8	194.4	205.9	215.6	233.1	250.5	271.2	288.6	292.0
Sued-Regionen	100	117.1	128.5	146.9	171.4	191.8	204.2	216.1	232.4	251.2	271.6	289.5	295.8
Berlin	100	119.1	143.5	167.7	197.1	223.9	241.0	259.0	273.4	293.9	320.2	342.2	364.4

Quelle: Eigene Berechnungen aufgrund amtlicher Statistiken.

gesamtwirtschaftlichen Entwicklungsgefälle beigetragen haben. Allerdings muß schon hier von einer unkritischen Verwendung der Begriffe 'Staatsverbrauch' und 'staatliche Investition' gewarnt werden, denn die Abgrenzungen sind unscharf. Zum Beispiel haben Personalausgaben im Bildungs- und Wissenschaftssektor durchaus investiven Charakter ("human capital"). Ebenso muß berücksichtigt werden, daß zwischen "konsumtiven" und "investiven" Staatsausgaben vielfach ein komplementäres Verhältnis besteht: Erst durch die Kombination und Transformation von Kapital- und Arbeitsinputs können öffentliche Güter produziert werden.

3.2.3.2 Beteiligung der Ebenen an der Nachfrage

Finanzpolitische Grundsatzentscheidungen werden in aller Regel auf Bundesebene getroffen, allerdings häufig in Absprache mit den Ländern. Eine Aufsplittung der in Kapitel 3.2.2 beschriebenen Nachfragimpulse des Staates auf die einzelnen Regionen wirft verschiedene methodische Fragen auf und kann im Rahmen dieser Analyse nicht vorgenommen werden. Dennoch ist von Interesse, in welchem Umfang das staatliche Nachfrageverhalten in den jeweiligen Regionen von den Ausgabeentscheidungen der verschiedenen Haushaltsebenen - Bund und Sozialversicherungsträger einerseits, Länder und Gemeinden andererseits - beeinflußt worden ist. Zu diesem Zwecke wurden die Eckdaten aus den volkswirtschaftlichen Gesamtrechnungen der Bundesländer mit den regional und nach Haushaltsebenen aufgesplitteten Informationen der Finanzstatistik verknüpft: Die Entwicklung der Personal- und laufenden Sachausgaben liefert Hinweise für die entsprechende Aufteilung des Staatsverbrauchs, während die Anlageinvestitionen der VGR anhand der in der Finanzstatistik ausgewiesenen Sachinvestitionen verteilt werden können.

Die Ergebnisse zeigen einmal, daß den Verbrauchsausgaben des Bundes und der Sozialversicherungsträger für die Regionen ein unterschiedliches Gewicht zukommt. Sie zeigen zudem, daß sich die Anteile des Bundes und der Sozialversicherung am Staatsverbrauch der Regionen im Zeitablauf nur wenig verändert haben. Anders bei den Investitionen, hier schwanken die Bundesanteile in sehr viel stärkerem Maße. Verbrauchs- und Investi-

Tabelle 3.2.3.2.1

REGIONALE AUFTEILUNG DER STAATLICHEN KAEUFE NACH HAUSHALTSEBENEN
MILL. DM

JAHR	SCHLESWIG-HOLSTEIN INSG.	BUND	LAND	GEM.	NIEDERSACHSEN INSG.	BUND	LAND	GEM.	NORDRHEIN-WESTFALEN INSG.	BUND	LAND	GEM.	HESSEN INSG.	BUND	LAND	GEM.	RHEINLAND-PFALZ INSG.	BUND	LAND	GEM.
1970	7430	4450	1540	1440	17530	9030	4250	4250	34570	14480	8020	12070	12710	5080	3660	3970	8880	4320	2230	2330
1971	8780	5300	1800	1680	20400	10640	4780	4980	40160	17350	9380	13430	15170	6300	4140	4730	10410	5050	2710	2650
1972	9370	5620	1990	1760	22140	11690	5150	5300	43540	19110	10360	14070	16510	6920	4510	5080	11350	5570	3020	2760
1973	10470	6260	2250	1960	25330	13220	6150	5960	49660	22030	12060	15570	18600	8120	5090	5390	12670	6150	3460	3060
1974	12010	7140	2670	2200	29410	15460	7120	6830	57820	26010	13960	17850	21350	9240	5920	6190	14430	7010	3980	3440
1975	13300	8050	2920	2330	31810	16880	7740	7190	62730	28810	14900	19020	22750	10570	5960	6220	15410	7890	4240	3280
1976	13890	8590	3030	2270	33160	17650	8080	7430	65280	30460	15740	19080	23850	10660	6580	6610	16060	8320	4350	3390
1977	14260	8720	3260	2280	34930	18830	8690	7810	68560	32160	17030	19370	24770	11100	6950	6720	16530	8290	4650	3590
1978	15280	9200	3350	2730	37290	19570	9230	8490	74740	34900	18360	21480	26830	12110	7430	7290	18120	9290	4910	3920
1979	16670	9950	3730	2990	40740	21080	10060	9600	81630	37430	20040	24160	29150	13080	7950	8120	19590	9860	5310	4420
1980	18310	10790	4100	3420	44430	22840	10810	10780	89610	40730	21890	26990	31890	14300	8620	8970	21380	10780	5670	4930
1981	19340	11480	4340	3520	47250	24650	11540	11060	93920	43990	23150	26780	33430	15030	9100	9300	22360	11280	5960	5120
1982	19890	11970	4490	3430	48060	25710	11890	10460	93590	44500	23690	25400	33510	14900	9330	9280	22260	11380	5940	4940

JAHR	BADEN-WUERTTEMBERG INSG.	BUND	LAND	GEM.	BAYERN INSG.	BUND	LAND	GEM.	SAARLAND INSG.	BUND	LAND	GEM.	HAMBURG INSG.	BUND	LAND	BREMEN INSG.	BUND	LAND	BERLIN INSG.	BUND	LAND
1970	19730	7250	5780	6700	23780	10660	5960	7160	2320	1020	730	570	4910	1700	3210	1730	570	1160	5880	1780	4100
1971	22750	8400	6750	7600	27490	12350	6910	8230	2720	1190	880	650	5560	1960	3600	2120	740	1380	6890	2170	4720
1972	24820	9490	7170	8160	30040	13880	7480	8680	2870	1210	950	710	6040	2100	3940	2290	780	1510	7950	2460	5490
1973	28270	11090	8020	9160	33120	15190	8380	9550	3230	1320	1090	820	6840	2320	4520	2700	950	1750	9120	2820	6300
1974	32700	12750	9390	10560	38390	17810	9740	10840	3810	1640	1250	920	7980	2760	5220	3180	1030	2150	10590	3280	7310
1975	35150	14250	10300	10600	42810	20560	10680	11370	4160	1960	1380	820	8430	2900	5530	3500	1120	2380	11840	3780	8060
1976	36480	15140	10750	10590	45110	21910	11200	12000	4340	2060	1430	850	8720	3110	5610	3710	1250	2460	12500	4000	8500
1977	38790	15930	11540	11320	47170	22720	12130	12320	4550	2040	1500	1010	9260	3250	6010	3780	1210	2570	13330	4280	9050
1978	42430	17090	12430	12910	50620	24270	12970	13380	4910	2240	1580	1090	9760	3440	6320	3990	1330	2660	13860	4150	9710
1979	46950	18860	13490	14600	55390	26200	14030	15160	5370	2500	1700	1170	10520	3790	6730	4320	1440	2880	14840	4380	10460
1980	51800	20350	14720	16730	60210	28060	15220	16930	5740	2610	1840	1290	11350	4000	7350	4670	1490	3180	16140	4850	11290
1981	54170	22140	15360	16670	63070	29390	16040	17640	6000	2800	1940	1260	11790	4400	7390	4810	1580	3230	17110	5380	11730
1982	53750	21840	15730	16180	64200	30060	16580	17560	5860	2580	2030	1250	12280	4500	7780	4740	1590	3150	18150	6000	12150

Quelle: Schätzung des DIW

Tabelle 3.2.3.2.2

REGIONALE AUFTEILUNG DES STAATSVERBRAUCHS NACH HAUSHALTSEBENEN
MILL. DM

JAHR	SCHLESWIG-HOLSTEIN				NIEDERSACHSEN				NORDRHEIN-WESTFALEN				HESSEN				RHEINLAND-PFALZ			
	INSG.	BUND	LAND	GEM.	INSG.	BUND	LAND	GEM.	INSG.	BUND	LAND	GEM.	INSG.	BUND	LAND	GEM.	INSG.	BUND	LAND	GEM.
1970	6290	4120	1390	780	14040	8230	3670	2140	26040	12780	7100	6160	9420	4480	2990	1950	6680	3730	1920	1030
1971	7480	4920	1640	920	16690	9840	4360	2490	31120	15360	8490	7270	11320	5490	3530	2300	8000	4460	2340	1200
1972	8130	5330	1780	1020	18360	10770	4790	2800	34880	17360	9490	8030	12580	6140	3900	2540	8860	4870	2670	1320
1973	9240	6020	2060	1160	21360	12320	5710	3330	40380	20160	11060	9160	14720	7220	4490	3010	10200	5540	3090	1570
1974	10540	6800	2420	1320	24580	14300	6520	3760	47600	24400	12750	10450	17070	8260	5320	3490	11730	6340	3540	1850
1975	11890	7610	2650	1430	27090	15800	7140	4150	52240	27270	13770	11200	18990	9830	5350	3810	12910	7200	3790	1920
1976	12300	8200	2740	1360	28490	16580	7560	4350	55170	29030	14600	11540	19980	9950	6020	4010	13600	7680	3920	2000
1977	12690	8280	2980	1430	30110	17230	8120	4760	58760	30430	15970	12360	20760	10160	6380	4420	14120	7710	4210	2200
1978	13450	8640	3060	1750	32440	18580	8660	5200	63690	32860	17200	13630	22640	11110	6820	4710	15240	8420	4470	2350
1979	14640	9320	3410	1910	35100	19890	9390	5820	69350	35170	18870	15310	24450	11910	7300	5240	16320	8940	4820	2560
1980	15950	10120	3710	2120	38330	21700	10140	6490	75820	38400	20560	16860	26630	12950	7900	5780	17680	9670	5140	2870
1981	17010	10820	3950	2240	41250	23400	10890	6960	80740	41310	21800	17630	28390	13750	8410	6230	18930	10340	5480	3110
1982	17650	11210	4070	2370	42690	24330	11210	7150	82070	41840	22460	17770	28850	13910	8580	6360	19020	10380	5450	3190
1983	18160	11570	4190	2400	43850	25070	11630	7150	83970	43140	23350	17480	29590	14270	8890	6430	19580	10750	5610	3220

JAHR	BADEN-WUERTTEMBERG				BAYERN				SAARLAND				HAMBURG				BREMEN				BERLIN			
	INSG.	BUND	LAND	GEM.	INSG.	BUND	LAND	GEM.	INSG.	BUND	LAND	GEM.	INSG.	BUND	LAND		INSG.	BUND	LAND		INSG.	BUND	LAND	
1970	14020	6210	4690	3120	18090	9400	5160	3530	1740	780	650	310	3920	1450	2470		1390	560	830		4830	1390	3440	
1971	16770	7510	5600	3660	21350	11180	6040	4130	2110	940	800	370	4620	1740	2880		1680	680	1000		5690	1610	4080	
1972	18760	8520	6240	4000	23520	12380	6630	4510	2320	1040	880	400	5120	1890	3230		1840	740	1100		6770	1980	4790	
1973	21730	9970	7110	4650	27030	14270	7470	5290	2690	1200	1020	470	5840	2110	3730		2140	860	1280		7830	2290	5540	
1974	25450	11670	8250	5530	31610	16780	8650	6180	3130	1420	1150	560	6820	2500	4320		2560	980	1580		9120	2710	6410	
1975	28250	13110	9150	5990	35390	19190	9610	6590	3480	1750	1280	450	7440	2780	4660		2870	1100	1770		10200	3080	7120	
1976	30080	14180	9700	6200	37400	20370	10220	6810	3690	1880	1340	470	7750	2960	4790		3040	1150	1890		10780	3320	7460	
1977	31880	14700	10500	6680	39520	21210	11030	7280	3880	1800	1410	670	8140	3000	5140		3210	1160	2050		11420	3490	7930	
1978	34620	15890	11350	7380	42210	22480	11810	7920	4160	1940	1500	720	8700	3210	5490		3450	1250	2200		11930	3400	8530	
1979	37630	17220	12210	8200	45670	24140	12780	8750	4460	2080	1610	770	9390	3500	5890		3770	1340	2430		12730	3500	9230	
1980	41190	18720	13230	9240	49410	25810	13840	9760	4810	2250	1730	830	10180	3680	6500		4070	1440	2630		13830	3830	10000	
1981	44110	20080	14170	9860	52890	27620	14700	10570	5040	2360	1830	850	10510	4030	6480		4260	1500	2760		14730	4150	10580	
1982	44750	20160	14560	10030	54480	28130	15300	11050	5080	2300	1900	880	10870	4080	6790		4300	1500	2800		15570	4620	10950	
1983	45920	20610	15070	10240	56110	29030	15890	11190	5220	2380	1970	870	11190	4130	7060		4400	1480	2920		16170	4860	11310	

Quelle: Schätzung des DIW

Tabelle 3.2.3.2.3

REGIONALE AUFTEILUNG DER ANLAGEINVESTITIONEN DES STAATES NACH HAUSHALTSEBENEN
MILL. DM

JAHR	SCHLESWIG-HOLSTEIN				NIEDERSACHSEN				NORDRHEIN-WESTFALEN				HESSEN				RHEINLAND-PFALZ			
	INSG.	BUND	LAND	GEM.	INSG.	BUND	LAND	GEM.	INSG.	BUND	LAND	GEM.	INSG.	BUND	LAND	GEM.	INSG.	BUND	LAND	GEM.
1970	1140	330	150	660	3490	800	580	2110	8530	1700	920	5910	3290	600	670	2020	2200	590	310	1300
1971	1300	380	160	760	3710	800	420	2490	9040	1990	890	6160	3850	810	610	2430	2410	590	370	1450
1972	1240	290	210	740	3780	920	360	2500	8660	1750	870	6040	3930	780	610	2540	2490	700	350	1440
1973	1230	240	190	800	3970	900	440	2630	9280	1870	1000	6410	3880	900	600	2380	2470	610	370	1490
1974	1470	340	250	880	4830	1160	600	3070	10220	1610	1210	7400	4280	980	600	2700	2700	670	440	1590
1975	1610	440	270	900	4720	1080	600	3040	10490	1540	1130	7820	3760	740	610	2410	2500	690	450	1360
1976	1590	390	290	910	4670	1070	520	3080	10110	1430	1140	7540	3870	710	560	2600	2460	640	430	1390
1977	1570	440	280	850	4820	1200	570	3050	9800	1730	1060	7010	3810	940	570	2300	2410	580	440	1390
1978	1830	560	290	980	4850	990	570	3290	11050	2040	1160	7850	4190	1000	610	2580	2880	870	440	1570
1979	2030	630	320	1080	5640	1190	670	3780	12280	2260	1170	8850	4700	1170	650	2880	3270	920	490	1860
1980	2360	670	390	1300	6100	1140	670	4290	13790	2330	1330	10130	5260	1350	720	3190	3700	1110	530	2060
1981	2330	660	390	1280	6000	1250	650	4100	13180	2680	1350	9150	5040	1280	690	3070	3430	940	480	2010
1982	2240	760	420	1060	5370	1380	680	3310	11520	2660	1230	7630	4660	990	750	2920	3240	1000	490	1750

JAHR	BADEN-WUERTTEMBERG				BAYERN				SAARLAND				HAMBURG				BREMEN				BERLIN			
	INSG.	BUND	LAND	GEM.	INSG.	BUND	LAND	GEM.	INSG.	BUND	LAND	GEM.	INSG.	BUND	LAND		INSG.	BUND	LAND		INSG.	BUND	LAND	
1970	5710	1040	1090	3580	5690	1260	800	3630	580	240	80	260	990	250	740		340	10	330		1050	390	660	
1971	5980	890	1150	3940	6140	1170	870	4100	610	250	80	280	940	220	720		440	60	380		1200	560	640	
1972	6060	970	930	4160	6520	1500	850	4170	550	170	70	310	920	210	710		450	40	410		1180	480	700	
1973	6540	1120	910	4510	6090	920	910	4260	540	120	70	350	1000	210	790		560	90	470		1290	530	760	
1974	7250	1080	1140	5030	6780	1030	1090	4660	680	220	100	360	1160	260	900		620	50	570		1470	570	900	
1975	6900	1140	1150	4610	7220	1370	1070	4780	680	210	100	370	990	120	870		630	20	610		1640	700	940	
1976	6400	960	1050	4390	7710	1540	980	5190	650	180	90	380	970	150	820		670	100	570		1720	680	1040	
1977	6910	1230	1040	4640	7650	1510	1100	5040	670	240	90	340	1120	250	870		570	50	520		1910	790	1120	
1978	7810	1200	1080	5530	8410	1790	1160	5460	750	300	80	370	1060	230	830		540	80	460		1930	750	1180	
1979	9320	1640	1280	6400	9720	2060	1250	6410	910	420	90	400	1130	290	840		550	100	450		2110	880	1230	
1980	10610	1630	1490	7490	10800	2250	1380	7170	930	360	110	460	1170	320	850		600	50	550		2310	1020	1290	
1981	10060	2060	1190	6810	10180	1770	1340	7070	960	440	110	410	1280	370	910		550	80	470		2380	1230	1150	
1982	9000	1680	1170	6150	9720	1930	1280	6510	780	280	130	370	1410	420	990		440	90	350		2580	1380	1200	

Quelle: Schätzung des DIW

tionsausgaben des Zentralhaushalts sind nicht im gleichen Verhältnis auf die Region verteilt.

Für Schleswig-Holstein und Niedersachsen haben - wegen der Bedeutung des Militärs - die Verbrauchsausgaben des Bundes ein merklich größeres Gewicht als für die übrigen Länder. Von allen Flächenstaaten ist der Bundesanteil in Baden-Württemberg mit 45 vH am geringsten, in Schleswig-Holstein lag er zuletzt bei knapp zwei Dritteln. Im Durchschnitt der Flächenstaaten entfällt über die Hälfte der Verbrauchsausgaben auf den Bund, in den Stadtstaaten ist es nur ein Drittel. Auch die Verteilung der öffentlichen Auf- und Ausgaben auf Länder und Kommunen streut zum Teil erheblich. In Nordrhein-Westfalen, Hessen sowie Bayern und Baden-Württemberg liegen die Anteile der Gemeinden merklich höher als in den übrigen Regionen, in Schleswig-Holstein sind sie am niedrigsten. Der Anteil der Landesausgaben ist im Saarland mit rund einem Drittel besonders hoch, in Schleswig-Holstein mit weniger als einem Viertel besonders niedrig.

Bei den Investitionsausgaben ist der Bundesanteil entsprechend der Verteilung und Gewichtung der öffentlichen Aufgaben geringer, im Durchschnitt schwankt er zwischen einem Viertel und einem Fünftel aller staatlichen Anlageinvestitionen. Am größten ist er in Berlin und im Saarland, am geringsten in Baden-Württemberg, Bayern und Hessen.

Alles in allem wird deutlich, daß die staatlichen Nachfrageimpulse ein großes Gewicht für die wirtschaftliche Entwicklung der Regionen besitzen, im Norden mehr als in den übrigen Teilräumen. Die Verlaufsanalyse des staatlichen Verhaltens, das sich bisher auf die unmittelbare Nachfrage der öffentlichen Haushalte beschränkt hat, macht allerdings auch deutlich, daß die Unterschiede stärker im Niveau als in der Entwicklung der Impulse ausgelegt sind.

3.3 Entwicklung und Struktur der Länderhaushalte

Die Haushalte von Bund, Ländern und Gemeinden unterscheiden sich sowohl in ihrer Entwicklung als auch in ihrer Struktur. In den 70er Jahren, insbesondere im ersten Jahrfünft, sind die Ausgaben der Länder rascher als die Einnahmen gestiegen; nach 1980 ist die Ausgabenentwicklung so stark gedrosselt worden, daß ihr Zuwachs hinter dem der Einnahmen zurückgeblieben ist, obwohl dieser wegen der schlechten Wirtschaftsentwicklung gedrückt blieb.

Die Ausgabenstruktur der Länder wird vor allem von den Personalausgaben geprägt; auf sie entfallen 43 vH aller Ausgaben. Knapp 10 vH der Ausgaben sind laufende Sachaufwendungen, 18 vH Transfers an Gemeinden (einschl. Investitionszuschüsse) und nur 4 vH eigene Sachinvestitionen. Während sich der Anteil der Sachinvestitionen seit 1970 halbiert hat, ist das Gewicht der Zinsausgaben von 2 vH auf über 7 vH gestiegen. Die veränderten Gewichte dieser beiden Positionen sind die markanten Strukturveränderungen auf der Ausgabenseite. Bei den Einnahmen hat es per Saldo nur geringe Verschiebungen gegeben: Mit knapp 70 vH ist der Anteil der Steuern fast ebenso hoch wie zu Beginn der 70er Jahre; auch das Gewicht der Zuweisungen und Zuschüsse von Bund und Gemeinden (15 vH) hat sich nur wenig verändert.

Vergleicht man das Niveau der Ausgaben und Einnahmen pro Kopf der Bevölkerung (vgl. Tabellen 3.3.1 ff am Ende des Abschnitts 3.3), so fällt die hohe Ausgabenintensität der Stadtstaaten auf, die doppelt oder gar dreifach (Berlin) so viel ausgeben wie die Flächenstaaten. Das Bild wird relativiert, wenn man zu den Ausgaben der Flächenstaaten die jeweiligen kommunalen Ausgaben addiert (Abschnitt 3.5), doch übertreffen auch dann noch die Stadtstaaten die Flächenstaaten. Im Vergleich der Flächenstaaten für 1983 nimmt das Saarland mit über 4 070 DM je Einwohner eine Spitzenposition ein, während Bayern, gefolgt von Nordrhein-Westfalen und Hessen, mit 3 200 DM je Einwohner am unteren Ende der Skala liegt; in den übrigen Flächenstaaten betragen die Pro-Kopf-Ausgaben rund 3 500 DM. Die Pro-Kopf-Einnahmen sind am höchsten in Baden-Württemberg und Niedersachsen, das Schlußlicht unter den Flächenstaaten bildet

Nordrhein-Westfalen. Innerhalb der Stadtstaaten weist Berlin mit seinem Sonderstatus bei weitem die höchsten Pro-Kopf-Einnahmen auf; aber auch zwischen Hamburg und Bremen besteht ein recht großer Unterschied.

Die Struktur der Einnahmen der einzelnen Bundesländer[4] wird nicht nur von Steuerkraftunterschieden geprägt. Hinzu kommen die Wirkungen der verschiedenen Finanzausgleichsmechanismen.

3.3.1 Einnahmen der Länder

Im Vergleich zu den gesamten Einnahmen sind die Anteile der Steuereinnahmen - ohne die horizontalen Ausgleichsbeiträge bzw. -leistungen, die in den Tabellen 3.3.1 ff am Ende des Abschnitts 3.3 unter der Rubrik "Sonstige laufende Einnahmen bzw. Ausgaben" verbucht sind - in den Haushalten von Nordrhein-Westfalen, Hessen, Baden-Württemberg und in den letzten Jahren auch von Bayern überdurchschnittlich hoch. Gering scheint auf den ersten Blick die Quote in Hamburg: Neben den Wirkungen des Finanzausgleichs spielt der Status des Stadtstaates eine Rolle, denn staatliche und kommunale Aufgaben (und deren Finanzierung) werden nicht getrennt, so daß hier den Gebühren eine größere Bedeutung zukommt. Ähnliches gilt für Bremen, wenngleich dort die Steuereinnahmen seit Mitte der 70er Jahre merklich an Gewicht verloren haben. Auch in Niedersachsen haben die Steuern anteilsmäßig eingebüßt, vor allem deshalb, weil die Einnahmen aus dem Förderzins sprunghaft angestiegen sind. In den finanzschwachen Ländern ist der Anteil der Zuweisungen des Bundes höher als in den Geberländern.

Analysiert man die Entwicklung der Einnahmen über den gesamten Beobachtungszeitraum, so errechnen sich Abweichungen in der jahresdurchschnittlichen Zuwachsrate von immerhin eineinhalb Prozentpunkten. Die Einnahmen sind in Baden-Württemberg, Niedersachsen und Bayern stärker und in Hamburg schwächer gestiegen als in den übrigen Ländern, die in der Rangfolge ziemlich dicht zusammenliegen. Der überdurchschnittliche Anstieg in Baden-Württemberg und Bayern dürfte Folge des überdurchschnittlichen Wirtschaftswachstums in diesen Regionen sein, während die Entwicklung in Hamburg vor allem mit den hohen Belastungen im Rahmen des Finanzausgleichs zu erklären ist.

Vergleicht man die jährlichen Veränderungsraten, so zeigen sich aber keine sonderlich großen Verlaufsunterschiede. In allen Bundesländern sackte das Einnahmenvolumen 1974/75 als Reflex der schweren Rezession ab, nachdem in den Jahren zuvor im Zuge der anhaltend günstigen Wirtschaftsentwicklung und der akzelerierenden Inflationsraten exorbitante Steigerungen, zum Teil über 20 vH, realisiert worden sind. Im Krisenjahr 1975 sind die Einnahmen in Hessen, Nordrhein-Westfalen und Bremen auch absolut zurückgegangen, im Saarland, in Hamburg und in Rheinland-Pfalz hingegen haben sie um jeweils 3 vH zugenommen. Während der konjunkturellen Erholung 1976/77 war die Entwicklung recht einheitlich; die Einnahmen jener Länder, die 1975 schlechter abgeschnitten hatten, stiegen nun etwas schneller. Per Saldo sind von 1975 bis 1980, also in den Jahren des Aufschwungs, die Einnahmen in Baden-Württemberg mit knapp 9 vH im Jahresdurchschnitt am stärksten expandiert; die im Rahmen des Finanzausgleichs als finanzschwach eingestuften Länder Schleswig-Holstein, Niedersachsen und Bayern erzielten ebenfalls überdurchschnittliche Steigerungsraten. Am Schluß rangierten Hamburg und Rheinland-Pfalz mit etwas mehr als 6 vH bzw. 7 vH. Auch in den 80er Jahren, also in der Rezession und den wachstumsschwachen Jahren, verzeichneten Baden-Württemberg, das Saarland und Niedersachsen, dessen Mittel aus dem Förderzins kräftig gestiegen sind, die höchsten Einnahmenzuwächse. Auffallend gering war in diesem Zeitraum die Zunahme in den Haushalten Nordrhein-Westfalens und Schleswig-Holsteins.

Alles in allem spiegeln Struktur und Verlauf der Einnahmen in den einzelnen Länderhaushalten nur bedingt die regionalen Entwicklungsunterschiede der Wirtschaftskraft wider. Der Finanzausgleich trägt erheblich zur Minderung der Finanzkraftunterschiede bei.

3.2.2 Der Länderfinanzausgleich

Das System des Länderfinanzausgleichs stellt eine Kombination verschiedener Ausgleichsmethoden dar; der Ausgleich vollzieht sich auf vier Stufen. Zunächst wird das für die Steuerverteilung grundlegende Prinzip des örtlichen Aufkommens von Lohn- und Körperschaftsteuer durchbrochen: Die Lohnsteuer wird in jenes Land abgeführt, in dem der Arbeitnehmer seinen Wohnsitz hat, und die Körperschaftsteuer von Unternehmen mit mehreren Niederlassungen wird nicht am Sitz der zentralen Geschäftsleitung gezahlt, sondern auf die einzelnen Ländern aufgeteilt, in denen die Niederlassungen angesiedelt sind (Betriebsstättenprinzip). Auf der zweiten Stufe werden 75 vH des Umsatzsteueranteils der Länder nach der Einwohnerzahl - und nicht entsprechend der Wirtschaftskraft der jeweiligen Region - verteilt. Bis zu 25 vH werden den finanzschwachen Ländern vorab zugewiesen, damit sie zumindest 92 vH der durchschnittlichen Steuerkraft aller Länder erreichen. Auf der dritten Stufe erbringen finanzstarke Länder sog. Ausgleichsleistungen. Diese Leistungen werden anhand von Meßzahlen ermittelt (Steuerkraft einerseits, Ausgleichsbedarf andererseits), wobei der Bundesdurchschnitt als Bezugsgröße dient und über eine Wertung der Einwohnerzahlen ("Veredelung") Sonderbelastungen berücksichtigt werden. Die Steuerkraft der finanzschwachen Länder soll somit auf mindestens 95 vH des Bundesdurchschnitts angehoben werden. Die Ergänzungszuweisungen des Bundes als vierte Stufe stellen eine subsidiäre Ausgleichsform dar. Mit ihnen soll die verbleibende Finanzschwäche abgebaut werden, wobei über die Verteilung - gegenwärtig 1,5 vH des Umsatzsteueraufkommens - der Bund in Absprache mit den Ländern befindet.

Im Zusammenhang mit der Beteiligung des Bundes am Länderfinanzausgleich ist auch die Mitwirkung und -finanzierung des Bundes bei Länderaufgaben von Bedeutung, denn die bedarfsorientierte Verteilung dieser Zuweisungen bzw. Zuschüsse stützt insbesondere die finanzschwachen Länder.

Die verschiedenen Finanzausgleichsmechanismen verändern Niveau und Struktur der Einnahmen, so daß die in den regionalen Haushalten (Länder/

Gemeinden) ausgewiesenen Einnahmen nicht die tatsächliche Finanzkraft der jeweiligen Region widerspiegeln; diese wird primär von der Wirtschafts-, aber auch von der Siedlungs- und Bevölkerungsstruktur bestimmt.

Durch die "Zerlegung" von Lohn- und Körperschaftsteuer wird der horizontale Finanzausgleich entlastet, denn in dem Umfang, in dem den leistungsschwachen Ländern aus dieser Zerlegung Mehreinnahmen zufließen, werden die Ansprüche im Rahmen des Umsatzsteuerausgleichs und der Ausgleichsleistungen gekürzt. Der Vorteil dieses Verfahrens liegt vor allem darin, daß Unterschiede im Steueraufkommen vorab verringert werden, die Empfänger von Ausgleichsleistungen folglich weniger abhängig von den Geberländern sind. Neben diesen qualitativen Aspekt tritt der quantitative, denn durch die Zelegung gewinnen insbesondere die Gemeinden der leistungsschwachen Länder. Bei einem Fortfall dieser Regelung stünden zwar den Mindereinnahmen an Ländersteuern höhere Ausgleichsleistungen gegenüber. Die Mindereinnahmen an Gemeindesteuern würden aber im Rahmen des Umsatzsteuer- und Finanzausgleichs lediglich zum Teil kompensiert, weil die Gemeindesteuern bei der Bemessung der Ausgleichszahlungen nur zur Hälfte Berücksichtigung finden.

Die Ergebnisse der Lohn- und Körperschaftsteuerzerlegung zeigen, daß auf dieser Stufe der Umverteilung die im Länderfinanzausgleich ausgleichsberechtigten Länder - bis auf Bremen - auch die Empfänger der Leistungen waren (Tabelle 3.3.2.1). Insgesamt wurden 1984 durch die Zerlegung 4 vH des Länder- und Gemeindeanteils an der Lohn- und Körperschaftsteuer, das waren 3,5 Mrd. DM, umverteilt (1970: 2 vH). Für die leistungsschwachen Länder und deren Gemeinden ergeben sich gegenüber dem Status "ohne Zerlegung" nach überschlägigen Berechnungen Mehreinnahmen von 600 bis 700 Mill. DM.

Von allen Bundesländern werden im Falle der Lohnsteuer von Hamburg und im Falle der Körperschaftsteuer von Baden-Württemberg die jeweils größten Zerlegungsbeiträge erbracht. Im Ausgleichsjahr 1984 ist der Anteil Hamburgs am Lohnsteueraufkommen durch die Zerlegung um 1,4 Mrd. DM geschmälert worden, also immerhin um ein Drittel des

Tabelle 3.3.2.1

LAENDER- UND GEMEINDEANTEILE AN DER LOHN- UND KOERPERSCHAFTSTEUERZERLEGUNG (SALDO)

MILL.DM

	1970	1971	1972	1973	1974	1975	1976	1977	1978	1979	1980	1981	1982	1983	1984
AUSGLEICHSPFLICHTIGE LAENDER															
NORDRHEIN-WESTFALEN	-52	-119	-106	-205	-370	-348	-391	-454	-457	-376	-354	-596	-675	-609	-454
BADEN-WUERTTEMBERG	-115	-222	-261	-376	-354	-445	-646	-756	-739	-825	-473	-605	-673	-833	-903
HESSEN	-116	-129	-157	-149	-142	-158	-90	-79	-138	-136	-284	-299	-211	-372	-432
HAMBURG	-190	-307	-372	-446	-632	-634	-649	-761	-814	-1028	-1715	-1423	-1367	-1345	-1554
BREMEN	-29	-49	-55	-63	-78	-87	-104	-119	-109	-110	-158	-165	-180	-173	-186
ZUSAMMEN	-502	-826	-951	-1240	-1577	-1672	-1880	-2168	-2257	-2474	-2984	-3088	-3106	-3332	-3530
AUSGLEICHSBERECHTIGTE LAENDER															
BAYERN	85	138	133	212	252	257	387	432	414	527	330	431	410	324	372
NIEDERSACHSEN	145	238	284	358	474	536	605	646	622	680	903	962	962	1049	1089
RHEINLAND-PFALZ	151	233	265	316	372	405	420	524	574	617	829	783	840	919	923
SCHLESWIG-HOLSTEIN	116	177	203	296	359	379	374	409	450	449	704	674	707	725	792
SAARLAND	6	8	11	21	18	18	28	41	53	68	-1	49	3	44	50
BERLIN	-2	32	56	36	103	77	66	116	144	134	219	191	184	271	304
ZUSAMMEN	502	826	951	1240	1577	1672	1880	2168	2257	2474	2984	3088	3106	3332	3530

QUELLE: ZWEITE VERORDNUNG ZUR DURCHFUEHRUNG DES GESETZES UEBER DEN FINANZAUSGLEICH ZWISCHEN BUND UND LAENDERN.VERSCHIEDENE JAHRGAENGE.

originären, auf den Ort der Wertschöpfung bezogenen Aufkommens. Ähnlich ist die Relation in Bremen, dem anderen Stadtstaat; hier wurde durch die Zerlegung das originäre Lohnsteueraufkommen um mehr als ein Fünftel gekürzt. In beiden Fällen besteht eine besonders große Kluft zwischen Wohnsitz- und Arbeitsplatzland. Entsprechend "begünstigt" werden die Flächenstaaten Niedersachsen und Schleswig-Holstein; sie stehen bei den Empfängerländern mit an der Spitze. Von der Körperschaftsteuerzerlegung profitieren in erster Linie Bayern und Niedersachsen.

Durch die Umsatzsteuerverteilung unter den Ländern - der zweiten Stufe - werden Unterschiede im Steueraufkommen merklich reduziert (Tabelle 3.3.2.2). So wären 1984 den finanzschwachen Ländern 1,6 Mrd. DM (1970: 780 Mill. DM) Umsatzsteuer weniger zugeflossen, wenn die Einnahmen nicht nach der Einwohnerzahl, sondern nach dem örtlichen Aufkommen verteilt worden wären; dabei sind die Anteile an der Einfuhrumsatzsteuer nach der Einwohnerzahl berechnet. Von der Verteilung begünstigt wurde in erster Linie Niedersachsen; mit großem Abstand folgen Schleswig-Holstein und Rheinland-Pfalz. Kräftig geschmälert wurde über all die Jahre das Aufkommen in Nordrhein-Westfalen und in Hamburg; bezogen auf die Einwohnerzahl wiegen die Einbußen in Hamburg besonders schwer. Bayern war früher immer Empfänger-, zuletzt aber Geberland.

Umverteilungseffekte gehen auch von der Regelung aus, daß bis zu einem Viertel des Länderanteils an der Umsatzsteuer vorab den steuerschwachen Ländern zukommt, damit diese mindestens 92 vH des Länderdurchschnitts (je Einwohner) an Landessteuern und des Länderanteils an der Einkommen- und Körperschaftsteuer sowie an der Gewerbesteuer erreichen. Ein steuerschwaches Land erhält mindestens den Betrag, der dem Umsatzsteueranteil nach der Einwohnerzahl entspricht. Verbleibt nach dieser Umverteilung ein Rest, so wird dieser im Verhältnis der Einwohnerzahlen auf die steuerkräftigen Länder verteilt.

Für 1984 ergibt sich folgendes Bild (Tabelle 3.3.2.3): Niedersachsen, Rheinland-Pfalz, Schleswig-Holstein und das Saarland wiesen gegenüber

Tabelle 3.3.2.2

OERTLICHES UMSATZSTEUERAUFKOMMEN UND UMSATZSTEUER NACH DER EINWOHNERZAHL
LAENDERANTEILE IN MILL. DM

	1970		1975		1980		1983		1984	
	UMSATZSTEUERAUFKOMMEN		UMSATZSTEUERAUFKOMMEN		UMSATZSTEUERAUFKOMMEN		UMSATZSTEUERAUFKOMMEN		UMSATZSTEUERAUFKOMMEN	
	OERTLICH EINWOHNER	DIFF.	OERTLICH EINWOHNER	DIFF.	OERTLICH EINWOHNER	DIFF.	OERTLICH EINWOHNER	DIFF.	OERTLICH EINWOHNER	DIFF.
NORDRHEIN-WESTFALEN	3419 3190	-229	5080 4770	-310	8866 8407	-459	10436 9760	-676	11285 10452	-833
BAYERN	1851 1978	127	2876 3008	132	5373 5376	3	6340 6331	-9	6906 6832	-74
BADEN-WUERTTEMBERG	1829 1679	-150	2793 2554	-239	4834 4556	-278	5521 5106	-415	5856 5758	-98
NIEDERSACHSEN	1023 1336	313	1542 2014	472	2940 3575	635	3392 4486	1094	3600 4504	903
HESSEN	1150 1015	-135	1712 1545	-167	2689 2756	67	3153 3080	-73	3285 3457	172
RHEINLAND-PFALZ	582 688	106	922 1021	99	1674 1795	121	1909 2098	189	2108 2260	152
SCHLESWIG-HOLSTEIN	332 471	139	518 718	200	1071 1289	214	1257 1512	255	1355 1629	274
SAARLAND	160 211	51	241 306	65	433 527	94	501 751	250	603 655	52
HAMBURG	590 338	-252	809 479	-330	1351 813	-538	1618 892	-726	1613 997	-616
BREMEN	156 139	-17	226 200	-26	345 343	-2	363 376	13	404 418	14
BERLIN	351 400	49	451 557	106	790 937	147	975 1074	99	1099 1154	55
INSGESAMT		783		1072		1277		1826		1621

QUELLE: ZWEITE VERORDNUNG ZUR DURCHFUEHRUNG DES GESETZES UEBER DEN FINANZAUSGLEICH ZWISCHEN BUND UND LAENDERN. VERSCHIEDENE JAHRGAENGE.

Tabelle 3.3.2.3

BERECHNUNG DES UMSATZSTEUERAUSGLEICHS FUER 1984
MILL.DM

	NORDRHEIN-WESTFALEN	BAYERN	BADEN-WUERTTEMBG.	NIEDER-SACHSEN	HESSEN	RHEINLAND-PFALZ	SCHLESWIG-HOLSTEIN	SAARLAND	HAMBURG	BREMEN	INSGESAMT	BERLIN
AUFKOMMEN AN LAENDERSTEUER [1]	28298	18406	17677	9887	10471	5515	3681	1292	4293	1236	100756	2341
DURCHSCHNITT NACH EINWOHNERZAHL	28490	18623	15697	12278	9423	6161	4441	1786	2718	1141	100756	
ABWEICHUNGEN	-192	-217	1980	-2391	1048	-646	-760	-494	1575	95	4700	
8 VH DES DURCHSCHNITTS	2279	1490		982		493	355	143			5742	
FEHLBETRAEGE AN 92 VH DES DURCHSCHNITTS				1409		153	405	351			2319	
UMSATZSTEUERANTEIL NACH EINWOHNER	10452	6832	5758	4504	3457	2260	1629	655	997	418	36963	1154
ABZUG 25 VH	-2613	-1708	-1440	-1126	-864	-565	-407	-164	-249	-105	-9241	-288
VERTEILUNG 75 VH	7839	5124	4319	3378	2593	1695	1222	491	748	314	27722	865
ERGAENZUNGSANTEILE BIS 92 VH	2613	1708		1409		153	405	351			2319	
AUFFUELLUNG AN DIE MINDESTZUWEISUNG			1185		711	412	2		205	86	4735	
RESTLICHE ANTEILE											2187	
ANTEILE AN UMSATZSTEUER	10452	6832	5504	4787	3304	2260	1629	843	953	400	36963	1154
ABWEICHUNG VOM EINWOHNERSCHLUESSEL			-255	283	-153			188	-44	-19	470	

1) 50 VH DER EINKOMMENSTEUER,KOERPERSCHAFTSTEUER UND GEWERBESTEUERUMLAGE,VERMOEGENS-,ERBSCHAFT-,KFZ-,LOTTERIE- UND BIERSTEUER.
QUELLE: ZWEITE VERORDNUNG ZUR DURCHFUEHRUNG DES GESETZES UEBER DEN FINANZAUSGLEICH ZWISCHEN BUND UND LAENDERN,VERSCHIEDENE JAHRGAENGE.

der 92 vH-Marke einen Fehlbetrag von über 2,3 Mrd. DM auf. Zur Disposition steht ein Viertel an Umsatzsteuern, das sind 9,2 Mrd. DM. Nach Zahlung der Ergänzungsanteile in Höhe von 2,3 Mrd. DM verbleiben 6,9 Mrd. DM, von denen 4,7 Mrd. DM zur Auffüllung bei denjenigen steuerschwachen Ländern verwendet werden, die mit Hilfe der Ergänzungsanteile nicht wenigstens den Umsatzsteueranteil nach Einwohnerzahl erreichen. Der Rest (2,2 Mrd. DM) wird an die steuerstarken Länder, und zwar im Verhältnis der Einwohnerzahl, verteilt. Aus Tabelle 3.3.2.2 ist erkennbar, daß die Regelung, bis zu einem Viertel des Länderanteils an der Umsatzsteuer als Vorwegauffüllung zugunsten steuerschwacher Länder zu verwenden, im Zeitablauf tendenziell an Bedeutung verloren hat. In den letzten Jahren betrugen die Abweichungen zu einer ausschließlich an der Einwohnerzahl orientierten Verteilung 400 bis 500 Mill. DM; zu Beginn der 70er Jahre waren es 600 bis 800 Mill. DM. Vor allem Niedersachsen und das Saarland profitierten von der Regelung, während Baden-Württemberg und Hessen, bis 1982 auch Nordrhein-Westfalen, die wichtigsten Geberländer sind.

Durch die Steuerzerlegung und das besondere Verfahren der Umsatzsteuerverteilung werden zwar die Steuerkraftunterschiede zwischen den einzelnen Bundesländern vermindert, doch bleiben noch immer erhebliche Unterschiede in der Finanzausstattung. Sie werden durch die horizontalen Ausgleichsleistungen zwar nicht vollständig abgebaut, doch weiter gemindert. Das Verfassungsgebot eines angemessenen Steuerkraftausgleichs gilt als erfüllt, wenn die Steuerkraft eines finanzschwachen Landes auf mindestens 95 vH des Durchschnitts aller Länder - gerechnet je Einwohner (sog. Ausgleichsmeßzahl) - angehoben worden ist. In die Berechnung einbezogen sind die Länderanteile an den Einkommen- und Körperschaftsteuern sowie an der Gewerbesteuerumlage, die Landessteuern, die Anteile an der Umsatzsteuer und die Hälfte der kommunalen Steuereinnahmen. Mittels einer besonderen Einwohnerwertung wird zum Ausdruck gebracht, daß der Steuerbedarf je Einwohner in den Stadtstaaten größer ist als in den Flächenstaaten. Im kommunalen Bereich wird unterstellt, daß der Bedarf je Einwohner mit der Gemeindegröße steigt. Bei der Berechnung der Beiträge der ausgleichspflichtigen Länder bleiben die Überschüsse zwischen 100 und 102 vH der Ausgleichsmeßzahl unberücksichtigt; die Überschüsse zwischen 102 und 110 vH werden zu 70 vH berücksichtigt, während die Beträge darüber in voller Höhe zum Ausgleich herangezogen werden.

Die Entwicklung der Ausgleichszahlungen von 1970 bis 1984 zeigt, daß sich das Volumen (1984: 2,3 Mrd. DM) fast verdoppelt hat (Tabelle 3.3.2.4). Kräftige Verschiebungen haben sich in der Struktur ergeben. So ist Nordrhein-Westfalen seit Beginn der 80er Jahre kein Geberland mehr, während das Gewicht Baden-Württembergs als Finanzier Mitte der 70er Jahre in die Höhe geschnellt ist, inzwischen leistet es mehr als zwei Drittel aller Ausgleichsbeiträge. Bezogen auf die Einwohnerzahl wird Baden-Württemberg noch von Hamburg übertroffen, obwohl die Beiträge der Hansestadt zuletzt merklich zurückgegangen sind. Auf der Empfängerseite steht Niedersachsen seit jeher an der Spitze, gefolgt von Schleswig-Holstein. Noch 1982 hat Niedersachsen 45 vH aller Leistungen empfangen, 1984 waren es 10 vH-Punkte weniger. Dieser Rückgang war Folge davon, daß nunmehr ein Drittel der "Förderabgabe", mit der die Gewinne aus der Erdölförderung abgeschöpft werden, im Ausgleich angerechnet werden. Pro Kopf der Bevölkerung empfängt Bremen die höchsten Zuweisungen; es folgen das Saarland und Schleswig-Holstein. Die Bedeutung Bayerns als Empfängerland ist in den letzten Jahren gesunken, zuletzt sind kaum mehr Zuweisungen dorthin geflossen.

Vergleicht man die <u>Steuerkraft je Einwohner nach dem Länderfinanzausgleich</u>, so sind noch immer Unterschiede vorhanden, wie die Ergebnisse der Jahre 1970 und 1984 zeigen (in vH des Länderdurchschnitts):

	1984	1970
Nordrhein-Westfalen	99,0 vH	101,2 vH
Bayern	98,9 vH	95,7 vH
Baden-Württemberg	100,7 vH	98,6 vH
Niedersachsen	95,9 vH	95,1 vH
Hessen	102,0 vH	100,2 vH
Rheinland-Pfalz	95,2 vH	95,7 vH
Schleswig-Holstein	95,8 vH	97,8 vH
Saarland	100,6 vH	103,7 vH
Hamburg	132,8 vH	136,6 vH
Bremen	124,3 vH	128,0 vH

<u>Quelle:</u> Eigene Berechnungen aufgrund amtlicher Statistiken.

Tabelle 3.3.2.4

AUSGLEICHSBETRAEGE (-) UND ZUWEISUNGEN (+) IM LAENDERFINANZAUSGLEICH
MILL. DM

	1970	1971	1972	1973	1974	1975	1976	1977	1978	1979	1980	1981	1982	1983	1984
AUSGLEICHSPFLICHTIGE LAENDER															
NORDRHEIN-WESTFALEN	-317	-368	-344	-341	-572	-434	-505	-358	-122	-	-76	-	-	-	-
BADEN-WUERTTEMBERG	-314	-380	-592	-590	-508	-661	-719	-1058	-1087	-1136	-1504	-1638	-1789	-1429	-1456
HESSEN	-290	-196	-310	-363	-321	-206	-192	-258	-471	-518	-298	-358	-280	-332	-575
HAMBURG	-294	-345	-310	-331	-508	-544	-542	-618	-585	-833	-313	-427	-431	-386	-293
ZUSAMMEN	-1215	-1289	-1556	-1626	-1910	-1844	-1957	-2292	-2265	-2486	-2191	-2423	-2500	-2146	-2324
AUSGLEICHSBERECHTIGTE LAENDER															
BAYERN	148	199	178	167	346	369	332	399	299	328	403	268	163	135	41
NIEDERSACHSEN	407	451	611	679	743	718	768	929	886	1002	754	1007	1129	704	832
RHEINLAND-PFALZ	228	239	292	248	299	294	341	287	356	291	247	303	278	256	283
SCHLESWIG-HOLSTEIN	199	208	247	277	273	239	269	322	354	402	323	423	428	486	523
SAARLAND	143	143	156	185	195	179	196	211	216	228	287	260	263	305	332
BREMEN	90	50	73	71	55	46	52	145	155	235	178	162	239	261	312
ZUSAMMEN	1215	1289	1556	1626	1910	1844	1957	2292	2265	2486	2191	2423	2500	2146	2324

QUELLE: ZWEITE VERORDNUNG ZUR DURCHFUEHRUNG DES GESETZES UEBER DEN FINANZAUSGLEICH ZWISCHEN BUND UND LAENDERN. VERSCHIEDENE JAHRGAENGE.

Diese Unterschiede werden durch die vierte Stufe des Ausgleichs, die Ergänzungszuweisungen des Bundes mehr oder weniger eingeebnet. In den Jahren 1970 bis 1973 hatte der Bund das Volumen auf 100 bzw. 550 Mill. DM festgesetzt, von 1974 an werden jährlich 1,5 vH des Umsatzsteueraufkommens an die finanzschwachen Länder verteilt (Tabelle 3.3.2.5). Dieser vertikale Ausgleich ist eng mit der Umsatzsteuerverteilung von Bund und Ländern gekoppelt: Die regelmäßig von allen Ländern erhobene Forderung nach zusätzlichen Umsatzsteuerpunkten hat der Bund mit dem Konstrukt der Ergänzungszuweisungen "durchlöchert". Erstreben die Länder einen höheren Anteil an der Umsatzsteuer, stehen auch immer die Ergänzungszuweisungen zur Verhandlung an. Im Rahmen des Systems des Finanzausgleichs kommt den Ergänzungszuweisungen mit einem Volumen von 1,7 Mrd. DM ein erhebliches Gewicht zu. Nach dem 1984 geltenden Verteilungsschlüssel erhalten Niedersachsen 34,3 vH, Bayern 20,8 vH, Rheinland-Pfalz 19,7 vH, Schleswig-Holstein 15,5 vH und das Saarland 9,7 vH des Gesamtbetrages. Mit Hilfe der Ergänzungszuweisungen sind die originär finanzschwachen Länder - bezogen auf die Einwohnerzahl - den finanzstarken Ländern in ihrer Finanzmittelausstattung weitgehend gleichgestellt oder sogar, etwa gegenüber Nordrhein-Westfalen, besser gestellt.

Insgesamt sind 1984 auf den vier Stufen des Länderfinanzausgleichs 9,5 Mrd. DM umverteilt worden: 3,5 Mrd. DM infolge der Lohn- und Körperschaftsteuerzerlegung, 1,6 Mrd. DM im Zusammenhang mit der Umsatzsteuerverteilung, 500 Mill. DM als "Vorwegauffüllung", 2,3 Mrd. DM an Ausgleichsleistungen (Finanzausgleich i.e.S.) und schließlich 1,7 Mrd. DM als Ergänzungszuweisungen des Bundes. Für die finanzschwachen Länder bedeutete dies Mehreinnahmen von fast 12 vH; für Niedersachsen und Rheinland-Pfalz mit jeweils 15 vH bzw. Schleswig-Holstein und das Saarland (jeweils über 20 vH) spielt der Ausgleich eine sehr viel größere Rolle als für Bayern (2 vH). Umgekehrt sind Hamburgs Leistungen mit über 20 vH der Einnahmen und die von Baden-Württemberg (8 vH) weitaus höher als die der übrigen Geberländer.

Tabelle 3.3.2.5

ERGAENZUNGSZUWEISUNGEN DES BUNDES AN AUSGLEICHSBERECHTIGTE LAENDER
MILL.DM

	1970	1971	1972	1973	1974 [1]	1975	1976	1977	1978	1979	1980	1981	1982	1983	1984
BAYERN	18	18	120	120	163	175	193	205	239	279	298	322	319	336	345
NIEDERSACHSEN	38	38	203	203	277	296	326	346	405	472	504	546	540	568	569
RHEINLAND-PFALZ	22	22	113	113	154	165	182	193	226	263	281	305	302	317	327
SAARLAND	6	6	32	32	44	47	51	54	64	74	79	86	85	134	161
SCHLESWIG-HOLSTEIN	16	16	82	82	112	120	132	140	163	191	204	220	218	230	257
INSGESAMT	100	100	550	550	750	803	884	939	1097	1279	1366	1479	1464	1585	1659

1) SEIT 1974 ERGAENZUNGSZUWEISUNGEN IN HOEHE VON 1.5 VH DES UMSATZSTEUERAUFKOMMENS.
QUELLE: BUNDESMINISTERIUM DER FINANZEN.

3.3.3 Ausgaben der Länder

In der Ausgabenstruktur gibt es stärkere Unterschiede als in der Struktur der Ländereinnahmen. In den Haushalten der Stadtstaaten dominieren die Ausgaben für Güter und Dienste (Personalausgaben, lfd. Sachaufwand, Sachinvestitionen). Ihr Anteil beträgt 70 bis 75 vH, wobei den Sachinvestitionen ein deutlich höheres Gewicht als in den Flächenstaaten zukommt (vgl. die Tabellen 3.3.1 ff am Ende des Abschnitts 3.3). Der Grund hierfür liegt in der Vermischung von staatlichen und kommunalen Aufgaben; hinzu kommen Sonderfunktionen (Seehäfen), die beide Städte wahrnehmen. In den Flächenstaaten schwankt der Anteil zwischen 50 und 60 vH, am höchsten sind die Werte in Hessen, am niedrigsten in Nordrhein-Westfalen. Von allen Bundesländern weist Nordrhein-Westfalens Haushalt die niedrigste Personalausgabenquote (40 vH) aus, am höchsten ist sie, von den Stadtstaaten abgesehen, in Hessen (46 vH). In fast allen Ländern hat sich nach dem Anstieg zu Beginn der 70er Jahre die Quote stabilisiert, teilweise ist sie geringfügig, im Saarland merklich gesunken. Die laufenden Sachaufwendungen sind in fast allen Flächenstaaten anteilsmäßig etwas zurückgegangen. Die Quoten in den einzelnen Ländern weichen nur wenig vom Durchschnitt ab, am stärksten im Saarland, das mit 10 vH den höchsten Wert aufweist. In den Haushalten der Stadtstaaten hat der Anteil der Sachaufwendungen zugenommen, zuletzt war die Quote doppelt so hoch wie die der Flächenstaaten.

Das Gewicht der Sachinvestitionen hat über den gesamten Beobachtungszeitraum gesehen in allen Bundesländern mit Ausnahme Schleswig-Holsteins abgenommen, am stärksten in den Stadtstaaten sowie in Baden-Württemberg und Hessen. Am höchsten ist die Investitionsquote, sieht man von den Stadtstaaten ab, in Schleswig-Holstein, aber auch hier entfallen inzwischen nicht mehr als 5 vH des Haushaltsvolumens auf Ausgaben für Bauten und Ausrüstungen; in Bremen liegt die Quote bei 7 vH (1970: 21 vH), in Hamburg bei 8 vH (1970: 15 vH).

Von den Transferzahlungen fallen insbesondere die Zuweisungen an die Gemeinden ins Gewicht. Dabei zeigen sich recht große Unterschiede. Relativ am stärksten schlagen sie in Nordrhein-Westfalen zu Buche, auch wenn sie anteilsmäßig merklich zurückgegangen sind. In Niedersachsen wie auch in Bayern und Baden-Württemberg hat die Bedeutung der Transfers an die Kommunen zugenommen (auf rund ein Fünftel), in Schleswig-Holstein und im Saarland deutlich abgenommen. Die laufenden Transferausgaben an Dritte spielen im Gegensatz zum Bundeshaushalt und zur Sozialversicherung bei den Ländern eine weniger gewichtige Rolle. Im Durchschnitt aller Bundesländer schwankt ihr Anteil um die 10 vH. Die Quoten in den Stadtstaaten liegen über denen der Flächenländer, weil bei den Stadtstaaten auch die Sozialhilfe zu Buche schlägt. Die niedrigsten Anteile weisen Baden-Württemberg und Hessen auf.

Nachhaltig - wenn auch in unterschiedlichem Ausmaß - hat sich in allen Bundesländern der Anteil der Zinsausgaben erhöht. Entscheidend für den Anstieg der Zinsbelastungen sind die Neuverschuldung, die Höhe des Kapitalmarktzinses sowie die Zinsunterschiede zwischen zu tilgenden Altschulden und den dafür aufgenommenen Kapitalmarktmitteln. Mit Abstand am stärksten hat die relative Zinsbelastung in Bremen zugenommen, überdurchschnittlich war auch die Verschiebung in Nordrhein-Westfalen, während Hamburg, Baden-Württemberg und Bayern am unteren Ende der Rangskala liegen. Diese Entwicklung korrespondiert mit der Entwicklung der Finanzierungssalden.

Größere Abweichungen als bei den Einnahmen zeigen sich, wenn man die jährlichen Veränderungsraten betrachtet. Über den gesamten Zeitraum gesehen sind die Unterschiede in der Ausgabenentwicklung kaum ausgeprägter als bei den Einnahmen. Bis auf Hessen und Hamburg auf der einen, Bremen und Saarland auf der anderen Seite, errechnen sich für die Länderhaushalte Steigerungsraten von durchschnittlich 8,5 vH pro Jahr; in Hessen waren es etwas über 7 vH, in Bremen 9,5 vH und im Saarland 10 vH. Die Haushalte von Baden-Württemberg und Niedersachsen weisen sowohl überdurchschnittliche Einnahmen- wie Ausgabenzuwächse auf.

In den frühen 70er Jahren waren die Steigerungsraten in Hamburg und Hessen am niedrigsten, in Bremen und Niedersachsen am höchsten. Die Reaktion auf die Rezession 1974/75 war in allen Ländern gleich: Zunächst wurden die ohnehin hohen Ausgabenzuwächse der Vorjahre gesteigert und beibehalten, doch 1975 schon merklich gedrosselt. Abrupt war der Wechsel in Nordrhein-Westfalen und Niedersachsen. 1974 expandierten dort die Ausgaben mit einer Rate von 17 vH, ein Jahr später waren es nur noch 8 bzw. 7 vH. In Bayern und Bremen, im Saarland sowie in Schleswig-Holstein sind 1975 indes die Ausgaben noch um 11 bis 13 vH erhöht worden. In den Jahren 1976/77 stand fast überall die Begrenzung des Ausgabenzuwachses im Vordergrund; nur in Hessen und Baden-Württemberg wurden die Ausgaben noch nennenswert ausgeweitet, während in Nordrhein-Westfalen, Schleswig-Holstein und Bayern der Anstieg am geringsten war. Relativ starke Entwicklungsunterschiede zeigen sich auch im Aufschwung 1978/80. Während in Nordrhein-Westfalen und in Bremen die Ausgaben in dieser Zeit um 10 vH und mehr pro Jahr zugenommen haben, sind sie in Hamburg und Hessen nur um durchschnittlich 5 vH gestiegen. Auf die schwere Rezession 1981/82 reagierten alle Länder ähnlich, indem sie die Ausgabenexpansion immer mehr den spärlicher fließenden Einnahmen anpaßten. Nach 1980 haben die Ausgaben aller Bundesländer nur noch um 3 vH im Jahresdurchschnitt zugenommen. Am geringsten war der Zuwachs in Nordrhein-Westfalen und Bremen (2 vH), nachdem in beiden Ländern zuvor die Ausgaben überdurchschnittlich expandiert waren, und am höchsten in Hamburg und Saarland (6 bzw. 7 vH pro Jahr).

Die Verlaufsanalyse der verschiedenen Ausgabearten zeigt, daß die Entwicklung der Personalausgaben in allen Bundesländern in ähnlichen Bahnen verlief. Neben den alle Haushalte gleichermaßen belastenden Tarifabschlüssen sind es - neben den strukturellen Einflüssen (Altersstruktur, Stellenanhebungen u.ä.) - vor allem die Veränderungen in der Zahl der Beschäftigten, die die Personalausgabenentwicklung bestimmen. Über den gesamten Zeitraum gesehen ist die Zahl der Landesbediensteten (Voll- und Teilzeitkräfte) um 40 vH von 1,3 auf 1,8 Mill. gestiegen, am wenigsten in Hamburg, im Saarland und in Rheinland-Pfalz, am stärksten in Nordrhein-Westfalen. In den 80er Jahren hat sich die Zunahme drastisch abgeschwächt, in Bremen ist die Beschäftigtenzahl sogar gesunken, in Nordrhein-Westfalen hingegen war die Rate auch in dieser Phase mit knapp 6 vH am höchsten; im Durchschnitt aller Länder errechnet sich ein Zuwachs von 3,5 vH. Zu größeren Abweichungen als bei den Personalausgaben kam es in dieser Zeit bei den laufenden Sachaufwendungen und noch mehr bei den Sachinvestitionen. Bei den laufenden Sachaufwendungen schwankten die Raten zwischen -3 vH (Rheinland-Pfalz) bzw. -1 vH (Hamburg) und einem Plus von 7 vH pro Jahr (Saarland, Baden-Württemberg und Niedersachsen), bei den Sachinvestitionen zwischen einem jährlichen Plus von über 10 vH (Saarland) und einem Minus von 16 vH (Bremen). Neben dem Saarland wiesen in den 80er Jahren die Sachinvestitionen nur noch die Haushalte Schleswig-Holsteins, Hamburgs und Hessens positive Raten auf. In den Jahren zuvor war die Schwankungsbreite zwischen den einzelnen Ländern weniger stark ausgeprägt.

Die Zuweisungen der Länder an die Gemeinden, für deren Finanzausstattung und Investitionstätigkeit von großer Bedeutung, schwankten im Zeitablauf und auch von Land zu Land teilweise erheblich. In allen Ländern kommt den Zuweisungen eine Pufferfunktion zu: Eine positive Wirtschaftslage führt zu höheren Einnahmen der Länder und läßt auch die Zuweisungen an die Gemeinden anschwellen; in der Rezession hingegen werden die Zuweisungen gekürzt bzw. die Zuwachsraten gekappt. In der schwierigen Zeit nach 1980 haben vor allem die Gemeinden Nordrhein-Westfalens und auch Hessens Einbußen hinnehmen müssen, während in Bayern, Schleswig-Holstein und auch Niedersachsen die Gemeindefinanzen von den jeweiligen Ländern weit weniger beeinträchtigt worden sind. In den frühen und auch späten 70er Jahren waren die Entwicklungsunterschiede in der Finanzausstattung der Gemeinden durch die Bundesländer geringer.

3.3.4 Verschuldung der Länder

Die Diskrepanz von Pro-Kopf-Einnahmen und -Ausgaben findet ihren Niederschlag in der Entwicklung der Verschuldung je Einwohner. In der Summe aller Bundesländer ist die Pro-Kopf-Verschuldung von 380 DM im Jahre 1970 auf 3 200 DM im Jahre 1983 gestiegen.[5] Mit Abstand am höchsten ist die Pro-Kopf-Verschuldung in Bremen (über 12 000 DM), gefolgt von Hamburg (7 000 DM) und dem Saarland (5 900 DM), am niedrigsten in Bayern (1 900 DM) und Baden-Württemberg (2 600 DM). 1970 wies Hamburg die höchste und Nordrhein-Westfalen die niedrigste Pro-

Kopf-Verschuldung auf. Noch bis 1977 bildete Nordrhein-Westfalen zusammen mit Bayern das Schlußlicht, obwohl die Verschuldung in Nordrhein-Westfalen nach 1973 sprunghaft angestiegen war. Inzwischen hat Nordrhein-Westfalen nach 1973 sprunghaft angestiegen war. Inzwischen hat Nordrhein-Westfalen einen Wert erreicht, der über dem Durchschnitt liegt. Auch und vor allem in Bremen entwickelte sich die Pro-Kopf-Verschuldung weit überdurchschnittlich, während in Hamburg - ausgehend von einem hohen Schuldenstand - die Zunahme der Verschuldung hinter den anderen Bundesländern zurückblieb.

Betrachtet man die Entwicklung der Verschuldung in den unterschiedlichen Konjunkturphasen, so läßt sich in den 70er Jahren für die Mehrzahl der Bundesländer ein - wenn auch zum Teil unfreiwillig - antizyklisches Verhalten nachweisen. Baden-Württemberg, Bayern, aber auch das Saarland und Schleswig-Holstein hielten sich zu Beginn der 70er Jahre relativ zurück, während die Pro-Kopf-Verschuldung in Schleswig-Holstein, Hessen, Rheinland-Pfalz und in Hamburg bereits stark anstieg. In der Rezession Mitte der 70er Jahre mußten alle Bundesländer ihren Schuldenstand kräftig aufstocken, allen voran Nordrhein-Westfalen und Bremen. Dieses Verhalten war letztlich weniger Ausdruck einer aktiven, d.h. vorbeugenden Politik, sondern Ergebnis einer passiven, d.h. reagierenden Politik, indem die unerwarteten Verluste auf der Einnahmenseite zunächst durch zusätzliche Kredite ausgeglichen worden sind. Von 1976 bis 1980, also in den Aufschwungjahren, wurden die Steigerungsraten überall, aber in unterschiedlichem Maße, gedrosselt. Zunächst wurde der Ausgabenanstieg reduziert, danach erhöhten sich im Zuge der wirtschaftlichen Belebung auch die Einnahmen. Am geringsten war in dieser Phase der Schuldenzuwachs in Hamburg und Hessen, am höchsten in Nordrhein-Westfalen. Nordrhein-Westfalen betrieb damals eine massive Ankurbelungspolitik. In der schweren Rezession zu Beginn der 80er Jahre nahm das Tempo der Verschuldung im Durchschnitt zwar nochmals zu, aber längst nicht in dem Maße wie 1974/75. In Bremen, Baden-Württemberg und in Niedersachsen hat sich der Anstieg sogar verringert. Trotz der Rezession war es erklärtes Ziel der Finanzpolitik, den Schuldenanstieg zu begrenzen bzw. die Finanzierungsdefizite abzubauen.

3.3.5 Fazit

Ein Vergleich von Entwicklung und Struktur der Länderhaushalte wird dadurch verzerrt, daß die Stadtstaaten zugleich kommunale Aufgaben wahrnehmen und noch Sonderlasten tragen. Die Pro-Kopf-Ausgaben sind in Hamburg und Bremen jeweils mehr als doppelt so hoch wie der Bundesdurchschnitt; dabei ist die Finanzausstattung Hamburgs sehr viel günstiger als die von Bremen. In den Flächenstaaten deutet die Entwicklung der Pro-Kopf-Einnahmen auf keine ausgeprägten regionalen Unterschiede hin, wenngleich sie in Baden-Württemberg überdurchschnittlich gestiegen sind und Hessen - 1970 noch über dem Durchschnitt liegend - kräftige Einbußen hinnehmen mußte. Wegen der Förderabgabe sind inzwischen die Pro-Kopf-Einnahmen in Niedersachsen, abgesehen von Baden-Württemberg, höher als anderswo. In Nordrhein-Westfalen sind sie, wie auch schon 1970, am niedrigsten.

Der Länderfinanzausgleich trägt erheblich dazu bei, daß die Unterschiede in der Finanzausstattung geringer werden: Ohne Finanzausgleich hätten 1983 die Pro-Kopf-Einnahmen in Baden-Württemberg, dem finanziell am besten gestellten Flächenstaat, um rund die Hälfe über den Einnahmen von Schleswig-Holstein, dem Land mit den geringsten Mitteln, gelegen; durch den Finanzausgleich hat sich der Unterschied auf ein Fünftel verringert. In der regionalen Verteilung zeigt sich, daß die Leistungen Hamburgs als Geberland mit einem Fünftel seiner Einnahmen so hoch sind wie die umliegenden Empfängerländer Schleswig-Holstein, Niedersachsen und Bremen zusammen erhalten.

Die regionale Verteilung der Ausgaben weicht von der Einnahmenverteilung zum Teil erheblich ab. Hier stehen finanzschwache Länder wie das Saarland, Schleswig-Holstein und Niedersachen - neben Baden-Württemberg - an der Spitze. Ins Auge sticht die Ausgabenexpansion im Saarland, während in Hessen die Entwicklung umgekehrt verlief. Alles in allem

Pro-Kopf-Einnahmen vor/nach Finanzausgleich in DM				
	1970		1983	
	vor FA	nach FA	vor FA	nach FA
Schleswig-Holstein	979	1 167	2 436	3 098
Hamburg	2 913	2 503	8 518	7 056
Bremen	2 207	2 268	6 111	6 334
Niedersachsen	968	1 096	2 702	3 191
Nordrhein-Westfalen	1 096	1 061	2 878	2 802
Hessen	1 290	1 189	3 215	3 032
Rheinland-Pfalz	1 027	1 166	2 637	3 107
Saarland	959	1 143	2 626	3 131
Baden-Württemberg	1 243	1 178	3 672	3 383
Bayern	1 083	1 119	2 946	3 009

Quelle: Berechnungen des DIW.

halten sich - sieht man einmal von den Stadtstaaten ab - Niveau- und Entwicklungsunterschiede in Grenzen. Auch sind sie regional so verteilt, daß man nicht sofort auf Zusammenhänge zur wirtschaftlichen Entwicklung in den Regionen schließen kann.

Die Differenzen von Einnahmen- und Ausgabenentwicklung schlagen sich im Finanzierungssaldo nieder; naturgemäß sind die Salden starken Schwankungen unterworfen. In den südlichen Bundesländern Bayern und Baden-Württemberg liegen die Salden deutlich unter, im Saarland und Bremen deutlich über dem Durchschnitt. Die Frage ist, ob der Anstieg in der Verschuldung Folge des regionalen Wirtschaftsgeschehens war oder Ausdruck davon, daß die jeweiligen Länder zumindest zeitweise versucht haben, die Wirtschaftsentwicklung durch eine entsprechende Ausgestaltung ihrer Haushalte zu beeinflussen. Die Ergebnisse der Ausgabenanalyse sprechen dafür, daß die unterschiedliche Höhe der Finanzierungsdefizite letztlich auf die Unterschiede in der Wirtschaftsentwicklung und damit der Ländereinnahmen zurückzuführen sind, auch wenn die Ausgaben in Bremen und im Saarland, teilweise auch in Nordrhein-Westfalen, zum Zwecke der Konjunktur- und Wachstumsbeschleunigung überdurchschnittlich ausgeweitet worden sind. Die Erfolge dieser Politik hielten sich in Grenzen, denn je kleiner die Region, um so schwieriger ist es, eine eigenständige Ankurbelungspolitik zu betreiben, zum einen, weil in kleinen Regionen der Grad der wirtschaftlichen Verflechtung mit der "übrigen Welt" überdurchschnittlich groß ist und entsprechende Sickerverluste auftreten, zum anderen, weil sich mögliche Erfolge nur zum Teil in der Kasse des Landeshaushalts niederschlagen: Die einem Impuls zurechenbaren Mehreinnahmen verteilen sich auf Bund und Sozialversicherung einerseits, Land und Gemeinden andererseits im Verhältnis von zwei Dritteln zu einem Drittel.

Tabelle 3.3.1

EINNAHMEN DER LAENDER PRO KOPF DER BEVOELKERUNG IN DM
INSGESAMT

	EINNAHMEN INSGESAMT	STEUERN U.AE.	WIRTSCH. TAETIGKEIT	GEBUEHREN	LFD. ZUSCHUESSE VOM BUND	V.GEMEINDEN	SONSTIGE LFD.EINNAHMEN	LFD. RECHNUNG INSGESAMT	INVESTITIONSZUSCHUESSE V.BUND	V.GEMEINDEN	V.DRITTEN	SONSTIGE	KAPITALRECHN. INSGESAMT
1970	1322	931	48	62	131	17	31	1219	57	1	1	44	103
1971	1468	1036	46	70	143	20	32	1348	72	1	2	45	120
1972	1733	1215	47	81	180	21	33	1578	100	1	2	53	156
1973	1983	1383	53	92	204	25	39	1796	128	8	2	49	187
1974	2171	1508	61	102	229	25	54	1979	129	12	2	49	192
1975	2203	1481	57	124	253	28	58	2001	148	14	3	37	202
1976	2430	1651	66	139	266	34	63	2219	142	11	2	56	212
1977	2690	1877	77	141	294	33	69	2490	125	12	3	55	195
1978	2877	2014	80	133	311	34	78	2649	139	12	3	52	206
1979	3104	2177	83	120	342	38	85	2844	143	12	3	57	215
1980	3248	2266	101	107	363	40	90	2968	137	16	3	59	215
1981	3317	2274	112	89	386	44	96	3001	127	17	3	71	218
1982	3476	2353	124	95	391	51	101	3116	124	18	5	105	252
1983	3625	2495	127	102	392	54	108	3279	123	18	5	83	234

VERAENDERUNGEN GEGENUEBER VORJAHR IN VH

1971	11.04	11.32	-3.02	13.44	9.18	22.21	.	10.55	27.51	.	35.89	.	16.87
1972	18.09	17.34	1.92	15.58	25.93	3.60	.	17.06	38.12	.	-0.72	.	29.65
1973	14.40	13.74	13.02	13.42	13.10	20.94	.	13.85	28.57	.	8.44	.	20.00
1974	9.51	9.08	13.45	11.18	12.31	-0.89	.	10.19	0.61	.	-8.52	.	3.05
1975	1.46	-1.78	-6.31	21.52	10.19	12.75	.	1.12	14.63	.	36.77	.	4.92
1976	10.33	11.47	16.74	12.01	5.19	18.89	.	10.87	-3.61	.	-6.28	.	4.95
1977	10.67	13.71	15.45	1.40	10.55	-3.50	.	12.22	-12.54	.	21.59	.	-8.17
1978	6.98	7.25	4.18	-5.06	5.79	4.36	.	6.41	11.45	.	5.94	.	6.00
1979	7.87	8.09	4.28	-10.35	9.98	11.73	.	7.37	3.04	.	-0.11	.	4.48
1980	4.65	4.12	21.63	-10.16	6.09	5.58	.	4.34	-4.41	.	10.68	.	-0.07
1981	2.11	0.34	10.43	-16.92	6.39	10.61	.	1.12	-7.23	.	-0.23	.	1.38
1982	4.78	3.48	11.25	6.08	1.39	14.94	.	3.83	-2.03	.	30.04	.	15.35
1983	4.30	6.04	1.99	8.05	0.26	5.78	.	5.24	-1.24	.	8.02	.	-7.05

ANTEILE IN VH

1970	100.00	70.40	3.62	4.66	9.93	1.26	2.36	92.23	4.28	0.05	0.11	3.32	7.77
1976	100.00	67.94	2.73	5.70	10.93	1.39	2.60	91.29	5.84	0.44	0.10	2.29	8.71
1982	100.00	67.71	3.58	2.72	11.25	1.47	2.92	89.64	3.58	0.53	0.13	3.01	7.24
1983	100.00	68.83	3.50	2.82	10.81	1.49	2.99	90.45	3.39	0.50	0.13	2.43	6.46

AUSGABEN DER LAENDER PRO KOPF DER BEVOELKERUNG IN DM
INSGESAMT

	AUSGABEN INSGESAMT	PERSONAL- AUSGABEN	LFD. SACH- AUFWAND	ZINS- AUSGABEN	LFD. ZUWEISUNGEN AN GEMEINDEN	AN DRITTE	SONSTIGE LFD.AUSGABEN	LFD. RECHNUNG INSGESAMT	SACH- INVESTITIONEN BAUT.	DAVON: INVESTITIONSZUSCHUESSE AN GEMEINDEN	AN DRITTE	SONSTIGE	KAPITALRECHN. INSGESAMT	FINANZIERUNGS- SALDO
1970	1376	565	126	30	163	130	27	1041	114	88	79	83	59	335	-53
1971	1565	672	144	35	181	140	26	1199	123	93	96	92	56	366	-98
1972	1758	742	172	41	208	163	27	1353	118	89	117	112	59	406	-25
1973	2017	852	189	47	238	187	23	1536	128	92	151	147	54	481	-34
1974	2329	987	215	55	275	219	35	1786	150	107	164	164	65	543	-158
1975	2549	1082	226	68	299	275	43	1992	150	111	177	140	89	557	-346
1976	2702	1154	238	92	311	282	43	2121	142	105	184	135	120	581	-270
1977	2832	1241	256	112	347	300	38	2293	147	107	160	121	111	538	-141
1978	3095	1322	278	121	392	333	42	2487	153	112	190	155	109	608	-217
1979	3360	1415	308	139	431	349	40	2682	164	118	218	172	124	678	-255
1980	3640	1525	333	156	476	383	23	2897	184	133	233	192	134	743	-391
1981	3770	1615	344	190	499	399	22	3069	174	127	215	189	124	702	-453
1982	3903	1669	358	241	510	402	28	3207	173	128	200	187	136	696	-428
1983	3987	1725	378	281	498	411	19	3313	172	126	188	185	128	674	-373

VERAENDERUNGEN GEGENUEBER VORJAHR IN VH

1971	13.74	18.90	14.20	17.63	11.40	7.66	.	15.15	7.47	5.64	21.74	10.30	.	9.36	.
1972	12.33	10.49	19.21	15.16	14.64	16.70	.	12.84	-4.00	-4.68	22.54	21.85	.	10.70	.
1973	14.72	14.79	9.84	15.68	14.56	14.78	.	13.55	8.85	4.12	28.82	32.01	.	18.54	.
1974	15.48	15.86	14.06	16.43	15.33	17.25	.	16.28	17.26	16.36	8.54	11.24	.	12.98	.
1975	9.43	9.58	4.75	23.54	8.74	25.47	.	11.54	-0.51	3.22	8.28	-14.27	.	2.51	.
1976	5.99	6.67	5.70	35.35	4.22	2.57	.	6.47	-5.08	-5.43	3.87	-4.20	.	4.28	.
1977	4.80	7.56	7.40	22.11	11.39	6.09	.	8.12	3.34	2.47	-13.18	-10.29	.	-7.32	.
1978	9.30	6.48	8.48	7.93	12.90	11.29	.	8.45	4.47	4.44	18.90	28.37	.	12.89	.
1979	8.55	7.06	10.99	15.13	10.18	4.51	.	7.84	6.74	5.04	14.53	11.19	.	11.50	.
1980	8.34	7.79	7.87	12.42	10.33	9.97	.	8.00	12.50	12.93	7.06	11.45	.	9.70	.
1981	3.58	5.87	3.54	21.39	4.78	4.13	.	5.94	-5.33	-4.68	-7.92	-1.77	.	-5.60	.
1982	3.53	3.32	3.87	27.22	2.27	0.73	.	4.51	-0.77	1.27	-6.78	-1.08	.	-0.76	.
1983	2.15	3.38	5.63	16.53	-2.30	2.31	.	3.29	-0.40	-1.87	-5.89	-0.91	.	-3.20	.

ANTEILE IN VH

1970	100.00	41.06	9.17	2.18	11.83	9.43	1.98	75.65	8.30	6.40	5.71	6.03	4.31	24.35	-3.84
1976	100.00	42.72	8.82	3.39	11.52	10.45	1.60	78.50	5.26	3.88	6.82	4.98	4.44	21.50	-9.99
1982	100.00	42.75	9.16	6.18	13.06	10.30	0.71	82.16	4.43	3.29	5.13	4.78	3.50	17.84	-10.95
1983	100.00	43.27	9.47	7.05	12.50	10.32	0.49	83.09	4.32	3.16	4.73	4.64	3.22	16.91	-9.36

ANMERKUNG: . = AUSWEIS NICHT SINNVOLL.

QUELLE: EIGENE BERECHNUNGEN AUFGRUND AMTLICHER STATISTIKEN.

Tabelle 3.3.2

EINNAHMEN DER LAENDER PRO KOPF DER BEVOELKERUNG IN DM
SCHLESWIG-HOLSTEIN

	EINNAHMEN INSGESAMT	STEUERN U.AE.	WIRTSCH. TAETIGKEIT	GEBUEHREN	LFD.ZUSCHUESSE VOM BUND	V.GEMEINDEN	SONSTIGE LFD.EINNAHMEN	LFD.RECHNUNG INSGESAMT	INVESTITIONSZUSCHUESSE V.BUND	V.GEMEINDEN	V.DRITTEN	SONSTIGE	KAPITALRECHN. INSGESAMT
1970	1167	678	24	56	92	36	164	1051	84	0	4	24	112
1971	1292	838	24	63	71	43	111	1150	99	0	0	43	142
1972	1492	959	23	78	141	47	90	1339	110	0	0	47	157
1973	1714	1096	23	89	202	54	136	1601	66	4	0	43	113
1974	1920	1212	31	108	170	15	178	1715	159	8	0	39	205
1975	1920	1196	31	120	186	19	147	1699	166	12	0	43	221
1976	2063	1301	35	128	194	23	163	1843	174	4	0	43	221
1977	2301	1481	39	66	294	27	197	2104	70	15	0	35	120
1978	2484	1584	46	77	232	27	243	2209	174	8	0	39	220
1979	2697	1711	42	23	270	31	243	2320	177	15	0	46	239
1980	2875	1835	50	27	284	35	257	2488	173	15	0	50	238
1981	2821	1800	65	27	291	34	241	2458	141	19	0	46	206
1982	2939	1863	69	31	286	38	282	2569	141	15	0	50	206
1983	3098	1986	69	34	306	50	290	2735	122	19	0	42	183

VERAENDERUNGEN GEGENUEBER VORJAHR IN VH

1971	10.77	23.66	-1.42	12.66	.	20.48	.	9.49	.	.	.	.	26.74
1972	15.42	14.48	-0.94	23.83	.	8.07	.	16.42	.	.	.	.	10.07
1973	14.89	14.25	-0.74	14.15	.	15.81	.	19.58	.	.	.	.	-28.04
1974	12.04	10.56	32.82	21.27	.	-71.54	.	7.11	.	.	.	.	82.05
1975	-0.04	-1.32	-0.04	10.67	.	24.95	.	-0.94	.	.	.	.	7.51
1976	7.50	8.78	12.54	6.49	.	20.05	.	8.47	.	.	.	.	0.04
1977	11.50	13.86	10.98	-48.54	.	16.53	.	14.15	.	.	.	.	-45.68
1978	7.94	6.93	19.86	17.51	.	-0.12	.	5.03	.	.	.	.	83.66
1979	8.61	8.04	-8.55	-70.07	.	14.02	.	5.00	.	.	.	.	8.52
1980	6.59	7.24	17.73	16.22	.	12.37	.	7.23	.	.	.	.	-0.38
1981	-1.88	-1.88	30.22	-0.42	.	-0.42	.	-1.19	.	.	.	.	-13.27
1982	4.18	3.45	5.72	14.11	.	10.94	.	4.51	.	.	.	.	-0.15
1983	5.41	6.64	0.08	12.59	.	30.10	.	6.47	.	.	.	.	-11.04

ANTEILE IN VH

1970	100.00	58.08	2.06	4.81	7.90	3.09	14.09	90.03	7.22	0.00	0.34	2.06	9.62
1976	100.00	63.06	1.69	6.19	9.38	1.13	7.88	89.31	8.44	0.19	0.00	2.06	10.69
1982	100.00	63.38	2.34	1.04	9.74	1.30	9.61	87.40	4.81	0.52	0.00	1.69	7.01
1983	100.00	64.12	2.22	1.11	9.86	1.60	9.37	88.29	3.95	0.62	0.00	1.36	5.92

AUSGABEN DER LAENDER PRO KOPF DER BEVOELKERUNG IN DM
SCHLESWIG-HOLSTEIN

	AUSGABEN INSGESAMT	PERSONAL- AUSGABEN	LFD. SACH- AUFWAND	ZINS- AUSGABEN	LFD. ZUWEISUNGEN AN GEMEINDEN	AN DRITTE	SONSTIGE LFD.AUSGABEN	LFD.RECHNUNG INSGESAMT	SACH- INVESTITIONEN	DAVON: BAUT.	INVESTITIONSZUSCHUESSE AN GEMEINDEN	AN DRITTE	SONSTIGE	KAPITALRECHN. INSGESAMT	FINANZIERUNGS- SALDO
1970	1271	529	100	40	176	134	24	1006	56	44	52	120	36	265	-108
1971	1458	621	115	51	213	119	28	1146	71	59	71	126	40	308	-166
1972	1601	681	117	59	223	161	23	1265	90	74	78	114	55	337	-110
1973	1815	777	132	78	257	152	23	1419	86	66	117	136	58	396	-105
1974	2106	914	151	89	263	194	43	1653	105	77	139	116	97	457	-190
1975	2337	983	170	104	286	209	70	1823	112	89	178	120	104	515	-422
1976	2435	1026	174	134	279	209	62	1885	124	105	186	116	120	546	-372
1977	2568	1106	193	162	321	240	39	2061	120	97	147	104	135	507	-267
1978	2669	1132	197	170	359	270	46	2175	124	97	151	112	108	494	-189
1979	2975	1233	239	185	405	281	54	2397	139	108	193	127	119	578	-277
1980	3232	1332	257	207	491	280	35	2603	169	123	211	131	119	630	-361
1981	3287	1411	271	248	466	302	50	2748	168	126	168	115	88	539	-470
1982	3397	1458	279	298	489	302	46	2870	179	141	148	103	76	527	-454
1983	3587	1501	286	336	512	325	34	2995	180	138	210	107	95	592	-500

VERAENDERUNGEN GEGENUEBER VORJAHR IN VH

1971	14.75	17.25	14.33	28.15	20.98	-13.02	.	13.89	26.74	34.42	36.49	5.15	.	16.50	.
1972	9.80	9.79	2.48	14.30	4.56	35.38	.	10.33	26.58	25.48	10.07	-10.23	.	9.22	.
1973	13.34	14.09	12.50	32.35	14.93	-5.58	.	12.17	-5.05	-11.19	48.89	19.80	.	17.73	.
1974	16.04	17.54	14.26	14.55	2.63	27.71	.	16.53	22.25	17.19	19.54	-14.62	.	15.24	.
1975	10.99	7.59	12.78	17.35	8.78	7.96	.	10.26	7.37	14.96	27.73	3.29	.	12.67	.
1976	4.18	4.37	2.31	29.68	-2.67	0.04	.	3.44	10.39	17.44	4.39	-3.19	.	6.06	.
1977	5.44	7.80	10.98	19.86	15.14	14.68	.	9.32	-3.24	-7.51	-20.93	-10.10	.	-7.20	.
1978	3.95	2.33	1.88	4.64	11.92	12.77	.	5.51	3.11	-0.12	2.51	7.28	.	-2.40	.
1979	11.44	8.94	21.29	8.84	12.64	4.04	.	10.22	12.24	11.74	27.91	13.53	.	16.92	.
1980	8.65	8.02	7.65	12.07	21.44	-0.38	.	8.58	21.75	13.85	9.58	2.63	.	8.91	.
1981	1.71	5.89	5.52	19.86	-5.09	7.76	.	5.60	-0.42	2.69	-20.34	-12.14	.	-14.39	.
1982	3.33	3.36	2.66	19.82	4.76	-0.15	.	4.43	6.66	11.95	-0.15	-10.14	.	-2.28	.
1983	5.59	2.94	2.82	12.91	4.77	7.68	.	4.33	0.08	-2.63	25.10	3.78	.	12.40	.

ANTEILE IN VH

1970	100.00	41.64	7.89	3.15	13.88	10.73	1.89	79.18	4.42	3.47	4.10	9.46	2.84	20.82	-8.52
1976	100.00	42.13	7.15	5.56	11.45	8.59	2.54	77.42	5.09	4.29	7.63	4.77	4.93	22.42	-15.26
1982	100.00	42.92	8.20	8.76	14.38	8.88	1.35	84.49	5.28	4.16	4.94	3.03	2.25	15.51	-13.37
1983	100.00	41.85	7.99	9.37	14.27	9.05	0.96	83.49	5.01	3.83	5.86	2.98	2.66	16.51	-13.95

ANMERKUNG: . = AUSWEIS NICHT SINNVOLL.

QUELLE: EIGENE BERECHNUNGEN AUFGRUND AMTLICHER STATISTIKEN.

Tabelle 3.3.3

EINNAHMEN DER LAENDER PRO KOPF DER BEVOELKERUNG IN DM
NIEDERSACHSEN

	EINNAHMEN INSGESAMT	STEUERN U.AE.	WIRTSCH. TAETIGKEIT	GEBUEHREN	LFD.ZUSCHUESSE VOM BUND	V.GEMEINDEN	SONSTIGE LFD.EINNAHMEN	LFD.RECHNUNG INSGESAMT	INVESTITIONSZUSCHUESSE V.BUND	V.GEMEINDEN	V.DRITTEN	SONSTIGE	KAPITALRECHN. INSGESAMT
1970	1094	722	38	40	86	6	89	980	75	1	0	40	116
1971	1185	805	41	45	85	7	94	1076	66	0	0	42	108
1972	1463	970	42	53	126	8	114	1313	107	0	0	43	150
1973	1693	1108	48	55	151	17	138	1517	130	4	0	41	175
1974	1845	1191	61	72	165	14	142	1644	135	10	0	55	200
1975	1882	1197	59	58	177	15	167	1673	145	11	0	55	211
1976	2048	1298	75	68	183	26	185	1835	152	11	1	47	212
1977	2307	1522	101	75	192	25	205	2120	130	11	1	46	188
1978	2457	1608	102	75	208	30	221	2245	149	12	1	48	212
1979	2634	1750	104	73	249	32	208	2416	148	10	1	53	212
1980	2829	1861	145	73	269	34	219	2604	141	12	1	61	215
1981	2925	1827	231	26	271	34	233	2623	129	18	3	76	226
1982	3106	1860	315	22	270	39	266	2772	128	19	1	98	246
1983	3191	2001	310	25	255	43	240	2874	139	18	1	68	226

VERAENDERUNGEN GEGENUEBER VORJAHR IN VH

1971	8.16	11.57	6.31	13.12	-1.02	.	.	9.82	-12.23	.	.	.	-7.06
1972	23.42	20.44	2.82	18.02	48.27	.	.	21.98	62.83	.	.	.	39.40
1973	15.72	14.30	16.05	4.71	19.15	.	.	15.58	21.44	.	.	.	16.98
1974	9.00	7.47	25.26	29.53	9.70	.	.	8.35	3.88	.	.	.	13.76
1975	2.02	0.50	-2.12	-19.11	6.83	.	.	1.75	7.31	.	.	.	5.68
1976	8.80	8.48	25.93	16.99	3.41	.	.	9.70	5.05	.	.	.	0.28
1977	12.64	17.23	35.28	10.28	5.38	.	.	15.53	-14.49	.	.	.	-11.05
1978	6.51	5.67	1.40	0.03	7.94	.	.	5.90	14.93	.	.	.	12.53
1979	7.22	8.82	1.31	-1.89	19.95	.	.	7.60	-0.97	.	.	.	-0.04
1980	7.39	6.34	39.63	-0.26	8.05	.	.	7.79	-4.92	.	.	.	1.69
1981	3.40	-1.83	59.67	-64.22	0.82	.	.	0.75	-8.03	.	.	.	4.91
1982	6.20	1.79	36.29	-15.80	-0.52	.	.	5.65	-1.08	.	.	.	9.13
1983	2.73	7.56	-1.60	12.67	-5.47	.	.	3.68	8.77	.	.	.	-8.24

ANTEILE IN VH

1970	100.00	65.85	3.48	3.61	7.86	0.52	8.12	89.43	6.83	0.13	0.00	3.61	10.57
1976	100.00	63.40	3.65	3.31	8.91	1.28	9.05	89.60	7.43	0.54	0.07	2.30	10.33
1982	100.00	59.88	10.15	0.71	8.69	1.24	8.55	89.23	4.12	0.62	0.04	3.15	7.93
1983	100.00	62.71	9.72	0.78	7.99	1.34	7.52	90.06	4.36	0.56	0.04	2.12	7.09

AUSGABEN DER LAENDER PRO KOPF DER BEVOELKERUNG IN DM
NIEDERSACHSEN

	AUSGABEN INSGESAMT	PERSONAL-AUSGABEN	LFD. SACH-AUFWAND	ZINS-AUSGABEN	LFD. ZUWEISUNGEN AN GEMEINDEN	AN DRITTE	SONSTIGE LFD.AUSGABEN	LFD.RECHNUNG INSGESAMT	SACH-INVESTITIONEN	DAVON: BAUT.	INVESTITIONSZUSCHUESSE AN GEMEINDEN	AN DRITTE	SONSTIGE	KAPITALRECHN. INSGESAMT	FINANZIERUNGS-SALDO
1970	1142	490	95	31	195	83	21	915	83	65	27	76	41	227	-45
1971	1277	584	108	38	197	106	20	1052	64	46	29	91	41	225	-92
1972	1471	643	119	42	244	114	39	1202	56	38	63	106	46	269	-8
1973	1756	743	155	47	293	144	23	1405	69	46	98	131	53	351	-64
1974	2046	861	160	58	335	193	34	1640	91	66	107	114	94	406	-201
1975	2197	945	163	72	328	230	47	1784	91	68	114	125	81	412	-314
1976	2333	1008	177	94	358	235	47	1919	79	57	138	106	90	413	-285
1977	2480	1088	181	120	400	264	39	2092	86	62	116	109	76	387	-172
1978	2692	1149	199	130	457	282	36	2253	87	61	137	127	89	440	-235
1979	2916	1230	224	145	498	304	36	2438	104	73	134	134	107	479	-284
1980	3161	1332	230	164	538	345	29	2638	101	68	126	177	120	523	-333
1981	3275	1418	252	196	548	329	29	2772	101	69	110	191	99	501	-347
1982	3441	1464	263	233	629	303	32	2923	106	73	114	194	103	518	-339
1983	3475	1511	279	258	636	285	23	2992	102	68	110	189	77	478	-279

VERAENDERUNGEN GEGENUEBER VORJAHR IN VH

1971	11.83	19.23	13.75	21.48	1.13	27.50	.	15.02	-22.83	-28.99	.	19.14	.	-1.02	.
1972	15.14	10.09	11.01	10.43	24.06	7.24	.	14.17	-13.57	-18.68	.	16.21	.	19.76	.
1973	19.39	15.59	29.55	12.74	19.82	26.16	.	16.95	24.34	21.58	.	24.34	.	30.24	.
1974	16.50	15.76	3.20	23.09	14.21	34.13	.	16.69	31.53	44.93	.	-12.94	.	15.73	.
1975	7.36	9.77	1.88	24.00	-1.91	19.47	.	8.81	0.15	2.24	.	9.80	.	1.51	.
1976	6.19	6.72	8.77	31.13	9.12	2.08	.	7.56	-13.40	-16.10	.	-15.15	.	0.28	.
1977	6.30	7.89	2.41	28.03	11.66	12.43	.	9.01	8.85	9.83	.	2.67	.	-6.29	.
1978	8.57	5.63	9.95	8.08	14.22	6.84	.	7.70	1.64	-2.20	.	16.49	.	13.60	.
1979	8.34	7.06	12.45	11.66	9.05	7.80	.	8.21	19.00	20.40	.	5.39	.	8.76	.
1980	8.40	8.26	2.82	13.04	8.05	13.34	.	8.23	-2.92	-7.79	.	31.61	.	9.25	.
1981	3.58	6.52	9.35	19.08	1.84	-4.60	.	5.06	-0.21	1.83	.	8.37	.	-4.16	.
1982	5.07	3.19	4.34	19.00	14.81	-7.94	.	5.45	5.44	5.99	.	1.42	.	3.28	.
1983	0.99	3.26	5.92	10.82	1.03	-5.77	.	2.37	-3.75	-7.41	.	-2.69	.	-7.57	.

ANTEILE IN VH

1970	100.00	42.89	8.28	2.72	17.06	7.29	1.85	80.10	7.29	5.69	2.35	6.67	3.58	19.90	-3.96
1976	100.00	43.21	7.59	4.03	15.35	10.08	2.02	82.28	3.38	2.43	5.93	4.56	3.85	17.72	-12.21
1982	100.00	42.54	7.64	6.76	18.29	8.80	0.92	84.95	3.08	2.12	3.32	5.64	3.00	15.05	-9.84
1983	100.00	43.49	8.02	7.42	18.29	8.21	0.67	86.11	2.94	1.94	3.17	5.44	2.22	13.77	-8.02

ANMERKUNG: . = AUSWEIS NICHT SINNVOLL.

QUELLE: EIGENE BERECHNUNGEN AUFGRUND AMTLICHER STATISTIKEN.

Tabelle 3.3.4

EINNAHMEN DER LAENDER PRO KOPF DER BEVOELKERUNG IN DM
NORDRHEIN-WESTFALEN

	EINNAHMEN INSGESAMT	STEUERN U.AE.	WIRTSCH. TAETIGKEIT	GEBUEHREN	LFD. ZUSCHUESSE VOM BUND	V.GEMEINDEN	SONSTIGE LFD.EINNAHMEN	LFD. RECHNUNG INSGESAMT	V.BUND	INVESTITIONSZUSCHUESSE V.GEMEINDEN	V.DRITTEN	SONSTIGE	KAPITALRECHN. INSGESAMT
1970	1061	866	28	19	65	2	20	1000	30	1	1	30	61
1971	1188	955	27	21	72	2	21	1098	53	0	1	36	90
1972	1384	1114	30	23	86	1	22	1277	67	0	1	40	107
1973	1608	1268	41	26	92	1	27	1454	106	6	0	41	154
1974	1757	1396	47	20	104	1	40	1608	100	5	0	44	149
1975	1737	1360	26	51	111	1	38	1587	98	5	0	47	150
1976	1941	1534	33	57	110	1	39	1774	115	7	0	46	168
1977	2149	1719	35	65	120	1	43	1983	107	6	0	52	167
1978	2262	1837	37	69	120	1	52	2116	100	8	0	41	149
1979	2438	1988	39	69	134	1	52	2283	104	6	0	45	155
1980	2547	2080	42	72	141	1	52	2388	105	6	0	48	159
1981	2575	2061	41	76	174	5	55	2412	100	5	0	58	163
1982	2712	2130	44	85	173	6	56	2494	96	6	0	115	218
1983	2802	2264	41	95	164	5	63	2636	99	8	0	59	166

VERAENDERUNGEN GEGENUEBER VORJAHR IN VH

1971	11.98	10.31	-3.14	.	10.66	.	.	9.78	80.12	.	.	.	47.97
1972	16.47	16.57	12.54	.	19.79	.	.	16.27	25.81	.	.	.	18.95
1973	16.20	13.85	34.18	.	7.08	.	.	13.91	58.61	.	.	.	43.55
1974	9.23	10.07	15.67	.	13.16	.	.	10.53	-5.50	.	.	.	-3.06
1975	-1.14	-2.56	-44.27	.	6.44	.	.	-1.28	-2.58	.	.	.	0.51
1976	11.78	12.77	25.03	.	-1.11	.	.	11.75	17.21	.	.	.	12.20
1977	10.71	12.07	7.42	.	9.32	.	.	11.80	-6.39	.	.	.	-0.79
1978	5.25	6.85	5.23	.	-0.27	.	.	6.71	-6.35	.	.	.	-10.37
1979	7.77	8.27	6.42	.	11.35	.	.	7.91	3.00	.	.	.	3.62
1980	4.48	4.60	7.20	.	5.47	.	.	4.59	1.46	.	.	.	2.79
1981	1.10	-0.90	-2.81	.	23.30	.	.	1.00	-5.06	.	.	.	2.55
1982	5.31	3.32	7.40	.	-0.10	.	.	3.41	-3.30	.	.	.	33.41
1983	3.32	6.42	-6.07	.	-5.50	.	.	5.67	2.48	.	.	.	-23.57

ANTEILE IN VH

1970	100.00	81.62	2.62	1.78	6.13	0.22	1.89	94.26	2.79	0.06	0.06	2.84	5.74
1976	100.00	79.00	1.69	2.95	5.66	0.03	2.02	91.35	5.91	0.36	0.00	2.38	8.65
1982	100.00	78.53	1.63	3.12	6.40	0.22	2.08	91.98	3.56	0.22	0.00	4.25	8.02
1983	100.00	80.89	1.48	3.40	5.85	0.19	2.26	94.07	3.53	0.30	0.00	2.11	5.93

AUSGABEN DER LAENDER PRO KOPF DER BEVOELKERUNG IN DM
NORDRHEIN-WESTFALEN

	AUSGABEN INSGESAMT	PERSONAL-AUSGABEN	LFD. SACH-AUFWAND	ZINS-AUSGABEN	LFD. ZUWEISUNGEN AN GEMEINDEN	AN DRITTE	SONSTIGE LFD.AUSGABEN	LFD.RECHNUNG INSGESAMT	SACH-INVESTITIONEN	DAVON: BAUT.	INVESTITIONSZUSCHUESSE AN GEMEINDEN	AN DRITTE	SONSTIGE	KAPITALRECHN. INSGESAMT	FINANZIERUNGS-SALDO
1970	1070	396	79	11	168	96	38	788	54	39	113	65	50	282	-5
1971	1219	473	91	11	191	101	47	914	57	36	133	69	46	305	-34
1972	1382	521	113	13	214	123	49	1033	57	37	146	98	48	349	-2
1973	1605	604	126	16	249	150	33	1177	66	42	176	156	31	428	-5
1974	1882	696	144	17	299	165	58	1380	77	49	199	171	54	501	-125
1975	2042	770	132	23	359	215	61	1559	72	51	206	146	59	483	-305
1976	2133	829	139	47	349	222	61	1647	73	49	201	144	66	485	-191
1977	2221	900	157	61	389	235	38	1780	67	42	172	130	72	441	-73
1978	2522	972	165	66	426	279	60	1968	76	51	213	191	73	554	-297
1979	2728	1046	196	95	455	288	36	2117	76	48	245	207	82	610	-272
1980	3020	1139	208	116	526	314	22	2325	87	57	289	234	86	696	-473
1981	3169	1206	219	153	575	316	23	2492	91	60	279	229	77	676	-594
1982	3237	1255	222	220	565	300	25	2587	83	58	236	207	125	650	-526
1983	3224	1299	243	276	485	309	19	2631	78	51	236	208	70	592	-451

VERAENDERUNGEN GEGENUEBER VORJAHR IN VH

1971	13.95	19.53	15.33	.	13.55	5.04	.	15.97	5.42	-7.03	17.62	6.16	.	8.30	.
1972	13.36	10.28	24.61	.	11.74	22.00	.	13.07	-1.46	2.77	10.08	42.59	.	14.24	.
1973	16.10	15.93	11.49	.	16.24	21.30	.	13.89	16.12	13.69	20.32	58.06	.	22.64	.
1974	17.25	15.23	14.24	.	20.51	10.42	.	17.27	17.65	16.39	13.16	10.03	.	17.18	.
1975	8.51	10.51	-8.58	.	19.76	30.23	.	12.97	-7.23	3.85	3.53	-14.65	.	-3.75	.
1976	4.45	7.69	5.36	.	-2.63	3.18	.	5.65	1.28	-4.10	-2.63	0.07	.	0.59	.
1977	4.16	8.54	13.37	.	11.51	5.80	.	8.09	-7.02	-14.06	-14.36	-10.97	.	-9.16	.
1978	13.53	8.06	5.08	.	9.42	18.71	.	10.55	12.42	19.70	24.16	46.71	.	25.54	.
1979	8.16	7.57	18.95	.	6.83	3.23	.	7.57	0.85	-4.58	14.96	8.38	.	10.27	.
1980	10.73	8.90	6.03	.	15.48	8.92	.	9.79	13.57	19.22	17.70	13.08	.	13.98	.
1981	4.90	5.89	5.04	.	9.45	0.72	.	7.21	4.70	4.05	-3.28	-2.28	.	-2.81	.
1982	2.17	4.04	1.58	.	-1.80	-5.15	.	3.80	-8.81	-2.71	-15.55	-9.53	.	-3.85	.
1983	-0.42	3.56	9.16	.	-14.23	3.20	.	1.71	-6.50	-11.56	-0.11	0.64	.	-9.01	.

ANTEILE IN VH

1970	100.00	36.96	7.35	0.99	15.75	9.01	3.59	73.65	5.08	3.65	10.55	6.08	4.64	26.35	-0.50
1976	100.00	38.86	6.50	2.19	16.37	10.42	2.88	77.24	3.40	2.30	9.41	6.86	3.10	22.76	-8.97
1982	100.00	38.76	6.87	6.81	17.45	9.26	0.74	79.91	2.56	1.80	7.28	6.39	3.85	20.09	-16.25
1983	100.00	40.31	7.53	8.57	15.03	9.60	0.59	81.63	2.40	1.60	7.31	6.46	2.18	18.36	-14.01

ANMERKUNG: .= AUSWEIS NICHT SINNVOLL.

QUELLE: EIGENE BERECHNUNGEN AUFGRUND AMTLICHER STATISTIKEN.

Tabelle 3.3.5

EINNAHMEN DER LAENDER PRO KOPF DER BEVOELKERUNG IN DM
HESSEN

	EINNAHMEN INSGESAMT	STEUERN U.AE.	WIRTSCH. TAETIGKEIT	GEBUEHREN	LFD. ZUSCHUESSE VOM BUND	V.GEMEINDEN	SONSTIGE LFD.EINNAHMEN	LFD. RECHNUNG INSGESAMT	INVESTITIONSZUSCHUESSE V.BUND	V.GEMEINDEN	V.DRITTEN	SONSTIGE	KAPITALRECHN. INSGESAMT
1970	1189	905	41	50	54	22	20	1093	58	2	2	35	97
1971	1305	987	38	57	62	26	20	1190	73	2	0	40	115
1972	1546	1176	38	65	56	27	24	1386	103	2	0	54	160
1973	1764	1327	41	74	79	25	27	1574	137	14	0	38	189
1974	1920	1448	45	66	102	23	54	1738	109	30	2	41	183
1975	1889	1386	45	77	110	25	61	1704	122	27	2	32	183
1976	2078	1546	51	81	108	25	70	1882	130	25	0	41	197
1977	2304	1762	56	76	125	20	81	2120	119	20	2	43	184
1978	2517	1946	61	83	128	13	85	2315	135	25	2	40	202
1979	2705	2112	63	83	135	13	90	2495	138	25	0	49	212
1980	2752	2133	68	86	147	14	100	2548	131	25	2	47	204
1981	2810	2184	66	20	152	14	100	2535	114	23	2	54	193
1982	2895	2229	66	21	148	12	114	2591	119	25	2	71	218
1983	3032	2373	66	23	143	13	124	2742	113	23	2	70	208

VERAENDERUNGEN GEGENUEBER VORJAHR IN VH

1971	9.77	9.06	-5.94	13.13	15.52	14.96	.	8.93	27.14	.	.	.	19.38
1972	18.41	19.13	-0.91	15.08	-9.63	6.17	.	16.47	41.21	.	.	.	38.42
1973	14.15	12.91	8.58	15.66	40.71	-7.47	.	13.67	32.18	.	.	.	18.29
1974	8.85	9.05	8.27	-12.25	29.03	-7.51	.	10.29	-20.05	.	.	.	-3.24
1975	-1.64	-4.27	0.32	16.59	7.36	8.04	.	-1.95	11.84	.	.	.	0.32
1976	10.03	11.58	12.42	5.05	-1.27	0.38	.	10.44	6.28	.	.	.	7.27
1977	10.84	13.97	10.79	-6.60	15.08	-21.37	.	12.64	-8.27	.	.	.	-6.35
1978	9.27	10.41	9.54	9.39	2.77	-36.44	.	9.23	13.49	.	.	.	9.67
1979	7.48	8.54	2.63	-0.31	5.31	-0.31	.	7.77	2.35	.	.	.	5.04
1980	1.72	0.97	8.07	3.86	8.82	13.75	.	2.12	-5.64	.	.	.	-3.84
1981	2.11	2.39	-2.91	-77.15	3.36	-0.29	.	-0.50	-12.58	.	.	.	-5.53
1982	3.01	2.09	-0.04	9.05	-2.39	-12.53	.	2.22	4.05	.	.	.	12.92
1983	4.74	6.44	0.41	8.78	-3.22	0.41	.	5.80	-5.58	.	.	.	-4.53

ANTEILE IN VH

1970	100.00	76.09	3.44	4.22	4.53	1.88	1.72	91.87	4.84	0.16	0.16	2.97	8.13
1976	100.00	74.39	2.43	3.91	5.21	1.22	3.39	90.54	6.25	1.22	0.00	2.00	9.46
1982	100.00	77.02	2.28	0.74	5.11	0.43	3.94	89.53	4.13	0.86	0.06	2.46	7.52
1983	100.00	78.26	2.19	0.77	4.73	0.41	4.08	90.43	3.72	0.77	0.06	2.30	6.85

AUSGABEN DER LAENDER PRO KOPF DER BEVOELKERUNG IN DM
HESSEN

	AUSGABEN INSGESAMT	PERSONAL- AUSGABEN	LFD. SACH- AUFWAND	ZINS- AUSGABEN	LFD. ZUWEISUNGEN AN GEMEINDEN	AN DRITTE	SONSTIGE LFD.AUSGABEN	LFD.RECHNUNG INSGESAMT	SACH- INVESTITIONEN	DAVON: BAUT.	INVESTITIONSZUSCHUESSE AN GEMEINDEN	AN DRITTE	SONSTIGE	KAPITALRECHN. INSGESAMT	FINANZIERUNGS- SALDO
1970	1312	518	108	30	164	59	100	979	126	104	85	61	59	333	-123
1971	1435	613	121	42	174	60	70	1080	124	103	103	70	59	355	-130
1972	1589	677	136	47	205	58	67	1190	123	98	122	100	54	399	-42
1973	1835	766	153	58	201	97	97	1372	122	95	164	121	56	462	-72
1974	2094	910	172	68	269	136	81	1636	118	91	152	113	75	459	-174
1975	2254	902	180	81	273	173	174	1783	120	93	182	95	74	471	-363
1976	2491	1046	184	97	285	171	61	1846	110	90	193	85	258	646	-413
1977	2652	1118	182	119	300	166	96	1981	112	90	164	74	105	455	-132
1978	2651	1185	198	135	344	175	123	2160	123	97	195	74	99	490	-132
1979	2858	1251	218	140	390	182	137	2317	129	101	216	81	115	541	-151
1980	3011	1342	236	152	424	188	84	2426	145	116	213	89	138	585	-258
1981	3095	1420	252	177	441	194	80	2564	141	105	173	93	125	532	-287
1982	3212	1454	257	228	437	202	93	2670	152	125	180	84	127	542	-310
1983	3281	1504	272	249	437	208	70	2740	150	122	115	116	159	541	-247

VERAENDERUNGEN GEGENUEBER VORJAHR IN VH

1971	9.42	18.31	12.13	41.64	6.37	1.61	.	10.31	-1.44	-1.44	19.96	13.46	.	6.79	.
1972	10.72	10.33	12.61	12.02	17.87	-1.91	.	10.18	-0.91	-4.45	18.54	43.42	.	12.37	.
1973	15.43	13.22	12.35	22.01	-1.74	67.29	.	15.31	-0.86	-2.70	34.65	20.77	.	15.81	.
1974	14.16	18.78	12.50	18.28	33.40	40.19	.	19.19	-3.32	-4.15	-6.94	-6.34	.	-0.78	.
1975	7.62	-0.86	4.50	18.80	1.66	26.72	.	9.00	1.84	2.29	19.21	-15.60	.	2.67	.
1976	10.54	15.98	2.39	20.45	4.34	-0.67	.	3.52	-8.61	-3.48	6.34	-10.98	.	37.16	.
1977	6.45	6.80	-0.91	22.31	5.14	-3.09	.	7.31	1.71	0.07	-14.89	-12.70	.	-29.56	.
1978	-0.06	6.00	8.77	13.49	14.92	5.30	.	9.07	9.54	7.86	18.53	-0.13	.	7.80	.
1979	7.83	5.61	9.64	3.68	13.27	3.81	.	7.27	5.56	3.39	10.77	9.42	.	10.32	.
1980	5.36	7.26	8.58	8.47	8.71	3.40	.	4.71	11.98	15.53	-1.29	10.59	.	8.13	.
1981	2.80	5.83	6.51	16.14	3.92	3.51	.	5.67	-2.75	-4.89	-18.72	3.70	.	-9.13	.
1982	3.77	2.35	2.09	29.25	-0.85	3.63	.	4.14	7.56	12.86	4.09	-9.65	.	1.98	.
1983	2.14	3.49	5.99	9.04	0.00	3.08	.	2.63	-0.77	-2.46	-36.37	38.87	.	-0.25	.

ANTEILE IN VH

1970	100.00	39.52	8.22	2.27	12.46	4.53	7.63	74.63	9.63	7.93	6.52	4.67	4.53	25.35	-9.35
1976	100.00	42.00	7.39	3.91	11.44	6.88	2.46	74.08	4.42	3.62	7.75	3.40	10.35	25.92	-16.58
1982	100.00	45.25	8.00	7.11	13.60	6.27	2.89	83.12	4.72	3.89	5.61	2.61	3.94	16.88	-9.66
1983	100.00	45.85	8.30	7.59	13.32	6.33	2.13	83.52	4.59	3.71	3.49	3.55	4.86	16.48	-7.53

ANMERKUNG: . = AUSWEIS NICHT SINNVOLL.

QUELLE: EIGENE BERECHNUNGEN AUFGRUND AMTLICHER STATISTIKEN.

Tabelle 3.3.6

EINNAHMEN DER LAENDER PRO KOPF DER BEVOELKERUNG IN DM
RHEINLAND-PFALZ

	EINNAHMEN INSGESAMT	STEUERN U.AE.	WIRTSCH. TAETIGKEIT	GEBUEHREN	LFD.ZUSCHUESSE VOM BUND	V.GEMEINDEN	SONSTIGE LFD.EINNAHMEN	LFD.RECHNUNG INSGESAMT	INVESTITIONSZUSCHUESSE V.BUND	V.GEMEINDEN	V.DRITTEN	SONSTIGE	KAPITALRECHN. INSGESAMT
1970	1166	735	33	44	151	27	93	1084	55	0	0	27	82
1971	1305	817	33	49	180	33	95	1207	60	3	0	33	95
1972	1536	944	33	57	217	35	106	1392	95	0	0	49	144
1973	1782	1122	35	65	241	43	108	1614	111	22	3	32	168
1974	1899	1201	41	70	246	51	122	1732	114	22	3	30	168
1975	1960	1199	41	82	275	52	125	1773	125	22	3	38	188
1976	2100	1307	46	96	271	55	123	1898	131	22	3	46	202
1977	2359	1520	55	104	285	55	159	2178	115	22	3	41	181
1978	2514	1629	61	58	300	47	168	2261	135	22	3	44	204
1979	2709	1781	63	50	339	50	154	2437	138	25	3	41	206
1980	2811	1880	71	52	335	52	151	2542	124	30	3	41	198
1981	2847	1862	74	58	346	58	170	2567	121	30	3	52	206
1982	2965	1954	69	60	344	66	162	2655	115	30	3	80	228
1983	3107	2091	69	66	341	72	182	2821	110	28	3	63	204

VERAENDERUNGEN GEGENUEBER VORJAHR IN VH

1971	11.91	11.15	-0.71	11.70	19.15	19.15	.	11.36	9.22	.	.	.	15.84
1972	17.71	15.56	-0.38	16.22	20.75	7.92	.	15.36	58.49	.	.	.	50.85
1973	16.02	18.83	7.95	13.88	10.86	22.64	.	15.97	16.73	.	.	.	16.57
1974	6.58	7.05	15.45	8.39	2.30	18.81	.	7.26	2.49	.	.	.	0.05
1975	3.21	-0.19	0.49	15.95	0.00	0.49	.	2.37	0.00	.	.	.	11.83
1976	7.13	9.01	13.98	17.34	-1.42	5.87	.	7.05	4.95	.	.	.	7.86
1977	12.35	16.28	18.03	8.93	5.40	0.33	.	14.79	-12.21	.	.	.	-10.52
1978	6.57	7.15	10.30	-44.58	5.10	-14.77	.	3.81	16.99	.	.	.	12.43
1979	7.75	9.38	4.63	-14.21	12.94	5.97	.	7.75	2.13	.	.	.	1.44
1980	3.76	5.52	12.83	5.35	-1.00	5.35	.	4.32	-10.17	.	.	.	-4.18
1981	1.29	-0.96	3.74	10.44	3.19	10.44	.	1.00	-2.30	.	.	.	4.08
1982	4.14	4.95	-7.33	4.85	-0.71	14.38	.	3.40	-4.47	.	.	.	10.76
1983	4.78	7.04	0.14	9.24	-0.66	8.48	.	6.25	-4.63	.	.	.	-10.72

ANTEILE IN VH

1970	100.00	63.06	2.82	3.76	12.94	2.33	8.00	92.94	4.71	0.00	0.00	2.35	7.06
1976	100.00	62.24	2.21	4.56	12.89	2.60	5.86	90.36	6.25	1.04	0.13	2.21	9.64
1982	100.00	65.89	2.32	2.04	11.58	2.22	5.47	89.53	3.89	1.02	0.09	2.69	7.69
1983	100.00	67.32	2.21	2.13	10.98	2.30	5.85	90.79	3.54	0.89	0.09	2.04	6.55

AUSGABEN DER LAENDER PRO KOPF DER BEVOELKERUNG IN DM
RHEINLAND-PFALZ

	AUSGABEN INSGESAMT	PERSONAL-AUSGABEN	LFD. SACH-AUFWAND	ZINS-AUSGABEN	LFD. ZUWEISUNGEN AN GEMEINDEN	AN DRITTE	SONSTIGE LFD.AUSGABEN	LFD.RECHNUNG INSGESAMT	SACH-INVESTITIONEN	DAVON: BAUT.	INVESTITIONSZUSCHUESSE AN GEMEINDEN	AN DRITTE	SONSTIGE	KAPITALRECHN. INSGESAMT	FINANZIERUNGS-SALDO
1970	1215	494	102	33	102	173	19	922	85	63	85	82	41	294	-49
1971	1455	597	125	41	120	188	14	1084	112	79	117	90	52	370	-153
1972	1634	657	174	49	141	195	16	1232	106	76	136	98	62	402	-98
1973	1855	757	195	57	184	211	16	1420	114	81	173	97	51	435	-73
1974	2075	871	216	70	198	225	22	1602	133	97	179	103	60	473	-176
1975	2273	941	218	84	220	302	22	1786	136	103	169	111	71	487	-313
1976	2374	995	219	101	241	284	25	1865	129	104	208	93	79	509	-273
1977	2519	1064	239	126	283	291	30	2033	132	104	189	88	74	483	-156
1978	2685	1133	250	138	289	341	25	2176	135	99	201	99	74	509	-171
1979	2888	1211	273	149	317	358	25	2332	149	107	226	113	69	556	-182
1980	3116	1305	272	165	385	382	14	2523	159	115	242	118	74	594	-305
1981	3281	1381	294	195	409	404	16	2699	148	115	236	121	77	582	-401
1982	3375	1429	245	245	420	470	19	2828	151	121	214	107	74	547	-387
1983	3445	1478	245	283	418	479	17	2920	149	110	209	88	80	526	-340

VERAENDERUNGEN GEGENUEBER VORJAHR IN VH

1971	19.69	20.80	22.44	24.11	18.08	8.75	.	17.61	31.32	37.73	9.22	.	26.20	.	.
1972	12.31	10.08	38.60	19.54	17.73	3.95	.	13.64	-5.24	-3.82	15.84	8.68	.	8.41	.
1973	13.55	15.30	12.10	16.26	30.31	7.95	.	15.23	7.31	6.77	27.55	-0.35	.	8.40	.
1974	11.87	15.06	11.17	23.88	7.41	6.47	.	12.82	16.73	20.06	3.18	5.61	.	8.73	.
1975	9.53	7.98	0.49	19.81	11.50	34.39	.	11.52	2.54	6.07	-5.60	8.42	.	2.79	.
1976	4.42	5.81	0.57	20.04	9.27	-5.77	.	4.40	-5.46	0.57	23.28	-16.60	.	4.51	.
1977	6.11	6.94	9.11	24.73	17.43	2.26	.	9.01	2.46	0.33	-8.91	-5.57	.	-5.06	.
1978	6.61	6.48	4.89	8.99	2.22	17.30	.	7.04	2.36	-5.04	6.09	12.81	.	5.40	.
1979	7.57	6.80	8.88	8.09	9.61	4.93	.	7.17	10.30	8.42	12.42	13.98	.	9.28	.
1980	7.90	7.75	-0.19	10.90	21.50	6.72	.	8.17	7.20	7.49	7.11	4.68	.	6.73	.
1981	5.29	5.81	7.99	18.24	6.34	5.67	.	6.99	-6.97	-0.08	-2.35	2.24	.	-1.93	.
1982	2.85	3.46	-16.75	25.46	2.77	16.42	.	4.77	1.94	4.85	-9.23	-11.29	.	-6.05	.
1983	2.09	3.41	0.14	15.89	-0.52	1.89	.	3.25	-1.68	-8.97	-2.43	-17.84	.	-3.89	.

ANTEILE IN VH

1970	100.00	40.63	8.35	2.71	8.35	14.22	1.58	75.85	7.00	5.19	7.00	6.77	3.39	24.15	-4.06
1976	100.00	41.94	9.22	4.26	10.14	11.98	1.04	78.57	5.41	4.38	8.74	3.92	3.34	21.43	-11.52
1982	100.00	42.35	7.25	7.25	12.46	13.93	0.57	83.79	4.48	3.58	6.35	3.18	2.20	16.21	-11.48
1983	100.00	42.89	7.11	8.23	12.14	13.90	0.48	84.74	4.31	3.19	6.07	2.56	2.32	15.26	-10.46

ANMERKUNG: .= AUSWEIS NICHT SINNVOLL.

QUELLE: EIGENE BERECHNUNGEN AUFGRUND AMTLICHER STATISTIKEN.

Tabelle 3.3.7

EINNAHMEN DER LAENDER PRO KOPF DER BEVOELKERUNG IN DM
BADEN-WUERTTEMBERG

	EINNAHMEN INSGESAMT	STEUERN U.AE.	WIRTSCH. TAETIGKEIT	GEBUEHREN	LFD.ZUSCHUESSE VOM BUND	LFD.ZUSCHUESSE V.GEMEINDEN	SONSTIGE LFD.EINNAHMEN	LFD.RECHNUNG INSGESAMT	INVESTITIONSZUSCHUESSE V.BUND	INVESTITIONSZUSCHUESSE V.GEMEINDEN	INVESTITIONSZUSCHUESSE V.DRITTEN	SONSTIGE	KAPITALRECHN. INSGESAMT
1970	1178	881	44	56	45	47	21	1095	48	1	0	34	83
1971	1338	957	45	63	42	64	22	1235	68	1	0	34	103
1972	1585	1174	45	72	65	61	22	1440	104	1	1	38	145
1973	1765	1313	46	80	62	77	28	1607	121	0	2	36	159
1974	1932	1420	53	94	81	92	27	1768	124	3	1	36	165
1975	1969	1416	52	107	97	106	29	1807	122	2	1	37	162
1976	2207	1589	62	123	102	128	32	2036	117	2	1	37	172
1977	2442	1834	68	127	114	121	37	2301	101	2	1	36	140
1978	2622	1957	71	137	112	133	41	2450	124	2	1	45	172
1979	2843	2110	76	120	131	153	47	2638	123	2	1	48	175
1980	2998	2245	83	126	136	157	48	2795	119	2	3	45	170
1981	3054	2268	84	75	139	175	47	2789	112	2	2	51	167
1982	3227	2363	80	80	134	204	53	2912	108	3	6	72	190
1983	3383	2455	79	90	131	203	56	3014	99	3	4	134	241
					VERAENDERUNGEN GEGENUEBER VORJAHR IN VH								
1971	13.56	13.15	3.74	12.50	-6.25	36.27	.	12.76	39.99	.	.	.	24.02
1972	18.45	17.74	-1.08	14.54	53.59	-4.49	.	16.61	54.06	.	.	.	40.41
1973	11.39	11.84	1.39	10.98	-4.38	25.49	.	11.58	15.65	.	.	.	9.48
1974	9.47	8.14	16.26	17.16	31.12	19.30	.	10.03	3.24	.	.	.	3.75
1975	1.69	-0.29	-1.57	13.18	19.23	14.66	.	2.20	-2.14	.	.	.	-1.50
1976	12.10	12.24	19.52	15.02	5.17	21.40	.	12.70	-3.85	.	.	.	6.05
1977	10.64	15.40	8.94	3.73	12.00	-5.84	.	13.02	-13.89	.	.	.	-18.35
1978	7.39	6.71	4.74	7.65	-2.02	9.89	.	6.47	22.71	.	.	.	22.54
1979	8.42	7.82	7.34	-12.29	17.26	15.32	.	7.65	-0.33	.	.	.	1.58
1980	5.46	6.39	9.13	4.62	4.17	2.75	.	5.98	-3.42	.	.	.	-2.65
1981	1.88	1.04	0.84	-39.93	1.92	11.22	.	-0.22	-5.88	.	.	.	-1.72
1982	5.65	4.16	-5.19	5.65	-3.94	16.59	.	4.42	-3.91	.	.	.	13.47
1983	4.85	3.92	-1.10	12.45	-2.17	-0.27	.	3.49	-7.76	.	.	.	27.03
					ANTEILE IN VH								
1970	100.00	74.81	3.72	4.77	3.82	4.01	1.81	92.94	4.10	0.10	0.00	2.86	7.06
1976	100.00	72.02	2.83	5.56	4.61	5.80	1.44	92.26	5.31	0.10	0.05	1.69	7.79
1982	100.00	73.22	2.47	2.47	4.14	6.31	1.64	90.25	3.34	0.10	0.20	2.24	5.88
1983	100.00	72.57	2.33	2.65	3.86	6.00	1.66	89.08	2.94	0.10	0.13	3.96	7.12

AUSGABEN DER LAENDER PRO KOPF DER BEVOELKERUNG IN DM
BADEN-WUERTTEMBERG

	AUSGABEN INSGESAMT	PERSONAL-AUSGABEN	LFD. SACH-AUFWAND	ZINS-AUSGABEN	LFD. ZUWEISUNGEN AN GEMEINDEN	LFD. ZUWEISUNGEN AN DRITTE	SONSTIGE LFD.AUSGABEN	LFD.RECHNUNG INSGESAMT	SACH-INVESTITIONEN	DAVON: BAUT.	INVESTITIONSZUSCHUESSE AN GEMEINDEN	INVESTITIONSZUSCHUESSE AN DRITTE	SONSTIGE	KAPITALRECHN. INSGESAMT	FINANZIERUNGS-SALDO
1970	1222	489	106	27	178	66	64	930	123	93	63	81	26	292	-43
1971	1410	568	116	31	200	54	79	1068	141	109	84	93	23	342	-72
1972	1580	657	128	35	233	83	83	1220	113	81	114	108	26	361	5
1973	1791	758	121	37	267	104	105	1393	110	75	137	130	23	400	-26
1974	2037	876	139	41	298	137	100	1590	136	95	146	127	38	447	-105
1975	2214	960	159	52	300	195	100	1766	137	94	146	128	37	448	-246
1976	2388	1029	174	70	350	204	112	1939	125	86	160	125	39	449	-181
1977	2585	1111	189	83	397	220	153	2153	125	86	147	111	50	433	-144
1978	2819	1189	209	91	425	246	158	2319	131	87	177	134	57	499	-268
1979	3094	1279	213	116	476	264	177	2525	155	103	205	133	76	570	-215
1980	3338	1373	226	125	487	297	196	2704	181	126	220	144	89	634	-340
1981	3369	1453	249	153	496	296	170	2818	147	96	191	127	86	551	-314
1982	3467	1492	262	187	504	273	221	2939	143	97	190	126	70	529	-237
1983	3575	1540	277	217	548	273	183	3038	160	112	152	152	72	537	-190
						VERAENDERUNGEN GEGENUEBER VORJAHR IN VH									
1971	15.38	20.23	10.23	15.13	12.42	-18.05	.	14.91	14.98	16.51	33.92	15.13	.	16.90	.
1972	12.08	11.80	10.23	13.06	16.51	53.43	.	14.23	-19.77	-25.30	35.37	15.41	.	5.67	.
1973	13.34	15.34	-6.10	5.17	14.85	25.03	.	14.11	-2.94	-7.71	19.92	21.20	.	10.71	.
1974	13.73	15.50	14.92	11.38	11.40	31.83	.	14.19	24.32	27.09	6.77	-2.84	.	11.84	.
1975	8.70	9.67	14.61	26.92	0.84	41.62	.	11.08	0.48	-1.81	-0.27	1.34	.	0.24	.
1976	7.81	7.14	9.61	34.19	16.69	4.58	.	9.76	-8.94	-7.55	9.66	-2.77	.	0.16	.
1977	8.28	7.93	8.34	18.93	13.30	8.23	.	11.07	0.15	-1.11	-8.08	-11.27	.	-3.51	.
1978	9.05	7.10	10.94	9.10	7.08	11.83	.	7.68	5.16	1.18	20.78	20.67	.	15.33	.
1979	9.74	7.57	1.76	27.29	12.00	7.20	.	8.90	17.95	18.60	15.67	-0.33	.	14.10	.
1980	7.89	7.34	6.33	7.63	2.39	12.33	.	7.10	16.68	22.43	7.12	8.15	.	11.18	.
1981	0.94	5.83	10.03	22.92	1.76	-0.09	.	4.21	-18.93	-23.62	-13.20	-11.68	.	-13.05	.
1982	2.91	2.68	5.13	22.46	1.67	-8.06	.	4.29	-2.27	1.06	-0.63	-0.91	.	-3.98	.
1983	3.09	3.23	5.62	15.82	8.61	0.26	.	3.35	11.57	15.86	-19.68	20.83	.	1.48	.
						ANTEILE IN VH									
1970	100.00	40.02	8.65	2.21	14.54	5.43	5.24	76.08	10.03	7.64	5.15	6.62	2.12	23.92	-3.50
1976	100.00	43.10	7.29	2.93	14.67	8.53	4.68	81.20	5.23	3.62	6.69	5.23	1.65	18.80	-7.57
1982	100.00	43.04	7.55	5.41	14.54	7.86	6.37	84.77	4.13	2.80	5.47	3.64	2.02	15.26	-6.84
1983	100.00	43.09	7.74	6.07	15.32	7.65	5.11	84.98	4.47	3.14	4.26	4.26	2.02	15.02	-5.32

ANMERKUNG: . = AUSWEIS NICHT SINNVOLL.

QUELLE: EIGENE BERECHNUNGEN AUFGRUND AMTLICHER STATISTIKEN.

Tabelle 3.3.8

EINNAHMEN DER LAENDER PRO KOPF DER BEVOELKERUNG IN DM
BAYERN

	EINNAHMEN INSGESAMT	STEUERN U.AE.	WIRTSCH. TAETIGKEIT	GEBUEHREN	LFD. ZUSCHUESSE VOM BUND	V.GEMEINDEN	SONSTIGE LFD.EINNAHMEN	LFD.RECHNUNG INSGESAMT	INVESTITIONSZUSCHUESSE V.BUND	V.GEMEINDEN	V.DRITTEN	SONSTIGE	KAPITALRECHN. INSGESAMT
1970	1119	758	52	51	77	10	35	1023	56	1	0	40	97
1971	1217	884	55	55	60	9	43	1108	76	0	1	32	109
1972	1456	1051	54	62	89	11	45	1313	97	1	1	44	142
1973	1661	1195	57	70	100	11	46	1480	129	12	1	39	181
1974	1790	1275	65	70	106	12	75	1603	130	20	1	36	187
1975	1831	1238	68	81	121	14	90	1613	139	34	3	42	218
1976	2007	1402	78	98	129	14	81	1801	151	18	1	37	206
1977	2220	1593	88	102	142	15	86	2026	130	21	1	41	193
1978	2417	1753	93	100	154	15	98	2214	142	18	1	35	197
1979	2600	1884	99	106	161	17	103	2370	153	23	2	45	223
1980	2729	1966	127	97	172	18	116	2496	139	36	1	53	229
1981	2768	1987	133	103	171	19	114	2527	128	37	1	69	235
1982	2858	2086	131	108	172	20	90	2606	121	44	2	78	244
1983	3009	2231	146	108	170	21	91	2767	121	40	2	70	233

VERAENDERUNGEN GEGENUEBER VORJAHR IN VH

1971	8.73	11.06	3.94	7.84	-22.12	-1.44	.	8.31	35.31	.	.	.	12.09
1972	19.60	18.67	-0.99	14.38	48.52	18.82	.	18.51	27.13	.	.	.	30.59
1973	14.12	13.68	6.11	12.59	11.67	-0.74	.	12.71	33.62	.	.	.	27.16
1974	7.74	6.64	14.17	-0.30	6.16	8.00	.	8.29	0.41	.	.	.	3.26
1975	2.31	-2.95	4.43	16.01	14.13	15.61	.	0.65	7.30	.	.	.	16.48
1976	9.59	13.25	13.79	20.74	6.36	0.24	.	11.66	8.21	.	.	.	-5.28
1977	10.61	13.63	13.00	3.69	10.70	6.58	.	12.50	-13.57	.	.	.	-6.36
1978	8.90	10.04	6.26	-1.87	8.38	-0.06	.	9.25	9.16	.	.	.	1.86
1979	7.58	7.45	5.65	6.19	4.50	12.19	.	7.05	7.49	.	.	.	13.30
1980	4.94	4.36	28.38	-8.25	6.37	10.60	.	5.31	-8.85	.	.	.	2.83
1981	1.45	1.05	4.66	6.18	-0.39	4.59	.	1.25	-8.26	.	.	.	2.40
1982	3.24	5.01	-0.87	4.23	0.35	4.57	.	3.14	-5.17	.	.	.	4.09
1983	5.29	6.96	11.07	-0.04	-1.10	4.51	.	6.16	-0.04	.	.	.	-4.51

ANTEILE IN VH

1970	100.00	71.27	4.69	4.52	6.91	0.85	3.15	91.39	5.03	0.09	0.00	3.58	8.70
1976	100.00	69.88	3.87	4.89	6.41	0.69	4.01	89.76	7.52	0.88	0.05	1.85	10.29
1982	100.00	73.00	4.60	3.77	6.00	0.70	3.16	91.19	4.25	1.53	0.06	2.71	8.55
1983	100.00	74.15	4.85	3.58	5.64	0.70	3.03	91.94	4.03	1.33	0.06	2.33	7.76

AUSGABEN DER LAENDER PRO KOPF DER BEVOELKERUNG IN DM
BAYERN

	AUSGABEN INSGESAMT	PERSONAL- AUSGABEN	LFD. SACH- AUFWAND	ZINS- AUSGABEN	LFD. ZUWEISUNGEN AN GEMEINDEN	AN DRITTE	SONSTIGE LFD.AUSGABEN	LFD.RECHNUNG INSGESAMT	SACH- INVESTITIONEN	DAVON: BAUT.	INVESTITIONSZUSCHUESSE AN GEMEINDEN	AN DRITTE	SONSTIGE	KAPITALRECHN. INSGESAMT	FINANZIERUNGS- SALDO
1970	1132	481	105	17	135	109	21	838	76	56	76	93	49	294	-12
1971	1261	523	121	19	154	103	22	941	90	68	91	100	39	320	-44
1972	1418	576	133	21	171	143	20	1064	88	67	117	113	37	355	37
1973	1617	659	127	23	187	152	21	1168	95	67	159	154	40	448	44
1974	1846	769	137	25	207	171	33	1343	111	77	176	152	65	504	-56
1975	2068	851	146	32	226	224	35	1515	109	82	203	152	89	553	-238
1976	2177	921	151	46	233	229	44	1624	98	73	200	140	115	553	-169
1977	2279	991	160	58	258	243	43	1753	112	83	178	117	117	525	-59
1978	2527	1056	173	66	337	274	41	1946	119	90	212	129	121	581	-135
1979	2779	1130	188	70	384	288	40	2100	128	98	256	155	140	679	-124
1980	2940	1210	208	82	404	309	23	2236	141	106	250	163	150	704	-194
1981	3024	1282	215	99	420	314	22	2352	139	103	238	148	147	671	-251
1982	3131	1330	231	120	429	327	23	2459	132	101	231	156	151	670	-274
1983	3194	1379	238	143	447	316	22	2545	135	95	233	128	155	650	-204

VERAENDERUNGEN GEGENUEBER VORJAHR IN VH

1971	11.44	15.86	15.59	9.51	14.64	-5.74	.	12.37	18.27	20.28	19.51	7.71	.	8.77	.
1972	12.45	10.05	9.76	13.84	11.09	39.89	.	13.06	-3.05	-0.99	28.61	13.02	.	10.95	.
1973	13.99	14.52	-4.90	7.89	8.97	5.71	.	9.77	8.76	-0.74	35.50	37.00	.	26.36	.
1974	14.17	16.61	8.43	7.67	11.05	13.07	.	14.92	16.15	16.31	10.71	-1.50	.	12.44	.
1975	12.05	10.77	6.25	29.88	9.10	30.90	.	12.85	-1.48	6.16	15.41	0.19	.	9.72	.
1976	5.25	8.18	3.41	43.20	3.10	1.89	.	7.20	-9.95	-11.02	-1.58	-8.26	.	-0.09	.
1977	4.67	7.63	6.05	25.90	10.62	6.39	.	7.94	14.04	13.83	-10.72	-15.96	.	-4.94	.
1978	10.90	6.47	8.03	12.64	30.75	12.49	.	10.96	6.55	7.72	18.59	10.18	.	10.68	.
1979	9.97	7.06	8.79	6.75	13.93	5.11	.	7.92	7.45	8.98	21.06	19.67	.	16.85	.
1980	5.78	7.09	10.76	16.57	5.03	7.52	.	6.49	10.28	8.93	-2.61	5.47	.	3.59	.
1981	2.87	5.95	3.12	20.87	4.13	1.68	.	5.21	-1.69	-2.97	-4.79	-9.35	.	-4.63	.
1982	3.53	3.73	7.46	22.00	1.99	3.88	.	4.55	-4.78	-1.95	-2.87	5.36	.	-0.10	.
1983	2.09	3.67	3.12	18.90	4.22	-3.11	.	3.49	2.03	-6.34	0.75	-18.16	.	-3.03	.

ANTEILE IN VH

1970	100.00	39.88	9.27	1.52	11.89	9.61	1.85	74.03	6.75	4.97	6.75	8.18	4.31	25.98	-1.10
1976	100.00	42.30	6.93	2.13	10.71	10.50	2.04	74.62	4.51	3.36	9.18	6.42	5.27	25.38	-7.78
1982	100.00	42.48	7.37	3.85	13.69	10.43	0.73	78.55	4.22	3.23	7.37	4.98	4.84	21.42	-8.74
1983	100.00	43.14	7.45	4.48	13.98	9.90	0.68	79.63	4.22	2.97	7.28	3.99	4.85	20.34	-6.45

ANMERKUNG: . = AUSWEIS NICHT SINNVOLL.

QUELLE: EIGENE BERECHNUNGEN AUFGRUND AMTLICHER STATISTIKEN.

Tabelle 3.3.9

EINNAHMEN DER LAENDER PRO KOPF DER BEVOELKERUNG IN DM
SAARLAND

	EINNAHMEN INSGESAMT	STEUERN U.AE.	WIRTSCH. TAETIGKEIT	GEBUEHREN	LFD. ZUSCHUESSE VOM BUND	V.GEMEINDEN	SONSTIGE LFD.EINNAHMEN	LFD. RECHNUNG INSGESAMT	INVESTITIONSZUSCHUESSE V.BUND	V.GEMEINDEN	V.DRITTEN	SONSTIGE	KAPITALRECHN. INSGESAMT
1970	1143	732	18	80	27	18	161	1036	54	0	0	54	107
1971	1283	820	18	89	36	27	196	1185	53	0	0	36	89
1972	1508	955	18	107	80	27	196	1383	71	0	0	54	125
1973	1747	1102	18	116	90	36	197	1559	125	18	0	45	188
1974	1850	1182	27	117	108	9	226	1670	117	18	0	45	181
1975	1927	1173	27	182	118	9	218	1727	136	9	0	55	200
1976	2086	1308	27	201	137	9	192	1876	156	9	0	55	220
1977	2339	1510	28	193	138	9	267	2145	138	9	0	37	184
1978	2544	1625	37	204	167	9	306	2349	139	9	0	46	195
1979	2673	1710	28	206	187	9	299	2439	178	9	0	56	243
1980	2846	1788	37	215	197	9	356	2603	197	9	0	37	243
1981	2995	1887	38	56	216	9	385	2592	160	9	0	47	216
1982	2988	1866	38	57	207	9	349	2526	132	9	9	85	236
1983	3131	1945	38	57	247	19	408	2713	104	9	9	66	190

VERAENDERUNGEN GEGENUEBER VORJAHR IN VH

1971	12.30	12.00	-0.18	10.91	.	.	.	14.45	-0.18	.	.	.	-16.82
1972	17.47	16.41	0.09	20.11	.	.	.	16.65	33.45	.	.	.	40.12
1973	15.90	15.47	0.45	8.82	.	.	.	12.76	75.78	.	.	.	50.67
1974	5.89	7.27	51.08	0.72	.	.	.	7.09	-6.47	.	.	.	-4.07
1975	4.17	-0.81	0.73	54.97	.	.	.	3.45	16.22	.	.	.	10.80
1976	8.24	11.56	0.64	10.70	.	.	.	8.59	14.06	.	.	.	9.79
1977	12.12	15.42	0.64	-3.93	.	.	.	14.39	-11.20	.	.	.	-16.13
1978	8.78	7.60	34.45	5.64	.	.	.	9.49	0.84	.	.	.	5.88
1979	5.06	5.26	-24.51	0.65	.	.	.	3.84	27.50	.	.	.	24.62
1980	6.49	4.57	33.58	4.74	.	.	.	6.71	10.73	.	.	.	0.19
1981	5.23	5.53	0.28	-73.84	.	.	.	-0.44	-18.82	.	.	.	-11.29
1982	-0.25	-1.12	0.38	0.38	.	.	.	-2.53	-17.34	.	.	.	9.11
1983	4.79	4.22	0.66	0.66	.	.	.	7.43	-20.91	.	.	.	-19.47

ANTEILE IN VH

1970	100.00	64.06	1.56	7.03	2.34	1.56	14.06	90.63	4.69	0.00	0.00	4.69	9.38
1976	100.00	62.72	1.32	9.65	6.58	0.44	9.21	89.91	7.46	0.44	0.00	2.63	10.53
1982	100.00	62.46	1.26	1.89	6.94	0.32	11.67	84.54	4.42	0.32	0.32	2.84	7.89
1983	100.00	62.12	1.21	1.82	7.88	0.61	13.03	86.67	3.33	0.30	0.30	2.12	6.06

AUSGABEN DER LAENDER PRO KOPF DER BEVOELKERUNG IN DM
SAARLAND

	AUSGABEN INSGESAMT	PERSONAL- AUSGABEN	LFD. SACH- AUFWAND	ZINS- AUSGABEN	LFD. ZUWEISUNGEN AN GEMEINDEN	AN DRITTE	SONSTIGE LFD.AUSGABEN	LFD.RECHNUNG INSGESAMT	SACH- INVESTITIONEN	DAVON: BAUT.	INVESTITIONSZUSCHUESSE AN GEMEINDEN	AN DRITTE	SONSTIGE	KAPITALRECHN. INSGESAMT	FINANZIERUNGS- SALDO
1970	1170	545	107	54	188	80	27	1000	71	63	27	45	36	179	-27
1971	1355	651	160	62	205	53	27	1159	80	62	36	45	36	196	-80
1972	1534	731	169	71	232	89	18	1311	71	54	54	62	45	232	-27
1973	1810	842	197	72	278	108	18	1514	72	54	90	90	45	296	-63
1974	2058	975	208	90	289	144	18	1724	99	72	99	90	45	334	-208
1975	2327	1064	245	109	291	182	18	1909	100	82	164	91	64	418	-400
1976	2406	1125	265	137	284	156	18	1985	91	73	156	101	82	430	-320
1977	2560	1206	258	157	304	175	28	2127	92	74	101	92	138	424	-221
1978	2748	1281	288	176	334	195	37	2312	84	65	111	111	121	427	-204
1979	3028	1364	318	187	355	215	28	2467	93	65	131	168	168	561	-355
1980	3296	1470	337	215	431	253	19	2725	112	75	131	150	187	581	-449
1981	3512	1559	357	254	441	235	38	2883	113	85	131	197	180	629	-516
1982	3930	1621	386	320	424	273	19	3044	123	104	123	462	179	886	-933
1983	4070	1679	408	408	434	455	38	3425	152	123	85	171	228	636	-958

VERAENDERUNGEN GEGENUEBER VORJAHR IN VH

1971	15.82	19.46	49.73	16.46	9.33	-33.45	.	15.86	12.30	-0.18	33.10	.	.	9.80	.
1972	13.26	12.43	5.65	14.39	13.14	66.82	.	13.18	-11.03	-14.21	50.13	.	.	18.29	.
1973	17.97	15.15	16.31	0.45	19.76	20.54	.	15.48	0.45	-0.18	67.41	.	.	27.49	.
1974	13.69	15.72	5.20	25.90	3.97	34.30	.	13.83	38.49	34.30	10.79	.	.	12.93	.
1975	13.10	9.12	18.25	20.87	0.73	25.91	.	10.75	0.73	13.32	64.83	.	.	25.23	.
1976	3.39	5.80	8.10	25.80	-2.50	-14.46	.	4.00	-8.51	-10.54	-4.95	.	.	2.83	.
1977	6.38	7.19	-2.83	14.06	7.14	12.49	.	7.14	0.64	0.64	-34.88	.	.	-1.50	.
1978	7.36	6.22	11.64	12.70	10.00	11.45	.	8.69	-9.25	-11.77	10.00	.	.	0.84	.
1979	10.18	6.49	10.39	5.95	6.25	10.24	.	6.72	11.84	0.65	17.43	.	.	31.29	.
1980	8.85	7.74	6.08	15.22	21.28	17.61	.	10.43	24.50	14.50	0.19	.	.	3.53	.
1981	6.55	6.03	5.85	17.72	2.46	-7.15	.	5.80	0.28	12.82	0.28	.	.	8.37	.
1982	11.92	4.01	8.30	26.40	-3.89	16.44	.	5.61	8.74	22.68	-6.79	.	.	40.83	.
1983	3.56	3.59	5.57	27.31	2.90	66.62	.	12.51	23.89	18.97	-30.31	.	.	-28.23	.

ANTEILE IN VH

1970	100.00	46.54	9.14	4.58	16.03	6.87	2.29	85.50	6.11	5.34	2.29	3.82	3.05	15.27	-2.29
1976	100.00	46.77	11.03	5.70	11.79	6.46	0.76	82.51	3.80	3.04	6.46	4.18	3.42	17.87	-13.31
1982	100.00	41.25	9.83	8.15	10.79	6.95	0.48	77.46	3.12	2.64	3.12	11.75	4.56	22.54	-23.74
1983	100.00	41.26	10.02	10.02	10.72	11.19	0.93	84.15	3.73	3.03	2.10	4.20	5.59	15.62	-23.54

ANMERKUNG: .= AUSWEIS NICHT SINNVOLL.

QUELLE: EIGENE BERECHNUNGEN AUFGRUND AMTLICHER STATISTIKEN.

Tabelle 3.3.10

EINNAHMEN DER LAENDER PRO KOPF DER BEVOELKERUNG IN DM
HAMBURG

	EINNAHMEN INSGESAMT	STEUERN U.AE.	WIRTSCH. TAETIGKEIT	GEBUEHREN	LFD. ZUSCHUESSE VOM BUND	LFD. ZUSCHUESSE V.GEMEINDEN	SONSTIGE LFD.EINNAHMEN	LFD.RECHNUNG INSGESAMT	INVESTITIONSZUSCHUESSE V.BUND	INVESTITIONSZUSCHUESSE V.GEMEINDEN	INVESTITIONSZUSCHUESSE V.DRITTEN	SONSTIGE	KAPITALRECHN. INSGESAMT
1970	2503	1745	162	290	67	6	78	2347	78	0	11	67	156
1971	2834	2001	129	330	89	0	84	2633	84	0	17	106	207
1972	3230	2311	124	378	113	6	79	3010	107	0	17	96	220
1973	3669	2639	137	438	114	0	119	3447	137	0	23	63	222
1974	4205	3064	132	539	132	6	143	4016	120	0	23	46	189
1975	4363	3048	174	632	168	6	139	4166	98	0	29	75	203
1976	4824	3337	193	685	181	6	170	4573	100	0	29	117	246
1977	5450	3815	243	746	190	6	166	5166	148	0	41	95	284
1978	5646	3995	233	795	185	6	173	5389	132	0	42	84	257
1979	6172	4485	241	838	199	6	193	5961	115	0	36	60	211
1980	6200	4242	315	424	200	6	200	5388	115	0	42	48	206
1981	6441	4449	268	488	219	6	219	5649	122	0	43	67	232
1982	6775	4592	313	503	221	6	251	5886	141	0	55	80	276
1983	7056	4774	322	544	223	6	284	6153	130	0	56	62	247

VERAENDERUNGEN GEGENUEBER VORJAHR IN VH

1971	13.23	14.70	-20.47	13.78	33.71	.	.	12.19	7.44	.	50.42	.	32.51
1972	13.97	15.49	-3.54	14.52	26.06	.	.	14.33	27.74	.	0.85	.	6.30
1973	13.59	14.20	10.08	15.97	0.91	.	.	14.52	27.47	.	34.55	.	0.91
1974	14.62	16.08	-3.34	23.13	15.99	.	.	16.51	-11.75	.	0.86	.	-14.66
1975	3.74	-0.53	31.72	17.10	27.33	.	.	3.73	-18.25	.	26.23	.	7.11
1976	10.58	9.51	11.16	8.47	8.02	.	.	9.77	1.05	.	1.05	.	21.26
1977	12.97	14.32	25.71	8.97	4.45	.	.	12.97	48.80	.	41.66	.	15.64
1978	3.59	4.72	-3.97	6.57	-2.20	.	.	4.31	-11.16	.	0.96	.	-9.56
1979	9.32	12.25	3.37	5.33	7.29	.	.	10.63	-12.96	.	-13.61	.	-17.97
1980	0.45	-5.40	30.71	-49.37	0.55	.	.	-9.62	0.55	.	17.30	.	-2.33
1981	3.89	4.86	-14.92	14.91	9.69	.	.	4.85	5.84	.	0.55	.	12.38
1982	5.18	3.23	16.62	3.13	0.61	.	.	4.19	15.71	.	29.36	.	19.15
1983	4.15	3.96	2.84	8.25	0.87	.	.	4.54	-7.91	.	0.87	.	-10.34

ANTEILE IN VH

1970	100.00	69.71	6.46	11.58	2.67	0.22	3.12	93.76	3.12	0.00	0.45	2.67	6.24
1976	100.00	69.17	4.00	14.20	3.76	0.12	3.52	94.78	2.06	0.00	0.61	2.43	5.10
1982	100.00	67.78	4.62	7.42	3.26	0.09	3.71	86.88	2.08	0.00	0.81	1.18	4.07
1983	100.00	67.66	4.56	7.71	3.16	0.09	4.03	87.20	1.84	0.00	0.79	0.88	3.51

AUSGABEN DER LAENDER PRO KOPF DER BEVOELKERUNG IN DM
HAMBURG

	AUSGABEN INSGESAMT	PERSONAL- AUSGABEN	LFD. SACH- AUFWAND	ZINS- AUSGABEN	LFD. ZUWEISUNGEN AN GEMEINDEN	LFD. ZUWEISUNGEN AN DRITTE	SONSTIGE LFD.AUSGABEN	LFD.RECHNUNG INSGESAMT	SACH- INVESTITIONEN BAUT.	DAVON: INVESTITIONSZUSCHUESSE AN GEMEINDEN	DAVON: INVESTITIONSZUSCHUESSE AN DRITTE	SONSTIGE	KAPITALRECHN. INSGESAMT	FINANZIERUNGS- SALDO
1970	2809	1215	340	89	0	262	234	2140	418	346	0	111	139	669	-307
1971	3186	1465	363	112	0	307	218	2465	447	347	0	123	151	721	-352
1972	3523	1629	462	130	0	316	237	2773	445	366	0	141	149	755	-293
1973	3857	1871	540	165	0	313	210	3100	512	421	0	119	125	757	-188
1974	4498	2169	648	195	0	396	275	3683	574	470	0	126	120	820	-293
1975	4930	2329	707	238	0	498	371	4143	556	440	0	110	127	794	-568
1976	5170	2424	755	304	0	568	375	4426	521	422	0	129	94	744	-351
1977	5669	2583	853	344	0	575	492	4846	563	450	0	166	95	823	-219
1978	5975	2763	933	347	0	628	455	5126	556	455	0	221	66	843	-12
1979	6221	2954	1019	350	0	603	440	5365	561	452	0	223	78	862	-54
1980	6624	3188	1212	364	0	667	273	5703	582	479	0	255	85	921	-79
1981	7044	3394	1005	420	0	926	335	6082	628	500	0	225	110	963	-213
1982	7529	3550	1104	472	0	1097	245	6468	693	558	0	251	116	1061	-478
1983	7916	3704	1169	532	0	1187	223	6815	637	519	0	266	198	1101	-365

VERAENDERUNGEN GEGENUEBER VORJAHR IN VH

1971	13.41	20.52	6.86	25.35	.	17.35	.	15.16	6.96	0.28	.	10.31	.	7.80	.
1972	10.58	11.24	27.22	15.97	.	2.68	.	12.51	-0.42	5.73	.	14.60	.	4.73	.
1973	9.47	14.88	16.91	27.23	.	-0.89	.	11.78	14.96	14.88	.	-15.24	.	0.16	.
1974	16.63	15.88	19.97	18.25	.	26.53	.	18.81	12.07	11.76	.	5.66	.	8.44	.
1975	9.62	7.40	9.03	21.78	.	25.87	.	12.47	-3.05	-6.40	.	-12.79	.	-3.25	.
1976	4.85	4.07	6.85	28.17	.	13.98	.	6.85	-6.31	-4.26	.	17.01	.	-6.32	.
1977	9.66	6.56	12.95	12.86	.	1.18	.	9.48	8.01	6.81	.	28.78	.	10.73	.
1978	5.39	6.98	9.37	0.96	.	9.28	.	5.77	-1.17	0.96	.	33.41	.	2.41	.
1979	4.11	6.89	9.18	0.78	.	-4.02	.	4.66	0.78	-0.54	.	0.78	.	2.21	.
1980	6.49	7.93	18.99	4.01	.	10.60	.	6.31	3.79	5.91	.	14.13	.	6.87	.
1981	6.34	6.47	-17.05	15.63	.	38.94	.	6.64	7.88	4.37	.	-11.42	.	4.52	.
1982	6.88	4.59	9.76	12.28	.	18.49	.	6.36	10.38	11.66	.	11.49	.	10.16	.
1983	5.14	4.35	5.91	12.66	.	8.19	.	5.36	-8.06	-6.89	.	5.79	.	3.78	.

ANTEILE IN VH

1970	100.00	43.25	12.10	3.17	0.00	9.33	8.33	76.19	14.88	12.30	0.00	3.97	4.96	23.81	-10.91
1976	100.00	46.89	14.61	5.89	0.00	10.99	7.25	85.62	10.08	8.15	0.00	2.49	1.81	14.38	-6.80
1982	100.00	47.15	14.66	6.27	0.00	14.58	3.26	85.91	9.20	7.41	0.00	3.34	1.55	14.09	-6.35
1983	100.00	46.80	14.77	6.72	0.00	15.00	2.81	86.09	8.05	6.56	0.00	3.36	2.50	13.91	-4.61

ANMERKUNG: . = AUSWEIS NICHT SINNVOLL.

QUELLE: EIGENE BERECHNUNGEN AUFGRUND AMTLICHER STATISTIKEN.

Tabelle 3.3.11

EINNAHMEN DER LAENDER PRO KOPF DER BEVOELKERUNG IN DM
BREMEN

	EINNAHMEN INSGESAMT	STEUERN U.AE.	WIRTSCH. TAETIGKEIT	GEBUEHREN	LFD. ZUSCHUESSE VOM BUND	LFD. ZUSCHUESSE V.GEMEINDEN	SONSTIGE LFD.EINNAHMEN	LFD.RECHNUNG INSGESAMT	INVESTITIONSZUSCHUESSE V.BUND	INVESTITIONSZUSCHUESSE V.GEMEINDEN	INVESTITIONSZUSCHUESSE V.DRITTEN	SONSTIGE	KAPITALRECHN. INSGESAMT
1970	2268	1425	138	263	55	0	194	2075	69	0	28	83	180
1971	2466	1585	122	298	54	0	203	2263	95	0	27	95	217
1972	2972	1872	136	353	95	0	176	2632	149	0	27	163	339
1973	3279	2131	150	410	82	0	246	3019	123	0	27	123	273
1974	3728	2366	165	481	124	0	275	3411	179	0	28	124	330
1975	3731	2330	194	541	111	0	264	3440	139	0	42	111	291
1976	4146	2647	196	602	126	0	266	3838	126	0	42	140	308
1977	4597	2815	269	636	156	0	424	4300	99	14	57	127	297
1978	4964	3039	257	685	171	14	528	4693	114	0	57	100	271
1979	5308	3099	258	301	172	14	689	4534	158	0	43	143	344
1980	5698	3424	273	317	201	14	633	4863	144	0	43	144	331
1981	5758	3449	289	332	231	14	577	4892	130	0	43	188	361
1982	6197	3498	290	377	232	15	755	5167	131	0	44	319	493
1983	6334	3622	293	411	235	15	762	5337	103	0	44	323	469

VERAENDERUNGEN GEGENUEBER VORJAHR IN VH

1971	8.72	11.28	-11.83	13.44	-2.03	.	.	9.07	37.15	.	-2.03	.	20.58
1972	20.49	18.11	11.26	18.34	75.24	.	.	16.33	57.36	.	0.14	.	56.44
1973	10.34	13.82	10.75	16.17	-13.70	.	.	14.70	-17.62	.	0.68	.	-19.45
1974	13.69	11.01	9.84	17.47	51.03	.	.	12.99	45.44	.	0.69	.	20.83
1975	0.09	-1.51	17.64	12.36	-10.37	.	.	0.83	-22.44	.	51.25	.	-11.77
1976	11.12	13.60	0.98	11.34	13.60	.	.	11.57	-9.12	.	0.98	.	5.79
1977	10.88	6.33	37.06	5.69	23.43	.	.	12.05	-21.45	.	34.65	.	-3.60
1978	7.99	7.95	-4.45	7.58	10.02	.	.	9.15	15.26	.	0.86	.	-8.75
1979	6.93	1.99	0.57	-56.00	0.57	.	.	-3.40	38.29	.	-24.57	.	27.04
1980	7.34	10.50	5.84	5.06	17.00	.	.	7.27	-8.83	.	0.29	.	-3.89
1981	1.05	0.71	5.57	4.85	14.62	.	.	0.59	-9.74	.	0.29	.	9.01
1982	7.64	1.42	0.58	13.70	0.58	.	.	5.62	0.58	.	0.58	.	36.79
1983	2.21	3.54	1.03	8.80	1.03	.	.	3.10	-21.42	.	1.03	.	-4.92

ANTEILE IN VH

1970	100.00	62.80	6.10	11.59	2.44	0.00	8.54	91.46	3.05	0.00	1.22	3.66	7.93
1976	100.00	63.85	4.73	14.53	3.04	0.00	6.42	92.57	3.04	0.00	1.01	3.38	7.43
1982	100.00	56.44	4.68	6.09	3.75	0.23	12.18	83.37	2.11	0.00	0.70	5.15	7.96
1983	100.00	57.18	4.63	6.48	3.70	0.23	12.04	84.26	1.62	0.00	0.69	5.09	7.41

AUSGABEN DER LAENDER PRO KOPF DER BEVOELKERUNG IN DM
BREMEN

	AUSGABEN INSGESAMT	PERSONAL- AUSGABEN	LFD. SACH- AUFWAND	ZINS- AUSGABEN	LFD. ZUWEISUNGEN AN GEMEINDEN	LFD. ZUWEISUNGEN AN DRITTE	SONSTIGE LFD.AUSGABEN	LFD.RECHNUNG INSGESAMT	SACH- INVESTITIONEN	DAVON: BAUT.	INVESTITIONSZUSCHUESSE AN GEMEINDEN	INVESTITIONSZUSCHUESSE AN DRITTE	SONSTIGE	KAPITALRECHN. INSGESAMT	FINANZIERUNGS- SALDO
1970	2379	1024	277	69	0	332	41	1743	498	387	0	53	83	636	-69
1971	2751	1206	325	81	0	393	54	2060	569	474	0	54	68	691	-257
1972	3094	1343	366	109	0	421	81	2320	624	488	0	54	95	773	-136
1973	3593	1571	423	150	0	478	27	2650	751	574	0	96	96	943	-314
1974	4319	1857	619	179	0	468	28	3150	935	715	0	96	138	1169	-605
1975	4882	2067	693	250	0	569	55	3434	1012	804	0	97	139	1248	-1165
1976	5140	2241	756	322	0	630	70	4020	854	644	0	140	126	1120	-966
1977	5446	2447	820	396	0	707	28	4399	820	580	0	113	113	1047	-806
1978	5892	2639	899	442	0	770	57	4807	728	556	0	86	271	1084	-827
1979	6298	2855	1047	488	0	832	0	5222	717	545	0	158	201	1076	-990
1980	7151	3094	1137	576	0	935	14	5770	978	777	0	173	230	1381	-1108
1981	7258	3290	1154	707	0	996	0	6162	779	635	0	173	144	1097	-1111
1982	7417	3382	1161	885	0	1060	15	6502	581	464	0	145	189	914	-856
1983	7713	3519	1261	997	0	997	59	6833	572	425	0	147	191	909	-968

VERAENDERUNGEN GEGENUEBER VORJAHR IN VH

1971	15.62	17.83	17.56	17.56	.	18.38	.	18.18	14.30	22.48	.	-2.03	.	8.62	.
1972	12.47	11.39	12.65	33.51	.	7.04	.	12.65	9.67	3.00	.	0.14	.	11.92	.
1973	16.14	16.96	15.60	38.44	.	13.67	.	14.23	20.38	17.44	.	76.20	.	21.88	.
1974	20.21	18.20	46.16	18.99	.	-2.19	.	18.85	24.49	24.66	.	0.69	.	24.04	.
1975	13.03	11.29	12.04	39.61	.	21.59	.	15.36	8.25	12.47	.	0.83	.	6.76	.
1976	5.28	8.44	9.06	29.03	.	10.83	.	10.62	-15.62	-19.91	.	44.24	.	-10.24	.
1977	5.94	9.20	8.47	22.94	.	12.21	.	9.44	-3.98	-9.99	.	-19.21	.	-6.58	.
1978	8.19	7.85	9.55	11.66	.	8.92	.	9.29	-11.32	-4.06	.	-24.34	.	3.58	.
1979	6.91	8.18	16.54	10.31	.	8.02	.	8.63	-1.40	-2.00	.	84.39	.	-0.73	.
1980	13.54	8.35	8.53	17.99	.	12.39	.	10.48	36.39	42.51	.	9.40	.	28.37	.
1981	1.50	6.35	1.56	22.85	.	6.46	.	6.79	-20.34	-18.28	.	0.29	.	-20.60	.
1982	2.18	2.79	0.58	25.21	.	6.41	.	5.53	-25.50	-26.85	.	-16.18	.	-14.62	.
1983	3.99	4.04	8.60	12.62	.	-5.89	.	5.08	-1.50	-8.44	.	1.03	.	-0.58	.

ANTEILE IN VH

1970	100.00	43.02	11.63	2.91	0.00	13.95	1.74	73.26	20.93	16.28	0.00	2.33	3.49	26.74	-2.91
1976	100.00	43.60	14.71	6.27	0.00	12.26	1.36	78.20	16.62	12.53	0.00	2.72	2.45	21.80	-18.80
1982	100.00	45.60	15.66	11.94	0.00	14.29	0.20	87.67	7.83	6.26	0.00	1.96	2.54	12.33	-11.55
1983	100.00	45.63	16.35	12.93	0.00	12.93	0.76	88.59	7.41	5.51	0.00	1.90	2.47	11.79	-12.55

ANMERKUNG: . = AUSWEIS NICHT SINNVOLL.

QUELLE: EIGENE BERECHNUNGEN AUFGRUND AMTLICHER STATISTIKEN.

3.4 Entwicklung und Struktur der Kommunalfinanzen nach Bundesländern

3.4.1 Entwicklung der Einnahmen

Die Kommunalfinanzen haben sich zum Teil erheblich anders entwickelt als die Finanzen der Länder oder auch des Bundes (Tabellen 3.4.1 ff. am Ende des Abschnitts 3.4). Über den gesamten Beobachtungszeitraum hinweg sind die Ausgaben der Gemeinden sogar etwas schwächer als die Einnahmen gestiegen.

Die Gemeinden bilden als Teile der Länder zwar keine dritte staatliche Ebene, doch wird ihnen vom Grundgesetz das kommunale Selbstverwaltungsrecht garantiert. Aus dieser Position heraus ergeben sich nicht selten Konflikte zu ihrer Stellung in der Finanzverfassung, die dadurch gekennzeichnet ist, daß den Gemeinden zwar eigene Steuereinnahmen zustehen, die jeweiligen Bundesländer dennoch die Hauptverantwortung für die kommunale Finanzausstattung tragen. Zu den eigenen Steuereinnahmen der Kommunen zählen das Aufkommen an Realsteuern (Gewerbe- und Grundsteuern) sowie die örtlichen Verbrauch- und Aufwandsteuern (z.B. Vergnügungs-, Getränke- und Hundesteuern), letztere nach Maßgabe der Landesgesetzgebung.

Eine besondere Rolle spielt die Gewerbesteuer von Ertrag und Kapital in Verbindung mit dem Gemeindeanteil an der Einkommensteuer. Seit der Finanzreform 1969 sind Bund und Länder durch eine Umlage (rd. 25 vH, vor dem 1.1.1980 rd. 40 vH) am Gewerbesteueraufkommen beteiligt, dafür erhalten die Gemeinden 15 vH (vor dem 1.1.1980 14 vH) der Einkommensteuer. Vor der Reform dominierte die Gewerbesteuer das kommunale Steueraufkommen, ihr Anteil am gesamten Gemeindesteueraufkommen betrug rd. 80 vH, danach hat sich ihr Gewicht etwa halbiert. Mit diesem Austausch sollte das Übergewicht der Gewerbesteuer beseitigt und damit nicht nur die großen Steuerkraftunterschiede zwischen den Gemeinden, insbesondere zwischen den "industriellen" und "nicht-industriellen" Kommunen verringert, sondern zugleich die Konjunkturempfindlichkeit der kommunalen Einnahmen insgesamt gedämpft werden.

Nach Art. 106 Abs. 6 GG wird der Gemeindeanteil an der Einkommensteuer auf die einzelnen Kommunen nicht nach der Einwohnerzahl, sondern auf der Grundlage der Einkommensteuerleistungen ihrer Steuerbürger verteilt. Zugleich sollen "unerwünscht große" Aufkommensunterschiede zwischen Gemeinden gleicher Größenordnung vermieden werden, deshalb werden im Verteilungsschlüssel die Einkommensteuerleistungen nur bis zu einer Obergrenze (Höchstbetrag) berücksichtigt; derzeit liegen die Höchstbeträge bei einem zu versteuernden Einkommen von 32 000/64 000 DM (Ledige/Verheiratete). Durch die Festlegung der Höchstbeträge werden Besserverdienende nur als "Normalverdiener" gezählt, so daß eine gewisse Verschiebung zugunsten der Gemeinden mit geringerem Pro-Kopf-Aufkommen stattfindet: Je geringer die Höchstbeträge angesetzt sind, um so stärker wird die Verteilung der Einkommensteuerleistungen nivelliert. Die Aktualisierung der Höchstbeträge ist mitunter ein Balanceakt, denn erklärtes Ziel der Finanzreform war es auch, die Struktur des Steuerkraftgefälles zwischen großen und kleinen Gemeinden zu erhalten. Größere Gemeinden nehmen meistens zentralörtliche Funktionen für die (kleineren) Umlandgemeinden wahr, die einen höheren Finanzbedarf begründen.

Auch die Gewerbesteuerumlage hat Auswirkungen für die Verteilung der Steuerkraftunterschiede: Je höher die Umlage, um so stärker wird die Steuerkraft ausgeglichen. Mit der Finanzreform wurde die Umlage auf 40 vH des Gewerbesteueraufkommens aus Ertrag und Kapital festgesetzt; dabei wurde ein Hebesatz von 300 vH angenommen. Der allein auf die Gewerbesteuerkraft bezogene Maßstab hat zur Folge, daß die Umlage einen um so größeren Anteil der tatsächlichen Einnahmen beansprucht, je niedriger der Hebesatz einer Gemeinde ist: Bei einem Hebesatz von 400 vH beansprucht die Umlage nur noch 30 vH der Gewerbesteuereinnahmen. Tatsächlich lag 1983 der gewogene Durchschnittshebesatz bei 349 vH, so daß die Gewerbesteuerumlage entsprechend gesunken ist.

Im Rahmen des Steueränderungsgesetzes 1979 wurde die Lohnsummensteuer abgeschafft. Durch diese Steuer wurde die Gewerbesteuerbelastung nicht nur auf die Erträge und den Kapitaleinsatz, sondern auch auf die Lohnsumme verteilt. Die Einnahmenausfälle kompensierten die Gemeinden, die Lohnsummensteuer erhoben hatten, durch eine Anhebung des Durchschnittshebesatzes bei der Gewerbesteuer nach Ertrag und Kapital; gleichzeitig senkten die Gemeinden ohne Lohnsummensteuer ihre Hebesätze. Hinzu kam, daß der Gemeindeanteil an der Einkommensteuer um einen Prozentpunkt auf 15 vH erhöht und die Gewerbesteuerumlage um ein Drittel (von 120 auf 80 vH der Meßbeträge) reduziert wurde. Damit wurden zugleich jene Belastungen ausgeglichen, die aus der Anhebung der Freibeträge bei der Gewerbesteuer nach Ertrag und Kapital resultierten.

Der eigentliche kommunale Finanzausgleich erfolgt mittels Zuweisungen der Länder, die für eine ausreichende Finanzausstattung ihrer Gemeinden zu sorgen haben. Die Mittel werden nach speziellen, von Land zu Land differierenden Bedarfs- und Steuerkraftkriterien verteilt, wobei die Mittel dem obligatorischen und fakultativen Steuerbund zwischen Land und Gemeinden entstammen: Im obligatorischen Verbund wird ein bestimmter Anteil ("Verbundquote") der dem Land zustehenden Gemeinschaftsteuern an die Kommunen verteilt; im fakultativen Verbund werden die Gemeinden in einzelnen Ländern an weiteren Landessteuern beteiligt. Schließlich gewähren die Länder Zuweisungen, die teils in Finanzausgleichsgesetzen, teils in Sonderbestimmungen geregelt sind. Ziel des Ausgleichs ist nicht nur eine angemessene Finanzausstattung zu gewährleisten, sondern auch interkommunale Steuerkraftunterschiede zu verringern.

Ein Vergleich von Struktur und Volumen der kommunalen Finanzausgleichsleistungen in den einzelnen Bundesländern ist kaum möglich, vor allem deshalb nicht, weil die Trennung zwischen kommunalen Aufgaben und Landesausgaben verschieden geregelt ist und sich die Struktur der Zuweisungen entsprechend unterschiedlich zusammensetzt[6]. Die Ausgleichsregelungen unterscheiden sich nicht nur hinsichtlich der Verbundquoten, sondern auch in der Unterteilung nach allgemeinen und zweckgebunden Zuweisungen sowie durch die Höhe des Ausgleichssatzes der Differenz zwischen Finanzbedarf und Steuerkraft. Hinzu kommt, daß Finanzkraft und Finanzbedarf mit der Größe der Gemeinden in den Bundesländern variieren: Es wird unterstellt, daß der Finanzbedarf mit wachsender Gemeindegröße überproportional zunimmt ("Hauptansatz"); in "Nebenansätzen" werden weitere bedarfserhöhende Faktoren berücksichtigt wie zentralörtliche Funktionen, Grenzlandlage, Bevölkerungsstruktur etc. Zum anderen ist zu berücksichtigen, daß die einzelnen Steuerarten ein unterschiedliches Gewicht für die Steuerkraft besitzen: In ländlichen Gemeinden überwiegt die Grundsteuer A, in verdichteten Gebieten die Gewerbesteuer und in Wohngemeinden die Einkommensteuer.

Betrachtet man die Struktur der Einnahmen unter Einbeziehung des kommunalen Finanzausgleichs, so wird deutlich, daß sich die Struktur der Einnahmen im Gegensatz zu den Ausgaben im Beobachtungszeitraum kaum verändert hat. Der Anteil der Steuern an den Gesamteinnahmen liegt bei einem Drittel, der Anteil der Zuweisungen und Zuschüsse vom Bund und den Ländern bei 30 vH; dabei haben die Investitionszuschüsse von Bund/Ländern in den letzten Jahren anteilsmäßig eingebüßt. Von großer Bedeutung für die kommunalen Haushalte sind die Gebühren, auf sie entfallen inzwischen 22 vH aller Einnahmen (1970: 19 vH).

Auch im Vergleich der einzelnen Bundesländer zeigen sich relativ geringe Unterschiede in den kommunalen Einnahmestrukturen. Der Anteil der Steuereinnahmen weicht in fast allen Bundesländern nur wenig vom Durchschnitt ab; in Niedersachsen besitzen die Steuern ein etwas geringeres, in Hessen und Rheinland-Pfalz ein etwas größeres Gewicht. Größere Abweichungen treten bei den Gebühren auf: In Hessen und Schleswig-Holstein lag ihr Anteil zuletzt bei einem Viertel aller Einnahmen, während er in Nordrhein-Westfalen bei weniger als einem Fünftel lag. Bei den Zuweisungen und Zuschüssen von Bund und Ländern an die Gemeinden differieren die Ergebnisse in den einzelnen Bundesländern nur wenig. Eine Ausnahme bildet Nordrhein-Westfalen, hier lag die Quote - abgesehen von 1983 - stets bei einem Drittel und mehr, während sie bei den Kommunen der anderen Bundesländer im Durchschnitt zwischen 25 und 30 vH schwankte.

Bezogen auf die Einwohnerzahl kassieren die Gemeinden Baden-Württembergs die höchsten Einnahmen (1983: knapp 3 000 DM), während die Gemeinden des Saarlandes mit 2 000 DM die geringste Finanzkraft aufweisen. Überdurchschnittlich ausgestattet sind auch die Kommunen in Hessen und Bayern, die nordrhein-westfälischen Gemeinden liegen genau in der Mitte. Diese Rangfolge korrespondiert mit der Verteilung der Steuereinnahmen und zum großen Teil auch mit der der Gebühren. Bei den Gebühren liegt Nordrhein-Westfalen im unteren Drittel, noch schwächer ist das Aufkommen in Rheinland-Pfalz und Baden-Württemberg.

Die Entwicklung der kommunalen Einnahmen schwankt weniger als die der Länder, dennoch spiegeln die jährlichen Veränderungsraten überall den Konjunkturverlauf wider. Die geringeren Schwankungen hängen in erster Linie mit der Gebührenpolitik zusammen, der offenbar vielerorts eine Pufferfunktion zukommt. Zumindest in rezessiven Phasen, in denen das Steueraufkommen geschmälert war, wurden die Gebühren vielfach noch kräftig erhöht.

In der Untergliederung nach Bundesländern zeigt sich, daß die Einnahmen sowohl über den gesamten Zeitraum als auch in den einzelnen Teilabschnitten in den Kommunen Bayerns und Niedersachsens stärker und in denen Schleswig-Holsteins sowie in Rheinland-Pfalz schwächer als in den Gemeinden der übrigen Bundesländer gestiegen sind. In Nordrhein-Westfalen sind die Einnahmen zu Beginn der 70er Jahre rascher, danach langsamer expandiert, in Baden-Württemberg war die Entwicklung genau umgekehrt. Alles in allem zeigt sich ein wenig einheitliches Bild, denn die jährlichen Veränderungsraten der kommunalen Einnahmen weichen von Bundesland zu Bundesland zum Teil erheblich ab.

3.4.2 Entwicklung der Ausgaben

Ähnlich wie die Länder verzeichneten die Gemeinden von 1970 bis 1974 eine starke Ausgabenexpansion, die in den Folgejahren merklich gedrosselt wurde. Nach einer neuerlichen Expansion 1979/80 wurden die Steigerungsraten der Ausgaben abermals drastisch reduziert, 1982 stagnierten sie und 1983 blieben sie sogar - erstmals in der Geschichte der Bundesrepublik - unter dem Niveau des Vorjahrs zurück. Diese Entwicklung ging vor allem zu Lasten der kommunalen Investitionstätigkeit: Von 1981 bis

1983 sind die Sachinvestitionen der Gemeinden, die mit einem Anteil von rund zwei Drittel Hauptinvestor der öffentlichen Hand sind, um fast 10 Mrd. DM auf 31 Mrd. DM gesunken. Die Investitionsausgaben zeigen mehr als die übrigen Ausgaben einen engen Zusammenhang zum Konjunkturverlauf und zur Entwicklung der kommunalen Einnahmen: Eine günstige Konjunktur beschert Mehreinnahmen, die zu vermehrten Investitionsausgaben führen, während in der Rezession die Investitionsausgaben den Mindereinnahmen angepaßt werden. Von allen Ausgaben sind die Sachinvestitionen jene Ausgaben, die kurzfristig noch am ehesten gekürzt werden können.

Zuletzt waren nur noch ein Fünftel der kommmunalen Ausgaben Sachinvestitionen, zu Beginn der 70er Jahre betrug ihr Anteil noch mehr als ein Drittel. Zugenommen hat das Gewicht der Personalausgaben, während das der laufenden Sachaufwendungen - bei starken Schwankungen im Zeitablauf - sich per Saldo wenig verändert hat. Insgesamt entfallen rund 70 vH der kommunalen Aufwendungen auf Ausgaben für Güter und Dienste; bei den Ländern sind es reichlich die Hälfte und beim Bund nur knapp ein Drittel. Bei den kommunalen Transferausgaben handelt es sich insbesondere um Sozialhilfeausgaben; ihr Gewicht hat im Zeitablauf beträchtlich zugenommen.

Wie auf der Länderebene zeigen sich auch bei den Kommunen in der Zusammensetzung der Ausgaben größere Unterschiede. Der Anteil der Personalausgaben liegt in Schleswig-Holstein, Nordrhein-Westfalen und dem Saarland mit 34 vH deutlich höher als in Baden-Württemberg (knapp 29 vH). Im Beobachtungszeitraum haben sich die Anteile in den Gemeinden Bayerns und Baden-Württembergs auch weniger stark erhöht als in den Gemeinden der übrigen Bundesländer. Bezogen auf die Einwohnerzahl weisen die Gemeinden Hessens, dicht gefolgt von denen Nordrhein-Westfalens, die höchsten und die Kommunen in Rheinland-Pfalz die niedrigsten Personalausgaben auf.

Bei den Sachinvestitionen, dem zweitgrößten Ausgabenblock, liegen die Kommunen Bayerns mit einem Anteil von noch immer mehr als einem Viertel der Gesamtausgaben an der Spitze. Auch die Gemeinden Baden-

Württembergs und von Rheinland-Pfalz geben überdurchschnittlich für eigene Investitionsvorhaben aus, während am unteren Ende Nordrhein-Westfalen rangiert (17 vH). Für die Sachinvestitionen geben pro Kopf der Bevölkerung die Kommunen Baden-Württembergs und Bayerns mit 700 bzw. 690 DM deutlich mehr als die Gemeinden in den übrigen Bundesländern aus; im Saarland sind es nur 400 DM und in Niedersachsen und Nordrhein-Westfalen nur 460 DM (jeweils 1983).

Bei den laufenden Sachkäufen war zuletzt der Anteil in Hessen am größten (über 21 vH) und in Nordrhein-Westfalen sowie dem Saarland am niedrigsten (rund 17 vH). Merkliche Unterschiede werden bei den Transfers an Dritte sichtbar: Nordrhein-Westfalen und Niedersachsen liegen hier mit reichlich 19 bzw. 18 vH an der Spitze, während in den Kommunen Bayerns und von Rheinland-Pfalz die niedrigsten Quoten realisiert worden sind. Die Bedeutung der Zinsausgaben ist in der Mehrzahl der Länder gleich hoch; nach oben weichen 1983 die Gemeinden des Saarlandes (8 vH), nach unten die von Schleswig-Holstein und Bayern (3 vH) ab.

Die Höhe der Pro-Kopf-Ausgaben differiert entsprechend der Unterschiede auf der Einnahmenseite: Mit 3 000 DM pro Kopf der Bevölkerung waren 1983 die Ausgaben in den Gemeinden Baden-Württembergs am höchsten, während die saarländischen Gemeinden nur 2 150 DM pro Kopf der Bevölkerung verausgabten. An zweiter Stelle rangiert Hessen (2 800 DM), gefolgt von Bayern (2 680 DM) und Nordrhein-Westfalen (2 660 DM), deren Gemeinden auch bei den Ausgaben exakt den Mittelwert repräsentieren.

Analysiert man die <u>Entwicklung der kommunalen Ausgaben</u>, so zeigen sich ähnliche Unterschiede wie in den Länderhaushalten. Das Spektrum der jahresdurchschnittlichen Zuwachsraten reicht von 8,4 vH (Saarland und Niedersachsen) bis 7 vH (Rheinland-Pfalz). Für die verschiedenen Konjunkturphasen zeigt sich ein recht einheitliches Bild, wenngleich die Ausprägungen der Ausgabenentwicklung zum Teil verschieden waren. So wird z.B. erkennbar, daß die Gemeinden Bayerns und Niedersachsens auf die Krise 1974/75 zwar auch mit einer starken Drosselung des Ausgabenanstiegs reagierten, doch war die Restriktion per Saldo weniger scharf als in den meisten Bundesländern. In Nordrhein-Westfalen wurden zwar 1975 die Ausgaben noch kräftig ausgeweitet, in den beiden Folgejahren fielen die Steigerungsraten dafür um so geringer aus. Betont restriktiv war in dieser Zeit auch das Ausgabeverhalten der Gemeinden des Saarlandes und Schleswig-Hosteins. Im Aufschwung 1970/80 wurden die Ausgaben der Gemeinden in allen Bundesländern überaus kräftig ausgeweitet; fast überall expandierten sie mit zweistelligen Zuwachsraten. Diesem Höhenflug folgte eine harte Landung. Schon 1981 lag die Steigerungsrate vielerorts bei nur noch 3 oder 4 vH und 1982, spätestens aber 1983, im Minusbereich. Einzig die Ausgaben der bayerischen und saarländischen Gemeinden zeigen für jedes Jahr eine positive Rate.

Auch in der Entwicklung der wichtigsten Ausgabearten ist eine relativ einheitliche Tendenz zu beobachten. Die alles in allem prozyklische Gestaltung der kommunalen Ausgaben hängt eng mit dem Investitionsverhalten zusammen. In den 80er Jahren sind in Bayern und Schleswig-Holstein die kommunalen Investitionen (pro Kopf der Bevölkerung) mit -3 bzw. -4 vH im Jahresdurchschnitt noch in relativ geringem Umfang gekürzt worden, in Niedersachsen und Nordrhein-Westfalen waren es dagegen durchschnittlich -12 vH. Ende der 70er Jahre kam es im Zusammenhang mit dem Zukunftsinvestitionsprogramm zu einem Investitionsboom, in dessen Verlauf die Ausgaben für Sachinvestitionen um bis zu 18 vH im Jahresdurchschnitt gesteigert worden sind. Von 1975 bis 1977, als die kommunalen Investitionen - bezogen auf die Einwohnerzahl - im Durchschnitt um knapp 3 vH pro Jahr gesunken sind, waren es wiederum die Gemeinden Bayerns, die ihre Investitionsausgaben am wenigsten drosselten, während in dieser Phase die Gemeinden in Hessen und Rheinland-Pfalz ihre Investitionen weitaus stärker als die übrigen Kommunen kürzten. Ziemlich einheitlich war der Verlauf in den frühen 70er Jahren: Nach Rekordzuwächsen im Jahre 1971 mit Raten von 15 bis 30 vH stiegen 1972/73 die Investitionsausgaben nur verhalten, ehe 1974 nochmals ein Impuls ausgelöst wurde.

Über alle Konjunkturphasen hinweg sind in Bayern, gefolgt von Schleswig-Holstein und Baden-Württemberg, die kommunalen Investitionen am stärksten ausgeweitet worden, am geringsten war der Zuwachs in Hessen und

Nordrhein-Westfalen. Vergleicht man diese Entwicklung mit den Investitionszuschüssen der jeweiligen Länder und des Bundes an die Gemeinden, so zeigen sich keine signifikanten Zusammenhänge. Die Kommunen Nordrhein-Westfalens erhalten - gemessen am gesamten Haushaltsvolumen - noch höhere Investitionszuschüsse als die Gemeinden Bayerns und Schleswig-Holsteins, die ebenfalls über dem Durchschnitt liegen. Zur Beurteilung der Finanzierungsmöglichkeiten, die von Vermögenshaushalten der Gemeinden markiert werden, reicht die Betrachtung der Investitionszuschüsse von Bund und Ländern nicht aus. Wenn in den Verwaltungshaushalten keine Überschüsse erwirtschaftet werden und damit der Spielraum für zusätzliche Kredite erschöpft ist, bewirken auch überdurchschnittliche Investitionszuschüsse kein Mehr an Investitionen.

In den Gemeinden Bayerns sind in den 80er Jahren die Personalausgaben pro Kopf der Bevölkerung überdurchschnittlich um knapp 5 vH, in Nordrhein-Westfalen unterdurchschnittlich - um 3 vH - ausgeweitet worden. In der zweiten Hälfte der 70er Jahre war das Bild umgekehrt, in Nordrhein-Westfalen wurden die Personalausgaben am stärksten und in den Gemeinden Bayerns am wenigsten stark erhöht. Ein Blick in die Personalstandsstatistik des öffentlichen Dienstes zeigt, daß von 1980 bis 1983 die Zahl der Gemeindebediensteten (Voll- und Teilzeitbeschäftigte) im Saarland und Schleswig-Holstein gesunken, in Bayern und Niedersachsen noch merklich gestiegen ist.

3.4.3 Entwicklung der kommunalen Verschuldung

Die Verschuldung der Kommunen hat sich im Beobachtungszeitraum anders als die des Bundes und der Länder entwickelt. Gemessen an den jährlichen Finanzierungsdefiziten pro Kopf der Bevölkerung hat die Verschuldung der Kommunen sehr viel weniger stark zugenommen und die zyklisch bedingten Schwankungen waren schwächer ausgeprägt. Im Durchschnitt aller Gemeinden war die jährliche Neuverschuldung zu Beginn der 80er Jahre nicht höher als ein Jahrzehnt zuvor und auf die jeweiligen Konjunktureinbrüche reagierten die Kommunen - nachdem sie kurzfristig höhere Defizite hatten hinnehmen müssen - alsbald mit einer drastischen Rückführung dieser Defizite.

Im Gegensatz zu Bund und Ländern ist für die Gemeinden der Weg, die konjunkturbedingten Schwankungen ihrer Einnahmen durch die Beschaffung von Krediten auszugleichen, nur bedingt gehbar, weil die Möglichkeiten einer autonomen - und an gesamtwirtschaftlichen Überlegungen anknüpfenden - Verschuldungspolitik stark eingeschränkt sind. Die Genehmigung der kommunalen Kreditaufnahme durch die Rechtsaufsichtsbehörde des jeweiligen Bundeslandes richtet sich nach den "eigenen" finanziellen Verhältnissen der Kommunen: Anhaltspunkt für den Verschuldungsspielraum ist die freie Spitze, d.h. die (vom Konjunkturverlauf) geprägte Differenz zwischen laufenden Einnahmen und laufenden Ausgaben einschließlich der Mittel, die zur Tilgung und zur Abdeckung der Kreditbeschaffungskosten erforderlich sind; grundsätzlich darf die Nettokreditaufnahme den Rahmen der freien Spitze nicht überschreiten. Schon allein deshalb, weil in einer Rezession die laufenden Ausgaben nur bedingt, zumindest nur verzögert den rückläufigen Einnahmen angepaßt werden können, verringert jeder Verlust an Einnahmen auch die freie Spitze und damit die Kreditspielräume (und natürlich die Mittel für Investitionen). Umgekehrt in einer gesamtwirtschaftlich günstigen Lage: Die konjunkturbedingten Mehreinnahmen erhöhen mehr oder weniger direkt die freie Finanzspitze, weiten die Kreditspielräume aus und vergrößern damit die Möglichkeit, investive Maßnahmen durchzuführen.

Die Pro-Kopf-Verschuldung der Gemeinden hat, über den gesamten Beobachtungszeitraum gesehen, im Saarland und in Nordrhein-Westfalen am stärksten, in Bayern und Schleswig-Holstein am schwächsten zugenommen[7]. Gemessen an den fundierten Schulden (ohne Schulden bei Verwaltungen) sind die Kommunen Hessens mit über 2 200 DM je Einwohner am höchsten verschuldet. Es folgen die saarländischen und nordrhein-westfälischen Gemeinden (jeweils 2 100 DM), während die Gemeinden Schleswig-Holsteins mit Abstand die niedrigste Verschuldung aufweisen (830 DM). Seit Mitte der 70er Jahre haben sich in der Rangfolge nur partielle Verschiebungen ergeben, größer sind aber die Unterschiede im Niveau geworden. Insbesondere in den finanzpolitisch turbulenten Phasen der Jahre 1974 bis 1977 und 1980 bis 1983 - in beiden Phasen stieg die Verschuldung der Kommunen zunächst rezessionsbedingt an und wurde dann stark gedrosselt - war der Hang zur Verschuldung unterschiedlich ausgeprägt.

Nach zum Teil hohen Defiziten zu Beginn der 70er Jahre und in der Rezession 1974/75 erzielten die Gemeinden in Schleswig-Holstein, Baden-Württemberg, Bayern und auch in Rheinland-Pfalz von 1976 bis 1980 in einzelnen Jahren sogar Überschüsse; in Schleswig-Holstein und Bayern übertrafen auch in der Summe dieser Jahre die Pro-Kopf-Einkommen die Ausgaben. In jener Zeit waren die Defizite im Saarland am höchsten. Auch in den Jahren nach 1980 weisen die saarländischen - zusammen mit den hessischen - Gemeinden die höchsten und die Kommunen Bayerns und Schleswig-Holsteins die niedrigsten Finanzierungsdefizite auf.

3.4.4 Fazit

In den nördlichen Bundesländern liegen die Pro-Kopf-Einnahmen der Kommunen unter dem Bundesdurchschnitt, in Schleswig-Holstein um fast ein Fünftel; im Zeitverlauf hat sich die Lage in Schleswig-Holstein verschlechtert, in Niedersachsen verbessert. Die nordrhein-westfälischen Gemeinden repräsentierten zuletzt den Bundesdurchschnitt, nachdem sie zuvor noch überdurchschnittlich mit Finanzmitteln ausgestattet waren. Das Bild in den mittleren Regionen - Hessen, Rheinland-Pfalz und Saarland - differiert erheblich: In Hessen liegen die Gemeinden über dem Durchschnitt, auch wenn der Vorsprung im Zeitablauf geschmolzen ist, in Rheinland-Pfalz und mehr noch im Saarland - um rund ein Viertel - unter dem Durchschnitt; hier hat sich die Lage kaum verändert. In den bayerischen Kommunen haben sich die Verhältnisse erheblich verbessert, ebenso in Baden-Württemberg. In Bayern weisen die Gemeinden inzwischen überdurchschnittliche Werte auf, in Baden-Württemberg konnten sie den Vorsprung noch ausbauen.

Die Ausgabenseite ist ziemlich genau das Spiegelbild der Einnahmenentwicklung: Auch hier markieren die Kommunen Nordrhein-Westfalens den Bundesdurchschnitt, während die nördlichen Gemeinden ebenso wie die rheinland-pfälzischen und saarländischen Gemeinden zum Teil erheblich unter dem Durchschnitt liegen und die Kommunen Hessens und mehr noch Baden-Württembergs überdurchschnittlich viel ausgeben können. Die Ausgaben der bayerischen Gemeinden entsprechen - bei steigender Tendenz - dem Durchschnitt, in Nordrhein-Westfalen war die Tendenz sinkend.

Alles in allem existiert ein Zusammenhang zwischen Wirtschaftsverlauf in den Regionen und Lage der Kommunalfinanzen: Je günstiger die wirtschaftliche Entwicklung, um so höher sind die Einnahmen und die Möglichkeiten der Kreditaufnahme, um so größer sind die Ausgabenspielräume, insbesondere die Möglichkeiten zu investieren. Vermehrte öffentliche Investitionen wiederum tragen zur Erhöhung der Produktivität und des Wohlstands bei: Staatliche Infrastrukturinvestitionen gelten allgemein als fundamentale Voraussetzung für privatwirtschaftliche Aktivitäten und nicht selten wird vermutet, daß die Herausbildung strukturschwacher Räume auch im Zusammenhang mit Defiziten in der Infrastrukturversorgung steht. Tatsächlich lag die kommunale Investitionstätigkeit in den nördlichen Bundesländern und auch im Saarland weit unter dem Bundesdurchschnitt, während die südlichen Bundesländer den Durchschnitt zuletzt immerhin um ein Viertel übertrafen. Die Diskrepanzen haben von Mitte der 70er Jahre an zugenommen. In Nordrhein-Westfalen, dem bevölkerungsreichsten Bundesland, hatten die Kommunen noch 1976 durchschnittliche Werte erzielt, 1983 indes wiesen nur die niedersächsischen und saarländischen Gemeinden ungünstigere Werte auf.

Bei den Transferausgaben müßte sich aufgrund der gestiegenen Sozialhilfeleistungen - bedingt durch hohe Langzeitarbeitslosigkeit und der damit verbundenen Einschränkungen bei der Arbeitslosenhilfe - ein umgekehrtes Bild zeigen. Dies ist aber nicht der Fall, auch wenn die Transfers in Niedersachsen und Nordrhein-Westfalen weit über dem Durchschnitt liegen; die Kommunen im Saarland, in Rheinland-Pfalz und Schleswig-Holstein weisen sehr niedrige und die Baden-Württembergs durchschnittliche Werte auf. Allerdings muß berücksichtigt werden, daß die Sozialhilfe vor allem 1984 und 1985 in die Höhe geschnellt ist.

Tabelle 3.4.1

EINNAHMEN DER GEMEINDEN PRO KOPF DER BEVOELKERUNG IN DM
INSGESAMT

	EINNAHMEN INSGESAMT	STEUERN U.AE.	WIRTSCH. TAETIGKEIT	GEBUEHREN	LFD. ZUSCHUESSE VOM BUND	VON LAENDERN	SONSTIGE LFD.EINNAHMEN	LFD.RECHNUNG INSGESAMT	INVESTITIONSZUSCHUESSE V.BUND	V.LAENDERN	V.DRITTEN	SONSTIGE	KAPITALRECHN. INSGESAMT
1970	907	296	53	171	0	188	74	784	0	83	2	38	123
1971	1032	340	63	200	0	208	80	890	0	94	3	44	141
1972	1188	407	67	232	0	240	88	1034	0	104	3	45	154
1973	1378	477	73	261	0	278	103	1191	0	134	4	49	187
1974	1522	515	69	263	21	277	91	1235	28	137	54	67	286
1975	1604	528	75	294	22	292	87	1298	30	152	59	65	306
1976	1748	594	84	324	21	299	101	1424	28	154	64	78	324
1977	1863	668	92	345	26	332	108	1572	21	138	62	70	291
1978	2044	697	92	403	25	382	117	1717	22	161	63	81	328
1979	2190	721	99	412	27	421	151	1820	24	184	70	92	370
1980	2442	826	104	459	28	467	144	2029	23	208	78	108	413
1981	2475	802	107	494	20	496	161	2079	20	192	82	105	396
1982	2544	818	118	532	18	503	162	2150	18	187	82	113	394
1983	2630	843	125	570	16	490	170	2234	16	178	81	126	396

VERAENDERUNGEN GEGENUEBER VORJAHR IN VH

1971	13.68	14.72	13.54	16.80	.	10.96	.	13.49	.	13.98	.	.	14.89
1972	15.16	19.63	6.27	16.31	.	15.35	.	16.12	.	12.48	.	.	9.07
1973	15.98	17.17	9.86	12.50	.	15.71	.	15.22	.	26.67	.	.	21.09
1974	10.44	7.96	-5.91	0.86	.	-0.27	.	3.70	.	2.38	.	.	53.42
1975	5.42	2.60	9.42	11.90	.	5.33	.	5.05	.	10.95	.	.	6.99
1976	8.98	12.48	11.80	10.29	.	2.45	.	9.70	.	1.10	.	.	5.90
1977	6.57	12.53	9.50	6.29	.	11.09	.	10.42	.	-10.32	.	.	-10.35
1978	9.73	4.31	0.24	16.93	.	15.04	.	9.20	.	16.79	.	.	12.59
1979	7.15	3.48	6.71	2.23	.	10.15	.	6.03	.	14.97	.	.	12.99
1980	11.51	14.51	5.27	11.33	.	10.92	.	11.49	.	12.30	.	.	11.58
1981	1.34	-2.91	2.95	7.62	.	6.25	.	2.46	.	-7.91	.	.	-4.15
1982	2.80	1.96	10.30	7.64	.	1.47	.	3.41	.	-2.60	.	.	-0.41
1983	3.39	5.56	6.23	7.20	.	-2.71	.	3.91	.	-4.92	.	.	0.57

ANTEILE IN VH

1970	100.00	32.66	6.08	18.83	0.00	20.68	8.20	86.45	0.00	9.11	0.24	4.21	13.55
1976	100.00	33.97	4.82	18.56	1.20	17.11	5.79	81.44	1.59	8.82	3.67	4.47	18.56
1982	100.00	32.13	4.63	20.90	0.70	19.79	6.37	84.51	0.71	7.35	3.23	4.44	15.49
1983	100.00	32.81	4.76	21.67	0.62	18.62	6.46	84.93	0.61	6.76	3.09	4.79	15.07

AUSGABEN DER GEMEINDEN PRO KOPF DER BEVOELKERUNG IN DM
INSGESAMT

	AUSGABEN INSGESAMT	PERSONAL- AUSGABEN	LFD. SACH- AUFWAND	ZINS- AUSGABEN	LFD. ZUWEISUNGEN AN LAENDER	AN DRITTE	SONSTIGE LFD.AUSGABEN	LFD.RECHNUNG INSGESAMT	SACH- INVESTITIONEN	DAVON: BAUTEN	INVESTITIONSZUSCHUESSE AN LAENDER	AN DRITTE	SONSTIGE	KAPITALRECHN. INSGESAMT	FINANZIERUNGS- SALDO
1970	1009	272	193	43	16	96	0	620	361	289	0	6	22	389	-101
1971	1189	322	217	50	19	115	0	722	427	353	0	8	32	467	-158
1972	1309	360	239	59	20	142	0	820	451	375	0	7	30	489	-121
1973	1464	412	273	73	32	156	0	947	479	390	0	8	30	517	-86
1974	1666	484	261	85	28	192	20	1071	528	427	8	18	42	595	-144
1975	1764	529	281	92	30	223	25	1181	517	421	9	20	38	584	-160
1976	1817	554	300	97	33	245	21	1250	498	410	9	19	41	567	-69
1977	1886	552	328	98	31	268	15	1332	484	382	10	19	41	554	-23
1978	2067	645	370	93	33	297	4	1443	546	429	12	24	42	624	-23
1979	2287	692	419	98	41	304	27	1581	630	489	5	29	42	706	-97
1980	2544	748	460	114	43	337	33	1735	719	566	6	34	50	809	-102
1981	2655	794	490	131	41	372	35	1863	691	546	16	36	51	792	-180
1982	2677	818	502	153	46	402	41	1961	611	486	18	36	51	715	-132
1983	2658	842	512	145	48	412	41	2001	550	431	18	34	57	657	-28

VERAENDERUNGEN GEGENUEBER VORJAHR IN VH

1971	17.93	18.57	12.47	15.71	19.46	19.00	.	16.56	18.40	21.93	.	.	.	20.11	.
1972	10.03	11.62	10.11	19.77	5.60	23.91	.	13.51	5.72	6.28	.	.	.	4.64	.
1973	11.88	14.70	14.36	23.44	56.32	10.20	.	15.50	6.07	3.90	.	.	.	5.81	.
1974	13.76	17.36	-4.28	15.44	-12.14	22.91	.	13.04	10.21	9.61	.	.	.	15.08	.
1975	5.93	9.30	7.44	8.54	7.73	16.26	.	10.30	-2.11	-1.33	.	.	.	-1.93	.
1976	2.98	4.65	6.77	5.75	9.65	9.73	.	5.84	-3.55	-2.62	.	.	.	-2.80	.
1977	3.79	6.84	9.31	1.21	-5.67	9.21	.	6.57	-2.82	-7.00	.	.	.	-2.34	.
1978	9.59	9.00	12.85	-5.47	6.76	11.06	.	8.32	12.80	12.32	.	.	.	12.65	.
1979	10.65	7.25	13.25	5.92	23.42	2.13	.	9.58	15.41	14.11	.	.	.	13.13	.
1980	11.24	8.16	9.99	15.56	4.67	10.93	.	9.78	14.11	15.73	.	.	.	14.51	.
1981	4.36	6.17	6.42	15.22	-6.27	10.46	.	7.34	-3.90	-3.52	.	.	.	-2.02	.
1982	0.82	3.06	2.45	16.50	12.91	8.03	.	5.29	-11.46	-11.00	.	.	.	-9.70	.
1983	-0.70	2.89	2.08	-5.07	4.12	2.57	.	2.00	-10.00	-11.30	.	.	.	-8.09	.

ANTEILE IN VH

1970	100.00	26.94	19.10	4.25	1.61	9.54	0.00	61.44	35.76	28.70	0.04	0.57	2.20	38.56	-10.02
1976	100.00	30.47	16.49	5.35	1.83	13.49	1.15	68.78	27.42	22.58	0.49	1.05	2.26	31.22	-3.79
1982	100.00	30.58	18.75	5.70	1.71	15.02	1.52	73.27	22.84	18.16	0.68	1.34	1.91	26.73	-4.95
1983	100.00	31.68	19.28	5.45	1.79	15.51	1.55	75.26	20.70	16.22	0.67	1.26	2.14	24.74	-1.04

ANMERKUNG. . = AUSWEIS NICHT SINNVOLL.

QUELLE: EIGENE BERECHNUNGEN AUFGRUND AMTLICHER STATISTIKEN.

Tabelle 3.4.2

EINNAHMEN DER GEMEINDEN PRO KOPF DER BEVOELKERUNG IN DM
SCHLESWIG-HOLSTEIN

	EINNAHMEN INSGESAMT	STEUERN U.AE.	WIRTSCH. TAETIGKEIT	GEBUEHREN	LFD. ZUSCHUESSE VOM BUND	VOM LAENDERN	SONSTIGE LFD.EINNAHMEN	LFD.RECHNUNG INSGESAMT	INVESTITIONSZUSCHUESSE V.BUND	V.LAENDERN	V.DRITTEN	SONSTIGE	KAPITALRECHN. INSGESAMT
1970	818	229	40	180	0	192	56	698	0	64	4	52	120
1971	972	296	47	198	0	229	71	842	0	79	8	43	130
1972	1081	333	47	235	0	247	78	940	0	90	8	43	141
1973	1267	396	54	253	0	280	97	1080	0	101	8	78	187
1974	1316	445	50	256	12	228	66	1057	43	93	46	77	259
1975	1401	457	50	294	8	232	74	1115	50	112	50	74	286
1976	1413	507	62	256	8	209	74	1115	50	116	54	77	298
1977	1469	523	70	263	15	240	73	1214	35	101	50	70	255
1978	1696	579	66	390	19	263	89	1406	35	116	54	85	290
1979	1800	593	73	370	19	308	116	1472	50	135	62	81	328
1980	2115	702	77	426	19	365	111	1701	54	169	65	131	415
1981	2003	673	73	447	19	344	122	1678	44	126	57	99	325
1982	2084	668	84	500	15	355	122	1744	42	134	57	115	340
1983	2204	691	88	531	15	390	130	1841	31	145	65	134	363

VERAENDERUNGEN GEGENUEBER VORJAHR IN VH

1971	18.87	29.71	18.29	9.53	.	19.11	.	20.67	.	23.22	.	.	8.43
1972	11.14	12.27	-0.94	18.87	.	7.60	.	11.62	.	13.92	.	.	8.07
1973	17.24	19.11	15.81	7.53	.	13.44	.	14.98	.	12.21	.	.	32.35
1974	3.89	12.31	-7.50	1.15	.	-18.37	.	-2.18	.	-8.05	.	.	39.04
1975	6.43	2.57	-0.04	15.11	.	1.66	.	5.45	.	20.79	.	.	10.41
1976	0.87	11.06	23.12	-13.12	.	-9.97	.	0.04	.	3.49	.	.	4.09
1977	3.99	9.03	12.37	2.91	.	14.68	.	8.90	.	-13.43	.	.	-14.39
1978	15.39	4.77	-5.66	48.36	.	9.55	.	15.79	.	15.25	.	.	13.50
1979	6.13	2.43	11.51	-5.17	.	17.38	.	4.70	.	16.40	.	.	13.07
1980	17.53	18.38	4.86	15.18	.	18.29	.	15.52	.	25.23	.	.	26.57
1981	-5.30	-4.23	-5.40	4.96	.	-5.66	.	-1.32	.	-25.32	.	.	-21.63
1982	4.04	-0.72	15.61	11.79	.	3.18	.	3.94	.	5.90	.	.	4.55
1983	5.76	3.51	4.63	6.19	.	9.76	.	5.55	.	8.65	.	.	6.82

ANTEILE IN VH

1970	100.00	27.94	4.90	22.06	0.00	23.53	6.86	85.29	0.00	7.84	0.49	6.37	14.71
1976	100.00	35.89	4.38	18.08	0.55	14.79	5.21	78.90	3.56	8.22	3.84	5.48	21.10
1982	100.00	32.05	4.03	23.99	0.73	17.03	5.86	83.70	2.01	6.41	2.73	5.49	16.30
1983	100.00	31.37	3.99	24.09	0.69	17.68	5.89	83.54	1.39	6.59	2.95	6.07	16.46

AUSGABEN DER GEMEINDEN PRO KOPF DER BEVOELKERUNG IN DM
SCHLESWIG-HOLSTEIN

	AUSGABEN INSGESAMT	PERSONAL- AUSGABEN	LFD. SACH- AUFWAND	ZINS- AUSGABEN	LFD. ZUWEISUNGEN AN LAENDER	AN DRITTE	SONSTIGE LFD.AUSGABEN	LFD.RECHNUNG INSGESAMT	SACH- INVESTITIONEN	DAVON: BAUTEN	INVESTITIONSZUSCHUESSE AN LAENDER	AN DRITTE	SONSTIGE	KAPITALRECHN. INSGESAMT	FINANZIERUNGS- SALDO
1970	882	257	172	28	36	80	0	569	275	221	0	0	32	313	-46
1971	1051	304	194	32	40	95	0	672	336	277	0	0	36	379	-79
1972	1155	341	211	39	47	117	0	756	341	282	0	12	47	399	-74
1973	1318	385	237	47	62	136	0	867	377	307	4	16	54	451	-51
1974	1378	423	209	54	4	124	27	871	403	333	15	19	70	507	-62
1975	1467	491	232	58	4	151	27	964	410	341	19	23	50	503	-66
1976	1425	461	236	58	4	166	27	952	395	329	15	19	43	472	-12
1977	1446	476	255	58	4	174	27	994	347	298	15	23	44	452	23
1978	1684	587	309	58	4	182	27	1166	425	328	12	35	46	518	12
1979	1830	601	358	58	4	204	31	1256	474	378	12	35	54	574	-31
1980	2073	660	384	61	4	226	42	1378	572	453	15	50	58	695	42
1981	2152	692	409	69	4	245	46	1464	573	447	15	42	57	688	-149
1982	2141	729	439	76	4	263	50	1561	477	382	15	42	46	580	-57
1983	2215	752	455	73	8	275	46	1608	500	416	15	42	50	607	-11

VERAENDERUNGEN GEGENUEBER VORJAHR IN VH

1971	19.19	18.60	12.33	12.66	.	18.29	.	18.01	23.22	25.46	.	-1.42	.	21.33	.
1972	9.86	11.93	9.17	23.83	.	23.83	.	12.44	1.39	1.89	.	40.39	.	5.25	.
1973	14.07	12.95	12.13	19.11	.	15.81	.	14.69	10.67	8.91	.	32.33	.	12.89	.
1974	4.61	17.72	-11.82	16.21	.	-8.93	.	0.51	6.80	8.44	.	24.52	.	12.49	.
1975	6.42	8.51	11.07	7.10	.	21.83	.	10.62	1.88	2.29	.	19.95	.	-0.80	.
1976	-2.86	-6.26	1.71	0.04	.	10.30	.	-1.17	-3.74	-3.37	.	-16.63	.	-6.12	.
1977	1.51	3.24	8.07	-0.12	.	4.53	.	4.35	-6.97	-9.52	.	19.86	.	-4.21	.
1978	16.44	23.43	21.07	-0.12	.	4.32	.	17.37	15.66	10.26	.	49.83	.	14.40	.
1979	8.69	2.39	15.98	-0.23	.	12.51	.	7.70	11.56	15.03	.	-0.23	.	10.94	.
1980	13.25	9.83	7.11	6.26	.	10.89	.	9.70	20.67	19.95	.	43.89	.	21.01	.
1981	3.82	4.79	6.53	12.03	.	8.02	.	6.24	0.23	-1.24	.	-15.74	.	-0.97	.
1982	-0.51	5.34	7.31	10.94	.	7.65	.	6.63	-16.79	-14.66	.	-0.15	.	-15.68	.
1983	3.47	3.22	3.56	-4.93	.	4.43	.	3.01	4.88	9.08	.	0.08	.	4.69	.

ANTEILE IN VH

1970	100.00	29.09	19.55	3.18	4.09	9.09	0.00	64.55	30.91	25.00	0.00	0.91	3.64	35.45	-7.27
1976	100.00	32.34	16.58	4.08	0.27	11.68	1.90	66.85	27.72	23.10	1.09	1.36	2.99	33.15	-0.82
1982	100.00	34.05	20.50	3.57	0.18	12.30	2.32	72.91	22.28	17.83	0.71	1.96	2.14	27.09	-2.67
1983	100.00	33.97	20.52	3.28	0.36	12.41	2.07	72.59	22.59	18.79	0.69	1.90	2.24	27.41	-0.52

ANMERKUNG: . = AUSWEIS NICHT SINNVOLL.

QUELLE: EIGENE BERECHNUNGEN AUFGRUND AMTLICHER STATISTIKEN.

Tabelle 3.4.3

EINNAHMEN DER GEMEINDEN PRO KOPF DER BEVOELKERUNG IN DM
NIEDERSACHSEN

	EINNAHMEN INSGESAMT	STEUERN U.AE.	WIRTSCH. TAETIGKEIT	GEBUEHREN	LFD. ZUSCHUESSE VOM BUND	LFD. ZUSCHUESSE VON LAENDERN	SONSTIGE LFD. EINNAHMEN	LFD. RECHNUNG INSGESAMT	INVESTITIONSZUSCHUESSE V.BUND	INVESTITIONSZUSCHUESSE V.LAENDERN	INVESTITIONSZUSCHUESSE V.DRITTEN	SONSTIGE	KAPITALRECHN. INSGESAMT
1970	808	250	40	165	0	206	61	722	0	42	3	41	86
1971	910	298	42	198	0	218	67	823	0	42	4	41	87
1972	1064	334	46	229	0	265	78	952	0	60	4	49	113
1973	1253	402	48	260	0	319	86	1115	0	83	6	50	138
1974	1366	428	51	259	18	321	65	1141	23	101	47	54	224
1975	1453	461	55	305	17	320	68	1226	17	112	50	51	229
1976	1569	492	64	336	18	326	73	1309	22	115	57	66	260
1977	1753	588	69	360	24	381	86	1507	0	115	64	59	246
1978	1892	603	68	411	19	425	89	1615	3	141	66	66	277
1979	2045	639	72	410	19	472	137	1734	4	158	75	75	311
1980	2291	753	80	461	22	517	124	1958	6	159	86	83	333
1981	2290	706	83	498	18	534	135	1976	6	145	84	80	314
1982	2416	702	92	537	18	611	136	2097	3	150	80	92	319
1983	2493	725	97	576	14	621	146	2179	3	137	81	98	314

VERAENDERUNGEN GEGENUEBER VORJAHR IN VH

1971	12.65	19.11	6.05	20.13	.	5.76	.	14.09	.	-1.02	.	.	0.60
1972	16.95	12.92	9.53	15.49	.	21.69	.	15.59	.	42.46	.	.	29.85
1973	17.79	19.62	5.50	13.34	.	20.31	.	17.19	.	38.80	.	.	22.81
1974	8.98	6.49	5.34	-0.36	.	0.50	.	2.36	.	21.23	.	.	62.42
1975	6.41	7.56	8.27	17.73	.	-0.28	.	7.28	.	11.13	.	.	1.99
1976	7.98	6.88	15.32	10.26	.	2.01	.	6.94	.	2.73	.	.	13.57
1977	11.71	19.46	8.77	7.07	.	16.61	.	15.07	.	0.07	.	.	-5.25
1978	7.92	2.62	-1.97	14.26	.	11.67	.	7.19	.	22.93	.	.	12.39
1979	8.08	5.92	6.00	-0.38	.	11.03	.	7.32	.	11.72	.	.	12.45
1980	12.02	17.87	11.23	12.54	.	9.68	.	12.95	.	0.61	.	.	6.83
1981	-0.03	-6.06	3.23	8.16	.	3.25	.	0.92	.	-8.80	.	.	-5.59
1982	5.52	-0.79	11.63	7.72	.	14.42	.	6.12	.	3.80	.	.	1.74
1983	3.18	3.29	4.64	7.34	.	1.51	.	3.90	.	-9.04	.	.	-1.58

ANTEILE IN VH

1970	100.00	30.94	4.90	20.45	0.00	25.52	7.52	89.34	0.00	5.24	0.35	5.07	10.66
1976	100.00	31.37	4.05	21.41	1.15	20.79	4.67	83.44	1.41	7.31	3.61	4.23	16.56
1982	100.00	29.06	3.82	22.22	0.74	25.30	5.64	86.78	0.11	6.21	3.30	3.82	13.22
1983	100.00	29.09	3.87	23.12	0.55	24.89	5.86	87.39	0.11	5.48	3.26	3.93	12.61

AUSGABEN DER GEMEINDEN PRO KOPF DER BEVOELKERUNG IN DM
NIEDERSACHSEN

	AUSGABEN INSGESAMT	PERSONAL- AUSGABEN	LFD. SACH- AUFWAND	ZINS- AUSGABEN	LFD. ZUWEISUNGEN AN LAENDER	LFD. ZUWEISUNGEN AN DRITTE	SONSTIGE LFD. AUSGABEN	LFD. RECHNUNG INSGESAMT	SACH- INVESTITIONEN	DAVON: BAUTEN	INVESTITIONSZUSCHUESSE AN LAENDER	INVESTITIONSZUSCHUESSE AN DRITTE	SONSTIGE	KAPITALRECHN. INSGESAMT	FINANZIERUNGS- SALDO
1970	884	222	192	42	6	85	0	546	309	243	1	3	24	337	-76
1971	1055	270	207	50	6	106	0	636	390	317	0	8	21	419	-145
1972	1171	307	233	61	6	124	0	733	408	336	0	7	22	438	-107
1973	1327	343	269	75	18	142	0	866	438	358	0	4	18	460	-73
1974	1506	438	231	85	10	160	26	950	500	408	10	18	29	556	-140
1975	1626	490	258	98	12	194	25	1077	491	404	11	18	29	549	-172
1976	1690	517	282	109	14	213	22	1157	476	400	10	18	29	532	-120
1977	1788	555	314	112	14	235	21	1251	473	378	10	19	35	537	-35
1978	1911	615	339	108	12	231	25	1330	513	404	11	28	29	581	-19
1979	2150	653	398	112	15	273	28	1479	595	455	8	35	33	671	-105
1980	2387	708	443	123	17	306	32	1628	676	524	12	34	36	759	-97
1981	2532	756	474	140	15	362	32	1779	661	516	18	43	32	753	-242
1982	2551	785	486	145	18	446	32	1932	540	431	21	32	28	620	-135
1983	2508	800	488	143	26	462	32	1979	455	353	19	29	26	530	-15

VERAENDERUNGEN GEGENUEBER VORJAHR IN VH

1971	19.38	21.68	7.71	18.78	.	25.37	.	16.37	26.10	30.63	.	.	.	24.24	.
1972	10.97	13.81	12.82	21.48	.	16.39	.	15.33	4.73	5.96	.	.	.	4.36	.
1973	13.28	18.38	15.46	22.00	.	15.12	.	18.13	7.26	6.44	.	.	.	5.16	.
1974	13.55	20.48	-14.15	14.40	.	12.22	.	9.65	14.10	13.88	.	.	.	20.89	.
1975	7.93	11.80	11.48	14.69	.	21.74	.	13.36	-1.78	-0.86	.	.	.	-1.34	.
1976	3.93	5.64	9.39	11.58	.	9.52	.	7.47	-3.10	-1.09	.	.	.	-3.00	.
1977	5.80	7.29	11.33	2.60	.	10.47	.	8.08	-0.51	-5.47	.	.	.	0.85	.
1978	6.92	10.75	7.96	-3.68	.	-1.74	.	6.33	8.51	6.99	.	.	.	8.28	.
1979	12.48	6.26	17.50	3.80	.	17.92	.	11.19	15.85	12.62	.	.	.	15.43	.
1980	11.03	8.40	11.17	9.59	.	12.39	.	10.09	13.65	15.20	.	.	.	13.10	.
1981	6.08	6.80	6.94	14.37	.	18.22	.	9.27	-2.24	-1.52	.	.	.	-0.75	.
1982	0.75	3.81	2.60	17.63	.	23.18	.	8.58	-18.34	-16.54	.	.	.	-17.74	.
1983	-1.69	2.96	0.44	-1.52	.	3.55	.	2.44	-15.69	-18.09	.	.	.	-14.54	.

ANTEILE IN VH

1970	100.00	25.08	21.73	4.79	0.64	9.58	0.00	61.82	34.98	27.48	0.16	0.32	2.72	38.18	-8.63
1976	100.00	30.61	16.69	6.46	0.82	12.60	1.31	68.49	28.15	23.65	0.57	1.06	1.72	31.51	-7.12
1982	100.00	30.76	19.05	6.48	0.70	17.49	1.24	75.72	21.15	16.89	0.81	1.24	1.08	24.28	-5.29
1983	100.00	32.22	19.66	6.49	1.04	18.42	1.26	78.89	18.14	14.07	0.77	1.15	1.04	21.11	-0.60

ANMERKUNG: . = AUSWEIS NICHT SINNVOLL.

QUELLE: EIGENE BERECHNUNGEN AUFGRUND AMTLICHER STATISTIKEN.

Tabelle 3.4.4

EINNAHMEN DER GEMEINDEN PRO KOPF DER BEVOELKERUNG IN DM
NORDRHEIN-WESTFALEN

	EINNAHMEN INSGESAMT	STEUERN U.AE.	WIRTSCH. TAETIGKEIT	GEBUEHREN	LFD. ZUSCHUESSE VON BUND	VON LAENDERN	SONSTIGE LFD.EINNAHMEN	LFD. RECHNUNG INSGESAMT	INVESTITIONSZUSCHUESSE V.BUND	V.LAENDERN	V.DRITTEN	SONSTIGE	KAPITALRECHN. INSGESAMT
1970	953	326	46	149	0	209	73	802	0	110	2	39	151
1971	1075	366	51	177	0	235	77	906	0	122	2	44	169
1972	1246	442	58	213	0	271	86	1069	0	131	2	43	177
1973	1416	504	60	229	0	315	100	1208	0	161	3	44	208
1974	1586	554	66	208	33	323	100	1284	26	184	37	56	302
1975	1690	563	73	230	34	354	100	1356	28	221	33	51	334
1976	1800	639	80	248	32	346	122	1467	30	206	39	58	333
1977	1891	711	87	260	33	375	128	1594	27	175	36	58	297
1978	2096	733	89	319	37	445	138	1761	23	198	41	72	335
1979	2233	752	98	338	41	473	164	1857	30	226	44	76	376
1980	2491	830	100	372	42	547	165	2057	24	283	46	82	434
1981	2547	807	106	412	28	598	177	2127	19	267	48	86	420
1982	2595	841	123	448	24	580	185	2201	18	236	52	90	394
1983	2633	910	128	485	22	487	196	2229	12	234	53	107	404

VERAENDERUNGEN GEGENUEBER VORJAHR IN VH

1971	12.78	12.44	11.63	18.60	.	12.42	.	12.97	.	11.20	.	.	11.77
1972	15.92	20.55	13.13	20.33	.	15.45	.	18.00	.	7.18	.	.	4.74
1973	13.65	14.14	3.66	7.59	.	16.18	.	12.90	.	23.15	.	.	17.77
1974	12.01	9.86	9.57	-8.92	.	2.73	.	6.30	.	13.98	.	.	45.19
1975	6.52	2.10	9.99	10.37	.	9.50	.	5.57	.	20.25	.	.	10.54
1976	6.53	12.99	10.11	7.84	.	-2.34	.	8.19	.	-6.67	.	.	-0.73
1977	5.05	11.28	9.04	4.75	.	8.40	.	8.63	.	-15.08	.	.	-10.84
1978	10.85	3.11	2.24	22.61	.	18.88	.	10.47	.	12.95	.	.	12.89
1979	6.53	2.64	9.95	5.98	.	6.28	.	5.48	.	14.32	.	.	12.18
1980	11.56	10.37	2.15	10.19	.	15.50	.	10.75	.	24.89	.	.	15.53
1981	2.23	-2.78	5.23	10.85	.	9.30	.	3.39	.	-5.42	.	.	-3.27
1982	1.90	4.17	16.95	8.65	.	-3.01	.	3.50	.	-11.85	.	.	-6.20
1983	1.46	8.24	3.99	8.17	.	-16.00	.	1.26	.	-0.87	.	.	2.59

ANTEILE IN VH

1970	100.00	34.18	4.84	15.63	0.00	21.90	7.63	84.18	0.00	11.54	0.19	4.09	15.82
1976	100.00	35.49	4.45	13.78	1.79	19.21	6.79	81.51	1.66	11.47	2.14	3.22	18.49
1982	100.00	32.40	4.76	17.26	0.93	22.34	7.14	84.82	0.70	9.08	1.99	3.47	15.18
1983	100.00	34.56	4.88	18.40	0.83	18.49	7.46	84.65	0.47	8.88	2.00	4.07	15.35

AUSGABEN DER GEMEINDEN PRO KOPF DER BEVOELKERUNG IN DM
NORDRHEIN-WESTFALEN

	AUSGABEN INSGESAMT	PERSONAL- AUSGABEN	LFD. SACH- AUFWAND	ZINS- AUSGABEN	LFD. ZUWEISUNGEN AN LAENDER	AN DRITTE	SONSTIGE LFD.AUSGABEN	LFD.RECHNUNG INSGESAMT	SACH- INVESTITIONEN	DAVON: BAUTEN	INVESTITIONSZUSCHUESSE AN LAENDER	AN DRITTE	SONSTIGE	KAPITALRECHN. INSGESAMT	FINANZIERUNGS- SALDO
1970	1055	300	198	44	1	121	0	663	362	276	0	6	23	391	-102
1971	1221	356	225	50	2	145	0	779	404	312	0	7	32	442	-146
1972	1353	400	250	62	1	185	0	898	414	329	0	6	34	455	-107
1973	1504	451	280	74	6	203	0	1014	448	348	0	8	34	490	-80
1974	1736	522	263	86	2	272	12	1157	508	390	6	24	41	579	-150
1975	1890	566	286	95	3	313	19	1283	534	423	6	25	42	607	-200
1976	1931	597	300	105	3	331	21	1359	493	395	8	26	45	572	-131
1977	1972	632	323	108	5	357	11	1436	442	357	8	22	44	535	-81
1978	2182	696	366	107	5	382	23	1579	521	398	12	27	43	603	-86
1979	2385	755	421	115	5	405	22	1723	592	446	8	32	31	662	-152
1980	2663	818	452	136	5	452	36	1898	679	520	8	38	41	765	-172
1981	2749	863	464	155	9	499	37	2028	629	489	8	39	46	721	-202
1982	2716	881	467	179	8	520	45	2100	530	415	8	36	42	616	-121
1983	2662	897	463	170	9	518	43	2101	463	356	11	30	59	561	-28

VERAENDERUNGEN GEGENUEBER VORJAHR IN VH

1971	15.77	18.87	13.74	15.01	.	20.31	.	17.40	11.40	12.95	.	.	.	13.02	.
1972	10.77	12.14	10.94	23.87	.	27.66	.	15.27	2.59	5.35	.	.	.	2.85	.
1973	11.18	12.90	11.99	18.31	.	9.39	.	12.93	8.23	5.86	.	.	.	7.72	.
1974	15.44	15.65	-5.85	16.49	.	34.33	.	14.16	13.30	12.14	.	.	.	18.08	.
1975	8.87	8.57	8.49	11.16	.	15.07	.	10.88	5.13	8.52	.	.	.	4.84	.
1976	2.17	5.32	4.97	10.27	.	5.70	.	5.89	-7.75	-6.72	.	.	.	-5.70	.
1977	2.11	5.96	7.68	3.04	.	7.87	.	5.70	-6.29	-9.54	.	.	.	-6.41	.
1978	10.68	10.16	13.13	-1.41	.	6.96	.	9.96	12.82	11.57	.	.	.	12.62	.
1979	9.31	8.43	15.19	7.77	.	5.92	.	9.12	13.62	12.03	.	.	.	9.82	.
1980	11.64	8.31	7.42	17.57	.	11.65	.	10.14	14.83	16.45	.	.	.	15.53	.
1981	3.23	5.49	2.56	14.68	.	10.49	.	6.83	-7.45	-6.01	.	.	.	-5.70	.
1982	-1.19	2.15	0.62	15.37	.	4.25	.	3.58	-15.66	-15.04	.	.	.	-14.59	.
1983	-2.02	1.78	-0.76	-5.30	.	-0.58	.	0.02	-12.73	-14.33	.	.	.	-8.96	.

ANTEILE IN VH

1970	100.00	28.42	18.78	4.15	0.11	11.43	0.00	62.89	34.34	26.18	0.00	0.56	2.19	37.11	-9.64
1976	100.00	30.90	15.54	5.45	0.24	17.15	1.09	70.37	25.51	20.45	0.42	1.36	2.33	29.63	-6.79
1982	100.00	32.45	17.19	6.60	0.28	19.16	1.65	77.32	19.52	15.28	0.30	1.32	1.56	22.68	-4.46
1983	100.00	33.70	17.41	6.38	0.34	19.45	1.62	78.92	17.39	13.36	0.40	1.11	2.20	21.08	-1.07

ANMERKUNG: . = AUSWEIS NICHT SINNVOLL.

QUELLE: EIGENE BERECHNUNGEN AUFGRUND AMTLICHER STATISTIKEN.

Tabelle 3.4.5

EINNAHMEN DER GEMEINDEN PRO KOPF DER BEVOELKERUNG IN DM
HESSEN

	EINNAHMEN INSGESAMT	STEUERN U.AE.	WIRTSCH. TAETIGKEIT	GEBUEHREN	LFD. ZUSCHUESSE VON BUND	LFD. ZUSCHUESSE VON LAENDERN	SONSTIGE LFD.EINNAHMEN	LFD.RECHNUNG INSGESAMT	INVESTITIONSZUSCHUESSE V.BUND	V.LAENDERN	V.DRITTEN	SONSTIGE	KAPITALRECHN. INSGESAMT
1970	1013	342	69	199	0	180	72	862	0	93	2	56	151
1971	1139	375	77	238	0	179	81	950	0	112	5	71	189
1972	1294	463	82	272	0	203	82	1101	0	118	5	69	192
1973	1509	547	94	313	0	241	97	1291	0	138	7	72	218
1974	1664	588	77	333	16	256	81	1351	36	120	61	97	314
1975	1743	598	86	370	18	271	75	1420	43	115	66	99	324
1976	1912	668	92	422	18	274	96	1570	51	106	65	121	343
1977	2002	742	110	444	27	300	107	1731	40	81	54	96	271
1978	2166	795	108	490	25	332	103	1854	49	112	54	97	312
1979	2319	798	117	505	27	372	151	1954	49	129	65	129	365
1980	2525	896	118	551	29	408	132	2133	48	123	73	163	392
1981	2501	860	121	587	20	434	140	2160	37	114	68	116	334
1982	2663	867	130	655	16	433	152	2251	34	173	66	144	412
1983	2758	956	141	707	14	441	152	2410	39	113	63	136	347

VERAENDERUNGEN GEGENUEBER VORJAHR IN VH

1971	12.46	9.78	11.85	19.72	.	-0.45	.	10.22	.	20.21	.	.	25.30
1972	13.59	23.26	6.17	14.34	.	13.25	.	15.89	.	5.59	.	.	1.98
1973	16.66	18.19	14.56	15.00	.	18.61	.	17.27	.	17.44	.	.	13.17
1974	10.29	7.47	-17.63	6.48	.	6.30	.	4.60	.	-13.33	.	.	44.06
1975	4.75	1.85	11.99	11.11	.	5.94	.	5.11	.	-4.17	.	.	3.19
1976	9.69	11.53	6.65	14.02	.	1.04	.	10.54	.	-7.46	.	.	5.96
1977	4.70	11.16	19.69	5.63	.	9.29	.	10.31	.	-23.67	.	.	-21.00
1978	8.16	7.16	-1.76	9.98	.	10.70	.	7.06	.	37.60	.	.	15.19
1979	7.08	0.37	8.04	2.99	.	12.16	.	5.42	.	15.77	.	.	16.98
1980	8.87	12.31	1.07	9.10	.	9.63	.	9.15	.	-4.61	.	.	7.38
1981	-0.92	-4.07	2.74	6.51	.	6.27	.	1.64	.	-7.51	.	.	-14.86
1982	6.45	0.79	7.31	11.51	.	-0.04	.	3.83	.	51.51	.	.	23.49
1983	3.57	10.33	8.66	8.07	.	1.63	.	7.10	.	-34.78	.	.	-15.67

ANTEILE IN VH

1970	100.00	33.76	6.79	19.63	0.00	17.80	7.16	85.14	0.00	9.17	0.18	5.50	14.86
1976	100.00	34.91	4.81	22.08	0.94	14.34	5.00	82.08	2.64	5.57	3.40	6.32	17.92
1982	100.00	32.55	4.89	24.58	0.60	16.28	5.69	84.53	1.27	6.50	2.48	5.43	15.47
1983	100.00	34.68	5.13	25.63	0.52	15.97	5.52	87.40	1.43	4.09	2.27	4.94	12.60

AUSGABEN DER GEMEINDEN PRO KOPF DER BEVOELKERUNG IN DM
HESSEN

	AUSGABEN INSGESAMT	PERSONAL-AUSGABEN	LFD. SACH-AUFWAND	ZINS-AUSGABEN	LFD. ZUWEISUNGEN AN LAENDER	AN DRITTE	SONSTIGE LFD.AUSGABEN	LFD. RECHNUNG INSGESAMT	SACH-INVESTITIONEN	DAVON: BAUTEN	INVESTITIONSZUSCHUESSE AN LAENDER	AN DRITTE	SONSTIGE	KAPITALRECHN. INSGESAMT	FINANZIERUNGS-SALDO
1970	1093	299	195	56	22	115	0	686	390	321	0	2	15	407	-80
1971	1353	359	218	62	24	128	0	789	498	427	2	4	60	564	-214
1972	1491	399	241	73	27	152	0	894	542	459	0	9	45	597	-198
1973	1624	462	282	90	41	169	0	1045	516	426	0	13	50	579	-115
1974	1860	521	288	102	52	217	23	1204	571	485	0	32	52	656	-193
1975	1925	577	318	113	52	248	29	1337	507	415	0	25	56	588	-182
1976	2024	610	350	115	47	269	32	1423	525	442	2	22	52	601	-112
1977	2076	643	388	117	38	287	34	1527	466	386	2	22	60	549	-74
1978	2221	703	424	108	36	317	40	1628	525	424	2	23	43	593	-56
1979	2430	753	476	113	36	334	41	1756	588	475	0	22	65	674	-111
1980	2644	805	522	132	38	363	41	1902	653	551	4	23	64	743	-120
1981	2792	860	567	152	16	394	46	2034	640	532	25	18	75	756	-291
1982	2854	885	580	184	20	394	54	2115	615	519	25	21	78	738	-191
1983	2787	913	602	181	18	412	56	2181	494	412	21	18	73	605	-29

VERAENDERUNGEN GEGENUEBER VORJAHR IN VH

1971	23.84	19.96	11.67	11.67	6.75	11.25	.	15.09	27.63	32.71	.	.	.	38.58	.
1972	10.22	11.23	10.75	16.58	14.34	18.91	.	13.33	8.93	7.60	.	.	.	5.85	.
1973	8.91	15.81	17.03	23.92	52.01	10.94	.	16.83	-4.84	-7.13	.	.	.	-2.97	.
1974	14.50	12.78	2.14	13.55	25.59	28.22	.	15.21	10.71	13.90	.	.	.	13.22	.
1975	3.51	10.67	10.29	10.88	0.32	14.42	.	11.07	-11.31	-14.48	.	.	.	-10.37	.
1976	5.16	5.69	10.02	1.97	-10.01	8.38	.	6.45	3.58	6.44	.	.	.	2.22	.
1977	2.57	8.66	10.90	1.64	-19.17	6.79	.	7.30	-11.28	-12.59	.	.	.	-8.64	.
1978	7.00	6.13	9.16	-7.81	-4.88	10.55	.	6.60	12.65	9.67	.	.	.	8.09	.
1979	9.40	7.11	12.42	4.68	-0.31	5.93	.	7.86	12.03	12.00	.	.	.	13.63	.
1980	8.81	6.90	9.68	16.91	4.51	8.05	.	8.30	11.10	16.12	.	.	.	10.15	.
1981	5.58	6.81	8.59	14.54	-57.27	8.56	.	7.03	-1.92	-3.52	.	.	.	1.88	.
1982	2.20	2.87	2.16	21.13	22.18	-0.04	.	3.91	-3.93	-2.38	.	.	.	-2.39	.
1983	-2.35	3.25	3.81	-1.54	-8.72	4.50	.	3.12	-19.67	-20.64	.	.	.	-18.02	.

ANTEILE IN VH

1970	100.00	27.38	17.86	5.10	2.04	10.54	0.00	62.76	35.71	29.42	0.00	0.17	1.36	37.24	-7.31
1976	100.00	30.12	17.29	5.70	2.32	13.28	1.60	70.32	25.94	21.84	0.09	1.07	2.58	29.68	-5.53
1982	100.00	31.00	20.31	6.44	0.69	13.81	1.88	74.13	21.56	18.19	0.88	0.75	2.75	25.80	-6.69
1983	100.00	32.78	21.59	6.49	0.64	14.78	1.99	78.28	17.74	14.78	0.77	0.64	2.63	21.72	-1.03

ANMERKUNG: . = AUSWEIS NICHT SINNVOLL.

QUELLE: EIGENE BERECHNUNGEN AUFGRUND AMTLICHER STATISTIKEN.

Tabelle 3.4.6

EINNAHMEN DER GEMEINDEN PRO KOPF DER BEVOELKERUNG IN DM
RHEINLAND-PFALZ

	EINNAHMEN INSGESAMT	STEUERN U.AE.	WIRTSCH. TAETIGKEIT	GEBUEHREN	LFD. ZUSCHUESSE VOM BUND	LFD. ZUSCHUESSE VON LAENDERN	SONSTIGE LFD. EINNAHMEN	LFD. RECHNUNG INSGESAMT	INVESTITIONSZUSCHUESSE V. BUND	INVESTITIONSZUSCHUESSE V. LAENDERN	INVESTITIONSZUSCHUESSE V. DRITTEN	SONSTIGE	KAPITALRECHN. INSGESAMT
1970	790	264	77	137	0	110	63	653	0	93	3	41	137
1971	910	302	82	153	0	134	71	746	0	112	3	49	163
1972	1047	361	84	182	0	164	87	879	0	117	3	49	168
1973	1233	427	92	222	0	192	105	1038	0	143	3	49	195
1974	1353	468	81	252	0	198	127	1126	0	146	30	51	227
1975	1376	470	98	247	16	201	63	1096	24	111	68	76	280
1976	1518	530	112	276	16	208	71	1214	27	123	71	82	304
1977	1660	604	123	305	25	247	80	1385	19	118	69	69	274
1978	1758	627	124	327	25	270	91	1472	22	124	66	74	286
1979	1864	658	124	336	25	297	116	1545	25	143	66	85	319
1980	2069	769	137	360	19	346	110	1742	22	143	77	85	327
1981	2128	734	132	379	14	390	115	1766	27	151	99	85	362
1982	2152	747	140	404	11	385	124	1811	16	146	102	77	341
1983	2218	759	151	438	11	380	127	1866	17	132	99	105	352

VERAENDERUNGEN GEGENUEBER VORJAHR IN VH

1971	15.15	13.62	6.38	13.19	.	24.11	.	14.31	.	19.73	.	.	19.15
1972	15.13	19.34	2.94	17.10	.	21.54	.	17.80	.	4.48	.	.	2.94
1973	17.72	18.38	9.29	21.96	.	15.98	.	18.10	.	22.82	.	.	15.72
1974	9.71	9.53	-11.72	13.48	.	2.87	.	8.39	.	1.94	.	.	16.73
1975	1.70	0.49	20.59	-1.67	.	1.87	.	-2.65	.	-23.70	.	.	23.22
1976	10.31	12.78	14.54	11.63	.	3.29	.	10.81	.	10.39	.	.	8.39
1977	9.37	14.29	10.12	10.26	.	18.81	.	14.11	.	-4.13	.	.	-9.61
1978	5.91	3.45	0.28	7.50	.	12.53	.	6.23	.	4.94	.	.	4.29
1979	6.03	4.91	0.00	2.61	.	7.02	.	4.95	.	15.65	.	.	11.63
1980	11.01	16.93	10.90	7.17	.	16.44	.	12.80	.	-0.19	.	.	2.39
1981	2.84	-4.36	-4.08	5.26	.	12.81	.	1.34	.	5.68	.	.	10.83
1982	1.12	1.58	6.34	6.61	.	-1.33	.	2.57	.	-3.56	.	.	-5.98
1983	3.08	1.61	7.99	8.31	.	-1.29	.	3.02	.	-9.31	.	.	3.37

ANTEILE IN VH

1970	100.00	33.68	9.72	17.34	0.00	13.89	7.99	82.64	0.00	11.81	0.33	5.21	17.36
1976	100.00	34.95	7.39	18.20	1.08	13.69	4.68	80.00	1.80	8.11	4.68	5.41	20.00
1982	100.00	34.74	6.51	18.77	0.51	17.88	5.75	84.16	0.77	6.77	4.73	3.58	15.84
1983	100.00	34.24	6.82	19.73	0.50	17.12	5.71	84.12	0.74	5.94	4.47	4.71	15.88

AUSGABEN DER GEMEINDEN PRO KOPF DER BEVOELKERUNG IN DM
RHEINLAND-PFALZ

	AUSGABEN INSGESAMT	PERSONAL- AUSGABEN	LFD. SACH- AUFWAND	ZINS- AUSGABEN	LFD. ZUWEISUNGEN AN LAENDER	LFD. ZUWEISUNGEN AN DRITTE	SONSTIGE LFD. AUSGABEN	LFD. RECHNUNG INSGESAMT	SACH- INVESTITIONEN	DAVON: BAUTEN	INVESTITIONSZUSCHUESSE AN LAENDER	INVESTITIONSZUSCHUESSE AN DRITTE	SONSTIGE	KAPITALRECHN. INSGESAMT	FINANZIERUNGS- SALDO
1970	944	217	170	55	25	69	0	527	370	305	0	5	41	417	-154
1971	1120	262	185	68	27	82	0	627	444	381	0	5	44	493	-210
1972	1221	293	204	81	33	106	0	719	459	393	0	5	38	502	-174
1973	1363	343	241	100	54	116	0	857	484	406	0	3	16	506	-130
1974	1531	390	249	119	65	133	22	985	509	422	0	0	38	547	-179
1975	1506	446	237	120	46	158	11	1017	432	353	16	11	30	489	-131
1976	1561	470	254	118	46	172	11	1072	424	347	19	11	36	489	-44
1977	1641	513	283	118	49	178	14	1155	428	340	19	11	27	486	19
1978	1755	545	311	107	41	184	17	1205	487	393	19	14	30	550	3
1979	1960	575	347	110	66	215	17	1330	581	452	0	17	33	631	-96
1980	2154	624	390	124	74	234	19	1465	646	517	0	16	27	690	-85
1981	2295	659	437	148	49	258	14	1565	645	527	30	27	27	730	-167
1982	2275	679	453	173	52	261	16	1633	569	462	27	25	19	640	-124
1983	2273	699	465	154	61	264	19	1662	526	418	28	25	33	611	-55

VERAENDERUNGEN GEGENUEBER VORJAHR IN VH

1971	18.63	20.66	8.90	24.11	10.32	19.15	.	18.94	19.89	25.23	.	.	.	18.24	.
1972	9.07	12.07	9.88	19.54	19.54	29.51	.	14.78	3.29	3.18	.	.	.	1.82	.
1973	11.61	17.18	18.25	22.90	64.08	9.87	.	19.20	5.54	3.08	.	.	.	0.73	.
1974	12.36	15.81	3.43	18.98	20.06	14.02	.	14.89	5.08	4.06	.	.	.	8.08	.
1975	-1.64	12.11	-4.97	0.49	-28.82	18.95	.	3.25	-15.01	-16.26	.	.	.	-10.45	.
1976	3.66	5.48	7.51	-1.71	0.57	9.24	.	5.41	-1.94	-1.75	.	.	.	0.02	.
1977	5.07	9.08	11.12	0.33	6.23	3.51	.	7.75	0.98	-2.04	.	.	.	-0.79	.
1978	6.98	6.17	10.01	-9.05	-16.44	3.36	.	4.32	13.77	15.64	.	.	.	13.31	.
1979	11.69	5.64	11.60	2.63	60.33	16.51	.	10.37	19.31	14.78	.	.	.	14.39	.
1980	9.90	8.40	12.48	12.28	12.28	8.76	.	10.14	11.16	14.41	.	.	.	9.40	.
1981	6.54	5.64	11.88	19.90	-33.39	10.50	.	6.85	-0.08	2.04	.	.	.	5.89	.
1982	-0.88	3.00	3.86	16.76	5.64	1.15	.	4.47	-11.84	-12.43	.	.	.	-12.33	.
1983	-0.10	2.98	2.57	-10.99	15.93	1.19	.	1.65	-7.60	-9.40	.	.	.	-4.39	.

ANTEILE IN VH

1970	100.00	22.97	18.02	5.81	2.62	7.27	0.00	55.81	39.24	32.27	0.00	0.58	4.36	44.19	-16.28
1976	100.00	30.12	16.29	7.53	2.98	11.03	0.70	68.65	27.15	22.24	1.23	0.70	2.28	31.35	-2.80
1982	100.00	29.83	19.93	7.61	2.29	11.47	0.72	71.86	25.00	20.29	1.21	1.09	0.85	28.14	-5.43
1983	100.00	30.75	20.46	6.78	2.66	11.62	0.85	73.12	23.12	18.40	1.21	1.09	1.45	26.88	-2.42

ANMERKUNG: . = AUSWEIS NICHT SINNVOLL.

QUELLE: EIGENE BERECHNUNGEN AUFGRUND AMTLICHER STATISTIKEN.

Tabelle 3.4.7

EINNAHMEN DER GEMEINDEN PRO KOPF DER BEVOELKERUNG IN DM
BADEN-WUERTTEMBERG

	EINNAHMEN INSGESAMT	STEUERN U.AE.	WIRTSCH. TAETIGKEIT	GEBUEHREN	LFD. ZUSCHUESSE VOM BUND	LFD. ZUSCHUESSE VON LAENDERN	SONSTIGE LFD.EINNAHMEN	LFD.RECHNUNG INSGESAMT	INVESTITIONSZUSCHUESSE V.BUND	INVESTITIONSZUSCHUESSE V.LAENDERN	INVESTITIONSZUSCHUESSE V.DRITTEN	SONSTIGE	KAPITALRECHN. INSGESAMT
1970	993	318	72	200	0	209	92	892	0	66	2	33	101
1971	1142	346	82	231	0	230	102	1011	0	84	2	44	131
1972	1320	441	83	267	0	264	116	1172	0	97	2	49	148
1973	1517	516	93	301	0	300	134	1344	0	117	2	54	174
1974	1665	543	91	310	19	279	90	1333	31	118	83	100	332
1975	1724	558	97	332	18	285	92	1403	32	124	85	80	321
1976	1952	643	111	392	16	328	115	1605	33	126	92	96	347
1977	2118	727	121	417	24	380	116	1785	25	126	88	94	333
1978	2314	749	125	486	22	403	126	1911	34	158	91	120	403
1979	2445	784	131	504	25	451	133	2028	31	164	98	124	417
1980	2756	917	140	563	25	460	155	2260	32	196	110	169	496
1981	2772	909	144	601	17	481	177	2329	31	156	112	156	443
1982	2805	918	150	623	16	493	163	2363	31	150	112	163	442
1983	2975	959	162	663	15	542	183	2525	30	146	106	176	450
VERAENDERUNGEN GEGENUEBER VORJAHR IN VH													
1971	15.00	15.07	14.10	15.31	.	9.82	.	13.36	.	27.11	.	.	29.38
1972	15.63	20.51	1.60	15.57	.	15.17	.	15.97	.	14.54	.	.	13.18
1973	14.94	16.95	12.00	12.83	.	13.35	.	14.66	.	21.47	.	.	17.31
1974	9.71	5.32	-2.66	2.89	.	-6.85	.	-0.83	.	0.58	.	.	91.21
1975	3.55	2.68	6.46	13.83	.	2.04	.	5.29	.	5.09	.	.	-3.45
1976	13.22	15.16	14.22	11.21	.	15.24	.	14.38	.	1.33	.	.	8.15
1977	8.52	13.12	9.08	6.31	.	15.84	.	11.22	.	0.15	.	.	-3.95
1978	9.26	3.07	3.33	16.73	.	5.95	.	7.08	.	25.09	.	.	20.93
1979	5.66	4.63	4.92	3.71	.	11.86	.	6.13	.	3.83	.	.	3.46
1980	12.72	17.03	6.63	11.66	.	2.09	.	11.44	.	19.71	.	.	18.95
1981	0.56	-0.92	3.41	6.63	.	4.47	.	3.03	.	-20.25	.	.	-10.67
1982	1.18	1.00	3.66	3.70	.	2.62	.	1.46	.	-4.20	.	.	-0.31
1983	6.08	4.50	8.19	6.50	.	9.89	.	6.84	.	-2.63	.	.	1.97
ANTEILE IN VH													
1970	100.00	32.05	7.25	20.16	0.00	21.06	9.29	89.81	0.00	6.68	0.23	3.28	10.19
1976	100.00	32.92	5.66	20.08	0.84	16.83	5.89	82.22	1.68	6.45	4.71	4.94	17.78
1982	100.00	32.73	5.34	22.21	0.58	17.60	5.80	84.25	1.11	5.34	4.00	5.80	15.75
1983	100.00	32.24	5.45	22.29	0.51	18.23	6.14	84.86	1.02	4.90	3.56	5.92	15.14

AUSGABEN DER GEMEINDEN PRO KOPF DER BEVOELKERUNG IN DM
BADEN-WUERTTEMBERG

	AUSGABEN INSGESAMT	PERSONAL-AUSGABEN	LFD. SACH-AUFWAND	ZINS-AUSGABEN	LFD. ZUWEISUNGEN AN LAENDER	LFD. ZUWEISUNGEN AN DRITTE	SONSTIGE LFD.AUSGABEN	LFD.RECHNUNG INSGESAMT	SACH-INVESTITIONEN	DAVON: BAUTEN	INVESTITIONSZUSCHUESSE AN LAENDER	INVESTITIONSZUSCHUESSE AN DRITTE	SONSTIGE	KAPITALRECHN. INSGESAMT	FINANZIERUNGS-SALDO
1970	1112	270	210	36	48	103	0	669	417	342	0	3	22	443	-119
1971	1308	320	236	41	62	121	0	781	489	417	1	7	30	527	-166
1972	1429	353	256	48	60	142	0	859	537	452	1	10	22	570	-109
1973	1611	402	292	64	76	150	0	984	590	498	1	10	26	627	-93
1974	1838	480	296	74	89	168	16	1121	644	527	1	14	37	717	-173
1975	1905	533	319	76	106	200	33	1266	587	487	1	15	35	638	-181
1976	1933	562	339	79	124	239	0	1342	537	441	1	13	39	591	19
1977	2043	592	373	77	117	244	7	1410	571	441	1	16	44	633	76
1978	2274	642	430	68	130	245	5	1521	683	530	1	18	50	752	41
1979	2551	654	475	71	151	289	3	1683	794	633	1	25	48	868	-106
1980	2883	752	534	90	155	321	5	1856	927	740	1	33	66	1027	-127
1981	2952	800	565	108	173	350	9	2004	860	699	2	37	50	948	-180
1982	3002	825	569	137	201	385	11	2128	784	627	1	38	52	874	-197
1983	3000	827	598	130	200	407	6	2198	696	549	3	39	65	802	-25
VERAENDERUNGEN GEGENUEBER VORJAHR IN VH															
1971	17.64	18.42	12.40	14.10	28.51	16.91	.	16.76	17.30	22.05	.	.	.	18.97	.
1972	9.24	10.60	8.21	17.64	-2.84	17.08	.	10.03	9.69	8.40	.	.	.	8.09	.
1973	12.74	13.73	14.27	32.72	25.97	5.88	.	14.53	9.91	10.03	.	.	.	10.04	.
1974	14.10	19.31	1.14	14.86	16.74	11.93	.	13.95	9.20	5.96	.	.	.	14.33	.
1975	3.61	11.14	7.84	3.43	18.86	19.28	.	12.89	-8.81	-7.57	.	.	.	-10.90	.
1976	1.51	5.37	6.49	3.52	17.25	19.24	.	6.01	-8.49	-9.46	.	.	.	-7.41	.
1977	5.65	5.42	9.85	-2.63	-5.16	2.45	.	5.05	6.27	-0.10	.	.	.	7.02	.
1978	11.32	8.41	15.47	-11.52	11.11	0.35	.	7.90	19.63	22.02	.	.	.	18.95	.
1979	12.20	8.18	10.32	4.50	15.59	17.92	.	10.65	16.12	17.74	.	.	.	15.34	.
1980	13.01	8.26	12.44	26.68	2.80	10.81	.	10.28	16.81	16.83	.	.	.	18.30	.
1981	2.39	6.43	5.81	19.94	11.38	9.30	.	7.97	-7.20	-5.55	.	.	.	-7.70	.
1982	1.69	3.17	0.70	26.92	16.80	9.78	.	6.17	-8.83	-10.24	.	.	.	-7.80	.
1983	-0.06	3.79	5.20	-5.27	-0.81	5.88	.	3.31	-11.31	-12.49	.	.	.	-8.27	.
ANTEILE IN VH															
1970	100.00	24.27	18.91	3.24	4.33	9.30	0.00	60.16	37.51	30.74	0.00	0.30	2.02	39.84	-10.72
1976	100.00	29.03	17.55	4.08	6.40	12.34	0.00	69.42	27.80	22.82	0.06	0.68	2.04	30.58	0.96
1982	100.00	27.49	18.95	4.56	6.71	12.81	0.36	70.89	26.13	20.89	0.04	1.26	1.72	29.11	-6.57
1983	100.00	28.56	19.93	4.32	6.66	13.58	0.22	73.28	23.19	18.29	0.11	1.30	2.16	26.72	-0.83

ANMERKUNG: . = AUSWEIS NICHT SINNVOLL.

QUELLE: EIGENE BERECHNUNGEN AUFGRUND AMTLICHER STATISTIKEN.

Tabelle 3.4.8

EINNAHMEN DER GEMEINDEN PRO KOPF DER BEVOELKERUNG IN DM
BAYERN

	EINNAHMEN INSGESAMT	STEUERN U.AE.	WIRTSCH. TAETIGKEIT	GEBUEHREN	LFD.ZUSCHUESSE VOM BUND	VON LAENDERN	SONSTIGE LFD.EINNAHMEN	LFD.RECHNUNG INSGESAMT	INVESTITIONSZUSCHUESSE V.BUND	V.LAENDERN	V.DRITTEN	SONSTIGE	KAPITALRECHN. INSGESAMT
1970	861	282	58	187	0	153	73	753	0	79	2	27	108
1971	980	322	70	214	0	175	82	862	0	84	4	31	119
1972	1119	388	73	240	0	196	88	985	0	102	4	29	134
1973	1321	465	80	271	0	222	100	1138	0	148	4	31	183
1974	1473	494	65	288	10	222	94	1181	37	124	75	55	291
1975	1577	503	69	334	18	238	94	1259	31	141	82	64	319
1976	1748	572	77	385	17	252	99	1401	8	169	90	80	347
1977	1814	629	80	399	23	264	107	1504	4	154	88	65	310
1978	2002	676	77	454	18	334	114	1672	5	175	81	69	330
1979	2202	705	79	455	18	383	181	1797	5	220	91	89	405
1980	2420	820	85	511	19	415	156	2004	5	214	106	93	417
1981	2508	804	88	547	15	438	174	2065	5	207	119	113	443
1982	2571	824	97	581	14	443	170	2130	5	211	116	119	441
1983	2656	846	103	616	13	456	168	2202	4	208	117	133	454

VERAENDERUNGEN GEGENUEBER VORJAHR IN VH

1971	13.86	14.26	19.57	14.15	.	14.58	.	14.43	.	5.49	.	.	9.90
1972	14.22	20.73	4.36	12.53	.	11.79	.	14.36	.	21.26	.	.	13.16
1973	18.01	19.73	10.71	12.73	.	13.44	.	15.49	.	45.70	.	.	36.48
1974	11.49	6.24	-18.64	6.16	.	0.11	.	3.83	.	-15.88	.	.	59.11
1975	7.09	1.88	5.84	16.89	.	7.26	.	6.52	.	13.55	.	.	9.39
1976	10.86	13.67	10.93	14.56	.	5.68	.	11.35	.	19.90	.	.	8.96
1977	3.73	9.94	3.53	3.52	.	5.79	.	7.31	.	-9.37	.	.	-10.74
1978	10.39	7.44	-3.54	13.86	.	25.28	.	11.19	.	13.79	.	.	6.51
1979	9.99	4.36	3.33	0.33	.	14.64	.	7.50	.	26.11	.	.	22.63
1980	9.92	16.33	7.64	12.24	.	8.42	.	11.49	.	-2.12	.	.	2.94
1981	3.61	-1.95	2.82	6.94	.	5.56	.	3.03	.	-3.78	.	.	6.41
1982	2.51	2.65	10.22	6.33	.	1.28	.	3.18	.	1.58	.	.	-0.59
1983	3.33	2.50	6.36	6.08	.	2.84	.	3.39	.	-1.33	.	.	3.07

ANTEILE IN VH

1970	100.00	32.71	6.76	21.73	0.00	17.74	8.54	87.47	0.00	9.20	0.22	3.10	12.53
1976	100.00	32.72	4.39	22.02	0.95	14.40	5.66	80.15	0.48	9.69	5.13	4.55	19.85
1982	100.00	32.11	3.76	22.60	0.53	17.25	6.60	82.86	0.18	8.20	4.51	4.61	17.14
1983	100.00	31.84	3.88	23.21	0.48	17.16	6.32	82.90	0.14	7.83	4.39	5.01	17.10

AUSGABEN DER GEMEINDEN PRO KOPF DER BEVOELKERUNG IN DM
BAYERN

	AUSGABEN INSGESAMT	PERSONAL-AUSGABEN	LFD. SACH-AUFWAND	ZINS-AUSGABEN	LFD. ZUWEISUNGEN AN LAENDER	AN DRITTE	SONSTIGE LFD.AUSGABEN	LFD.RECHNUNG INSGESAMT	SACH-INVESTITIONEN	DAVON: BAUTEN	INVESTITIONSZUSCHUESSE AN LAENDER	AN DRITTE	SONSTIGE	KAPITALRECHN. INSGESAMT	FINANZIERUNGS-SALDO
1970	964	274	187	41	9	64	0	574	360	302	0	10	19	389	-103
1971	1153	316	215	46	8	79	0	665	432	371	0	13	24	468	-153
1972	1236	349	234	53	11	102	0	749	457	394	0	7	23	487	-116
1973	1383	403	269	67	24	113	0	875	474	388	0	8	25	507	-62
1974	1564	484	253	77	11	136	32	994	508	417	19	13	29	570	-91
1975	1669	522	273	83	12	154	35	1079	517	426	22	18	32	589	-91
1976	1748	543	293	86	12	169	36	1140	537	449	15	15	42	608	0
1977	1811	573	314	84	11	191	41	1215	523	413	21	17	34	596	3
1978	1976	609	361	78	14	202	48	1313	569	447	26	25	43	664	26
1979	2194	652	402	83	29	224	47	1436	671	516	3	30	54	758	8
1980	2419	706	445	92	28	246	51	1568	751	584	6	35	60	851	2
1981	2566	753	487	101	15	266	55	1677	757	580	20	37	68	889	-58
1982	2648	782	518	108	15	299	60	1782	702	544	39	49	77	867	-78
1983	2680	812	531	100	16	314	64	1838	680	527	35	47	73	862	-24

VERAENDERUNGEN GEGENUEBER VORJAHR IN VH

1971	17.59	15.39	15.16	12.31	.	23.57	.	15.75	20.00	22.89	.	25.44	.	20.30	.
1972	9.04	10.51	8.53	15.18	.	28.48	.	12.60	5.92	6.30	.	-50.49	.	3.98	.
1973	11.90	15.41	15.08	27.12	.	11.10	.	16.92	3.71	-1.44	.	27.62	.	4.20	.
1974	13.09	20.05	-5.79	14.72	.	20.94	.	13.59	7.08	7.53	.	55.00	.	12.23	.
1975	6.69	7.83	7.85	7.35	.	13.06	.	8.55	1.83	1.96	.	35.98	.	3.44	.
1976	4.79	4.14	7.33	3.58	.	9.84	.	5.64	3.82	5.46	.	-15.59	.	3.23	.
1977	3.57	5.53	7.17	-2.23	.	13.02	.	6.57	-2.50	-7.91	.	12.41	.	-2.04	.
1978	9.13	6.23	14.94	-7.74	.	5.74	.	8.01	8.77	8.22	.	49.92	.	11.43	.
1979	11.01	6.99	11.20	6.83	.	10.65	.	9.41	17.84	15.38	.	21.88	.	14.17	.
1980	10.25	8.27	10.73	10.60	.	9.78	.	9.19	11.98	13.23	.	14.62	.	12.26	.
1981	6.11	6.73	9.47	10.56	.	8.16	.	6.95	0.70	-0.71	.	4.85	.	4.55	.
1982	3.19	3.82	6.37	6.11	.	12.51	.	6.26	-7.17	-6.31	.	34.75	.	-2.54	.
1983	1.20	3.81	2.43	-6.81	.	4.84	.	3.19	-1.98	-3.06	.	-3.74	.	-2.88	.

ANTEILE IN VH

1970	100.00	28.42	19.41	4.26	0.89	6.63	0.00	59.60	37.33	31.29	0.00	1.09	1.98	40.40	-10.69
1976	100.00	31.07	16.78	4.92	0.69	9.69	2.04	65.22	30.70	25.67	0.85	0.85	2.38	34.78	0.00
1982	100.00	29.52	19.57	4.06	0.55	11.30	2.27	67.28	26.52	20.53	1.48	1.84	2.89	32.72	-2.93
1983	100.00	30.28	19.80	3.74	0.61	11.70	2.45	68.59	25.69	19.67	1.29	1.77	2.72	31.41	-0.88

ANMERKUNG: . = AUSWEIS NICHT SINNVOLL.

QUELLE: EIGENE BERECHNUNGEN AUFGRUND AMTLICHER STATISTIKEN.

Tabelle 3.4.9

EINNAHMEN DER GEMEINDEN PRO KOPF DER BEVOELKERUNG IN DM
SAARLAND

	EINNAHMEN INSGESAMT	STEUERN U.AE.	WIRTSCH. TAETIGKEIT	GEBUEHREN	LFD. ZUSCHUESSE VON BUND	LFD. ZUSCHUESSE VON LAENDERN	SONSTIGE LFD.EINNAHMEN	LFD.RECHNUNG INSGESAMT	INVESTITIONSZUSCHUESSE V.BUND	INVESTITIONSZUSCHUESSE V.LAENDERN	INVESTITIONSZUSCHUESSE V.DRITTEN	SONSTIGE	KAPITALRECHN. INSGESAMT
1970	679	214	45	107	0	196	36	598	0	54	0	27	80
1971	775	223	45	134	0	214	53	668	0	71	0	36	107
1972	874	268	45	152	0	241	62	767	0	71	0	36	107
1973	1075	323	54	197	0	269	90	932	0	90	0	54	143
1974	1146	370	45	208	0	280	90	993	0	108	9	36	153
1975	1073	382	55	100	0	273	55	864	18	127	18	45	209
1976	1144	421	64	101	0	247	73	906	18	119	27	73	238
1977	1400	525	55	276	9	276	83	1225	9	92	28	44	175
1978	1532	529	74	288	9	316	102	1328	19	111	28	46	204
1979	1579	533	75	280	9	327	131	1346	19	140	28	47	234
1980	1816	637	75	337	9	403	103	1564	19	150	37	47	253
1981	1878	648	94	338	9	404	113	1606	0	160	38	85	272
1982	1913	641	94	396	9	415	113	1668	0	123	47	75	245
1983	2021	674	95	427	9	427	133	1765	0	114	47	104	256

VERAENDERUNGEN GEGENUEBER VORJAHR IN VH

1971	14.27	3.98	-0.18	24.78	.	8.90	.	11.74	.	33.10	.	.	33.10
1972	12.74	20.11	0.09	13.43	.	12.60	.	14.77	.	0.09	.	.	0.09
1973	23.00	20.54	20.54	29.99	.	11.61	.	21.47	.	25.56	.	.	33.93
1974	6.60	14.71	-16.06	5.30	.	4.08	.	6.53	.	20.87	.	.	7.02
1975	-6.41	3.18	20.87	-51.83	.	-2.52	.	-13.01	.	17.52	.	.	36.28
1976	6.61	10.23	17.41	0.64	.	-9.42	.	4.38	.	-6.55	.	.	13.77
1977	22.38	24.71	-13.73	174.49	.	11.83	.	35.21	.	-22.58	.	.	-26.45
1978	9.46	2.60	34.45	4.20	.	14.28	.	8.42	.	21.00	.	.	16.76
1979	3.09	-1.08	0.65	-2.59	.	3.61	.	1.36	.	25.82	.	.	14.38
1980	15.01	19.52	0.19	20.22	.	23.09	.	16.19	.	6.87	.	.	8.20
1981	3.38	1.76	25.35	0.28	.	0.28	.	2.68	.	6.55	.	.	7.71
1982	1.88	-1.08	0.38	17.11	.	2.71	.	3.90	.	-23.24	.	.	-10.01
1983	5.62	5.11	0.66	7.85	.	2.95	.	5.78	.	-7.08	.	.	4.54

ANTEILE IN VH

1970	100.00	31.58	6.58	15.79	0.00	28.95	5.26	88.16	0.00	7.89	0.00	3.95	11.84
1976	100.00	36.80	5.60	8.80	0.00	21.60	6.40	79.20	1.60	10.40	2.40	6.40	20.80
1982	100.00	33.50	4.93	20.69	0.49	21.67	5.91	87.19	0.00	6.40	2.46	3.94	12.81
1983	100.00	33.33	4.69	21.13	0.47	21.13	6.57	87.32	0.00	5.63	2.35	5.16	12.68

AUSGABEN DER GEMEINDEN PRO KOPF DER BEVOELKERUNG IN DM
SAARLAND

	AUSGABEN INSGESAMT	PERSONAL- AUSGABEN	LFD. SACH- AUFWAND	ZINS- AUSGABEN	LFD. ZUWEISUNGEN AN LAENDER	LFD. ZUWEISUNGEN AN DRITTE	SONSTIGE LFD.AUSGABEN	LFD.RECHNUNG INSGESAMT	SACH- INVESTITIONEN	DAVON: BAUTEN	INVESTITIONSZUSCHUESSE AN LAENDER	INVESTITIONSZUSCHUESSE AN DRITTE	SONSTIGE	KAPITALRECHN. INSGESAMT	FINANZIERUNGS- SALDO
1970	759	241	143	36	18	71	0	509	241	196	0	0	9	250	-80
1971	882	285	160	45	27	80	0	597	276	241	0	0	9	285	-107
1972	999	312	178	54	36	90	0	669	321	268	0	0	9	330	-125
1973	1192	358	215	72	45	116	0	806	376	323	0	0	9	385	-116
1974	1327	424	235	90	27	135	9	921	388	343	0	0	18	406	-181
1975	1255	364	173	91	27	164	18	836	391	345	0	9	18	418	-182
1976	1327	384	183	91	27	183	18	887	384	329	0	9	46	439	-183
1977	1510	552	258	101	28	184	9	1133	350	276	0	9	18	378	-110
1978	1643	604	279	102	37	195	0	1216	390	325	0	9	28	427	-111
1979	1794	636	299	112	28	224	28	1327	430	364	0	9	28	467	-215
1980	2013	674	328	140	37	253	47	1479	496	412	0	9	28	534	-197
1981	2056	685	338	178	19	272	56	1549	451	385	19	9	28	507	-178
1982	2111	707	358	198	19	292	66	1640	415	349	19	9	28	471	-198
1983	2154	731	361	180	19	294	95	1679	398	323	28	19	28	474	-133

VERAENDERUNGEN GEGENUEBER VORJAHR IN VH

1971	16.26	18.31	12.30	24.78	49.73	12.30	.	17.33	14.61	22.51	.	.	.	14.08	.
1972	13.23	9.47	11.21	20.11	33.45	22.33	.	12.04	16.23	11.21	.	.	.	15.73	.
1973	19.28	14.80	20.54	33.93	25.56	18.71	.	20.54	17.19	20.54	.	.	.	16.74	.
1974	11.32	18.35	9.12	25.90	-39.57	16.22	.	14.15	3.12	6.32	.	.	.	5.41	.
1975	-5.44	-14.27	-26.39	0.73	0.73	20.87	.	-9.15	0.73	0.73	.	.	.	2.97	.
1976	5.75	5.67	5.94	0.64	0.64	11.82	.	6.11	-1.70	-4.64	.	.	.	5.02	.
1977	13.83	43.78	40.90	10.71	0.64	0.64	.	27.62	-8.94	-16.13	.	.	.	-14.03	.
1978	8.83	9.24	8.04	0.84	34.45	5.88	.	7.39	11.45	17.64	.	.	.	13.13	.
1979	9.18	5.30	7.36	9.80	-24.51	15.03	.	9.11	10.26	12.16	.	.	.	9.41	.
1980	12.19	6.08	9.58	25.23	33.58	12.71	.	11.48	15.43	13.03	.	.	.	14.21	.
1981	2.15	1.67	3.15	27.02	-49.86	7.71	.	4.72	-9.18	-6.54	.	.	.	-5.00	.
1982	2.67	3.13	5.95	10.94	0.38	7.10	.	5.85	-7.99	-9.42	.	.	.	-7.06	.
1983	2.01	3.35	0.66	-8.92	0.66	0.66	.	2.40	-3.91	-7.50	.	.	.	0.66	.

ANTEILE IN VH

1970	100.00	31.76	18.82	4.71	2.35	9.41	0.00	67.06	31.76	25.88	0.00	0.00	1.18	32.94	-10.59
1976	100.00	28.97	13.79	6.90	2.07	13.79	1.38	66.90	28.97	24.83	0.00	0.69	3.45	33.10	-13.79
1982	100.00	33.48	16.96	9.37	0.89	13.84	3.13	77.68	19.64	16.52	0.89	0.45	1.34	22.32	-9.37
1983	100.00	33.92	16.74	8.37	0.88	13.66	4.41	77.97	18.50	14.98	1.32	0.88	1.32	22.03	-6.17

ANMERKUNG: . = AUSWEIS NICHT SINNVOLL.

QUELLE: EIGENE BERECHNUNGEN AUFGRUND AMTLICHER STATISTIKEN.

3.5 Entwicklung und Struktur der regionalen Haushalte insgesamt

Im folgenden werden die Ausgaben und Einnahmen von Ländern und Gemeinden zusammengefaßt und in der großräumigeren Abgrenzung - Nord-Regionen, Mitte-Regionen, Nordrhein-Westfalen, Süd-Regionen - dargestellt (vgl. die Tabellen 3.5.1 und 3.5.2). Mit diesem Schritt werden Entwicklungsunterschiede zwischen den verschiedenen Haushaltsebenen teilweise kompensiert. So sind z.B. in Nordrhein-Westfalen die Pro-Kopf-Ausgaben im Landeshaushalt überdurchschnittlich, in den Gemeinden unterdurchschnittlich gestiegen; umgekehrt in Bayern, hier haben die kommunalen Ausgaben überdurchschnittlich zugenommen, während die Landesausgaben weniger stark als im Bundesdurchschnitt expandiert sind. Dahinter verbirgt sich die Tatsache, daß die Trennung zwischen kommunalen Aufgaben und Landesaufgaben von Bundesland zu Bundesland unterschiedlich geregelt ist.

Per Saldo haben die Pro-Kopf-Ausgaben in den Nord-Regionen etwas rascher zugenommen als in den Süd-Regionen; in beiden Regionen war der Anstieg größer als im Westen und vor allem als in der "Mitte". Die Einnahmen sind im Süden etwas schneller als im Norden gestiegen. In beiden Teilräumen war der Zuwachs höher als in Nordrhein-Westalen und in den Mitte-Regionen. In Nordrhein-Westfalen sind die Ausgaben, gemessen am Bundesdurchschnitt, per Saldo nahezu unverändert geblieben, ihr Niveau lag 1983 um 7 vH unter dem Durchschnittswert; hingegen hat sich das Einnahmegefälle vergrößert, denn die Einnahmen erreichten 1983 nur 90 vH des Durchschnitts (1970: 94 vH). Relative Verluste mußten auch die mittleren Regionen hinnehmen: 1970 erreichten die Einnahmen fast den Bundesdurchschnitt, während es 1983 nur noch 95 vH waren; die Ausgaben sind von über 102 vH auf 96 vH des Bundesdurchschnitts zurückgenommen worden.

Die Pro-Kopf-Ausgaben waren 1983 im Norden mit knapp 5 700 DM am höchsten, es folgten der Süden mit fast 5 400 DM und die mittleren Regionen mit über 5 300 DM; in Nordrhein-Westfalen wurden zuletzt rund 5 150 DM je Einwohner verausgabt. Die Pro-Kopf-Einnahmen waren 1983 im Süden mit knapp 5 200 DM fast ebenso hoch wie im Norden, deren

TABELLE 3.5.1

EINNAHMEN, AUSGABEN UND FINANZIERUNGSSALDO DER LAENDER UND GEMEINDEN JE EINWOHNER IN DM

AUSGABEN JE EINWOHNER

	1970	1971	1972	1973	1974	1975	1976	1977	1978	1979	1980	1981	1982	1983
SCHLESWIG-HOLSTEIN	1889	2182	2408	2693	3066	3317	3372	3527	3828	4193	4583	4786	4863	5057
HAMBURG	2809	3186	3523	3857	4498	4930	5170	5669	5975	6221	6624	7044	7529	7916
NIEDERSACHSEN	1798	2101	2329	2674	3091	3356	3502	3728	3988	4411	4856	5114	5210	5188
BREMEN	2337	2751	3094	3593	4319	4882	5140	5446	5892	6298	7151	7258	7417	7713
NORDRHEIN-WESTFALEN	1842	2115	2374	2678	3111	3358	3501	3619	4048	4399	4857	5046	5137	5144
HESSEN	2133	2486	2726	3052	3481	3672	3989	4008	4295	4647	4978	5233	5404	5476
RHEINLAND-PFALZ	1948	2310	2545	2807	3166	3328	3421	3616	3890	4240	4570	4852	4935	5003
BADEN-WUERTTEMBERG	2045	2371	2602	2922	3342	3566	3686	3967	4358	4813	5358	5460	5574	5671
BAYERN	1876	2141	2355	2630	2997	3273	3465	3621	3914	4301	4671	4889	5065	5145
SAARLAND	1705	1970	2221	2590	2969	3100	3275	3628	3900	4308	4719	4958	5457	5645
BERLIN	3205	3768	4269	4942	5851	6532	7087	7544	8024	8640	9516	10000	10431	10924
BUNDESGEBIET	1986	2296	2545	2865	3298	3559	3732	3916	4262	4650	5096	5311	5455	5532
NORD-REGIONEN	1999	2316	2564	2902	3357	3659	3803	4053	4336	4719	5168	5425	5570	5664
NORDRHEIN-WESTFALEN	1842	2115	2374	2678	3111	3358	3501	3619	4048	4399	4857	5046	5137	5144
MITTE-REGIONEN	2019	2347	2607	2915	3314	3489	3711	3829	4110	4468	4807	5070	5244	5326
SUED-REGIONEN	1954	2246	2469	2764	3155	3408	3566	3779	4117	4535	4986	5151	5298	5386
BERLIN	3205	3768	4269	4942	5851	6532	7087	7544	8024	8640	9516	10000	10431	10924

EINNAHMEN JE EINWOHNER

	1970	1971	1972	1973	1974	1975	1976	1977	1978	1979	1980	1981	1982	1983
SCHLESWIG-HOLSTEIN	1716	1937	2224	2538	2815	2829	2989	3283	3650	3884	4265	4167	4351	4545
HAMBURG	2503	2834	3230	3669	4205	4363	4819	5450	5963	6166	6545	6831	7051	7551
NIEDERSACHSEN	1676	1863	2214	2537	2750	2870	3097	3522	3733	4022	4427	4525	4736	4894
BREMEN	2269	2493	2958	3279	3714	3717	4174	4639	5064	5308	6043	6147	6560	6745
NORDRHEIN-WESTFALEN	1735	1934	2265	2585	2836	2852	3179	3465	3664	3975	4211	4250	4490	4664
HESSEN	1931	2142	2487	2865	3112	3125	3464	3802	4107	4384	4600	4655	4903	5201
RHEINLAND-PFALZ	1745	1948	2274	2604	2811	2885	3104	3479	3722	3962	4180	4283	4424	4587
BADEN-WUERTTEMBERG	1883	2132	2499	2803	3063	3140	3524	3899	4130	4492	4891	4966	5140	5456
BAYERN	1761	1943	2276	2612	2850	2944	3296	3564	3805	4185	4479	4579	4714	4915
SAARLAND	1598	1783	2070	2410	2581	2518	2772	3297	3584	3738	4073	4263	4326	4554
BERLIN	3068	3478	4105	4815	5541	6033	6721	7317	7883	8504	9078	9651	10160	10656
BUNDESGEBIET	1845	2059	2409	2751	3017	3088	3417	3764	4019	4338	4653	4739	4945	5173
NORD-REGIONEN	1843	2059	2408	2743	3026	3121	3377	3802	4098	4358	4771	4850	5066	5276
NORDRHEIN-WESTFALEN	1735	1934	2265	2585	2836	2852	3179	3465	3664	3975	4211	4250	4490	4664
MITTE-REGIONEN	1827	2033	2366	2723	2948	2975	3262	3634	3916	4168	4397	4483	4674	4917
SUED-REGIONEN	1817	2030	2378	2700	2948	3034	3400	3717	3954	4326	4668	4756	4909	5163
BERLIN	3068	3478	4105	4815	5541	6033	6721	7317	7883	8504	9078	9651	10160	10656

FINANZIERUNGSSALDO JE EINWOHNER

	1970	1971	1972	1973	1974	1975	1976	1977	1978	1979	1980	1981	1982	1983
SCHLESWIG-HOLSTEIN	-172	-245	-184	-155	-252	-488	-383	-244	-178	-308	-319	-619	-511	-512
HAMBURG	-307	-352	-293	-188	-293	-568	-351	-219	-12	-54	-79	-213	-478	-365
NIEDERSACHSEN	-121	-238	-115	-137	-341	-487	-405	-206	-255	-389	-429	-589	-474	-294
BREMEN	-68	-257	-136	-314	-605	-1165	-966	-806	-827	-990	-1108	-1111	-856	-968
NORDRHEIN-WESTFALEN	-107	-180	-109	-92	-275	-505	-322	-154	-383	-425	-645	-796	-647	-480
HESSEN	-203	-344	-239	-187	-369	-546	-525	-206	-188	-262	-378	-578	-501	-276
RHEINLAND-PFALZ	-203	-362	-271	-203	-354	-443	-317	-137	-168	-278	-390	-568	-511	-416
BADEN-WUERTTEMBERG	-162	-239	-103	-119	-278	-426	-162	-68	-228	-321	-467	-494	-434	-215
BAYERN	-115	-198	-79	-18	-147	-330	-169	-56	-109	-116	-192	-310	-351	-230
SAARLAND	-107	-187	-152	-179	-388	-582	-503	-331	-316	-570	-646	-695	-1131	-1091
BERLIN	-137	-291	-164	-127	-310	-499	-366	-227	-141	-136	-437	-349	-271	-269
BUNDESGEBIET	-142	-237	-136	-114	-281	-470	-315	-152	-244	-312	-443	-572	-510	-359
NORD-REGIONEN	-156	-257	-157	-159	-331	-538	-426	-251	-238	-360	-397	-575	-504	-388
NORDRHEIN-WESTFALEN	-107	-180	-109	-92	-275	-505	-322	-154	-383	-425	-645	-796	-647	-480
MITTE-REGIONEN	-192	-333	-241	-192	-366	-513	-449	-195	-194	-300	-410	-587	-570	-409
SUED-REGIONEN	-137	-216	-90	-64	-208	-374	-166	-62	-163	-210	-318	-394	-389	-223
BERLIN	-137	-291	-164	-127	-310	-499	-366	-227	-141	-136	-437	-349	-271	-269

Quelle: Eigene Berechnungen aufgrund amtlicher Statistiken.

TABELLE 3.5.2

EINNAHMEN, AUSGABEN UND FINANZIERUNGSSALDO DER LAENDER UND GEMEINDEN JE EINWOHNER

BUNDESDURCHSCHNITT = 100

AUSGABEN JE EINWOHNER

	1970	1971	1972	1973	1974	1975	1976	1977	1978	1979	1980	1981	1982	1983
SCHLESWIG-HOLSTEIN	95.07	95.04	94.62	94.01	92.97	93.20	90.35	90.05	89.80	90.16	89.94	90.11	89.14	91.41
HAMBURG	141.43	138.79	138.44	134.62	136.38	138.55	138.52	144.77	140.18	133.77	129.99	132.63	138.02	143.09
NIEDERSACHSEN	90.49	91.50	91.54	93.33	93.72	94.32	93.85	95.19	93.55	94.85	95.29	96.29	95.51	93.77
BREMEN	117.65	119.82	121.56	125.41	130.96	137.19	137.73	139.05	138.22	135.44	140.33	136.66	135.96	139.41
NORDRHEIN-WESTFALEN	92.74	92.11	93.28	93.47	94.32	94.35	93.80	92.41	94.96	94.60	95.31	95.01	94.17	92.99
HESSEN	107.38	108.30	107.13	106.54	105.54	103.18	106.88	102.34	100.76	99.93	97.68	98.52	99.07	98.99
RHEINLAND-PFALZ	98.06	100.63	100.02	97.98	95.98	93.52	91.66	92.33	91.26	91.18	89.68	91.35	90.48	90.43
BADEN-WUERTTEMBERG	102.95	103.27	102.25	101.99	101.32	100.22	98.76	101.29	102.25	103.51	105.14	102.80	102.18	102.51
BAYERN	94.45	93.25	92.55	91.80	90.87	91.99	92.85	92.45	91.84	92.49	91.66	92.04	92.85	93.00
SAARLAND	85.85	85.80	87.28	90.39	90.03	87.11	87.76	92.64	91.49	92.65	92.60	93.34	100.04	102.04
BERLIN	161.32	164.16	167.76	172.49	177.39	183.56	189.89	192.63	188.25	185.81	186.73	188.28	191.22	197.46
BUNDESGEBIET	100.00	100.00	100.00	100.00	100.00	100.00	100.00	100.00	100.00	100.00	100.00	100.00	100.00	100.00
NORD-REGIONEN	100.64	100.88	100.77	101.28	101.80	102.82	101.91	103.50	101.72	101.48	101.41	102.14	102.11	102.37
NORDRHEIN-WESTFALEN	92.74	92.11	93.28	93.47	94.32	94.35	93.80	92.41	94.96	94.60	95.31	95.01	94.17	92.99
MITTE-REGIONEN	101.66	103.09	102.44	101.75	100.49	98.04	99.44	97.76	96.42	96.07	94.32	95.45	96.13	96.27
SUED-REGIONEN	98.35	97.85	97.00	96.49	95.68	95.77	95.56	96.50	96.60	97.53	97.84	96.98	97.13	97.36
BERLIN	161.32	164.16	167.76	172.49	177.39	183.56	189.89	192.63	188.25	185.81	186.73	188.28	191.22	197.46

EINNAHMEN JE EINWOHNER

	1970	1971	1972	1973	1974	1975	1976	1977	1978	1979	1980	1981	1982	1983
SCHLESWIG-HOLSTEIN	93.03	94.06	92.34	92.27	93.27	91.61	87.46	87.23	90.82	89.54	91.66	87.91	87.99	87.86
HAMBURG	135.67	137.63	134.11	133.39	139.37	141.28	141.01	144.80	148.38	142.14	140.68	144.13	142.58	145.96
NIEDERSACHSEN	90.86	90.48	91.93	92.23	91.12	92.92	90.64	93.56	92.89	92.71	95.14	95.47	95.78	94.59
BREMEN	123.00	121.08	122.81	119.20	123.08	120.37	122.14	123.26	126.01	122.37	129.88	129.70	132.66	130.37
NORDRHEIN-WESTFALEN	94.06	93.94	94.03	94.00	94.00	92.36	93.01	92.07	91.18	91.62	90.52	89.67	90.79	90.16
HESSEN	104.65	104.03	103.25	104.16	103.13	101.21	101.36	101.02	102.21	101.07	98.87	98.21	99.14	100.52
RHEINLAND-PFALZ	94.58	94.59	94.42	94.67	93.16	93.42	90.82	92.42	92.62	91.33	89.83	90.38	89.47	88.67
BADEN-WUERTTEMBERG	102.08	103.55	103.75	101.89	101.52	101.69	103.12	103.58	102.78	103.56	105.12	104.78	103.93	105.47
BAYERN	95.44	94.37	94.50	94.97	94.43	95.33	96.45	94.70	94.69	96.27	96.21	96.61	95.32	95.01
SAARLAND	86.63	86.57	85.93	87.63	85.54	81.55	81.12	87.58	89.18	86.17	87.54	89.94	87.48	88.03
BERLIN	166.30	168.90	170.44	175.05	183.62	195.36	196.68	194.40	196.16	196.03	195.12	203.63	205.45	205.97
BUNDESGEBIET	100.00	100.00	100.00	100.00	100.00	100.00	100.00	100.00	100.00	100.00	100.00	100.00	100.00	100.00
NORD-REGIONEN	99.90	99.98	99.97	99.73	100.29	101.05	98.84	101.02	101.97	100.47	102.54	102.34	102.44	101.98
NORDRHEIN-WESTFALEN	94.06	93.94	94.03	94.00	94.00	92.36	93.01	92.07	91.18	91.62	90.52	89.67	90.79	90.16
MITTE-REGIONEN	99.04	98.74	98.22	99.00	97.70	96.35	95.47	96.55	97.44	96.07	94.50	94.59	94.53	95.05
SUED-REGIONEN	98.49	98.58	98.75	98.15	97.69	98.25	99.51	98.76	98.39	99.71	100.33	100.36	99.27	99.80
BERLIN	166.30	168.90	170.44	175.05	183.62	195.36	196.68	194.40	196.16	196.03	195.12	203.63	205.45	205.97

FINANZIERUNGSSALDO JE EINWOHNER

	1970	1971	1972	1973	1974	1975	1976	1977	1978	1979	1980	1981	1982	1983
SCHLESWIG-HOLSTEIN	121.76	103.61	134.95	136.08	89.69	103.64	121.75	159.99	72.93	98.78	71.88	108.30	100.34	142.65
HAMBURG	216.51	148.88	214.96	164.32	104.29	120.68	111.59	143.95	4.91	17.38	17.78	37.30	93.82	101.69
NIEDERSACHSEN	85.76	84.55	84.55	119.75	121.71	103.46	128.70	135.39	104.54	124.57	96.82	103.07	92.92	81.86
BREMEN	47.98	108.85	99.50	275.04	215.72	247.62	306.99	529.45	339.63	317.20	249.95	194.32	167.99	269.71
NORDRHEIN-WESTFALEN	75.57	76.19	79.88	80.81	97.85	107.41	102.38	100.90	157.30	136.06	145.60	139.20	127.00	133.74
HESSEN	143.03	145.52	175.58	163.74	131.54	116.13	166.77	135.16	76.98	84.09	85.17	101.09	98.32	76.86
RHEINLAND-PFALZ	143.37	153.17	199.00	177.53	126.33	94.19	100.76	90.08	68.89	89.10	88.04	99.40	100.27	115.80
BADEN-WUERTTEMBERG	114.33	100.84	75.65	104.59	99.16	90.62	51.47	44.64	93.52	102.84	105.31	86.36	85.19	59.91
BAYERN	81.54	83.51	58.05	15.37	52.56	70.06	53.81	37.05	44.77	37.21	43.26	54.18	68.90	64.05
SAARLAND	75.66	79.13	111.21	156.87	138.33	123.66	159.85	217.69	129.59	182.67	145.76	121.52	221.88	304.08
BERLIN	96.51	122.87	120.28	110.80	110.40	106.06	116.28	149.10	57.79	43.73	98.61	61.01	53.25	74.88
BUNDESGEBIET	100.00	100.00	100.00	100.00	100.00	100.00	100.00	100.00	100.00	100.00	100.00	100.00	100.00	100.00
NORD-REGIONEN	110.25	108.71	114.81	138.78	118.08	114.38	135.25	164.61	97.68	115.50	89.52	100.53	98.87	108.10
NORDRHEIN-WESTFALEN	75.57	76.19	79.88	80.81	97.85	107.41	102.38	100.90	157.30	136.06	145.60	139.20	127.00	133.74
MITTE-REGIONEN	135.71	141.00	176.95	167.92	130.41	109.13	142.58	127.89	79.63	96.14	92.47	102.60	111.73	113.95
SUED-REGIONEN	96.60	91.46	66.13	56.39	73.99	79.50	52.73	40.52	67.08	67.26	71.72	68.94	76.37	62.15
BERLIN	96.51	122.87	120.28	110.80	110.40	106.06	116.28	149.10	57.79	43.73	98.61	61.01	53.25	74.88

Quelle: Eigene Berechnungen aufgrund amtlicher Statistiken.

hohes Niveau vor allem auf die beiden Stadtstaaten zurückzuführen ist. Es folgten die mittleren Regionen mit 4 900 DM und schließlich der Westen mit weniger als 4 700 DM.

Entsprechend dem unterschiedlichen Verlauf der staatlichen Einnahmen und Ausgaben entwickelten sich die Finanzierungsdefizite. Zu Beginn der Beobachtungsperiode waren die Staatsdefizite pro Kopf der Bevölkerung in den mittleren Regionen mit Abstand am höchsten und am niedrigsten in Nordrhein-Westfalen. 1983 hatte sich das Bild umgekehrt: Nun lag Nordrhein-Westfalen an der Spitze und der Süden wies mit Abstand die niedrigsten Haushaltsdefizite auf.

In den einzelnen Teilperioden differiert das Bild. Von 1970 bis 1976 sind die Ausgaben im Norden und Westen im gleichen Umfang und stärker als in der Mitte und im Süden expandiert. Die Einnahmen sind bereits damals im Süden schneller als anderswo gestiegen. Aber auch Nordrhein-Westfalen schnitt noch relativ gut ab. Die Finanzierungsdefizite haben im Norden und Westen stärker als in den beiden anderen Teilräumen zugenommen; in Nordrhein-Westfalen haben sie sich immerhin verdreifacht.

Von 1976 bis 1982 sind die Ausgaben im Süden etwas stärker als im Norden und Westen erhöht worden, am geringsten war der Zuwachs in den mittleren Regionen. Die Einnahmen sind im Norden, gefolgt vom Süden, am stärksten gestiegen. In dieser Phase haben sich die Defizite in Nordrhein-Westfalen, nachdem sie zuvor bereits auf den Bundesdurchschnitt angehoben worden waren, nochmals verdoppelt und mit fast 650 DM je Einwohner den höchsten Wert erreicht; im Süden betrug das Defizit je Einwohner 1982 nur 390 DM. Der im Jahre 1982 eingeschlagene Konsolidierungskurs führte überall dazu, daß bereits 1983 die Einnahmen schneller als die Ausgaben zunahmen - im Süden mehr als anderswo -so daß auch die Finanzierungsdefizite kräftig reduziert werden konnten. Die Defizite wurden im Süden relativ am stärksten zurückgenommen; mit 220 DM lag ihr Niveau um mehr als die Hälfte unter dem von Nordrhein-Westfalen (480 DM), das auch 1983 den höchsten Ausgabenüberschuß je Einwohner aufwies.

Wählt man nun als Grobindikator die Veränderung des Finanzierungssaldos zum Maßstab für Höhe und Richtung des konjunkturellen Impulses, der von den öffentlichen Haushalten auf die gesamtwirtschaftliche Nachfrage ausgegangen ist - die Einnahmenentwicklung signalisiert die Entzugseffekte, die Ausgabenentwicklung die stimulierenden Effekte, der Finanzierungssaldo bzw. seine Veränderung also den Saldo beider Effekte -, so kommt man zu dem Ergebnis, daß von 1970 bis 1976 die Impulse in den Nord-Regionen stärker und in den Süd-Regionen schwächer ausgeprägt waren. In den Jahren von 1976 bis 1982 hingegen haben Nordrhein-Westfalen und der Süden die stärkeren Impulse gegeben. Die finanzpolitische Restriktion im Jahre 1983 war fast überall gleich dosiert, im Norden war sie etwas geringer (Tabelle 3.5.2).

Wie oben angedeutet, können diese Ergebnisse nur als grobe Richtschnur dienen, unter anderem deshalb, weil die einzelnen Einnahme- und Ausgabekategorien unterschiedliche Multiplikatoren aufweisen. Insbesondere muß berücksichtigt werden, daß für sich genommen die Gründe für eine Zunahme der Defizite unterschiedlicher Art sein können: Einmal können sie Ausdruck einer die wirtschaftliche Entwicklung aktiv unterstützenden Politik sein, zum anderen allein Ausdruck wirtschaftlicher Schwäche, die zu einer Minderung der staatlichen Einnahmen führt. Die eindeutige Trennung beider Einflußfaktoren fällt schwer, zumal zwischen ihnen wechselseitige Abhängigkeiten bestehen. Ein höheres Wirtschaftswachstum verbessert die finanzielle Lage der öffentlichen Regionalhaushalte und schafft Spielraum für vermehrte Ausgaben, insbesondere für investive Zwecke; diese wiederum stärken die gesamtwirtschaftliche Entwicklung. In wirtschaftsstarken Regionen wäre die vorhandene (und hohe Qualität der) Infrastrukturausstattung eher als Ausdruck des Wohlstands zu interpretieren, in wirtschaftsschwachen Regionen sind Maßnahmen zur Verbesserung der Infrastrukturausstattung eher die Quelle des Wohlstands.

Die (Vor-)Finanzierung der Infrastruktur muß, soll die Produktion gesteigert werden, extern erfolgen, entweder mittels öffentlicher Hilfen (z.B. durch den Finanzausgleich) oder mit Kapitalmarktmitteln. Für die Kommunen sind die Verschuldungsmöglichkeiten begrenzt, und auch die Länderhaushalte werden im Falle der Kapitalmarktfinanzierung prüfen, ob die zusätzliche Verschuldung nicht zu einer zu hohen Zinslastquote führt und den künftigen Ausgabenspielraum einschränkt. Aus der Sicht eines Landes haben solche Überlegungen zweifelsohne einen anderen Stellenwert als aus gesamtwirtschaftlicher Sicht, denn die unmittelbaren Erträge staatlicher Stimulierungsmaßnahmen in Form von Steuermehreinnahmen verteilen sich auf die verschiedenen Haushaltsebenen: Je kleiner eine Region, um so schwerer fällt es der regionalen Instanz, eine eigenständige Ankurbelungspolitik zu betreiben.

Ob und in welchem Umfang die Entwickung der öffentlichen Verschuldung auf eine aktive, die gesamtwirtschaftliche Nachfrage stimulierende Politik der jeweiligen Länder- und Gemeindehaushalte zurückgeführt werden kann, läßt sich an den öffentlichen Investitionen ablesen. Wie bereits angedeutet, kann man aufgrund ihrer Flexibilität die finanzpolitischen Absicht, die "aktive Komponente", erkennen. Tatsächlich wird auch heute noch den öffentlichen Investitionen eine gewichtige Rolle im Rahmen der Wirtschaftspolitik eingeräumt. Immer wieder wurde und wird als Ziel deklariert, den Anteil der öffentlichen Investitionen am Haushaltsvolumen und am Bruttosozialprodukt zu steigern. Damit verbunden wäre eine größere konjunkturpolitische Manövriermasse, indem die längerfristig geplanten und mit den Wachstumserfordernissen abgestimmten Investitionsvorhaben des Staates allein zeitlich variiert würden. In einer unterbeschäftigten Wirtschaft - so die Vorstellung - erhöht jede zusätzliche Investitionsausgabe der öffentlichen Hand den Auslastungsgrad des Produktionspotentials; der Kapazitätseffekt wäre marginal, private Investitionen würden nicht verdrängt und es könnte der Schrankeneffekt einer unzureichenden Infrastruktur in der Hochkonjunktur verhindert werden. Im Falle der Vollbeschäftigung würde eine zurückhaltende Investitionstätigkeit des Staates Raum schaffen für die kapazitäts- und unmittelbar produktivitätswirksamen Investitionen der Unternehmen. Soll auf längere Frist der Anteil der öffentlichen Investitionen am Sozialprodukt gesteigert werden, so müßten die staatlichen Instanzen in rezessiven Phasen allerdings Investitionsschübe initiieren, die per Saldo den Rückgang in der Hochkonjunktur überkompensieren.

Tatsächlich hat es kaum eine Phase gegeben, in der der Anteil der öffentlichen Investitionen am Sozialprodukt oder am Haushaltsvolumen gesteigert worden ist. Lediglich 1974 und 1970/80 haben die staatlichen Investitionsausgaben anteilsmäßig zugenommen; die Zunahme war jedoch zu gering, um den Verlust in den übrigen Jahren kompensieren zu können. Dieser Befund trifft letzlich für alle Regionen zu, obwohl Niveau und teilweise auch die Entwicklung der staatlichen Investitionen auf eine Nord-Süd-Gefälle deuten (Tabelle 3.5.3).

Bereits zu Beginn des Beobachtungszeitraums gab es große Unterschiede. Im Norden waren die Investitionsausgaben pro Kopf der Bevölkerung am niedrigsten, im Süden am höchsten. In der Folgezeit hat sich der Vorsprung des Südens beträchtlich vergrößert. Gemessen am Bundesdurchschnitt ist im Süden die Relation von 109 im Jahre 1976 auf 125 im Jahre 1983 gestiegen. Der Norden hat gegenüber den mittleren Regionen auf- und den Westen sogar überholt. In Nordrhein-Westfalen lag 1976 der Index - bezogen auf den Bundesdurchschnitt - noch bei 95, 1983 waren es nur noch wenig über 80 vH. In den mittleren Regionen ist der Wert von 107 im Jahre 1970 auf 99 im Jahre 1976 gesunken; auch danach zeigt sich noch lange Zeit eine leicht abnehmende Tendenz.

Die überdurchschnittlichen Investitionsausgaben im Süden gehen einher mit unterdurchschnittlichen Finanzierungsdefiziten pro Kopf der Bevölkerung (vgl. auch Tabelle 3.5.2), ebenso wie die überdurchschnittliche Defizite in Nordrhein-Westfalen nach 1977 begleitet waren von einer unterdurchschnittlichen Entwicklung der öffentlichen Investitionen. Die mittleren Regionen wiesen zu Beginn der 70er Jahre überdurchschnittlich hohe Investitionsausgaben auf, gleichzeitig waren die Defizite je Einwohner höher als anderswo. Offenbar unter dem Druck, die überdurchschnittlich hohen Haushaltsdefizite zu verringern, wurden von 1975 an die Investitionsausgaben nur noch unterdurchschnittlich ausgeweitet; jedenfalls waren die Defizite je Einwohner von 1978 bis 1980 kleiner als im Bundesdurchschnitt. In den Nordregionen lagen die Investitionsausgaben in all den Jahren unter, die Defizite fast immer über dem Durchschnitt.

Tabelle 3.5.3

SACHINVESTITIONEN PRO-KOPF DER LAENDER UND GEMEINDEN
IN DM

	1970	1971	1972	1973	1974	1975	1976	1977	1978	1979	1980	1981	1982	1983
SCHLESWIG-HOLSTEIN	329	407	431	462	507	522	519	487	548	613	741	742	656	680
HAMBURG	418	447	445	512	574	556	521	563	556	561	582	628	693	637
BREMEN	498	569	624	751	935	1012	854	820	728	717	978	779	581	572
NIEDERSACHSEN	393	454	464	507	591	582	554	559	601	699	777	761	646	557
"NORD"- REGIONEN	389	450	464	513	591	591	560	559	591	663	754	740	651	595
NORDRHEIN-WESTFALEN	417	461	471	514	585	605	565	529	597	668	766	720	613	540
HESSEN	517	622	666	638	690	627	635	578	647	717	798	781	767	645
RHEINLAND-PFALZ	455	556	564	598	641	568	552	560	622	730	805	794	720	674
SAARLAND	313	357	393	448	487	491	476	442	474	523	609	563	537	550
"MITTE"- REGIONEN	472	569	600	603	651	592	589	557	620	701	781	763	727	645
BADEN-WUERTTEMBERG	540	630	650	700	780	724	662	696	815	949	1108	1007	928	856
BAYERN	436	522	545	569	618	626	635	635	689	799	893	896	835	823
"SUED"- REGIONEN	484	572	593	629	693	671	647	663	746	868	991	947	877	838
INSGESAMT	443	514	532	568	634	622	596	585	650	740	842	808	730	671

DIFFERENZEN ZUM BUNDESDURCHSCHNITT IN DM

	1970	1971	1972	1973	1974	1975	1976	1977	1978	1979	1980	1981	1982	1983
"NORD"-REGIONEN	-54	-64	-68	-55	-43	-31	-36	-26	-59	-77	-88	-68	-79	-76
NORDRHEIN-WESTFALEN	-26	-53	-61	-54	-49	-17	-31	-56	-53	-72	-76	-88	-117	-131
"MITTE"-REGIONEN	29	55	68	35	17	-30	-7	-28	-30	-39	-61	-45	-3	-26
"SUED"-REGIONEN	41	58	61	61	59	49	51	78	96	128	149	139	147	167

BUNDESDURCHSCHNITT = 100

	1970	1971	1972	1973	1974	1975	1976	1977	1978	1979	1980	1981	1982	1983
"NORD"- REGIONEN	87.95	87.57	87.15	90.36	93.27	95.00	93.98	95.63	90.93	89.56	89.55	91.60	89.14	88.71
NORDRHEIN-WESTFALEN	94.12	89.64	88.41	90.51	92.31	97.32	94.86	90.41	91.81	90.30	90.97	89.05	84.02	80.55
"MITTE"- REGIONEN	106.59	110.72	112.68	106.29	102.70	95.12	98.84	95.20	95.42	94.80	92.71	94.44	99.56	96.23
"SUED"- REGIONEN	109.21	111.14	111.37	110.83	109.33	107.88	108.70	113.35	114.88	117.26	117.71	117.13	120.20	124.97
INSGESAMT	100.00	100.00	100.00	100.00	100.00	100.00	100.00	100.00	100.00	100.00	100.00	100.00	100.00	100.00

QUELLE: EIGENE BERECHNUNGEN AUFGRUND AMTLICHER STATISTIKEN.

Offensichtlich war der finanzpolitische Gestaltungsspielraum in den südlichen Regionen größer als in den übrigen Teilräumen des Bundesgebietes. Hierzu trugen nicht nur die höheren Einnahmen bei, sondern wohl auch die Tatsache, daß die Personal- und laufenden Sachausgaben sowie die Transferausgaben pro Kopf der Bevölkerung im Niveau und in der Entwicklung unterhalb des Bundesdurchschnitts lagen. Wie bereits erwähnt, ist die Flexibilität der Verbrauchsaufwendungen und mehr noch der Transferausgaben eng begrenzt.

Die Personal- und laufenden Sachausgaben je Einwohner sind teilweise das Spiegelbild zu den Investitionen. Während die öffentlichen Investitionen schwergewichtig in Regie der Gemeinden durchgeführt werden, wird die Entwicklung der Personal-und Sachausgaben vor allem von den Entscheidungen auf Länderebene bestimmt. Die Personal- und Sachausgaben sind in den Nord-Regionen stärker als in den übrigen Teilräumen gestiegen, wenn auch die Abweichungen über den gesamten Beobachtungszeitraum gesehen, relativ gering waren (Tabelle 3.5.4). Im Niveau zeigen sich indes ziemlich große Unterschiede. Im Norden sind die Ausgaben höher als anderswo, 1983 betrug der Personal- und Sachaufwand je Einwohner 3 400 DM. Wie bei den Investitionen wiest Nordrhein-Westfalen die niedrigsten Pro-Kopf-Ausgaben auf, sie lagen 1983 bei 2 900 DM; der relative Abstand zum Durchschnitt hat sich im Zeitablauf kaum verändert. Die Ausgaben der mittleren Regionen repräsentieren mit 3 140 DM (1983) fast den Bundesdurchschnitt, während sie im Süden (3 100 DM) knapp darunter liegen.

Dieses Gefälle ist ein Spiegel der Personalentwicklung bzw. -ausstattung bei Ländern und Gemeinden. Bezieht man die Beschäftigten auf die Wohnbevölkerung, so errechnen sich folgenden Anteilswerte (in vH):

	1970	1983
Nord	3,7	5,0
Nordrhein-Westfalen	3,1	4,2
Mitte	3,6	4,7
Süd	3,5	4,6
Quelle: Eigene Berechnungen aufgrund amtlicher Statistiken.		

Tabelle 3.5.4

PERSONAL- UND SACHAUFWAND PRO-KOPF DER LAENDER UND GEMEINDEN

	IN DM				BUNDESDURCHSCHNITT = 100			
	1970	1976	1982	1983	1970	1976	1982	1983
SCHLESWIG-HOLSTEIN	1059	1897	2905	2995	101.78	94.24	96.43	96.23
HAMBURG	1555	3179	4654	4873	149.53	157.94	154.50	156.59
BREMEN	1300	2997	4543	4780	125.01	148.90	150.82	153.60
NIEDERSACHSEN	998	1984	2997	3086	95.99	98.57	99.51	99.16
"NORD" - REGIONEN	1111	2192	3286	3399	106.86	108.88	109.10	109.21
NORDRHEIN-WESTFALEN	972	1864	2825	2902	93.46	92.61	93.80	93.26
HESSEN	1120	2190	3175	3292	107.73	108.80	105.40	105.77
RHEINLAND-PFALZ	982	1939	2806	2887	94.44	96.31	93.15	92.75
SAARLAND	1036	1958	3073	3178	99.59	97.27	102.01	102.13
"MITTE" - REGIONEN	1061	2076	3034	3137	102.06	103.14	100.73	100.79
BADEN-WUERTTEMBERG	1075	2104	3148	3272	103.34	104.52	104.53	105.14
BAYERN	1017	1909	2861	2959	97.81	94.81	94.98	95.08
"SUED" - REGIONEN	1044	1998	2993	3102	100.35	99.26	99.36	99.69
INSGESAMT	1040	2013	3012	3112	100.00	100.00	100.00	100.00

QUELLE: EIGENE BERECHNUNGEN AUFGRUND AMTLICHER STATISTIKEN.

Auch bei den Transferausgaben ist ein Nord-Süd-Gefälle erkennbar (Tabelle 3.5.5): Die Pro-Kopf-Ausgaben liegen sowohl im Niveau als auch in der Entwicklung über denen der mittleren Regionen und des Südens. Ein zunehmendes Gewicht haben überall die Ausgaben für Sozialhilfe erhalten, deren Niveau im Norden deutlich höher ist als im Süden. Die Pro-Kopf-Ausgaben betrugen 19183 im Norden 365 DM und sind fast doppelt so hoch wie im Süden. An zweiter Stelle liegt Nordrhein-Westfalen mit knapp 330 DM, es folgen die mittleren Regionen (250 DM) und der Süden mit nur 190 DM. Auch in der Entwicklung der Sozialhilfeausgaben liegt der Norden vorn, nur knapp vor dem Süden, dessen Ausgangsniveau aber mit Abstand am niedrigsten war. Mehr als bei den anderen Ausgabekategorien muß allerdings in Rechnung gestellt werden, daß über die regionale Verteilung der Transferausgaben in erster Linie der Bund und die Sozialversicherungsträger entscheiden. Nicht einmal ein Fünftel der staatlichen Transfers wird von den Länder- und Gemeindehaushalten verausgabt.

Faßt man die Ergebnisse zusammen, so sind zunächst auf der Einnahmenseite, trotz der nivellierenden Wirkungen der Finanzausgleichsysteme, Unterschiede im Niveau und in der Entwicklung feststellbar, die mit der regionalen Wirtschaft korreliert sind. Auf der Ausgabenseite läßt sich ein solches Urteil nicht ohne weiteres treffen. Im wirtschaftsstarken Baden-Württemberg liegen die Ausgaben über dem Bundesdurchschnitt. Aber auch im strukturschwachen Saarland reicht das Ausgabenvolumen inzwischen an den Bundesdurchschnitt heran und in Bremen sind die Ausgaben so kräftig gestiegen, daß sie fast das Niveau Hamburgs erreicht haben. In Hessen wiederum erreichen Ausgaben und Einnahmen inzwischen nur knapp den Bundesdurchschnitt, nachdem sie noch 1976 deutlich darüber gelegen hatten (vgl. auch die Tabellen 3.5.1 und 3.5.2.).

In der großräumigeren Abgrenzung werden die Konturen etwas schärfer, insbesondere wenn man Niveau und Entwicklung der einzelnen Ausgabekategorien betrachtet. Die südlichen Bundesländer konnten dank der günstigeren Einnahmenentwicklung ihre Investitionen ohne merkliche Abstriche bei den übrigen Ausgaben - relativ gesehen - steigern. Dem Süd-Nord-Gefälle bei den Sachinvestitionen steht ein Nord-Süd-Gefälle bei den Verbrauchs- und den Transferausgaben gegenüber.

Tabelle 3.5.5

TRANSFERS PRO-KOPF DER LAENDER UND GEMEINDEN

	IN DM				BUNDESDURCHSCHNITT = 100			
	1970	1976	1982	1983	1970	1976	1982	1983
SCHLESWIG-HOLSTEIN	345	511	710	749	123.97	83.74	77.21	80.64
HAMBURG	373	697	1349	1453	134.26	114.17	146.70	156.54
BREMEN	387	770	1205	1144	139.23	126.23	131.01	123.19
NIEDERSACHSEN	247	572	975	965	88.84	93.81	106.02	103.97
"NORD"- REGIONEN	294	588	981	994	105.83	96.41	106.68	107.01
NORDRHEIN-WESTFALEN	288	726	1063	1065	103.51	118.95	115.61	114.72
HESSEN	238	529	701	754	85.50	86.62	76.23	81.21
RHEINLAND-PFALZ	329	561	863	856	118.36	91.86	93.84	92.18
SAARLAND	196	448	1037	939	70.62	73.46	112.75	101.17
"MITTE"- REGIONEN	266	531	793	809	95.66	87.08	86.21	87.14
BADEN-WUERTTEMBERG	254	580	821	872	91.34	95.07	89.29	93.90
BAYERN	276	553	831	805	99.15	90.55	90.38	86.73
"SUED"-REGIONEN	266	565	826	836	95.56	92.62	89.88	90.01
INSGESAMT	278	610	919	928	100.00	100.00	100.00	100.00

QUELLE: EIGENE BERECHNUNGEN AUFGRUND AMTLICHER STATISTIKEN.

Alles in allem lassen die Ergebnisse keine eindeutigen Aussagen über den Zusammenhang von regionaler Entwicklung und staatlichen Finanzströmen zu. In Anbetracht der Vielfalt dieser Ströme und angesichts der Tatsache, daß sich strukturschwache und -starke Gebiete nicht in einer starren Nord-Süd-Achse über die Bundesrepublik verteilen, ist es wenig verwunderlich, wenn in dieser Beziehung nur bedingt von einem Nord-Süd-Gefälle gesprochen werden kann.

3.6 Zusammenfassung der Ergebnisse

Die Analyse der regionalen Wirkungen öffentlicher Haushalte konzentriert sich auf die Wirkungen, die sich für die Regionen aus dem Wechselspiel von staatlichem Verhalten und gesamtwirtschaftlichen Entwicklungsbedingungen ergeben: Die Haushaltspolitik nimmt Einfluß auf den Wirtschaftsverlauf und wird selbst wiederum von diesem geprägt; zugleich haben fast alle Aktivitäten des Staates räumliche Wirkungen.

Im letzten Jahrzehnt war die Finanzpolitik ständig im Zwiespalt, einerseits mittels staatlicher Impulse die gesamtwirtschaftliche Entwicklung zu forcieren, andererseits aber den Anstieg der Staatsverschuldung zu begrenzen. Dieser Zwiespalt führte zu starken Schwankungen der staatlichen Aktivitäten, wobei die Schwankungen in der Wirkungsrichtung zwischen Bundesländern und Gemeinden häufig ähnlich verteilt waren; gemessen am Umfang der Impulse rangiert der Bund an erster Stelle. Dieser Befund stützt die Vermutung, daß die Spielräume für eine eigenständige Finanzpolitik regionaler Instanzen begrenzt sind.
Trotz vieler Zurechnungsprobleme ist versucht worden, die Bedeutung der unmittelbaren Nachfrage des Staates für die regionale Entwicklung herauszufiltern. Die unmittelbare Staatsnachfrage drückt sich in den Käufen von Gütern und Dienstleistungen (öffentlicher Verbrauch und öffentliche Investitionen) aus. In den Nord-Regionen (Schleswig-Holstein, Hamburg, Bremen und Niedersachsen) liegt pro Kopf der Bevölkerung der Staatsverbrauch um rund ein Viertel über dem in den südlichen Bundesländern

(Bayern und Baden-Württemberg), während die öffentlichen Investitionen pro Kopf der Bevölkerung im Süden um ein Fünftel höher waren als im Norden. Nordrhein-Westfalen weist in beiden Fällen das niedrigste Niveau auf, während die mittleren Regionen jeweils etwa den Bundesdurchschnitt markieren. In allen Regionen hat das staatliche Einstellungsverhalten per Saldo stabilisierend auf die Beschäftigungsentwicklung gewirkt, auch wenn die Lage im öffentlichen Dienst von den Schwankungen der gesamtwirtschaftlichen Aktivitäten nicht unberührt geblieben ist. Hingegen waren die öffentlichen Investitionen überall besonders starken - meist prozyklischen - Schwankungen ausgesetzt; dies deshalb, weil sie von allen Ausgaben noch am ehesten variabel sind. Insgesamt besitzen die staatlichen Nachfrageimpulse ein großes Gewicht für die wirtschaftliche Entwicklung der Regionen, im Norden mehr als in den übrigen Teilräumen. Die Verlaufsanalyse des staatlichen Verhaltens macht allerdings auch deutlich, daß die Unterschiede stärker im Niveau als in der Entwicklung der Impulse angelegt sind.

In einem weiteren Schritt werden Struktur und Entwicklung aller Einnahmen- und Ausgabenströme der regionalen öffentlichen Haushalte, das sind die der Länder und Gemeinden, analysiert. Eine regionale Verteilung der Finanzströme des Bundes und der Sozialversicherung ist - abgesehen von der nicht unproblematischen Verteilung der Staatskäufe im Rahmen der VGR der Länder - nicht möglich.

Struktur und Verlauf der Einnahmen in den Länderhaushalten spiegeln nur bedingt die regionalen Entwicklungsunterschiede der Wirtschaftskraft wider. Der Finanzausgleich trägt erheblich zur Minderung der Finanzkraftunterschiede bei. Nocht stärker als die Ausgleichszahlungen der finanzstarken Länder oder Ergänzungszuweisungen des Bundes schlägt zu Buche, daß bei Lohn- und Körperschaftsteuer vom Prinzip des örtlichen Aufkommens abgewichen wird ("Steuerzerlegung"), damit die Steuerkraftunterschiede vorab verringert werden und die Empfänger weniger abhängig von den Gebern sind. Insgesamt sind 1984 auf den vier Stufen des Länderfinanzausgleichs 9,5 Mrd.DM umverteilt worden, davon allein 3,5 Mrd. infolge der Lohn- und Körperschaftsteuerzerlegung.

Durch den Länderfinanzausgleich und die Zuschüsse des Bundes werden zumindest die finanzschwachen Länder in die Lage versetzt, ein ähnlich hohes Ausgabenniveau wie die finanzstarken Länder zu finanzieren. Läßt man die Stadtstaaten außer acht, da sie auch kommunale Aufgaben wahrnehmen, so bestehen die größten Unterschiede zwischen Baden-Württemberg und Schleswig-Holstein: Ohne Finanzausgleich und Bundeszuschüsse liegen die Einnahmen Baden-Württembergs um fast zwei Drittel über denen von Schleswig-Holstein, nach dem Ausgleich sind es nur noch ein Zehntel.

Unter Einschluß des Finanzausgleichs zeigen die Pro-Kopf-Einnahmen keine ausgeprägten Entwicklungsunterschiede. Von den Flächenstaaten sind die Pro-Kopf-Einnahmen in Niedersachsen (Förderabgabe!) und Baden-Württemberg am höchsten, in Nordrhein-Westfalen am niedrigsten.

Die regionale Verteilung der Ausgaben weicht von der Verteilung der Einnahmen teilweise erheblich ab, denn hier stehen die finanzschwachen Länder neben Baden-Württemberg an der Spitze. Die Differenzen von Einnahmen- und Ausgabenentwicklung schlagen sich im Finanzierungssaldo nieder, sie liegen in Baden-Württemberg und Bayern weit unter, im Saarland und Bremen deutlich über dem Durchschnitt der Bundesländer. Teils waren sie auf Unterschiede in der Wirtschaftsentwicklung, teils auf Versuche, Konjunktur und Wachstum zu beschleunigen, zurückzuführen. Die Erfolge dieser Politik hielten sich in Grenzen, denn je kleiner die Region, um so schwieriger ist es wegen der finanziellen Belastungen, eine eigenständige Ankurbelungspolitik zu betreiben.

Die Unterschiede in den Länderhaushalten resultieren auch daraus, daß die Aufgabenverteilung zwischen Land und Gemeinden in den einzelnen Bundesländern unterschiedlich geregelt ist. Die Gemeinden bilden als Teile der Länder zwar keine dritte staatliche Ebene, doch wird ihnen vom Grundgesetz das kommunale Selbstverwaltungsrecht garantiert. Aus dieser Position heraus ergeben sich nicht selten Konflikte zu ihrer Stellung in der Finanzverfassung, die dadurch gekennzeichnet ist, daß den Gemeinden zwar eigene Steuereinnahmen zustehen, die jeweiligen Bundesländer dennoch die Hauptverantwortung für die kommunale Finanzausstattung tragen.

Mehr als bei den Ländern besteht auf kommunaler Ebene ein Zusammenhang zwischen regionalem Wirtschaftsverlauf und Finanzlage: Je günstiger die wirtschaftliche Entwicklung, um so höher sind die Einnahmen der Gemeinden und ihre Möglichkeiten der Kreditaufnahme, und um so größer sind die Ausgabenspielräume, insbesondere die Möglichkeiten zu investieren. In den Nord-Regionen liegen die Pro-Kopf-Einkommen der Kommunen unter, in den Süd-Regionen über dem Durchschnitt, wobei der Süden im Zeitablauf noch zugelegt hat. Die nordrhein-westfälischen Gemeinden markieren den Durchschnitt, nachdem sie in den frühen fünfziger Jahren noch überdurchschnittlich mit Finanzmitteln ausgestattet waren. Lage und Entwicklung in den mittleren Regionen differieren erheblich. Die Ausgabenseite ist ziemlich genau das Spiegelbild der Einnahmenentwicklung.

Faßt man Ausgaben und Einnahmen von Ländern und Gemeinden zusammen, so werden die Entwicklungsunterschiede zwischen den verschiedenen Haushaltsebenen teilweise kompensiert. Per Saldo haben die Pro-Kopf-Ausgaben im Norden etwas rascher zugenommen als im Süden; in beiden Regionen war der Anstieg größer als in Nordrhein-Westfalen und in den Mitte-Regionen. Ein ähnliches Bild zeigt sich bei den Einnahmen. Das Niveau der Pro-Kopf-Ausgaben ist im Norden mit fast 5 700 DM am höchsten, es folgt der Süden mit knapp 5 400 DM, am niedrigsten waren sie im Westen (5 100 DM); auch bei den Einnahmen bildet Nordrhein-Westfalen mit 5 400 DM das Schlußlicht.

Niveau und teilweise auch Entwicklung der staatlichen Investitionen deuten auf ein ausgeprägtes Nord-Süd-Gefälle hin. Die überdurchschnittlichen Investitionsausgaben pro Kopf der Bevölkerung gehen einher mit unterdurchschnittlichen Defiziten. Im Norden und Westen, aber zum Teil auch in den mittleren Regionen lagen die Defizite meistens über und die Investitionsausgaben unter dem Durchschnitt. Im Süden war der finanzpolitische Gestaltungsspielraum größer als in den übrigen Teilräumen.

Hierzu trugen nicht nur die höheren Einnahmen bei, sondern wohl auch die Tatsache, daß die Personal- und laufenden Sachausgaben sowie die Transferausgaben pro Kopf der Bevölkerung im Niveau und in der Entwicklung unterhalb des Bundesdurchschnitts lagen: Dem Süd-Nord-Gefälle bei den Sachinvestitionen steht ein Nord-Süd-Gefälle bei den übrigen Ausgaben gegenüber.

Diese Ergebnisse mögen die Auffassung stützen, daß die regionalen Diskrepanzen im Verhältnis von "konsumtiven" und "investiven" Ausgaben zum gesamtwirtschaftlichen Entwicklungsgefälle beigetragen haben. Allerdings muß vor einer unkritischen Verwendung dieses Begriffspaares gewarnt werden, denn ein Teil der Personalausgaben vor allem im Bildungs- und Wissenschaftssektor hat investiven Charakter. Nicht überbewertet werden sollte auch der Beitrag, den die öffentlichen Investitionen in einer doch relativ kurzen Zeitspanne zur Verbesserung der Ausstattung mit Infrastruktureinrichtungen geleistet haben.

Faßt man die Ergebnisse für die jeweiligen Bundesländer zusammen, so zeigt sich, daß sich in Schleswig-Hostein der unmittelbare Einfluß des Staates auf die Nachfrage - gemessen an den staatlichen Käufen - im Zeitablauf nur wenig verändert hat. Der Anteil der Käufe am Sozialprodukt schwankte zwischen 30 und 33 vH und war damit höher als in allen übrigen Regionen. Wegen der Bedeutung des Militärs schlagen in Schleswig-Holstein die Verbrauchsausgaben des Bundes überdurchschnittlich zu Buche. Eine regionale Aufteilung aller staatlichen Transfers ist nicht möglich. Die Transferzahlungen aus dem Landesetat und aus den Gemeindehaushalten haben nur unterdurchschnittlich zugenommen. Die gesamten Pro-Kopf-Ausgaben des Landesetats und der Gemeindehaushalte waren 1983 niedriger als in den übrigen Regionen, obwohl Schleswig-Holstein durch die verschiedenen Stufen des Finanzausgleichs wie auch durch die Leistungen des Bundes (Gemeinschaftsaufgaben usw.) mehr als alle übrigen Regionen begünstigt wurde. Einschließlich Finanzausgleich und der Zahlungen des Bundes erreichten die Einnahmen 96 vH des Bundesdurchschnitts, ohne diese Effekte waren es nur etwas über 70 vH, d.h. je Einwohner sind dem Land über 1 000 DM zugeflossen. Nimmt man die Veränderung des Finanzierungssaldos als Maßstab zur Beurteilung des konjunkturellen Impulses, der von den regionalen Haushalten (Land und Gemeinden) auf die Region ausgegangen ist, so zeigt sich, daß die expansiven Impulse in der Krise 1974/75 geringer und 1981 zur Abwehr der Rezession stärker als im Bundesdurchschnitt waren; auch sind nach 1981 die Defizite nicht so drastisch wie anderswo reduziert worden. Insgesamt waren die Schwankungen der staatlichen Aktivitäten weniger stark ausgeprägt als in anderen Regionen.

Die Entwicklung in den Stadtstaaten Bremen und Hamburg kann mit der in den Flächenstaaten kaum verglichen werden, da die Stadtstaaten auch kommunale Aufgaben wahrnehmen und der Ausgabenbedarf der Kommunen in Abhängigkeit von der Einwohnerzahl steigt. Auf der anderen Seite war in all den Jahren Hamburgs Beitrag zum Länderfinanzausgleich am höchsten; je Einwohner hat Hamburg zuletzt 1 500 DM geleistet. Obwohl die staatlichen Käufe pro Kopf der Bevölkerung fast ebenso hoch sind wie in Schleswig-Holstein und damit um rund ein Fünftel über dem Bundesdurchschnitt liegen, ist der Anteil am Sozialprodukt mit 19 vH der geringste von allen Bundesländern. Wie in Bremen liegt auch in Hamburg der Anteil der vom Bund getätigten Käufe von Gütern und Diensten weit unter dem Durchschnitt. Die Transferausgaben je Einwohner sind in Hamburg vor allem in den 80er Jahren stärker als auf Bundesebene gestiegen. Per Saldo haben sich die Ausgaben und Einnahmen im Landeshaushalt - freilich auf höherem Niveau -.fast parallel zum Bundesdurchschnitt entwickelt. Die Finanzierungsdefizite lagen bis 1977 über, danach bis 1982 unter dem Durchschnitt; markant war die Verringerung der Defizite im Jahre 1978. Gemessen an der Entwicklung der Finanzierungssalden waren die Schwankungen der staatlichen Aktivitäten ausgeprägter als anderswo.

In Bremen haben die Staatskäufe für die Nachfrageentwicklung ein höheres Gewicht als in Hamburg. Auch die Ausgaben des Landeshaushalts sind überproportional ausgeweitet worden, während die Einnahmen nur durchschnittlich zugenommen haben. Die Transferausgaben sind schwächer als im Bundesdurchschnitt gestiegen. Im Gegensatz zu Hamburg spielen der Finanzausgleich und die Verflechtungen mit dem Bund für Bremen nur eine untergeordnete Rolle. Die Finanzierungsdefizite - pro

Kopf der Bevölkerung - sind 1974/75 in die Höhe geschnellt und weisen seitdem mit Abstand das höchste Niveau aller Bundesländer auf. Ende der 70er, Anfang der 80er Jahre hat sich der Abstand verringert, 1983 ist er wieder größer geworden. Per Saldo sind vom Staat überdurchschnittlich starke Impulse auf die gesamtwirtschaftliche Entwicklung ausgegangen.

Ähnlich wie in Schleswig-Holstein spielen auch in Niedersachsen die staatlichen Käufe für die Gesamtwirtschaft gleichbleibend eine überdurchschnittlich große Rolle. Gemessen am Bundesdurchschnitt sind die Ausgaben und Einnahmen von Land und Kommunen überdurchschnittlich gestiegen. Finanzausgleich und Bundeszuschüsse führten dazu, daß die Einnahmen im Landeshaushalt den Bundesdurchschnitt fast erreichten; ohne diese Einflüsse hätten die Einnahmen um rund ein Fünftel unter dem Durchschnitt gelegen. Die Finanzierungsdefizite waren zu Beginn der 70er Jahre niedriger als im Bundesdurchschnitt, danach sind sie überdurchschnittlich erhöht worden. Anfang der 80er Jahre pendelten sie sich auf den Durchschnitt ein, zuletzt sind sie stärker als der Durchschnitt gekürzt worden.

In Nordrhein-Westfalen betrug der Anteil der staatlichen Käufe am Bruttosozialprodukt etwas über ein Fünftel; auch hier waren die Schwankungen gering. Knapp die Hälfte der Ausgaben wurden vom Bund getätigt. Die Transferausgaben sind bis Mitte der 70er Jahre schneller, danach etwa im gleichen Tempo wie auf Bundesebene expandiert. Die Ausgaben von Land und Kommunen haben sich parallel zum Bundesdurchschnitt entwickelt, wobei die Pro-Kopf-Ausgaben im Niveau immer etwas unter dem Durchschnitt lagen. Die Einnahmen sind in der Entwicklung etwas hinter dem Durchschnitt zurückgeblieben. Der Finanzausgleich spielt für Nordrhein-Westfalen nur eine geringe Rolle. Die relative Finanzierungsposition hat sich seit 1978 merklich verschlechtert, d.h. die Defizite waren seitdem deutlich höher als im Bundesdurchschnitt; 1983 sind sie überaus kräftig reduziert worden. Per Saldo sind nach 1977 vom Staat überdurchschnittlich starke Impulse auf die wirtschaftliche Entwicklung ausgegangen.

In Hessen sind die Ausgaben des Landes und der Gemeinden unterdurchschnittlich gestiegen, ebenso die Einnahmen. Bis 1977 lagen die jährlichen Finanzierungsdefizite deutlich über, danach unter dem Durchschnitt; 1983 wurden die Defizite drastisch, nämlich um fast die Hälfte, abgebaut. Gemessen am Bundesdurchschnitt waren nach 1978 die staatlichen Impulse für die wirtschaftliche Entwicklung schwächer. Der Anteil der Staatskäufe am Bruttosozialprodukt schwankte um 22 vH, wobei die Ausgaben des Bundes mit rund 45 vH der Käufe zu Buche schlugen. Die Transfers liegen deutlich unter dem Bundesdurchschnitt; auch haben sie sich nur unterdurchschnittlich entwickelt. Durch den Finanzausgleich verschlechterte sich die Finanzlage im Landeshaushalt: Ohne den Finanzausgleich hätten die Einnahmen etwas über dem Durchschnitt gelegen, nach dem Finanzausgleich erreichten die Einnahmen in den 80er Jahren nur 96 vH des Durchschnitts.

Gemessen am Bruttosozialprodukt besitzen die staatlichen Käufe in Rheinland-Pfalz mit mehr als einem Viertel ein überdurchschnittliches Gewicht; dies hängt mit dem hohen Bundesanteil - rund die Hälfte der Käufe tätigt der Bund - zusammen. Die Transfers der Länder und Gemeinden haben sich zu Beginn der 70er Jahre unterdurchschnittlich entwickelt, danach sind sie entsprechend dem Durchschnitt gestiegen. Per Saldo haben Einnahmen und Ausgaben etwas schwächer als im Bundesdurchschnitt zugenommen, und auch die Finanzierungsdefizite waren - bei meist ähnlichem Verlauf - fast immer etwas niedriger. Ohne Finanzausgleich und Bundeszuschüsse hätten die Einnahmen in Rheinland-Pfalz in den 80er Jahren nur vier Fünftel des Durchschnitts betragen, tatsächlich waren es 98 vH.

Auffälligstes Merkmal im Saarland ist die rasante Zunahme der Finanzierungsdefizite in den 80er Jahren. Während 1982/83 die Defizite - pro Kopf der Bevölkerung - in den anderen Bundesländern merklich gedrosselt wurden, haben sie sich im Saarland - ohnehin von hohem Niveau aus gehend - verdoppelt; ihr Niveau liegt über dem von Bremen. Während die Ausgaben von Land und Gemeinden weit überdurchschnittlich zugenommen haben und ihr Niveau inzwischen über dem Bundesdurchschnitt liegt, sind die Einnahmen nur mäßig expandiert und hinken nach wie vor dem

Bundesdurchschnitt merklich hinterher; und dies, obwohl das Saarland vom Finanzausgleich und den Bundeszuschüssen ähnlich stark wie Schleswig-Holstein und Niedersachsen begünstigt wird. Ins Auge sticht der starke Anstieg der Transferausgaben. Der Anteil der staatlichen Käufe am Bruttosozialprodukt liegt mit rund einem Viertel etwas über dem Bundesdurchschnitt, doch hat er sich im Zeitablauf per Saldo kaum verändert. Insgesamt hatte im Saarland der staatliche Einfluß größere Bedeutung für die wirtschaftliche Entwicklung als anderswo.

Völlig anders stellt sich die Finanzlage in Baden-Württemberg dar: Während die Einnahmen überdurchschnittlich gestiegen sind und von den Flächenstaaten inzwischen mit Abstand das höchste Niveau aufweisen, haben sich die Ausgaben - auf hohem Niveau - nicht rascher entwickelt als im Durchschnitt aller Länder. In fast allen Jahren waren die Finanzierungsdefizite von Land und Gemeinden niedriger als anderswo. Die wirtschaftliche Entwicklung Baden-Württembergs war offensichtlich weniger als andere Regionen auf staatliche Impulse angewiesen. Durch den Finanzausgleich wird der Einnahmevorsprung Baden-Württembergs merklich gedrückt: Ohne Bundeszuschüsse und Finanzausgleich lagen die Pro-Kopf-Einnahmen des Landeshaushalts zuletzt um 17 vH über dem Durchschnitt, unter Einschluß beider Tatbestände waren es nur 6 vH. Der Anteil der staatlichen Käufe am Bruttosozialprodukt schwankte um ein Fünftel und war damit ähnlich niedrig wie in Hamburg; hierzu trug der relativ geringe Anteil der Bundesausgaben bei.

Die Entwicklung in Bayern war von einem leicht überdurchschnittlichen Einnahmenzuwachs und einem Ausgabenanstieg, der weitgehend dem Bundesdurchschnitt entsprach, gekennzeichnet. Die Pro-Kopf-Ausgaben von Land und Kommunen weichen nach unten in stärkerem Maße als die Einnahmen vom Durchschnitt ab, so daß Bayern - neben Hamburg - zu den Ländern mit den niedrigsten Finanzierungsdefiziten gehört. Der Anteil der staatlichen Käufe am Bruttosozialprodukt lag in den meisten Fällen nahe dem Bundesdurchschnitt. Finanzausgleich und Zuschüsse des Bundes haben als Einnahmequelle für den Landeshaushalt im Zeitablauf immer mehr an

Bedeutung verloren; zuletzt profitierte Bayern - relativ gesehen - kaum mehr von diesen Regelungen. Auch in Bayern hat der staatliche Einfluß für die wirtschaftliche Entwicklung etwas weniger Gewicht.

Anmerkungen zu Abschnitt 3

1) Diese Impulse sind als Primärimpulse zu verstehen, deren Multiplikatorwirkungen und zeitliche Verzögerungen noch nicht berücksichtigt sind. Als Impulse werden die Abweichungen der verschiedenen inlandswirksamen Einnahme- und Ausgabekategorien angesehen, die sich - fortgeschrieben mit dem nominalen Anstieg des Produktionspotentials - gegenüber dem jeweils realisierten Volumen der Vorperiode ergeben. Die Konjunkturadäquanz wird anhand der Auslastung des gesamtwirtschaftlichen Produktionspotentials geschätzt; je nach Auslastungsgrad können schon von einem "neutralen" Verhalten stabilisierende oder destabilisierende Effekte ausgehen. Nach diesem Konzept ist auch die Wirkung der automatischen Stabilisatoren ein konjunkturpolitisch relevanter Vorgang. Nimmt das Sozialprodukt schwächer (stärker) zu als das Produktionspotential, so entstehen z.B. konjunkturbedingte Steuermindereinnahmen (-mehreinnahmen). Deren Hinnahme wird als expansiver (kontraktiver) Vorgang gewertet, denn entscheidend ist allein die tatsächliche Entzugswirkung, die vom Steuersystem ausgeht.

2) Vgl. Statistisches Bundesamt, Fachserie 18, Reihe 1: Konten und Standardtabellen.

3) Ebenda.

4) Berlin bleibt in dieser Analyse ausgeklammert, da der Umfang des Berliner Haushalts zu einem großen Teil durch die Verhandlungen mit dem Bund bestimmt wird.

5) Vgl. Bundesministerium der Finanzen: Die Entwicklung der Länderhaushalte, versch. Jahrgänge.

6) Vgl. im einzelnen W. Leibfritz, St. Teschner: Der Einfluß des Steuersystems und des kommunalen Finanzsystems auf die Landesentwicklung. Schriftenreihe des Ifo-Instituts, Bd. 108, Berlin 1981, S. 113 ff.

7) Vgl. Statistisches Bundesamt, Fachserie 14, Reihe 5: Schulden der öffentlichen Haushalte, versch. Jahrgänge.

4 Regionales Wachstum und Strukturwandel

Dieser Abschnitt leitet bereits über zu den Überlegungen, die sich mit dem Angebotspotential der Regionen befassen. Sie sind deshalb in einem besonderen Abschnitt zusammengefaßt worden, weil es hier nicht um die Einflußfaktoren geht, von denen die Entwicklung des Angebotspotentials abhängt, sondern um Ausprägungen des Strukturwandels, von dem vermutet wird, daß sie etwas zu tun haben mit den Wachstumschancen der Regionen.

Einen Überblick über die Auswirkungen des Strukturwandels auf die sektorale Produktion in den Regionen gibt Tabelle 4.1. Unterscheidet man nur die vier großen Wirtschaftsbereiche

- Land- und Forstwirtschaft
- warenproduzierendes Gewerbe
- Handel und Verkehr
- Dienstleistungen,

so zeigt sich, daß nach 1970 nicht mehr - wie in der Zeit zuvor - die Landwirtschaft Einbußen erlitten hat, sondern die Umschichtungen im wesentlichen zu Lasten des warenproduzierenden Gewerbes gegangen sind. Sein Anteil an der Produktion ist um 6 Prozentpunkte zurückgegangen, vornehmlich zugunsten der Dienstleistungen (+5 vH). In geringem Umfang haben auch die Distributionsbereiche ihren Anteil vergrößert.

Diese Anteilsverschiebungen auf Bundesebene streuen in den Regionen erheblich. Es sind nicht nur die großen Ballungsgebiete, die Dienstleistungsanteile gewonnen haben, sondern auch andere Regionen. Dennoch sind per Saldo die hochverdichteten Regionen Gewinner im Strukturwandel, obwohl ihre Dienstleistungsanteile auch 1970 schon überdurchschnittlich hoch waren. Von den großen Ballungsregionen haben besonders Düsseldorf und Berlin mit einem Plus von 9 Prozentpunkten dazugewonnen, gefolgt vom Ruhrgebiet mit 7 und München mit 6 Prozentpunkten. Unterdurchschnittlich ausgeweitet wurden die Dienstleistungsanteile dagegen in den meisten anderen großen Ballungsgebieten. Hamburg hat nur 3 Prozentpunkte dazugewonnen.

Tabelle 4.1

Branchenstruktur der Produktion

	Anteile in vH 1982				Veränderung gegenüber 1970				Bundesdurchschnitt = 100			
	Land-u. Forst- wirt.	Waren- prod. Gewerbe	Handel und Verkehr	Dienst- leist.	Land-u. Forst- wirt.	Waren- prod. Gewerbe	Handel und Verkehr	Dienst- leist.	Land-u. Forst- wirt.	Waren- prod. Gewerbe	Handel und Verkehr	Dienst- leist.
Schleswig-Holstein	8	34	17	41	-1	-3	-3	2	242	80	102	110
Hochverdichtet	7	42	15	35	0	-7	-2	2	232	89	83	84
Mit Verdichtungsans.	5	32	18	44	0	-2	-1	2	175	75	111	117
Ländlich	11	30	16	43	-2	-1	-1	0	353	72	96	113
Hamburg	0	30	30	39	0	-5	-3	3	15	72	179	104
Niedersachsen	6	40	16	38	0	-5	-5	1	202	94	95	101
Hochverdichtet	6	36	18	40	0	-8	-4	4	177	85	110	106
Mit Verdichtungsans.	6	43	15	37	0	-5	-5	0	183	101	88	97
Ländlich	10	38	14	38	0	0	0	-3	313	90	85	100
Bremen	1	40	26	34	0	-3	0	-1	17	93	157	90
Hochverdichtet	0	41	26	33	0	-7	-3	4	4	96	155	88
Mit Verdichtungsans.	3	31	28	38	-1	2	-8	5	103	73	168	101
Nordrhein-Westfalen	2	45	16	37	0	-8	1	5	61	106	99	97
Hochverdichtet	1	46	17	36	0	-8	-1	7	43	107	101	96
Ruhrgebiet	1	50	15	32	0	-7	1	7	24	117	105	85
Restl. Verdichtungsr	2	43	16	39	0	-8	-1	7	52	102	99	102
Mit Verdichtungsans.	6	41	15	39	0	-7	0	7	177	97	88	102
Ländlich	5	47	20	34	-1	-4	-1	6	157	111	83	90
Hessen	2	36	21	43	-1	-7	3	4	56	82	118	113
Hochverdichtet	1	35	17	44	-1	-8	-6	5	28	80	124	116
Mit Verdichtungsans.	3	38	19	41	0	-8	-8	7	111	90	109	109
Ländlich	7	38	14	36	-1	-6	4	3	223	88	115	96
Rheinland-Pfalz	4	46	14	36	-1	-3	-6	4	131	109	84	94
Hochverdichtet	2	60	12	26	-1	-2	-3	2	68	141	74	68
Mit Verdichtungsans.	4	44	14	39	-1	-4	-2	5	126	103	84	102
Ländlich	9	39	17	35	-2	3	3	3	272	93	101	94
Baden-Württemberg	3	50	14	34	0	-4	-4	5	92	117	83	89
Hochverdichtet	1	51	14	34	0	-4	0	4	39	120	84	89
Mit Verdichtungsans.	5	46	14	35	0	-3	0	5	145	109	88	92
Ländlich	5	53	12	30	0	-5	-3	5	167	124	71	80
Alpenvorland	5	51	12	31	1	-6	-5	3	166	120	75	83
Restl.ländl.Regionen	5	57	10	28	1	-7	-3	6	171	134	61	73
Bayern	5	41	15	39	0	-6	-1	5	147	97	92	103
Hochverdichtet	1	36	18	46	0	-7	0	7	47	85	100	121
Mit Verdichtungsans.	6	44	16	34	0	-4	-1	3	201	103	85	91
Ländlich	7	45	14	34	0	-5	0	4	225	106	83	91
Alpenvorland	6	40	15	38	0	-3	0	3	199	95	93	101
Restl.ländl.Regionen	7	47	13	33	0	-5	-5	0	236	110	79	87
Saarland	1	48	16	35	0	-1	-1	2	34	114	94	93
Berlin	0	40	14	46	0	-6	-2	9	6	94	85	121
Bundesrepublik	3	43	17	38	0	-6	1	5	100	100	100	100
Hochverdichtet	1	42	18	39	0	-7	-1	6	47	99	107	102
Ruhrgebiet	1	50	15	32	0	-6	1	7	24	117	105	85
Restl. Verdichtungsr	2	41	18	40	0	-6	-1	6	50	97	107	104
Mit Verdichtungsans.	5	42	15	37	0	-5	0	5	158	100	92	99
Ländlich	7	44	14	35	0	-4	0	4	236	103	84	92
Alpenvorland	6	45	14	35	0	-4	-1	3	185	106	84	93
Restl.ländl.Regionen	8	43	14	35	-1	-4	0	4	254	102	84	92
Nordregion	5	37	20	39	0	-5	1	3	154	86	120	102
Nordrhein-Westfalen	2	45	16	37	0	-8	1	7	61	106	99	97
Mittelregion	4	40	17	40	-1	-5	1	4	78	95	105	105
Südregion	4	45	15	36	0	-5	0	5	121	106	88	96
Berlin	0	40	14	46	0	-8	-2	9	6	94	85	121

Branchenstruktur der Produktion 1982

	Anteile in vH				Veränderung gegenüber 1970				Bundesdurchschnitt = 100			
	Land-u. Forst- wirt.	Waren- prod. Gewerbe	Handel und Verkehr	Dienst- leist.	Land-u. Forst- wirt.	Waren- prod. Gewerbe	Handel und Verkehr	Dienst- leist.	Land-u. Forst- wirt.	Waren- prod. Gewerbe	Handel und Verkehr	Dienst- leist.
1 Schleswig	12	24	17	47	-1	-3	2	2	369	57	102	125
2 Mittelholstein	6	31	17	45	0	-1	2	-1	200	73	106	120
3 Dithmarschen	10	40	14	35	-4	0	0	3	330	94	87	93
4 Ostholstein	4	34	20	42	0	-3	2	2	130	80	120	111
5 Hamburg	2	32	27	39	0	-5	3	3	68	76	161	103
6 Lüneburg	10	28	17	45	-3	-3	2	5	328	66	102	118
7 Bremerhaven	8	28	21	43	-3	-2	-5	9	270	67	125	113
8 Wilhelmshaven	6	38	12	43	1	6	1	-7	206	90	76	113
9 Ostfriesland	9	38	16	36	1	-2	-1	2	292	90	98	96
10 Oldenburg	9	33	17	40	1	-2	-1	3	297	78	106	106
11 Emsland	13	44	12	31	1	5	-11	5	421	105	70	81
12 Osnabrück	7	41	19	33	0	-5	0	5	239	96	113	88
13 Bremen	5	37	21	37	0	-4	-1	5	154	87	130	98
14 Hannover	3	39	18	40	0	-8	4	4	111	93	106	105
15 Braunschweig	3	53	12	32	0	-5	1	5	99	124	74	85
16 Göttingen	5	38	15	42	0	-4	0	5	165	89	89	112
17 Münster	7	36	15	42	1	-7	1	6	219	84	94	110
18 Bielefeld	3	48	15	34	-1	-6	-1	7	105	113	90	90
19 Paderborn	6	45	13	36	-2	-2	-2	6	193	106	77	96
20 Dortmund-Sauerland	2	45	17	36	0	-8	0	8	66	105	106	95
21 Bochum	0	53	19	27	0	0	0	1	4	126	116	72
22 Essen	0	53	15	32	0	-4	-1	5	14	124	90	84
23 Duisburg	2	48	20	31	0	-15	4	10	56	112	119	81
24 Krefeld	6	48	16	31	2	-7	1	4	185	113	95	81
25 Mönchengladbach	3	46	17	35	1	-6	0	5	86	107	103	92
26 Aachen	3	41	16	40	0	-10	2	8	90	97	95	106
27 Düsseldorf	1	36	20	43	0	-10	1	9	17	85	120	115
28 Wuppertal	0	52	16	32	0	-8	0	7	8	122	94	85
29 Hagen	1	54	14	32	0	-9	0	9	27	127	82	84
30 Siegen	1	54	13	31	0	-8	1	8	41	128	80	82
31 Köln	1	45	16	38	0	-6	1	5	32	106	98	100
32 Bonn	1	27	14	57	-1	-8	1	8	46	63	88	152
33 Nordhessen	4	38	17	41	-2	-6	1	7	136	89	101	109
34 Mittelhessen	2	40	16	42	-1	-10	3	8	66	94	100	110
35 Osthessen	7	38	19	36	-1	-6	4	3	223	88	115	96
36 Untermain	1	31	23	45	0	-7	3	4	23	74	138	119
37 Starkenburg	1	49	16	33	-1	-2	3	1	39	115	99	88
38 Rhein-Main-Taunus	2	30	16	53	-1	-11	1	11	57	70	95	139
39 Mittelrhein-Westerwald	3	41	15	41	-1	-5	1	5	100	96	93	108
40 Trier	9	39	17	35	-2	3	-3	3	272	93	101	94
41 Rheinhessen-Nahe	5	40	13	43	0	-5	-3	7	156	93	76	114
42 Rheinpfalz	3	60	11	26	0	-2	1	2	96	141	68	68
43 Westpfalz	3	49	17	31	-1	0	2	0	93	116	101	82
44 Saar	1	48	16	35	0	-1	-1	2	34	114	94	93
45 Unterer Neckar	1	49	15	34	0	-6	0	7	46	116	90	91
46 Franken	7	45	16	32	-1	-6	1	5	232	105	95	85
47 Mittlerer Oberrhein	1	50	14	35	0	-4	1	3	38	117	88	91
48 Nordschwarzwald	2	51	13	34	-1	-5	-1	6	68	120	79	89
49 Mittlerer Neckar	1	52	13	33	0	-3	-1	4	37	123	80	88
50 Ostwürttemberg	5	57	10	28	1	-7	0	6	171	134	61	73
51 Donau-Iller(Bad.-Würt.)	6	48	14	32	-1	-4	0	6	190	112	87	84
52 Neckar-Alb	3	50	13	35	0	-7	0	6	86	116	76	93
53 Baar-Meuberg	3	57	12	28	-1	-3	0	3	94	135	70	75
54 Südlicher Oberrhein	5	40	16	40	0	-6	1	5	146	94	96	105
55 Hochrhein-Bodensee	4	50	14	32	0	-1	-1	2	114	118	83	86
56 Bodensee-Oberschwaben	7	45	13	34	0	-3	1	3	230	107	79	91
57 Bayer. Untermain	2	51	15	31	0	-6	0	7	66	121	90	82
58 Würzburg	6	36	18	39	0	-2	1	1	207	86	111	102
59 Main-Rhön	7	44	13	36	-1	-8	2	6	220	104	80	94
60 Oberfranken-West	5	48	16	32	0	-4	0	4	150	113	95	84
61 Oberfranken-Ost	4	49	13	34	0	-8	-1	8	142	115	76	90
62 Oberpfalz-Nord	7	44	14	34	0	-5	0	5	238	104	83	91
63 Mittelfranken	1	44	18	37	0	-7	0	7	43	103	109	97
64 Westmittelfranken	12	40	12	36	-1	-3	0	5	387	94	70	96
65 Augsburg	6	46	15	33	1	-5	1	3	191	109	92	86
66 Ingolstadt	6	63	8	23	-1	-4	-1	6	193	147	50	61
67 Regensburg	8	39	17	36	-1	-3	0	4	249	93	101	95
68 Donau-Wald	11	37	15	38	-1	-6	1	6	343	86	92	99
69 Landshut	9	44	14	33	-3	3	-1	1	294	105	83	86
70 München	2	33	16	50	0	-7	1	6	49	78	96	131
71 Donau-Iller(Bay.)	8	47	12	33	0	-4	0	4	245	111	75	86
72 Allgäu	7	41	16	36	1	-3	0	2	220	96	95	96
73 Oberland	5	35	15	46	0	-3	0	4	151	82	89	121
74 Südostoberbayern	7	43	15	35	0	-4	1	3	209	101	94	93
75 Berlin	0	40	14	46	0	-6	-2	9	6	94	85	121
99 Bundesgebiet	3	43	17	38	0	-6	1	5	100	100	100	100

Quelle: Eigene Berechnungen aufgrund amtlicher Statistiken.

225

Was die Höhe des Dienstleistungsanteils an der Produktion anbelangt, so überrascht nicht, daß die Region Bonn hier mit 57 vH an der Spitze liegt, gefolgt von Rhein-Main-Taunus (53 vH) und München (50 vH). Dank München liegt Bayern auch bei den hochverdichteten Regionen an der Spitze. Auf den Landesdurchschnitt hat dies allerdings nicht durchgeschlagen, da in Bayern der ländliche Raum mit unterdurchschnittlichen Dienstleistungsanteilen ein erhebliches Gewicht hat. In Hessen sind diese Beziehungen etwas anders, und zwar auch deshalb, weil hier nicht nur der Frankfurt-Wiesbadener Raum ins Gewicht fällt, sondern auch die Regionen mit Verdichtungsansätzen einen hohen Besatz an Dienstleistungsunternehmen haben. Im Vergleich zu 1970 hat diese Raumkategorie in Hessen auch kräftig dazugewonnen. Stark aufgeholt hat auch Nordrhein-Westfalen und damit als Land fast den Bundesdurchschnitt erreicht. Die Dienstleistungsanteile im Ruhrgebiet waren jedoch 1970 noch so niedrig, daß auch kräftige Anteilsgewinne (Duisburg +10 vH) nicht ausgereicht haben, um die Position dieser Region so zu verbessern, daß sie wenigstens das Niveau der ländlichen Regionen im Durchschnitt erreicht. Dies hatte zur Folge, daß der Anteil der Dienstleistungsproduktion im Ruhrgebiet 1982 nur noch von den ländlichen Regionen Baden-Württembergs unterboten wurde.

4.1 Zum Einfluß der Strukturkomponente auf das regionale Wachstum

Eine häufig geäußerte These über die Determinanten regionalen Wachstums lautet, daß die Entwicklungsperspektiven einer Region um so günstiger seien, je höher der Anteil von Wachstumsbranchen in der Region ist. Mit dieser Annahme wird unterstellt, daß sich wachstumsstarke und wachstumsschwache Branchen isolieren lassen, deren Entwicklung unabhängig vom Standort der jeweiligen Betriebsstätte das Wachstum der Region positiv oder negativ beeinflußt. Schon immer ist gegen eine solche Annahme der Einwand erhoben worden, daß man von einem homogenen Branchenwachstum eigentlich gar nicht sprechen könne, da es für die Beurteilung der Wachstumschancen eines Unternehmens nicht auf seine Zugehörigkeit zu einer Branche ankomme, sondern auf die unternehmerischen Qualitäten, die sich auch dann durchsetzen, wenn das Unternehmen einer im Windschatten der wirtschaftlichen Entwicklung stehenden Branche angehört. Die Beobachtung, daß es in jeder Branche florierende und stagnierende Unternehmen gibt, spricht für diese These.

Dennoch erscheint es nützlich, die Entwicklung in den Regionen auch daraufhin zu untersuchen, welcher Zusammenhang zwischen der Produktionsstruktur und dem Wachstum der Region besteht. Versteht man unter wachstumsstarken (wachstumsschwachen) Branchen diejenigen Wirtschaftszweige, deren Produktion auf Bundesebene überdurchschnittlich (unterdurchschnittlich) expandiert hat, so wäre der Nachweis über den Einfluß des Branchenwachstums auf die regionale Entwicklung dann geführt, wenn die Streuung der regionalen Produktionswachstumsraten einer Branche um den Bundesdurchschnitt nur gering ist. Gäbe es keine Streuung, so müßte sich das Wachstumstempo einer Region durch Fortschreibung der regionalen Wertschöpfung der jeweiligen Branchen mit den bundesdurchschnittlichen Wachstumsraten erklären lassen.

Für die Entwicklung der Beschäftigten ist schon häufig der Nachweis geführt worden, daß diese Zusammenhänge so nicht bestehen. Die gebräuchlichen Zerlegungsverfahren der shift-share-Analyse haben gezeigt, daß aus der strukturbedingten Entwicklung nicht auf die tatsächliche

Entwicklung der Zahl der Beschäftigten geschlossen werden kann. Die Ergebnisse einer solchen Berechnung für die Wertschöpfung führt zu dem in Abbildung 4.1 dargestellten Ergebnis.

Deutlich erkennbar ist, daß die Streuung des Produktionswachstums über die Regionen nur in sehr geringem Maße von der Produktionsstruktur in der Region bestimmt wird. Im wesentlich stärkeren Maße sind die regionsspezifischen Determinanten des Wachstums ausschlaggebend, die sich errechnen lassen, wenn der Struktureinfluß eliminiert wird. (vgl. Abbildung 4.2).

Abbildung 4.1

Wachstum und Struktureinfluß

1970 bis 1982

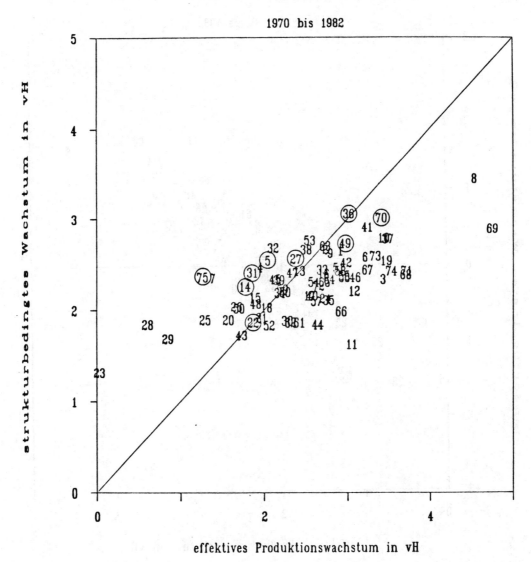

Abbildung 4.2

Wachstum und Standorteinfluß

1970 bis 1982

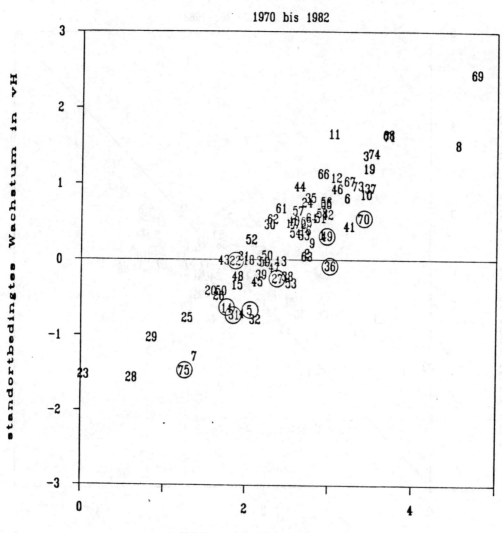

4.2 Wachstumsbranchen und regionales Wachstum

Da in die Berechnung des strukturbedingten Wachstums im Rahmen der shift-share Analyse nicht nur die Wachstumsbranchen eingehen, sondern auch die unterdurchschnittlich expandierenden Wirtschaftszweige, sagt eine solche Analyse noch nichts darüber aus, ob die Unterschiede im regionalen Wachstum nicht durch das mehr oder weniger große Gewicht wachstumsstarker Branchen für sich genommen erklärt werden können. In diesem Fall ist die Hypothese also, daß wachstumsstarke Branchen das regionale Wachstum deshalb beeinflussen, weil in Regionen mit einem hohen Anteil wachstumsstarker Branchen ein Wachstumsklima entsteht, in dem auch wachstumsschwache Branchen besser florieren. In der strukturbedingten Entwicklung kommt ein solcher Zusammenhang nicht zum Ausdruck, da hier vorausgesetzt wird, daß die Entwicklung sämtlicher Branchen in den Regionen dem bundesdurchschnittlichen Muster folgt. Um diesen Effekt auszuschalten, ist daher der Einfluß wachstumsstarker Branchen für sich genommen auf das regionale Wachstum für die Perioden 1970 bis 1976 und 1976 bis 1982 untersucht worden.

Als wachstumsstarke Branchen wurden diejenigen Wirtschaftszweige berücksichtigt, deren Produktionswachstum über der Rate für die Gesamtwirtschaft liegt. Bei dieser Norm schält sich für beide Perioden ein Kern von Wachstumsbranchen heraus, der seinen Schwerpunkt zum einen bei den Investitionsgüterproduzenten und zum anderen in den Dienstleistungsbereichen hat:

Wachstumsstarke Branchen in beiden Perioden

Energie- und Wasserversorgung
Kunststoffwaren
Büromaschinen, ADV
Straßenfahrzeugbau
Luft- und Raumfahrzeugbau
Elektrotechnik

Übriger Verkehr
Bundespost

Kreditinstitute
Versicherungsunternehmen
Rechts- und Wirtschaftsberatung
Restliche Dienste
Staat

In der ersten Periode von 1970 bis 1976 haben sich noch einige Grundstoffindustrien - chemische Industrie, Steine und Erden, NE-Metallgewerbe - überdurchschnittlich entwickelt, sowie von den Investitionsgüterindustrien der Schiffbau. Von den Dienstleistungsbereichen gehörten noch der Einzelhandel sowie das Gesundheitswesen zu den Bereichen mit überdurchschnittlicher Produktionsausweitung. In der zweiten Periode von 1976 bis 1982 kam die Landwirtschaft und der Stahlbau hinzu sowie die papiererzeugenden- und -verarbeitenden Branchen. Von den Dienst-leistungsbereichen expandierten in dieser Periode auch die Branchen "Bildung, Wissenschaft, Kunst" sowie "Private Haushalte, Organisationen ohne Erwerbscharakter" überdurchschnittlich.

Die Ergebnisse sind in dem nachfolgenden Streuungsdiagramm zusammengestellt worden, in dem jeweils das Produktionswachstum in den beiden Perioden dem Anteil an Wachstumsbranchen am Ende der Periode gegenübergestellt worden ist (vgl. Abbildung 4.3). Zumindest für die erste Periode deutet die Verteilung nicht auf einen Zusammenhang zwischen den Produktionswachstumsraten und den Anteilen wachstumsstarker Branchen in den Regionen hin. Der entsprechende Korrelationskoeffizient liegt mit 0,06 weit unterhalb des Signifikanzniveaus. In der zweiten Periode ist dies anders. Hier bestimmt der Anteil der Wachstumsbranchen in wesentlich stärkerem Maße auch das Tempo der Produktionsausweitung: Der Korrelationskoeffizient ist mit 0,40 bei einer Irrtumswahrscheinlichkeit von 5 vH deutlich signifikant.

Abbildung 4.3

Wachstum und Anteil von Wachstumsbranchen

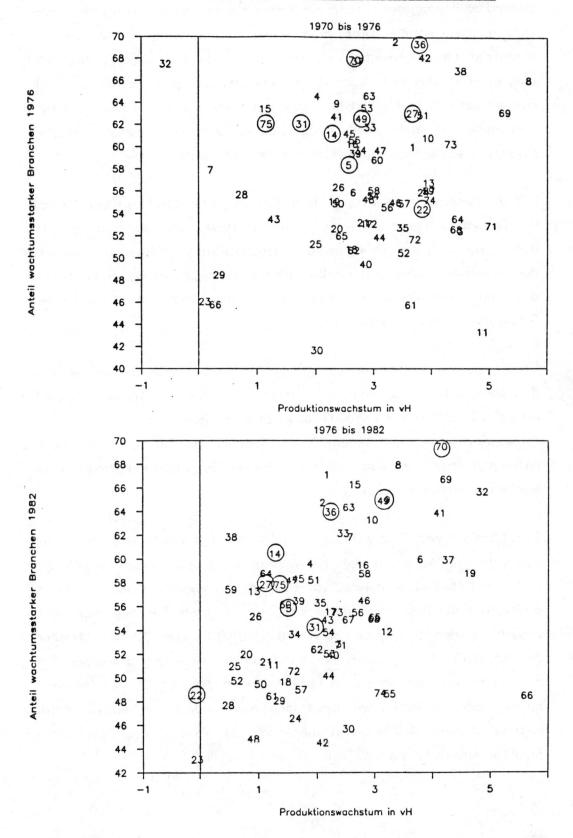

4.3 Tempo des Strukturwandels und regionales Wachstum

In der Debatte um den Einfluß der Produktionsstruktur auf das Wachstum wird nicht nur auf die Unterschiede in der Zusammensetzung der Branchen abgestellt. Die Überlegungen kreisen auch um die Frage, ob die Entwicklung einer Region nicht auch davon abhängt, wie groß die Fähigkeit ist, sich an veränderte Nachfragebedingungen anzupassen. Kriterium ist hier also nicht die mehr oder weniger große Dominanz wachstumsstarker Branchen, sondern die Flexibilität der Produktionsstruktur.

Für die Gesamtwirtschaft sind diese Fragen unter dem Stichwort "Tempo des Strukturwandels" in der Strukturberichterstattung abgehandelt worden[1]. Die in diesem Zusammenhang angestellten Berechnungen haben zu dem Ergebnis geführt, daß parallel zu dem im Trend verlangsamten Tempo des Produktionswachstums in den letzten Jahren sich auch das Tempo des Strukturwandels verlangsamt hat.

Überträgt man dieses Ergebnis auf das Verhältnis der Regionen zueinander, so spräche einiges dafür, daß das Tempo des Strukturwandels auch etwas mit der Höhe des Produktionswachstums in der Region zu tun hat. Genauer: Je größer die Flexibilität der Produktionsstruktur in der Region ist, desto eher wird man erwarten können, daß auch die Produktionswachstumsraten höher sind.

Zur Messung der Intensität des strukturellen Wandels werden in der Literatur eine Reihe von Meßziffern diskutiert. Wie die Ergebnisse für die zeitliche Entwicklung dieser Meßzahlen auf Bundesebene gezeigt haben, differieren die Ergebnisse nicht sehr, von welcher Meßzahl man auch ausgeht. In der Strukturberichterstattung 1980 ist vom DIW zur Messung der Intensität des Strukturwandels ein Indikator entwickelt worden, bei dem nicht von den absoluten Veränderungen der Anteile der Sektoren ausgegangen wurde, sondern die relativen Veränderungen berücksichtigt werden[2]. Dieser Indikator ist hier auch zur Messung des Tempos des Strukturwandels in den Regionen verwendet worden.

Wird dieser für jede Region für die Periode 1970-82 berechnete Index in Beziehung zu dem Produktionswachstum der Region gesetzt, so zeigt sich das in Abbildung 4.4 dargestellte Bild. Die Streuung der Wertepaare für die Regionen deutet nicht darauf hin, daß das Produktionswachstum vom Tempo des Strukturwandels in den Regionen abhängig ist. Regressionsrechnungen bestätigen den visuellen Eindruck, daß ein signifikanter Zusammenhang zwischen dem Strukturwandel und dem Produktionswachstum in der Gesamtperiode nicht besteht.

Dies überrascht nicht, wenn man die Ergebnisse des vorigen Abschnittes in die Überlegungen einbezieht. Wenn ein starker Zusammenhang zwischen dem Anteil der Wachstumsbranchen an der Wertschöpfung und dem regionalen Produktionswachstum besteht, so bedeutet dies, daß sich in Wachstumsregionen auch Unternehmen aus wachstumsschwachen Branchen günstiger entwickeln. Auf die Meßzahlen für die Stärke des Strukturwandels wirkt sich dieser Sachverhalt nivellierend aus.

Abbildung 4.4

Tempo des Strukturwandels und Produktionswachstum

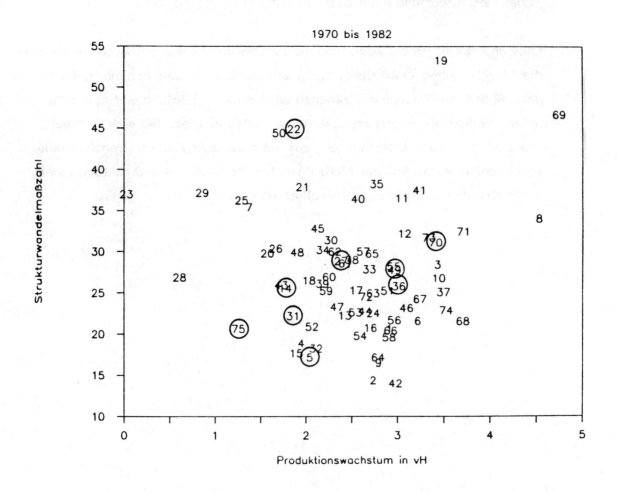

Anmerkungen zu Abschnitt 4

1) Vgl. Abschwächung der Wachstumsimpulse, Strukturberichterstattung 1980 des DIW, DIW-Beiträge zur Strukturforschung, Heft 61, Berlin 1981, S. 12ff.

2) Zur der Definition dieses Indikators im einzelnen vgl. Abschwächung der Wachstumsimpulse, a.a.O., Materialband 1 zur Strukturberichterstattung 1980, Berlin 1981, S. 12.

5 Produktion und Einsatz von Produktionsfaktoren

In diesem Kapitel geht es um die Zusammenhänge zwischen wirtschaftlicher Entwicklung und den Produktionsprozessen in den Regionen. In den Wandlungen der Produktionsprozesse kommen die Reaktionen zum Ausdruck, die die Regionen in die Lage versetzt haben, mehr oder weniger erfolgreich an der wirtschaftlichen Entwicklung zu partizipieren. Der Aufbau des folgenden Kapitels orientiert sich an der Theorie des Unternehmerverhaltens. Es wird davon ausgegangen, daß die Unternehmen versuchen werden, eine möglichst gute Verzinsung ihres eingesetzten Kapitals zu erreichen. Inwieweit ihnen dies gelingt, hängt sowohl ab von der Art der Produktionsprozesse wie auch von den Marktverhältnissen, mit denen die Unternehmen konfrontiert werden. Geht man davon aus, daß unterschiedliche Produkte auch unterschiedliche Produktionsprozesse erforderlich machen, so sind die Unternehmen in der Wahl der Produktionsprozesse in unterschiedlichem Maße eingeengt. Das Spektrum der im Produktionsprozeß anwendbaren Strategien zur Ertragssteigerung ist je nach Art der Produktionstechnologie begrenzt.

Von Einfluß auf die Unternehmensstrategien sind auch die Marktverhältnisse. Unternehmen, denen es gelingt, durch die Gestaltung ihrer Produkte Marktsegmente zu erschliessen, in denen sie eine Monopol- oder monopolähnliche Stellung einnehmen, haben bessere Möglichkeiten, ihre Erträge durch Preiserhöhungen zu verbessern, als jene Unternehmen, deren Produkte dem internationalen Preiswettbewerb unterliegen.

Die Marktverhältnisse sind allerdings nicht nur auf der Absatzseite der Unternehmen relevant, sondern auch auf den Märkten, auf denen die Unternehmen als Nachfrager auftreten. Dies gilt in besonderem Maße für den Arbeitsmarkt. Unternehmen, die für ihre Produktion hoch qualifizierte und spezialisierte Arbeitskräfte benötigen, müssen unter Umständen auch überdurchschnittliche Löhne zahlen. Dies ist dann gerechtfertigt, wenn mit dem Produktionsergebnis unter Einsatz dieser qualifizierten Arbeitskräfte sich die Wettbewerbsfähigkeit der Unternehmen auf der Absatzseite erhöht.

Angesichts der verfügbaren Informationen ist eine vollständige Abbildung des Unternehmerverhaltens auf der regionalen Ebene allerdings nicht zu leisten. Darstellbar sind jedoch die Ergebnisse unternehmerischen Handelns an Hand ausgewählter Indikatoren der regionalen Entwicklung.

Per Saldo schlagen sich die von den Unternehmen verfolgten Strategien bei der Wahl der Produktionsprozesse in der Entwicklung der Arbeitsproduktivität (Bruttowertschöpfung zu Preisen von 1976 je Erwerbstätigen) nieder. Zusätzlich konnten auch Informationen über die Entwicklung der Kapitalintensität (Bruttoanlagevermögen zu Preisen von 1976 je Erwerbstätigen) im verarbeitenden Gewerbe ausgewertet werden. Für diesen Bereich ließ sich daher auch der Einfluß von Substitutionsstrategien auf die Entwicklung der Arbeitsproduktivität überprüfen.

Von den Produktionskosten der Unternehmen ist vor allem die Entwicklung der Lohnsätze (Bruttolohn- und -gehaltssumme je Arbeitnehmer) untersucht worden, da die Lohnentwicklung eine wichtige Determinante unternehmerischer Strategien ist. Bei steigenden Lohnsätzen müssen die Unternehmen entweder die Arbeitsproduktivität oder die Absatzpreise erhöhen, wenn sie keine Einbußen in der Erlösentwicklung hinnehmen wollen. Wenn Produktivitäts- und Preisspielräume vorhanden sind, reagieren Unternehmen natürlich auch, wenn der Lohnkostendruck gering ist. Insofern bereitet es immer Schwierigkeiten, das auslösende Moment unternehmerischer Strategien zur Erlössteigerung zu erkennen. Auf der Ebene von Regionen steht als Indikator für die Erlösentwicklung mit der Entwicklung der Lohnquote (Bruttolohn- und -gehaltssumme in vH der Bruttowertschöpfung) allerdings nur ein grober Indikator zur Verfügung.

Nicht zuletzt aus Materialgründen konzentrieren sich die Untersuchungen in erster Linie auf das Verhältnis von Produktion und Beschäftigung. Neben dem Arbeitseinsatz werden aber auch andere Produktionsfaktoren in die Betrachtung einbezogen, soweit dies die verfügbaren statistischen Informationen zulassen. Ausgewertet wurde sowohl das in Form von Zeitreihen - im allgemeinen bis 1984 - verfügbare Material der VGR der Länder als auch das für Raumordnungsregionen erarbeitete Informationssystem für die Produktion und den Arbeitseinsatz in den Jahren 1970, 1976 und 1982 (vgl. Anhang A). Sofern nicht gesondert darauf hingewiesen wurde, beziehen sich alle Angaben auf die Regionen ohne sektorale Unterteilung.

5.1 Entwicklung der Produktion

Betrachtet man die Produktionsentwicklung, gemessen an der Bruttowertschöpfung zu Preisen von 1976, so beginnt die Untersuchungsperiode mit einer Phase leichter konjunktureller Abschwächung, die in eine kurze Aufschwungsperiode übergeht. Sie wird 1973 beendet durch die für die Bundesrepublik bisher stärkste Rezession, mit Produktionseinbußen im Jahr 1975 von 1,7 vH gegenüber dem Vorjahr (vgl. Abb. 5.1 oberes Schaubild). Die nachfolgende Aufschwungsperiode reicht bis zum Jahr 1979, unterbrochen nur von einer kurzen Abschwächung im Jahr 1977. Danach beginnt eine erneute, sich über drei Jahre erstreckende Rezessionsperiode, die von 1983 an in eine Erholungsphase auf niedrigem Niveau überleitet.

Auf die Produktion in den Bundesländern haben sich die jeweiligen Konjunkturphasen unterschiedlich stark ausgewirkt. Dies gilt schon für die Rezessionsperiode 1973 - 75 und stärker noch für die zweite Rezession von 1980 an. Im Vergleich mit den südlichen Bundesländern - Baden-Württemberg und Bayern -, die zusammen mit Nordrhein-Westfalen 1982 etwa 60 vH der Wertschöpfung produziert haben, zeigt sich, daß Nordrhein-Westfalen gemessen am Bundesdurchschnitt am günstigsten in den Jahren 1973/74 abgeschnitten hat (vgl. Abb. 5.1 unteres Schaubild). In diesen Jahren hatten die beiden südlichen Bundesländer eine erhebliche Verschlechterung ihrer relativen Position hinnehmen müssen. 1974 ist bisher seit 1970 auch das einzige Jahr, in dem die Entwicklung der Produktion in Nordrhein-Westfalen günstiger verlief als in Bayern und Baden-Württemberg zusammengenommen.

Beträchtliche Abweichungen vom Bundesdurchschnitt lassen sich auch für die nachfolgende Aufschwungsphase bis 1979 beobachten. Deutlich wird, daß Nordrhein-Westfalen von der bundesdurchschnittlichen Entwicklung von nun an ständig nach unten abweicht. Der Gewinner ist Bayern, dessen Produktionswachstumsrate in der untersuchten Periode ständig über dem Bundesdurchschnitt liegt, mit steigender Tendenz in den letzten Jahren. Dagegen wechseln in Baden-Württemberg und Hessen immer wieder Perioden überdurchschnittlicher mit Perioden unterdurchschnittlicher

Abbildung 5.1
Entwicklung der Produktion

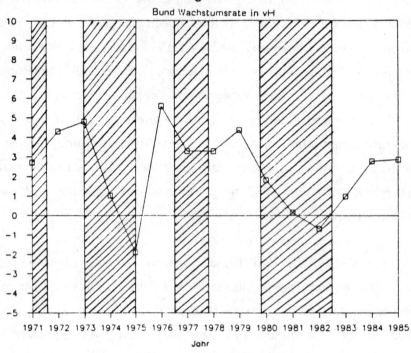

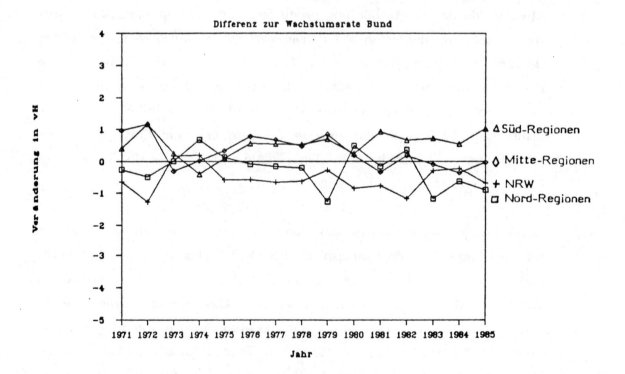

Entwicklung der Produktion

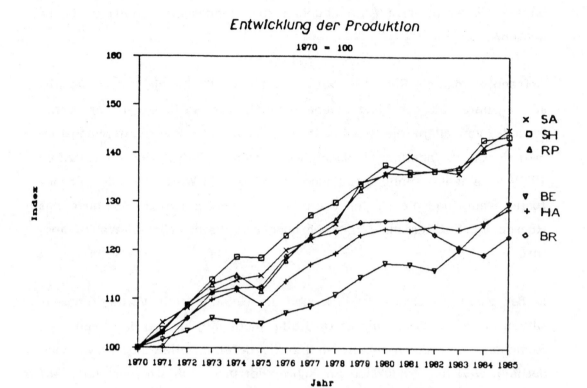

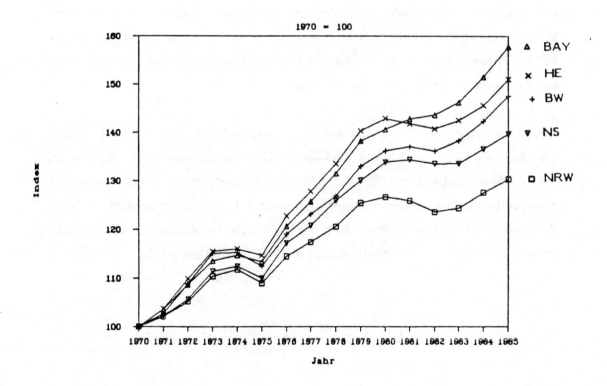

Wachstumsraten ab. In den letzten Jahren sind allerdings auch für diese beiden Länder positive Abweichungen zum Bundesdurchschnitt zu beobachten.

Betrachtet man die Perioden 1970-76 und 1976-82, für die eine Regionalisierung unterhalb der Länderebene möglich war, so haben in der ersten Periode vor allem die ländlichen Regionen vom Wirtschaftswachstum profitiert (vgl. Tabelle 5.1). Noch günstiger entwickelten sich im Zeitraum 1970-76 einzelne Ballungsregionen in Nordrhein-Westfalen, der Frankfurter Raum und die Region Bremen. Aus diesem Grunde lag auch das Ruhrgebiet fast gleichauf mit der bundesdurchschnittlichen Wachstumsrate.

In der zweiten Periode schoben sich die Regionen mit Verdichtungsansätzen im Wachstum an die erste Stelle, dicht gefolgt von den ländlichen Regionen. Die Ballungsgebiete sind zurückgefallen, allerdings vorwiegend deshalb, weil die Produktion im Ruhrgebiet praktisch stagniert hat. Auf der Ebene der siedlungsstrukturellen Raumtypen in den Ländern zeichnet sich fast durchgängig eine Abschwächung der Wachstumsraten gegenüber der Vorperiode ab. Ausnahmen machen zum einen Regionen mit Verdichtungsansätzen in den nördlichen Bundesländern, vor allem aber die hochverdichteten Regionen in Bayern, deren Produktion um ein Prozentpunkt rascher expandiert hat als in der Vorperiode.

Betrachtet man die Entwicklung nach Ländergruppen, so geht die Führung von den Mitte-Region auf die Südregion über und innerhalb der Südregion mit großen Abstand auf Bayern. Nordrhein-Westfalen lag im Wachstum zwar schon in der ersten Periode unter dem Bundesdurchschnitt. Dieser Abstand nach unten vergrößerte sich jedoch in der zweiten Periode beträchtlich (von 0,4 Prozentpunkten auf 0,7 Prozentpunkte).

Tabelle 5.1

Bruttowertschöpfung zu Preisen von 1976

	Niveau Mill.DM.			Jahresdurchschnittliche Veränderung in vH	
	1970	1976	1982	1970-76	1976-82
Schleswig-Holstein	32 558	40 045	44 389	3,5	1,7
Hochverdichtet	8 754	11 121	11 610	4,1	0,7
Mit Verdichtungsansätzen	14 890	17 657	19 904	2,9	2,0
Ländlich	8 914	11 266	12 875	4,0	2,2
Hamburg	43 635	49 585	54 562	2,2	1,6
Niedersachsen	94 046	110 245	125 650	2,7	2,2
Hochverdichtet	33 762	39 945	43 225	2,8	1,3
Mit Verdichtungsansätzen	45 520	52 266	61 826	2,3	2,8
Ländlich	14 763	18 034	20 600	3,4	2,2
Bremen	14 451	17 178	17 828	2,9	0,6
Hochverdichtet	12 353	15 032	15 539	3,3	0,6
Mit Verdichtungsansätzen	2 098	2 146	2 289	0,4	1,1
Nordrhein-Westfalen	265 188	303 502	327 733	2,3	1,3
Hochverdichtet	231 600	264 301	282 193	2,2	1,1
Ruhrgebiet	78 160	90 914	91 827	2,6	0,2
Restl. Verdichtungsr.	153 440	173 387	190 366	2,1	1,6
Mit Verdichtungsansätzen	27 218	31 734	37 195	2,6	2,7
Ländlich	6 371	7 468	8 346	2,7	1,9
Hessen	85 238	104 665	119 996	3,5	2,3
Hochverdichtet	59 200	73 721	84 974	3,7	2,4
Mit Verdichtungsansätzen	22 887	27 070	30 646	2,8	2,1
Ländlich	3 151	3 873	4 376	3,5	2,1
Rheinland-Pfalz	48 458	57 140	66 177	2,8	2,5
Hochverdichtet	9 085	11 415	12 954	3,9	2,1
Mit Verdichtungsansätzen	34 073	39 452	46 040	2,5	2,6
Ländlich	5 300	6 273	7 183	2,8	2,3
Baden-Württemberg	142 430	169 534	193 984	2,9	2,3
Hochverdichtet	74 549	88 000	102 017	2,8	2,5
Mit Verdichtungsansätzen	49 420	59 683	67 312	3,2	2,0
Ländlich	18 461	21 850	24 654	2,8	2,0
Alpenvorland	12 657	15 163	17 548	3,1	2,5
Restl.ländl.Regionen	5 804	6 687	7 107	2,4	1,0
Bayern	147 210	177 670	211 468	3,2	2,9
Hochverdichtet	59 738	70 276	87 218	2,7	3,7
Mit Verdichtungsansätzen	29 359	35 896	41 910	3,4	2,6
Ländlich	58 113	71 497	82 341	3,5	2,4
Alpenvorland	16 211	20 482	23 682	4,0	2,4
Restl.ländl.Regionen	41 902	51 015	58 658	3,3	2,4
Saarland	14 196	17 047	19 416	3,1	2,2
Berlin	36 282	38 867	42 146	1,2	1,4
Bundesrepublik	923 691	1 085 478	1 223 349	2,7	2,0
Hochverdichtet	583 153	679 311	755 854	2,6	1,8
Ruhrgebiet	78 160	90 914	91 827	2,6	0,2
Restl. Verdichtungsr.	504 993	588 397	664 027	2,6	2,0
Mit Verdichtungsansätzen	225 465	265 904	307 121	2,8	2,4
Ländlich	115 074	140 263	160 374	3,4	2,3
Alpenvorland	28 868	35 645	41 230	3,6	2,5
Restl.ländl.Regionen	86 206	104 617	119 144	3,3	2,2
Nordregion	184 690	217 053	242 429	2,7	1,9
Nordrhein-Westfalen	265 188	303 502	327 733	2,3	1,3
Mittelregion	147 892	178 852	205 589	3,2	2,3
Südregion	289 640	347 204	405 452	3,1	2,6
Berlin	36 282	38 867	42 146	1,2	1,4

Bruttowertschöpfung zu Preisen von 1976

	Niveau Mill. DM.			Jahresdurchschnittliche Veränderung			
				in vH		Rangziffern	
	1970	1976	1982	1970-76	1976-82	1970-76	1976-82
1 Schleswig	5 498	6 823	7 755	3,7	2,2	21	38
2 Mittelholstein	9 335	11 395	12 903	3,4	2,1	27	39
3 Dithmarschen	3 416	4 443	5 120	4,5	2,4	6	29
4 Ostholstein	5 555	6 261	7 000	2,0	1,9	63	45
5 Hamburg	55 255	64 310	70 391	2,6	1,5	54	53
6 Lüneburg	2 952	3 457	4 315	2,7	3,8	47	8
7 Bremerhaven	3 981	4 029	4 689	0,2	2,6	73	23
8 Wilhelmshaven	2 442	3 402	4 157	5,7	3,4	1	9
9 Ostfriesland	3 857	4 440	5 367	2,4	3,2	58	11
10 Oldenburg	5 424	6 838	8 142	3,9	3,0	14	17
11 Emsland	4 221	5 619	6 050	4,9	1,2	4	59
12 Osnabrück	6 821	8 122	9 807	3,0	3,2	35	12
13 Bremen	18 790	23 700	25 043	3,9	0,9	11	66
14 Hannover	33 663	38 509	41 556	2,3	1,3	62	58
15 Braunschweig	17 578	18 810	22 006	1,1	2,6	69	22
16 Göttingen	5 902	6 894	8 128	2,6	2,8	51	20
17 Münster	16 973	20 113	22 948	2,9	2,2	39	33
18 Bielefeld	20 393	23 805	25 956	2,6	1,5	52	55
19 Paderborn	4 231	4 851	6 371	2,3	4,6	61	3
20 Dortmund-Sauerland	23 323	26 824	28 125	2,4	0,8	59	68
21 Bochum	8 810	10 402	11 121	2,8	1,1	42	62
22 Essen	34 079	42 723	42 552	3,8	-0,1	18	75
23 Duisburg	18 319	18 433	18 375	0,1	-0,1	74	74
24 Krefeld	6 482	8 134	8 958	3,9	1,6	16	49
25 Mönchengladbach	6 454	7 268	7 527	2,0	0,6	64	70
26 Aachen	12 063	13 899	14 709	2,4	0,9	56	65
27 Düsseldorf	30 294	37 590	40 178	3,7	1,1	22	63
28 Wuppertal	12 066	12 611	12 977	0,7	0,5	70	73
29 Hagen	15 966	16 314	17 681	0,4	1,3	71	57
30 Siegen	6 014	6 771	7 875	2,0	2,6	65	24
31 Köln	39 739	44 118	49 555	1,8	2,0	66	43
32 Bonn	9 983	9 647	12 824	-0,6	4,9	75	2
33 Nordhessen	12 509	14 873	17 201	2,9	2,5	36	27
34 Mittelhessen	8 894	10 479	11 523	2,8	1,6	44	51
35 Osthessen	3 151	3 873	4 376	3,5	2,1	26	41
36 Untermain	40 639	50 826	58 007	3,8	2,2	19	32
37 Starkenburg	11 674	13 711	17 626	2,7	4,3	45	4
38 Rhein-Main-Taunus	8 371	10 903	11 258	4,5	0,5	5	71
39 Mittelrhein-Westerwald	13 747	16 113	17 810	2,7	1,7	46	47
40 Trier	5 300	6 273	7 183	2,8	2,3	41	31
41 Rheinhessen-Nahe	11 072	12 734	16 228	2,4	4,1	60	7
42 Rheinpfalz	12 559	15 778	17 858	3,9	2,1	15	40
43 Westpfalz	5 779	6 241	7 098	1,3	2,2	67	37
44 Saar	14 196	17 047	19 416	3,1	2,2	31	36
45 Unterer Neckar	17 413	20 282	22 414	2,6	1,7	53	48
46 Franken	9 282	11 327	13 382	3,4	2,8	28	19
47 Mittlerer Oberrhein	15 263	18 342	20 144	3,1	1,6	30	52
48 Nordschwarzwald	6 757	8 024	8 473	2,9	0,9	38	67
49 Mittlerer Neckar	41 873	49 376	59 459	2,8	3,1	43	13
50 Ostwürttemberg	5 804	6 687	7 107	2,4	1,0	57	64
51 Donau-Iller(Bad.-Würt.)	6 189	7 761	8 712	3,8	1,9	17	44
52 Neckar-Alb	7 985	9 823	10 205	3,5	0,6	25	69
53 Schwarzwald-Baar-Heuberg	6 119	7 251	8 266	2,9	2,2	40	34
54 Südlicher Oberrhein	11 876	14 167	16 139	3,0	2,2	34	35
55 Hochrhein-Bodensee	7 331	8 581	10 402	2,7	3,3	49	10
56 Bodensee-Oberschwaben	6 537	7 913	9 282	3,2	2,7	29	21
57 Bayer. Untermain	3 660	4 503	4 993	3,5	1,7	24	46
58 Würzburg	5 387	6 427	7 595	3,0	2,8	33	18
59 Main-Rhön	4 779	6 025	6 221	3,9	0,5	13	72
60 Oberfranken-West	6 481	7 763	8 468	3,1	1,5	32	54
61 Oberfranken-Ost	6 981	8 653	9 307	3,6	1,2	23	60
62 Oberpfalz-Nord	5 182	6 059	6 818	2,6	2,0	50	42
63 Mittelfranken	18 603	22 105	25 709	2,9	2,5	37	25
64 Westmittelfranken	3 701	4 807	5 145	4,5	1,1	7	61
65 Augsburg	9 644	11 150	13 307	2,4	3,0	55	15
66 Ingolstadt	5 931	6 036	8 381	0,3	5,6	72	1
67 Regensburg	6 197	7 816	9 086	3,9	2,5	12	26
68 Donau-Wald	5 638	7 309	8 722	4,4	3,0	8	16
69 Landshut	3 210	4 361	5 597	5,2	4,2	2	5
70 München	41 134	48 171	61 509	2,7	4,2	48	6
71 Donau-Iller(Bay.)	4 473	6 011	6 928	5,0	2,4	3	28
72 Allgäu	5 202	6 472	7 124	3,7	1,6	20	50
73 Oberland	3 758	4 850	5 573	4,3	2,3	9	30
74 Südostoberbayern	7 251	9 159	10 986	4,0	3,1	10	14
75 Berlin	36 282	38 867	42 146	1,2	1,4	68	56
99 Bundesgebiet	923 691	1 085 478	1 223 349	2,7	2,0		

Quelle: Eigene Berechnungen aufgrund amtlicher Statistiken.

5.2 Entwicklung der Beschäftigung

Auf die Beschäftigung wirkt sich die konjunkturelle Entwicklung nur mit Verzögerungen aus. In Zeiten konjunktureller Belebung werden zunächst Produktionsreserven mobilisiert und auch in Abschwächungsperioden passen die Unternehmen ihren Beschäftigungsstand nicht gleich an die veränderte Lage an. Wenn im folgenden Kapitel von Beschäftigten oder vom Beschäftigtenstand die Rede ist, so bezieht sich dies immer auf die Zahl der Erwerbstätigen, d.h. beschäftigte Arbeitnehmer zuzüglich der Selbständigen und mithelfenden Familienangehörigen.

Zwischen 1970 und 1973 nahm im Bundesgebiet die Zahl der Erwerbstätigen noch zu. Danach wurde dieser Beschäftigtenstand im Gefolge der rezessiven Entwicklung relativ rasch auf ein Niveau abgebaut, das in den Jahren 1976/77 um etwa 1,3 Mill. unter dem von 1973 lag. Bis 1980 verbesserte sich die Beschäftigtenlage wieder (+ 750 000). Von 1981 an kam es aber erneut zu einem Beschäftigtenabbau, der erst 1984 zum Stillstand kam. In der Zeit danach hat die Zahl der Beschäftigten wieder zugenommen: 1985 gab es knapp 200 000 Erwerbstätige mehr als 1984 (vgl. Abbildung 5.2).

Dieses Muster der Beschäftigtenentwicklung hat auch die Entwicklung in den Bundesländern bestimmt, wenngleich auf unterschiedlichem Niveau. Von den großen Bundesländern haben sich die beiden südlichen am besten gehalten. Ihr Beschäftigungsstand lag 1985 nur um etwa eineinhalb Prozentpunkte unter dem Niveau von 1970. Bis 1977 lagen sie in der Entwicklung noch gleichauf mit Nordrhein-Westfalen. Danach öffnete sich die Schere zu Lasten von Hessen und Nordrhein-Westfalen, dessen Beschäftigungsniveau 1985 um etwa 4,5 Prozentpunkte unter dem Niveau von 1977 lag. Demgegenüber haben die Südregionen ihre Position gegenüber 1977 um 2 Prozentpunkte verbessern können. Noch ungünstiger als in Nordrhein-Westfalen war die Beschäftigtenentwicklung in den Nordregionen, wenn 1970 als Basis gewählt wird. Von 1973 an entsprach das Profil der Entwicklung etwa dem von Nordrhein-Westfalen. Im Vergleich zu 1970 betrug der Rückgang der Zahl der Beschäftigten bis 1985 in der Nordregion etwa 9 vH.

Abbildung 5.2

Entwicklung der Erwerbstätigkeit

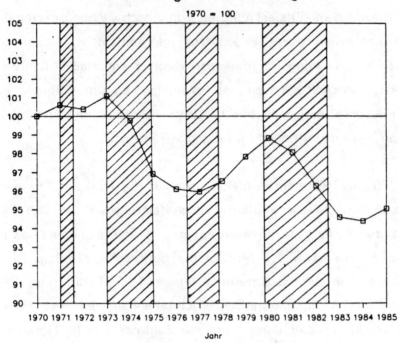

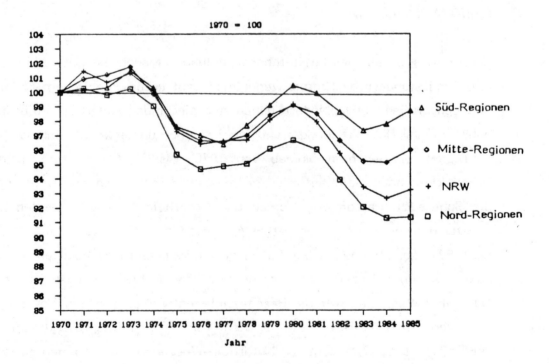

Abbildung 5.2

Entwicklung der Erwerbstätigkeit

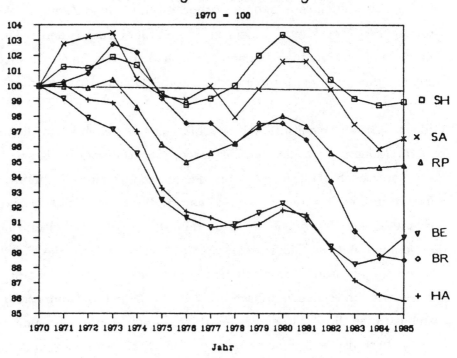

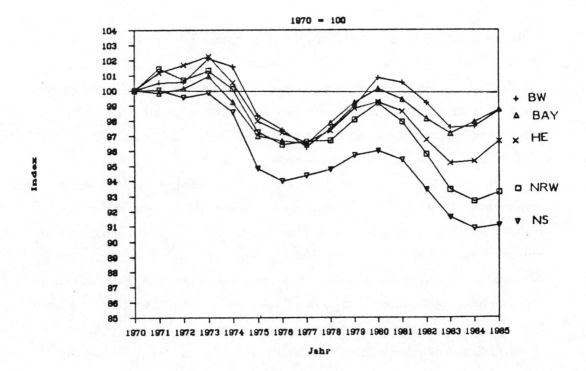

Betrachtet man die Perioden 1970-76 und 1976-82, so zeigt sich, daß vom Rückgang der Erwerbstätigenzahlen in der ersten Periode nahezu alle Regionen betroffen waren (vgl. Tabelle 5.2). In den ländlichen Regionen war der Beschäftigtenrückgang insgesamt nur geringfügig stärker als im Durchschnitt, besonders ausgeprägt in den nicht zum Alpenvorland zählenden ländlichen Regionen Baden-Württembergs und Bayerns. In den ländlichen Regionen in Hessen nahm die Beschäftigung dagegen zu.

Größere Entwicklungsunterschiede gibt es bei den hochverdichteten Regionen. München ist die einzige der großen Ballungsregionen, in der die Zahl der Beschäftigten sogar in der ersten Periode zunahm. Von den übrigen großen Ballungsregionen waren die Beschäftigtenrückgänge im norddeutschen Raum und im Ruhrgebiet größer als im übrigen Westdeutschland und in Süddeutschland. In Hannover ging die Beschäftigung mit einer jahresdurchschnittlichen Rate von -1,4 vH doppelt so stark zurück wie im Bundesdurchschnitt (-0,7 vH). In der Raumordnungsregion Hamburg ging die Zahl der Erwerbstätigen nur wenig schneller zurück als im Durchschnitt, allerdings zu Lasten des Stadtstaates Hamburg, der mit -1,4 vH neben Berlin unter den Bundesländern die höchsten Einbußen bei den Erwerbstätigen hinnehmen mußte.

Sieht man von dem in Schleswig-Holstein gelegenen Hamburger Umland ab, so konnten unter den hochverdichteten Regionen nur die bayerischen die Zahl der Erwerbstätigen halten. In den hochverdichteten Regionen von Baden-Württemberg, Hessen und dem Saarland ging die Beschäftigung schwächer zurück als im Bundesdurchschnitt.

Von 1976 bis 1982 nahm die Zahl der Erwerbstätigen in den Ballungsregionen mit Ausnahme der Regionen Hannover und Untermain sowie des Ruhrgebiets zu. In Hamburg und Hessen blieb die Beschäftigung ebenso wie im Bundesdurchschnitt unverändert. Per Saldo veränderte sich auch in den hochverdichteten Regionen insgesamt die Zahl der Beschäftigten nicht. Hier stand allerdings dem Rückgang in den Stadtstaaten und Nordrhein-Westfalen eine Zunahme in den hochverdichteten Regionen der anderen Bundesländer gegenüber. Kräftiger zugenommen hat in dieser Periode die Beschäftigung im Alpenvorland Bayerns und Baden-Württem-

Tabelle 5.2

Erwerbstätige

	Niveau in 1000			Jahresdurchschnittliche Veränderung in vH	
	1970	1976	1982	1970-76	1976-82
Schleswig-Holstein	954	942	959	-0,2	0,3
Hochverdichtet	229	240	260	0,8	1,3
Mit Verdichtungsansätzen	458	448	444	-0,4	-0,2
Ländlich	266	253	256	-0,8	0,2
Hamburg	966	886	861	-1,4	-0,5
Niedersachsen	2 998	2 816	2 803	-1,0	-0,1
Hochverdichtet	1 010	958	962	-0,9	0,1
Mit Verdichtungsansätzen	1 487	1 382	1 365	-1,2	-0,2
Ländlich	500	476	476	-0,8	,0
Bremen	366	357	342	-0,4	-0,7
Hochverdichtet	311	296	282	-0,8	-0,8
Mit Verdichtungsansätzen	54	61	61	1,9	-0,1
Nordrhein-Westfalen	6 964	6 714	6 677	-0,6	-0,1
Hochverdichtet	6 008	5 750	5 696	-0,7	-0,2
Ruhrgebiet	1 946	1 861	1 791	-0,7	-0,6
Restl. Verdichtungsr.	4 062	3 888	3 905	-0,7	0,1
Mit Verdichtungsansätzen	756	770	787	0,3	0,4
Ländlich	200	195	195	-0,5	,0
Hessen	2 431	2 364	2 353	-0,5	-0,1
Hochverdichtet	1 558	1 531	1 527	-0,3	,0
Mit Verdichtungsansätzen	750	701	695	-1,1	-0,1
Ländlich	123	132	131	1,2	-0,1
Rheinland-Pfalz	1 477	1 401	1 411	-0,9	0,1
Hochverdichtet	245	226	232	-1,3	0,4
Mit Verdichtungsansätzen	1 042	989	991	-0,9	,0
Ländlich	190	186	188	-0,4	0,2
Baden-Württemberg	4 197	4 089	4 166	-0,4	0,3
Hochverdichtet	2 014	1 954	1 998	-0,5	0,4
Mit Verdichtungsansätzen	1 581	1 553	1 571	-0,3	0,2
Ländlich	603	583	596	-0,6	0,4
Alpenvorland	418	408	423	-0,4	0,6
Restl.ländl.Regionen	185	174	173	-1,0	-0,1
Bayern	4 828	4 668	4 745	-0,6	0,3
Hochverdichtet	1 594	1 592	1 627	,0	0,4
Mit Verdichtungsansätzen	1 032	1 000	1 028	-0,5	0,5
Ländlich	2 202	2 075	2 091	-1,0	0,1
Alpenvorland	595	561	583	-1,0	0,6
Restl.ländl.Regionen	1 607	1 514	1 508	-1,0	-0,1
Saarland	435	431	434	-0,2	0,1
Berlin	944	862	845	-1,5	-0,3
Bundesrepublik	26 560	25 529	25 598	-0,7	,0
Hochverdichtet	15 314	14 725	14 724	-0,7	,0
Ruhrgebiet	1 946	1 861	1 791	-0,7	-0,6
Restl. Verdichtungsr.	13 368	12 864	12 934	-0,6	0,1
Mit Verdichtungsansätzen	7 161	6 903	6 940	-0,6	0,1
Ländlich	4 085	3 900	3 933	-0,8	0,1
Alpenvorland	1 013	970	1 006	-0,7	0,6
Restl.ländl.Regionen	3 072	2 931	2 927	-0,8	,0
Nordregion	5 283	5 000	4 967	-0,9	-0,1
Nordrhein-Westfalen	6 964	6 714	6 677	-0,6	-0,1
Mittelregion	4 343	4 195	4 198	-0,6	,0
Südregion	9 025	8 757	8 911	-0,5	0,3
Berlin	944	862	845	-1,5	-0,3

Erwerbstätige

	Niveau in 1000			Jahresdurchschnittliche Veränderung			
				in vH		Rangziffern	
	1970	1976	1982	1970-76	1976-82	1970-76	1976-82
1 Schleswig	167	163	163	-0,4	,0	28	40
2 Mittelholstein	288	279	280	-0,5	,0	36	38
3 Dithmarschen	99	91	93	-1,5	0,5	72	18
4 Ostholstein	170	169	164	-0,1	-0,5	16	69
5 Hamburg	1 289	1 227	1 227	-0,8	,0	43	41
6 Lüneburg	106	100	100	-1,0	,0	56	42
7 Bremerhaven	122	128	125	0,8	-0,3	4	64
8 Wilhelmshaven	92	96	93	0,8	-0,5	5	66
9 Ostfriesland	140	133	135	-0,9	0,2	50	27
10 Oldenburg	194	174	175	-1,8	0,1	73	35
11 Emsland	139	131	130	-1,0	-0,1	55	45
12 Osnabrück	220	211	212	-0,7	0,1	40	36
13 Bremen	542	526	516	-0,5	-0,3	32	62
14 Hannover	989	907	897	-1,4	-0,2	67	55
15 Braunschweig	517	475	461	-1,4	-0,5	66	67
16 Göttingen	209	191	196	-1,5	0,4	68	22
17 Münster	481	478	495	-0,1	0,6	13	13
18 Bielefeld	597	592	586	-0,1	-0,2	17	53
19 Paderborn	120	127	129	1,1	0,2	2	29
20 Dortmund-Sauerland	655	651	640	-0,1	-0,3	15	59
21 Bochum	247	225	213	-1,5	-1,0	71	74
22 Essen	854	793	757	-1,2	-0,8	62	71
23 Duisburg	390	387	376	-0,1	-0,5	14	68
24 Krefeld	210	204	201	-0,5	-0,2	35	56
25 Mönchengladbach	197	189	188	-0,8	-0,1	42	44
26 Aachen	361	342	347	-0,9	0,2	48	28
27 Düsseldorf	721	682	698	-0,9	0,4	47	24
28 Wuppertal	353	308	293	-2,2	-0,9	75	73
29 Hagen	439	409	401	-1,2	-0,3	60	60
30 Siegen	156	164	163	0,9	-0,2	3	51
31 Köln	913	890	907	-0,4	0,3	31	25
32 Bonn	270	273	286	0,2	0,8	7	4
33 Nordhessen	420	388	380	-1,3	-0,3	63	63
34 Mittelhessen	279	263	265	-0,9	0,1	49	37
35 Osthessen	123	132	131	1,2	-0,1	1	48
36 Untermain	1 012	988	978	-0,4	-0,2	26	54
37 Starkenburg	362	364	365	0,1	,0	9	39
38 Rhein-Main-Taunus	236	228	235	-0,6	0,5	37	17
39 Mittelrhein-Westerwald	421	405	399	-0,6	-0,3	38	57
40 Trier	190	186	188	-0,4	0,2	29	30
41 Rheinhessen-Nahe	317	301	299	-0,8	-0,1	45	50
42 Rheinpfalz	332	306	321	-1,3	0,8	65	6
43 Westpfalz	217	202	204	-1,2	0,2	59	31
44 Saar	435	431	434	-0,2	0,1	18	33
45 Unterer Neckar	480	453	456	-1,0	0,1	51	34
46 Franken	318	299	312	-1,0	0,8	57	8
47 Mittlerer Oberrhein	390	384	394	-0,3	0,4	23	21
48 Nordschwarzwald	214	219	206	0,4	-1,0	6	75
49 Mittlerer Neckar	1 144	1 117	1 149	-0,4	0,5	27	16
50 Ostwürttemberg	185	174	173	-1,0	-0,1	54	46
51 Donau-Iller(Bad.-Würt.)	199	197	199	-0,2	0,2	20	32
52 Neckar-Alb	260	260	256	,0	-0,3	12	58
53 Schwarzwald-Baar-Heuberg	202	199	204	-0,2	0,4	21	23
54 Südlicher Oberrhein	352	354	368	0,1	0,6	8	12
55 Hochrhein-Bodensee	238	224	230	-1,0	0,4	53	19
56 Bodensee-Oberschwaben	216	210	219	-0,5	0,8	34	7
57 Bayer. Untermain	120	120	124	,0	0,5	11	14
58 Würzburg	185	182	189	-0,3	0,6	25	11
59 Main-Rhön	189	177	170	-1,1	-0,7	58	70
60 Oberfranken-West	247	235	233	-0,8	-0,1	44	49
61 Oberfranken-Ost	261	233	222	-1,9	-0,8	74	72
62 Oberpfalz-Nord	206	188	187	-1,5	,0	70	43
63 Mittelfranken	576	570	564	-0,2	-0,2	19	52
64 Westmittelfranken	173	163	159	-1,0	-0,4	52	65
65 Augsburg	325	308	306	-0,9	-0,1	46	47
66 Ingolstadt	145	141	145	-0,5	0,5	33	15
67 Regensburg	237	227	236	-0,7	0,6	41	10
68 Donau-Wald	252	247	254	-0,3	0,4	24	20
69 Landshut	135	131	138	-0,4	0,8	30	3
70 München	1 018	1 023	1 062	0,1	0,6	10	9
71 Donau-Iller(Bay.)	166	163	173	-0,2	1,0	22	1
72 Allgäu	189	175	177	-1,3	0,3	64	26
73 Oberland	138	129	135	-1,2	0,8	61	2
74 Südostoberbayern	268	258	270	-0,7	0,8	39	5
75 Berlin	944	862	845	-1,5	-0,3	69	61
99 Bundesgebiet	26 560	25 529	25 598	-0,7	,0		

Quelle: Eigene Berechnungen aufgrund amtlicher Statistiken.

bergs. In den übrigen ländlichen Regionen blieb die Beschäftigung in fast allen Bundesländern nahezu unverändert.

Die Entwicklung der Erwerbstätigen in den ländlichen Regionen wird stark geprägt von der Zahl der Selbständigen und mithelfenden Familienangehörigen, insbesondere in der Land- und Forstwirtschaft. Betrachtet man lediglich die Arbeitnehmer (Tabelle 5.3), so zeigt sich, daß ihre Zahl in fast allen Bundesländern in den ländlichen Regionen erheblich schneller stieg als in den übrigen Regionen. Ohne den Rückgang bei den Selbständigen und mithelfenden Familienangehörigen in Bayern und Baden-Württemberg hätte in diesen Ländern bereits in den Jahren bis 1976 die Zahl der Erwerbstätigen zugenommen.

In Abbildung 5.3 sind die Zuwachsraten von Produktion und Beschäftigung in den Regionen in Form eines Streuungsdiagramms gegenübergestellt worden. Die Ziffern bezeichnen die Nummern der Raumordnungsregionen, durch Kreise herausgehoben wurden die wichtigsten Ballungsräume.

Im Ergebnis zeigt sich nur ein leichter Zusammenhang zwischen Wachstum und Beschäftigungsentwicklung in den Regionen, jedenfalls für die zweite Teilperiode. Überprüft man die Hypothese des Zusammenhangs zwischen Produktionswachstum und Beschäftigungsanstieg für <u>einzelne Wirtschaftszweige</u>, so erhält man allerdings einen positiven Zusammenhang, von wenigen Ausnahmen abgesehen (vgl. Tab. 5.4). Dies gilt insbesondere für die Wirtschaftszweige des verarbeitenden Gewerbes, von denen lediglich für die Bereiche Schiffbau und Luftfahrzeugbau - beides Bereiche mit sehr ungleichmäßiger regionaler Verteilung - in der zweiten Teilperiode keine signifikanten Zusammenhänge festgestellt werden konnten. Daran wird deutlich, daß die Ergebnisse für die jeweiligen Regionen insgesamt überlagert werden von Veränderungen in der Branchenstruktur. Wenn in allen Branchen die Beschäftigung bei zunehmender Produktion steigt und umgekehrt, insgesamt dies aber nicht der Fall ist, dann folgt daraus, daß in den Regionen offenbar das Gewicht von Branchen mit hohem Produktivitätsniveau zunimmt, d.h. daß sich die Branchenstruktur zugunsten der Zweige mit hoher Produktivität verändert. Dieses Ergebnis ergäbe sich auch dann, wenn im Bundesdurchschnitt ein derartiger Effekt nicht

Tabelle 5.3

Arbeitnehmer

	Niveau Bundesdurchschnitt in 1000			Jahresdurchschnittliche Veränderung in vH	
	1970	1976	1982	1970-76	1976-82
Schleswig-Holstein	782	800	835	0,4	0,7
Hochverdichtet	184	201	223	1,5	1,8
Mit Verdichtungsansätzen	400	400	403	,0	0,1
Ländlich	198	199	209	0,1	0,8
Hamburg	872	813	798	-1,2	-0,3
Niedersachsen	2 411	2 351	2 399	-0,4	0,3
Hochverdichtet	815	802	827	-0,3	0,5
Mit Verdichtungsansätzen	1 226	1 176	1 185	-0,7	0,1
Ländlich	370	373	387	0,1	0,6
Bremen	335	334	324	,0	-0,5
Hochverdichtet	286	278	267	-0,5	-0,6
Mit Verdichtungsansätzen	49	57	57	2,4	0,1
Nordrhein-Westfalen	6 131	5 996	6 020	-0,4	0,1
Hochverdichtet	5 353	5 184	5 174	-0,5	,0
Ruhrgebiet	1 777	1 716	1 660	-0,6	-0,6
Restl. Verdichtungsr.	3 576	3 468	3 514	-0,5	0,2
Mit Verdichtungsansätzen	614	646	678	0,9	0,8
Ländlich	165	166	167	0,1	0,2
Hessen	2 048	2 035	2 062	-0,1	0,2
Hochverdichtet	1 367	1 363	1 373	-0,1	0,1
Mit Verdichtungsansätzen	596	574	587	-0,6	0,4
Ländlich	85	98	102	2,5	0,6
Rheinland-Pfalz	1 153	1 143	1 186	-0,1	0,6
Hochverdichtet	212	200	207	-1,0	0,6
Mit Verdichtungsansätzen	817	810	835	-0,1	0,5
Ländlich	124	133	143	1,2	1,2
Baden-Württemberg	3 496	3 516	3 645	0,1	0,6
Hochverdichtet	1 772	1 755	1 814	-0,2	0,6
Mit Verdichtungsansätzen	1 250	1 283	1 329	0,4	0,6
Ländlich	474	478	503	0,1	0,9
Alpenvorland	323	332	354	0,4	1,1
Restl.ländl.Regionen	151	146	149	-0,5	0,3
Bayern	3 671	3 717	3 895	0,2	0,8
Hochverdichtet	1 387	1 413	1 456	0,3	0,5
Mit Verdichtungsansätzen	765	777	829	0,3	1,1
Ländlich	1 519	1 527	1 610	0,1	0,9
Alpenvorland	418	416	452	-0,1	1,4
Restl.ländl.Regionen	1 101	1 111	1 158	0,1	0,7
Saarland	383	385	392	0,1	0,3
Berlin	855	789	778	-1,3	-0,2
Bundesrepublik	22 138	21 878	22 334	-0,2	0,3
Hochverdichtet	13 486	13 180	13 310	-0,4	0,2
Ruhrgebiet	1 777	1 716	1 660	-0,6	-0,6
Restl. Verdichtungsr.	11 709	11 464	11 650	-0,4	0,3
Mit Verdichtungsansätzen	5 717	5 724	5 902	,0	0,5
Ländlich	2 935	2 973	3 121	0,2	0,8
Alpenvorland	741	747	807	0,1	1,3
Restl.ländl.Regionen	2 194	2 226	2 315	0,2	0,7
Nordregion	4 400	4 298	4 357	-0,4	0,2
Nordrhein-Westfalen	6 131	5 996	6 020	-0,4	0,1
Mittelregion	3 584	3 563	3 640	-0,1	0,4
Südregion	7 167	7 233	7 540	0,2	0,7
Berlin	855	789	778	-1,3	-0,2

Arbeitnehmer

	Niveau in 1000			Jahresdurchschnittliche Veränderung			
				in vH		Rangziffern	
	1970	1976	1982	1970-76	1976-82	1970-76	1976-82
1 Schleswig	126	130	135	0,5	0,6	19	30
2 Mittelholstein	251	248	254	-0,2	0,3	46	43
3 Dithmarschen	72	69	75	-0,7	1,2	61	9
4 Ostholstein	149	152	149	0,3	-0,3	29	67
5 Hamburg	1 119	1 090	1 106	-0,4	0,2	52	50
6 Lüneburg	80	80	83	-0,1	0,6	44	31
7 Bremerhaven	93	105	106	2,1	0,1	3	56
8 Wilhelmshaven	74	79	77	1,1	-0,5	7	71
9 Ostfriesland	103	103	109	,0	1,0	38	17
10 Oldenburg	145	137	145	-0,9	0,9	65	18
11 Emsland	95	95	100	-0,1	0,8	41	26
12 Osnabrück	172	173	179	0,1	0,6	35	36
13 Bremen	437	443	445	0,2	0,1	32	57
14 Hannover	853	803	805	-1,0	,0	68	59
15 Braunschweig	458	429	419	-1,1	-0,4	70	69
16 Göttingen	172	163	171	-1,0	0,9	66	20
17 Münster	390	398	423	0,3	1,0	22	16
18 Bielefeld	503	513	517	0,3	0,1	23	55
19 Paderborn	91	104	109	2,3	0,9	2	21
20 Dortmund-Sauerland	578	586	580	0,2	-0,2	31	64
21 Bochum	228	209	199	-1,4	-0,9	74	75
22 Essen	779	730	701	-1,1	-0,7	71	72
23 Duisburg	356	357	348	,0	-0,4	37	70
24 Krefeld	175	174	175	-0,1	0,1	42	58
25 Mönchengladbach	171	165	165	-0,6	,0	56	63
26 Aachen	310	299	307	-0,6	0,4	57	41
27 Düsseldorf	651	620	638	-0,8	0,5	63	39
28 Wuppertal	317	279	266	-2,1	-0,8	75	73
29 Hagen	394	371	367	-1,0	-0,2	67	65
30 Siegen	133	145	146	1,4	0,2	4	52
31 Köln	820	804	825	-0,3	0,4	51	42
32 Bonn	235	241	255	0,4	0,9	21	19
33 Nordhessen	329	312	315	-0,9	0,2	64	53
34 Mittelhessen	228	222	230	-0,4	0,6	53	35
35 Osthessen	85	98	102	2,5	0,6	1	32
36 Untermain	897	887	887	-0,2	,0	47	61
37 Starkenburg	309	315	319	0,3	0,2	25	51
38 Rhein-Main-Taunus	201	200	209	-0,1	0,7	40	28
39 Mittelrhein-Westerwald	325	331	336	0,3	0,3	26	49
40 Trier	124	133	143	1,2	1,2	5	12
41 Rheinhessen-Nahe	251	249	253	-0,1	0,3	45	48
42 Rheinpfalz	276	260	277	-1,0	1,1	69	13
43 Westpfalz	177	171	176	-0,6	0,5	59	38
44 Saar	383	385	392	0,1	0,3	34	45
45 Unterer Neckar	420	404	412	-0,6	0,3	60	46
46 Franken	236	233	253	-0,2	1,4	49	8
47 Mittlerer Oberrhein	342	347	360	0,3	0,6	30	33
48 Nordschwarzwald	172	182	174	1,0	-0,8	10	74
49 Mittlerer Neckar	1 010	1 003	1 042	-0,1	0,6	43	29
50 Ostwürttemberg	151	146	149	-0,5	0,3	55	47
51 Donau-Iller(Bad.-Würt.)	155	161	166	0,7	0,5	16	37
52 Neckar-Alb	214	225	225	0,8	,0	15	60
53 Baar-Meuberg	166	168	176	0,3	0,7	27	27
54 Südlicher Oberrhein	278	292	311	0,8	1,0	13	14
55 Hochrhein-Bodensee	195	189	199	-0,5	0,8	54	23
56 Bodensee-Oberschwaben	157	163	178	0,6	1,5	17	6
57 Bayer. Untermain	98	103	109	0,8	0,9	14	22
58 Würzburg	139	144	155	0,6	1,2	18	10
59 Main-Rhön	132	134	136	0,3	0,2	28	54
60 Oberfranken-West	184	184	189	0,1	0,5	36	40
61 Oberfranken-Ost	200	185	182	-1,3	-0,3	72	68
62 Oberpfalz-Nord	147	141	146	-0,7	0,6	62	34
63 Mittelfranken	501	506	505	0,2	,0	33	62
64 Westmittelfranken	97	104	109	1,1	0,8	8	25
65 Augsburg	251	247	252	-0,3	0,3	50	44
66 Ingolstadt	99	104	113	0,9	1,4	12	7
67 Regensburg	162	162	178	,0	1,6	39	5
68 Donau-Wald	157	166	179	1,0	1,2	9	11
69 Landshut	86	92	104	1,2	1,9	6	1
70 München	886	907	951	0,4	0,8	20	24
71 Donau-Iller(Bay.)	115	121	135	0,9	1,9	11	2
72 Allgäu	135	130	138	-0,6	1,0	58	15
73 Oberland	97	96	105	-0,2	1,6	48	3
74 Südostoberbayern	186	190	209	0,3	1,6	24	4
75 Berlin	855	789	778	-1,3	-0,2	73	66
99 Bundesgebiet	22 138	21 878	22 334	-0,2	0,3		

Quelle: Eigene Berechnungen aufgrund amtlicher Statistiken.

Abbildung 5.3

Produktionswachstum und Beschäftigtenanstieg

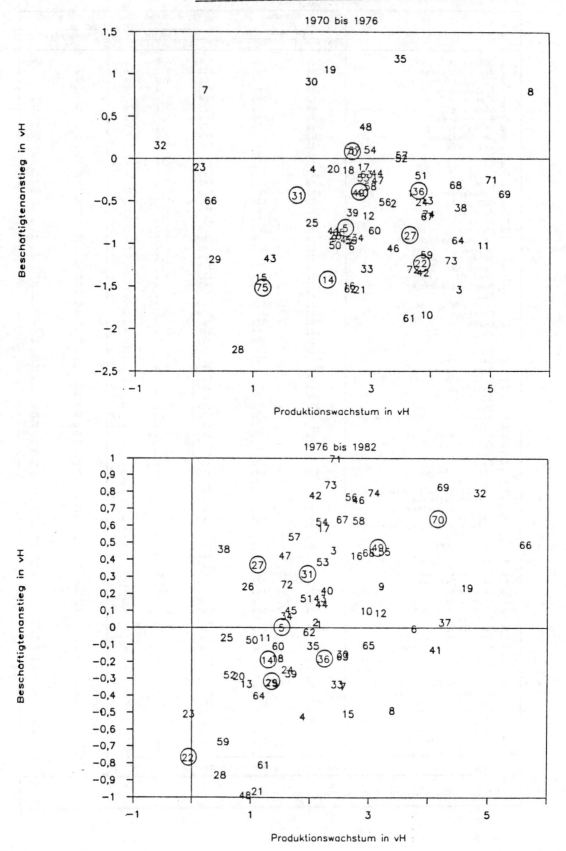

Tabelle 5.4

Ergebnisse von Regressionsschätzungen
des Zusammenhangs zwischen Produktionswachstum
und Beschäftigtenanstieg

bei einer Irrtumswahrscheinlichkeit von 5 vH
signifikante positive Korrelationskoeffizienten in vH

	1970-1976	1976-1982
Alle Wirtschaftszweige	-	26,7
Unternehmen	-	22,7
Land-u.Forstwirtschaft	-	-
Bergbau u.Energiewirtschaft	70,5	53,6
Energiewirtschaft	65,3	51,5
Kohlenbergbau	90,7	90,2
Übriger Bergbau	62,0	68,3
Verarbeitendes Gewerbe	36,2	47,8
Vorleistungsgüterproduzenten	68,1	66,3
Chem. Industrie	85,8	86,3
Mineralölverarbeitung	90,2	85,9
Kunstoffwaren	73,3	79,9
Gummiwaren	91,0	87,7
Steine, Erden	69,7	61,3
Feinkeramik	91,2	89,1
Glasgewerbe	91,4	88,7
Eisenschaffende Industrie	90,0	96,5
NE-Metallerz.u.-bearbeit.	90,7	67,0
Gießereien	93,2	87,1
Ziehereien u. Kaltwalzwerk	85,2	76,5
Investitionsgüterproduzenten	49,1	39,3
Stahl-u.Leichtmetallbau	78,2	72,5
Maschinenbau	73,1	60,1
Büromaschinen, ADV	94,3	85,3
Straßenfahrzeugbau	74,9	45,5
Schiffbau	62,3	-
Luft-u.Raumfahrzeugbau	80,0	-
Elektrotechnik	65,7	30,6
Feinmechanik, Optik	88,0	42,4
EBM-Waren	85,6	85,2
Musikinstr., Spielwaren	53,2	67,2
Verbrauchsgüterproduzenten	41,0	40,5
Holzbearbeitung	52,7	37,3
Holzverarbeitung	78,2	70,2
Zellstoff-u.Papiererzeug.	94,5	81,9
Papier-u.Pappeverarbeitung	86,3	79,8
Druckerei	84,2	76,9
Lederbe-und-verarbeitung	88,6	74,5
Textilgewerbe	82,1	86,2
Bekleidungsgewerbe	82,7	73,7
Ernährungsgewerbe	39,7	54,9
Tabakverarbeitung	79,2	74,6
Baugewerbe	24,5	35,8
Bauhauptgewerbe	52,4	37,4
Ausbaugewerbe	32,9	47,7
Handel	37,1	25,8
Großhandel, Handelsverm.	43,2	38,1
Einzelhandel	56,7	-
Verkehr und Nachrichten	28,2	40,1
Eisenbahnen	-	53,3
Übriger Verkehr	45,1	53,3
Bundespost	-	37,7
Kreditinstitute, Versicherungen	41,0	-
Kreditinstitute	37,9	-
Versicherungsunternehmen	56,5	39,4
Sonstige Dienstleistungen		
Gastgewerbe, Heime	29,0	-
Bild., Wiss., Kunst, Unterh.	60,8	30,4
Gesundheits-u.Veterinärwesen	29,3	52,1
Reinigung, Körperpflege	-	-
Rechts-u.Wirtschaftsberatung	26,0	29,9
Übrige Dienstleistungen	-	-

Quelle: Eigene Berechnungen.

festzustellen wäre, da in der Querschnittsregression die Regionen alle gleichgewichtet werden.

In Tabelle 5.4 sind die Korrelationskoeffizienten für die Unternehmensbereiche zusammengestellt, in denen bei einer Irrtumswahrscheinlichkeit von 5 vH ein signifikanter Zusammenhang zwischen dem Produktionswachstum und der Zunahme der Beschäftigung festgestellt wurde.

Zur besseren Verdeutlichung des Zusammenhangs sind nur diejenigen Korrelationskoeffizienten aufgeführt, die bei einer Irrtumswahrscheinlichkeit von 5 vH signifikant positiv sind. Eine Herabsetzung der Irrtumswahrscheinlichkeit auf 1 vH würde auch an der generellen Aussage nichts ändern. Im Zeitraum 1976 bis 1982 würde sich die Zahl der Fälle in denen die These eines signifikanten Zusammenhangs abgelehnt wird, von bisher 5 auf 8 erhöhen. Für die verbleibenden Fälle würde dabei die Wahrscheinlichkeit, daß ein signifikanter Zusammenhang ermittelt würde, obwohl dieser nicht besteht, von 5 vH auf 1 vH sinken.

Auf einen gesonderte Ausweis der übrigen statistischen Testgrößen ist verzichtet worden, da es hier lediglich darum ging, den generellen Zusammenhang quantitativ darzustellen. Für den exakten Nachweis einer Kausalität dürfte die gegenwärtige Informationsbasis ohnehin nicht ausreichen.

5.3 Entwicklung der Arbeitsproduktivität

Die Arbeitsproduktivität, gemessen als Bruttowertschöpfung zu Preisen von 1976 je Erwerbstätigen, ist einer der wichtigsten Indikatoren für die Entwicklung der Produktionsprozesse. Einen Überblick über die Entwicklung der Arbeitsproduktivität in den Bundesländern im Vergleich zum Bundesdurchschnitt gibt die nachfolgende Abbildung 5.4. Wie nicht anders zu erwarten, zeigt die Entwicklung im ganzen Bundesgebiet eine sehr gute Übereinstimmung der Verlaufsmuster von Produktivität und Produktion (vgl. Abb. 5.26). Ins Auge fällt die Tendenz zur Annäherung des Produktivitätsniveaus an den Bundesdurchschnitt. Dies gilt sowohl für Länder mit überdurchschnittlichem Produktivitätsniveau wie beispielsweise Nordrhein-Westfalen als auch für Bayern, dessen Produktivitätsniveau zwar immer noch erheblich unter dem Bundesdurchschnitt liegt, dessen überdurchschnittliche Produktivitätssteigerungen jedoch dazu geführt haben, daß sich der Abstand im Vergleich zu 1970 etwa halbiert hat. Baden-Württemberg und die Nord-Regionen haben ihren Abstand zum Bundesdurchschnitt weitgehend gehalten. Die Mitte-Regionen, die bis 1975 unter dem Bundesdurchschnitt lagen, haben ihre Position verbessert und liegen jetzt oberhalb des Bundesdurchschnitts etwa gleichauf mit den Nord-Regionen.

Betrachtet man die Entwicklung in den Raumordnungsregionen, so zeigt sich, daß in der Periode 1970-76 von den großen Ballungsregionen die Regionen Düsseldorf und Untermain ihre Produktivität mit 4,6 vH bzw. 4,2 vH jahresdurchschnittlichen Wachstums erheblich stärker steigern konnten als im Bundesgebiet insgesamt (3,4 vH) (vgl. Tabelle 5.5). Dagegen lag der Anstieg der Arbeitsproduktivität in der Region Köln mit 2,2 vH im Jahresdurchschnitt weit darunter. Unter dem Durchschnitt lag auch die Entwicklung der Arbeitsproduktivität in der Region München (2,6 vH). Dagegen nahm die Arbeitsproduktivität ländlicher Regionen in denjenigen Bundesländern, in denen diese Regionen ein großes Gewicht haben - Schleswig-Holstein, Niedersachsen, Baden-Württemberg und Bayern - schneller zu als in den hochverdichteten Regionen. In Bayern lag der Anstieg der Arbeitsproduktivität vor allem im Alpenvorland mit 5,0 vH erheblich über dem Bundesdurchschnitt. Diese Länder hatten

Abbildung 5.4

Entwicklung der Arbeitsproduktivität

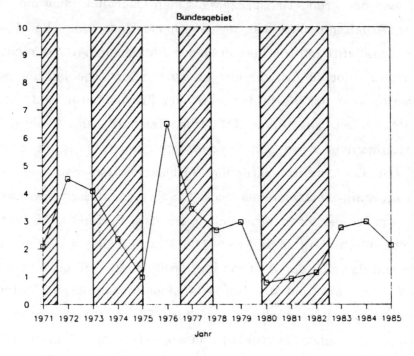

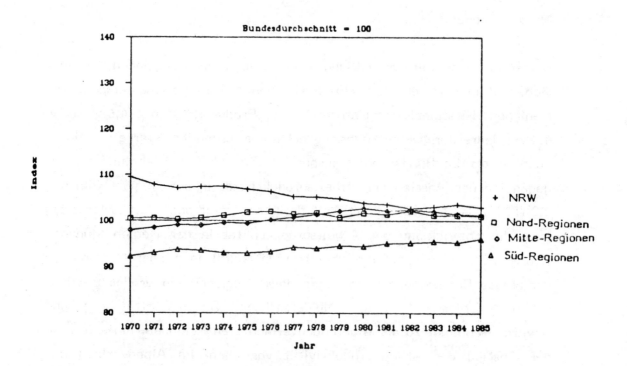

Entwicklung der Arbeitsproduktivität

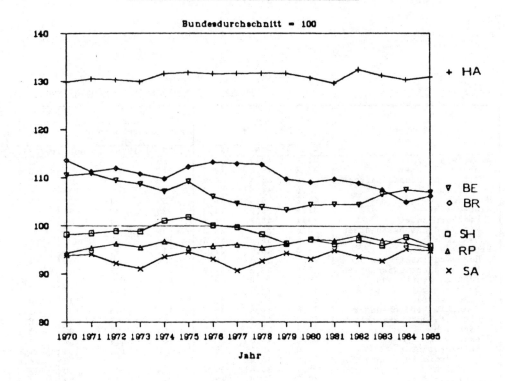

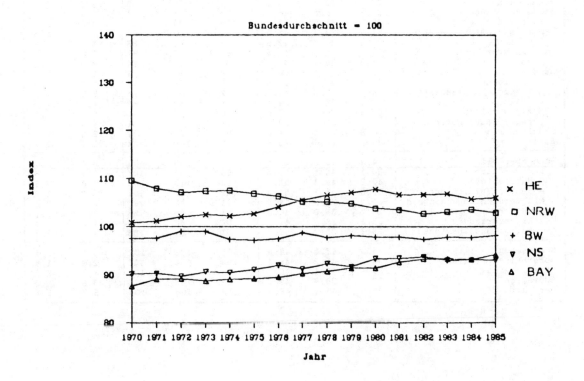

Tabelle 5.5

Bruttowertschöpfung je Erwerbstätigen

	Niveau in 1000 DM			Abweichung vom Bundesdurchschnitt in vH			Jahresdurchschnittliche Veränderung in vH	
	1970	1976	1982	1970	1976	1982	1970-76	1976-82
Schleswig-Holstein	34,1	42,5	46,3	98	100	97	3,7	1,4
Hochverdichtet	38,2	46,3	44,7	110	109	93	3,3	-0,6
Mit Verdichtungsansätzen	32,5	39,4	44,9	93	93	94	3,3	2,2
Ländlich	33,5	44,5	50,3	96	105	105	4,8	2,1
Hamburg	45,2	56,0	63,3	130	132	133	3,6	2,1
Niedersachsen	31,4	39,2	44,8	90	92	94	3,8	2,3
Hochverdichtet	33,4	41,7	44,9	96	98	94	3,8	1,2
Mit Verdichtungsansätzen	30,6	37,8	45,3	88	89	95	3,6	3,0
Ländlich	29,5	37,9	43,3	85	89	91	4,2	2,3
Bremen	39,5	48,1	52,1	114	113	109	3,3	1,3
Hochverdichtet	39,7	50,8	55,1	114	119	115	4,2	1,4
Mit Verdichtungsansätzen	38,5	35,2	37,8	111	83	79	-1,5	1,2
Nordrhein-Westfalen	38,1	45,2	49,1	109	106	103	2,9	1,4
Hochverdichtet	38,6	46,0	49,5	111	108	104	3,0	1,3
Ruhrgebiet	40,2	48,8	51,3	115	115	107	3,3	0,8
Restl. Verdichtungsr.	37,8	44,6	48,7	109	105	102	2,8	1,5
Mit Verdichtungsansätzen	36,0	41,2	47,3	104	97	99	2,3	2,3
Ländlich	31,8	38,3	42,9	91	90	90	3,2	1,9
Hessen	35,1	44,3	51,0	101	104	107	4,0	2,4
Hochverdichtet	38,0	48,1	55,6	109	113	116	4,0	2,4
Mit Verdichtungsansätzen	30,5	38,6	44,1	88	91	92	4,0	2,2
Ländlich	25,7	29,4	33,4	74	69	70	2,3	2,2
Rheinland-Pfalz	32,8	40,8	46,9	94	96	98	3,7	2,4
Hochverdichtet	37,1	50,5	55,8	107	119	117	5,2	1,7
Mit Verdichtungsansätzen	32,7	39,9	46,5	94	94	97	3,4	2,6
Ländlich	27,8	33,7	38,1	80	79	80	3,3	2,1
Baden-Württemberg	33,9	41,5	46,6	98	97	97	3,4	2,0
Hochverdichtet	37,0	45,0	51,0	106	106	107	3,3	2,1
Mit Verdichtungsansätzen	31,3	38,4	42,8	90	90	90	3,5	1,8
Ländlich	30,6	37,5	41,3	88	88	86	3,4	1,6
Alpenvorland	30,3	37,1	41,5	87	87	87	3,4	1,9
Restl. ländl. Regionen	31,3	38,4	41,0	90	90	86	3,4	1,1
Bayern	30,5	38,1	44,6	88	90	93	3,8	2,7
Hochverdichtet	37,5	44,1	53,6	108	104	112	2,8	3,3
Mit Verdichtungsansätzen	28,5	35,9	40,8	82	84	85	3,9	2,1
Ländlich	26,4	34,4	39,4	76	81	82	4,5	2,3
Alpenvorland	27,2	36,5	40,6	78	86	85	5,0	1,8
Restl. ländl. Regionen	26,1	33,7	38,9	75	79	81	4,4	2,4
Saarland	32,6	39,6	44,7	94	93	94	3,3	2,1
Berlin	38,4	45,1	49,9	110	106	104	2,7	1,7
Bundesrepublik	34,8	42,5	47,8	100	100	100	3,4	2,0
Hochverdichtet	38,1	46,1	51,3	109	108	107	3,2	1,8
Ruhrgebiet	40,2	48,8	51,3	115	115	107	3,3	0,8
Restl. Verdichtungsr.	37,8	45,7	51,3	109	108	107	3,2	1,9
Mit Verdichtungsansätzen	31,5	38,5	44,3	91	91	93	3,4	2,3
Ländlich	28,2	36,0	40,8	81	85	85	4,2	2,1
Alpenvorland	28,5	36,8	41,0	82	86	86	4,3	1,8
Restl. ländl. Regionen	28,1	35,7	40,7	81	84	85	4,1	2,2
Nordregion	35,0	43,4	48,8	101	102	102	3,7	2,0
Nordrhein-Westfalen	38,1	45,2	49,1	109	106	103	2,9	1,4
Mittelregion	34,1	42,6	49,0	98	100	102	3,8	2,3
Südregion	32,1	39,6	45,5	92	93	95	3,6	2,3
Berlin	38,4	45,1	49,9	110	106	104	2,7	1,7

Bruttowertschöpfung je Erwerbstätigen

	Niveau in 1000 DM			Abweichung vom Bundesdurchschnitt in vH			Jahresdurchschnittliche Veränderung			
							in vH		Rangziffern	
	1970	1976	1982	1970	1976	1982	1970-76	1976-82	1970-76	1976-82
1 Schleswig	33,0	41,9	47,6	95	99	100	4,1	2,1	27	28
2 Mittelholstein	32,4	40,8	46,1	93	96	97	3,9	2,1	30	31
3 Dithmarschen	34,4	49,1	55,0	99	115	115	6,1	1,9	1	38
4 Ostholstein	32,6	37,0	42,7	94	87	89	2,1	2,4	68	23
5 Hamburg	42,9	52,4	57,4	123	123	120	3,4	1,5	41	55
6 Lüneburg	27,8	34,7	43,3	80	82	91	3,7	3,8	33	7
7 Bremerhaven	32,7	31,6	37,5	94	74	78	-0,6	2,9	74	14
8 Wilhelmshaven	26,7	35,4	44,5	77	83	93	4,8	3,9	14	6
9 Ostfriesland	27,5	33,5	39,9	79	79	83	3,3	3,0	45	13
10 Oldenburg	27,9	39,3	46,6	80	93	97	5,9	2,8	3	15
11 Emsland	30,4	43,0	46,5	87	101	97	6,0	1,3	2	61
12 Osnabrück	31,1	38,5	46,3	89	91	97	3,6	3,1	36	11
13 Bremen	34,7	45,0	48,5	100	106	102	4,5	1,3	20	63
14 Hannover	34,0	42,4	46,3	98	100	97	3,7	1,5	32	57
15 Braunschweig	34,0	39,6	47,7	98	93	100	2,6	3,2	62	10
16 Göttingen	28,2	36,0	41,4	81	85	87	4,2	2,3	26	24
17 Münster	35,3	42,1	46,4	101	99	97	3,0	1,6	55	49
18 Bielefeld	34,2	40,2	44,3	98	95	93	2,7	1,6	58	48
19 Paderborn	35,4	38,1	49,3	102	90	103	1,2	4,4	70	2
20 Dortmund-Sauerland	35,6	41,2	44,0	102	97	92	2,5	1,1	65	68
21 Bochum	35,6	46,1	52,3	102	109	109	4,4	2,1	21	29
22 Essen	39,9	53,9	56,2	115	127	118	5,1	0,7	10	72
23 Duisburg	47,0	47,6	48,9	135	112	102	0,2	0,5	73	74
24 Krefeld	30,8	39,9	44,6	89	94	93	4,4	1,9	22	42
25 Mönchengladbach	32,7	38,5	40,0	94	91	84	2,8	0,6	57	73
26 Aachen	33,4	40,7	42,4	96	96	89	3,3	0,7	46	71
27 Düsseldorf	42,0	55,1	57,8	121	130	121	4,6	0,7	18	70
28 Wuppertal	34,2	40,9	44,3	98	96	93	3,0	1,4	54	59
29 Hagen	36,4	39,9	44,1	105	94	92	1,6	1,7	69	46
30 Siegen	38,6	41,2	48,4	111	97	101	1,1	2,7	71	19
31 Köln	43,5	49,6	54,7	125	117	114	2,2	1,6	67	47
32 Bonn	37,0	35,4	44,9	106	83	94	-0,7	4,0	75	5
33 Nordhessen	29,3	38,3	45,2	86	90	95	4,3	2,8	23	17
34 Mittelhessen	31,9	39,8	43,6	92	94	91	3,7	1,5	34	54
35 Osthessen	25,7	29,4	33,4	74	69	70	2,3	2,2	66	27
36 Untermain	40,2	51,4	59,3	116	121	124	4,2	2,4	25	22
37 Starkenburg	32,3	37,7	48,3	93	89	101	2,6	4,2	60	4
38 Rhein-Main-Taunus	35,4	47,8	48,0	102	112	100	5,1	0,1	12	75
39 Mittelrhein-Westerwald	32,7	39,8	44,7	94	94	93	3,3	2,0	44	37
40 Trier	27,8	33,7	38,1	80	79	80	3,3	2,1	49	30
41 Rheinhessen-Nahe	34,9	42,3	54,3	100	99	114	3,2	4,3	50	3
42 Rheinpfalz	37,9	51,6	55,7	109	121	117	5,3	1,3	8	62
43 Westpfalz	26,6	30,9	34,7	77	73	73	2,5	2,0	64	36
44 Saar	32,6	39,6	44,7	94	93	94	3,3	2,1	48	33
45 Unterer Neckar	36,3	44,8	49,2	104	105	103	3,6	1,6	37	50
46 Franken	29,2	37,9	42,8	84	89	90	4,5	2,1	19	32
47 Mittlerer Oberrhein	39,2	47,8	51,2	113	112	107	3,4	1,1	42	66
48 Nordschwarzwald	31,6	36,7	41,1	91	86	86	2,5	1,9	63	39
49 Mittlerer Neckar	36,6	44,2	51,8	105	104	108	3,2	2,7	51	20
50 Ostwürttemberg	31,3	38,4	41,0	90	90	86	3,4	1,1	40	67
51 Donau-Iller(Bad.-Würt.)	31,1	39,4	43,8	89	93	92	4,0	1,8	28	44
52 Neckar-Alb	30,7	37,8	39,9	88	89	83	3,5	0,9	38	69
53 Scwarzwald-Baar-Heuberg	30,4	36,5	40,6	87	86	85	3,1	1,8	53	43
54 Südlicher Oberrhein	33,7	40,0	43,9	97	94	92	2,9	1,6	56	52
55 Hochrhein-Bodensee	30,8	38,2	45,1	89	90	94	3,7	2,8	35	16
56 Bodensee-Oberschwaben	30,3	37,8	42,3	87	89	89	3,8	1,9	31	40
57 Bayer. Untermain	30,5	37,5	40,3	88	88	84	3,5	1,2	39	65
58 Würzburg	29,1	35,4	43,7	84	83	84	3,3	2,2	47	26
59 Main-Rhön	25,3	34,1	36,7	73	80	77	5,1	1,2	11	64
60 Oberfranken-West	26,3	33,1	36,3	75	78	76	3,9	1,6	29	51
61 Oberfranken-Ost	26,8	37,2	42,0	77	87	88	5,6	2,0	5	34
62 Oberpfalz-Nord	25,2	32,3	36,4	72	76	76	4,2	2,0	24	35
63 Mittelfranken	32,3	38,8	45,6	93	91	95	3,1	2,7	52	18
64 Westmittelfranken	21,4	29,5	32,4	62	69	68	5,5	1,5	7	53
65 Augsburg	29,7	36,2	43,5	85	85	91	3,3	3,1	43	12
66 Ingolstadt	40,9	42,8	57,8	118	101	121	0,8	5,1	72	1
67 Regensburg	26,2	34,4	38,5	75	81	81	4,7	1,9	17	41
68 Donau-Wald	22,4	29,5	34,3	64	69	72	4,7	2,5	15	21
69 Landshut	23,8	33,2	40,6	69	78	85	5,7	3,4	4	9
70 München	40,4	47,1	57,9	116	111	121	2,6	3,5	61	8
71 Donau-Iller(Bay.)	27,0	36,8	40,0	78	87	84	5,3	1,4	9	58
72 Allgäu	27,5	37,1	40,2	79	87	84	5,1	1,4	13	60
73 Oberland	27,2	37,7	41,2	78	89	86	5,6	1,5	6	56
74 Südostoberbayern	27,0	35,5	40,6	78	84	85	4,7	2,3	16	25
75 Berlin	38,4	45,1	49,9	110	106	104	2,7	1,7	59	45
99 Bundesgebiet	34,8	42,5	47,8	100	100	100	3,4	2,0		

Quelle: Eigene Berechnungen aufgrund amtlicher Statistiken.

jedoch auch insgesamt einen Anstieg der Arbeitsproduktivität, der zumindest dem Bundesdurchschnitt entsprach. Weit unterdurchschnittlich nahm die Arbeitsproduktivität in Berlin und Nordrhein-Westfalen zu. In Nordrhein-Westfalen lag dies nicht am Ruhrgebiet, sondern vor allem an den anderen Verdichtungsräumen sowie an den Regionen mit Verdichtungsansätzen, in denen die Arbeitsproduktivität lediglich um 2,3 vH jahresdurchschnittlich zunahm.

In den Jahren von 1976 bis 1982 hat sich im Bundesdurchschnitt die Zuwachsrate der Arbeitsproduktivität erheblich auf 2 vH verlangsamt. Noch geringer war mit etwa 1,5 vH der Produktivitätsanstieg in den nördlichen Ballungsregionen Hamburg, Hannover und Köln. Die Ballungsregionen Düsseldorf und das Ruhrgebiet steigerten ihre Produktivität sogar nur noch um 0,7 vH bis 0,8 vH. Überdurchschnittlich gestiegen ist die Produktivität in dieser Zeit dagegen in den südlichen Ballungsregionen. Spitzenreiter war München, wo die Produktivität mit 3,5 vH jahresdurchschnittlich sogar stärker zunahm als in den Jahren bis 1976. In den Regionen Untermain und Mittlerer Neckar lag der Produktivitätszuwachs bei etwa 2,5 vH.

Die Abschwächung des Produktivitätsanstieg war nicht nur in den Ballungsregionen, sondern (mit Ausnahme Hamburgs) in allen Verdichtungsräumen der norddeutschen Bundesländer stärker als im Durchschnitt. In den anderen Bundesländern lag der Anstieg der Arbeitsproduktivität in den Verdichtungsräumen lediglich in Hessen und in Bayern, hier jedoch mit 3,3 vH, erheblich über dem Durchschnitt. In Bayern steigerten auch die ländlichen Regionen mit 2,3 vH ihre Arbeitsproduktivität stärker als die ländlichen Regionen in den übrigen Bundesländern.

In Unterschieden des Produktivitätsanstiegs kommen daher auch die Ursachen für die unterschiedlichen Auswirkungen des Produktionswachstums auf die Beschäftigung in den Regionen zum Ausdruck. Wie Abbildung 5.5 zeigt, ist der Zusammenhang zwischen Produktivitätsanstieg und Beschäftigtenentwicklung diffus und in der zweiten Periode nur wenig ausgeprägt. In der ersten Teilperiode zeigen Korrelationsrechnungen zwar für die Wirtschaftszweige insgesamt, ansonsten aber nur für wenige

Abbildung 5.5

Beschäftigtenanstieg und Produktivitätsanstieg

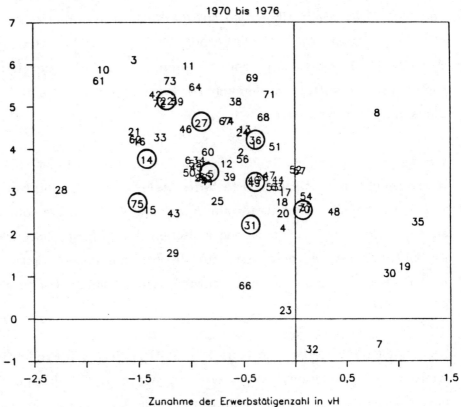

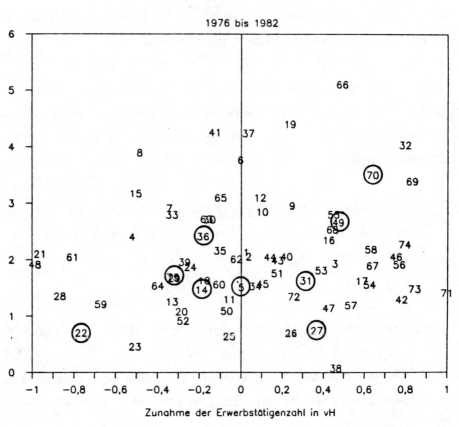

Zweige des verarbeitenden Gewerbes eine signifikante negative Korrelation zwischen Erwerbstätigenzunahme und Produktivitätsanstieg (vgl. Tabelle 5.6). Davon entfallen zwei auf die Vorleistungsproduzenten und vier auf die Verbrauchsgüterproduzenten. Der einzige Wirtschaftszweig im Bereich der Investitionsgüterproduzenten, für den ein signifikanter Zusammenhang ermittelt werden konnte, weist ein positives und damit nicht plausibles Vorzeichen auf.

Weiterhin wird in Tabelle 5.6 deutlich, daß für zusammengefaßte Wirtschaftszweige bzw. für die Wirtschaftszweige insgesamt die Korrelationskoeffizienten höher sind als für die einzelnen Wirtschaftszweige. Offensichtlich wird der Zusammenhang zwischen Beschäftigtenentwicklung und Produktivitätsanstieg durch strukturelle Verschiebungen verstärkt, indem in den Regionen Branchen mit überdurchschnittlichem Produktivitätsanstieg an Gewicht gewinnen.

Demgegenüber besteht eine hohe Korrelation zwischen Produktivitätsanstieg und Produktionswachstum. Wie aus Abbildung 5.6 deutlich wird, ist dieser Zusammenhang in der zweiten Periode eher noch stringenter als in der ersten. Entscheidend für die Beschäftigtenentwicklung ist daher in erster Linie das Produktionswachstum in den Regionen.

Diese Befunde zeigen deutlich, daß die Entwicklung der Arbeitsproduktivität starken strukturellen Einflüssen unterliegt. Um diese Einflüsse zu isolieren, wurde die Entwicklung der Arbeitsproduktivität in drei Komponenten zerlegt:

- <u>Die Branchenstrukturkomponente</u>, die angibt, wie sich die Arbeitsproduktivität in den Regionen entwickelt hätte, wenn in jedem Wirtschaftszweig die Produktivität entsprechend dem Bundesdurchschnitt gestiegen wäre.

- Der Einfluß der Branchenentwicklung auf die Produktivität läßt sich nicht allein an dem Gefälle der sektoralen Arbeitsproduktivitäten messen. Berücksichtigt werden muß auch das unterschiedliche Produktionswachstum der Branchen. Dieser Einfluß wurde in der

Tabelle 5.6

Ergebnisse von Regressionsschätzungen
des Zusammenhangs zwischen Beschäftigtenanstieg
und Produktivitätsanstieg

bei einer Irrtumswahrscheinlichkeit von 5 vH
signifikante negative Korrelationskoeffizienten in vH

	1970-1976	1976-1982
Alle Wirtschaftszweige	80,1	69,1
Unternehmen	77,2	71,1
Land-u.Forstwirtschaft	96,0	99,1
Bergbau u.Energiewirtschaft	37,3	41,4
Energiewirtschaft	33,1	-
Kohlenbergbau	-	-
Übriger Bergbau	-	-
Verarbeitendes Gewerbe	35,9	-
Vorleistungsgüterproduzenten	-	47,0
Chem.Industrie	-	-
Mineralölverarbeitung	-	-
Kunstoffwaren	23,2	-
Gummiwaren	-	-
Steine,Erden	24,3	-
Feinkeramik	-	49,2
Glasgewerbe	-	36,4
Eisenschaffende Industrie	-	-
NE-Metallerz.u.-bearbeit.	-	32,6
Gießereien	-	-
Ziehereien u. Kaltwalzwerk	73,6	35,6
Investitionsgüterproduzenten	26,8	-
Stahl-u.Leichtmetallbau	-	34,3
Maschinenbau	-	32,0
Büromaschinen,ADV	-	-
Straßenfahrzeugbau	-	28,3
Schiffbau	-	-
Luft-u.Raumfahrzeugbau	-	-
Elektrotechnik	-	31,1
Feinmechanik,Optik	-	-
EBM-Waren	-	-
Musikinstr.,Spielwaren	-	39,3
Verbrauchsgüterproduzenten	35,1	-
Holzbearbeitung	-	-
Holzverarbeitung	-	-
Zellstoff-u.Papiererzeug.	-	-
Papier-u.Pappeverarbeitung	-	24,9
Druckerei	37,4	-
Lederbe-und-verarbeitung	-	-
Textilgewerbe	33,7	-
Bekleidungsgewerbe	28,2	-
Ernährungsgewerbe	-	-
Tabakverarbeitung	-	-
Baugewerbe	33,4	29,7
Bauhauptgewerbe	-	34,9
Ausbaugewerbe	49,7	-
Handel	42,4	-
Großhandel,Handelsverm.	51,6	28,3
Einzelhandel	22,7	36,4
Verkehr und Nachrichten	74,3	-
Eisenbahnen	75,7	-
Übriger Verkehr	33,8	-
Bundespost	41,8	-
Kreditinstitute,Versicherungen	-	35,0
Kreditinstitute	-	39,9
Versicherungsunternehmen	-	-
Sonstige Dienstleistungen	44,4	-
Gastgewerbe,Heime	-	-
Bild.,Wiss.,Kunst,Unterh.	-	-
Gesundheits-u.Veterinärwesen	33,2	-
Reinigung,Körperpflege	24,1	-
Rechts-u.Wirtschaftsberatung	26,4	-
Übrige Dienstleistungen	64,8	58,8

Quelle: Eigene Berechnungen.

Abbildung 5.6

Produktionswachstum und Produktivitätsanstieg

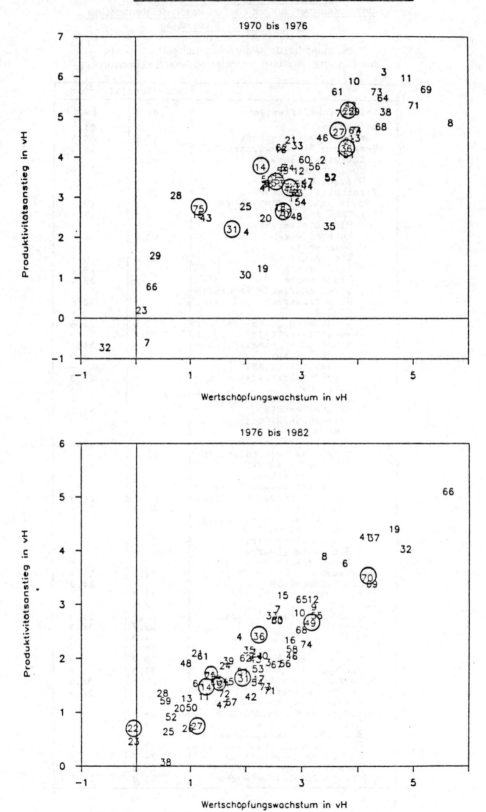

Branchenwachstumskomponente erfaßt. Sie gibt an, wie sich die Arbeitsproduktivität einer Region dadurch ändert, daß sich die Produktion von Branchen mit unterschiedlichen Produktivitätsniveaus unterschiedlich entwickelt. Diese Komponente ist immer dann positiv, wenn Branchen mit hohen Produktivitätsniveaus an Gewicht gewinnen.

- In der Regionalkomponente schließlich wird derjenige Einfluß gemessen, der auf die Abweichungen der Produktivitätssteigerung in den Branchen einer Region vom jeweiligen Bundesdurchschnitt zurückzuführen ist. Haben Branchen mit über dem Bundesdurchschnitt liegenden Produktivitätsanstieg in einer Region ein großes Gewicht, so ist die Regionalkomponente des Produktivitätsanstiegs positiv.

Werden diese Komponenten um den joint-Effekt bereinigt[1], so läßt sich mit ihnen das Produktivitätswachstum einer Region vollständig beschreiben.

Um den Einfluß der einzelnen Komponenten auf die regionale Entwicklung der Arbeitsproduktivität zu messen, wurden Regressionsrechnungen durchgeführt. Sie zeigen für beide Perioden einen vergleichsweise großen Einfluß der Regionalkomponente auf die Produktivitätsentwicklung in den Regionen (vgl. Tabelle 5.7). Dies läßt darauf schließen, daß in Regionen mit überdurchschnittlichem Produktivitätsanstieg in der Regel auch der Produktivitätsanstieg in den Wirtschaftszweigen über dem entsprechenden Durchschnittswert für die Bundesrepublik liegt. Der Produktivitätsanstieg in den Regionen wird also in starkem Maß von regionsspezifischen Faktoren bestimmt.

Signifikant ist aber auch der Einfluß der Branchenstrukturkomponente, d.h. in Regionen mit überdurchschnittlichem Produktivitätsanstieg dominieren Branchen, die auch im Bundesdurchschnitt überdurchschnittliche Produktivitätszuwächse haben. Anders als bei der regionalen Produktionsentwicklung sind bei der Produktivitätsentwicklung auch Brancheneinflüsse signifikant, allerdings mit nachlassender Stringenz.

Tabelle 5.7

Ergebnisse von Einfachregressionen über
den Zusammenhang zwischen Produktivitätsanstieg
und den Komponenten des Produktivitätsanstiegs

bei einer Irrtumswahrscheinlichkeit von 5 vH
signifikante Korrelationskoeffizienten in vH

	1970-76	1976-82
Brancheneinflüsse:		
Branchenstruktur	71,7	64,7
Branchenwachstum	-	-
Regionaleinfluß	78,9	84,2
Quelle: Eigene Berechnungen.		

5.4 Produktivität und Löhne

Die Entwicklung der Arbeitsproduktivität einer Region ist ein Durchschnittswert, der sich aus unterschiedlichen Entwicklungstrends zusammensetzt. Sie zeigt an, in welchem Maße es den Unternehmen gelungen ist, den Arbeitseinsatz pro Outputeinheit zu verringern und damit dem Lohnkostendruck zu begegnen. Dabei sind verschiedene Strategien möglich, die zu diesem Ziele führen. Um Arbeitskräfte einzusparen, können die Unternehmen einmal versuchen, den gleichen Output mit weniger Arbeitskräften zu produzieren. Zumeist müssen mehr oder effizientere Kapitalgüter eingesetzt werden, um diesen Prozeß in Gang zu bringen.

Der Unternehmer kann aber auch versuchen, den Produktionsprozeß so umzugestalten (oder von vornherein so zu produzieren), daß die Effizienzvorsprünge eines leistungsfähigeren Arbeitseinsatzes zum Tragen kommen. In diesem Falle würde er versuchen, hochbezahlte Arbeitskräfte zu gewinnen, die intelligentere und wettbewerbsfähigere Produkte herstellen und auf diese Weise trotz höherer Löhne die spezifischen Lohnkosten senken können.

Die Regel wird sein, daß Elemente beider Strategien sich vermischen. Dennoch ist es zweckmäßig, sie zunächst begrifflich zu unterscheiden. Mit Produktivitätszuwächsen gehen beide Strategien einher. Daß diejenigen Unternehmen florieren, die Produktivitätssteigerungen realisieren, zeigt auch die hohe Korrelation von Produktionswachstum und Produktivitätswachstum in beinahe sämtlichen Wirtschaftszweigen (vgl. Tabelle 5.8). Die Zusammenhänge zwischen Produktivitätswachstum auf der einen Seite, Lohnsatzentwicklung, Preisentwicklung und Kapitaleinsatz auf der anderen Seite sind jedoch nicht mehr so eindeutig, wie im Falle alleiniger Substitution von Arbeit durch Kapital.

Um diese Prozesse nachvollziehen zu können, ist es zunächst notwendig, die Lohnsatzentwicklung in den Regionen zu untersuchen. Die Löhne sind zweifellos eine der wichtigsten Kostengrößen der Unternehmen. Da die Lohnkosten, deren Höhe bestimmt wird durch die Zahl der Arbeitnehmer und die Lohnsätze (hier gemessen als Bruttolohn- und -gehaltssumme je

Tabelle 5.8

Ergebnisse von Regressionsschätzungen
des Zusammenhangs zwischen Produktionswachstum
und Produktivitätsanstieg

bei einer Irrtumswahrscheinlichkeit von 5 vH
signifikante positive Korrelationskoeffizienten in vH

	1970-1976	1976-1982
Alle Wirtschaftszweige	64,6	51,3
Unternehmen	66,5	52,4
Land-u. Forstwirtschaft	40,7	23,4
Bergbau u. Energiewirtschaft	39,7	54,6
Energiewirtschaft	50,8	81,6
Kohlenbergbau	-	-
Übriger Bergbau	49,9	57,9
Verarbeitendes Gewerbe	74,0	87,7
Vorleistungsgüterproduzenten	82,3	34,9
Chem. Industrie	36,3	48,1
Mineralölverarbeitung	29,8	34,8
Kunststoffwaren	53,2	49,5
Gummiwaren	47,2	35,6
Steine, Erden	52,2	64,0
Feinkeramik	53,3	-
Glasgewerbe	49,0	-
Eisenschaffende Industrie	-	-
NE-Metallerz. u. -bearbeit.	59,8	38,9
Gießereien	49,5	61,1
Ziehereien u. Kaltwalzwerk		34,2
Investitionsgüterproduzenten	70,8	87,3
Stahl-u. Leichtmetallbau	67,1	44,7
Maschinenbau	58,0	56,5
Büromaschinen, ADV	38,6	38,0
Straßenfahrzeugbau	67,9	74,3
Schiffbau	81,0	94,5
Luft-u. Raumfahrzeugbau	-	85,2
Elektrotechnik	74,6	80,5
Feinmechanik, Optik	68,4	79,0
EBM-Waren	38,9	55,2
Musikinstr., Spielwaren	72,0	52,3
Verbrauchsgüterproduzenten	71,0	86,2
Holzbearbeitung	72,3	83,0
Holzverarbeitung	66,4	56,5
Zellstoff-u. Papiererzeug.	65,0	57,0
Papier-u. Pappeverarbeitung	66,9	34,8
Druckerei	-	62,0
Lederbe-und-verarbeitung	61,2	75,1
Textilgewerbe	26,8	60,3
Bekleidungsgewerbe	30,8	66,6
Ernährungsgewerbe	83,0	84,1
Tabakverarbeitung	43,0	-
Baugewerbe	83,6	79,3
Bauhauptgewerbe	78,0	74,8
Ausbaugewerbe	65,8	84,3
Handel	68,4	88,5
Großhandel, Handelsverm.	55,0	77,9
Einzelhandel	67,4	88,2
Verkehr und Nachrichten	43,3	93,6
Eisenbahnen	52,0	91,0
Übriger Verkehr	68,1	76,0
Bundespost	91,4	96,0
Kreditinstitute, Versicherungen	97,8	96,1
Kreditinstitute	98,0	95,9
Versicherungsunternehmen	85,5	89,5
Sonstige Dienstleistungen	94,7	96,7
Gastgewerbe, Heime	89,8	96,5
Bild., Wiss., Kunst, Unterh.	67,1	85,9
Gesundheits-u. Veterinärwesen	80,5	94,1
Reinigung, Körperpflege	94,5	96,1
Rechts-u. Wirtschaftsberatung	86,3	91,8
Übrige Dienstleistungen	62,0	77,5

Quelle: Eigene Berechnungen.

Arbeitnehmer), in der Kostenrechnung erheblich zu Buche schlagen, ist zu vermuten, daß regionale Unterschiede im Niveau und in der Entwicklung der Lohnsätze auch die Wettbewerbsposition der Unternehmen im interregionalen Vergleich beeinflussen.

Wie die Ergebnisse für Bundesländer zeigen, ist im Zeitablauf tendenziell eine Angleichung der Lohnsätze zu beobachten, ohne daß die Lohnhierarchie dadurch wesentlich verändert worden ist (vgl. Abbildung 5.7). Dieser Prozeß vollzog sich bei einer Halbierung des Lohnsatzanstiegs in der ersten Hälfte der achtziger Jahre im Vergleich zur ersten Hälfte der siebziger Jahre.

An der Spitze der Lohnhierarchie steht nach wie vor Nordrhein-Westfalen, wenn auch mit einem nur halb so großen Abstand zum Bundesdurchschnitt wie 1970. Am unteren Ende ist Bayern angesiedelt mit einem Abstand von immer noch 5 Prozentpunkten. Baden-Württemberg lag bis 1976 etwa gleichauf mit dem Bundesdurchschnitt, in der Zeit danach hat sich sein Lohnniveau allerdings um 1 bis 2 Prozentpunkte nach oben verschoben und liegt jetzt schon nicht mehr so sehr weit ab von Nordrhein-Westfalen. Insofern täuscht auch die Entwicklung der Süd-Region etwas über die tatsächlichen Verhältnisse, da die Lohnniveaus in Bayern und Baden-Württemberg um etwa 7 Prozentpunkte auseinanderklaffen. Seit 1976 hat sich auch in der Nordregion das Lohngefälle zum Bundesgebiet verschoben und zwar deutlich nach unten, allerdings bei einer erheblichen Streuung um diesen Durchschnitt. Ausreißer nach oben ist Hamburg, wo 1982 auch in der Region, also unter Berücksichtigung des Umlands in Schleswig-Holstein und Niedersachsen Durchschnittslöhne bezahlt wurden, die - ebenso wie im Frankfurter und im Stuttgarter Raum - um 9 vH über dem Bundesdurchschnitt lagen. Betrachtet man nur den Stadtstaat Hamburg, so liegt das Lohnniveau sogar um 15 vH über dem Bundesdurchschnitt. Zwischen den Regionen ist das Gefälle der Lohnsätze naturgemäß größer und zwar sowohl in bezug auf das Niveau als auch in bezug auf die Veränderungen (vgl. Tabelle 5.9).

In den Ballungsregionen Hamburg, Hannover, Ruhrgebiet und Mittlerer Neckar entwickelten sich die Lohnsätze in der ersten Periode (1970-76)

Abbildung 5.7

Entwicklung der Lohnsätze

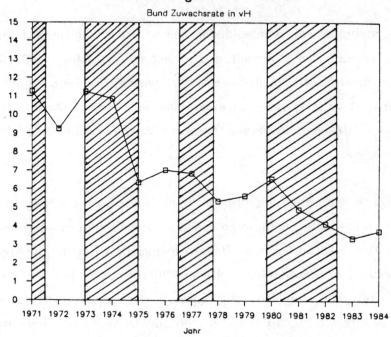

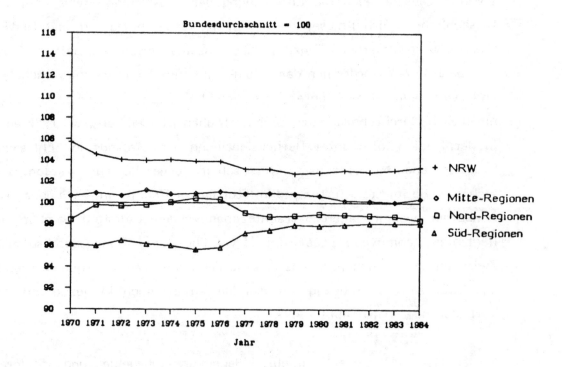

Abbildung 5.7

Entwicklung der Lohnsätze

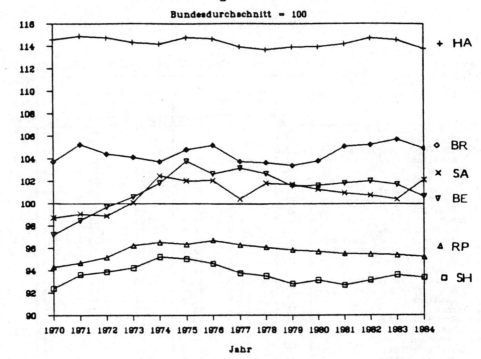

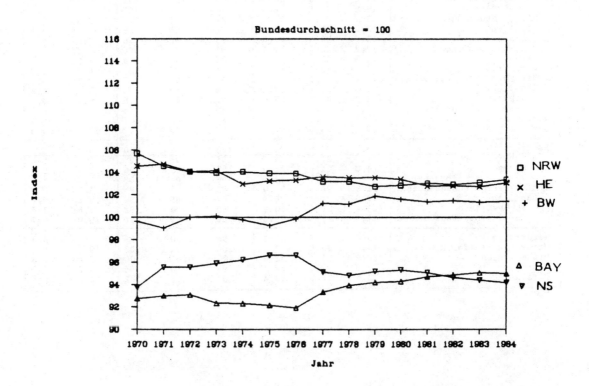

Tabelle 5.9

Bruttolohn- und -gehaltsumme je Arbeitnehmer

	Niveau in 1000 DM			Abweichung vom Bundesdurchschnitt in vH			Jahresdurchschnittliche Veränderung in vH	
	1970	1976	1982	1970	1976	1982	1970-76	1976-82
Schleswig-Holstein	12,8	22,3	30,4	92	95	93	9,7	5,3
Hochverdichtet	13,1	22,8	31,2	94	96	95	9,7	5,4
Mit Verdichtungsansätzen	13,0	22,5	30,6	94	95	94	9,6	5,3
Ländlich	12,2	21,6	29,3	88	91	90	10,0	5,2
Hamburg	15,9	27,1	37,5	115	115	115	9,4	5,5
Niedersachsen	13,0	22,8	31,1	94	97	95	9,9	5,3
Hochverdichtet	13,4	23,1	31,4	97	98	96	9,5	5,3
Mit Verdichtungsansätzen	13,0	22,9	31,3	94	97	96	9,9	5,3
Ländlich	11,9	22,0	29,8	86	93	91	10,8	5,2
Bremen	14,3	24,9	34,4	103	105	105	9,6	5,6
Hochverdichtet	14,5	25,0	34,8	104	106	106	9,6	5,6
Mit Verdichtungsansätzen	13,5	24,2	32,9	98	103	101	10,2	5,3
Nordrhein-Westfalen	14,6	24,5	33,7	106	104	103	9,0	5,4
Hochverdichtet	14,9	24,8	34,0	107	105	104	8,9	5,4
Ruhrgebiet	14,9	24,9	34,3	107	105	105	9,0	5,5
Restl. Verdichtungsr.	14,9	24,7	33,9	107	105	104	8,9	5,4
Mit Verdichtungsansätzen	13,3	23,1	31,6	96	98	96	9,6	5,4
Ländlich	13,0	22,7	31,0	94	96	95	9,8	5,3
Hessen	14,5	24,4	33,7	105	103	103	9,1	5,5
Hochverdichtet	15,4	25,3	35,2	111	107	107	8,6	5,6
Mit Verdichtungsansätzen	12,7	22,8	31,1	92	96	95	10,1	5,3
Ländlich	11,5	21,1	28,9	83	89	88	10,6	5,3
Rheinland-Pfalz	13,1	22,9	31,4	94	97	96	9,8	5,4
Hochverdichtet	15,2	26,3	35,2	110	111	108	9,6	5,0
Mit Verdichtungsansätzen	12,7	22,3	30,8	92	94	94	9,9	5,5
Ländlich	11,9	21,3	29,1	86	90	89	10,2	5,4
Baden-Württemberg	13,8	23,6	33,1	100	100	101	9,3	5,8
Hochverdichtet	14,6	24,8	34,9	106	105	107	9,2	5,9
Mit Verdichtungsansätzen	13,0	22,3	31,3	94	94	96	9,4	5,8
Ländlich	12,9	22,6	31,6	93	95	96	9,7	5,8
Alpenvorland	12,8	22,5	31,3	93	95	96	9,8	5,7
Restl. ländl. Regionen	13,2	22,6	32,1	95	96	98	9,5	6,0
Bayern	12,8	21,7	31,1	93	92	95	9,1	6,2
Hochverdichtet	14,4	23,7	34,1	104	100	104	8,6	6,3
Mit Verdichtungsansätzen	12,4	21,2	30,1	89	90	92	9,4	6,0
Ländlich	11,6	20,2	28,8	84	85	88	9,6	6,1
Alpenvorland	12,0	20,5	29,0	87	87	89	9,3	6,0
Restl. ländl. Regionen	11,5	20,0	28,7	83	85	88	9,7	6,2
Saarland	13,7	24,1	33,1	99	102	101	9,9	5,4
Berlin	13,5	24,3	33,4	97	103	102	10,3	5,5
Bundesrepublik	13,9	23,6	32,7	100	100	100	9,3	5,6
Hochverdichtet	14,7	24,7	34,2	106	105	105	9,1	5,6
Ruhrgebiet	14,9	24,9	34,3	107	105	105	9,0	5,5
Restl. Verdichtungsr.	14,6	24,7	34,2	106	104	105	9,1	5,6
Mit Verdichtungsansätzen	12,9	22,4	31,0	93	95	95	9,7	5,5
Ländlich	12,0	21,1	29,5	87	89	90	9,9	5,8
Alpenvorland	12,4	21,4	30,1	89	90	92	9,5	5,8
Restl. ländl. Regionen	11,9	21,0	29,4	86	89	90	10,0	5,7
Nordregion	13,6	23,7	32,4	98	100	99	9,7	5,3
Nordrhein-Westfalen	14,6	24,5	33,7	106	104	103	9,0	5,4
Mittelregion	13,9	23,9	32,9	101	101	100	9,4	5,5
Südregion	13,3	22,6	32,1	96	96	98	9,2	6,0
Berlin	13,5	24,3	33,4	97	103	102	10,3	5,5

Bruttolohn- und gehaltsumme je Arbeitnehmer

	Niveau in 1000 DM			Abweichung vom Bundesdurchschnitt in vH			Jahresdurchschnittliche Veränderung			
							in vH		Rangziffern	
	1970	1976	1982	1970	1976	1982	1970-76	1976-82	1970-76	1976-82
1 Schleswig	12,1	21,6	29,0	88	91	89	10,0	5,1	17	70
2 Mittelholstein	13,2	23,0	31,2	95	97	95	9,7	5,2	31	62
3 Dithmarschen	12,2	21,6	29,8	88	92	91	10,0	5,5	18	37
4 Ostholstein	12,8	21,7	29,7	92	92	91	9,3	5,3	50	56
5 Hamburg	15,2	26,0	35,6	110	110	109	9,4	5,4	46	46
6 Lüneburg	11,8	21,6	29,0	86	91	88	10,5	5,0	6	73
7 Bremerhaven	13,3	23,0	30,8	96	97	94	9,6	5,0	35	74
8 Wilhelmshaven	12,1	23,2	31,2	87	98	95	11,4	5,1	1	71
9 Ostfriesland	12,2	22,2	30,0	88	94	92	10,5	5,2	5	66
10 Oldenburg	12,3	22,3	30,1	88	94	92	10,4	5,2	7	67
11 Emsland	11,5	21,9	30,0	83	93	92	11,3	5,4	2	50
12 Osnabrück	12,7	22,5	30,4	91	95	93	10,1	5,1	16	69
13 Bremen	13,5	23,7	32,4	97	100	99	9,9	5,3	22	59
14 Hannover	13,6	23,3	31,8	98	99	97	9,4	5,3	43	57
15 Braunschweig	13,9	23,9	33,2	101	101	101	9,4	5,6	45	32
16 Göttingen	12,4	22,2	30,2	90	94	92	10,2	5,2	12	61
17 Münster	13,3	23,0	31,4	96	97	96	9,5	5,4	37	52
18 Bielefeld	12,9	22,6	31,4	93	96	96	9,8	5,6	28	33
19 Paderborn	12,5	22,5	30,8	91	95	94	10,2	5,4	10	53
20 Dortmund-Sauerland	14,1	24,2	32,9	102	102	101	9,3	5,3	48	58
21 Bochum	15,2	25,9	35,7	110	110	109	9,3	5,5	51	40
22 Essen	14,6	24,6	34,1	106	104	104	9,0	5,6	64	34
23 Duisburg	15,4	25,3	34,7	111	107	106	8,6	5,4	69	51
24 Krefeld	14,2	24,2	32,9	103	103	100	9,3	5,2	52	64
25 Mönchengladbach	13,7	22,9	31,5	99	97	96	9,0	5,4	65	44
26 Aachen	13,4	23,6	32,5	96	100	99	10,0	5,5	20	39
27 Düsseldorf	16,2	26,2	36,0	117	111	110	8,4	5,4	73	43
28 Wuppertal	14,4	24,2	33,0	104	102	101	9,1	5,3	61	55
29 Hagen	14,4	24,0	32,6	104	101	100	8,8	5,3	68	60
30 Siegen	13,7	23,8	32,6	99	101	100	9,5	5,4	36	47
31 Köln	16,1	26,2	36,0	116	111	110	8,5	5,4	72	45
32 Bonn	15,7	25,2	33,6	113	107	103	8,3	4,9	75	75
33 Nordhessen	12,8	22,9	31,5	92	97	96	10,2	5,5	13	41
34 Mittelhessen	12,8	22,7	30,8	92	96	94	10,1	5,2	15	63
35 Osthessen	11,5	21,1	28,9	83	89	88	10,6	5,3	4	54
36 Untermain	15,9	25,8	35,8	115	109	109	8,4	5,6	74	31
37 Starkenburg	14,4	24,2	33,9	104	102	104	9,0	5,8	62	25
38 Rhein-Main-Taunus	14,3	24,5	33,2	103	104	101	9,5	5,2	39	68
39 Mittelrhein-Westerwald	12,7	22,3	30,2	91	94	92	9,9	5,2	26	65
40 Trier	11,9	21,3	29,1	86	90	89	10,2	5,4	11	49
41 Rheinhessen-Nahe	13,4	23,1	32,4	97	98	99	9,5	5,8	38	26
42 Rheinpfalz	14,5	25,4	34,1	105	107	104	9,7	5,0	30	72
43 Westpfalz	11,9	21,1	29,8	86	89	91	10,1	5,9	14	19
44 Saar	13,7	24,1	33,1	99	102	101	9,9	5,4	23	48
45 Unterer Neckar	14,6	24,6	34,3	105	104	105	9,1	5,7	59	29
46 Franken	12,6	22,3	31,4	91	95	96	10,0	5,8	21	22
47 Mittlerer Oberrhein	14,1	24,0	33,3	102	102	102	9,2	5,6	56	36
48 Nordschwarzwald	12,6	21,6	31,0	91	91	95	9,4	6,2	47	8
49 Mittlerer Neckar	14,8	25,2	35,7	107	107	109	9,3	6,0	49	14
50 Ostwürttemberg	13,2	22,6	32,1	95	96	98	9,5	6,0	40	13
51 Donau-Iller(Bad.-Würt.)	13,9	23,4	32,7	101	99	100	9,0	5,7	63	27
52 Neckar-Alb	13,1	22,0	30,7	94	93	94	9,1	5,7	60	30
53 Schwarzwald-Baar-Heuberg	12,9	22,7	31,2	93	96	95	9,9	5,4	24	42
54 Südlicher Oberrhein	13,0	22,1	30,6	94	93	94	9,3	5,6	53	35
55 Hochrhein-Bodensee	12,9	22,7	31,8	93	96	97	9,9	5,8	25	23
56 Bodensee-Oberschwaben	12,8	22,3	31,5	92	94	96	9,8	5,9	29	20
57 Bayer. Untermain	12,5	20,8	30,0	90	88	92	8,9	6,3	66	5
58 Würzburg	12,8	21,4	30,0	93	90	92	8,9	5,8	67	24
59 Main-Rhön	12,3	20,8	30,0	89	88	92	9,2	6,3	57	3
60 Oberfranken-West	11,5	19,5	28,0	83	83	85	9,2	6,2	55	9
61 Oberfranken-Ost	11,6	19,8	28,1	83	84	86	9,4	6,0	44	17
62 Oberpfalz-Nord	11,6	20,1	28,2	83	85	86	9,6	5,9	33	21
63 Mittelfranken	13,7	22,4	32,2	99	95	98	8,6	6,2	71	7
64 Westmittelfranken	11,0	19,0	27,0	79	81	82	9,6	6,0	34	15
65 Augsburg	12,6	21,6	31,1	91	91	95	9,4	6,3	41	6
66 Ingolstadt	12,6	22,2	32,6	91	94	99	10,0	6,6	19	2
67 Regensburg	11,9	20,8	29,1	86	88	89	9,8	5,7	27	28
68 Donau-Wald	10,7	19,2	27,4	77	81	84	10,3	6,1	9	11
69 Landshut	10,9	20,3	30,0	79	86	92	10,9	6,7	3	1
70 München	14,9	24,4	35,1	107	103	107	8,6	6,3	70	4
71 Donau-Iller(Bay.)	12,0	20,8	29,7	86	88	91	9,7	6,1	32	10
72 Allgäu	12,0	20,2	28,6	86	86	87	9,1	6,0	58	16
73 Oberland	12,0	20,5	29,0	87	87	88	9,2	6,0	54	18
74 Südostoberbayern	12,0	20,7	29,3	87	87	90	9,4	6,0	42	12
75 Berlin	13,5	24,3	33,4	97	103	102	10,3	5,5	8	38
99 Bundesgebiet	13,9	23,6	32,7	100	100	100	9,3	5,6		

Quelle: Eigene Berechnungen aufgrund amtlicher Statistiken.

weitgehend parallel zum Bundesdurchschnitt. Erheblich langsamer war der Anstieg in Düsseldorf (8,4 vH), Köln (8,5 vH), Untermain (8,4 vH) und in München (8,6 vH). Mit Ausnahme Hannovers lag das Lohnniveau in allen Ballungs- räumen über dem Durchschnitt des Bundesgebietes. Allerdings hatten mit Ausnahme von München die Ballungsregionen mit weit über dem Durchschnitt liegenden Lohnniveaus wie Düsseldorf, Köln und Untermain zugleich unterdurchschnittliche Zuwachsraten. Wie Abbildung 5.8 zeigt, ist eine Angleichungstendenz auch über die Regionen des Bundesgebietes unverkennbar.

In den ländlichen Regionen mit unterdurchschnittlichen Lohnsätzen war der Anstieg in den Jahren 1970 bis 1976 im allgemeinen größer als in den stärker verdichteten Regionen. Dennoch ist in den eher ländlich geprägten Bundesländern Schleswig-Holstein, Niedersachsen, Rheinland-Pfalz und Bayern das Lohnniveau generell unter dem Durchschnitt geblieben.

In der zweiten Periode setzte sich die zuvor beobachtete regionale Angleichungstendenz der Löhne fort, wenn auch weniger deutlich. In den meisten Ballungsregionen lag der Anstieg der Lohnsätze unter der bundesdurchschnittlichen Rate von 5,6 vH. Hiervon bildeten nur die Regionen Mittlerer Neckar (+6 vH) und München (6,3 vH) eine Ausnahme. Gleichzeitig sind die Entwicklungsunterschiede zwischen den ländlichen Regionen und den stärker verdichteten Regionen geringer geworden. Allerdings konnten auch in dieser Periode die Differenzen in den Steigerungsraten die Hierarchie in den Durchschnittseinkommen über die Regionen nur wenig verändern.

Angesichts der Spannweite der branchenspezifischen Lohnsätze liegt es nahe, die Erklärung hier ebenfalls in Unterschieden der regionalen Branchenstrukturen und deren Entwicklung zu suchen. Aufschluß darüber gibt auch hier wieder die Zerlegung der regionalen Lohnsatzentwicklung in drei Komponenten:

- die Branchenstrukturkomponente, die angibt, wie sich die Lohnsätze in den Regionen entwickelt hätten, wenn in jeder Branche die Lohnsätze wie im Bundesgebiet gestiegen wären;

Abbildung 5.8

Lohnniveau und Lohnsatzanstieg

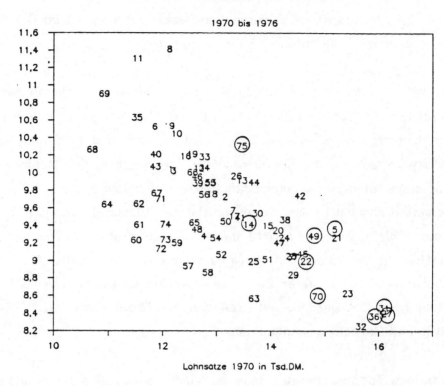

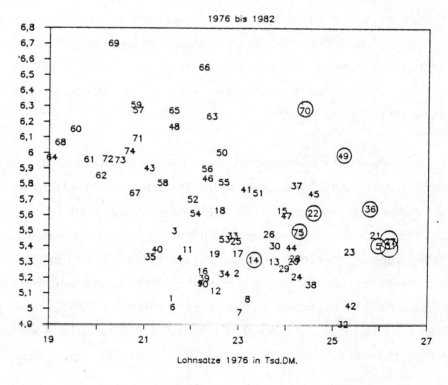

- die Branchenwachstumskomponete, mit der der Einfluß auf die Lohnsatzentwicklung gemessen wird, der auf unterschiedliches Branchenwachstum zurückzuführen ist;
- die Regionalkomponente, die den Einfluß mißt, der auf Abweichungen der branchenbedingten Lohnsatzsteigerungen vom Bundesdurchschnitt zurückzuführen ist.

In Tabelle 5.10 sind die Ergebnisse von Einfachregressionen dargestellt, bei denen die Lohnsatzentwicklung in den Regionen mit jeweils einer der Komponenten korreliert wurde. Es wird deutlich, daß die Branchenstruktur keinen Einfluß auf die Entwicklung der Lohnsätze in den Regionen hat. In Regionen, in denen solche Branchen einen hohen Anteil haben, die im Bundesdurchschnitt überdurchschnittliche Lohnsteigerungen aufweisen, steigen die Lohnsätze sowohl unter- wie auch überdurchschnittlich. Der Einfluß der Branchenwachstumkomponente ist nur für die Jahre bis 1976 signifikant, d.h. in dieser Zeit kann ein Teil der regionalen Unterschiede dadurch erklärt werden, daß Branchen mit überdurchschnittlichem Lohnniveau an Gewicht gewonnen haben.

In beiden Teilperioden hat dagegen wieder die Regionalkomponente einen signifikanten Einfluß auf die regionale Lohnsatzentwicklung, d.h. Regionen mit überdurchschnittlicher Lohnsatzsteigerung haben in der Regel auch in den meisten Wirtschaftszweigen über dem Bundesdurchschnitt liegende Steigerungsraten der Lohnsätze. Dies entspricht dem Ergebnis, das auch für die Entwicklung der Arbeitsproduktivität gefunden wurde.

Wenn man die Lohnniveaus in den Wirtschaftszweigen analysiert, zeigt sich, daß in Hochlohnregionen selbst traditionelle Niedriglohnbranchen in der Lage sind, höhere Löhne zu zahlen. Dies wird offenbar dadurch möglich, daß über dem Branchendurchschnitt liegende Arbeitsproduktivitäten realisiert werden. Daß dem so ist, belegen Korrelationsrechnungen, mit denen der Zusammenhang zwischen Lohnniveau und Produktivitätsniveau für die Branchen in den drei Stichjahren (1970, 1976 und 1982) überprüft wurde. Es ergab sich ein hoher positiver Zusammenhang in fast allen Branchen, besonders stark in den Zweigen des verarbei-

Tabelle 5.10

Ergebnisse von Einfachregressionen über den Zusammenhang zwischen Lohnsatzanstieg und den Komponenten des Lohnsatzanstiegs

bei einer Irrtumswahrscheinlichkeit von 5 vH
signifikante Korrelationskoeffizienten in vH

	1970-76	1976-82
Brancheneinflüsse:		
Branchenstruktur	-	-
Branchenwachstum	45,3	-
Regionaleinfluß	48,3	36,3
Quelle: Eigene Berechnungen.		

tenden Gewerbes, insbesondere bei den Investitionsgüterproduzenten. Generell schwächer ist der Zusammenhang zwischen Lohnhöhe und Arbeitsproduktivität in den privaten Dienstleistungsbereichen.

Wegen der Angleichungstendenzen der Lohnniveaus ist der Zusammenhang zwischen Lohnsatzanstieg und Anstieg der Arbeitsproduktivität erwartungsgemäß in beiden Perioden schwächer als der Zusammenhang zwischen Lohnhöhe und Arbeitsproduktivität. Zwar ist nur in wenigen Wirtschaftszweigen in der zweiten Teilperiode eine negative, und damit nicht plausible Korrelation ermittelt worden, doch ist teilweise auch bei positiven Koeffizienten der Zusammenhang nicht signifikant. Für die überwiegende Zahl der Wirtschaftszweige kann jedoch die Hypothese eines positiven Zusammenhangs zwischen Lohnsatzsteigerung und Anstieg der Arbeitsproduktivität bestätigt werden (vgl. Tabelle 5.11). Strukturverschiebungen, die beispielsweise dazu führen, daß Wirtschaftsbereiche mit überdurchschnittlichem Lohnniveau und unterdurchschnittlichem Niveau der Arbeitsproduktivität oder Wirtschaftszweige mit unterdurchschnittlichem Lohnniveau und überdurchschnittlichem Niveau der Arbeitsproduktivität an Gewicht gewinnen, bewirken allerdings, daß für alle Wirtschaftszweige zusammen ein signifikanter Zusammenhang nicht nachweisbar ist.

Die verfügbaren Indikatoren können somit die These, daß durch hohe regionale Lohnsätze Niedriglohnbranchen benachteiligt werden, nicht bestätigen. Wenn dies zuträfe, wäre zu erwarten, daß sich die regionalen Unterschiede im Lohnniveau verstärken, da die betroffenen Unternehmen ihre Produktion einschränken oder aufgeben, so daß eine regionale Konzentration von Hochlohnbranchen stattfindet. Das Gegenteil ist jedoch der Fall. Es ist allerdings zu vermuten, daß sich die Unternehmen in diesen Regionen, sowohl was ihre Produktpalette als auch ihre Produktionsprozesse anbelangt, deutlich von Unternehmen der gleichen Branche in anderen Regionen unterscheiden.

Tabelle 5.11

Ergebnisse von Regressionsschätzungen
des Zusammenhangs zwischen Produktivitätsanstieg
und Lohnsatzanstieg

bei einer Irrtumswahrscheinlichkeit von 5 vH
signifikante positive Korrelationskoeffizienten in vH

	1970-1976	1976-1982
Alle Wirtschaftszweige	-	-
Unternehmen	-	-
Land-u.Forstwirtschaft	-	-
Bergbau u.Energiewirtschaft	29,0	32,6
Energiewirtschaft	24,6	-
Kohlenbergbau		78,7
Übriger Bergbau	-	-
Verarbeitendes Gewerbe	37,4	
Vorleistungsgüterproduzenten	55,9	25,5
Chem.Industrie	31,9	-
Mineralölverarbeitung	-	51,2
Kunstoffwaren	69,2	49,5
Gummiwaren	33,2	46,6
Steine,Erden	35,4	-
Feinkeramik		39,4
Glasgewerbe	-	26,9
Eisenschaffende Industrie	58,3	
NE-Metallerz.u.-bearbeit.	-	54,0
Gießereien		
Ziehereien u. Kaltwalzwerk	43,1	42,7
Investitionsgüterproduzenten	34,1	36,4
Stahl-u.Leichtmetallbau	-	54,5
Maschinenbau	43,8	-
Büromaschinen,ADV	33,9	55,1
Straßenfahrzeugbau	43,1	57,2
Schiffbau	45,6	54,0
Luft-u.Raumfahrzeugbau	-	60,6
Elektrotechnik	28,5	49,7
Feinmechanik,Optik	-	76,2
EBM-Waren	59,7	
Musikinstr.,Spielwaren	-	71,2
Verbrauchsgüterproduzenten	-	-
Holzbearbeitung	-	65,2
Holzverarbeitung	-	-
Zellstoff-u.Papiererzeug.	36,8	63,4
Papier-u.Pappeverarbeitung	42,5	-
Druckerei	34,8	51,7
Lederbe-und-verarbeitung	29,2	
Textilgewerbe	-	-
Bekleidungsgewerbe	37,0	-
Ernährungsgewerbe	27,6	-
Tabakverarbeitung	-	-
Baugewerbe	48,8	-
Bauhauptgewerbe	34,8	-
Ausbaugewerbe	47,3	-
Handel	30,7	-
Großhandel,Handelsverm.	60,9	23,7
Einzelhandel	-	
Verkehr und Nachrichten	68,3	-
Eisenbahnen	82,7	51,7
Übriger Verkehr	75,4	-
Bundespost	91,4	34,8
Kreditinstitute,Versicherungen	24,1	-
Kreditinstitute	25,2	-
Versicherungsunternehmen	27,9	-
Sonstige Dienstleistungen		
Gastgewerbe,Heime	-	-
Bild.,Wiss.,Kunst,Unterh.	47,5	33,8
Gesundheits-u.Veterinärwesen	-	-
Reinigung,Körperpflege		23,5
Rechts-u.Wirtschaftsberatung	-	
Übrige Dienstleistungen	-	-

Quelle: Eigene Berechnungen.

5.5 Produktivität und Kapitaleinsatz im verarbeitenden Gewerbe

Im Produktionsprozeß werden Produktivitätsfortschritte vielfach durch Substitution von Arbeitskräften durch Kapitalgüter erreicht. Analysieren lassen sich diese Zusammenhänge zur Zeit allerdings nur sehr unvollkommen. Auf Länderebene stehen lediglich Zeitreihen für die Investitionstätigkeit von 1970 bis 1983 zur Verfügung, jedoch keine Informationen über die Kapitalbestände. Um wenigstens grobe Anhaltspunkte über das Gefälle der Kapitalintensivierung zu gewinnen, wurden Investitionsintensitäten berechnet, bei denen jeweils die Anlageinvestitionen der Unternehmen (Käufe von neuen Anlagen zu Preisen von 1976) zu den Beschäftigten im Unternehmensbereich in Beziehung gesetzt wurden. Werden diese Investitionsintensitäten auf den Bundesdurchschnitt normiert, so ergibt sich das in Abbildung 5.9 dargestellte Bild.

Auffällig ist wieder die Differenzierung nach den drei Bundesländern Bayern, Baden-Württemberg und Nordrhein-Westfalen. Während sich die Entwicklung in den drei Ländern bis 1975 nur wenig voneinander unterschied, ergaben sich für die Zeit danach charakteristische Scherenbewegungen:

- Bayern steigerte seine Investitionsintensität, wenn auch mit Unterbrechungen, stärker als die anderen Bundesländer und erreichte 1982 ein Niveau, das um fast 12 vH über dem Bundesdurchschnitt lag.
- Auch in Baden-Württemberg erhöhten sich die Investitionen je Erwerbstätigen gegenüber der ersten Hälfte der siebziger Jahre. Damals lag das Niveau im diesem Bundesland noch deutlich unter dem Bundesdurchschnitt. Danach wurde die Investitionsintensität schrittweise überdurchschnittlich gesteigert, so daß in den achtziger Jahren der Bundesdurchschnitt erreicht wurde.
- Nordrhein-Westfalen markiert das andere Ende der Schere. Noch in der ersten Hälfte der siebziger Jahre hatte sich die Investitionsintensität in diesem Bundesland etwa gleichauf mit Baden-Württemberg entwickelt. Erst danach wich die Entwicklung nach unten ab, ein Prozeß, der dazu geführt hat, daß die Investitionsintensität 1982 um etwa 9 vH unter dem Bundesdurchschnitt lag. Bis 1983 ist die Investitionsintensität allerdings wieder etwas gestiegen.

Abbildung 5.9

Anlageinvestitionen je Erwerbstätigen im Unternehmensbereich

Neue Anlagen zu Preisen von 1976

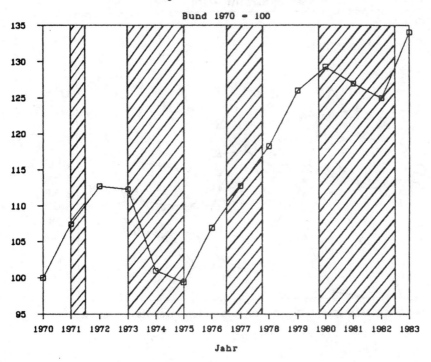

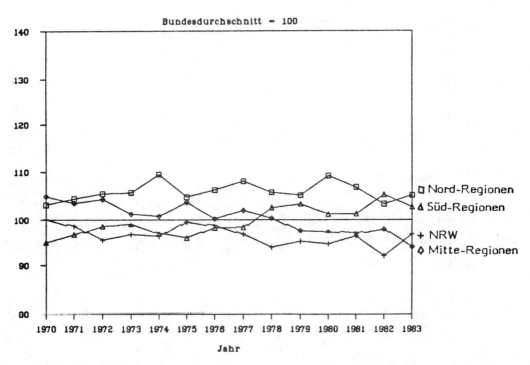

Abbildung 5.9

Anlageinvestitionen je Erwerbstätigen im Unternehmensbereich

Neue Anlagen zu Preisen von 1976

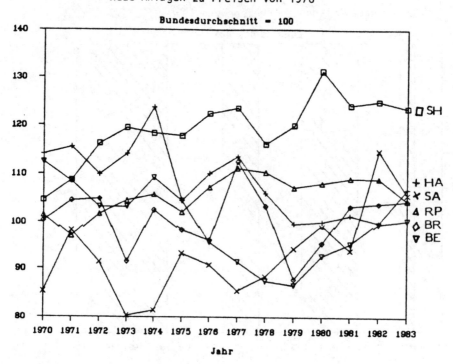

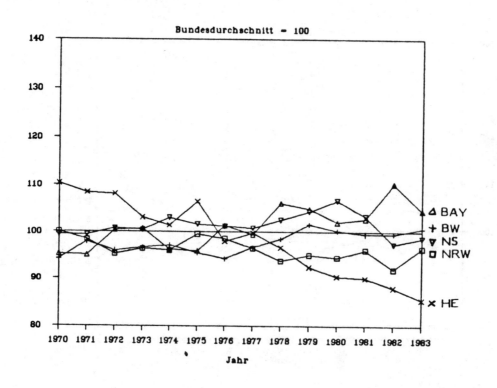

Eine ganz andere Entwicklung der Investitionstätigkeit zeichnet sich für Hessen ab, wenn man die Zahlen so nimmt, wie sie in den volkswirtschaftlichen Gesamtrechnungen der Länder ausgewiesen werden. 1970 hatte dieses Bundesland von allen Flächenländern die höchsten Investitionen je Erwerbstätigen. Bis 1983 verschlechterte sich die Position Hessens so stark, daß gegenwärtig die Investitionsintensität in diesem Land den niedrigsten Wert aufweist und nur geringfügig über dem Wert von 1970 liegt.

Bei der Beurteilung der Ergebnisse muß berücksichtigt werden, daß aus der Sicht der Unternehmen die Substitution von Arbeit durch Kapital dazu dient, durch Kosteneinsparungen die Ertragslage zu verbessern. Kann dieses Ziel auch bei einem niedrigerem Investitionsniveau erreicht werden, so hat dies Rückwirkungen auf den Investitionspfad. Umgekehrt muß eine überdurchschnittliche Investitionstätigkeit sich nicht zwangsläufig auch auf das Produktivitätswachstum auswirken. Von den großen Bundesländern geht die verstärkte Investitionsintensität lediglich in Bayern deutlich einher mit entsprechend verstärkten Produktivitätssteigerungen. Auch die Parallelität der Entwicklung in umgekehrter Richtung gibt es nur in einem Bundesland: Nur Nordrhein-Westfalen hat bei abgeschwächter Entwicklung der Investitionsintensität auch einen geringeren Produktivitätsanstieg. In Hessen dagegen ist die Produktivität trotz stark abgeschwächten Anstiegs der Investitionsintensität sogar verstärkt gestiegen. Da in diesem Bundesland auch die Investitionsquote am stärksten von allen Bundesländern gesunken ist, gelang es hier offenbar den Unternehmen, ihre Produktionsprozesse sowohl arbeits- wie auch kapitalsparend zu gestalten.

Allerdings kann aus der Entwicklung der Investitionsintensität allein auf den Umfang der Kapitalsubstitution nur sehr überschlägig geschlossen werden, da nicht der gesamte Kapitalbestand in die Betrachtung einbezogen wird.

Die in den folgenden Abschnitten durchgeführte Analyse über die Entwicklung der Kapitalintensität im verarbeitenden Gewerbe zeigt, daß beispielsweise die Entwicklung der Investitionsintensität in Bayern vor dem Hintergrund des stark unterdurchschnittlichen Niveaus der Kapitalintensität und dem daraus ableitbaren Nachholbedarf in diesem Land gesehen werden muß. Umgekehrt führt das außerordentlich hohe Niveau der Kapitalintensität in Nordrhein-Westfalen bei abgeschwächter wirtschaftlicher Entwicklung leicht zu einem relativen Rückgang der Investitionsintensität, ohne daß sich dadurch der gesamte Einsatz an Kapital je Erwerbstätigen nachhaltig verändert.

5.5.1 Bruttoanlagevermögen

Für das verarbeitende Gewerbe (einschließlich Bergbau) ist die Datenlage besser als für die Gesamtwirtschaft. Für diesen Sektor hat das Institut für Siedlungs- und Wohnungswesen der Universität Münster Zeitreihen für den Kapitalstock für die Jahre 1976 bis 1982 berechnet und dem DIW zur Verfügung gestellt. Diese Werte wurden mit Veränderungsraten der Kapitalstockberechnung von Thoss/Ehrfeld[2] bis zum Jahre 1970 zurückgerechnet und an die für das Bundesgebiet vorliegenden Berechnungen des DIW[3] für den Kapitalstock in diesem Bereich angepaßt.

Im Bundesgebiet hat das Bruttoanlagevermögen des verarbeitenden Gewerbes - bewertet zu Preisen von 1976 - in der Zeit von 1970 bis 1976 um 4,0 vH jährlich zugenommen (vgl. Tabelle 5.12). In den Jahren bis 1982 halbierte sich die Wachstumsrate auf 2,0 vH. In beiden Teilperioden war der Zuwachs des Anlagevermögens in den hochverdichteten Regionen unterdurchschnittlich.

Für die erste Teilperiode gilt dies auch für die großen Ballungsregionen, mit Ausnahme des Ruhrgebiets und der Region Mittlerer Neckar. In München nahm das Anlagevermögen mit 1,7 vH im Jahresdurchschnitt weniger als halb so schnell zu wie im Bundesdurchschnitt. Dem entsprechend lag Bayern auch mit 3,3 vH jahresdurchschnittlichen Wachstums am unteren Ende der Flächenländer. In den meisten anderen Flächenländern (Ausnahme Nordrhein-Westfalen und Hessen) stieg der Kapitalstock in dieser Zeit überdurchschnittlich.

Tabelle 5.12

Bruttoanlagevermögen zu Preisen von 1976 im Bergbau und verarbeitenden Gewerbe

	Niveau Mill.DM.			Jahresdurchschnittliche Veränderung in vH	
	1970	1976	1982	1970-76	1976-82
Schleswig-Holstein	12 569	16 831	20 872	5,0	3,7
Hochverdichtet	6 145	7 828	8 260	4,1	0,9
Mit Verdichtungsansätzen	4 641	6 128	7 107	4,7	2,5
Ländlich	1 784	2 874	5 505	8,3	11,4
Hamburg	19 140	22 868	24 141	3,0	0,9
Niedersachsen	50 284	67 310	79 998	5,0	2,9
Hochverdichtet	16 249	20 969	23 619	4,3	2,0
Mit Verdichtungsansätzen	26 693	36 690	43 975	5,4	3,1
Ländlich	7 343	9 651	12 404	4,7	4,3
Bremen	6 383	8 421	9 621	4,7	2,2
Hochverdichtet	6 106	8 097	9 156	4,8	2,1
Mit Verdichtungsansätzen	277	324	465	2,7	6,2
Nordrhein-Westfalen	245 212	303 105	312 306	3,6	0,5
Hochverdichtet	220 611	271 200	278 206	3,5	0,4
Ruhrgebiet	102 347	130 049	123 067	4,1	-0,9
Restl. Verdichtungsr.	118 264	141 151	155 139	3,0	1,6
Mit Verdichtungsansätzen	16 952	22 062	24 389	4,5	1,7
Ländlich	7 648	9 842	9 711	4,3	-0,2
Hessen	45 755	58 055	66 804	4,0	2,4
Hochverdichtet	29 602	37 254	43 826	3,9	2,7
Mit Verdichtungsansätzen	14 205	18 353	20 138	4,4	1,6
Ländlich	1 948	2 448	2 840	3,9	2,5
Rheinland-Pfalz	23 887	32 772	41 815	5,4	4,1
Hochverdichtet	8 168	11 493	14 984	5,9	4,5
Mit Verdichtungsansätzen	14 011	18 883	23 777	5,1	3,9
Ländlich	1 708	2 396	3 054	5,8	4,1
Baden-Württemberg	70 412	93 224	119 829	4,8	4,3
Hochverdichtet	40 454	52 505	66 903	4,4	4,1
Mit Verdichtungsansätzen	20 305	28 226	36 660	5,6	4,5
Ländlich	9 653	12 493	16 266	4,4	4,5
Alpenvorland	6 690	8 472	10 849	4,0	4,2
Restl.ländl.Regionen	2 962	4 022	5 418	5,2	5,1
Bayern	89 662	108 856	127 677	3,3	2,7
Hochverdichtet	38 254	43 638	47 386	2,2	1,4
Mit Verdichtungsansätzen	16 583	20 780	24 574	3,8	2,8
Ländlich	34 825	44 438	55 717	4,1	3,8
Alpenvorland	10 509	12 723	15 311	3,2	3,1
Restl.ländl.Regionen	24 316	31 715	40 406	4,5	4,1
Saarland	14 065	19 446	20 877	5,5	1,2
Berlin	15 495	19 638	22 606	4,0	2,4
Bundesrepublik	592 865	750 525	846 545	4,0	2,0
Hochverdichtet	414 290	514 936	559 965	3,7	1,4
Ruhrgebiet	102 347	130 049	123 067	4,1	-0,9
Restl. Verdichtungsr.	311 943	384 888	436 898	3,6	2,1
Mit Verdichtungsansätzen	113 666	151 446	181 083	4,9	3,0
Ländlich	64 909	84 142	105 497	4,4	3,8
Alpenvorland	17 199	21 194	26 160	3,5	3,6
Restl.ländl.Regionen	47 710	62 948	79 337	4,7	3,9
Nordregion	88 377	115 429	134 631	4,6	2,6
Nordrhein-Westfalen	245 212	303 105	312 306	3,6	0,5
Mittelregion	83 707	110 273	129 496	4,7	2,7
Südregion	160 074	202 080	247 506	4,0	3,4
Berlin	15 495	19 638	22 606	4,0	2,4

Bruttoanlagevermögen zu Preisen von 1976 im Bergbau und verarbeitenden Gewerbe

		Niveau Mill.DM.			Jahresdurchschnittliche Veränderung			
					in vH		Rangziffern	
		1970	1976	1982	1970-76	1976-82	1970-76	1976-82
1	Schleswig	1 107	1 420	1 813	4,2	4,2	42	23
2	Mittelholstein	2 593	3 508	4 178	5,2	3,0	20	38
3	Dithmarschen	677	1 454	3 691	13,6	16,8	2	1
4	Ostholstein	2 048	2 620	2 929	4,2	1,9	44	57
5	Hamburg	26 329	32 799	35 036	3,7	1,1	53	66
6	Lüneburg	810	1 088	1 640	5,0	7,1	23	7
7	Bremerhaven	491	575	815	2,7	6,0	69	8
8	Wilhelmshaven	744	1 781	2 021	15,7	2,1	1	51
9	Ostfriesland	1 418	1 718	2 599	3,3	7,1	65	6
10	Oldenburg	1 888	2 683	3 396	6,0	4,0	7	25
11	Emsland	2 787	3 959	4 768	6,0	3,1	8	32
12	Osnabrück	2 199	3 042	4 662	5,6	7,4	13	5
13	Bremen	10 057	13 022	14 518	4,4	1,8	35	59
14	Hannover	17 934	22 218	24 962	3,6	2,0	57	54
15	Braunschweig	14 857	19 873	23 199	5,0	2,6	25	44
16	Göttingen	2 440	3 670	4 404	7,0	3,1	4	33
17	Münster	11 833	15 261	16 105	4,3	0,9	37	68
18	Bielefeld	10 547	13 100	15 342	3,7	2,7	55	43
19	Paderborn	1 733	2 309	3 021	4,9	4,6	26	15
20	Dortmund-Sauerland	24 497	31 523	30 547	4,3	-0,5	39	73
21	Bochum	14 938	18 155	17 931	3,3	-0,2	64	70
22	Essen	45 174	58 478	53 308	4,4	-1,5	36	75
23	Duisburg	25 387	31 736	30 991	3,8	-0,4	52	72
24	Krefeld	6 105	7 579	8 488	3,7	1,9	56	56
25	Mönchengladbach	8 501	8 634	8 024	0,3	-1,2	75	74
26	Aachen	11 119	14 483	16 901	4,5	2,6	33	46
27	Düsseldorf	18 207	21 835	24 757	3,1	2,1	68	52
28	Wuppertal	9 526	10 786	11 498	2,1	1,1	72	67
29	Hagen	12 494	14 362	16 280	2,3	2,1	71	53
30	Siegen	3 386	4 492	5 263	4,8	2,7	27	42
31	Köln	34 891	42 751	46 377	3,4	1,4	62	63
32	Bonn	6 874	7 621	7 472	1,7	-0,3	73	71
33	Nordhessen	6 137	8 029	9 468	4,6	2,8	31	41
34	Mittelhessen	7 392	9 467	9 608	4,2	0,2	43	69
35	Osthessen	1 948	2 448	2 840	3,9	2,5	51	47
36	Untermain	18 457	22 325	25 334	3,2	2,1	66	50
37	Starkenburg	8 009	10 951	14 039	5,4	4,2	16	21
38	Rhein-Main-Taunus	3 813	4 836	5 515	4,0	2,2	47	49
39	Mittelrhein-Westerwald	5 925	7 840	9 375	4,8	3,0	28	35
40	Trier	1 708	2 396	3 054	5,8	4,1	10	24
41	Rheinhessen-Nahe	4 314	5 821	7 030	5,1	3,2	21	31
42	Rheinpfalz	9 621	13 537	17 480	5,9	4,4	9	18
43	Westpfalz	2 320	3 178	4 877	5,4	7,4	15	4
44	Saar	14 065	19 446	20 877	5,5	1,2	14	64
45	Unterer Neckar	9 940	12 785	15 081	4,3	2,8	40	40
46	Franken	4 250	5 692	7 674	5,0	5,1	24	9
47	Mittlerer Oberrhein	7 505	9 444	11 680	3,9	3,6	50	30
48	Nordschwarzwald	2 111	3 054	4 045	6,3	4,8	6	12
49	Mittlerer Neckar	23 010	30 276	40 142	4,7	4,8	29	11
50	Ostwürttemberg	2 962	4 022	5 418	5,2	5,1	19	10
51	Donau-Iller(Bad.-Würt.)	2 983	4 183	5 336	5,8	4,2	11	20
52	Neckar-Alb	3 697	4 787	5 948	4,4	3,7	34	29
53	Schwarzwald-Baar-Heuberg	2 810	3 815	5 049	5,2	4,8	18	13
54	Südlicher Oberrhein	3 945	5 472	7 175	5,6	4,6	12	14
55	Hochrhein-Bodensee	3 320	5 038	6 449	7,2	4,2	3	22
56	Bodensee-Oberschwaben	3 880	4 657	5 800	3,1	3,7	67	27
57	Bayer. Untermain	2 295	2 915	3 494	4,1	3,1	46	34
58	Würzburg	2 048	2 642	3 331	4,3	3,9	38	26
59	Main-Rhön	3 714	4 552	5 052	3,4	1,8	61	60
60	Oberfranken-West	3 221	4 343	5 595	5,1	4,3	22	19
61	Oberfranken-Ost	3 990	5 075	6 025	4,1	2,9	45	39
62	Oberpfalz-Nord	3 824	4 913	5 481	4,3	1,8	41	58
63	Mittelfranken	11 189	13 767	15 448	3,5	1,9	59	55
64	Westmittelfranken	1 153	1 575	2 521	5,3	8,2	17	3
65	Augsburg	6 550	8 079	9 430	3,6	2,6	58	45
66	Ingolstadt	4 027	5 281	6 869	4,6	4,5	30	16
67	Regensburg	3 289	4 158	4 605	4,0	1,7	49	62
68	Donau-Wald	2 677	3 495	5 906	4,5	9,1	32	2
69	Landshut	1 710	2 480	2 958	6,4	3,0	5	37
70	München	27 065	29 872	31 938	1,7	1,1	74	65
71	Donau-Iller(Bay.)	2 401	2 987	3 713	3,7	3,7	54	28
72	Allgäu	2 636	3 209	4 168	3,3	4,5	63	17
73	Oberland	2 231	2 590	2 872	2,5	1,7	70	61
74	Südostoberbayern	5 642	6 923	8 272	3,5	3,0	60	36
75	Berlin	15 495	19 638	22 606	4,0	2,4	48	48
99	Bundesgebiet	592 865	750 525	846 545	4,0	2,0		

Quelle: Eigene Berechnungen auf der Grundlage von Angaben des Instituts für Siedlungs- und Wohnungswesen der Universität Münster.

Auch in der zweiten Teilperiode war das Wachstum des Kapitalstocks in den ländlichen Regionen - mit Ausnahme von Nordrhein-Westfalen - erheblich stärker als in den hochverdichteten Regionen, deren Entwicklung durch den Rückgang des Kapitalstocks im Ruhrgebiet (-0,9 vH) geprägt wurde. Weiter unterdurchschnittlich entwickelte sich die Ballungsregion München, die mit 1,1 vH jahresdurchschnittlichen Anstieg des Kapitalstocks das gleiche Wachstum aufwies wie Hamburg. Beschleunigt hat sich dagegen die Zunahme des Kapitalstocks in der Region Mittlerer Neckar (4,8 vH).

In Baden-Württemberg wie in Rheinland-Pfalz lag die jahresdurchschnittliche Wachstumsrate des Anlagevermögens mit 4,3 vH bzw. 4,1 vH für alle Siedlungstypen mehr als doppelt so hoch wie im Bundesdurchschnitt. Mit nur 0,5 vH stieg das Anlagevermögen in Nordrhein-Westfalen am geringsten. Auch außerhalb des Ruhrgebiets ergeben sich für Nordrhein-Westfalen weit unterdurchschnittliche Werte.

5.5.2 Kapitalintensität

Die regionalen Unterschiede im Wachstum des Kapitalstocks werden geprägt durch das unterschiedliche Tempo der Kapitalintensivierung. Dies gilt zwar in erster Linie für die Zeit nach 1976, doch ist auch in den Jahren zuvor ein Zusammenhang zwischen dem Anstieg der Kapitalintensität und dem Anstieg des Kapitalstocks zu erkennen (vgl. Abbildung 5.10). In dieser Zeit nahm die Kapitalintensität insbesondere in den Regionen mit Verdichtungsansätzen mit 6,8 vH jahresdurchschnittlich schneller zu als im Bundesdurchschnitt (vgl. Tabelle 5.13). Dagegen kam die Kapitalintensivierung in den ländlichen Regionen schwächer voran.

In den Jahren nach 1976 verlangsamte sich die Wachstumsrate der Kapitalintensität auf 2,9 vH. Davon waren besonders die höherverdichteten Regionen betroffen, insbesondere das Ruhrgebiet (0,9 vH). In den ländlichen Regionen war die Abschwächung wesentlich geringer, so daß hier die Kapitalintensität mit einem Anstieg von 4 vH über dem Durch

Abbildung 5.10

Anstieg von Kapitalintensität und Kapitalstock im verarbeitenden Gewerbe

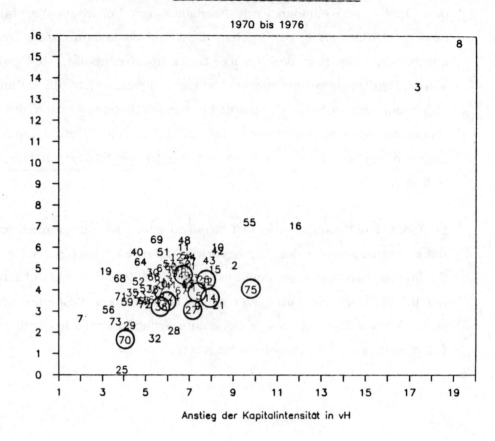

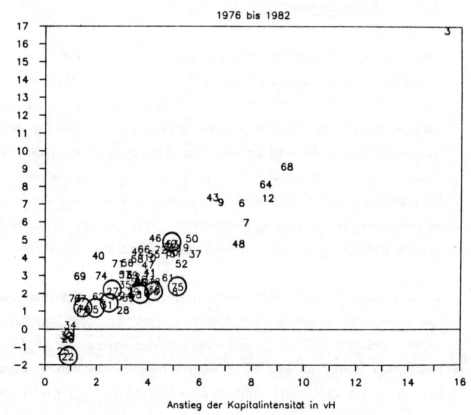

Tabelle 5.13

Bruttoanlagevermögen je Erwerbstätigen
im Bergbau und verarbeitenden Gewerbe

	Niveau in 1000 DM			Abweichung vom Bundesdurchschnitt in vH			Jahresdurchschnittliche Veränderung in vH	
	1970	1976	1982	1970	1976	1982	1970-76	1976-82
Schleswig-Holstein	50,4	76,9	96,5	89	94	99	7,3	3,9
Hochverdichtet	80,1	102,9	105,7	141	126	109	4,3	0,4
Mit Verdichtungsansätzen	38,6	62,8	77,0	68	77	79	8,5	3,5
Ländlich	34,0	63,7	120,1	60	78	123	11,1	11,1
Hamburg	72,9	117,3	135,7	128	143	139	8,3	2,5
Niedersachsen	50,5	80,1	101,6	89	98	104	8,0	4,0
Hochverdichtet	51,6	81,5	99,0	91	100	102	7,9	3,3
Mit Verdichtungsansätzen	49,0	79,6	101,8	86	97	105	8,4	4,2
Ländlich	54,3	79,1	106,2	96	97	109	6,5	5,0
Bremen	55,9	81,0	100,4	98	99	103	6,4	3,7
Hochverdichtet	61,4	93,3	114,3	108	114	117	7,2	3,5
Mit Verdichtungsansätzen	18,7	18,8	29,6	33	23	30	0,2	7,8
Nordrhein-Westfalen	78,5	112,8	125,6	138	138	129	6,2	1,8
Hochverdichtet	81,0	116,7	130,3	142	143	134	6,3	1,9
Ruhrgebiet	116,8	171,0	180,7	205	209	186	6,6	0,9
Restl. Verdichtungsr.	64,0	90,3	106,7	113	110	110	5,9	2,8
Mit Verdichtungsansätzen	54,7	77,1	88,4	96	94	91	5,9	2,3
Ländlich	86,6	125,4	129,0	152	153	133	6,4	0,5
Hessen	49,7	70,8	89,3	87	86	92	6,1	4,0
Hochverdichtet	48,9	69,5	91,6	86	85	94	6,0	4,7
Mit Verdichtungsansätzen	51,6	75,3	87,3	91	92	90	6,5	2,5
Ländlich	47,1	60,9	73,2	83	74	75	4,4	3,1
Rheinland-Pfalz	46,4	70,3	88,2	82	86	91	7,2	3,9
Hochverdichtet	68,5	109,0	143,9	121	133	148	8,0	4,7
Mit Verdichtungsansätzen	39,4	59,4	73,8	69	72	76	7,1	3,7
Ländlich	43,0	56,2	63,6	76	69	65	4,6	2,1
Baden-Württemberg	36,9	53,2	70,1	65	65	72	6,3	4,7
Hochverdichtet	43,2	63,2	82,0	76	77	84	6,6	4,4
Mit Verdichtungsansätzen	29,8	43,9	59,4	52	54	61	6,7	5,2
Ländlich	33,0	45,0	58,9	58	55	60	5,3	4,6
Alpenvorland	34,6	45,2	57,5	61	55	59	4,6	4,1
Restl.ländl.Regionen	29,9	44,4	61,9	53	54	64	6,8	5,7
Bayern	49,3	65,3	78,5	87	80	81	4,8	3,1
Hochverdichtet	61,8	78,9	90,3	109	96	93	4,2	2,3
Mit Verdichtungsansätzen	42,8	59,0	70,1	75	72	72	5,5	2,9
Ländlich	42,9	58,3	74,1	75	71	76	5,2	4,1
Alpenvorland	54,7	71,7	83,8	96	88	86	4,6	2,6
Restl.ländl.Regionen	39,3	54,2	71,0	69	66	73	5,5	4,6
Saarland	71,6	107,5	117,3	126	131	120	7,0	1,5
Berlin	48,0	84,1	113,6	85	103	117	9,8	5,1
Bundesrepublik	56,9	81,9	97,3	100	100	100	6,3	2,9
Hochverdichtet	66,0	95,7	111,8	116	117	115	6,4	2,6
Ruhrgebiet	116,8	171,0	180,7	205	209	186	6,6	0,9
Restl. Verdichtungsr.	57,8	83,4	100,9	102	102	104	6,3	3,2
Mit Verdichtungsansätzen	42,3	62,6	77,5	74	76	80	6,8	3,6
Ländlich	44,4	61,5	78,0	78	75	80	5,6	4,0
Alpenvorland	44,6	58,1	70,4	79	71	72	4,5	3,2
Restl.ländl.Regionen	44,4	62,7	80,8	78	77	83	5,9	4,3
Nordregion	54,5	85,0	105,4	96	104	108	7,7	3,7
Nordrhein-Westfalen	78,5	112,8	125,6	138	138	129	6,2	1,8
Mittelregion	51,3	75,2	92,5	90	92	95	6,6	3,5
Südregion	42,9	59,1	74,2	76	72	76	5,5	3,9
Berlin	48,0	84,1	113,6	85	103	117	9,8	5,1

Bruttoanlagevermögen je Erwerbstätigen im Bergbau und verarbeitenden Gewerbe

		Niveau in 1000 DM			Abweichung vom Bundesdurchschnitt in vH			Jahresdurchschnittliche Veränderung			
								in vH		Rangziffern	
		1970	1976	1982	1970	1976	1982	1970-76	1976-82	1970-76	1976-82
1	Schleswig	39,9	57,5	75,9	70	70	78	6,3	4,7	37	22
2	Mittelholstein	35,2	59,1	73,1	62	72	75	9,1	3,6	6	41
3	Dithmarschen	27,3	71,2	168,3	48	87	173	17,3	15,4	2	1
4	Ostholstein	43,9	68,4	83,4	77	84	86	7,7	3,4	14	47
5	Hamburg	73,6	113,1	127,1	130	138	131	7,4	2,0	16	62
6	Lüneburg	34,6	48,0	74,4	61	59	76	5,6	7,6	48	6
7	Bremerhaven	18,2	20,5	32,0	32	25	33	2,0	7,8	75	5
8	Wilhelmshaven	25,8	74,1	99,6	45	91	102	19,2	5,0	1	16
9	Ostfriesland	40,1	61,4	91,1	70	75	94	7,4	6,8	17	8
10	Oldenburg	38,2	61,6	78,3	67	75	80	8,3	4,1	9	29
11	Emsland	64,3	95,0	120,6	113	116	124	6,7	4,1	32	31
12	Osnabrück	28,8	41,7	68,4	51	51	70	6,4	8,6	35	3
13	Bremen	65,5	92,7	109,2	115	113	112	6,0	2,8	43	56
14	Hannover	51,3	81,1	101,6	90	99	104	7,9	3,8	11	34
15	Braunschweig	64,3	102,9	128,1	113	126	132	8,1	3,7	10	37
16	Göttingen	33,3	65,1	78,4	59	79	81	11,8	3,2	3	50
17	Münster	62,4	93,2	101,1	110	114	104	6,9	1,4	25	65
18	Bielefeld	37,5	52,0	66,7	66	63	68	5,6	4,2	49	25
19	Paderborn	42,5	51,1	69,9	75	62	72	3,1	5,3	74	12
20	Dortmund-Sauerland	86,7	120,8	127,4	152	147	131	5,7	0,9	47	71
21	Bochum	132,2	213,8	226,7	233	261	233	8,3	1,0	7	69
22	Essen	118,6	185,6	195,8	209	227	201	7,8	0,9	13	73
23	Duisburg	134,9	177,9	187,5	237	217	193	4,7	0,9	62	72
24	Krefeld	64,4	92,7	111,6	113	113	115	6,3	3,1	38	51
25	Mönchengladbach	86,7	109,1	113,8	152	133	117	3,9	0,7	69	75
26	Aachen	69,8	108,6	135,4	123	133	139	7,6	3,7	15	36
27	Düsseldorf	59,9	90,4	105,6	105	110	109	7,1	2,6	19	57
28	Wuppertal	50,5	72,8	87,1	89	89	89	6,3	3,0	36	54
29	Hagen	51,3	65,9	80,7	90	80	83	4,3	3,4	66	45
30	Siegen	42,7	58,3	71,6	75	71	74	5,3	3,5	55	44
31	Köln	89,9	127,3	146,9	158	155	151	6,0	2,4	42	58
32	Bonn	76,0	104,3	109,6	134	127	113	5,4	0,8	52	74
33	Nordhessen	41,3	62,4	79,0	73	76	81	7,1	4,0	18	32
34	Mittelhessen	66,7	94,0	99,6	117	115	102	5,9	1,0	44	70
35	Osthessen	47,1	60,9	73,2	83	74	75	4,4	3,1	65	52
36	Untermain	49,8	69,5	88,9	88	85	91	5,7	4,2	46	28
37	Starkenburg	45,2	68,0	95,4	80	83	98	7,0	5,8	21	10
38	Rhein-Main-Taunus	52,2	71,1	91,2	92	87	94	5,3	4,2	56	26
39	Mittelrhein-Westerwald	43,4	62,2	76,0	76	76	78	6,2	3,4	39	46
40	Trier	43,0	56,2	63,6	76	69	65	4,6	2,1	64	61
41	Rheinhessen-Nahe	41,8	62,8	79,7	74	77	82	7,0	4,1	22	30
42	Rheinpfalz	64,2	103,5	128,1	113	126	132	8,3	3,6	8	40
43	Westpfalz	27,2	42,9	62,5	48	52	64	7,9	6,5	12	9
44	Saar	71,6	107,5	117,3	126	131	120	7,0	1,5	23	64
45	Unterer Neckar	46,2	68,9	85,7	81	84	88	6,9	3,7	27	38
46	Franken	33,2	48,6	62,5	58	59	64	6,6	4,3	34	24
47	Mittlerer Oberrhein	48,0	66,3	83,8	84	81	86	5,5	4,0	50	33
48	Nordschwarzwald	20,0	29,6	45,7	35	36	47	6,8	7,5	30	7
49	Mittlerer Neckar	40,7	60,3	80,2	72	74	82	6,8	4,9	31	19
50	Ostwürttemberg	29,9	44,4	61,9	53	54	64	6,8	5,7	29	11
51	Donau-Iller(Bad.-Württ.)	35,4	49,7	66,8	62	61	69	5,8	5,1	45	15
52	Neckar-Alb	28,0	36,8	50,1	49	45	52	4,7	5,3	63	13
53	Schwarzwald-Baar-Heuberg	25,4	36,1	48,2	45	44	50	6,1	4,9	41	17
54	Südlicher Oberrhein	32,0	47,7	63,1	56	58	65	6,9	4,8	28	21
55	Hochrhein-Bodensee	31,0	54,0	69,3	54	66	71	9,7	4,2	5	27
56	Bodensee-Oberschwaben	47,1	57,1	69,0	83	70	71	3,3	3,2	73	49
57	Bayer. Untermain	36,1	48,4	58,1	63	59	60	5,0	3,1	57	53
58	Würzburg	37,0	55,3	68,3	65	68	70	7,0	3,6	24	42
59	Main-Rhön	48,7	62,1	75,2	86	76	77	4,2	3,2	67	48
60	Oberfranken-West	29,9	42,7	57,0	53	52	59	6,1	4,9	40	18
61	Oberfranken-Ost	33,4	50,2	66,4	59	61	68	7,1	4,8	20	20
62	Oberpfalz-Nord	46,0	68,6	77,6	81	84	80	6,9	2,1	26	60
63	Mittelfranken	42,0	55,9	68,8	74	68	71	4,9	3,5	59	43
64	Westmittelfranken	21,7	28,7	46,9	38	35	48	4,8	8,5	61	4
65	Augsburg	49,3	67,6	84,0	87	83	86	5,4	3,7	53	39
66	Ingolstadt	70,9	97,0	121,6	125	118	125	5,4	3,8	54	35
67	Regensburg	45,5	66,8	72,5	80	82	74	6,6	1,4	33	66
68	Donau-Wald	35,2	44,0	75,1	62	54	77	3,8	9,3	71	2
69	Landshut	36,9	50,9	55,1	65	62	57	5,5	1,3	51	67
70	München	76,7	97,3	106,4	135	119	109	4,0	1,5	68	63
71	Donau-Iller(Bay.)	38,0	47,7	56,5	67	58	58	3,9	2,8	70	55
72	Allgäu	40,9	54,6	71,1	72	67	73	5,0	4,5	58	23
73	Oberland	58,0	71,7	76,8	102	88	79	3,6	1,2	72	68
74	Südostoberbayern	63,3	83,9	95,5	111	102	98	4,8	2,2	60	59
75	Berlin	48,0	84,1	113,6	85	103	117	9,8	5,1	4	14
99	Bundesgebiet	56,9	81,9	97,3	100	100	100	6,3	2,9		

Quelle: Eigene Berechnungen aufgrund amtlicher Statistiken sowie Angaben des Instituts für Siedlungs- und Wohnungswesen der Universität Münster

schnitt lag. Die schwache Kapitalintensivierung im Ruhrgebiet bewirkte auch für Nordrhein-Westfalen insgesamt einen im Vergleich zum Bundesdurchschnitt deutlich geringeren Anstieg der Kapitalintensität. Noch geringer war die Zunahme im Saarland (1,5 vH). Alle anderen Flächenländer lagen mit ihren Wachstumsraten über dem durch die Entwicklung im Ruhrgebiet stark gedrückten Durchschnittswert.

Auch in den anderen Ballungsregionen stieg die Kapitalintensität zumeist schwächer als im Durchschnitt, überdurchschnittlich dagegen lediglich Hannover, Untermain und der Stuttgarter Raum. Alle drei Regionen lagen 1976 mit ihrer Kapitalausstattung je Erwerbstätigen unter dem Bundesdurchschnitt. Umgekehrt haben die Regionen mit hoher Kapitalausstattung je Erwerbstätigen nur einen abgeschwächten Anstieg aufzuweisen (vgl. Abb. 5.11). Dies gilt nicht nur für die Ballungsregionen, sondern für alle Raumordnungsregionen. Feststellbar ist dieser Zusammenhang allerdings nur für die Jahre nach 1976. Für den Zeitraum 1970 bis 1976 läßt sich ein Muster dieser Art nicht erkennen.

5.5.3 Zum Verhältnis von Kapitalintensivierung und Wachstum

Die Entwicklung der Kapitalintensität deutet darauf hin, daß die Ausweitung des Kapitalstocks im wesentlichen dazu gedient hat, den Substitutionsprozeß voranzutreiben. Daß die Kapazitätserweiterung als Investitionsmotiv nur eine untergeordnete Rolle spielt, wird deutlich, wenn man den Zusammenhang zwischen dem Wachstum des Kapitalstocks und der Produktion in den Regionen betrachtet (vgl. Abbildung 5.12).

In beiden Perioden wurde zwar auch der Kapitalstock ausgeweitet, doch mit erheblich geringeren Wachstumsraten als die Produktion. Für die Entwicklung des Kapitalkoeffizienten ergibt sich daraus eine negative Korrelation zum Wachstum; d.h. in denjenigen Regionen, in denen der Kapitaleinsatz je Outputeinheit besonders stark gesteigert wurde, war das Wachstum besonders niedrig oder sogar negativ (vgl. Abbildung 5.13).

Abbildung 5.11

Anstieg und Niveau der Kapitalintensität
im verarbeitenden Gewerbe

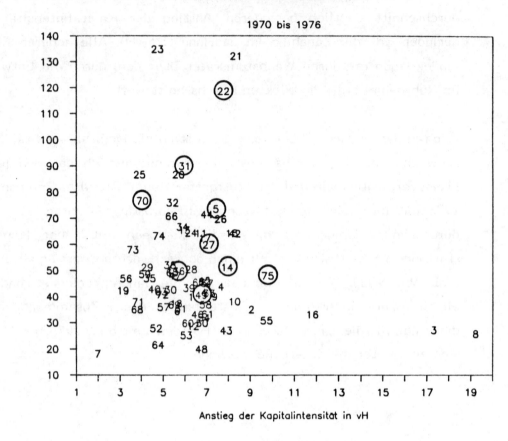

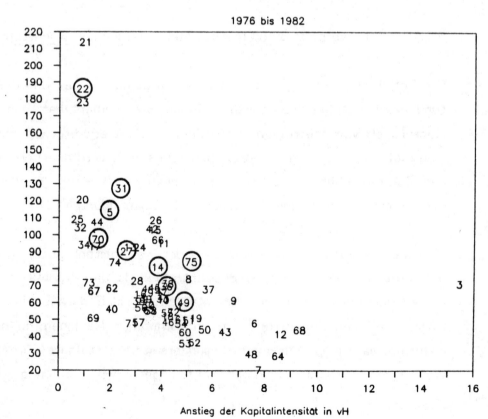

Abbildung 5.12

Zunahme des Kapitalstocks und Produktionswachstum
im verarbeitenden Gewerbe

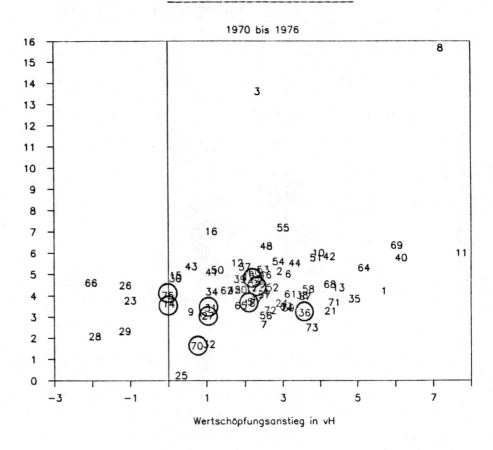

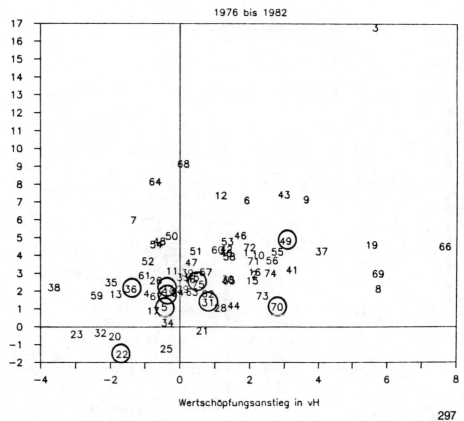

Abbildung 5.13

Anstieg des Kapitalkoeffizienten und Produktionswachstum im verarbeitenden Gewerbe

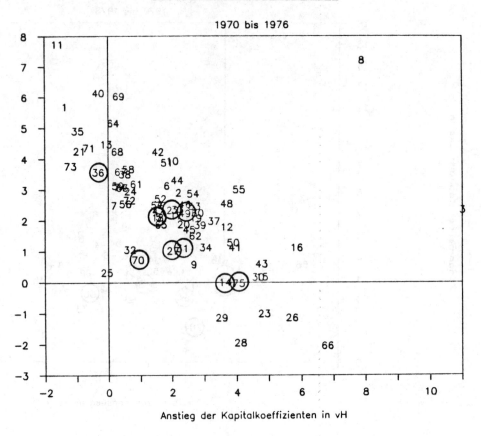

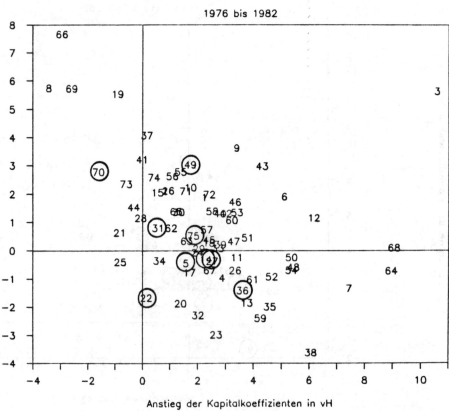

Nur sehr schwache Beziehungen bestehen zwischen der Entwicklung der Kapitalintensität und dem Produktionswachstum des verarbeitenden Gewerbes (vgl. Abb. 5.14). Der Nachweis, daß bei einem rascheren Anstieg der Kapitalintensität sich die Wachstumschancen vergrößern, läßt sich jedenfalls nicht führen.

Wie nicht anders zu erwarten, besteht ein positiver Zusammenhang zwischen den Niveaus der Arbeitsproduktivität in den Regionen und des Kapitaleinsatzes je Erwerbstätigen (vgl. Abbildung 5.15). Für die Entwicklung dieser beiden Größen zeigen Korrelationsrechnungen allerdings nur einen schwachen Zusammenhang zwischen beiden Größen (vgl. Abbildung 5.16). Der Substitutionsprozeß hat also als Erklärung für regionale Entwicklungsunterschiede im Produktivitätswachstum nur geringe Bedeutung. Unverändert stark ist dagegen auch im verarbeitenden Gewerbe in der zweiten Periode der Zusammenhang zwischen Produktivitätsanstieg und Wachstumstempo (vgl. Abbildung 5.17).

Zur Verdeutlichung sind in der nachfolgenden Tabelle 5.14 Korrelationskoeffizienten für die hier diskutierten Beziehungen zusammengestellt worden, die bei einer Irrtumswahrscheinlichkeit von 5 vH signifikant sind.

Diese Befunde stützen die schon zuvor geäußerte Vermutung, daß auch andere Strategien zur Produktivitätssteigerung als die Kapitalintensivierung an Bedeutung gewinnen. Eine Rolle spielt hier sicherlich der für das Bundesgebiet als Gesamtraum erkennbare Sachverhalt, daß zusätzliche Investitionen in Kombination mit dem vorhandenen Kapitalstock heute größere Kapazitätseffekte haben als früher.[4] Die technologische Entwicklung fördert also Produktionsprozesse, die mit weniger Investitionen pro Output-Einheit auskommen als in der Vergangenheit.

Abbildung 5.14

Zunahme der Kapitalintensität und Produktionswachstum im verarbeitenden Gewerbe

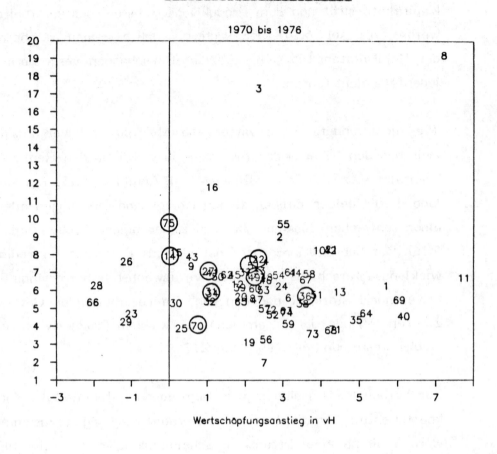

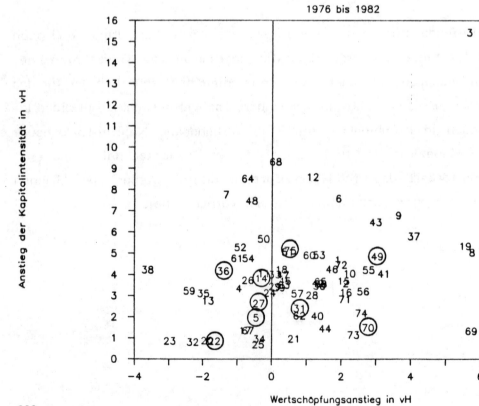

Abbildung 5.15

Niveau von Kapitalintensität und Produktivität
im verarbeitenden Gewerbe

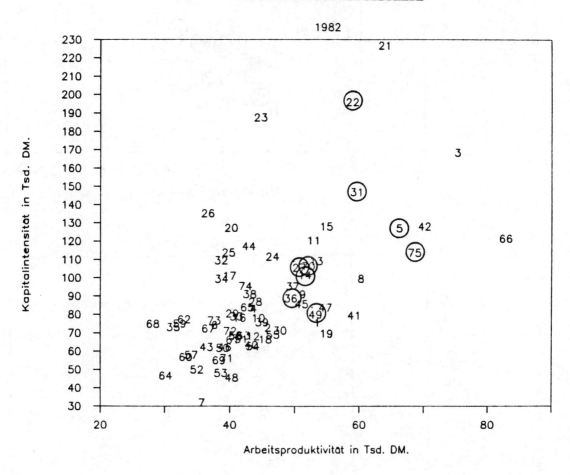

Abbildung 5.16

Zunahme der Kapitalintensität und Produktivitätsanstieg im verarbeitenden Gewerbe

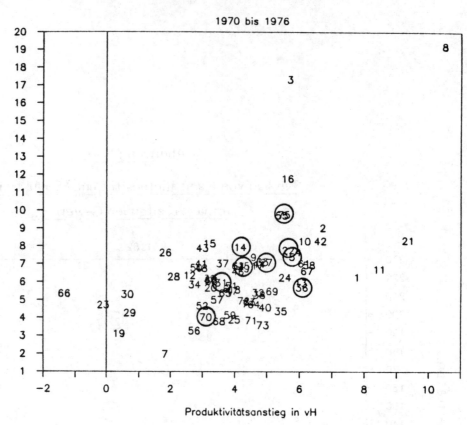

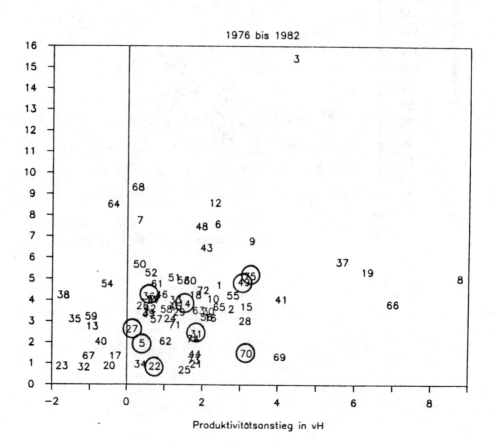

Abbildung 5.17

Produktivitätsanstieg und Produktionswachstum im verarbeitenden Gewerbe

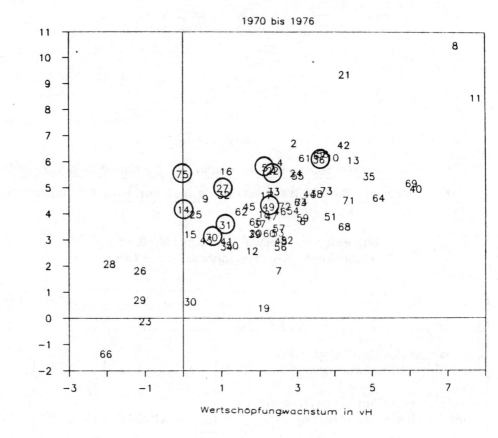

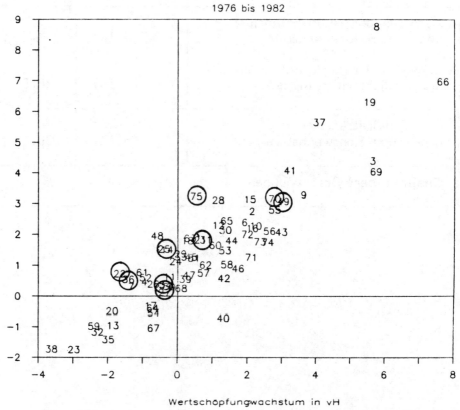

Tabelle 5.14

Ergebnisse von Regressionsschätzungen des Zusammenhangs zwischen Kennziffern für die Kapitalausstattung und dem Produktionswachtum

Mit einer Irrtumswahrscheinlichkeit von 5 vH
signifikante Korrelationskoeffizienten in vH

	Abbildung	1970-76	1976-82
Zunahme des Kapitalstocks und Produktionswachstum	(5.12)	37,5	42,3
Anstieg des Kapitalkoeffizienten und Produktionswachstum	(5.13)	51,9	41,4
Zunahme der Kapitalintensität und Produktionswachstum	(5.14)	-	26,5
Zunahme der Kapitalintensität und Produktivitätsanstieg	(5.16)	28,8	27,6
Produktivitätsanstieg und Produktionswachstum	(5.17)	70,6	88,4
Quelle: Eigene Berechnungen.			

5.5.4 Modernisierung und Innovationen

In produktionstheoretischen Untersuchungen schlagen sich diese Faktoren im Tempo des vielfach vereinfachend sogenannten technischen Fortschritts nieder. Untersuchungen, die für die Bundesrepublik durchgeführt wurden, zeigen, daß neben der Kapitalsubstitution dieser "technische Fortschritt" einen Erklärungsanteil von teilweise 50 vH und mehr an der Entwicklung der Arbeitsproduktivität hat. So kann verstärkte Substitution durch eine abgeschwächte Rate des technischen Fortschritts kompensiert werden, und umgekehrt auch ohne Substitution die Arbeitsproduktivität durch den Einfluß des technischen Fortschritts stärker steigen. Für regionale Vergleiche ist die Bündelung dieser Einflußfaktoren in einer solchen Residualkomponente allerdings wenig hilfreich, da sich hier nicht nur technologische Sachverhalte niederschlagen, sondern regionsspezifische Einflußfaktoren vielfältiger Art.

Um zu überprüfen, welchen Einfluß ein verstärkter Einsatz neuer Techniken auf den Produktivitätspfad im verarbeitenden Gewerbe hat, wurde ein Indikator für den Modernisierungsgrad konstruiert, der das Verhältnis zwischen der Summe der letzten 6 Investitionsjahrgänge und dem Bruttoanlagevermögen - beides gemessen zu konstanten Preisen - angibt. Je höher der Modernisierungsgrad ist - er beträgt im Bundesdurchschnitt 29 vH -, desto größer ist der Anteil moderner mit neuesten Techniken ausgestatteter Anlagen am gesamten Kapitalstock (vgl. Tabelle 5.15). Untersuchungen auf Bundesebene haben gezeigt, daß der für Wirtschaftszweige ermittelte Modernisierungsgrad ein guter Indikator für das Expansionstempo des Produktionspotentials[5] ist. Auf regionaler Ebene zeigt allerdings ein Vergleich des Modernisierungsgrades mit dem Anstieg der Arbeitsproduktivität keinen eindeutigen Zusammenhang (vgl. Abbildung 5.18).

Überprüft wurde weiterhin, inwieweit die Innovationsintensität der Unternehmen einen Beitrag zur Entwicklung der Arbeitsproduktivität geleistet hat. Als Indikator für diesen Sachverhalt wurde der Anteil innovierender kleinerer und mittlerer Unternehmen an der Gesamtzahl der Betriebe in einer Region verwendet, der vom Fraunhofer-Institut für Systemtechnik

Tabelle 5.15

Modernisierungs- und Innovationsgrad

Raumordnungsregion	Modernisierungsgrad	Innovationsgrad
	in vH	
1 Schleswig	38	8
2 Mittelholstein	33	7
3 Dithmarschen	67	7
4 Ostholstein	29	10
5 Hamburg	26	14
6 Lüneburg	46	17
7 Bremerhaven	44	7
8 Wilhelmshaven	30	11
9 Ostfriesland	46	12
10 Oldenburg	37	17
11 Emsland	34	12
12 Osnabrück	47	14
13 Bremen	29	21
14 Hannover	29	18
15 Braunschweig	31	15
16 Göttingen	34	17
17 Münster	25	22
18 Bielefeld	32	18
19 Paderborn	38	11
20 Dortmund-Sauerland	18	15
21 Bochum	20	10
22 Essen	13	13
23 Duisburg	19	12
24 Krefeld	29	17
25 Mönchengladbach	15	20
26 Aachen	31	23
27 Düsseldorf	30	20
28 Wuppertal	25	27
29 Hagen	30	20
30 Siegen	32	31
31 Köln	27	24
32 Bonn	19	22
33 Nordhessen	32	8
34 Mittelhessen	22	18
35 Osthessen	31	12
36 Untermain	30	16
37 Starkenburg	37	17
38 Rhein-Main-Taunus	30	17
39 Mittelrhein-Westerwald	33	20
40 Trier	37	9
41 Rheinhessen-Nahe	34	14
42 Rheinpfalz	38	15
43 Westpfalz	47	6
44 Saar	26	17
45 Unterer Neckar	32	19
46 Franken	40	18
47 Mittlerer Oberrhein	35	21
48 Nordschwarzwald	40	21
49 Mittlerer Neckar	39	25
50 Ostwürttemberg	40	18
51 Donau-Iller(Bad.-Würt.)	38	10
52 Neckar-Alb	36	16
53 Schwarzwald-Baar-Heuberg	39	20
54 Südlicher Oberrhein	39	16
55 Hochrhein-Bodensee	37	13
56 Bodensee-Oberschwaben	36	17
57 Bayer. Untermain	33	12
58 Würzburg	37	14
59 Main-Rhön	28	7
60 Oberfranken-West	38	9
61 Oberfranken-Ost	33	11
62 Oberpfalz-Nord	29	12
63 Mittelfranken	29	16
64 Westmittelfranken	50	7
65 Augsburg	32	17
66 Ingolstadt	38	11
67 Regensburg	28	16
68 Donau-Wald	52	12
69 Landshut	33	14
70 München	25	23
71 Donau-Iller(Bay.)	36	16
72 Allgäu	38	20
73 Oberland	28	24
74 Südostoberbayern	33	14
75 Berlin	31	15
99 Bundesgebiet	29	17

Modernisierungsgrad: Investitionssumme der Jahre 1976 bis 1982 bezogen auf das Brutoanlagevermögen von 1982.
Innovationsgrad: Anteil der innovierenden kleinen und mittleren Unternehmen im verarbeitenden Gewerbe an der Gesamtzahl der Betriebe.
Quellen: Fraunhofer-Institut für Systemtechnik und Innovationsforschung.-Institut für Siedlungs-und Wohnungswesen,Universität Münster.

Abbildung 5.18

Arbeitsproduktivität und Modernisierung

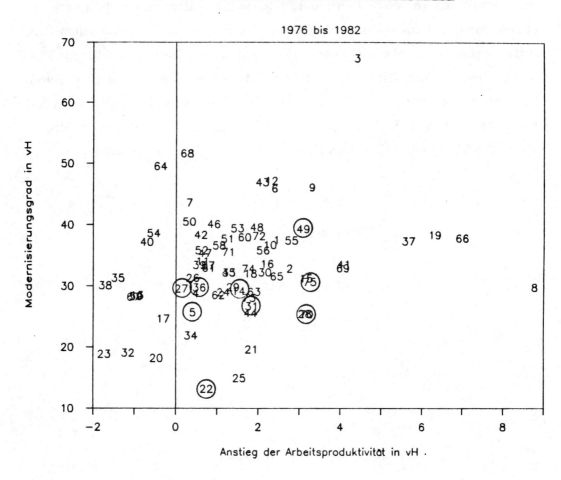

und Innovationsforschung (ISI) für Raumordnungsregionen berechnet wurde[6]. Auch für diesen Indikator läßt sich weder mit dem Anstieg der Arbeitsproduktivität noch mit dem Modernisierungsgrad ein Zusammenhang herstellen (Abbildung 5.19). Offenbar ist der Innovationsgrad ein Indikator, dessen Aussagekraft auf einen eng abgegrenzten Sachverhalt beschränkt ist. Auf die gesamtwirtschaftliche Entwicklung einer Region kann mit diesem Indikator nicht geschlossen werden.

Eine Vertiefung dieser Untersuchungen ist kaum möglich, ohne stärker in die Details der regionalen Produktionsstruktur - nicht nur auf Branchenebene, sondern auch auf der Produktebene - zu gehen. Es fehlen vor allem differenzierende Untersuchungen der regionalen Outputstrukturen, die nicht allein an der Branchenzugehörigkeit festgemacht werden. Bislang besteht nur die Möglichkeit, auf die Tätigkeitsstruktur der sozialversicherungspflichtig Beschäftigten in den Regionen als weiteres differenzierendes Merkmal zurückzugreifen[7].

Abbildung 5.19

Innovationsgrad und Modernisierungsgrad

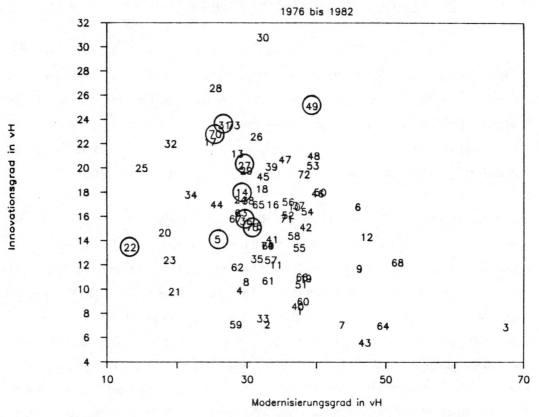

Arbeitsproduktivität und Innovationsgrad

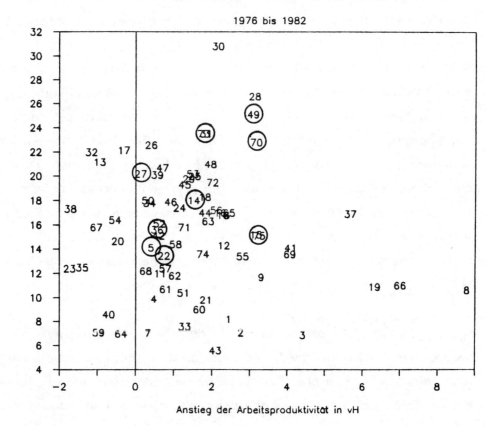

5.6 Produktivität und Qualität des Arbeitseinsatzes

Hier geht es darum zu klären, welche Bedeutung der zweiten, auf die Mobilisierung von Produktivitätsfortschritten gerichteten Strategie zukommt, nämlich hochqualifizierte Arbeitskräfte einzusetzen, um auf diese Weise Wettbewerbsvorsprünge zu erlangen und Wachstumsspielräume auszuschöpfen. Dabei kommt es vor allem darauf an, geeignete Indikatoren zur Beschreibung der Qualifikation der Arbeitskräfte zu finden.

Bereits an anderer Stelle wurde auf die Beziehungen zwischen Lohnniveau und Arbeitsproduktivität in den Regionen hingewiesen. Es hat sich gezeigt, daß es eine hohe Korrelation zwischen der Lohnsatzentwicklung und der Entwicklung der Arbeitsproduktivität gibt, ohne daß deutlich erkennbar wurde, in welchem Umfang die Sachkapitalbildung zu diesem Arbeitsproduktivitätsfortschritt beigetragen hat. Möglicherweise liefert die Akkumulation von Humankapital eine bessere Erklärung für diese Zusammenhänge. Für höher qualifizierte Arbeitskräfte müssen auch höhere Löhne gezahlt werden. Die Lohnsatzdifferenzen zu minderqualifizierten Arbeitskräften lassen sich unter diesem Aspekt als Verzinsung des von den qualifizierten Arbeitskräften eingebrachten Humankapitals interpretieren.

Allerdings sagt die Lohnsatzdifferenz noch nichts darüber aus, worin sich zinstragendes Humankapital manifestiert. Eine der Möglichkeiten, dies zu messen, besteht darin, die Qualifikation von Arbeitskräften nach Tätigkeitsmerkmalen zu klassifizieren. Dies ist für diese Untersuchung in Anlehnung an die von Bade gewählte Klassifikation der Tätigkeiten geschehen. Aufbauend auf der nach Berufen gegliederten Zahl der sozialversicherungspflichtig Beschäftigten hat Bade zunächst nach Fertigungsaktivitäten und Diensten unterschieden, die sich aufteilen lassen in Produktionsdienste, Distributionsdienste und Personen- und Konsumdienste[8].

Da zu vermuten ist, daß es innerhalb der Dienste solche gibt, die einen besonderen Einfluß auf die Entwicklung in den Regionen haben, hat Bade innerhalb der Dienste eine Berufsgruppe besonders betrachtet, die Tätigkeiten im Forschungs- und Entwicklungsbereich und in einigen anderen unternehmensbezogenen Diensten wie Unternehmensberatung, Marketing und EDV ausübt. Bade konnte nachweisen, daß der Anteil dieser höherwertigen unternehmensbezogenen Dienste hoch korreliert ist mit der Entwicklung der Beschäftigung in der Region insgesamt. Diesen Untersuchungen liegt allerdings ein Regionsraster zugrunde, bei dem auch Kern-Rand-Beziehungen in die Betrachtung einbezogen sind.

In der nachfolgenden Tabelle 5.16 sind die Anteile der auf den Fertigungsbereich und die Dienste entfallenden Beschäftigten für die Raumordnungsregionen in den Jahren 1976 und 1982 zusammengestellt worden. Die Ergebnisse zeigen, daß der Anteil der im Fertigungsbereich tätigen Personen mit einer Ausnahme in allen Regionen zurückgegangen ist. Im Bundesdurchschnitt errechnet sich ein Anteilsrückgang von 5 vH, im Frankfurter Raum waren es sogar 10 vH. Dementsprechend hat der Anteil der Dienste zugenommen, wenn auch prozentual nicht so stark, weil das Gewicht der in tertiären Aktivitäten Beschäftigten schon 1976 mit 60 vH sehr viel höher war als in den Fertigungsaktivitäten. Bis 1982 ist dieser Anteil auf 63 vH gestiegen. Anteile von über 70 vH erreichten unter den Ballungsregionen die Spitzenreiter Hamburg und München (73 vH), der Frankfurter Raum (72 vH), Berlin (71 vH) und Düsseldorf (70 vH). Hinzu kommt die Verwaltungsregion Bonn (72 vH) und die Region Rhein-Main-Taunus (70 vH).

Innerhalb der Dienste übt nur ein kleiner Teil der Beschäftigten Tätigkeiten aus, die den höherwertigen unternehmensbezogenen Diensten zuzurechnen sind. 1976 waren es im Bundesdurchschnitt nur 3 vH. Im Zeitablauf hat allerdings der Anteil dieser Beschäftigten kräftig zugenommen, im Bundesdurchschnitt um 18 vH. Bei den Zuwächsen der Zahl der Beschäftigten in diesen Berufen läßt sich das Gefälle nicht so eindeutig mit den zentralen Funktionen großer Ballungsräume erklären. Zuwächse von über 20 vH erreichten auch Regionen mit Verdichtungsansätzen - beispielsweise in Niedersachsen, im Bremer Umland und in Bayern. In diesem Regionstyp hat Bayern Zuwächse erreicht wie sonst nur hochverdichtete Regionen, wenn man vom Bremer Umland einmal absieht. In Bayern wurde im übrigen auch in den ländlichen Regionen - das Alpenvor-

Tabelle 5.16

Tätigkeitsstruktur der sozialversicherungspflichtig Beschäftigten

	1976			1982			1982 (1976 = 100)		
	Ferti-gung	Dienste Insge-samt	Dienste höherw. untern. bezogene	Ferti-gung	Dienste Insge-samt	Dienste höherw. untern. bezogene	Ferti-gung	Dienste Insge-samt	Dienste höherw. untern. bezogene
	Anteile in vH						1976 = 100		
Schleswig-Holstein	36	63	3	35	65	3	95	104	114
Hochverdichtet	40	60	3	37	62	3	94	105	118
Mit Verdichtungsansätzen	34	65	3	32	67	3	94	104	112
Ländlich	37	62	2	35	65	2	95	105	116
Hamburg	25	75	5	23	77	6	94	103	118
Niedersachsen	40	59	3	38	62	3	94	106	118
Hochverdichtet	36	63	3	34	66	4	94	105	115
Mit Verdichtungsansätzen	42	57	3	40	60	3	95	106	120
Ländlich	43	56	2	40	59	2	94	107	116
Bremen	31	68	4	29	71	5	92	104	118
Hochverdichtet	30	70	4	27	72	5	92	104	117
Mit Verdichtungsansätzen	39	61	3	36	64	3	92	106	130
Nordrhein-Westfalen	40	59	3	38	62	4	95	106	116
Hochverdichtet	40	59	3	37	62	4	94	106	117
Ruhrgebiet	42	56	3	40	60	4	94	107	117
Restl. Verdichtungsr.	38	61	3	36	63	4	95	105	116
Mit Verdichtungsansätzen	43	55	2	41	59	3	95	106	118
Ländlich	46	53	2	44	56	2	95	106	116
Hessen	37	62	4	34	66	5	92	106	120
Hochverdichtet	33	65	5	30	69	6	91	106	122
Mit Verdichtungsansätzen	43	56	2	41	59	3	95	105	115
Ländlich	48	51	1	45	55	1	95	107	110
Rheinland-Pfalz	40	59	3	39	61	3	98	103	105
Hochverdichtet	38	62	4	38	62	4	101	100	103
Mit Verdichtungsansätzen	40	59	3	39	61	3	97	104	106
Ländlich	42	57	2	42	58	2	99	102	107
Baden-Württemberg	42	57	3	40	60	4	95	105	120
Hochverdichtet	38	61	4	36	63	5	95	104	122
Mit Verdichtungsansätzen	44	55	2	42	58	3	95	105	115
Ländlich	48	51	2	46	54	3	96	105	119
Alpenvorland	48	52	2	46	54	3	96	105	118
Restl. ländl. Regionen	49	50	2	47	53	3	96	106	121
Bayern	42	57	3	39	60	4	95	106	120
Hochverdichtet	32	66	6	30	70	7	93	105	122
Mit Verdichtungsansätzen	45	53	2	43	57	2	95	106	122
Ländlich	48	51	2	46	54	2	95	106	117
Alpenvorland	42	57	2	40	59	2	95	105	110
Restl. ländl. Regionen	51	48	2	48	52	2	95	107	120
Saarland	43	56	2	42	58	3	98	104	115
Berlin	30	69	4	28	71	5	94	103	116
Bundesrepublik	39	60	3	37	63	4	95	105	118
Hochverdichtet	36	63	4	34	66	5	94	105	119
Ruhrgebiet	42	56	3	40	60	4	94	107	117
Restl. Verdichtungsr.	35	64	4	33	67	5	94	104	119
Mit Verdichtungsansätzen	43	56	2	40	59	3	95	105	116
Ländlich	47	53	2	44	55	2	95	106	116
Alpenvorland	45	54	2	43	57	3	96	105	114
Restl. ländl. Regionen	47	52	2	45	55	2	95	106	117
Nordregion	36	63	3	34	66	4	94	104	117
Nordrhein-Westfalen	40	59	3	38	62	4	95	106	116
Mittelregion	38	60	3	36	63	4	95	105	116
Südregion	42	57	3	40	60	4	95	105	120
Berlin	30	69	4	28	71	5	94	103	116

Tätigkeitsstruktur der sozialversicherungspflichtig Beschäftigten

	1976			1982			1976 = 100		
	Ferti-gung	Dienste Insgesamt	Dienste höherw. untern. bezogene	Ferti-gung	Dienste Insgesamt	Dienste höherw. untern. bezogene	Ferti-gung	Dienste Insgesamt	Dienste höherw. untern. bezogene
	Anteile in vH								
1 Schleswig	35	64	2	32	67	2	94	105	112
2 Mittelholstein	34	65	3	33	67	4	95	104	112
3 Dithmarschen	42	57	2	40	60	2	96	104	125
4 Ostholstein	35	65	3	32	68	3	91	106	112
5 Hamburg	28	71	4	27	73	5	95	103	116
6 Lüneburg	40	59	2	37	63	2	94	106	107
7 Bremerhaven	40	59	2	37	63	2	91	107	130
8 Wilhelmshaven	40	59	3	36	63	3	92	108	121
9 Ostfriesland	42	57	2	40	60	2	94	106	116
10 Oldenburg	40	59	3	39	61	3	96	104	115
11 Emsland	50	49	2	47	53	2	93	109	117
12 Osnabrück	44	55	2	42	58	2	95	105	111
13 Bremen	34	65	3	32	68	4	94	104	116
14 Hannover	36	63	3	34	66	4	94	105	117
15 Braunschweig	42	56	3	41	59	4	96	106	123
16 Göttingen	41	58	3	38	62	3	93	107	126
17 Münster	42	57	2	40	60	3	94	106	120
18 Bielefeld	44	55	2	42	58	3	95	105	111
19 Paderborn	45	54	2	42	58	3	94	107	128
20 Dortmund-Sauerland	43	56	3	40	59	3	95	106	113
21 Bochum	41	55	3	38	62	3	92	113	134
22 Essen	42	57	4	39	60	4	95	106	114
23 Duisburg	45	54	3	41	59	3	93	108	118
24 Krefeld	41	58	3	39	61	3	95	104	106
25 Mönchengladbach	43	56	2	39	61	3	91	108	119
26 Aachen	43	55	3	41	59	4	95	107	127
27 Düsseldorf	31	67	5	30	70	5	97	103	115
28 Wuppertal	40	59	3	38	62	3	95	104	111
29 Hagen	47	53	2	45	55	2	95	105	120
30 Siegen	46	53	2	45	55	3	98	104	106
31 Köln	35	64	5	33	67	5	94	104	119
32 Bonn	30	69	4	28	72	5	95	104	108
33 Nordhessen	43	56	2	40	60	2	95	106	113
34 Mittelhessen	43	56	2	41	59	3	95	105	118
35 Osthessen	48	51	1	45	55	1	95	107	110
36 Untermain	31	68	5	28	72	6	90	106	122
37 Starkenburg	43	56	4	39	60	5	91	108	124
38 Rhein-Main-Taunus	32	67	4	30	70	5	93	105	122
39 Mittelrhein-Westerwald	41	59	2	39	61	2	97	103	108
40 Trier	42	57	2	42	58	2	99	102	107
41 Rheinhessen-Nahe	35	64	3	33	67	4	94	104	105
42 Rheinpfalz	39	61	4	39	60	4	102	100	101
43 Westpfalz	48	51	2	46	54	2	96	105	108
44 Saar	43	56	2	42	58	3	98	104	115
45 Unterer Neckar	37	62	4	36	64	5	96	103	115
46 Franken	45	54	2	44	56	2	97	104	111
47 Mittlerer Oberrhein	38	61	4	37	63	5	97	103	117
48 Nordschwarzwald	46	53	2	41	59	3	88	111	121
49 Mittlerer Neckar	39	60	5	37	63	6	94	105	126
50 Ostwürttemberg	49	50	2	47	53	3	96	106	121
51 Donau-Iller(Bad.-Würt.)	44	55	3	42	58	3	96	105	111
52 Neckar-Alb	49	50	2	46	54	3	95	107	123
53 Baar-Meuberg	51	48	2	50	50	2	97	104	114
54 Südlicher Oberrhein	41	58	2	39	61	3	96	104	117
55 Hochrhein-Bodensee	42	57	3	41	59	3	97	103	110
56 Bodensee-Oberschwaben	44	56	3	41	58	4	95	105	120
57 Bayer. Untermain	53	45	1	50	49	2	96	109	134
58 Würzburg	41	59	2	39	61	3	96	104	121
59 Main-Rhön	47	53	2	44	56	2	94	106	121
60 Oberfranken-West	52	47	2	49	50	2	96	106	121
61 Oberfranken-Ost	51	49	2	48	52	2	95	107	116
62 Oberpfalz-Nord	52	46	1	51	49	1	98	107	114
63 Mittelfranken	38	60	4	35	65	5	93	108	124
64 Westmittelfranken	51	48	1	48	52	1	94	108	126
65 Augsburg	43	56	3	41	59	2	95	105	120
66 Ingolstadt	51	49	2	48	52	3	95	105	120
67 Regensburg	47	52	2	44	56	2	94	107	118
68 Donau-Wald	52	47	1	48	52	2	93	110	128
69 Landshut	50	49	2	49	50	2	99	103	116
70 München	29	70	7	27	73	8	94	104	121
71 Donau-Iller(Bay.)	47	52	2	45	55	2	95	106	125
72 Allgäu	41	58	2	39	61	2	96	104	108
73 Oberland	39	60	2	37	63	2	95	105	112
74 Südostoberbayern	45	54	2	43	57	2	95	105	110
75 Berlin	30	69	4	28	71	5	94	103	116
99 Bundesgebiet	39	60	3	37	63	4	95	105	118

Quelle: Eigene Berechnungen aufgrund amtlicher Statistiken.

land ausgeklammert - ein Zuwachs von 20 vH bei den Beschäftigten dieser Berufsgruppe erreicht.

Betrachtet man die Ergebnisse für Bundesländer, so lag in Bayern, Baden-Württemberg und Hessen die Zunahme erheblich über dem Durchschnitt. Mit Ausnahme von Hamburg und Niedersachsen war die Zunahme in allen anderen Bundesländern geringer. Von den Flächenländern hatte Nordrhein-Westfalen hinter Schleswig-Holstein die geringste Zunahme des Anteils dieser Beschäftigtengruppe zu verzeichnen. Dies ist nicht nur auf die Entwicklung im Ruhrgebiet zurückzuführen. Auch in der Mehrzahl der übrigen Regionen dieses Bundeslandes ist eine eher unterdurchschnittliche Entwicklung festzustellen.

Besonders stark war die Anteilszunahme der höherwertigen produktionsorientierten Dienste in den hochverdichteten Regionen Bayerns, Baden-Württembergs und Hessens. In Bayern und Baden-Württemberg entwickelten sich aber auch die anderen Siedlungstypen in der Regel günstiger als im Bundesdurchschnitt, so daß sich in der Differenzierung nach Ländergruppen nur für die Südregion ein überdurchschnittlicher Anteilszuwachs ergab.

Diesem Nord-Süd-Gefälle entspricht die Entwicklung in den Ballungsregionen. Am stärksten war die Anteilszunahme höherwertiger Dienste in der Region Mittlerer Neckar, wo das Niveau mit 60 vH bereits 1976 weit über dem Durchschnitt lag. In München erreichten die höherwertigen produktionsorientierten Dienste mit 8 vH einen Anteil an den Beschäftigten, der doppelt so hoch war wie im Bundesdurchschnitt.

In Abbildung 5.20 ist die Entwicklung der Beschäftigten in beiden Perioden dem Anteil der am Ende der Periode im Bereich höherwertige unternehmensbezogene Dienstleistungen Beschäftigten gegenübergestellt worden. Für die zweite Periode von 1976 bis 1982 wurden auch die Veränderungen in dieser Berufsgruppe mit der Zunahme der insgesamt Beschäftigten korreliert.

Bei der Höhe der Anteile zeigt sich ein deutlicher Zusammenhang mit der Beschäftigtenentwicklung allerdings nur für die großen Ballungsräume,

Abbildung 5.20

Höherwertige unternehmensbezogene Dienste (HuD)
und Beschäftigtenanstieg

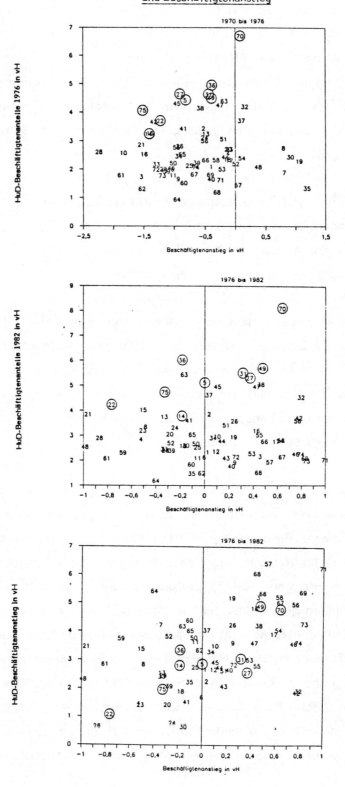

nicht jedoch für die übrigen Raumordnungsregionen. Die Zunahme der Zahl der Beschäftigten in dieser Berufsgruppe ist dagegen auch in den übrigen Raumordnungsregionen mit der Beschäftigtenentwicklung hoch korreliert.

Über die Beziehungen zwischen den Anteilen und der Entwicklung dieser Berufsgruppe und der Beschäftigtenentwicklung in den Regionen hinaus ist auch geprüft worden, welche Beziehungen zwischen dieser Berufsgruppe und der Entwicklung von Produktion, Produktivität und Lohnsätzen bestehen.

Über die Zusammenhänge informiert Abbildung 5.21. Deutlich erkennbare Zusammenhänge gibt es auch hier für die großen Ballungsregionen. Signifikante positive Korrelationskoeffizienten ergeben sich für die Wirtschaftszweige insgesamt dagegen nur für die Beziehung zwischen der Zahl der Beschäftigten in höherwertigen produktionsorientierten Dienstleistungen und dem Produktionswachstum bzw. Lohnsatzanstieg, nicht jedoch für die Beziehung zu der Entwicklung von Beschäftigung und Produktivität (vgl. Tabelle 5.17). Beziehungen zur Produktivität lassen sich auch auf der Ebene von Wirtschaftszweigen kaum nachweisen. Dagegen erhält man signifikante Zusammenhänge zu der Entwicklung der Erwerbstätigen in einer Reihe von Wirtschaftszweigen.

Anders sieht das Bild aus, wenn man sich lediglich auf die großen Ballungsregionen konzentriert. Hier zeigt sich ganz deutlich, daß ein hoher Anteil dieser Berufsgruppen zusammenfällt mit hohen Wachstumsraten für die Beschäftigung, die Produktion sowie die Produktivität und umgekehrt. Daß dies nur für die Ballungsregionen und nicht auch für die kleineren Regionen gilt, zeigt, daß auch diese Klassifizierung nach Tätigkeitsmerkmalen die Qualifikation der Beschäftigten nur unzureichend beschreibt. Offenbar ziehen die expandierenden Ballungsregionen auch bei diesen Berufsgruppen vorwiegend höherqualifizierte Beschäftigte durch überdurchschnittliche Bezahlung an. Zur Klärung dieser Frage ist allerdings eine Auswertung der regionalen Lohnsatzdifferenzen nach Tätigkeitsmerkmalen unerläßlich, die im Rahmen dieser Untersuchung nicht zu leisten war.

Abbildung 5.21

Entwicklung höherwertiger unternehmensbezogener Dienste (HuD) und Produktionswachstum, Produktivitätsanstieg und Lohnsatzanstieg

1976 bis 1982

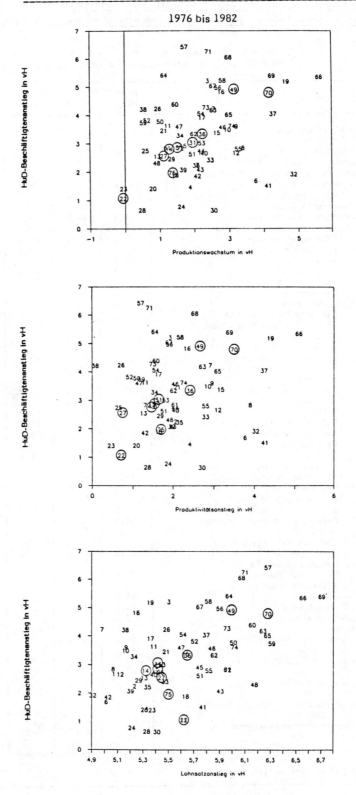

Tabelle 5.17

Ergebnisse von Einfachregressionen über den Zusammenhang zwischen dem
Anstieg der Beschäftigten in den höherwertigen produktionsorientierten Diensten
und der Entwicklung von Beschäftigung, Produktivität, Produktion und Lohnsätzen

bei einer Irrtumswahrscheinlichkeit von 5 vH
signifikante positive Korrelationskoeffizienten in vH

	Erwerbs-tätige	Produkti-vität	Produk-tion	Lohn-sätze
Alle Wirtschaftszweige	-	-	31,8	53,5
Unternehmen				
Land- und Forstwirtschaft	-	-	29,8	-
Bergbau und Energiewirtschaft	71,9	-	-	-
Energiewirtschaft	60,6	-	38,8	-
Kohlenbergbau	-	-	-	-
Übriger Bergbau	-	-	-	-
Verarbeitendes Gewerbe	58,5	24,0	50,2	55,5
Vorleistungsgüterproduzenten	55,7	-	37,9	-
Chemische Industrie	82,4	-	66,5	-
Mineralölverarbeitung	-	-	31,1	-
Kunststoffwaren	43,3	-	-	-
Gummiwaren	44,7	-	51,3	-
Steine, Erden	44,2	-	38,7	-
Feinkeramik	-	-	-	-
Glasgewerbe	-	-	-	-
Eisenschaffende Industrie	-	-	-	-
NE-Metallerzeugung u. -bearb.	-	-	-	-
Gießereien	-	-	-	-
Ziehereien u. Kaltwalzwerke	-	-	-	-
Investitionsgüterproduzenten	58,5	-	42,1	31,4
Stahl- u. Leichtmetallbau	-	-	-	-
Maschinenbau	67,6	-	47,4	-
Büromaschinen, ADV	37,4	-	87,9	-
Straßenfahrzeugbau	-	-	-	-
Schiffbau	-	-	48,9	-
Luft- u. Raumfahrzeugbau	-	-	54,7	40,9
Elektrotechnik	34,7	-	35,3	-
Feinmechanik, Optik	-	-	-	-
EBM-Waren	42,7	-	31,1	-
Musikinstrumente, Spielwaren	-	-	-	-
Verbrauchsgüterproduzenten	38,7	-	-	23,8
Holzbearbeitung	-	-	-	-
Holzverarbeitung	-	-	-	-
Zellstoff- u. Papiererzeugung	-	-	-	-
Papier- u. Pappeverarbeitung	34,5	-	32,5	-
Druckerei	-	-	-	-
Lederbe- und -verarbeitung	-	-	-	-
Textilgewerbe	23,4	-	-	24,8
Bekleidungsgewerbe	30,3	-	-	24,1
Ernährungsgewerbe	28,8	-	-	-
Tabakverarbeitung	-	-	-	-
Baugewerbe	53,2	-	-	-
Bauhauptgewerbe	44,1	-	-	-
Ausbaugewerbe	33,9	-	-	-
Handel	34,8	-	-	-
Großhandel, Handelsverm.	51,1	-	-	-
Einzelhandel	-	-	-	-
Verkehr und Nachrichtenüberm.	-	-	-	-
Eisenbahnen	-	27,1	32,1	-
Übriger Verkehr	24,7	-	-	-
Bundespost	-	-	-	25,8
Kreditinstitute u. Versicherungen	24,0	-	-	-
Kreditinstitute	-	-	-	-
Versicherungsunternehmen	-	-	-	-
Dienstleistungen	51,4	-	-	-

Quelle: Eigene Berechnungen.

5.7 Produktivität und Wettbewerb
5.7.1 Preise und Erlöse

Die gewinnschmälernde Wirkung steigender Lohnkosten läßt sich über die Mobilisierung von Arbeitsproduktivitätsfortschritten hinaus mindern, wenn es gelingt, überdurchschnittliche Preiserhöhungen durchzusetzen oder die Preise für neue Produkte von vornherein so zu setzen, daß die Erlössituation befriedigend ist. Eine solche Strategie ist am ehesten dann erfolgreich, wenn es gelingt, mit hochbezahlten Arbeitskräften in Marktsegmenten zu operieren, in denen der Preiswettbewerb keine große Rolle spielt.

Um diesen Sachverhalt zu untersuchen, reichen die verfügbaren Informationen über die Preis- und Erlösentwicklung allerdings bei weitem nicht aus. Zwar lassen sich aus der Bruttowertschöpfung zu jeweiligen Preisen und der Bruttowertschöpfung zu Preisen von 1976 auch regionale Preisindizes ermitteln. Da für die Deflationierung von einheitlichen sektoralen Preisindizes für alle Regionen ausgegangen werden mußte, kommen in der Preisentwicklung jedoch lediglich die Unterschiede in der regionalen Wirtschaftszweigstruktur zum Ausdruck. Die so ermittelten Preisindizes für Regionen geben somit nur Aufschluß darüber, welchen Anteil Branchen mit überdurchschnittlichen Preissteigerungen an der Wertschöpfung haben und umgekehrt.

In den Jahren 1970 bis 1976 stieg der Preisindex der Bruttowertschöpfung im Durchschnitt des Bundesgebietes um jahresdurchschnittlich 6,1 vH (vgl. Tabelle 5.18). Überdurchschnittliche Preissteigerungsraten hatten die Stadtstaaten Hamburg und Berlin sowie die Bundesländer Schleswig-Holstein, Niedersachsen und das Saarland. Überdurchschnittlich hoch war auch der Anstieg des Preisindex im Ruhrgebiet. Auf den Durchschnittswert für Nordrhein-Westfalen wirkte sich dies allerdings kaum aus, da der schwache Preisanstieg in den anderen Verdichtungsregionen kompensierend wirkte. In den Ländern Rheinland-Pfalz, Baden-Württemberg und Bayern entwickelten sich die Preise in dieser Zeit unterdurchschnittlich.

Tabelle 5.18

Preisindex(1976=100)

	Niveau in vH			Abweichung vom Bundesdurchschnitt in vH			Jahresdurchschnittliche Veränderung in vH	
	1970	1976	1982	1970	1976	1982	1970-76	1976-82
Schleswig-Holstein	68,6	100,0	125,9	98	100	99	6,5	3,9
Hochverdichtet	70,3	100,0	126,7	101	100	99	6,1	4,0
Mit Verdichtungsansätzen	67,7	100,0	125,5	97	100	98	6,7	3,9
Ländlich	68,3	100,0	125,8	98	100	99	6,6	3,9
Hamburg	69,2	100,0	128,8	99	100	101	6,3	4,3
Niedersachsen	68,7	100,0	126,2	98	100	99	6,5	3,9
Hochverdichtet	68,8	100,0	126,2	98	100	99	6,4	4,0
Mit Verdichtungsansätzen	68,8	100,0	126,2	98	100	99	6,4	4,0
Ländlich	68,2	100,0	125,8	98	100	99	6,6	3,9
Bremen	70,5	100,0	128,6	101	100	101	6,0	4,3
Hochverdichtet	70,7	100,0	128,8	101	100	101	5,9	4,3
Mit Verdichtungsansätzen	69,1	100,0	127,5	99	100	100	6,4	4,1
Nordrhein-Westfalen	69,9	100,0	128,3	100	100	101	6,2	4,2
Hochverdichtet	69,8	100,0	128,5	100	100	101	6,2	4,3
Ruhrgebiet	68,1	100,0	128,8	97	100	101	6,6	4,3
Restl. Verdichtungsr.	70,7	100,0	128,3	101	100	101	6,0	4,2
Mit Verdichtungsansätzen	70,1	100,0	127,4	100	100	100	6,1	4,1
Ländlich	71,5	100,0	127,2	102	100	100	5,8	4,1
Hessen	70,0	100,0	128,4	100	100	101	6,1	4,3
Hochverdichtet	70,0	100,0	128,3	100	100	101	6,1	4,2
Mit Verdichtungsansätzen	69,7	100,0	128,9	100	100	101	6,2	4,3
Ländlich	70,8	100,0	127,1	101	100	100	5,9	4,1
Rheinland-Pfalz	71,0	100,0	125,4	102	100	98	5,9	3,8
Hochverdichtet	74,1	100,0	124,1	106	100	97	5,1	3,7
Mit Verdichtungsansätzen	70,3	100,0	125,7	101	100	99	6,0	3,9
Ländlich	69,9	100,0	125,6	100	100	99	6,2	3,9
Baden-Württemberg	70,9	100,0	126,6	101	100	99	5,9	4,0
Hochverdichtet	70,5	100,0	126,3	101	100	99	6,0	4,0
Mit Verdichtungsansätzen	71,1	100,0	127,3	102	100	100	5,9	4,1
Ländlich	71,6	100,0	125,9	102	100	99	5,7	3,9
Alpenvorland	71,6	100,0	125,4	102	100	98	5,7	3,8
Restl.ländl.Regionen	71,6	100,0	127,2	102	100	100	5,7	4,1
Bayern	70,4	100,0	127,3	101	100	100	6,0	4,1
Hochverdichtet	69,9	100,0	127,4	100	100	100	6,2	4,1
Mit Verdichtungsansätzen	71,0	100,0	126,7	102	100	99	5,9	4,0
Ländlich	70,5	100,0	127,4	101	100	100	6,0	4,1
Alpenvorland	70,2	100,0	127,6	100	100	100	6,1	4,1
Restl.ländl.Regionen	70,7	100,0	127,3	101	100	100	6,0	4,1
Saarland	67,4	100,0	128,6	96	100	101	6,8	4,3
Berlin	69,1	100,0	129,0	99	100	101	6,3	4,3
Bundesrepublik	69,9	100,0	127,5	100	100	100	6,1	4,1
Hochverdichtet	69,8	100,0	127,9	100	100	100	6,2	4,2
Ruhrgebiet	68,1	100,0	128,8	97	100	101	6,6	4,3
Restl. Verdichtungsr.	70,1	100,0	127,7	100	100	100	6,1	4,2
Mit Verdichtungsansätzen	70,0	100,0	126,8	100	100	100	6,1	4,1
Ländlich	70,3	100,0	126,7	100	100	99	6,1	4,0
Alpenvorland	70,8	100,0	126,7	101	100	99	5,9	4,0
Restl.ländl.Regionen	70,1	100,0	126,7	100	100	99	6,1	4,0
Nordregion	68,9	100,0	126,9	99	100	100	6,4	4,0
Nordrhein-Westfalen	69,9	100,0	128,3	100	100	101	6,2	4,2
Mittelregion	70,1	100,0	127,4	100	100	100	6,1	4,1
Südregion	70,6	100,0	127,0	101	100	100	6,0	4,1
Berlin	69,1	100,0	129,0	99	100	101	6,3	4,3

Preisindex(1976=100)

	Niveau in vH			Abweichung vom Bundesdurchschnitt in vH			Jahresdurchschnittliche Veränderung			
							in vH		Rangziffern	
	1970	1976	1982	1970	1976	1982	1970-76	1976-82	1970-76	1976-82
1 Schleswig	68,1	100,0	125,2	97	100	98	6,6	3,8	6	66
2 Mittelholstein	67,5	100,0	125,3	96	100	98	6,8	3,8	3	65
3 Dithmarschen	68,5	100,0	126,6	98	100	99	6,5	4,0	9	51
4 Ostholstein	68,1	100,0	126,0	97	100	99	6,6	3,9	5	61
5 Hamburg	69,4	100,0	128,3	99	100	101	6,3	4,2	26	16
6 Lüneburg	68,9	100,0	124,9	98	100	98	6,4	3,8	14	68
7 Bremerhaven	69,2	100,0	126,1	99	100	99	6,3	3,9	22	59
8 Wilhelmshaven	70,2	100,0	121,6	100	100	95	6,1	3,3	40	75
9 Ostfriesland	68,3	100,0	124,1	98	100	97	6,6	3,7	7	71
10 Oldenburg	68,9	100,0	124,4	98	100	98	6,4	3,7	15	70
11 Emsland	68,5	100,0	126,4	98	100	99	6,5	4,0	8	55
12 Osnabrück	69,9	100,0	126,3	100	100	99	6,2	4,0	33	57
13 Bremen	70,1	100,0	127,7	100	100	100	6,1	4,2	37	31
14 Hannover	68,6	100,0	126,7	98	100	99	6,5	4,0	10	49
15 Braunschweig	68,0	100,0	127,4	97	100	100	6,6	4,1	4	36
16 Göttingen	69,1	100,0	126,4	99	100	99	6,3	4,0	21	56
17 Münster	69,6	100,0	128,0	100	100	100	6,2	4,2	29	22
18 Bielefeld	71,5	100,0	128,8	102	100	101	5,8	4,3	63	10
19 Paderborn	70,8	100,0	123,5	101	100	97	5,9	3,6	54	72
20 Dortmund-Sauerland	69,0	100,0	128,0	99	100	100	6,4	4,2	16	21
21 Bochum	68,8	100,0	129,2	98	100	101	6,4	4,4	12	4
22 Essen	67,5	100,0	129,2	96	100	101	6,8	4,4	2	5
23 Duisburg	69,0	100,0	128,2	99	100	101	6,4	4,2	17	17
24 Krefeld	72,1	100,0	126,5	103	100	99	5,6	4,0	70	53
25 Mönchengladbach	71,9	100,0	127,6	103	100	100	5,6	4,1	67	32
26 Aachen	69,3	100,0	128,2	99	100	101	6,3	4,2	24	18
27 Düsseldorf	70,5	100,0	128,3	101	100	101	6,0	4,2	48	15
28 Wuppertal	71,5	100,0	127,6	102	100	100	5,8	4,1	62	33
29 Hagen	72,4	100,0	127,9	104	100	100	5,5	4,2	71	24
30 Siegen	71,3	100,0	128,6	102	100	101	5,8	4,3	59	13
31 Köln	70,0	100,0	128,7	100	100	101	6,1	4,3	35	12
32 Bonn	68,8	100,0	129,0	98	100	101	6,4	4,3	13	6
33 Nordhessen	69,3	100,0	128,9	99	100	101	6,3	4,3	25	8
34 Mittelhessen	70,4	100,0	128,8	101	100	101	6,0	4,3	46	9
35 Osthessen	70,8	100,0	127,1	101	100	100	5,9	4,1	55	42
36 Untermain	70,1	100,0	128,0	100	100	100	6,1	4,2	36	20
37 Starkenburg	69,9	100,0	128,1	100	100	100	6,1	4,2	34	19
38 Rhein-Main-Taunus	69,9	100,0	129,8	100	100	102	6,2	4,4	31	2
39 Mittelrhein-Westerwald	70,3	100,0	126,9	101	100	100	6,0	4,0	44	47
40 Trier	69,9	100,0	125,6	100	100	99	6,2	3,9	32	62
41 Rheinhessen-Nahe	70,8	100,0	122,9	101	100	96	5,9	3,5	53	74
42 Rheinpfalz	72,8	100,0	125,2	104	100	98	5,4	3,8	72	67
43 Westpfalz	70,1	100,0	127,7	100	100	100	6,1	4,2	39	30
44 Saar	67,4	100,0	128,6	96	100	101	6,8	4,3	1	14
45 Unterer Neckar	70,3	100,0	127,5	101	100	100	6,0	4,1	45	34
46 Franken	70,2	100,0	127,4	100	100	100	6,1	4,1	41	37
47 Mittlerer Oberrhein	69,4	100,0	127,9	99	100	100	6,3	4,2	27	25
48 Nordschwarzwald	70,1	100,0	130,4	100	100	102	6,1	4,5	38	1
49 Mittlerer Neckar	71,0	100,0	125,4	102	100	98	5,9	3,8	56	63
50 Ostwürttemberg	71,6	100,0	127,2	102	100	100	5,7	4,1	64	41
51 Donau-Iller(Bad.-Würt.)	71,4	100,0	126,6	102	100	99	5,8	4,0	61	52
52 Neckar-Alb	71,9	100,0	127,8	103	100	100	5,7	4,2	66	28
53 Baar-Meuberg	73,1	100,0	123,4	104	100	97	5,4	3,6	73	73
54 Südlicher Oberrhein	70,2	100,0	127,4	100	100	100	6,1	4,1	42	38
55 Hochrhein-Bodensee	73,3	100,0	124,7	105	100	98	5,3	3,8	75	69
56 Bodensee-Oberschwaben	70,2	100,0	127,2	100	100	100	6,1	4,1	43	40
57 Bayer. Untermain	72,0	100,0	127,8	103	100	100	5,6	4,2	68	26
58 Würzburg	69,1	100,0	126,8	99	100	99	6,4	4,2	19	48
59 Main-Rhön	69,5	100,0	127,8	99	100	100	6,2	4,2	28	27
60 Oberfranken-West	71,1	100,0	127,1	102	100	100	5,8	4,1	57	43
61 Oberfranken-Ost	73,1	100,0	126,9	105	100	100	5,4	4,1	74	46
62 Oberpfalz-Nord	69,6	100,0	126,5	100	100	99	6,2	4,0	30	54
63 Mittelfranken	71,3	100,0	126,1	102	100	99	5,8	3,9	60	58
64 Westmittelfranken	71,1	100,0	126,7	102	100	99	5,8	4,0	58	50
65 Augsburg	71,7	100,0	125,3	103	100	98	5,7	3,8	65	64
66 Ingolstadt	69,1	100,0	129,6	99	100	102	6,4	4,4	18	3
67 Regensburg	70,4	100,0	127,1	101	100	100	6,0	4,1	47	44
68 Donau-Wald	70,6	100,0	127,2	101	100	100	6,0	4,1	51	39
69 Landshut	70,5	100,0	126,0	101	100	99	6,0	3,9	49	60
70 München	69,3	100,0	127,9	99	100	100	6,3	4,2	23	23
71 Donau-Iller(Bay.)	72,0	100,0	127,7	103	100	100	5,6	4,2	69	29
72 Allgäu	70,6	100,0	127,0	101	100	100	6,0	4,1	50	45
73 Oberland	68,8	100,0	128,7	98	100	101	6,4	4,3	11	11
74 Südostoberbayern	70,6	100,0	127,5	101	100	100	6,0	4,1	52	35
75 Berlin	69,1	100,0	129,0	99	100	101	6,3	4,3	20	7
99 Bundesgebiet	69,9	100,0	127,5	100	100	100	6,1	4,1		

Quelle: Eigene Berechnungen aufgrund amtlicher Statistiken.

Für die südlichen Bundesländer gilt dies auch für die Jahre nach 1976. In dieser Zeit hatten Niedersachsen und Schleswig-Holstein durchschnittliche Preissteigerungen zu verzeichnen. Dagegen erhöhten sich die Preise in Nordrhein-Westfalen, Hessen und in Bremen nun stärker als im Bundesdurchschnitt.

Obwohl der Informationsgehalt der errechneten Preisindizes begrenzt ist, lassen sich doch aus der Preisentwicklung in gewissem Umfang Hinweise auf die Wettbewerbsfähigkeit der Region ableiten. Allerdings ist nur für die zweite Teilperiode ein negativer Zusammenhang zwischen dem so gemessenen Preisanstieg und dem Wachstum zu erkennen (vgl. Abbildung 5.22). Daraus kann sicherlich nicht der Schluß gezogen werden, daß Preiserhöhungen zu Wachstumseinbußen führen müssen. In denjenigen Regionen jedoch, in denen standardisierte Produkte mit hoher Preiselastizität einen vergleichsweise großen Anteil an der Produktion haben, mag dieser Zusammenhang bestehen.

Ein Beispiel hierfür sind die Ruhrgebietsregionen (20) bis (23). Da der Preiswettbewerb bei solchen Gütern hier nicht nur im nationalen Rahmen eine Rolle spielt, kommen Einflüsse der Wechselkursentwicklung hinzu, die durch qualitative Produktdiversifikation kaum überspielt werden können. Entsprechende Produktionseinbußen sind die zwangsläufige Folge[9].

Daß die Entwicklung in diese Richtung gelaufen ist, wird auch deutlich, wenn man sich die Exportentwicklung in Nordrhein-Westfalen vergegenwärtigt. Bei bestimmten für Nordrhein-Westfalen typischen Exportgütern:

- Eisen- und Stahlerzeugnisse,
- Maschinenbauerzeugnisse mit starken Akzenten im Bereich des Schwermaschinenbaus,
- Erzeugnisse des Kohlenbergbaus,

auf die 1984 mehr als 30 vH der Güterexporte dieses Bundeslandes entfielen, lag der Exportanstieg gegenüber 1978 nur bei 29 vH, während die gesamten Güterexporte der Bundesrepublik in dieser Zeit um 64 vH zugenommen haben. Klammert man diese Nordrhein-Westfalen-typischen Gütergruppen aus, so nähert sich die Zuwachsrate für die restlichen

Abbildung 5.22

Produktionswachstum und Preise

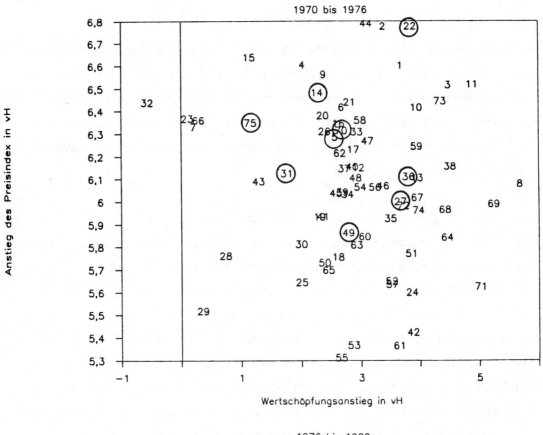

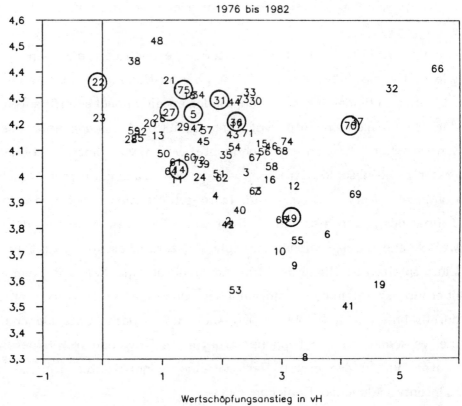

Exporte in Nordrhein-Westfalen mit 60 vH schon fast dem Bundesdurchschnitt.

Auch für die Erlössituation steht mit der Lohnquote nur ein sehr grober Indikator zur Verfügung, da die Differenz von Bruttowertschöpfung und Bruttolohn- und -gehaltsumme nicht nur die Einkommen aus Unternehmertätigkeit und Vermögen enthält, sondern auch die Arbeitgeberbeiträge zur Sozialversicherung, die Abschreibungen und die Produktionssteuern nach Abzug der Subventionen.

Zwar wird das regionale Gefälle der Lohnquote insbesondere durch die Konzentration verbrauchssteuerintensiver Branchen, wie Mineralöl- und Tabakverarbeitung auf bestimmte Regionen verzerrt, doch dürfte dies in geringerem Maße für die Veränderungsraten gelten. Insofern wird der deutlich erkennbare Zusammenhang zwischen der Entwicklung der Lohnquote und dem Produktionswachstum in den Regionen kaum gestört. Wie Abbildung 5.23 zeigt, ergibt sich besonders in der zweiten Teilperiode ein negativer Zusammenhang zwischen dem Produktionswachstum und dem Anstieg der Lohnquote, d.h. ein positiver Zusammenhang zwischen dem Anstieg der Erlösquote und dem Produktionswachstum in den Regionen.

Die Komponentenzerlegung der Lohnquote nach dem gleichen Verfahren, wie es für die Arbeitsproduktivität und die Lohnsätze angewandt worden ist, zeigt in beiden Teilperioden wiederum einen hochsignifikanten Einfluß der Regionalkomponente (vgl. Tabelle 5.19). Regionen mit überdurchschnittlichem Anstieg der Lohnquote waren von dieser Entwicklung in erster Linie deshalb betroffen, weil in den Branchen dieser Regionen die Lohnquote stärker stieg als im Durchschnitt dieser Branchen. In beiden Teilperioden war also die Erlössituation der Unternehmen der Region weitgehend durch regionsspezifische Faktoren bestimmt. Erst in zweiter Linie spielten Einflüsse der Branchenstruktur eine Rolle. In Regionen mit überdurchschnittlichen Erlöseinbußen dominierten Branchen mit überdurchschnittlichen Erlöseinbußen auch auf Bundesebene. Dagegen hatte die Verschiebung der Branchenstruktur zu Branchen mit höheren Lohnquoten nur in der ersten Periode einen signifikanten Einfluß auf die Erlösentwicklung der Regionen.

Abbildung 5.23

Produktionswachstum und Lohnquotenanstieg

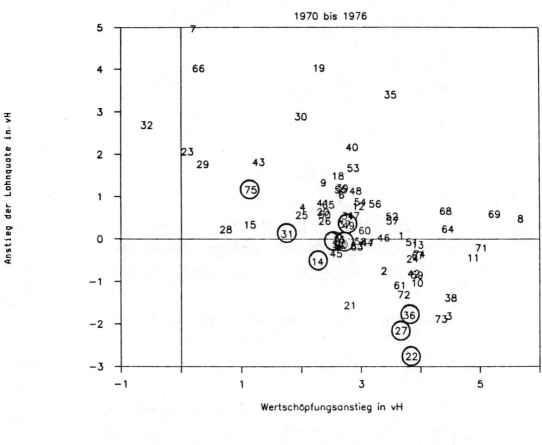

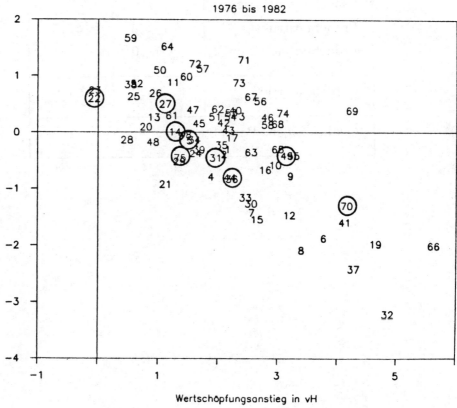

Tabelle 5.19

Ergebnisse von Regressionsschätzungen des Zusammenhangs zwischen Lohnquotenanstieg und den Komponenten des Lohnquotenanstiegs

bei einer Irrtumswahrscheinlichkeit von 5 vH
signifikante Korrelationskoeffizienten in vH

	1970-76	1976-82
Brancheneinflüsse:		
Branchenstruktur	34,8	47,5
Branchenwachstum	42,0	-
Regionaleinfluß	80,0	64,9
Quelle: Eigene Berechnungen.		

5.7.2 Lohnstückkosten

Wird die Bruttolohn- und -gehaltsumme zur realen Bruttowertschöpfung in Beziehung gesetzt, so ergeben sich die Lohnstückkosten. Durch einfache Umformung wird deutlich, daß es sich hier um das Verhältnis von Lohnsatz zu Arbeitsproduktivität handelt. Die zeitliche Entwicklung dieses Indikators gibt somit Aufschluß darüber, in welchem Maße es gelungen ist, die Lohnkostensteigerungen durch Produktivitätszuwächse aufzufangen. Dies ist in Abbildung 5.24 dargestellt.

Während auf Bundesebene der Anstieg der Lohnstückkosten in der ersten Rezessionsperiode noch beträchtlich war, flachte sich die Entwicklung in der Zeit danach bis 1979 deutlich ab. Im folgenden Jahr war der Zuwachs wieder größer. Danach verlangsamte sich der Anstieg erneut und seit 1983 stagnieren die Lohnstückkosten praktisch.

Betrachtet man das Niveau in den Bundesländern, so ist diesmal nicht Nordrhein-Westfalen der Spitzenreiter, sondern seit 1976 Baden-Württemberg. Am unteren Ende liegt Bayern, auch hier also, wenn man so will, ein starkes Ost-West-Gefälle innerhalb der Südregion. Ihre relative Position stark verbesert hat die Mitte-Region, und zwar kontinuierlich von 1970 bis Anfang der achtziger Jahre. Im Vergleich zum Bundesdurchschnitt ging der Index in dieser Ländergruppe von fast 102 auf wenig mehr als 97 zurück. In der Nordregion lag das Niveau immer unter dem Bundesdurchschnitt, im letzten Jahre bei 97.

Betrachtet man die Teilperioden, so haben die Lohnstückkosten im Durchschnitt des Bundesgebietes in der ersten Teilperiode mit einer jahresdurchschnittlichen Rate von 6,2 vH zugenommen (vgl. Tabelle 5.20). In den Ballungsregionen mit Ausnahme Berlin (7,6 vH) stiegen die Lohnstückkosten entweder etwa gleich stark oder, wie in Düsseldorf (3,7 vH) und Untermain (4,2 vH), schwächer. In den ländlichen Regionen und den Regionen mit Verdichtungsansätzen war der Anstieg generell stärker als in den Verdichtungsräumen. Neben Berlin lagen auch das Saarland und Rheinland-Pfalz (6,7 vH) nennenswert über dem Durchschnitt. In Hessen

Abbildung 5.24

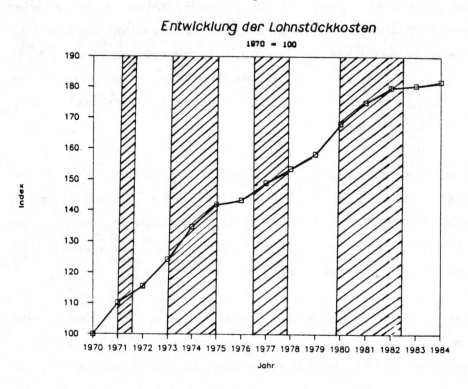

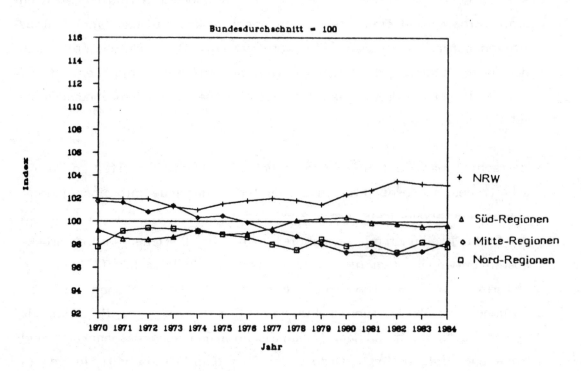

Abbildung 5.24

Entwicklung der Lohnstückkosten

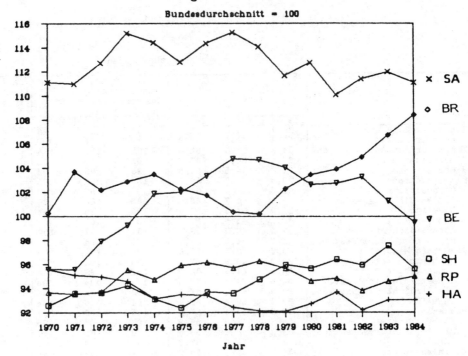

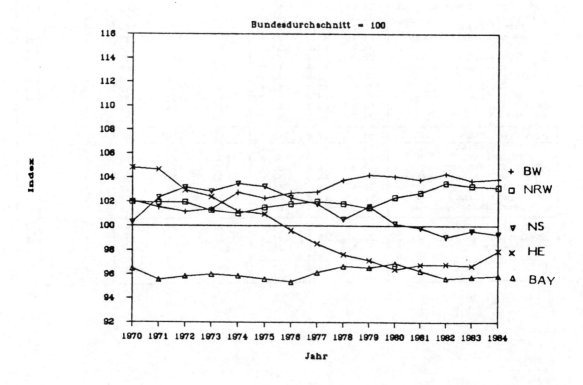

Tabelle 5.20

Lohnstückkosten

	Niveau in vH			Abweichung vom Bundesdurchschnitt in vH			Jahresdurchschnittliche Veränderung in vH	
	1970	1976	1982	1970	1976	1982	1970-76	1976-82
Schleswig-Holstein	30,7	44,6	57,3	93	94	96	6,4	4,2
Hochverdichtet	27,4	41,1	59,9	82	86	100	7,0	6,5
Mit Verdichtungsansätzen	34,9	51,0	62,0	105	107	104	6,5	3,3
Ländlich	27,0	38,1	47,7	81	80	80	5,9	3,8
Hamburg	31,7	44,5	54,8	96	93	92	5,8	3,6
Niedersachsen	33,3	48,7	59,3	100	102	99	6,5	3,3
Hochverdichtet	32,3	46,4	60,1	97	97	100	6,2	4,4
Mit Verdichtungsansätzen	35,1	51,7	60,0	106	108	100	6,6	2,5
Ländlich	29,9	45,5	56,0	90	95	94	7,2	3,5
Bremen	33,2	48,5	62,6	100	102	105	6,5	4,4
Hochverdichtet	33,5	46,2	59,8	101	97	100	5,5	4,4
Mit Verdichtungsansätzen	31,7	64,0	82,1	95	134	137	12,4	4,2
Nordrhein-Westfalen	33,9	48,5	61,8	102	102	103	6,2	4,1
Hochverdichtet	34,3	48,6	62,1	103	102	104	6,0	4,2
Ruhrgebiet	33,8	47,0	62,1	102	99	104	5,7	4,7
Restl. Verdichtungsr.	34,6	49,4	62,6	104	104	105	6,1	4,0
Mit Verdichtungsansätzen	30,0	47,0	57,5	90	99	96	7,8	3,4
Ländlich	33,5	50,4	62,1	101	106	104	7,0	3,6
Hessen	34,8	47,4	57,9	105	100	97	5,3	3,4
Hochverdichtet	35,6	46,8	56,9	107	98	95	4,7	3,3
Mit Verdichtungsansätzen	33,2	48,2	59,5	100	101	100	6,4	3,6
Ländlich	31,1	53,6	67,3	94	113	113	9,5	3,9
Rheinland-Pfalz	31,1	45,8	56,2	94	96	94	6,7	3,5
Hochverdichtet	35,6	46,0	56,4	107	97	94	4,4	3,4
Mit Verdichtungsansätzen	30,4	45,8	55,9	92	96	93	7,1	3,4
Ländlich	27,8	45,2	58,1	84	95	97	8,5	4,3
Baden-Württemberg	33,9	48,9	62,3	102	103	104	6,3	4,1
Hochverdichtet	34,7	49,5	62,1	105	104	104	6,1	3,9
Mit Verdichtungsansätzen	32,9	48,0	61,7	99	101	103	6,5	4,3
Ländlich	33,2	49,3	64,4	100	103	108	6,8	4,6
Alpenvorland	32,8	49,2	63,3	99	103	106	7,0	4,3
Restl. ländl. Regionen	34,2	49,4	67,1	103	104	112	6,3	5,2
Bayern	32,0	45,4	57,2	96	95	96	6,0	3,9
Hochverdichtet	33,5	47,6	57,0	101	100	95	6,0	3,0
Mit Verdichtungsansätzen	32,2	45,9	59,5	97	96	100	6,0	4,4
Ländlich	30,4	43,0	56,3	92	90	94	5,9	4,6
Alpenvorland	31,0	41,6	55,4	93	87	93	5,0	4,9
Restl. ländl. Regionen	30,2	43,6	56,6	91	92	95	6,3	4,4
Saarland	36,9	54,5	66,7	111	114	112	6,7	3,4
Berlin	31,7	49,2	61,8	96	103	103	7,6	3,9
Bundesrepublik	33,2	47,6	59,8	100	100	100	6,2	3,9
Hochverdichtet	33,9	48,0	60,3	102	101	101	5,9	3,9
Ruhrgebiet	33,8	47,0	62,1	102	99	104	5,7	4,7
Restl. Verdichtungsr.	33,9	48,1	60,1	102	101	100	6,0	3,8
Mit Verdichtungsansätzen	32,7	48,3	59,6	98	101	100	6,7	3,6
Ländlich	30,6	44,7	57,5	92	94	96	6,5	4,3
Alpenvorland	31,8	44,8	58,8	96	94	98	5,9	4,6
Restl. ländl. Regionen	30,2	44,7	57,0	91	94	95	6,7	4,2
Nordregion	32,5	47,0	58,2	98	99	97	6,3	3,6
Nordrhein-Westfalen	33,9	48,5	61,8	102	102	103	6,2	4,1
Mittelregion	33,8	47,6	58,2	102	100	97	5,9	3,4
Südregion	33,0	47,1	59,6	99	99	100	6,1	4,0
Berlin	31,7	49,2	61,8	96	103	103	7,6	3,9

Lohnstückkosten

	Niveau in vH			Abweichung vom Bundesdurchschnitt in vH			Jahresdurchschnittliche Veränderung			
							in vH		Rangziffern	
	1970	1976	1982	1970	1976	1982	1970-76	1976-82	1970-76	1976-82
1 Schleswig	27,8	41,0	50,4	84	86	84	6,7	3,5	28	52
2 Mittelholstein	35,3	50,0	61,3	106	105	102	6,0	3,4	54	54
3 Dithmarschen	25,8	33,7	43,4	78	71	73	4,6	4,3	69	28
4 Ostholstein	34,3	52,7	63,3	103	111	106	7,4	3,1	13	62
5 Hamburg	30,7	44,0	56,0	93	92	94	6,2	4,1	45	39
6 Lüneburg	32,1	49,7	55,4	97	104	93	7,5	1,8	12	71
7 Bremerhaven	31,1	60,0	69,5	94	126	116	11,6	2,5	1	67
8 Wilhelmshaven	36,9	54,1	57,9	111	114	97	6,6	1,2	32	74
9 Ostfriesland	32,3	51,3	60,7	97	108	102	8,0	2,9	10	64
10 Oldenburg	32,7	44,6	53,7	98	94	90	5,3	3,1	64	61
11 Emsland	26,1	37,1	49,4	79	78	83	6,1	4,9	52	14
12 Osnabrück	32,0	48,0	55,5	96	101	93	7,0	2,4	22	68
13 Bremen	31,3	44,4	57,5	94	93	96	6,0	4,4	55	21
14 Hannover	34,4	48,6	61,6	104	102	103	5,9	4,0	56	40
15 Braunschweig	36,3	54,5	63,2	109	114	106	7,0	2,5	20	66
16 Göttingen	36,3	52,5	63,8	109	110	107	6,3	3,3	36	59
17 Münster	30,6	45,5	57,9	92	95	97	6,8	4,1	25	38
18 Bielefeld	31,8	48,7	62,6	96	102	105	7,3	4,3	15	33
19 Paderborn	26,9	48,1	52,7	81	101	88	10,2	1,5	3	73
20 Dortmund-Sauerland	35,0	52,8	67,9	105	111	114	7,1	4,3	19	29
21 Bochum	39,4	52,1	63,7	119	109	107	4,8	3,4	66	56
22 Essen	33,5	41,9	56,2	101	88	94	3,8	5,0	74	12
23 Duisburg	30,0	49,1	65,7	90	103	110	8,6	5,0	7	11
24 Krefeld	38,5	51,9	64,2	116	109	107	5,1	3,6	65	49
25 Mönchengladbach	36,2	52,1	69,1	109	109	116	6,2	4,8	40	15
26 Aachen	34,3	50,8	67,9	103	107	114	6,8	4,9	26	13
27 Düsseldorf	34,7	43,2	57,2	105	91	96	3,7	4,8	75	16
28 Wuppertal	37,7	53,5	67,8	114	112	113	6,0	4,0	53	41
29 Hagen	35,6	54,5	67,6	107	115	113	7,4	3,6	14	48
30 Siegen	30,5	50,7	60,5	92	107	101	8,9	3,0	6	63
31 Köln	33,2	47,8	59,9	100	100	100	6,3	3,8	39	46
32 Bonn	37,0	63,0	66,8	111	132	112	9,3	1,0	5	75
33 Nordhessen	33,6	48,0	57,7	101	101	96	6,1	3,1	46	60
34 Mittelhessen	32,7	48,1	61,4	99	101	103	6,6	4,2	31	37
35 Osthessen	31,1	53,6	67,3	94	113	113	9,5	3,9	4	45
36 Untermain	35,1	45,0	54,8	106	94	92	4,2	3,3	73	57
37 Starkenburg	38,0	55,6	61,5	115	117	103	6,5	1,7	35	72
38 Rhein-Main-Taunus	34,2	45,1	61,5	103	95	103	4,7	5,3	67	6
39 Mittelrhein-Westerwald	29,9	45,7	57,0	90	96	95	7,3	3,7	16	47
40 Trier	27,8	45,2	58,1	84	95	97	8,5	4,3	8	32
41 Rheinhessen-Nahe	30,4	45,2	50,5	92	95	84	6,8	1,9	24	70
42 Rheinpfalz	32,0	41,8	52,9	96	88	88	4,6	4,0	70	42
43 Westpfalz	36,4	57,8	73,9	110	121	124	8,0	4,2	9	35
44 Saar	36,9	54,5	66,7	111	114	112	6,7	3,4	27	53
45 Unterer Neckar	35,2	49,0	63,1	106	103	106	5,7	4,3	58	30
46 Franken	32,2	45,9	59,5	97	96	99	6,1	4,4	47	24
47 Mittlerer Oberrhein	31,7	45,4	59,5	95	95	99	6,2	4,6	44	19
48 Nordschwarzwald	32,2	49,1	63,4	97	103	106	7,3	4,3	17	26
49 Mittlerer Neckar	35,7	51,2	62,6	107	108	105	6,2	3,4	42	55
50 Ostwürttemberg	34,2	49,4	67,1	103	104	112	6,3	5,2	37	7
51 Donau-Iller(Bad.-Würt.)	34,8	48,6	62,5	105	102	105	5,7	4,3	57	31
52 Neckar-Alb	35,1	50,4	67,8	106	106	113	6,2	5,1	41	10
53 Schwarzwald-Baar-Heuberg	34,9	52,7	66,4	105	111	111	7,1	3,9	18	43
54 Südlicher Oberrhein	30,4	45,6	59,0	92	96	99	7,0	4,4	21	23
55 Hochrhein-Bodensee	34,2	50,1	60,9	103	105	102	6,5	3,3	34	58
56 Bodensee-Oberschwaben	30,8	46,0	60,5	93	97	101	6,9	4,7	23	18
57 Bayer. Untermain	33,5	47,8	65,1	101	100	109	6,1	5,4	49	4
58 Würzburg	33,1	47,8	61,1	100	100	102	6,3	4,2	38	36
59 Main-Rhön	33,9	46,4	65,5	102	97	110	5,4	5,9	63	1
60 Oberfranken-West	32,6	46,4	62,5	98	97	105	6,1	5,1	51	9
61 Oberfranken-Ost	33,1	42,5	54,9	100	89	92	4,2	4,4	72	25
62 Oberpfalz-Nord	32,7	46,6	60,5	99	98	101	6,1	4,4	50	22
63 Mittelfranken	36,9	51,3	63,3	111	108	106	5,7	3,6	59	50
64 Westmittelfranken	28,9	41,2	57,1	87	86	96	6,1	5,6	48	2
65 Augsburg	32,8	47,9	59,3	99	101	99	6,5	3,5	33	51
66 Ingolstadt	20,9	38,3	43,9	63	80	73	10,6	2,3	2	69
67 Regensburg	31,1	43,1	56,9	94	91	95	5,6	4,7	60	17
68 Donau-Wald	29,7	43,8	56,2	89	92	94	6,7	4,3	29	34
69 Landshut	29,3	43,0	55,5	88	90	93	6,6	4,3	30	27
70 München	32,0	45,9	54,3	96	96	91	6,2	2,8	43	65
71 Donau-Iller(Bay.)	30,7	42,1	58,0	92	88	97	5,4	5,5	62	3
72 Allgäu	31,1	40,7	55,6	94	85	93	4,6	5,3	68	5
73 Oberland	31,1	40,3	54,7	94	85	91	4,5	5,2	71	8
74 Südostoberbayern	30,9	42,8	55,7	93	90	93	5,6	4,5	61	20
75 Berlin	31,7	49,2	61,8	96	103	103	7,6	3,9	11	44
99 Bundesgebiet	33,2	47,6	59,8	100	100	100	6,2	3,9		

Quelle: Eigene Berechnungen aufgrund amtlicher Statistiken.

war der Anstieg der Lohnstückkosten mit 5,3 vH jahresdurchschnittlich dagegen erheblich geringer.

In der Zeit nach 1976 schwächte sich der Lohnstückkostenanstieg auf 3,9 vH jahresdurchschnittlich ab. Auch in dieser Periode hatten die ländlichen Regionen einen überdurchschnittlichen Anstieg zu verzeichnen, der allerdings noch von der Entwicklung im Ruhrgebiet (4,7 vH) übertroffen wurde. Von den sonstigen Ballungsregionen wies nur Düsseldorf (4,8 vH) einen erheblich über dem Bundesdurchschnitt liegenden Anstieg der Lohnstückkosten auf. Dagegen konnten die südlichen Ballungsregionen München (2,8 vH), Mittlerer Neckar (3,4 vH) und Untermain (3,3 vH) den Lohnstückkostenanstieg erheblich dämpfen. Von den Bundesländern lagen Niedersachsen (3,3 vH), Hessen (3,4 vH) und das Saarland (3,4 vH) deutlich unter dem Durchschnitt, während in Schleswig-Holstein und Bremen die Lohnstückkosten stärker gestiegen sind.

Nur wenn die Wettbewerbsposition der Unternehmen stark genug ist, lassen sich schwache Produktivitätssteigerungen durch Preissteigerungen ohne Wachstums- und Gewinneinschränkungen kompensieren. Sind nicht sehr wettbewerbsstarke Unternehmen gezwungen, die Preise zu erhöhen, so müssen sie mit Absatzeinbußen rechnen. Verzichten die Unternehmen auf Preiserhöhungen und nehmen dafür Gewinneinbußen in Kauf, so werden expansive Strategien von der Finanzierungsseite eingeengt, mit der Folge, daß längerfristig Wachstumseinbußen zu erwarten sind. In beiden Fällen sind die Auswirkungen auf die regionale Entwicklung negativ.

Daß dem so ist, zeigt ein Vergleich der Lohnstückkostenentwicklung mit dem Produktionswachstums (Abbildung 5.25). Im Ergebnis mußten Regionen mit überdurchschnittlichem Lohnstückkostenanstieg zugleich Wachstumseinbußen hinnehmen. Dieser Zusammenhang ist in den Jahren nach 1976 noch enger geworden. Er gilt für die Ballungsregionen wie auch für die übrigen Raumordnungsregionen. Wie auch immer die Unternehmen reagiert haben, wenn es ihnen nicht gelungen ist, den Anstieg der Lohnstückkosten zu bremsen, waren in der Regel Wachstumseinbußen die Folge. Umgekehrt ist in Regionen, in denen die Unternehmen durch eine

Abbildung 5.25

Lohnstückkostenanstieg und Produktionswachstum

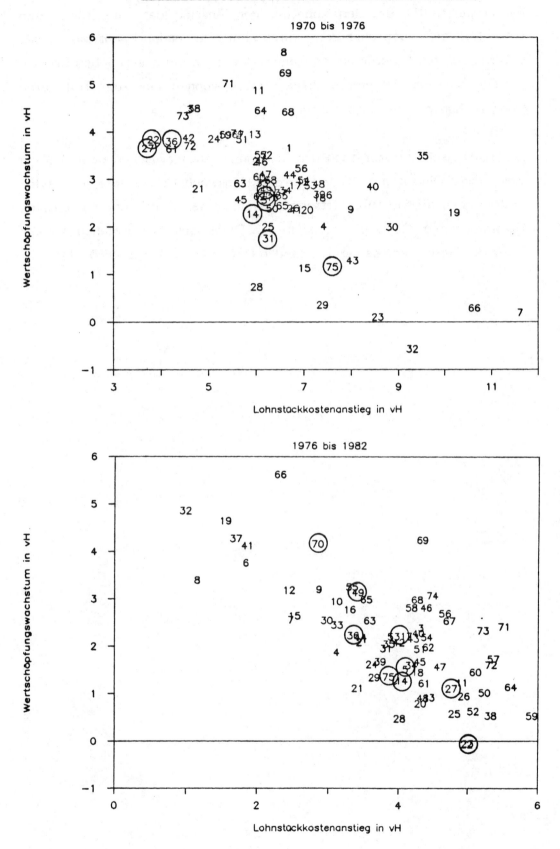

expansive Strategie überdurchschnittliche Steigerungsraten bei der Arbeitsproduktivität erzielen konnten, der Anstieg der Lohnstückkosten trotz teilweise auch über dem Durchschnitt liegender Lohnsteigerungen unterdurchschnittlich. In diesen Regionen wurden die zusätzlichen Erträge im Gefolge von Arbeitsproduktivitätssteigerungen nur zum Teil durch Lohnerhöhungen wieder aufgezehrt.

Die statistische Überprüfung des Zusammenhangs zwischen dem Anstieg der Lohnstückkosten und dem Produktionswachstum zeigte in beiden Teilperioden für fast alle Wirtschaftszweige einen signifikanten negativen Zusammenhang. Generell war er in den Dienstleistungsbereichen stärker als in den Bereichen des verarbeitenden Gewerbes (vgl. Tabelle 5.21).

Tabelle 5.21

Ergebnisse von Regressionsschätzungen des Zusammenhangs zwischen Produktionswachstum und Lohnstückkostenanstieg

bei einer Irrtumswahrscheinlichkeit von 5 vH
signifikante negative Korrelationskoeffizienten in vH

	1970-1976	1976-1982
Alle Wirtschaftszweige	62,3	71,7
Unternehmen	70,0	70,4
Land-u.Forstwirtschaft	56,3	64,0
Bergbau u.Energiewirtschaft	40,0	63,7
Energiewirtschaft	45,1	84,7
Kohlenbergbau	-	-
Übriger Bergbau	55,5	47,8
Verarbeitendes Gewerbe	58,1	74,0
Vorleistungsgüterproduzenten	71,2	33,0
Chem. Industrie	-	47,0
Mineralölverarbeitung	-	-
Kunststoffwaren	32,2	46,0
Gummiwaren	30,0	39,1
Steine,Erden	39,1	65,3
Feinkeramik	55,4	45,0
Glasgewerbe	36,3	-
Eisenschaffende Industrie	-	-
NE-Metallerz.u.-bearbeit.	56,1	44,8
Gießereien	45,2	61,3
Ziehereien u. Kaltwalzwerk	-	33,7
Investitionsgüterproduzenten	50,6	81,1
Stahl-u.Leichtmetallbau	50,5	49,0
Maschinenbau	39,6	49,1
Büromaschinen,ADV	-	34,1
Straßenfahrzeugbau	42,0	70,2
Schiffbau	89,6	95,4
Luft-u.Raumfahrzeugbau	-	92,6
Elektrotechnik	68,5	81,1
Feinmechanik,Optik	45,2	79,6
EBM-Waren	29,1	62,0
Musikinstr.,Spielwaren	71,1	41,7
Verbrauchsgüterproduzenten	59,6	81,7
Holzbearbeitung	67,7	75,2
Holzverarbeitung	51,0	53,1
Zellstoff-u.Papiererzeug.	68,6	54,5
Papier-u.Pappeverarbeitung	54,4	-
Druckerei	24,0	42,9
Lederbe-und-verarbeitung	44,2	64,0
Textilgewerbe	-	48,3
Bekleidungsgewerbe	27,1	44,8
Ernährungsgewerbe	65,2	77,7
Tabakverarbeitung	47,1	45,3
Baugewerbe	62,6	66,2
Bauhauptgewerbe	57,6	63,1
Ausbaugewerbe	45,7	63,3
Handel	62,1	86,6
Großhandel,Handelsverm.	49,3	78,0
Einzelhandel	48,9	84,9
Verkehr und Nachrichtenüberm.	40,4	91,0
Eisenbahnen	50,1	88,9
Übriger Verkehr	-	76,8
Bundespost	85,1	94,6
Kreditinstitute,Versicherungen	95,4	96,3
Kreditinstitute	95,1	95,9
Versicherungsunternehmen	70,8	87,2
Sonstige Dienstleistungen	88,1	94,5
Gastgewerbe,Heime	83,5	91,7
Bild.,Wiss.,Kunst,Unterh.	38,1	87,3
Gesundheits-u.Veterinärwesen	69,5	91,3
Reinigung,Körperpflege	91,4	94,3
Rechts-u.Wirtschaftsberatung	82,7	88,7
Übrige Dienstleistungen	50,2	77,0

Quelle: Eigene Berechnungen.

5.8 Zusammenfassung für Bundesländer

Im folgenden sind die Ergebnisse nochmals für die größeren Bundesländer zusammengefaßt worden. Für die nördlichen Bundesländer ist wegen der Stadtstaatenproblematik eine isolierte Darstellung unzweckmäßig. Aus diesem Grund sind Schleswig-Holstein, Hamburg, Niedersachsen und Bremen auch hier zur Nordregion zusammengefaßt worden. Zur Verdeutlichung ist die zeitliche Entwicklung der wichtigsten Determinanten von Produktion und Beschäftigung jeweils für die einzelnen Bundesländer auch graphisch dargestellt worden. Da es in diesem Zusammenhang vor allem auf die relative Position der Länder ankommt, sind die Größen jeweils auf den Bundesdurchschnitt normiert worden.

Wenn man die Angebotsfaktoren für ein Bundesland als Ganzes im Zusammenhang diskutieren will, so ist es hilfreich von der Vorstellung auszugehen, daß es sich bei diesem Bundesland um ein Unternehmen handelt, dessen Ertragslage zur Debatte steht. Kriterium für die Effizienz der Produktionsprozesse dieses "Unternehmens Bundesland" ist damit die Gewinnsituation, hier gemessen an den Einkommen aus Unternehmertätigkeit und Vermögen. Diese Gewinne hängen ab von der Entwicklung der zu jeweiligen Preisen gemessenen Produktion (Bruttowertschöpfung zu jeweiligen Preisen) und der Entwicklung der Profitquote, dem Anteil der Einkommen aus Unternehmertätigkeit und Vermögen an der Bruttowertschöpfung zu jeweiligen Preisen.

Die Entwicklung der zu konstanten Preisen bewerteten Produktion und der Arbeitsproduktivität bestimmen den Pfad der Beschäftigung und damit zu einem wesentlichen Teil auch die Höhe der Arbeitslosigkeit. Die Entwicklung dieser Größen ist jeweils in dem oberen Diagramm "Produktion und Beschäftigung" zusammengestellt worden.

Die Profitquote wiederum ist abhängig von der Entwicklung von Lohnstückkosten und Preisen. Hält man sich vor Augen, daß die Entwicklung der Lohnstückkosten definiert ist als Quotient aus Lohnsatzanstieg und Wachstum der Arbeitsproduktivität, so ergibt sich das folgende Einflußschema:

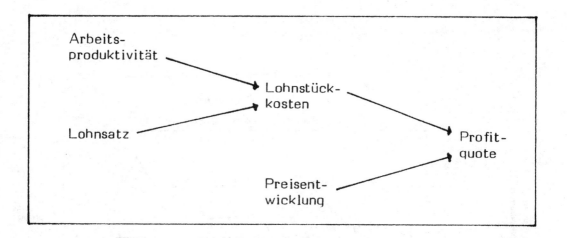

Die Entwicklung dieser hier als Angebotsfaktoren bezeichneten Größen ist in dem unteren Diagramm zusammengestellt worden. Die schraffierte Fläche, die jeweils durch die Indizes für die Preisentwicklung und die Entwicklung der Lohnstückkosten begrenzt wird, macht deutlich, in welche Richtung sich die Profitquote entwickelt: Verschieben sich die relativen Positionen von Preisindex und Lohnstückkosten in der Weise, daß sich bei steigenden Lohnstückkosten der Preisindex abschwächt, so verschlechtert sich die relative Position der Profitquote und umgekehrt.

In den Nordregionen lag die Entwicklung der Produktion bis 1976 im Trend nur leicht unter dem Bundesdurchschnitt. Überdurchschnittliche Produktivitätssteigerungen wirkten sich allerdings bereits in diesen Jahren deutlich negativ auf die Beschäftigung aus. In den Jahren danach setzte sich die Abkoppelung der Beschäftigungsentwicklung vom Bundesdurchschnitt unvermindert fort. Ausschlaggebend hierfür war nun nicht mehr die Produktivitätsentwicklung - sie entsprach im Trend der durchschnittlichen Entwicklung -, sondern der sich deutlich gegenüber dem Bundesdurchschnitt abschwächende Produktionsanstieg.

In den Jahren nach 1982 verschlechterte sich die Position der Nordregionen bei der Produktionsentwicklung ziemlich stark. Da sich gleichzeitig jedoch der Produktivitätsanstieg verlangsamte, hat sich die schon zuvor überdurchschnittliche Beschäftigtenabnahme nur wenig beschleunigt.

Bei der Entwicklung der Angebotsfaktoren fällt die Umkehr bei dem bis 1976 überdurchschnittlichen Lohnsatzanstieg auf. Diese Entlastung auf

Abbildung 5.26

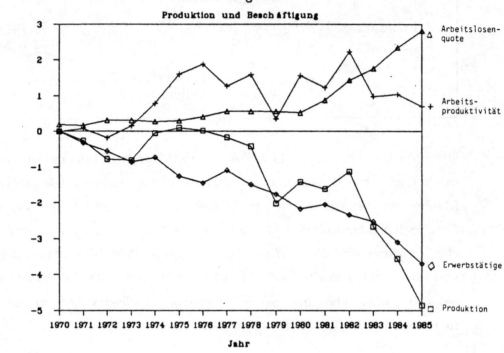

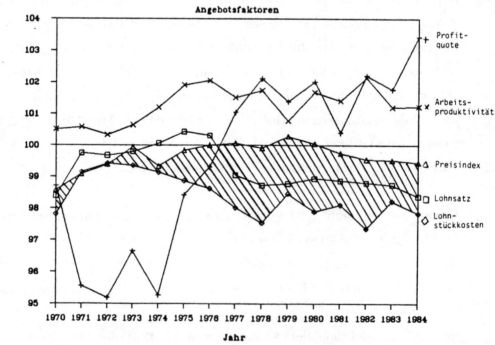

der Kostenseite schlug sich trotz abgeschwächten Produktivitätsanstiegs in einem weiterhin unterdurchschnittlichen Anstieg der Lohnstückkosten nieder. Die relative Verbesserung der Kostensituation bewirkte aber nur bis 1978 eine deutliche Verbesserung der Profitquote, weil in dieser Zeit auch der Preisanstieg überdurchschnittlich war. In den letzten Jahren ging der erneute Anstieg der Profitquote einher mit einer deutlichen Abkoppelung des Produktionswachstums.

In Nordrhein-Westfalen stieg die Produktion seit 1970 nahezu ständig schwächer als im Bundesdurchschnitt. Der unterdurchschnittliche Produktivitätsanstieg bewirkte jedoch bis 1980, daß die Beschäftigung in diesem Land sich weitgehend parallel zum Bundesdurchschnitt entwickelte. Danach ging die Beschäftigung stärker zurück, da sich seit 1982 der Produktivitätsanstieg auf dem bundesdurchschnittlichen Niveau stabilisierte.

Obwohl über den gesamten Zeitraum hinweg auch die Lohnsätze leicht unterdurchschnittlich stiegen, war die Abkoppelung beim Produktivitätsanstieg größer. Dies hatte zur Folge, daß sich der über dem Bundesdurchschnitt liegende Lohnstückkostenanstieg leicht verstärkte. Obwohl dieser Kostendruck seit 1977 zu einem Teil in überdurchschnittlichen Preissteigerungen weitergegeben wurde, konnte eine Verschlechterung der Gewinnposition nicht verhindert werden: Seit 1974 hat sich die Profitquote in Nordrhein-Westfalen im Trend gegenüber dem Bundesdurchschnitt erheblich verringert. In Anbetracht dieser Entwicklung war der Beschäftigtenabbau eher moderat.

Hessen gehört zu den Ländern, in denen die Produktion bis 1980 kontinuierlich stärker stieg als im Bundesdurchschnitt. Diese Entwicklung wurde begleitet von einem fast gleich starken Produktivitätsanstieg. Zu einer nennenswerten vom Durchschnitt abweichenden Beschäftigtenausweitung kam es lediglich Anfang der siebziger Jahre. Ziemlich abgekoppelt von der Entwicklung der Produktivität war in Hessen die Entwicklung der Lohnsätze, die zwar im Niveau über dem Bundesdurchschnitt liegen, deren Entwicklung jedoch kaum vom Durchschnitt abwich. Bis 1980 blieb der Anstieg der Lohnstückkosten daher deutlich unter dem Bundesdurchschnitt.

Abbildung 5.27

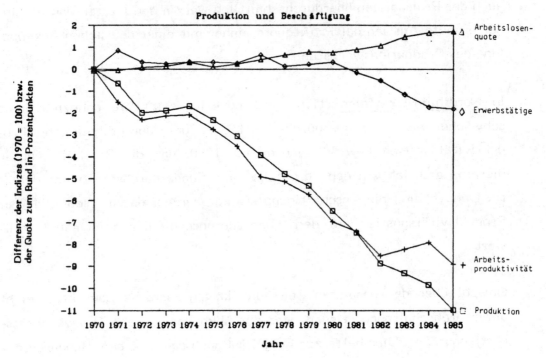

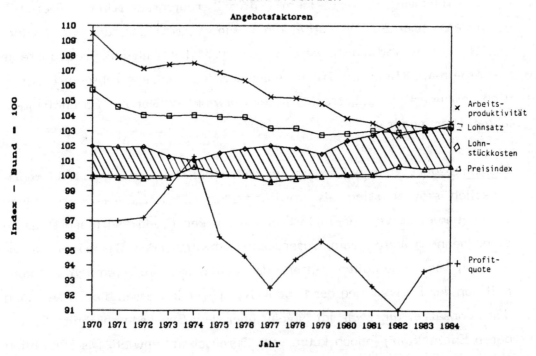

340

Abbildung 5.28

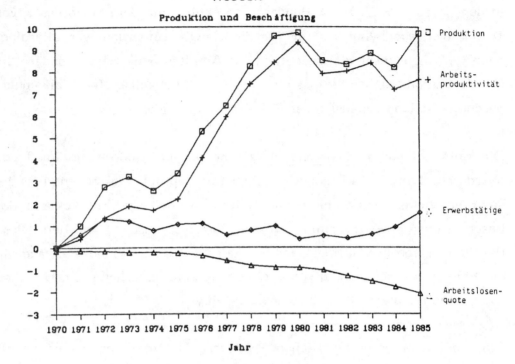

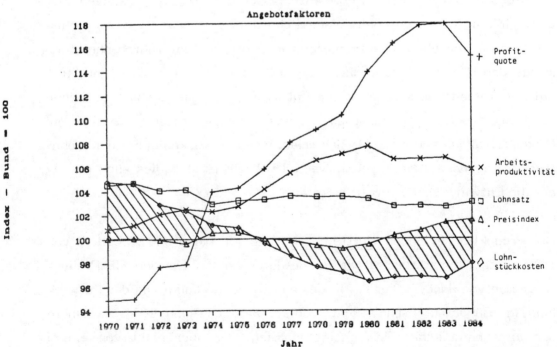

Dementsprechend ausgeprägt war auch die Verbesserung der Gewinnsituation in Hessen. Die Profitquote, die 1970 im Niveau noch unter dem Bundesdurchschnitt gelegen hatte, erhöhte sich beträchtlich und übertraf in den Jahren 1982/83 den Bundesdurchschnitt mit dem Rekordsatz von 18 vH. Der auslösende Faktor für die Gewinnsteigerung war allerdings nach 1980 nicht mehr die Steigerung der Arbeitsproduktivität, sondern die überdurchschnittlichen Preissteigerungen. Gleichzeitig fand die überdurchschnittliche Expansion der Produktion ein Ende.

Die Entwicklung in Rheinland-Pfalz war bis 1982 durch ein im Trend überdurchschnittliches Produktionswachstum geprägt. Weitgehend parallel dazu entwickelte sich die Produktivität, so daß die Entwicklung der Beschäftigung alles in allem kaum vom Bundesdurchschnitt abwich. Diese Parallelität von Produktions- und Produktivitätsentwicklung hielt auch in der Phase der Abkoppelung von der bundesdurchschnittlichen Entwicklung nach unten an, die nach 1982 zu beobachten war.

Trotz der überdurchschnittlichen Produktivitätssteigerungen kam es bis 1979 zu einer deutlichen Annäherung der meist überdurchschnittlichen Profitquote an den Bundesdurchschnitt. Neben den zu Beginn der siebziger Jahre leicht überdurchschnittlichen Lohnsatzsteigerungen wirkten erlösschmälernd vor allem die im gesamten Zeitraum unterdurchschnittlich steigenden Preise. Während dieser Einfluß bis zur Gegenwart anhielt, trat auf der Kostenseite seit 1978 eine Entlastung ein. Die Lohnsätze blieben im Anstieg unter dem Bundesdurchschnitt. Da gleichzeitig bis 1982 die Produktivität überdurchschnittlich stieg, war der Rückgang bei den Lohnstückkosten noch ausgeprägter. Nach 1979 wirkte sich dies auch positiv auf die Entwicklung der Profitquote aus.

Die Produktion in Baden-Württemberg stieg im Trend und vor allem von 1978 an deutlich stärker als im Bundesdurchschnitt. Da sich die Produktivitätsentwicklung in diesem Bundesland im Trend kaum von der Entwicklung im Bundesdurchschnitt unterschied, kam es nach 1977 zu einem überdurchschnittlichen Beschäftigtenanstieg, der aber nicht von einem überdurchschnittlichen Anstieg der Lohnsätze begleitet war. Auch die im Niveau weit überdurchschnittlichen Lohnstückkosten weichen in ihrem

Abbildung 5.29

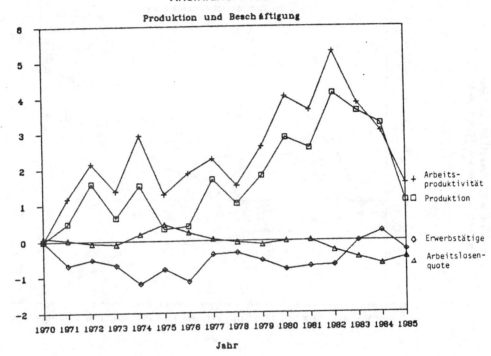

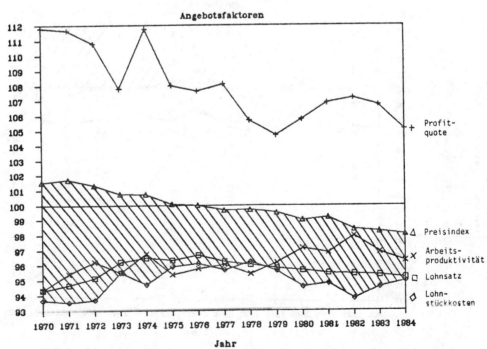

Abbildung 5.30

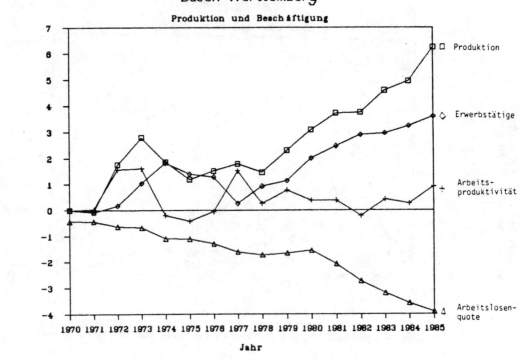

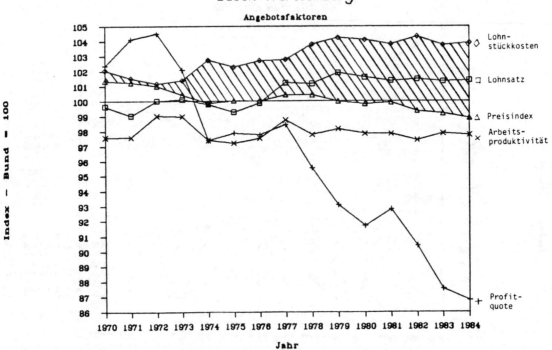

Anstieg nur wenig vom Bundesdurchschnitt nach oben ab. Dennoch stieg die Kostenbelastung weit überdurchschnittlich; die Schere zwischen den auf den Bundesdurchschnitt bezogenen Lohnstückkosten und Preisen öffnete sich von weniger als 3 auf mehr als 5 Prozentpunkte mit entsprechenden Konsequenzen für die Profitquote. Sie lag Anfang der siebziger Jahre noch über dem Bundesdurchschnitt und verschlechterte ihre Position bis 1984 um mehr als 15 Prozentpunkte. Baden-Württemberg als "Unternehmen" hat damit die typische Strategie des Mengenanpassers bei sinkenden Stückgewinnen verfolgt und damit auch die Arbeitslosigkeit relativ gering gehalten.

In Bayern war das Produktionswachstum stärker als in allen anderen Bundesländern. Trotz eines überdurchschnittlichen Produktivitätsanstiegs wurde auch die Beschäftigung kräftig ausgeweitet. Bis 1976 entwickelten sich die Lohnsätze fast wie im Bundesdurchschnitt auf allerdings wesentlich niedrigerem Niveau. Der leicht überdurchschnittliche Anstieg in den Jahren danach tangierte die Lohnstückkosten nur wenig, da auch die Arbeitsproduktivität stärker zunahm als im Bundesdurchschnitt. Auch die relative Position von Preisen und Lohnstückkosten veränderte sich kaum, so daß die weit über dem Durchschnitt liegende Profitquote in Bayern ihren Abstand zum Bundesdurchschnitt während des gesamten Beobachtungszeitraums kaum veränderte.

Die Ergebnisse für die Bundesländer machen deutlich, daß es ein einheitliches Nord-Süd-Muster in der wirtschaftlichen Entwicklung nicht gibt. Deutlich wird, daß die Produktions- wie auch die Beschäftigtenentwicklung generell in Bayern und Baden-Württemberg günstiger verlief als in den Nordregionen und in Nordrhein-Westfalen. Bei den Angebotsfaktoren in den Bundesländern findet man bei der Beurteilung der Entwicklung in Baden-Württemberg mehr Gemeinsamkeiten mit Nordrhein-Westfalen als mit Bayern. In beiden Ländern konnte die Produktivitätsentwicklung den Lohnsatzanstieg schlechter kompensieren als im Bundesdurchschnitt. Der Lohnstückkostenanstieg war überdurchschnittlich und die Profitquote verschlechterte sich gegenüber dem Durchschnitt stärker als in den anderen größeren Bundesländern.

Abbildung 5.31

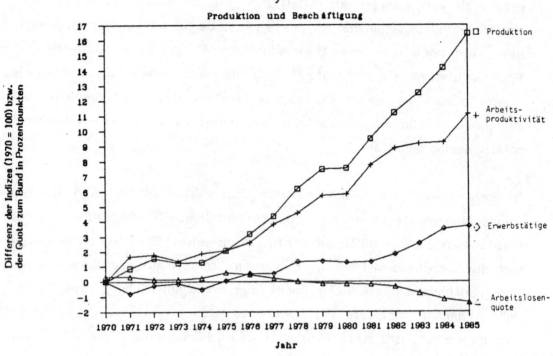

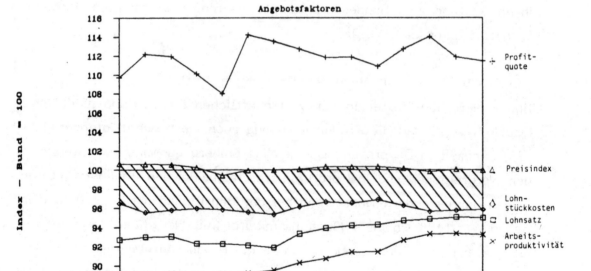

Lediglich das Tempo dieser Veränderungen ist in Baden-Württemberg geringer als in Nordrhein-Westfalen, die Profitquote ausgenommen. Im Niveau der Produktivität weicht Baden-Württemberg gegenwärtig von Bayern soweit nach oben ab, wie Nordrhein-Westfalen von Baden-Württemberg. Das gilt auch für die Lohnsätze mit allerdings geringeren Differenzen. Diese Niveauunterschiede machen deutlich, daß die Entwicklung in Bayern, sieht man von der Wachstumsregion München ab, geprägt ist von einem allerdings sehr erfolgreichen Aufschließen an den Entwicklungspfad in den restlichen Bundesländern. Dies wird auch deutlich an dem gegenüber Nordrhein-Westfalen und Baden-Württemberg geringeren Einfluß konjunktureller Faktoren in Bayern.

Von einer Entwicklung mit umgekehrten Vorzeichen ist dagegen Nordrhein-Westfalen geprägt. Von dem hier erreichten hohe Stand der Wirtschaftskraft zeugen noch immer die über dem Durchschnitt liegenden Produktivitäten und Lohnsätze. Er wird jedoch von Industrien getragen, deren Produktionspalette nur schwer an die sich wandelnde Nachfrage angepaßt werden kann. Die Folge sind Anpassungsprozesse, die sich nicht ohne Schwierigkeiten bewältigen lassen.

Ein Beispiel dafür, daß eine derartige Entwicklung nicht zwangsläufig ist, sondern von dem Güterspektrum der Produktion und der Anpassungsfähigkeit der Unternehmen abhängt, ist Hessen. Hier haben sich die Lohnsätze bei überdurchschnittlichem Niveau kaum anders entwickelt als in Nordrhein-Westfalen. Die Produktivität dagegen hat in den achtziger Jahren das höchste Niveau aller Flächenländer erreicht. Das gleiche gilt für die Profitquote.

Auch in der Nordregion hat die Profitquote ein beachtliches Niveau erreicht. Bei der Produktivität liegen die Nordregionen zwar nur an dritter Stelle hinter Hessen und Nordrhein-Westfalen. Die Ähnlichkeiten in der Entwicklung der Angebotsfaktoren zwischen den Nordregionen und Hessen sind insgesamt größer als zu den anderen Bundesländern. Im Unterschied zu den Nordregionen hat Hessen allerdings die Produktion kräftig ausweiten können. In den Nordregionen ist dagegen die Produktion im Vergleich zum Bundesdurchschnitt geschrumpft, mit der Konsequenz überdurchschnittlicher Beschäftigungseinbußen.

Anmerkungen zu Abschnitt 5

1) Vgl. B. Görzig: Einige Bemerkungen zu v. Knörrings Kritik an der statistischen Erfassung von Strukturfaktoren, in: Jahrbücher für Nationalökonomie und Statistik, Bd. 195/6, Stuttgart 1980, S. 557ff.

2) R. Thoss und W. Erfeld: Die Kapitalausstattung als Bestandteil des endogenen Entwicklungspotentials in den Regionen der Bundesrepublik Deutschland, in: Gleichwertige Lebensbedingungen durch eine Raumordnungspolitik des mittleren Weges: Indikatoren, Potentiale, Instrumente, Hannover 1983, S.101 ff.

3) B. Görzig: Das Sachvermögen in den Wirtschaftsbereichen der Bundesrepublik Deutschland, DIW-Beiträge zur Strukturforschung, Heft 71, Berlin 1982.

4) Vgl. Erhöhter Handlungsbedarf im Strukturwandel, Strukturbericht 1983 des DIW, DIW-Beiträge zur Strukturforschung, Heft 79, Berlin 1984, S. 143 ff.

5) Vgl. Zwischenbericht zur Strukturberichterstattung 1987, Gutachten des DIW im Auftrage des Bundesministers für Wirtschaft, Berlin 1986, S. 21 ff.

6) F. Meyer-Krahmer u.a.: Erfassung regionaler Innovationsdefizite, Schriftenreihe des Bundesministers für Raumordnung, Bauwesen und Städtebau, Heft Nr. 06.054, Bonn 1984.

7) Diese Statistik der Bundesanstalt für Arbeit wurde in regionaler Differenzierung erstmals vom DIW für eine Untersuchung im Auftrage des Planungsausschusses für die Gemeinschaftsaufgabe "Verbesserung der regionalen Wirtschaftsstruktur" umfassend aufbereitet (vgl. F.J. Bade unter Mitarbeit von A. Eickelpasch: Beschäftigungsentwicklung in den Regionen der Bundesrepublik Deutschland, 1976 bis 1983. 2. Zwischenbericht zum Gutachten "Die regionale Verteilung von Wirtschaftsaktivitäten" Berlin 1985 (unveröffentlicht)).

8) Vgl. F.J. Bade unter Mitarbeit von A. Eickelpasch, a.a.O.

9) Untersuchungen, die den Einfluß der Außenhandelspreise auf die Produktion in Nordrhein-Westfalen zum Gegenstand haben, kommen zu einem ähnlichen Ergebnis (vgl. W. Lamberts, Nord versus Süd: Ist die Produktionsstruktur Nordrhein-Westfalens veraltet?, in: Mitteilungen des Rheinisch-Westfälischen Instituts für Wirtschaftsforschung, 1984, S. 175ff.).

6 Bevölkerung, Erwerbsbeteiligung und regionale Arbeitsmärkte

Die Beziehungen zwischen Nachfrage, Produktion und Beschäftigung finden ihren Niederschlag auf den regionalen Arbeitsmärkten als Nachfrage nach Arbeitskräften. Dem steht das Angebot an Arbeitskräften in den Regionen gegenüber, das abhängig ist von der demographischen Entwicklung sowie den Wandlungen im Erwerbsverhalten.

6.1 Natürliche Bevölkerungsentwicklung und Wanderungen

Insgesamt hat die Wohnbevölkerung in der Bundesrepublik Deutschland im Zeitraum 1970 bis 1984 um rund eine halbe Million Einwohner zugenommen. Der Bevölkerungsanstieg beschränkte sich auf die Jahre bis 1981, danach ist ein leichter Bevölkerungsrückgang erkennbar (vgl. Tabelle 6.1).

Weitaus überdurchschnittlich ist die Wohnbevölkerung im Hamburger Umland sowie in den hochverdichteten Regionen Bayerns und im Alpenvorland angewachsen. Dagegen ist die Einwohnerzahl in den Stadtstaaten sowie im Ruhrgebiet und im Saarland gesunken. Insgesamt ist zwischen den ländlichen und den hochverdichteten Regionen ein Gefälle erkennbar, das allerdings nicht stark ausgeprägt ist. Auch bei einem Nord-Süd-Vergleich werden die regionalen Entwicklungsunterschiede erkennbar: die Nord-Regionen verzeichneten einen unterdurchschnittlichen und die Süd-Regionen einen überdurchschnittlichen Zuwachs.

Die unterschiedliche regionale Entwicklung der Wohnbevölkerung hat jedoch zu keiner gravierenden Veränderung der Bevölkerungsverteilung geführt.

In der Entwicklung der Bevölkerung saldieren sich die Ergebnisse von Prozessen, die Veränderungen der Zahl bestimmter Bevölkerungsgruppen zur Folge haben. Für die Fragestellung dieser Untersuchung besonders wichtig ist die Trennung in demographische Einflüsse und solche, die durch

Tabelle 6.1

	Einwohner										Einwohner									
	Jahresdurchschnittliche Wohnbevoelkerung in 1000										Index 1970 = 100									
	1970	1976	1977	1978	1979	1980	1981	1982	1983	1984	1970	1976	1977	1978	1979	1980	1981	1982	1983	1984
1 Schleswig-Holstein	2494	2583	2585	2589	2595	2605	2615	2619	2617	2615	100.0	103.6	103.6	103.8	104.1	104.5	104.9	105.0	104.9	104.9
Hochverdichtet	701	777	784	793	802	811	819	823	825	827	100.0	110.7	111.8	113.1	114.4	115.7	116.8	117.4	117.7	117.9
Mit Verdichtungsansaetzen	1104	1115	1111	1108	1104	1103	1105	1104	1102	1099	100.0	101.0	100.7	100.4	100.0	100.0	100.1	100.1	99.9	99.6
Laendlich	689	691	689	689	689	690	691	691	690	689	100.0	100.3	100.0	99.9	100.0	100.1	100.3	100.3	100.1	100.0
2 Hamburg	1794	1708	1689	1672	1659	1649	1641	1630	1617	1601	100.0	95.2	94.2	93.2	92.5	91.9	91.5	90.9	90.1	89.3
3 Niedersachsen	7082	7233	7226	7225	7230	7245	7262	7262	7253	7232	100.0	102.1	102.0	102.0	102.1	102.3	102.5	102.5	102.4	102.1
Hochverdichtet	2270	2374	2369	2367	2376	2387	2396	2397	2395	2390	100.0	104.6	104.3	104.3	104.7	105.1	105.5	105.6	105.5	105.3
Mit Verdichtungsansaetzen	3562	3579	3577	3578	3573	3574	3577	3573	3565	3549	100.0	100.5	100.4	100.5	100.3	100.3	100.4	100.3	100.1	99.6
Laendlich	1250	1280	1280	1280	1281	1284	1289	1291	1293	1294	100.0	102.4	102.4	102.4	102.4	102.7	103.1	103.3	103.4	103.5
4 Bremen	723	713	707	701	697	694	693	688	681	671	100.0	98.7	97.8	97.0	96.4	96.1	95.8	95.2	94.3	92.9
Hochverdichtet	582	571	565	561	558	556	554	550	544	535	100.0	98.0	97.1	96.3	95.5	95.4	95.2	94.5	93.4	92.0
Mit Verdichtungsansaetzen	140	143	141	140	139	139	138	138	137	136	100.0	101.7	100.5	99.6	99.1	98.9	98.6	98.2	97.7	96.7
5 Nordrhein-Westfalen	16914	17101	17052	17019	17012	17038	17052	17004	16899	16770	100.0	101.1	100.8	100.6	100.6	100.7	100.8	100.5	99.9	99.1
Hochverdichtet	14391	14460	14405	14349	14349	14360	14363	14315	14214	14088	100.0	100.5	100.1	99.8	99.7	99.8	99.8	99.5	98.3	97.9
- Ruhrgebiet	5067	4943	4906	4872	4847	4834	4822	4796	4754	4701	100.0	97.5	96.8	96.1	95.7	95.4	95.2	94.6	93.8	92.8
- Restl. Verdichtungsr.	9324	9517	9499	9493	9502	9526	9541	9519	9460	9387	100.0	102.1	101.9	101.8	101.9	102.2	102.3	102.1	101.5	100.7
Mit Verdichtungsansaetzen	2006	2103	2110	2117	2127	2140	2151	2154	2154	2153	100.0	104.8	105.2	105.6	106.0	106.7	107.2	107.4	107.4	107.4
Laendlich	519	539	537	536	536	538	538	535	532	529	100.0	104.0	103.7	103.5	103.6	103.8	103.9	103.4	102.7	102.2
6 Hessen	5382	5544	5540	5547	5565	5587	5606	5606	5582	5550	100.0	103.0	102.9	103.1	103.4	103.8	104.2	104.2	103.7	103.1
Hochverdichtet	3255	3390	3390	3399	3414	3430	3442	3441	3426	3406	100.0	104.1	104.1	104.4	104.9	105.4	105.7	105.7	105.3	104.6
Mit Verdichtungsansaetzen	1827	1853	1849	1848	1851	1858	1864	1864	1856	1845	100.0	101.4	101.2	101.1	101.3	101.7	102.0	102.0	101.6	101.0
Laendlich	300	301	301	300	300	300	300	300	300	299	100.0	100.5	100.4	100.2	100.0	100.1	100.3	100.2	100.1	99.9
7 Rheinland-Pfalz	3645	3658	3644	3635	3632	3638	3642	3639	3635	3629	100.0	100.3	100.0	99.7	99.6	99.8	99.9	99.8	99.7	99.5
Hochverdichtet	543	543	540	538	537	538	539	539	539	538	100.0	100.1	99.5	99.2	99.0	99.2	99.4	99.3	99.2	99.1
Mit Verdichtungsansaetzen	2620	2639	2630	2625	2624	2629	2632	2628	2625	2620	100.0	100.7	100.4	100.2	100.1	100.3	100.4	100.3	100.2	100.0
Laendlich	482	476	474	472	471	471	471	471	472	471	100.0	98.6	98.2	97.9	97.6	97.6	97.6	97.7	97.8	97.7
8 Baden-Wuerttemberg	8895	9136	9120	9129	9164	9224	9273	9279	9257	9242	100.0	102.7	102.5	102.6	103.0	103.7	104.3	104.3	104.1	103.9
Hochverdichtet	4137	4222	4210	4215	4230	4254	4275	4272	4252	4236	100.0	102.0	101.8	101.9	102.2	102.8	103.3	103.3	102.8	102.4
Mit Verdichtungsansaetzen	3458	3580	3577	3580	3596	3622	3644	3653	3653	3656	100.0	103.5	103.4	103.5	104.0	104.7	105.4	105.6	105.6	105.7
Laendlich	1300	1335	1333	1334	1339	1348	1355	1354	1351	1350	100.0	102.7	102.5	102.6	103.0	103.7	104.2	104.2	104.0	103.9
- Alpenvorland	903	938	937	939	943	949	954	954	952	951	100.0	103.8	103.7	103.9	104.3	105.1	105.6	105.6	105.4	105.2
- Restl. laendliche Region	396	397	395	395	396	399	400	400	399	399	100.0	100.2	99.8	99.8	100.0	100.7	101.1	101.0	100.8	100.8
9 Bayern	10479	10807	10812	10825	10851	10900	10944	10963	10968	10964	100.0	103.1	103.2	103.3	103.5	104.0	104.4	104.6	104.7	104.6
Hochverdichtet	3195	3400	3411	3416	3426	3449	3466	3471	3472	3466	100.0	106.4	106.7	106.9	107.2	107.9	108.5	108.6	108.7	108.5
Mit Verdichtungsansaetzen	2382	2448	2447	2451	2460	2473	2487	2494	2497	2496	100.0	102.8	102.7	102.9	103.3	103.8	104.4	104.7	104.8	104.8
Laendlich	4903	4959	4954	4958	4966	4978	4991	4998	4999	5002	100.0	101.2	101.1	101.1	101.3	101.5	101.8	101.9	102.0	102.0
- Alpenvorland	1321	1386	1391	1399	1408	1418	1427	1434	1437	1441	100.0	104.9	105.3	105.9	106.6	107.3	108.0	108.5	108.7	109.1
- Restl. laendliche Region	3581	3573	3563	3559	3558	3560	3564	3565	3562	3561	100.0	99.8	99.5	99.4	99.4	99.4	99.5	99.5	99.5	99.4
10 Saarland	1120	1093	1085	1077	1071	1067	1065	1060	1055	1052	100.0	97.6	96.9	96.2	95.6	95.3	95.1	94.7	94.2	93.9
11 Berlin	2122	1968	1939	1918	1906	1899	1892	1879	1862	1852	100.0	92.7	91.4	90.4	89.8	89.5	89.2	88.5	87.7	87.2
12 Bundesrepublik Deutschland	60651	61543	61397	61337	61381	61549	61685	61629	61426	61178	100.0	101.5	101.2	101.1	101.2	101.5	101.7	101.6	101.3	100.9
Hochverdichtet	34111	34504	34387	34322	34326	34402	34452	34380	34201	33990	100.0	101.2	100.8	100.6	100.6	100.9	101.0	100.8	100.3	99.6
- Ruhrgebiet	5067	4943	4906	4872	4847	4834	4822	4796	4754	4701	100.0	97.5	96.8	96.1	95.7	95.4	95.2	94.6	93.8	92.8
- Restl. Verdichtungsr.	29043	29561	29481	29450	29479	29568	29630	29584	29447	29289	100.0	101.8	101.5	101.4	101.5	101.8	102.0	101.9	101.4	100.8
Mit Verdichtungsansaetzen	17099	17459	17443	17447	17473	17538	17597	17608	17589	17554	100.0	102.1	102.0	102.0	102.2	102.6	102.9	103.0	102.9	102.7
Laendlich	9441	9581	9567	9569	9582	9609	9636	9642	9636	9634	100.0	101.5	101.3	101.3	101.5	101.8	102.1	102.1	102.1	102.0
- Alpenvorland	2225	2324	2329	2338	2351	2367	2381	2388	2389	2392	100.0	104.4	104.7	105.1	105.7	106.4	107.0	107.3	107.4	107.5
- Restl. laendliche Region	7217	7257	7239	7231	7231	7242	7254	7254	7247	7242	100.0	100.6	100.3	100.2	100.2	100.4	100.5	100.5	100.4	100.3
Nord-Regionen	12093	12237	12207	12197	12180	12194	12211	12199	12168	12120	100.0	101.2	100.9	100.8	100.7	100.8	101.0	100.9	100.6	100.2
Nordrhein-Westfalen	16914	17101	17052	17019	17012	17038	17052	17004	16899	16770	100.0	101.1	100.8	100.6	100.6	100.7	100.8	100.5	99.9	99.1
Mitte-Regionen	10147	10294	10269	10259	10268	10294	10313	10305	10273	10231	100.0	101.5	101.2	101.1	101.2	101.4	101.6	101.6	101.2	100.8
Sued-Regionen	19374	19943	19931	19955	20015	20124	20217	20242	20225	20206	100.0	102.9	102.9	103.0	103.3	103.9	104.3	104.5	104.4	104.3
Berlin	2122	1968	1939	1918	1906	1899	1892	1879	1862	1852	100.0	92.7	91.4	90.4	89.8	89.5	89.2	88.5	87.7	87.2

Quelle: Eigene Berechnungen aufgrund amtlicher Statistiken.

Wanderungsbewegungen ausgelöst werden. Für Raumordnungsregionen war eine solche Trennung für die Periode von 1978 bis 1984 möglich. In der nachfolgenden Tabelle 6.2 sind Salden dieser beiden Einflußfaktoren auf die Bevölkerungsentwicklung in dieser Periode zusammengestellt worden. Die Salden wurden darüber hinaus differenziert nach Altersgruppen und bei den Wanderungssalden auch nach der Herkunft und der Nationalität. Angegeben wurden jeweils Anteile der jeweiligen Salden an der Bevölkerung zu Beginn des jeweiligen Untersuchungszeitraums, um das Gewicht der jeweiligen Bevölkerungsbewegung für die Regionen deutlich zu machen.

In rund 70 vH der Regionen überstieg im Zeitraum 1978 bis 1984 die Anzahl der Gestorbenen die Geburten. Den absolut (-95 000 Personen) und relativ (-5 vH) größten demographisch bedingten Bevölkerungsverlust hatte als Folge der Überalterung Berlin zu verzeichnen, gefolgt von Ostholstein, Oberfranken-Ost, Lüneburg und Wuppertal. Den mit Abstand größten Geburtenüberschuß weist das Emsland auf. Aber auch in ländlichen Regionen des süddeutschen Raumes hat die demographische Komponente immerhin zu einer merklichen Zunahme der Bevölkerung geführt. Dagegen hatte von den größeren Ballungsräumen lediglich der Stuttgarter Raum einen Geburtenüberschuß zu verzeichnen.

Auch auf der Ebene der Bundesländer ist seit 1978 lediglich in Baden-Württemberg ein leichter demographisch bedingter Bevölkerungsanstieg erkennbar, der vornehmlich auf die Bevölkerungszunahme in den ländlichen Gebieten zurückgeführt werden kann. Von den Flächenländern sind insbesondere Schleswig-Holstein, das Saarland und Niedersachsen durch einen überdurchschnittlichen Bevölkerungsrückgang geprägt. In der Aggregation nach siedlungsstrukturellen Regionstypen ist die demographisch bedingte Bevölkerungsabnahme in den hochverdichteten Regionen - und hier insbesondere im Ruhrgebiet - ausgeprägter als im ländlichen Raum. Der geringe Bevölkerungsrückgang des Alpenvorlandes ist auf einen Bevölkerungsanstieg im baden-württembergischen Gebiet zurückzuführen, der die Verringerung der Bevölkerung im bayerischen Alpenvorland abmildert. Ein deutlicher Unterschied wird im Nord-Süd-Vergleich erkennbar. Die regionsspezifische Bevölkerungsabnahme differiert immerhin um 1,6 Prozentpunkte zugunsten der südlichen Bundesländer.

Tabelle 6.2

Natuerliche Bevoelkerungsentwicklung und Wanderungen 1979 - 1984

in vH der Bevoelkerung von Ende 1978

	Bevoel-kerung Ende 1978	demographische Komponente				Kuaulierter Wanderungssaldo								Bevoel-kerung Ende 1984
		ins-gesamt	Alter			ins-gesamt	Herkunft		Nationalitaet		Alter			
			0 - 24	25 - 64	65 u. ae.		Binnenw.	Aussenw.	Deutsche	Auslaender	0 - 24	25 - 64	65 u. ae.	
1 Schleswig-Holstein	100.0	-1.7	-3.2	2.6	-1.2	2.6	2.3	0.3	2.3	0.3	1.1	1.2	0.3	100.9
Hochverdichtet	100.0	-1.0	-2.3	2.5	-1.2	4.8	4.6	0.3	4.5	0.4	1.1	2.9	0.8	103.8
Mit Verdichtungsansaetzen	100.0	-2.3	-3.9	2.7	-1.1	1.6	1.2	0.4	1.4	0.2	1.5	.0	.0	99.3
Laendlich	100.0	-1.6	-2.9	2.6	-1.2	1.7	1.4	0.2	1.4	0.3	0.3	1.1	0.2	100.1
2 Hamburg	100.0	-3.7	-3.8	1.8	-1.6	-0.7	-2.5	1.9	-1.7	1.0	1.3	-1.4	-0.5	95.7
3 Niedersachsen	100.0	-1.3	-3.0	2.7	-0.9	1.2	0.6	0.5	1.0	0.2	0.4	0.6	0.2	99.9
Hochverdichtet	100.0	-1.5	-3.1	2.5	-1.0	2.2	1.4	0.7	1.8	0.3	0.8	1.1	0.2	100.6
Mit Verdichtungsansaetzen	100.0	-1.5	-3.4	2.8	-1.0	0.5	.0	0.5	0.4	0.1	0.3	0.1	0.1	98.9
Laendlich	100.0	-0.2	-1.9	2.4	-0.7	1.2	0.8	0.4	1.0	0.2	-0.3	1.3	0.2	101.1
4 Bremen	100.0	-2.6	-4.0	2.2	-0.8	-2.0	-2.7	0.7	-2.3	0.3	-0.2	-1.5	-0.4	95.3
Hochverdichtet	100.0	-2.7	-3.9	2.0	-0.8	-2.4	-2.8	0.5	-2.6	0.3	-0.2	-1.8	-0.4	94.9
Mit Verdichtungsansaetzen	100.0	-2.3	-4.6	2.8	-0.6	-0.8	-2.3	1.6	-1.1	0.3	0.1	-0.4	-0.4	97.0
5 Nordrhein-Westfalen	100.0	-1.0	-3.4	3.0	-0.6	-0.7	-1.2	0.4	-0.4	-0.3	0.1	-0.8	.0	98.2
Hochverdichtet	100.0	-1.4	-3.4	2.7	-0.7	-0.9	-1.4	0.5	-0.6	-0.3	0.1	-0.9	-0.1	97.7
- Ruhrgebiet	100.0	-1.7	-3.4	2.3	-0.7	-2.0	-4.2	2.2	-2.0	-0.1	-0.5	-1.3	-0.2	96.2
- Restl. Verdichtungsr.	100.0	-1.2	-3.4	2.9	-0.6	-0.3	.0	-0.3	0.1	-0.4	0.4	-0.7	.0	98.5
Mit Verdichtungsansaetzen	100.0	1.1	-3.4	4.8	-0.4	0.4	0.5	-0.1	0.7	-0.3	0.5	-0.3	0.3	101.5
Laendlich	100.0	-0.1	-2.1	2.6	-0.6	-1.3	-0.6	-0.7	-0.4	-0.9	-1.6	-0.1	0.4	98.6
6 Hessen	100.0	-1.2	-3.5	3.1	-0.8	0.9	0.2	0.7	0.6	0.2	0.8	.0	0.1	99.7
Hochverdichtet	100.0	-1.1	-3.5	3.2	-0.7	0.8	0.1	0.7	0.6	0.2	1.0	-0.2	.0	99.7
Mit Verdichtungsansaetzen	100.0	-1.4	-3.6	3.1	-0.9	1.0	0.2	0.7	0.7	0.3	0.7	0.1	0.1	99.6
Laendlich	100.0	-1.0	-2.7	2.7	-1.0	0.6	.0	0.6	0.1	0.5	-0.5	1.0	0.1	99.7
7 Rheinland-Pfalz	100.0	-1.2	-3.1	2.8	-0.9	1.0	0.4	0.6	0.6	0.4	0.3	0.6	0.1	99.8
Hochverdichtet	100.0	-1.2	-2.9	2.4	-0.7	1.3	0.3	0.9	0.8	0.5	0.3	0.8	0.2	100.1
Mit Verdichtungsansaetzen	100.0	-1.3	-3.2	2.8	-0.9	1.1	0.5	0.5	0.7	0.4	0.4	0.5	0.1	99.7
Laendlich	100.0	-0.6	-2.8	2.9	-0.6	0.4	.0	0.4	-0.2	0.6	-0.3	0.6	0.1	99.8
8 Baden-Wuerttemberg	100.0	0.3	-3.1	3.8	-0.4	0.8	0.6	0.3	1.2	-0.3	0.8	-0.1	0.1	101.1
Hochverdichtet	100.0	.0	-3.5	3.9	-0.4	0.3	.0	0.3	0.6	-0.3	1.1	-0.8	.0	100.3
Mit Verdichtungsansaetzen	100.0	0.5	-3.2	4.1	-0.5	1.7	1.3	0.4	1.9	-0.2	0.9	0.5	0.3	102.1
Laendlich	100.0	0.7	-1.8	3.0	-0.4	0.4	0.3	0.1	1.0	-0.6	-0.3	0.5	0.2	101.1
- Alpenvorland	100.0	0.8	-1.9	3.1	-0.4	0.4	0.6	-0.1	1.2	-0.3	-0.3	0.5	0.2	101.2
- Restl. laendliche Regionen	100.0	0.7	-1.6	2.7	-0.4	0.3	-0.2	0.5	0.5	-0.2	-0.4	0.5	0.2	101.0
9 Bayern	100.0	-0.6	-3.0	3.2	-0.7	1.7	1.3	0.4	1.6	0.1	1.0	0.5	0.2	101.2
Hochverdichtet	100.0	-0.7	-4.5	4.1	-0.3	2.1	1.9	0.1	2.2	-0.1	2.8	-0.7	.0	101.3
Mit Verdichtungsansaetzen	100.0	0.1	-2.9	3.7	-0.7	1.4	1.1	0.3	1.4	.0	0.8	0.4	0.2	101.6
Laendlich	100.0	-0.7	-2.1	2.3	-0.9	1.6	0.9	0.7	1.3	0.3	-0.1	1.4	0.3	100.9
- Alpenvorland	100.0	-1.0	-2.3	2.0	-0.8	3.9	2.6	1.3	3.4	0.5	1.1	2.3	0.6	102.9
- Restl. laendliche Regionen	100.0	-0.6	-2.1	2.4	-1.0	0.7	0.2	0.5	0.5	0.2	-0.6	1.1	0.2	100.1
10 Saarland	100.0	-1.6	-3.9	3.1	-0.8	-0.5	-1.6	1.2	-1.0	0.5	-0.3	-0.2	.0	97.9
11 Berlin	100.0	-5.0	-2.3	1.2	-3.9	1.8	-1.7	3.5	-0.6	2.3	2.5	-0.5	-0.2	96.8
12 Bundesrepublik Deutschland	100.0	-1.1	-3.2	3.0	-0.8	0.6	.0	0.6	0.5	0.1	0.6	-0.1	0.1	99.6
Hochverdichtet	100.0	-1.5	-3.5	2.9	-0.9	0.2	-0.5	0.7	0.2	0.1	0.8	-0.5	.0	98.8
- Ruhrgebiet	100.0	-1.7	-3.4	2.3	-0.7	-2.0	-4.2	2.2	-2.0	-0.1	-0.5	-1.3	-0.2	96.2
- Restl. Verdichtungsr.	100.0	-1.4	-3.5	3.0	-0.9	0.6	0.1	0.5	0.5	0.1	1.0	-0.4	.0	99.2
Mit Verdichtungsansaetzen	100.0	-0.6	-3.3	3.5	-0.8	1.1	0.6	0.4	1.0	.0	0.7	0.2	0.2	100.5
Laendlich	100.0	-0.5	-2.2	2.5	-0.8	1.1	0.7	0.4	1.0	0.1	-0.2	1.1	0.3	100.7
- Alpenvorland	100.0	-0.3	-2.1	2.4	-0.6	2.5	1.8	0.7	2.5	.0	0.5	1.6	0.4	102.2
- Restl. laendliche Regionen	100.0	-0.5	-2.2	2.5	-0.9	0.7	0.3	0.4	0.6	0.1	-0.5	1.0	0.2	100.2
Nord-Regionen	100.0	-1.8	-3.2	2.5	-1.1	1.0	0.4	0.7	0.7	0.3	0.6	0.3	0.1	99.3
Nordrhein-Westfalen	100.0	-1.0	-3.4	3.0	-0.6	-0.7	-1.2	0.4	-0.4	-0.3	0.1	-0.8	.0	98.2
Mitte-Regionen	100.0	-1.2	-3.4	3.0	-0.8	0.8	0.1	0.7	0.4	0.3	0.5	0.2	0.1	99.5
Sued-Regionen	100.0	-0.2	-3.1	3.5	-0.6	1.3	0.9	0.4	1.4	-0.1	0.9	0.2	0.2	101.1
Berlin	100.0	-5.0	-2.3	1.2	-3.9	1.8	-1.7	3.5	-0.6	2.3	2.5	-0.5	-0.2	96.8

Natuerliche Bevoelkerungsentwicklung und Wanderungen 1979 - 1984

in vH der Bevoelkerung von Ende 1978

| | Bevoel-kerung Ende 1978 | demographische Komponente | | | | Kumulierter Wanderungssaldo | | | | | | | | Bevoel-kerung Ende 1984 |
| | | ins-gesamt | Alter | | | ins-gesamt | Herkunft | | Nationalitaet | | Alter | | | |
			0 - 24	25 - 64	65 u. ae.		Binnenw.	Aussenw.	Deutsche	Auslaender	0 - 24	25 - 64	65 u. ae.	
1 Schleswig	100.0	-1.1	-3.6	3.4	-1.0	1.6	1.5	0.1	1.4	0.3	0.7	0.6	0.3	100.5
2 Mittelholstein	100.0	-1.9	-4.3	3.4	-1.0	1.6	1.0	0.6	1.2	0.4	2.2	-0.5	-0.1	99.7
3 Dithmarschen	100.0	-2.4	-2.0	1.2	-1.6	1.7	1.3	0.4	1.3	0.4	-0.3	1.8	0.2	99.3
4 Ostholstein	100.0	-3.1	-3.3	1.5	-1.2	1.6	1.4	0.1	1.8	-0.2	0.4	0.7	0.3	98.5
5 Hamburg	100.0	-2.5	-3.1	2.0	-1.4	1.7	0.5	1.2	1.0	0.8	1.2	0.5	.0	99.2
6 Lueneburg	100.0	-2.9	-3.2	1.6	-1.4	3.3	2.5	0.9	2.9	0.4	0.8	2.1	0.5	100.4
7 Bremerhaven	100.0	-1.8	-3.2	2.0	-0.6	0.4	-0.3	0.7	0.2	0.3	-0.4	0.8	.0	98.6
8 Wilhelmshaven	100.0	-0.8	-3.1	2.5	-0.2	0.8	0.6	0.2	0.5	0.3	0.4	0.3	0.1	100.0
9 Ostfriesland	100.0	0.3	-1.8	2.7	-0.6	0.6	0.4	0.2	0.4	0.2	-0.5	1.0	0.1	101.0
10 Oldenburg	100.0	-0.6	-3.1	3.4	-0.9	2.3	1.7	0.5	1.7	0.5	0.8	1.3	0.2	101.7
11 Emsland	100.0	2.5	-0.5	3.3	-0.3	0.2	0.1	0.2	0.1	0.1	-1.1	1.2	0.2	102.7
12 Osnabrueck	100.0	-0.1	-2.7	3.2	-0.6	0.7	0.8	-0.1	0.8	-0.1	0.3	0.3	0.1	100.6
13 Bremen	100.0	-1.6	-3.1	2.3	-0.8	0.5	0.2	0.3	0.2	0.3	.0	0.4	0.1	98.9
14 Hannover	100.0	-2.2	-3.3	2.1	-1.1	0.6	-0.2	0.7	0.5	0.1	0.4	0.1	0.1	99.4
15 Braunschweig	100.0	-2.1	-3.5	2.5	-1.1	-0.5	-1.3	0.8	-0.4	-0.2	0.1	-0.5	-0.1	97.3
16 Goettingen	100.0	-1.8	-5.7	5.1	-1.1	1.3	0.2	1.1	0.7	0.6	2.0	-0.9	0.1	99.5
17 Muenster	100.0	1.4	-3.8	5.4	-0.3	0.9	0.9	.0	1.1	-0.1	0.9	-0.3	0.2	102.3
18 Bielefeld	100.0	-1.4	-2.9	2.3	-0.8	-0.3	.0	-0.3	0.3	-0.5	.0	-0.4	0.1	98.3
19 Paderborn	100.0	0.6	-3.0	4.3	-0.7	1.3	1.3	.0	1.6	-0.3	0.3	0.5	0.4	101.8
20 Dortmund-Sauerland	100.0	-1.0	-2.9	2.7	-0.8	-1.2	-6.6	5.4	-0.7	-0.5	-0.6	-0.7	.0	97.8
21 Bochum	100.0	-2.5	-4.1	2.5	-0.8	-2.9	-3.2	0.4	-2.8	-0.1	-0.3	-2.1	-0.5	94.6
22 Essen	100.0	-2.0	-3.4	2.1	-0.7	-1.8	-2.2	0.4	-2.1	0.3	-0.5	-1.1	-0.2	96.1
23 Duisburg	100.0	-1.1	-2.9	2.5	-0.6	-3.0	-2.8	-0.2	-2.4	-0.5	-1.1	-1.7	-0.2	96.0
24 Krefeld	100.0	-1.2	-2.6	2.2	-0.8	1.2	1.5	-0.3	1.6	-0.4	0.1	0.8	0.3	100.0
25 Moenchengladbach	100.0	-1.5	-3.0	2.2	-0.6	0.7	1.0	-0.2	1.0	-0.2	0.1	0.5	0.1	99.3
26 Aachen	100.0	-0.5	-4.5	4.5	-0.5	0.7	0.3	0.4	0.2	0.6	1.2	-0.6	0.1	100.2
27 Duesseldorf	100.0	-1.3	-3.3	2.5	-0.5	-1.2	-1.0	-0.2	-0.8	-0.3	.0	-1.2	.0	97.5
28 Wuppertal	100.0	-2.6	-3.2	1.9	-1.3	-2.3	-1.1	-1.2	-1.2	-1.1	-0.1	-1.8	-0.4	95.1
29 Hagen	100.0	-1.6	-2.6	1.9	-0.9	-2.1	-1.2	-1.0	-0.8	-1.3	-0.7	-1.3	-0.2	96.2
30 Siegen	100.0	0.4	-2.5	3.4	-0.4	-2.2	-1.7	-0.5	-1.5	-0.7	-0.9	-1.3	0.1	98.3
31 Koeln	100.0	-0.8	-3.6	3.3	-0.5	-1.1	-0.4	-0.7	-0.2	-0.9	0.4	-1.5	.0	98.1
32 Bonn	100.0	-0.5	-4.8	4.4	.0	4.9	3.6	1.3	3.7	1.3	3.0	1.6	0.4	104.5
33 Nordhessen	100.0	-2.1	-2.9	1.8	-1.0	1.0	0.4	0.6	0.6	0.4	0.1	0.8	0.1	98.9
34 Mittelhessen	100.0	-0.3	-4.9	5.2	-0.6	0.5	-0.5	1.0	0.3	0.1	1.7	-1.3	0.1	100.1
35 Osthessen	100.0	-1.0	-2.7	2.7	-1.0	0.6	.0	0.6	0.1	0.5	-0.5	1.0	0.1	99.7
36 Untermain	100.0	-1.2	-3.4	2.9	-0.7	0.5	-0.7	1.2	.0	0.5	0.9	-0.4	-0.1	99.2
37 Starkenburg	100.0	-0.4	-3.5	3.8	-0.7	0.8	1.2	-0.4	1.4	-0.6	1.0	-0.4	0.2	100.4
38 Rhein-Main-Taunus	100.0	-1.8	-3.5	2.6	-0.9	2.6	2.2	0.4	2.2	0.4	1.2	1.3	0.1	100.8
39 Mittelrhein-Westerwald	100.0	-1.4	-2.6	2.1	-0.8	1.1	0.7	0.4	0.9	0.2	-0.2	1.1	0.3	99.7
40 Trier	100.0	-0.6	-2.8	2.9	-0.6	0.4	.0	0.4	0.2	0.6	-0.3	0.6	0.1	99.8
41 Rheinhessen-Nahe	100.0	-1.0	-4.1	4.1	-1.0	1.9	0.7	1.2	1.2	0.7	1.7	.0	0.1	100.8
42 Rheinpfalz	100.0	-1.0	-3.0	2.8	-0.8	1.1	0.4	0.7	0.6	0.5	0.2	0.7	0.2	100.1
43 Westpfalz	100.0	-2.0	-3.3	2.4	-1.1	.0	-0.3	0.3	-0.3	0.4	-0.2	0.2	.0	98.0
44 Saar	100.0	-1.6	-3.9	3.1	-0.8	-0.5	-1.6	1.2	-1.0	0.5	-0.3	-0.2	.0	97.9
45 Unterer Neckar	100.0	-0.7	-4.5	4.3	-0.6	1.7	0.6	1.1	1.2	0.6	2.2	-0.5	.0	101.0
46 Franken	100.0	0.1	-1.8	2.7	-0.7	1.7	0.8	1.0	1.7	.0	0.1	1.3	0.3	101.8
47 Mittlerer Oberrhein	100.0	-0.9	-3.8	3.7	-0.7	1.4	-0.1	1.5	1.2	0.2	1.2	-0.1	0.3	100.6
48 Nordschwarzwald	100.0	0.1	-2.4	3.1	-0.6	2.4	2.4	.0	2.9	-0.5	0.9	1.1	0.4	102.5
49 Mittlerer Neckar	100.0	0.6	-3.0	3.7	-0.1	-0.7	-0.2	-0.5	0.2	-1.0	0.6	-1.2	-0.1	99.9
50 Ostwuerttemberg	100.0	0.7	-1.6	2.7	-0.4	0.3	-0.2	0.5	0.5	-0.2	-0.4	0.5	0.2	101.0
51 Donau-Iller (Bad.-Wuert.)	100.0	1.2	-2.2	3.8	-0.3	-0.1	-0.2	0.1	0.5	-0.6	-0.2	-0.1	0.1	101.1
52 Neckar-Alb	100.0	1.2	-4.4	5.9	-0.4	1.4	1.7	-0.3	1.9	-0.5	2.1	-0.8	0.1	102.6
53 Schwarzwald-Baar-Heuberg	100.0	0.2	-1.9	2.8	-0.6	-0.8	-0.5	-0.2	0.2	-0.9	-0.9	-0.1	0.2	99.5
54 Suedlicher Oberrhein	100.0	0.4	-4.4	5.5	-0.5	2.4	1.4	1.0	2.3	0.2	1.7	0.3	0.3	102.8
55 Hochrhein-Bodensee	100.0	.0	-3.0	3.5	-0.4	1.4	1.5	.0	1.8	-0.3	0.4	0.8	0.2	101.4
56 Bodensee-Oberschwarzwald	100.0	1.2	-2.0	3.3	-0.2	1.5	1.5	.0	2.1	-0.6	0.3	1.0	0.2	102.7
57 Bayer. Untermain	100.0	0.8	-1.6	3.2	-0.8	0.1	0.6	-0.5	0.9	-0.8	-0.7	0.7	0.2	100.9
58 Wuerzburg	100.0	.0	-4.5	5.3	-0.9	2.2	1.6	0.7	1.6	0.6	2.3	-0.2	0.1	102.2
59 Main-Rhoen	100.0	-0.2	-1.9	2.7	-0.9	-0.3	-0.7	0.4	-0.4	0.1	-1.2	0.6	0.4	99.5
60 Oberfranken-West	100.0	-0.7	-2.4	2.8	-1.2	0.5	0.3	0.2	0.3	.0	-0.3	0.7	0.2	99.8
61 Oberfranken-Ost	100.0	-3.0	-2.4	1.1	-1.7	0.3	-0.1	0.4	0.3	.0	-0.4	0.6	.0	97.3
62 Oberpfalz-Nord	100.0	-0.5	-1.6	2.0	-0.9	-1.3	-1.5	0.3	-1.4	0.1	-1.9	0.6	0.1	98.2
63 Mittelfranken	100.0	-1.4	-3.9	3.4	-0.9	1.9	0.9	1.0	1.9	.0	2.0	-0.1	0.1	100.6
64 Westmittelfranken	100.0	-0.8	-1.5	2.0	-1.4	0.4	-0.2	0.5	0.2	0.2	-1.0	1.0	0.3	99.6
65 Augsburg	100.0	-0.4	-2.4	2.6	-0.6	2.5	1.8	0.7	2.3	0.2	1.0	1.2	0.3	102.1
66 Ingolstadt	100.0	1.3	-2.1	3.6	-0.2	2.0	0.9	1.1	0.8	0.2	0.6	1.3	0.1	103.3
67 Regensburg	100.0	0.2	-3.6	4.5	-0.7	1.0	0.5	0.6	0.8	0.2	1.2	-0.3	0.2	101.2
68 Donau-Wald	100.0	.0	-2.2	2.9	-0.7	1.7	1.1	0.5	1.3	0.4	-0.4	1.8	0.3	101.7
69 Landshut	100.0	-0.6	-2.2	2.6	-0.9	3.2	2.4	0.8	2.3	-0.1	0.5	2.4	0.3	102.7
70 Muenchen	100.0	-0.4	-4.4	4.9	.0	2.1	2.4	-0.3	2.3	-0.1	3.2	-1.0	-0.1	101.7
71 Donau-Iller (Bay.)	100.0	0.6	-1.6	2.8	-0.7	0.4	0.3	-0.2	1.0	-0.5	-0.3	0.5	0.3	101.0
72 Allgaeu	100.0	-1.0	-2.0	1.9	-0.9	2.4	2.1	0.4	2.3	0.1	0.5	1.5	0.4	101.5
73 Oberland	100.0	-1.1	-2.7	2.2	-0.6	4.4	2.7	1.6	3.8	0.5	1.6	2.4	0.4	103.3
74 Suedostoberbayern	100.0	-1.0	-2.2	2.0	-0.8	4.5	2.9	1.6	3.9	0.6	1.1	2.7	0.7	103.5
75 Berlin	100.0	-5.0	-2.3	1.2	-3.9	1.3	-1.7	3.5	-0.6	2.3	2.5	-0.5	-0.2	96.3
76 Bundesgebiet	100.0	-1.1	-3.2	3.0	-0.8	0.5	.0	0.6	0.3	0.1	0.6	-0.1	0.1	99.6

Quelle: Eigene Berechnungen aufgrund amtlicher Statistiken und Angaben der Bundesanstalt für Landeskunde und Raumordnung

Die demographische Komponente ist in den Altersgruppen unterschiedlich ausgeprägt. In allen Regionen nimmt die Zahl der Personen im Alter bis zu 24 Jahren und im Alter von 65 und mehr Jahren ab, während für den Kern der erwerbsfähigen Bevölkerung aufgrund der geburtenstarken Jahrgänge Anfang der sechziger Jahre ein bundesweiter Anstieg zu verzeichnen ist. Der Rückgang der jüngeren Personen ist in den Regionen Göttingen, München und Bonn am ausgeprägtesten. Aber auch in den anderen Ballungsregionen verringerte sich diese Personengruppe zumeist um gut 3 vH. Kaum verändert hat sich die Gruppe der jüngeren Einwohner dagegen in einer Reihe von ländlichen Regionen.

In der Zusammenfassung nach siedlungsstrukturellen Regionstypen tritt die unterschiedliche Entwicklung zwischen den hochverdichteten Gebieten und den ländlichen Räumen deutlich zu Tage: Die Bevölkerungsabnahme in der Gruppe der unter 25jährigen ist in den ländlichen Regionen lediglich halb so groß wie in den Verdichtungsräumen. Dagegen ist das Nord-Süd-Gefälle nicht so stark ausgeprägt.

Bei den älteren Personen liegt, wie nicht anders zu erwarten, Berlin an der Spitze. Die natürliche Bevölkerungsentwicklung führte zu einer Verringerung der Personen im Alter von 65 und mehr Jahren bezogen auf die Gesamtbevölkerung Ende 1978 um rund 4 vH. Eine ähnlich starke Abnahme ist in keiner anderen Region zu beobachten. Von den Ballungsgebieten kommt Hamburg der berliner Entwicklung am nächsten (- 1,4 vH). Das andere Extrem ist in München und Bonn zu beobachten, wo die Zahl der älteren Personen praktisch stagniert hat. In der überwiegenden Anzahl der Regionen liegt der Rückgang bei dieser Personengruppe in der Größenordnung von 1 vH. Ausgeprägt ist der Unterschied zwischen den südlichen und nördlichen Regionen. In den nördlichen Bundesländern ist die Verringerung der Bevölkerungszahl bei den Älteren wesentlich höher. Am niedrigsten ist sie in Baden-Württemberg.

In der für den Arbeitsmarkt bedeutsamen Altersklasse der 25- bis 64-jährigen hat die Einwohnerzahl in der Zeit von 1979 bis 1984 um 3 vH zugenommen, mit Schwankungen zwischen 1 vH und 5 vH.

Im allgemeinen ist die Zunahme dieses Kerns der erwerbsfähigen Bevölkerung in den nördlichen Bundesländern niedriger als in Bayern und Baden-Württemberg. Deutlich vom Bundesdurchschnitt nach unten abweichende Ergebnisse sind für Berlin zu verzeichnen. Auch Hamburg steht nicht sehr viel besser da. Dies gilt in diesem Fall sowohl für die Stadt Hamburg als auch für die Region.

Von den siedlungsstrukturellen Raumtypen sind die Regionen mit Verdichtungsansätzen die Gewinner. Ländliche Regionen haben im Anteil verloren, während die hochverdichteten Regionen ihren Anteil gehalten haben. Auch hier gibt es allerdings ein deutliches Süd-Nord-Gefälle. In Bayern und Baden-Württemberg liegen die zahlenmäßigen Zuwachse bei rund 4 vH, während in den verdichteten Regionen der anderen Länder nur 2-3 vH erreicht wurden. Innerhalb der hochverdichteten Region Nordrhein-Westfalens gibt es wiederum ein merkliches Gefälle in der Entwicklung zu Lasten des Ruhrgebietes.

Neben der natürlichen Bevölkerungsentwicklung gehen von den Wanderungen in vielen Regionen starke Einflüsse auf die Einwohnerzahl aus. Vor allem in den Regionen des Ruhrgebietes wird die negative demographische Komponente durch negative Wanderungssalden im Zeitraum 1979 bis 1984 verstärkt. Am stärksten vom Wanderungsverlust betroffen sind Duisburg und Bochum (- 3 vH). Aber auch die Regionen Wuppertal, Hagen und Siegen haben einen Wanderungsverlust von über 2 vH hinnehmen müssen. Von den größeren Ballungsräumen gilt dies auch für Essen, Düsseldorf und Köln, während München einen Wanderungsgewinn von über 2 vH (bezogen auf die Gesamtbevölkerung 1978) verbuchen konnte. Aber auch in Hamburg und Berlin sind per Saldo deutlich mehr Personen zu- als weggezogen. In diesen Regionen spielen die Bildungswanderungen eine bedeutende Rolle.

Den höchsten Wanderungsgewinn hatte Bonn mit fast 5 vH der Gesamtbevölkerung zu verbuchen, gefolgt von Südostoberbayern und dem Oberland. Während in Bonn ebenfalls Bildungswanderungen eine Rolle spielen, sind in den anderen beiden Regionen überwiegend die Erwerbspersonenwanderungen für den Wanderungsgewinn entscheidend.

Die negativen Wanderungssalden der Stadtstaaten Hamburg und Bremen sind teilweise auf die Stadt-Umland-Wanderungen zurückzuführen. In Hamburg haben Bildungszuwanderungen per Saldo kompensierend gewirkt. Dagegen sind die Abwanderungen aus Nordrhein-Westfalen und hier insbesondere aus dem Ruhrgebiet auch durch die schlechte Arbeitsmarktlage bedingt, denn es dominieren die Fortzüge der deutschen Personen im erwerbsfähigen Alter nach anderen Regionen des Bundesgebietes. Das gleiche dürfte für das Saarland gelten. Demgegenüber ist der Wanderungsgewinn des Alpenvorlandes durch die Ruhesitzwanderungen beeinflußt (Florida-Effekt). Die älteren Bürger wandern aus den hochverdichteten Gebieten in ländlich attraktive Gegenden mit einem besseren Wohnumfeld ab. Insgesamt ist der Wanderungsgewinn der nördlichen Bundesländer geringer als in den südlichen Regionen.

Für die meisten Regionen prägen Umzüge innerhalb des Bundesgebietes die Entwicklung stärker als der Saldo der Zu- und Fortzüge aus dem Ausland. Einen für das Bundesgebiet untypischen Außenwanderungsgewinn insbesondere bei jüngeren Personen hat Berlin und in abgeschwächtem Maße auch Hamburg zu verzeichnen. In Berlin trägt der Asylantenstrom zu dieser Entwicklung bei, während die Entwicklung in Hamburg durch die Seeverbindung begünstigt wird.

Die Zu- und Fortzüge der Ausländer haben für die Außenwanderungen an Bedeutung verloren. Im Zeitraum 1979 bis 1984 wanderten per Saldo lediglich 39 000 Personen anderer Staatszugehörigkeit zu. Dagegen beträgt der positive Außenwanderungssaldo der Deutschen mehr als das achtfache. Die Außenwanderungsgewinne der deutschen Personen verteilen sich nicht gleichmäßig über die Regionen. Gut ein Drittel konzentriert sich auf das Ruhrgebiet. Diese Außenwanderungsgewinne haben jedoch nicht ausgereicht, um den negativen Binnenwanderungssaldo des Ruhrgebietes auszugleichen.

Auch die Außenwanderungen der Ausländer weisen länderspezifisch starke Differenzen auf. Während in Nordrhein-Westfalen, in Baden-Württemberg und abgeschwächt in Bayern die Rückkehr in die Heimatländer überwiegt, haben die nördlichen Regionen und die Mitte-Regionen weiterhin per Saldo einen Zustrom von Personen aus dem Ausland zu verzeichnen. Absolut und relativ am größten ist per Saldo der Zustrom ausländischer Bürger wiederum in Berlin.

Sowohl die Wanderungen als auch die demographische Komponente haben zu einer Verschiebung im Bevölkerungsaufbau der Regionen geführt. In allen Regionen hat der Anteil der älteren Bevölkerung und - mit Ausnahme von Berlin - auch der Anteil der Personen unter 25 Jahre abgenommen. Dementsprechend ist der Anteil der mittleren Altersklasse und damit diejenige Personengruppe, aus der sich das Erwerbspersonenpotential rekrutiert, gestiegen. Die Veränderungen im Altersaufbau sind in den ländlichen Regionen ausgeprägter als in den hochverdichteten Gebieten und in den mittleren Gebieten des Bundesgebietes ausgeprägter als in den nördlichen bzw. südlichen Bundesländern. Eine vom Bundesgebiet abweichende Entwicklung hat Berlin aufzuweisen, die geprägt ist durch einen starken Rückgang der Zahl älterer Bürger und durch eine Zunahme der jüngeren Bevölkerung bei einem weit unterdurchschnittlichen Anstieg der mittleren Altersklasse.

6.2 Ausländische Wohnbevölkerung

Die Zahl der Ausländer hat sich im Zeitraum 1970 bis 1984 um knapp 2 Mill. erhöht (vgl. Tabelle 6.3). Die Zunahme der ausländischen Einwohner konzentrierte sich auf den Zeitraum vor 1978. Seit 1978 ist die Zahl der ausländischen Mitbürger nur noch um rund 350 000 gestiegen. Etwa 90 vH dieser Zunahme ist auf die natürliche Bevölkerungsentwicklung der ausländischen Bevölkerung zurückzuführen.

Die ausländische Bevölkerung ist räumlich stark konzentriert. Den höchsten Ausländeranteil weisen 1984 die Regionen Untermain (14 vH), Mittlerer Neckar (13,4 vH) und Berlin (13 vH) auf. Aber auch in den Regionen Duisburg, Düsseldorf, Wuppertal, Köln und München liegt der Anteil der ausländischen Einwohner über 10 vH. Dagegen beträgt der Ausländeranteil in den ländlichen Regionen von Schleswig-Holstein und Rheinland-Pfalz

Tabelle 6.3

Ausländische Wohnbevölkerung

	Wohnbevoelkerung in 1000			Auslaender in 1000			Anteile der Auslaender an der Wohnbevoelkerung					
							in vH			Veraenderung in vH-Punkte		
	1970	1978	1984	1970	1978	1984	1970	1978	1984	1970/78	1978/84	1970/84
1 Schleswig-Holstein	2494	2591	2614	39	74	86	1.6	2.9	3.3	1.3	0.4	1.7
Hochverdichtet	701	797	828	15	28	32	2.1	3.5	3.9	1.4	0.4	1.3
Mit Verdichtungsansaetzen	1104	1105	1097	17	34	40	1.5	3.1	3.6	1.5	0.6	2.1
Laendlich	689	689	689	7	12	14	1.0	1.7	2.0	0.7	0.3	1.0
2 Hamburg	1794	1664	1592	58	126	169	3.3	7.6	10.6	4.3	3.0	7.3
3 Niedersachsen	7082	7225	7216	150	250	274	2.1	3.5	3.8	1.3	0.3	1.7
Hochverdichtet	2270	2371	2386	57	94	106	2.5	3.9	4.5	1.4	0.5	2.0
Mit Verdichtungsansaetzen	3562	3574	3537	75	126	137	2.1	3.5	3.9	1.4	0.3	1.7
Laendlich	1250	1280	1294	18	30	31	1.4	2.4	2.4	0.9	.0	0.9
4 Bremen	723	698	666	15	37	47	2.1	5.3	7.0	3.2	1.7	4.9
Hochverdichtet	582	559	531	13	29	38	2.2	5.2	7.1	3.0	1.9	4.9
Mit Verdichtungsansaetzen	140	139	135	3	8	9	1.8	5.7	6.6	3.9	1.0	4.8
5 Nordrhein-Westfalen	16914	17006	16704	690	1236	1324	4.1	7.3	7.9	3.2	0.7	3.9
Hochverdichtet	14391	14350	14024	619	1110	1202	4.3	7.7	9.6	3.4	0.8	4.3
- Ruhrgebiet	5067	4856	4672	145	334	369	2.9	6.9	7.9	4.0	1.0	5.0
- Restl. Verdichtungsr.	9324	9494	9351	474	777	833	5.1	8.2	8.9	3.1	0.7	3.3
Mit Verdichtungsansaetzen	2006	2121	2152	51	95	94	2.6	4.5	4.4	1.9	-0.1	1.8
Laendlich	518	536	528	19	30	28	3.7	5.6	5.3	1.9	-0.4	1.5
6 Hessen	5382	5554	5535	275	443	506	5.1	8.0	9.1	2.9	1.2	4.0
Hochverdichtet	3255	3405	3396	224	359	417	6.9	10.5	12.3	3.7	1.7	5.4
Mit Verdichtungsansaetzen	1827	1849	1840	47	76	81	2.6	4.1	4.4	1.6	0.3	1.8
Laendlich	300	300	299	4	8	9	1.4	2.7	2.9	1.3	0.2	1.4
7 Rheinland-Pfalz	3645	3631	3624	81	144	162	2.2	4.0	4.5	1.7	0.5	2.2
Hochverdichtet	543	537	537	23	35	41	4.3	6.4	7.6	2.1	1.2	3.3
Mit Verdichtungsansaetzen	2620	2623	2616	54	102	112	2.1	3.9	4.3	1.8	0.4	2.2
Laendlich	482	471	470	4	8	9	0.8	1.6	1.9	0.8	0.3	1.1
8 Baden-Wuerttemberg	8895	9138	9241	642	829	845	7.2	9.1	9.1	1.9	0.1	1.9
Hochverdichtet	4137	4219	4231	369	454	475	8.9	10.8	11.2	1.8	0.5	2.3
Mit Verdichtungsansaetzen	3458	3584	3660	194	273	272	5.6	7.6	7.4	2.0	-0.2	1.8
Laendlich	1300	1335	1350	78	103	98	6.0	7.7	7.3	1.7	-0.4	1.3
- Alpenvorland	903	940	951	56	75	70	6.2	8.0	7.4	1.8	-0.6	1.2
- Restl. laendliche Regionen	396	395	399	23	28	29	5.7	7.0	7.1	1.2	0.2	1.4
9 Bayern	10479	10831	10958	387	633	666	3.7	5.8	6.1	2.1	0.2	2.4
Hochverdichtet	3195	3414	3460	215	348	374	6.7	10.2	10.8	3.5	0.6	4.1
Mit Verdichtungsansaetzen	2382	2455	2493	69	118	123	2.9	4.8	4.9	1.9	0.1	2.0
Laendlich	4903	4962	5005	103	167	169	2.1	3.4	3.4	1.3	.0	1.3
- Alpenvorland	1321	1404	1444	50	74	78	3.8	5.3	5.4	1.5	0.1	1.6
- Restl. laendliche Regionen	3581	3558	3561	52	93	92	1.5	2.6	2.6	1.1	.0	1.1
10 Saarland	1120	1073	1051	28	43	45	2.5	4.0	4.2	1.5	0.3	1.8
11 Berlin	2122	1910	1849	75	193	240	3.5	10.1	13.0	6.5	2.9	9.4
12 Bundesrepublik Deutschland	60651	61322	61049	2440	4006	4364	4.0	6.5	7.1	2.5	0.6	3.1
Hochverdichtet	34111	34299	33884	1696	2817	3139	5.0	8.2	9.3	3.2	1.1	4.3
- Ruhrgebiet	5067	4856	4672	145	334	369	2.9	6.9	7.9	4.0	1.0	5.0
- Restl. Verdichtungsr.	29043	29443	29212	1551	2483	2770	5.3	8.4	9.5	3.1	1.0	4.1
Mit Verdichtungsansaetzen	17099	17450	17531	511	832	867	3.0	4.8	4.9	1.8	0.2	2.0
Laendlich	9441	9572	9635	234	357	358	2.5	3.7	3.7	1.3	.0	1.2
- Alpenvorland	2225	2344	2395	106	149	148	4.8	6.4	6.2	1.6	-0.2	1.4
- Restl. laendliche Regionen	7217	7229	7240	127	208	210	1.8	2.9	2.9	1.1	.0	1.1
Nord-Regionen	12093	12179	12088	263	486	575	2.2	4.0	4.8	1.8	0.8	2.6
Nordrhein-Westfalen	16914	17006	16704	690	1236	1324	4.1	7.3	7.9	3.2	0.7	3.9
Mitte-Regionen	10147	10258	10210	384	629	712	3.8	6.1	7.0	2.4	0.9	3.2
Sued-Regionen	19374	19969	20199	1029	1462	1511	5.3	7.3	7.5	2.0	0.2	2.2
Berlin	2122	1910	1849	75	193	240	3.5	10.1	13.0	6.5	2.9	9.4

	Wohnbevoelkerung in 1000			Auslaender in 1000			Anteil der Auslaender an der Wohnbevoelkerung					
							in vH			Veraenderung in vH-Punkte		
	1970	1978	1984	1970	1978	1984	1970	1978	1984	1970/78	1978/84	1970/84
1 Schleswig	424	429	431	5	8	10	1.1	1.9	2.2	0.7	0.3	1.1
2 Mittelholstein	688	692	690	8	19	23	1.2	2.7	3.4	1.4	0.7	2.2
3 Dithmarschen	266	260	258	2	4	4	0.8	1.5	1.7	0.7	0.2	0.9
4 Ostholstein	416	413	407	9	15	17	2.1	3.7	4.1	1.7	0.3	2.0
5 Hamburg	2778	2803	2781	77	162	210	2.8	5.8	7.5	3.0	1.8	4.8
6 Lueneburg	271	276	277	2	5	4	0.7	1.7	1.6	1.0	-0.1	0.9
7 Bremerhaven	327	332	327	5	12	14	1.5	3.8	4.2	2.3	0.4	2.7
8 Wilhelmshaven	250	247	247	4	7	6	1.6	2.7	2.4	1.1	-0.3	0.8
9 Ostfriesland	350	359	363	3	5	5	0.9	1.4	1.5	0.5	0.1	0.6
10 Oldenburg	416	428	435	4	9	11	0.9	2.1	2.4	1.2	0.3	1.5
11 Emsland	341	354	363	8	12	12	2.4	3.4	3.2	1.0	-0.2	0.8
12 Osnabrueck	522	540	543	10	22	24	1.9	4.0	4.4	2.2	0.3	2.5
13 Bremen	1231	1245	1231	18	42	52	1.5	3.4	4.3	1.9	0.9	2.8
14 Hannover	2155	2166	2130	64	102	113	3.0	4.7	5.3	1.7	0.6	2.3
15 Braunschweig	1115	1133	1103	33	48	54	3.0	4.2	4.9	1.2	0.7	1.9
16 Goettingen	544	503	501	11	16	17	2.0	3.1	3.4	1.1	0.2	1.3
17 Muenster	1265	1349	1381	30	59	57	2.4	4.4	4.1	2.0	-0.3	1.7
18 Bielefeld	1409	1440	1416	39	82	87	2.8	5.7	6.2	2.9	0.5	3.4
19 Paderborn	337	364	370	8	17	16	2.2	4.6	4.3	2.3	-0.3	2.0
20 Dortmund-Sauerland	1694	1701	1663	45	113	121	2.7	6.7	7.3	4.0	0.6	4.6
21 Bochum	628	590	558	15	36	40	2.4	6.1	7.1	3.7	1.0	4.7
22 Essen	2253	2126	2044	56	126	140	2.5	5.9	6.9	3.4	0.9	4.4
23 Duisburg	1011	975	935	48	88	96	4.8	9.1	10.3	4.3	1.2	5.5
24 Krefeld	469	479	479	23	37	40	5.0	7.7	8.4	2.7	0.7	3.4
25 Moenchengladbach	532	520	516	24	38	36	4.5	7.4	7.0	2.9	-0.4	2.5
26 Aachen	942	977	979	38	72	70	4.1	7.3	7.1	3.3	-0.2	3.1
27 Duesseldorf	1473	1482	1446	93	145	168	6.3	9.8	11.6	3.5	1.8	5.3
28 Wuppertal	734	693	660	49	73	71	6.6	10.5	10.7	3.8	0.3	4.1
29 Hagen	1023	993	956	54	78	82	5.3	7.9	8.6	2.6	0.7	3.3
30 Siegen	403	408	401	13	20	22	3.3	4.8	5.4	1.6	0.6	2.2
31 Koeln	2090	2174	2133	126	201	225	6.0	9.2	10.5	3.2	1.3	4.5
32 Bonn	651	735	768	27	52	54	4.1	7.0	7.1	2.9	0.1	3.0
33 Nordhessen	998	997	985	18	33	37	1.8	3.3	3.8	1.5	0.5	1.9
34 Mittelhessen	681	702	703	26	38	38	3.8	5.5	5.3	1.6	-0.1	1.5
35 Osthessen	300	300	299	4	8	9	1.4	2.7	2.9	1.3	0.2	1.4
36 Untermain	1971	2040	2025	148	236	285	7.5	11.6	14.1	4.1	2.5	6.6
37 Starkenburg	900	935	938	58	86	91	6.5	9.2	9.7	2.8	0.5	3.3
38 Rhein-Main-Taunus	533	580	585	20	41	47	3.7	7.1	8.0	3.4	0.9	4.3
39 Mittelrhein-Westerwald	1113	1125	1122	19	39	41	1.7	3.5	3.7	1.8	0.2	2.0
40 Trier	482	471	470	4	8	9	0.8	1.6	1.9	0.8	0.3	1.1
41 Rheinhessen-Nahe	737	743	749	19	37	42	2.5	4.9	5.6	2.4	0.6	3.1
42 Rheinpfalz	771	769	770	29	44	51	3.7	5.7	6.6	1.9	0.9	2.9
43 Westpfalz	541	523	513	11	17	19	2.1	3.3	3.6	1.2	0.4	1.5
44 Saar	1120	1073	1051	28	43	45	2.5	4.0	4.2	1.5	0.3	1.8
45 Unterer Neckar	1006	1015	1025	68	87	96	6.7	8.6	9.4	1.9	0.8	2.6
46 Franken	696	704	717	33	48	49	4.7	6.8	6.8	2.1	0.1	2.1
47 Mittlerer Oberrhein	857	864	869	48	60	65	5.6	7.0	7.5	1.4	0.5	1.9
48 Nordschwarzwald	466	491	503	29	47	47	6.2	9.6	9.3	3.4	-0.3	3.0
49 Mittlerer Neckar	2275	2340	2338	254	306	314	11.2	13.1	13.4	1.9	0.3	2.3
50 Ostwuerttemberg	396	395	399	23	28	29	5.7	7.0	7.1	1.2	0.2	1.4
51 Donau-Iller (Bad.-Wuert.)	394	406	410	19	31	31	4.8	7.7	7.6	3.0	-0.1	2.8
52 Neckar-Alb	550	574	589	40	52	55	7.2	9.1	9.3	1.9	0.2	2.1
53 Schwarzwald-Baar-Heuberg	430	435	432	31	39	36	7.1	9.0	8.4	1.9	-0.6	1.3
54 Suedlicher Oberrhein	804	851	875	31	44	42	3.9	5.2	4.8	1.4	-0.4	1.0
55 Hochrhein-Bodensee	548	559	567	43	50	48	7.8	9.0	8.5	1.1	-0.5	0.7
56 Bodensee-Oberschwarzwald	474	505	518	25	36	34	5.3	7.1	6.5	1.8	-0.6	1.2
57 Bayer. Untermain	307	317	319	13	21	22	4.1	6.6	6.8	2.5	0.2	2.7
58 Wuerzburg	454	459	469	7	12	13	1.5	2.6	2.8	1.1	0.2	1.2
59 Main-Rhoen	420	413	411	6	8	9	1.3	2.0	2.1	0.7	0.1	0.7
60 Oberfranken-West	551	552	550	8	14	14	1.4	2.6	2.5	1.2	-0.1	1.1
61 Oberfranken-Ost	524	503	490	10	16	16	2.0	3.2	3.4	1.2	0.2	1.4
62 Oberpfalz-Nord	502	484	476	6	9	8	1.2	1.9	1.6	0.7	-0.3	0.4
63 Mittelfranken	1119	1147	1154	59	90	100	5.3	7.9	8.7	2.6	0.8	3.4
64 Westmittelfranken	371	363	361	5	9	9	1.4	2.6	2.5	1.2	-0.1	1.1
65 Augsburg	696	713	727	26	44	47	3.8	6.2	6.5	2.5	0.3	2.7
66 Ingolstadt	320	337	348	8	16	18	2.5	4.8	5.3	2.4	0.5	2.8
67 Regensburg	545	568	574	8	14	15	1.5	2.5	2.5	1.0	.0	1.0
68 Donau-Wald	565	571	580	5	11	9	0.9	1.9	1.5	1.0	-0.4	0.6
69 Landshut	328	335	344	4	9	9	1.3	2.6	2.7	1.3	0.1	1.4
70 Muenchen	2076	2267	2306	156	257	274	7.5	11.4	11.9	3.8	0.5	4.4
71 Donau-Iller (Bay.)	379	399	403	15	27	26	4.1	6.8	6.5	2.7	-0.3	2.4
72 Allgaeu	393	405	411	16	23	25	4.2	5.6	6.1	1.4	0.5	1.9
73 Oberland	330	359	371	14	20	20	4.3	5.7	5.3	1.4	-0.4	1.0
74 Suedostoberbayern	598	640	663	20	31	33	3.3	4.8	5.0	1.5	0.2	1.7
75 Berlin	2122	1910	1849	75	193	240	3.5	10.1	13.0	6.5	2.9	9.4
99 Bundesgebiet	60651	61332	61049	2440	4008	4364	4.0	6.5	7.1	2.5	0.6	3.1

Quelle: Eigene Berechnungen aufgrund amtlicher Statistiken und Angaben der Bundesanstalt für Landeskunde und Raumordnung

nur etwa 2 vH. Insgesamt wird ein deutliches Gefälle zwischen den hochverdichteten und den ländlichen Räumen sichtbar; in den hochverdichteten Regionen ist der Ausländeranteil gut zweieinhalb Mal so groß wie in den ländlichen Gebieten.

Die Ausländerkonzentration wird durch die natürliche Bevölkerungsentwicklung verstärkt, zumal die Binnenwanderungen dieser Bevölkerungsgruppe nicht so ausgeprägt sind wie bei den Deutschen. Hinzu kommt, daß die höheren Geburtenziffern der ausländischen Mitbürger zu einem Anstieg des Ausländeranteils vornehmlich in den jüngeren Altersgruppen führt. Dies kann insbesondere in den Städten an Bedeutung gewinnen, in denen die Geburtenziffern der Deutschen besonders niedrig und der Ausländeranteil überdurchschnittlich hoch ist. Als Beispiel sei Berlin angeführt, wo sich die ausländische Bevölkerung auch innerhalb der Stadt räumlich stark konzentriert.

Auch auf der Länderebene ist eine ungleiche räumliche Verteilung der Ausländer erkennbar. Außer den Stadtstaaten Hamburg und Berlin weisen die Flächenländer Hessen, Baden-Württemberg und Nordrhein-Westfalen deutlich überdurchschnittliche Ausländeranteile auf. Dagegen liegt der Anteil der ausländischen Einwohner in den nördlichen Regionen unter dem Bundesdurchschnitt. Zwar ist ein deutliches Süd-Nord-Gefälle erkennbar, aber ebenso ein eher noch ausgeprägteres West-Nord-Gefälle.

6.3   Erwerbspotential in den Regionen

Die Zahl der Einwohner im erwerbsfähigen Alter in den Regionen wird von der Bevölkerungsentwicklung und den Wanderungen unterschiedlich beeinflußt. Nimmt man nur die 25 bis 64jährigen, so zeigt sich, daß nach 1978 der demographisch bedingte Anstieg in 40 vH aller Raumordnungsregionen durch Wanderungsverluste abgeschwächt wurde. Die Städte des Ruhrgebietes wiesen beispielsweise einen unter dem Bundesdurchschnitt liegenden Zuwachs aus der natürlichen Bevölkerungsentwicklung auf, dessen Wirkungen auf das Angebotspotential an Arbeitskräften durch den negativen Wanderungssaldo - insbesondere in Bochum und Duisburg - um mehr als die Hälfte verringert worden ist. Eine ähnliche Entwicklung ist in den Stadtstaaten zu beobachten, in denen die natürliche Bevölkerungsentwicklung und der Überschuß der Fortzüge dämpfend auf den Anstieg der 25 bis 64jährigen gewirkt haben. Dagegen war in den verdichteten Regionen Baden-Württembergs und Bayerns der demographisch bedingte Nettozuwachs so groß, daß er durch die Wanderungsverluste nur um ein Fünftel verringert wurde. In diesen Regionen lag der Bevölkerungszuwachs in dieser Altersgruppe daher per Saldo weit über dem Bundesdurchschnitt.

In den ländlichen Gebieten verstärken die positiven Wanderungssalden dagegen die natürliche Bevölkerungsentwicklung. Eine Ausnahme bilden nur die ländlichen Regionen Nordrhein-Westfalens. Dadurch hat das bayerische Alpenvorland den insgesamt relativ höchsten Zuwachs der 25 bis 64jährigen Einwohner (+ 4 vH). Insgesamt wird die natürliche Bevölkerungsentwicklung durch die Wanderungen in Nordrhein-Westfalen sowie in Berlin abgeschwächt und in den anderen Ländergruppen verstärkt. Der positive Effekt ist auf dieser regionalen Ebene allerdings nur schwach. Zusammen mit der demographischen Komponente ist die Zunahme der 25 bis 64jährigen insgesamt in den Süd-Regionen stärker (3,7 vH) als in den Nord-Regionen (2,8 vH) (vgl. auch Tab. 6.2).

Über die demographischen und wanderungsbedingten Einflüsse auf die erwerbsfähige Bevölkerung hinaus muß berücksichtigt werden, daß das Angebot auf den Arbeitsmärkten auch davon abhängt, in welchem Umfang sich die erwerbsfähige Bevölkerung am Erwerbsleben beteiligt. Eine solche Analyse war allerdings nur für die Periode von 1970 bis 1982 möglich, insofern sind die Ergebnisse mit den zuvor getroffenen Aussagen für die Periode 1978 bis 1984 nur in der Tendenz vergleichbar.

Um diese Zusammenhänge auch für Regionen untersuchen zu können, wurde entsprechend aufbereitetes und an die Ergebnisse der Bevölkerungsfortschreibung für Regionen angepaßtes Material aus dem Mikrozensus 1982 den Ergebnissen der Volkszählung 1970 gegenübergestellt (vgl. Tabelle 6.4). Ein solcher Vergleich ist sicherlich nur mit Einschränkungen möglich, vor allem deshalb, weil der Mikrozensus nicht als eine auch für

Tabelle 6.4

Alters- und geschlechtsspezifische Erwerbsbeteiligung

insgesamt

	1970				1982				Differenz 1970 - 1982						
									absolut				in vH von 1970		
	Wohnbevölkerung		Erwerbs-	Erwerbs-	Wohnbevölkerung		Erwerbs-	Erwerbs-	Wohnbevölkerung		Erwerbs-	Erwerbs-	Wohnbevölkerung		Erwerbs-	Erwerbs-
	insg.	15-64	personen	quoten	insg.	15-64	personen	quoten	insg.	15-64	personen	quoten	insg.	15-64	personen	quoten
1 Schleswig-Holstein	2494	1541	1038	67.4	2619	1744	1207	69.2	125	204	169	1.8	5.0	13.2	16.3	2.7
Hochverdichtet	701	438	303	69.0	822	559	391	70.0	121	120	89	1.0	17.2	27.5	29.3	1.4
Mit Verdichtungsansaetzen	1104	688	457	66.4	1105	733	498	67.9	2	44	40	1.5	0.2	6.5	8.8	2.2
Laendlich	689	414	278	67.2	692	453	318	70.3	3	39	40	3.1	0.4	9.3	14.4	4.6
2 Hamburg	1794	1157	833	71.9	1637	1108	778	70.2	-157	-49	-55	-1.8	-8.7	-4.3	-6.6	-2.4
3 Niedersachsen	7082	4400	3021	68.7	7267	4819	3268	67.8	185	419	247	-0.8	2.6	9.5	8.2	-1.2
Hochverdichtet	2270	1432	1005	70.2	2399	1614	1126	69.8	128	183	121	-0.4	5.7	12.8	12.1	-0.6
Mit Verdichtungsansaetzen	3562	2215	1504	67.9	3577	2366	1585	67.0	16	151	81	-0.9	0.4	6.8	5.4	-1.3
Laendlich	1250	753	512	68.0	1291	837	557	66.5	41	84	45	-1.5	3.3	11.2	8.7	-2.2
4 Bremen	723	463	312	67.3	691	465	312	67.0	-31	2	0	-0.2	-4.3	0.4	.0	-0.3
Hochverdichtet	582	373	254	68.0	553	372	251	67.5	-29	-1	-3	-0.5	-5.0	-0.3	-1.0	-0.7
Mit Verdichtungsansaetzen	140	90	58	64.2	138	93	60	65.0	-2	3	3	0.8	-1.7	3.3	4.6	1.2
5 Nordrhein-Westfalen	16914	10910	6989	64.1	17046	11653	7370	63.2	132	743	380	-0.8	0.8	6.8	5.4	-1.3
Hochverdichtet	14391	9356	6002	64.2	14355	9847	6257	63.5	-36	491	255	-0.6	-0.3	5.3	4.2	-1.0
- Ruhrgebiet	5067	3309	1985	60.0	4814	3302	2000	60.6	-253	-7	15	0.6	-5.0	-0.2	0.7	0.9
- Restl. Verdichtungsr.	9324	6047	4017	66.4	9541	6545	4257	65.0	217	498	240	-1.4	2.3	8.2	6.0	-2.1
Mit Verdichtungsansaetzen	2006	1275	784	67.5	2154	1451	896	61.7	148	216	112	-1.7	7.4	17.5	14.3	-2.7
Laendlich	518	320	203	63.6	537	355	217	61.0	20	35	13	-2.6	3.8	11.1	6.5	-4.1
6 Hessen	5382	3476	2411	69.4	5612	3825	2588	67.7	230	349	178	-1.7	4.3	10.0	7.4	-2.4
Hochverdichtet	3255	2143	1510	70.5	3445	2381	1644	69.1	190	238	134	-1.4	5.8	11.1	8.9	-2.0
Mit Verdichtungsansaetzen	1827	1151	770	66.9	1866	1248	811	65.0	39	97	41	-1.9	2.1	8.4	5.3	-2.9
Laendlich	300	182	130	71.5	300	196	133	67.9	1	14	3	-3.5	0.3	7.6	2.3	-4.9
7 Rheinland-Pfalz	3645	2283	1527	66.9	3641	2451	1642	67.0	-4	168	115	0.1	-0.1	7.4	7.5	0.1
Hochverdichtet	543	351	235	66.7	539	369	254	68.8	-3	18	19	2.0	-0.6	5.0	8.2	3.1
Mit Verdichtungsansaetzen	2620	1639	1094	66.7	2631	1770	1185	66.9	11	131	91	0.2	0.4	8.0	8.3	0.3
Laendlich	482	292	199	68.0	471	312	203	65.2	-11	19	4	-2.9	-2.4	6.7	2.2	-4.2
8 Baden-Württemberg	8895	5712	4188	73.3	9288	6316	4492	71.1	393	604	304	-2.2	4.4	10.6	7.3	-3.0
Hochverdichtet	4137	2730	1962	71.8	4281	2964	2087	70.4	144	234	125	-1.5	3.5	8.6	6.4	-2.0
Mit Verdichtungsansaetzen	3458	2172	1616	74.4	3652	2457	1759	71.6	193	286	143	-2.8	5.6	13.2	8.9	-3.8
Laendlich	1300	810	610	75.3	1356	895	646	72.2	56	85	36	-3.1	4.3	10.5	5.9	-4.2
- Alpenvorland	903	561	426	75.9	955	632	463	73.3	52	70	37	-2.6	5.7	12.6	8.7	-3.4
- Restl. laendliche Regionen	396	248	184	74.1	400	263	183	69.5	4	14	-1	-4.6	1.1	5.8	-0.7	-6.2
9 Bayern	10479	6654	4913	73.8	10959	7410	5442	73.4	480	756	529	-0.4	4.6	11.4	10.8	-0.5
Hochverdichtet	3195	2159	1597	73.9	3470	2456	1810	73.7	275	297	213	-0.3	8.6	13.8	13.4	-0.3
Mit Verdichtungsansaetzen	2382	1483	1075	72.5	2492	1669	1208	72.4	110	186	133	-0.1	4.6	12.5	12.4	-0.1
Laendlich	4903	3011	2241	74.4	4997	3284	2424	73.8	94	273	183	-0.6	1.9	9.1	8.2	-0.8
- Alpenvorland	1321	820	608	74.2	1431	937	697	74.3	110	117	88	0.1	8.3	14.3	14.5	0.2
- Restl. laendliche Regionen	3581	2191	1633	74.5	3565	2347	1727	73.6	-16	156	94	-0.9	-0.4	7.1	5.8	-1.2
10 Saarland	1120	714	409	57.3	1063	737	433	58.8	-57	22	24	1.5	-5.1	3.1	5.8	2.6
11 Berlin	2122	1337	970	72.5	1989	1211	872	72.1	-234	-126	-97	-0.5	-11.0	-9.4	-10.0	-0.7
12 Bundesrepublik Deutschland	60651	38647	26610	68.9	61713	41738	28404	68.1	1062	3091	1794	-0.8	1.8	8.0	6.7	-1.2
Hochverdichtet	34111	22191	15079	67.9	34453	23618	15904	67.3	343	1427	825	-0.6	1.0	6.4	5.5	-0.9
- Ruhrgebiet	5067	3309	1985	60.0	4814	3302	2000	60.6	-253	-7	15	0.6	-5.0	-0.2	0.7	0.9
- Restl. Verdichtungsr.	29043	18882	13093	69.3	29639	20316	13904	68.4	596	1434	811	-0.9	2.1	7.6	6.2	-1.3
Mit Verdichtungsansaetzen	17099	10674	7358	68.9	17615	11788	8003	67.9	516	1114	645	-1.0	3.0	10.4	8.8	-1.5
Laendlich	9441	5792	4173	72.2	9644	6332	4497	71.0	203	549	324	-1.1	2.1	9.5	7.8	-1.6
- Alpenvorland	2225	1382	1034	74.9	2387	1569	1160	73.9	162	188	125	-1.0	7.3	13.6	12.1	-1.3
- Restl. laendliche Regionen	7217	4401	3139	71.3	7258	4762	3337	70.1	41	362	198	-1.2	0.6	8.2	6.3	-1.8
Nord-Regionen	12093	7561	5204	68.8	12215	8136	5565	68.4	122	575	361	-0.4	1.0	7.6	6.9	-0.6
Nordrhein-Westfalen	16914	10910	6989	64.1	17046	11653	7370	63.2	132	743	380	-0.8	0.8	6.8	5.4	-1.3
Mitte-Regionen	10147	6473	4347	67.2	10316	7012	4664	66.5	169	539	316	-0.7	1.7	8.3	7.3	-1.0
Sued-Regionen	19374	12366	9100	73.6	20247	13726	9934	72.4	873	1360	834	-1.2	4.5	11.0	9.2	-1.7
Berlin	2122	1337	970	72.5	1989	1211	872	72.1	-234	-126	-97	-0.5	-11.0	-9.4	-10.0	-0.7

Alters- und geschlechtsspezifische Erwerbsbeteiligung

Maenner

	1970				1982				Differenz 1970 - 1982							
									absolut				in vH von 1970			
	Wohnbevoelkerung		Erwerbs-	Erwerbs-	Wohnbevoelkerung		Erwerbs-	Erwerbs-	Wohnbevoelkerung		Erwerbs-	Erwerbs-	Wohnbevoelkerung		Erwerbs-	Erwerbs-
	insg.	15-64	personen	quoten	insg.	15-64	personen	quoten	insg.	15-64	personen	quoten	insg.	15-64	personen	quoten
1 Schleswig-Holstein	893	742	685	92.3	1263	876	744	84.9	369	134	59	-7.4	41.3	18.1	8.6	-8.0
Hochverdichtet	252	212	199	93.5	399	281	237	84.4	148	69	39	-9.1	58.7	32.3	19.4	-9.7
Mit Verdichtungsansaetzen	400	330	301	91.2	527	365	308	84.3	128	35	7	-6.9	31.9	10.6	2.2	-7.6
Laendlich	242	200	186	92.9	336	231	200	86.5	94	31	14	-6.4	38.8	15.4	7.4	-6.9
2 Hamburg	664	545	507	93.0	766	547	457	83.5	101	3	-49	-9.5	15.2	0.5	-9.8	-10.2
3 Niedersachsen	2529	2124	1976	93.0	3488	2403	2032	84.6	958	279	56	-8.5	37.9	13.1	2.8	-9.1
Hochverdichtet	828	695	651	93.6	1156	808	696	86.2	329	113	45	-7.5	39.6	16.3	7.0	-8.0
Mit Verdichtungsansaetzen	1271	1065	984	92.3	1708	1177	982	83.4	437	112	-2	-8.9	34.4	10.5	-0.2	-9.6
Laendlich	430	363	341	94.0	624	417	353	84.7	193	54	12	-9.3	44.9	15.0	3.6	-9.9
4 Bremen	262	220	204	92.9	326	229	191	83.6	64	9	-13	-9.2	24.4	4.1	-6.3	-10.0
Hochverdichtet	211	177	165	93.1	259	181	151	83.4	47	4	-14	-9.7	22.5	2.5	-8.2	-10.4
Mit Verdichtungsansaetzen	51	43	40	91.9	68	48	40	84.5	16	5	1	-7.4	32.0	10.9	1.9	-8.0
5 Nordrhein-Westfalen	6138	5278	4768	90.3	8155	5797	4757	82.1	2017	519	-11	-8.3	32.9	9.8	-0.2	-9.1
Hochverdichtet	5269	4525	4089	90.4	6850	4892	4020	82.2	1581	367	-69	-8.2	30.0	8.1	-1.7	-9.1
- Ruhrgebiet	1860	1599	1407	88.0	2289	1638	1324	80.9	428	38	-83	-7.1	23.0	2.4	-5.9	-8.1
- Restl. Verdichtungsr.	3409	2926	2682	91.7	4561	3255	2696	82.8	1152	329	14	-8.8	33.8	11.2	0.5	-9.6
Mit Verdichtungsansaetzen	689	598	538	89.9	1045	727	593	81.7	357	128	55	-8.3	51.8	21.5	10.3	-9.2
Laendlich	181	155	141	91.1	260	178	144	80.9	79	23	3	-10.1	44.0	14.8	2.0	-11.1
6 Hessen	1999	1698	1562	92.0	2700	1910	1602	83.9	701	212	40	-8.1	35.0	12.5	2.5	-8.8
Hochverdichtet	1225	1050	972	92.6	1955	1188	1008	84.9	429	137	36	-7.7	35.0	13.1	3.7	-8.3
Mit Verdichtungsansaetzen	568	561	508	90.6	900	625	511	81.8	272	64	3	-8.8	34.8	11.3	0.6	-9.7
Laendlich	105	87	82	94.1	144	98	93	94.8	40	11	1	-9.3	37.7	12.3	1.2	-9.9
7 Rheinland-Pfalz	1295	1097	1002	91.4	1741	1215	1034	85.1	446	118	31	-6.3	34.5	10.8	3.1	-6.9
Hochverdichtet	200	172	157	91.6	257	193	158	86.2	58	11	1	-5.4	29.0	6.7	0.4	-5.9
Mit Verdichtungsansaetzen	931	787	717	91.1	1260	880	749	85.1	329	93	32	-6.0	35.3	11.8	4.4	-6.6
Laendlich	164	138	128	92.6	224	152	127	83.2	60	14	-1	-9.4	36.3	10.3	-0.8	-10.1
8 Baden-Wuerttemberg	3216	2789	2593	92.6	4478	3156	2694	85.1	1262	366	102	-7.5	39.2	13.1	3.9	-8.1
Hochverdichtet	1541	1348	1237	91.8	2071	1490	1256	84.3	529	143	19	-7.5	34.3	10.6	1.6	-8.2
Mit Verdichtungsansaetzen	1219	1050	978	93.1	1753	1220	1044	85.5	534	170	66	-7.6	43.8	16.2	6.7	-8.2
Laendlich	455	392	368	93.9	654	445	394	86.3	198	53	16	-7.6	43.5	13.6	4.4	-8.1
- Alpenvorland	316	271	256	94.3	461	314	274	87.3	145	43	18	-7.1	45.9	15.9	7.2	-7.5
- Restl. laendliche Regionen	139	120	112	93.0	192	130	110	84.1	53	10	-2	-8.9	38.3	8.4	-2.0	-9.5
9 Bayern	3741	3186	2946	92.5	5246	3676	3198	87.0	1505	490	253	-5.5	40.2	15.4	8.6	-5.9
Hochverdichtet	1212	1050	959	91.4	1678	1237	1061	85.8	466	188	102	-5.6	38.4	17.9	10.7	-6.1
Mit Verdichtungsansaetzen	836	713	657	92.2	1196	828	722	87.1	360	115	65	-5.0	43.1	16.1	9.9	-5.4
Laendlich	1693	1424	1330	93.4	2372	1612	1415	87.8	679	187	85	-5.6	40.1	13.2	6.4	-6.0
- Alpenvorland	462	385	361	94.0	676	456	404	88.6	214	72	43	-5.4	46.2	18.6	11.9	-5.7
- Restl. laendliche Regionen	1231	1039	968	93.2	1696	1155	1011	87.5	465	116	42	-5.7	37.8	11.1	4.4	-6.1
10 Saarland	395	340	288	84.8	504	362	291	80.4	109	23	3	-4.4	27.6	6.7	1.2	-5.1
11 Berlin	763	608	553	90.9	857	601	480	79.8	94	-7	-73	-11.0	12.4	-1.2	-13.2	-12.1
12 Bundesrepublik Deutschland	21896	18628	17075	91.7	29523	20773	17472	84.1	7627	2145	397	-7.6	34.8	11.5	2.3	-8.2
Hochverdichtet	12561	10722	9777	91.2	16452	11772	9817	83.4	3891	1050	41	-7.8	31.0	9.8	0.4	-8.5
- Ruhrgebiet	1860	1599	1407	88.0	2289	1638	1324	80.9	428	38	-83	-7.1	23.0	2.4	-5.9	-8.1
- Restl. Verdichtungsr.	10701	9122	8369	91.7	14164	10134	8493	83.8	3462	1012	124	-7.9	32.4	11.1	1.5	-8.7
Mit Verdichtungsansaetzen	6064	5148	4722	91.7	9457	5869	4949	84.3	2393	721	226	-7.4	39.5	14.0	4.8	-8.1
Laendlich	3271	2759	2576	93.4	4613	3133	2706	86.4	1343	374	130	-7.0	41.1	13.5	5.1	-7.5
- Alpenvorland	778	656	617	94.1	1137	771	679	88.1	359	115	61	-6.1	46.1	17.5	9.9	-6.4
- Restl. laendliche Regionen	2492	2103	1958	93.1	3477	2362	2027	85.8	984	259	69	-7.3	39.5	12.3	3.5	-7.8
Nord-Regionen	4349	3631	3372	92.9	5842	4056	3425	84.4	1493	425	53	-8.4	34.3	11.7	1.6	-9.1
Nordrhein-Westfalen	6138	5278	4768	90.3	8155	5797	4757	82.1	2017	519	-11	-8.3	32.9	9.8	-0.2	-9.1
Mitte-Regionen	3689	3135	2853	91.0	4945	3488	2927	83.9	1256	353	75	-7.3	34.1	11.3	2.6	-7.9
Sued-Regionen	6957	5976	5539	92.5	9724	6832	6003	86.1	2767	856	354	-6.5	39.8	14.3	6.4	-5.9
Berlin	763	608	553	90.9	857	601	480	79.8	94	-7	-73	-11.0	12.4	-1.2	-13.2	-12.1

Alters- und geschlechtsspezifische Erwerbsbeteiligung

Frauen

	1970			1982			Differenz 1970 - 1982						
							absolut				in vH von 1970		
	Wohnbevoelkerung		Erwerbs-	Erwerbs-	Wohnbevoelkerung		Erwerbs-	Erwerbs-	Wohnbevoelkerung		Erwerbs-	Erwerbs-	Wohnbevoelkerung		Erwerbs-	Erwerbs-
	insg.	15-64	personen	quoten	insg.	15-64	personen	quoten	insg.	15-64	personen	quoten	insg.	15-64	personen	quoten
1 Schleswig-Holstein	1029	799	353	44.2	1358	868	463	53.3	329	69	110	9.1	32.0	8.7	31.1	20.7
Hochverdichtet	284	226	104	46.0	423	278	154	55.4	139	52	50	9.4	48.9	23.0	48.0	20.4
Mit Verdichtungsansaetzen	466	359	156	43.6	579	368	190	51.7	113	9	34	8.1	24.2	2.6	21.6	19.5
Laendlich	278	214	93	43.2	356	222	119	53.5	78	8	26	10.3	27.9	3.6	28.2	23.7
2 Hamburg	810	612	326	53.2	872	560	320	57.2	61	-52	-6	3.9	7.5	-8.5	-1.7	7.4
3 Niedersachsen	2884	2276	1045	45.9	3779	2415	1236	51.2	895	140	191	5.3	31.0	6.1	18.3	11.5
Hochverdichtet	935	736	354	48.1	1242	806	430	53.4	308	70	76	5.3	32.9	9.5	21.4	19.9
Mit Verdichtungsansaetzen	1463	1149	520	45.3	1869	1189	603	50.7	406	40	83	5.4	27.7	3.5	15.9	12.0
Laendlich	486	390	171	43.7	667	420	203	48.4	182	30	33	4.6	37.4	7.7	19.1	10.5
4 Bremen	310	243	107	44.1	365	236	120	50.9	55	-7	13	6.8	18.0	-2.9	12.1	15.5
Hochverdichtet	250	197	89	45.4	295	191	100	52.5	45	-6	11	7.1	17.9	-2.8	12.4	15.6
Mit Verdichtungsansaetzen	59	47	18	38.7	70	45	20	44.3	11	-2	2	5.7	18.7	-3.5	10.6	14.6
5 Nordrhein-Westfalen	6971	5632	2221	39.4	8891	5857	2612	44.6	1919	225	391	5.2	27.5	4.0	17.6	13.1
Hochverdichtet	5997	4830	1913	39.6	7505	4955	2237	45.1	1508	125	324	5.5	25.1	2.6	17.0	14.0
- Ruhrgebiet	2115	1709	578	33.8	2525	1665	676	40.6	410	-45	98	6.8	19.4	-2.6	16.9	20.1
- Restl. Verdichtungsr.	3882	3121	1335	42.3	4979	3290	1561	47.4	1098	167	226	4.7	28.3	5.4	17.0	10.9
Mit Verdichtungsansaetzen	772	637	246	38.6	1109	725	303	41.3	336	88	57	3.1	43.6	13.8	23.0	8.1
Laendlich	202	165	62	37.8	277	177	73	41.0	75	12	10	3.2	37.0	7.5	16.6	8.5
6 Hessen	2272	1777	848	47.7	2912	1914	986	51.5	680	137	173	3.8	30.5	7.7	16.2	7.9
Hochverdichtet	1364	1092	538	49.2	1790	1193	636	53.3	426	101	98	4.0	31.2	9.2	18.2	8.2
Mit Verdichtungsansaetzen	747	590	262	44.4	966	623	300	48.1	219	33	78	3.7	29.3	5.6	14.5	8.4
Laendlich	121	95	48	50.3	156	98	50	51.3	35	3	2	0.4	28.8	3.3	4.2	0.9
7 Rheinland-Pfalz	1495	1186	525	44.2	1909	1236	608	49.2	416	50	84	5.0	29.0	4.2	15.9	11.3
Hochverdichtet	223	180	77	43.0	282	186	96	51.6	59	5	19	8.6	26.2	3.5	24.2	20.0
Mit Verdichtungsansaetzen	1070	852	377	44.2	1371	891	436	49.0	302	38	59	4.8	28.2	4.5	15.3	10.8
Laendlich	192	154	71	46.0	247	159	76	47.9	55	5	5	1.9	28.9	3.4	7.7	4.1
8 Baden-Wuerttemberg	3589	2923	1605	54.9	4810	3161	1807	57.2	1221	238	203	2.3	34.0	8.2	12.6	4.1
Hochverdichtet	1693	1383	725	52.4	2210	1474	830	56.3	517	91	106	3.9	30.6	6.6	14.6	7.5
Mit Verdichtungsansaetzen	1384	1122	638	56.8	1898	1237	715	57.8	514	115	78	1.0	37.1	10.3	12.2	1.7
Laendlich	512	418	242	57.9	702	450	262	58.2	190	32	20	0.3	37.0	7.6	8.1	0.5
- Alpenvorland	355	290	170	58.6	494	318	189	59.5	139	27	19	0.9	39.0	9.4	11.1	1.5
- Restl. laendliche Regionen	157	128	72	56.2	208	132	73	55.0	51	4	1	-1.2	32.5	3.4	1.2	-2.1
9 Bayern	4340	3468	1967	56.7	5713	3733	2244	60.1	1373	266	277	3.4	31.6	7.7	14.1	6.0
Hochverdichtet	1376	1110	638	57.5	1792	1219	749	61.4	417	109	111	4.0	30.3	9.9	17.4	6.9
Mit Verdichtungsansaetzen	961	771	418	54.2	1296	842	486	57.8	335	71	69	3.6	34.9	9.2	16.4	6.6
Laendlich	2004	1587	911	57.4	2625	1672	1008	60.3	621	85	97	2.9	31.0	5.4	10.7	5.0
- Alpenvorland	553	435	247	56.7	756	481	292	60.7	203	46	45	4.0	36.8	10.5	18.4	7.1
- Restl. laendliche Regionen	1451	1152	664	57.7	1869	1191	716	60.1	418	40	52	2.4	28.8	3.4	7.8	4.2
10 Saarland	456	375	121	32.4	559	374	142	37.9	103	0	20	5.5	22.5	-0.1	16.8	16.9
11 Berlin	1050	728	417	57.2	1032	610	392	64.4	-18	-119	-24	7.1	-1.7	-16.3	-5.9	12.5
12 Bundesrepublik Deutschland	25156	20019	9535	47.6	32190	20965	10932	52.1	7034	946	1397	4.5	28.0	4.7	14.6	9.5
Hochverdichtet	14438	11469	5302	46.2	18001	11847	6087	51.4	3563	377	785	5.2	24.7	3.3	14.8	11.1
- Ruhrgebiet	2115	1709	578	33.8	2525	1665	676	40.6	410	-45	98	6.8	19.4	-2.6	16.9	20.1
- Restl. Verdichtungsr.	12323	9760	4724	48.4	15476	10182	5411	53.1	3153	422	687	4.7	25.6	4.3	14.5	9.8
Mit Verdichtungsansaetzen	6922	5526	2636	47.7	9158	5920	3054	51.6	2236	393	419	3.9	32.3	7.1	15.9	8.2
Laendlich	3796	3024	1598	52.8	5031	3199	1791	56.0	1235	176	193	3.1	32.5	5.8	12.1	5.0
- Alpenvorland	908	726	417	57.5	1250	799	481	60.2	342	73	64	2.8	37.6	10.1	15.4	4.8
- Restl. laendliche Regionen	2888	2298	1181	51.4	3781	2401	1310	54.6	894	103	129	3.2	30.9	4.5	10.9	6.2
Nord-Regionen	5032	3930	1832	46.6	6373	4080	2140	52.5	1341	150	309	5.9	26.6	3.8	16.8	12.6
Nordrhein-Westfalen	6971	5632	2221	39.4	8891	5857	2612	44.6	1919	225	391	5.2	27.5	4.0	17.6	13.1
Mitte-Regionen	4173	3333	1494	44.8	5371	3525	1736	49.3	1198	192	242	4.5	28.7	5.6	16.2	10.0
Sued-Regionen	7929	6390	3572	55.9	10523	6894	4051	58.8	2594	504	480	2.9	32.7	7.9	13.4	5.1
Berlin	1050	728	417	57.2	1032	610	392	64.4	-18	-119	-24	7.1	-1.7	-16.3	-5.9	12.5

Quelle: Eigene Berechnungen aufgrund amtlicher Statistiken.

Regionen repräsentative Stichprobe angelegt ist. Bei der groben Gliederung der Merkmale, die hier betrachtet werden, dürfte dies jedoch kaum ins Gewicht fallen.

Ausgangsbasis für die Untersuchung der Erwerbsbeteiligung ist die erwerbsfähige Bevölkerung im Alter von 15 bis 64 Jahren. Die Entwicklung dieser Personengruppe weist im Zeitraum 1970 bis 1982 relativ starke regionale Unterschiede auf: Während die erwerbsfähige Wohnbevölkerung in Berlin um mehr als 9 vH und in Hamburg um reichlich 4 vH abnahm, stieg sie in Schleswig-Holstein um 13 vH. Bedingt durch die Umlandwanderungen sieht das Ergebnis für die Region Hamburg mit einem Plus von 8 vH sehr viel günstiger aus. In dieser Größenordnung liegt auch die Zunahme der Nordregionen insgesamt. In Bayern und Baden-Württemberg ist die Zunahme der erwerbsfähigen Bevölkerung mit 11 vH beträchtlich größer. Deutlich unter dem Bundesdurchschnitt liegt Nordrhein-Westfalen, und zwar ausschließlich wegen der Stagnation der erwerbsfähigen Bevölkerung im Ruhrgebiet. In den ländlichen Regionen und den Regionen mit Verdichtungsansätzen liegt Nordrhein-Westfalen im Zuwachs sogar deutlich über dem Bundesdurchschnitt.

In der Zusammenfassung nach siedlungsstrukturellen Regionstypen ist der Anstieg der Erwerbsfähigen in den ländlichen Gebieten - insbesondere im Alpenvorland - deutlich höher als in den hochverdichteten Gebieten und dementsprechend in den südlichen Bundesländern höher als in den nördlichen Regionen. Insgesamt zeigt sich ein deutliches Gefälle zwischen den Süd- und den Nord-Regionen: der Unterschied beträgt immerhin 3,4 vH-Punkte. Noch größer ist, wie schon häufig, das Süd-West-Gefälle mit über 4 vH-Punkte.

Wie sich die Entwicklung der erwerbsfähigen Bevölkerung auf das Angebot auf dem Arbeitsmarkt, die Zahl der Erwerbspersonen also, auswirkt, hängt von der Entwicklung der Erwerbsquote ab. Die geschlechtsspezifischen Unterschiede in der Entwicklung sind hier so gravierend, daß es wenig aufschlußreich ist, das Gesamtergebnis zu interpretieren. Während in diesem 12-Jahreszeitraum die Erwerbsquote der Männer um mehr als 8 vH zurückgegangen ist, hat sie bei den Frauen um 9,5 vH zugenommen.

Dieses Grundmuster der Entwicklung gilt für (fast) alle Regionen, mit geringeren regionalen Abweichungen bei den Männern und einer größeren Streuung bei den Frauen. Vereinzelt ist in dieser Periode auch die Frauenerwerbsquote geringfügig zurückgegangen.

Der Rückgang der Männererwerbsquote ist in den ländlichen Gebieten geringer als in den Verdichtungsräumen. Eine deutlich vom Bundesdurchschnitt abweichende Entwicklung ist im Alpenvorland zu beobachten. Dort ist auch die Frauenerwerbsquote mit rund 5 vH weit unterdurchschnittlich gestiegen, während sie im Ruhrgebiet um über 20 vH zunahm.

Die regionalen Entwicklungsunterschiede sind zum Teil auf die unterschiedliche Wirtschaftsstruktur und auf das unterschiedliche Ausgangsniveau - insbesondere bei der Frauenerwerbsbeteiligung - zurückzuführen. Die Wirtschaftsstruktur ist in den ländlichen Gebieten und besonders im Alpenvorland durch einen hohen Anteil landwirtschaftlicher Betriebe gekennzeichnet. Vornehmlich in den Familienunternehmen helfen die Frauen mit. Sie werden damit zumeist auch als Beschäftigte erfaßt. Deshalb ist die Frauenerwerbsquote in den ländlichen Gebieten vor allem in Süddeutschland sehr hoch, höher als in vielen Verdichtungsgebieten. Gleichzeitig wird dadurch aber auch der Spielraum nach oben sehr stark eingeengt, da diejenigen Frauen, die einen anderen Arbeitsplatz suchen, häufig damit auch ihre Erwerbstätigkeit in der Landwirtschaft aufgeben.

Auch der geringe Rückgang der Erwerbsquote der Männer kann teilweise auf die Beschäftigung in den landwirtschaftlichen Betrieben zurückgeführt werden, in denen die Erwerbspersonen oftmals noch im höheren Alter tätig sind. Die regionalen Unterschiede in der Erwerbsbeteiligung sind hingegen nicht so ausgeprägt wie bei den Frauen: zwischen dem Alpenvorland und dem Ruhrgebiet differierten die Erwerbsquoten 1982 um rund 8 vH.

6.4 Zur Entwicklung der Arbeitslosigkeit in den Regionen

Bei der Interpretation von Angebot und Nachfrage auf Arbeitsmärkten muß berücksichtigt werden, daß beide Seiten der Arbeitsmarktbilanz sich nicht unabhängig voneinander entwickeln. Bei Arbeitsplatzdefiziten haben Arbeitssuchende in der Vergangenheit häufig mit Abwanderungen in andere Regionen reagiert, in denen es eher möglich war, einen Arbeitsplatz zu finden. In Zeiten hoher Arbeitslosigkeit sind jedoch generell die Chancen hierfür geringer.

Auf Länderebene haben Wanderungsbewegungen jedoch nicht zu einer Nivellierung der Arbeitsmarktungleichgewichte geführt (vgl. Tabelle 6.5). Im Gegenteil, seit dem letzten Tiefstand der Arbeitslosigkeit in den Jahren 1979/80 hat sich die Streuung der Arbeitslosigkeit sogar vergrößert. Dies wird besonders deutlich, wenn man die Ländergruppen betrachtet: Auf die bundesdurchschnittliche Arbeitslosenquote von 3,7 vH bezogen lagen die Indexwerte in diesen beiden Jahren zwischen 77 in den Süd-Regionen und 121 in Nordrhein-Westfalen. 1985 hat sich bei einer bundesdurchschnittlichen Arbeitslosenquote von mehr als 9,5 vH die relative Position den Süd-Regionen weiter verbessert (Indexwert 73), während die Arbeitslosenquote in den Nord-Regionen um 30 vH über dem Bundesdurchschnitt lag.

Wenn sich bei einer mehr als zweieinhalbmal so großen Arbeitslosenquote die Streuung sogar noch vergrößert, so weist dies auf eine dramatische Verschlechterung der Lage in einzelnen Regionen hin. Die Entwicklung in den beiden kleinsten Bundesländern, Saarland und Bremen, gibt einen Eindruck davon. Obwohl im Saarland in den siebziger Jahren die Arbeitslosenquote durchweg beträchtlich über dem Bundesdurchschnitt lag, gingen die Werte nicht über 7 vH hinaus. Heute liegen zwar das Saarland und auch Bremen vergleichsweise dichter am Bundesdurchschnitt, jedoch sind Arbeitslosenquoten mit 13 vH bzw. 14 vH doppelt so hoch wie in den siebziger Jahren.

Das Nord-Süd-Gefälle bei der Arbeitslosigkeit wird allerdings nicht nur in den Niveaudifferenzen der Arbeitslosenquoten - im Verhältnis von etwa 2

Tabelle 6.5

Arbeitslose in 1000

	1970	1971	1972	1973	1974	1975	1976	1977	1978	1979	1980	1981	1982	1983	1984	1985
Schleswig-Holstein	8	9	12	14	29	46	47	47	44	39	39	60	91	107	109	117
Hamburg	3	3	5	6	12	26	27	29	29	25	23	34	53	72	80	89
Niedersachsen	24	28	40	43	78	140	139	139	134	121	122	179	259	317	334	346
Bremen	3	4	6	6	9	13	15	16	15	14	15	20	29	29	39	40
Nordrhein-Westfalen	37	48	73	83	179	300	304	310	312	289	291	403	567	706	717	733
Hessen	11	14	20	21	49	94	91	91	74	61	61	94	139	172	168	165
Rheinland-Pfalz	10	11	13	14	35	67	63	82	56	48	50	72	100	122	120	124
Baden-Wuerttemberg	8	13	16	18	52	128	119	101	92	76	81	121	132	231	217	210
Bayern	37	43	46	52	107	205	200	185	172	146	148	213	305	363	348	345
Saarland	4	4	6	7	14	23	25	27	28	24	24	30	38	48	51	53
Berlin	5	7	11	10	18	31	31	35	37	32	34	46	69	84	82	81
Bundesgebiet	149	185	246	273	582	1074	1060	1030	993	876	889	1272	1833	2258	2266	2304
Nord-Regionen	38	44	63	68	128	226	228	230	222	199	199	293	432	533	562	593
Nordrhein-Westfalen	37	48	73	83	179	300	304	310	312	289	291	403	567	706	717	733
Mitte-Regionen	24	29	38	42	99	184	178	168	158	134	135	196	277	342	339	342
Sued-Regionen	45	56	62	70	159	334	319	286	264	222	229	334	488	593	565	555
Berlin	5	7	11	10	18	31	31	35	37	32	34	46	69	84	82	81

Beschaeftigte Arbeitnehmer in 1000

	1970	1971	1972	1973	1974	1975	1976	1977	1978	1979	1980	1981	1982	1983	1984	1985
Schleswig-Holstein	853	874	878	891	889	877	878	890	902	924	941	939	921	910	906	908
Hamburg	762	766	755	752	732	696	682	677	671	673	681	677	654	632	623	620
Niedersachsen	2512	2546	2551	2582	2563	2475	2470	2502	2530	2567	2583	2583	2531	2482	2462	2468
Bremen	283	287	289	296	294	284	279	280	276	280	280	275	264	251	245	244
Nordrhein-Westfalen	6121	6245	6204	6253	6173	6005	5969	6009	6026	6122	6206	6131	5989	5831	5782	5824
Hessen	2065	2112	2127	2146	2108	2054	2047	2043	2072	2112	2128	2118	2076	2040	2041	2069
Rheinland-Pfalz	1242	1260	1269	1283	1284	1235	1231	1248	1263	1286	1300	1296	1275	1258	1258	1261
Baden-Wuerttemberg	3466	3525	3541	3619	3605	3487	3475	3450	3513	3587	3667	3659	3602	3558	3537	3577
Bayern	3704	3747	3780	3851	3803	3722	3739	3760	3846	3927	3992	3981	3919	3872	3901	3933
Saarland	367	380	382	382	369	365	366	372	365	373	381	381	373	364	358	361
Berlin	872	865	856	852	839	813	803	798	801	809	809	807	792	783	787	800
Bundesgebiet	22247	22607	22632	22907	22639	22013	21939	22029	22265	22660	22985	22847	22396	21981	21900	22065
Nord-Regionen	4410	4473	4473	4521	4478	4332	4309	4349	4379	4444	4495	4474	4370	4275	4236	4240
Nordrhein-Westfalen	6121	6245	6204	6253	6173	6005	5969	6009	6026	6122	6206	6131	5989	5831	5782	5824
Mitte-Regionen	3674	3752	3778	3811	3741	3654	3644	3663	3700	3771	3809	3795	3724	3662	3657	3691
Sued-Regionen	7170	7272	7321	7470	7408	7209	7214	7210	7359	7514	7659	7640	7521	7410	7438	7510
Berlin	872	865	856	852	839	813	803	798	801	809	816	807	792	783	787	800

Arbeitslosenquote in vH

	1970	1971	1972	1973	1974	1975	1976	1977	1978	1979	1980	1981	1982	1983	1984	1985
Schleswig-Holstein	0.9	1.0	1.4	1.6	3.1	5.0	5.1	5.0	4.7	4.1	4.0	6.0	9.0	10.5	10.8	11.5
Hamburg	0.4	0.4	0.6	0.7	1.6	3.7	3.8	4.1	4.2	3.5	3.3	4.8	7.5	10.3	11.4	12.6
Niedersachsen	0.9	1.1	1.5	1.6	3.0	5.4	5.3	5.3	5.0	4.5	4.5	6.5	9.3	11.3	12.0	12.3
Bremen	1.1	1.3	2.0	1.8	2.9	4.2	5.2	5.3	5.3	4.7	5.0	6.7	9.8	12.8	13.7	14.1
Nordrhein-Westfalen	0.6	0.8	1.2	1.3	2.8	4.8	4.8	4.9	4.9	4.5	4.5	6.2	9.8	10.8	11.0	11.2
Hessen	0.5	0.7	0.9	1.0	2.3	4.4	4.2	4.2	3.9	2.8	2.8	4.2	6.3	7.8	7.6	7.4
Rheinland-Pfalz	0.8	0.8	1.0	1.1	2.7	5.1	4.8	4.5	4.2	3.6	3.7	5.3	7.3	8.9	8.7	9.0
Baden-Wuerttemberg	0.2	0.4	0.4	0.5	1.4	3.5	3.3	2.9	2.5	2.1	2.2	3.2	4.8	6.1	5.8	5.5
Bayern	1.0	1.1	1.1	1.3	2.7	5.2	5.1	4.7	4.3	3.6	3.6	5.1	7.2	8.6	8.2	8.1
Saarland	1.1	1.1	1.5	1.8	3.7	5.9	6.5	6.8	7.2	6.2	5.9	7.3	9.3	11.6	12.6	12.9
Berlin	0.6	0.8	1.2	1.2	2.1	3.7	3.8	4.2	4.4	3.8	4.0	5.4	8.1	9.6	9.4	9.2
Bundesgebiet	0.7	0.8	0.8	1.1	2.5	4.7	4.6	4.5	4.5	4.3	3.7	5.3	7.6	9.3	9.4	9.5
Nord-Regionen	0.9	1.0	1.4	1.5	2.8	4.9	5.0	5.0	4.8	4.3	4.2	6.1	9.0	11.1	11.7	12.3
Nordrhein-Westfalen	0.6	0.8	1.2	1.3	2.8	4.8	4.8	4.8	4.9	4.5	4.5	6.2	8.6	10.8	11.0	11.2
Mitte-Regionen	0.7	0.8	1.0	1.1	2.6	4.8	4.7	4.4	4.1	3.4	3.4	4.9	6.9	8.5	8.5	8.5
Sued-Regionen	0.6	0.6	0.8	0.8	2.1	4.4	4.2	3.8	3.5	2.9	2.9	4.2	6.1	7.4	7.1	6.9
Berlin	0.6	0.6	0.8	1.2	2.1	3.7	3.8	4.2	4.4	3.8	4.0	5.4	8.1	9.6	9.4	9.2

Bundesdurchschnitt = 100

	1970	1971	1972	1973	1974	1975	1976	1977	1978	1979	1980	1981	1982	1983	1984	1985
Schleswig-Holstein	142.0	126.1	129.7	133.2	125.3	108.2	110.2	112.4	109.1	107.5	114.3	119.3	112.9	114.8	121.2
Hamburg	54.1	51.7	55.4	62.0	64.9	78.7	82.3	90.7	97.4	95.2	88.1	90.6	98.5	110.3	121.1	133.0
Niedersachsen	141.3	133.6	142.9	138.8	117.9	115.1	115.2	118.0	117.7	120.8	120.9	122.7	122.8	121.3	127.5	130.1
Bremen	164.1	162.8	186.7	156.0	117.1	91.2	111.8	118.1	123.9	126.4	134.5	128.0	129.9	136.9	146.2	149.6
Nordrhein-Westfalen	89.5	94.0	107.2	111.3	112.6	102.2	105.1	109.8	115.3	121.2	120.3	116.9	114.3	115.9	117.7	118.3
Hessen	78.0	82.3	84.9	81.7	91.0	94.5	91.9	86.6	80.7	75.8	75.2	80.4	82.8	83.5	80.9	77.9
Rheinland-Pfalz	115.0	104.1	94.0	91.9	107.6	109.8	105.0	101.0	99.0	97.2	99.7	100.3	96.4	95.0	93.0	95.0
Baden-Wuerttemberg	34.9	45.5	40.8	42.6	56.3	76.2	72.0	63.9	59.6	55.4	58.3	60.6	63.7	65.6	61.7	58.6
Bayern	148.5	140.4	112.5	112.0	109.3	112.4	110.1	105.0	100.4	96.5	95.8	96.2	91.5	91.9	87.4	85.2
Saarland	164.7	140.0	137.0	155.5	148.3	127.6	139.9	151.8	168.5	165.5	158.6	138.1	122.5	124.2	134.0	136.4
Berlin	86.3	104.4	115.5	98.8	82.3	79.5	81.3	94.3	102.5	102.7	107.5	103.3	106.6	103.5	100.2	97.2
Bundesgebiet	100.0	100.0	100.0	100.0	100.0	100.0	100.0	100.0	100.0	100.0	100.0	100.0	100.0	100.0	100.0	100.0
Nord-Regionen	127.9	120.1	128.5	126.1	110.8	106.4	108.8	112.6	113.2	115.0	114.1	116.5	118.9	125.0	129.8
Nordrhein-Westfalen	89.5	94.0	107.2	111.3	112.6	102.2	105.1	109.8	115.3	121.2	120.3	116.9	114.3	115.9	117.7	118.3
Mitte-Regionen	99.2	95.5	93.3	92.6	102.3	103.0	101.3	98.3	95.9	92.2	92.2	93.2	91.6	90.5	89.8
Sued-Regionen	93.8	94.6	78.0	78.5	83.7	95.0	91.9	85.5	81.1	77.0	78.0	79.4	80.5	79.5	75.3	72.7
Berlin	86.3	104.4	115.5	98.8	82.3	79.5	81.3	94.3	102.5	102.7	107.5	103.3	106.6	103.5	100.2	97.2

Quelle: Eigene Berechnungen aufgrund amtlicher Statistiken.

zu 1 - deutlich, sondern auch in der Entwicklung in den letzten Jahren: Während in den Nord-Regionen die Arbeitslosenquote zwischen 1983 und 1985 um einen Prozentpunkt gestiegen ist, ging sie in den Süd-Regionen um einen halben Prozentpunkt zurück.

Dabei hat sich das Arbeitnehmer-Potential (Summe von beschäftigten und arbeitslosen Arbeitnehmern) im Süd-Nord-Vergleich nicht unterschiedlich entwickelt. Gegenläufig entwickelt hat sich vielmehr die Zahl der beschäftigten Arbeitnehmer. Die Entwicklungsdifferenzen lagen in dieser Zeit also in erster Linie auf der Nachfrageseite: Im Norden ist die Zahl der beschäftigten Arbeitnehmer zurückgegangen, während sie im Süden zugenommen hat.

Betrachtet man die Arbeitslosigkeit in den Regionen, so gab es 1970 bei einer Arbeitslosenquote von 0,7 vH im Bundesdurchschnitt praktisch keine Arbeitslosigkeit (vgl. Tabelle 6.6). Allenfalls in ländlichen Regionen schlug die Zahl derjenigen Personen, die keine Arbeit hatten, stärker zu Buche. Die Arbeitslosenquote war hier etwa doppelt so hoch wie im Durchschnitt. Dies betraf vor allem Bayern, Schleswig-Holstein und Niedersachsen. Auffällig war allerdings damals schon die Position Baden-Württembergs, wo in allen Raumtypen die Arbeitslosigkeit deutlich unter dem Bundesdurchschnitt lag.

1976 fiel das Problem der Arbeitslosigkeit schon stärker ins Gewicht. Die Zahl der Arbeitslosen war auf über eine Million angestiegen, bei einer durchschnittlichen Arbeitslosenquote von 4,6 vH. Vereinzelt wurden in ländlichen Regionen Niedersachsens und Bayerns in diesem Jahr auch schon Arbeitslosenquoten von 8 bis 9 vH erreicht. Dies hatte zur Folge, daß für ländliche Regionen damals schon Arbeitslosenquoten von 6 vH erreicht wurden. Seine Sonderstellung hat auch in diesem Jahr Baden-Württemberg behalten, wo wiederum in allen Regionen die Arbeitslosenquoten unter dem Bundesdurchschnitt lagen, im Landesdurchschnitt bei 3,3 vH. Das Nord-Süd-Gefälle, von dem die Verteilung der Arbeitslosigkeit bis heute geprägt wird, ist auch 1976 schon zu erkennen.

Tabelle 6.6

Beschaeftigte Arbeitnehmer und Arbeitslose
Inlaenderkonzept

	1970				1976				1982			
	in 1000			Arbeits- losen- quote	in 1000			Arbeits- losen- quote	in 1000			Arbeits- losen- quote
	beschaef- tigt	arbeits- los	insge- samt		beschaef- tigt	arbeits- los	insge- samt		beschaef- tigt	arbeits- los	insge- samt	
1 Schleswig-Holstein	853	8	861	0.9	878	47	925	5.1	920	91	1012	9.0
Hochverdichtet	260	1	261	0.5	284	13	297	4.4	313	24	337	7.0
Mit Verdichtungsansaetzen	394	4	398	1.0	394	22	417	5.4	397	42	439	9.5
Laendlich	199	3	202	1.5	200	11	211	5.4	210	26	236	10.9
2 Hamburg	762	3	765	0.4	681	27	707	3.8	651	53	703	7.5
3 Niedersachsen	2512	25	2536	1.0	2468	140	2608	5.4	2528	260	2788	9.3
Hochverdichtet	870	5	875	0.6	873	43	916	4.6	910	84	994	8.5
Mit Verdichtungsansaetzen	1254	13	1267	1.0	1204	71	1275	5.5	1213	128	1341	9.5
Laendlich	388	7	395	1.7	391	26	417	6.3	405	48	453	10.6
4 Bremen	283	2	285	0.8	278	14	292	4.8	264	28	292	9.6
Hochverdichtet	235	2	237	0.7	223	12	234	4.9	208	23	231	9.8
Mit Verdichtungsansaetzen	48	1	49	1.5	56	3	58	4.5	56	5	61	8.6
5 Nordrhein-Westfalen	6121	37	6158	0.6	5971	304	6274	4.8	5991	567	6558	9.6
Hochverdichtet	5329	31	5360	0.6	5146	264	5410	4.9	5132	486	5619	8.7
- Ruhrgebiet	1803	15	1817	0.8	1736	98	1834	5.3	1679	175	1854	9.4
- Restl. Verdichtungsr.	3526	16	3542	0.4	3410	167	3576	4.7	3453	312	3765	8.3
Mit Verdichtungsansaetzen	626	5	631	0.8	657	32	689	4.6	689	65	754	8.6
Laendlich	167	1	168	0.6	168	8	175	4.5	169	16	185	8.5
6 Hessen	2065	11	2076	0.5	2048	91	2138	4.2	2074	139	2213	6.3
Hochverdichtet	1372	5	1377	0.3	1364	51	1415	3.6	1373	77	1451	5.3
Mit Verdichtungsansaetzen	602	5	607	0.8	580	34	614	5.6	593	53	646	8.2
Laendlich	91	1	92	1.0	104	5	109	4.6	108	8	116	7.1
7 Rheinland-Pfalz	1242	10	1252	0.8	1228	63	1291	4.9	1273	100	1373	7.3
Hochverdichtet	212	1	213	0.2	200	9	209	4.4	207	14	221	6.2
Mit Verdichtungsansaetzen	896	7	902	0.7	886	45	931	4.8	913	73	986	7.4
Laendlich	134	2	137	1.8	142	8	151	5.5	152	14	166	8.2
8 Baden-Wuerttemberg	3466	8	3474	0.2	3477	119	3596	3.3	3607	182	3790	4.8
Hochverdichtet	1718	3	1721	0.2	1696	57	1753	3.3	1756	82	1838	4.5
Mit Verdichtungsansaetzen	1276	3	1280	0.3	1305	44	1349	3.3	1351	72	1423	5.1
Laendlich	472	1	473	0.2	476	18	494	3.7	501	28	529	5.3
- Alpenvorland	322	1	323	0.2	331	12	342	3.4	353	19	373	5.2
- Restl. laendliche Regionen	150	0	150	0.2	145	7	152	4.3	148	9	156	5.5
9 Bayern	3704	37	3741	1.0	3741	200	3941	5.1	3921	305	4226	7.2
Hochverdichtet	1328	5	1332	0.4	1350	56	1406	4.0	1395	94	1489	6.3
Mit Verdichtungsansaetzen	800	6	806	0.8	810	45	855	5.2	862	69	930	7.4
Laendlich	1576	26	1602	1.6	1581	99	1680	5.9	1664	142	1806	7.9
- Alpenvorland	438	4	442	1.0	435	19	454	4.2	471	29	501	5.9
- Restl. laendliche Regionen	1138	21	1160	1.8	1146	80	1226	6.5	1193	113	1305	8.6
10 Saarland	367	4	371	1.1	366	25	391	6.5	374	38	412	9.2
11 Berlin	872	5	877	0.6	803	31	834	3.8	791	69	861	8.1
12 Bundesrepublik Deutschland	22248	149	22397	0.7	21938	1060	22998	4.6	22394	1833	24227	7.6
Hochverdichtet	13325	64	13389	0.5	12983	588	13572	4.3	13111	1044	14156	7.4
- Ruhrgebiet	1803	15	1817	0.8	1736	98	1834	5.3	1679	175	1854	9.4
- Restl. Verdichtungsr.	11522	49	11571	0.4	11247	490	11738	4.2	11432	870	12302	7.1
Mit Verdichtungsansaetzen	5896	44	5940	0.7	5893	296	6189	4.8	6073	507	6581	7.7
Laendlich	3027	41	3068	1.3	3061	176	3238	5.4	3209	282	3491	8.1
- Alpenvorland	760	5	765	0.7	765	31	796	3.9	825	49	873	5.6
- Restl. laendliche Regionen	2267	36	2303	1.5	2296	146	2442	6.0	2383	233	2618	8.9
Nord-Regionen	4410	38	4448	0.9	4305	228	4532	5.0	4364	432	4796	9.0
Nordrhein-Westfalen	6121	37	6158	0.6	5971	304	6274	4.8	5991	567	6558	8.6
Mitte-Regionen	3674	24	3698	0.7	3642	178	3820	4.7	3721	277	3998	6.9
Sued-Regionen	7170	45	7215	0.6	7218	319	7537	4.2	7528	488	8015	6.1
Berlin	872	5	877	0.6	803	31	834	3.8	791	69	861	8.1

Beschaeftigte Arbeitnehmer und Arbeitslose
Inlaenderkonzept

	1970				1976				1982			
	in 1000			Arbeits-losen-quote	in 1000			Arbeits-losen-quote	in 1000			Arbeits-losen-quote
	beschaef-tigt	arbeits-los	insge-samt		beschaef-tigt	arbeits-los	insge-samt		beschaef-tigt	arbeits-los	insge-samt	
1 Schleswig	123	2	125	1.4	127	7	134	5.6	132	17	149	11.7
2 Mittelholstein	246	2	248	0.8	243	14	258	5.6	249	26	275	9.6
3 Dithmarschen	76	1	77	1.5	73	4	77	5.2	79	8	87	9.6
4 Ostholstein	148	2	150	1.2	151	8	159	5.1	148	16	164	9.5
5 Hamburg	1115	5	1120	0.5	1083	45	1128	4.0	1099	87	1186	7.4
6 Lueneburg	86	1	87	1.2	86	5	90	5.5	89	9	97	9.2
7 Bremerhaven	108	2	109	1.4	120	6	126	4.4	121	12	133	9.0
8 Wilhelmshaven	73	1	75	1.8	78	6	85	7.5	76	11	87	12.4
9 Ostfriesland	107	3	110	3.0	107	10	116	8.4	113	16	128	12.3
10 Oldenburg	142	1	143	1.0	134	8	142	5.5	142	16	158	10.2
11 Emsland	97	2	99	1.7	97	6	103	6.2	102	13	115	11.6
12 Osnabrueck	171	1	172	0.6	172	7	179	4.1	178	17	196	8.9
13 Bremen	437	3	441	0.8	443	22	465	4.8	445	46	491	9.4
14 Hannover	844	4	848	0.5	794	42	836	5.0	796	78	874	8.9
15 Braunschweig	462	4	466	1.0	433	25	457	5.4	423	40	463	8.6
16 Goettingen	174	3	177	1.5	165	11	176	6.4	173	19	192	9.7
17 Muenster	404	3	407	0.8	411	21	432	4.8	436	43	479	9.0
18 Bielefeld	498	2	500	0.5	508	24	532	4.5	512	49	561	8.7
19 Paderborn	94	1	94	0.8	107	5	112	4.8	112	11	123	8.8
20 Dortmund-Sauerland	569	4	573	0.7	577	30	607	4.9	571	62	633	9.8
21 Bochum	222	2	224	0.8	202	12	214	5.6	192	22	214	10.2
22 Essen	819	8	827	0.9	765	45	809	5.5	735	72	806	8.9
23 Duisburg	359	2	361	0.7	360	19	379	5.1	351	35	386	9.0
24 Krefeld	159	1	160	0.5	157	9	166	5.3	158	16	174	9.3
25 Moenchengladbach	183	1	184	0.5	176	9	185	5.0	176	19	195	9.7
26 Aachen	328	3	331	0.9	315	20	335	5.9	322	34	356	9.6
27 Duesseldorf	615	2	617	0.3	583	26	609	4.3	600	47	646	7.2
28 Wuppertal	302	1	303	0.3	263	11	274	3.9	250	22	272	8.0
29 Hagen	400	2	402	0.4	376	16	393	4.1	372	35	407	8.7
30 Siegen	128	1	129	0.5	140	6	145	3.9	141	11	152	7.2
31 Koeln	803	3	806	0.4	786	43	829	5.2	806	74	880	8.4
32 Bonn	238	1	239	0.4	244	9	253	3.5	258	16	273	5.7
33 Nordhessen	329	3	332	0.9	312	18	330	5.5	315	31	347	9.1
34 Mittelhessen	228	2	230	0.8	222	14	236	6.0	230	19	248	7.5
35 Osthessen	91	1	92	1.0	104	5	109	4.6	108	8	116	7.1
36 Untermain	851	3	854	0.4	841	33	874	3.7	841	48	890	5.5
37 Starkenburg	360	1	360	0.2	362	12	374	3.2	365	20	385	5.1
38 Rhein-Main-Taunus	207	1	208	0.5	206	9	215	4.0	215	12	227	5.5
39 Mittelrhein-Westerwald	357	3	360	0.8	362	18	380	4.7	367	31	398	7.8
40 Trier	134	2	137	1.8	142	8	151	5.5	152	14	166	8.2
41 Rheinhessen-Nahe	257	1	257	0.3	255	10	265	3.9	259	20	279	7.3
42 Rheinpfalz	294	1	295	0.4	277	14	291	4.8	295	20	315	6.4
43 Westpfalz	200	2	202	1.0	193	12	205	5.9	199	16	215	7.2
44 Saar	367	4	371	1.1	366	25	391	6.5	374	38	412	9.2
45 Unterer Neckar	388	1	389	0.3	369	17	387	4.5	378	24	401	6.0
46 Franken	240	1	241	0.3	237	10	247	3.9	257	14	272	5.2
47 Mittlerer Oberrhein	335	1	336	0.3	339	13	352	3.8	352	20	372	5.3
48 Nordschwarzwald	183	1	184	0.4	192	5	198	2.6	184	10	193	4.9
49 Mittlerer Neckar	995	1	997	0.1	987	26	1014	2.6	1026	38	1065	3.6
50 Ostwuerttemberg	150	0	150	0.2	145	7	152	4.3	148	9	156	5.5
51 Donau-Iller (Bad.-Wuert.)	143	0	143	0.2	148	4	152	2.3	153	9	162	5.3
52 Neckar-Alb	216	0	217	0.2	227	5	232	2.2	227	12	239	5.1
53 Schwarzwald-Baar-Heuberg	166	0	166	0.2	168	6	174	3.3	176	10	186	5.4
54 Suedlicher Oberrhein	281	1	282	0.3	295	12	307	3.8	314	18	332	5.5
55 Hochrhein-Bodensee	213	1	213	0.3	205	9	215	4.3	215	10	225	4.3
56 Bodensee-Oberschwarzwald	156	0	157	0.3	162	6	168	3.5	177	9	187	5.0
57 Bayer. Untermain	107	1	108	0.6	111	5	116	4.3	117	9	126	7.5
58 Wuerzburg	142	1	143	0.7	147	6	153	4.1	158	12	169	6.9
59 Main-Rhoen	133	1	134	0.7	135	9	144	6.2	137	14	151	9.2
60 Oberfranken-West	195	3	197	1.4	194	11	206	5.5	199	20	219	9.0
61 Oberfranken-Ost	197	3	200	1.5	182	11	194	5.8	179	17	196	8.7
62 Oberpfalz-Nord	155	4	159	2.7	149	14	163	8.8	154	17	171	9.9
63 Mittelfranken	469	2	470	0.3	472	21	493	4.3	472	41	513	8.0
64 Westmittelfranken	108	1	109	0.8	114	5	119	4.5	119	8	127	6.5
65 Augsburg	253	2	255	0.6	249	14	263	5.4	254	19	274	7.1
66 Ingolstadt	103	1	104	1.1	108	6	114	5.4	117	10	127	8.1
67 Regensburg	168	3	171	1.5	168	14	182	7.4	184	19	203	9.5
68 Donau-Wald	158	7	164	4.0	167	17	184	9.1	180	20	200	10.1
69 Landshut	90	2	92	2.0	96	6	102	5.7	108	7	114	5.9
70 Muenchen	859	3	862	0.4	878	35	913	3.8	923	53	976	5.5
71 Donau-Iller (Bay.)	130	1	130	0.4	135	6	141	4.0	149	9	158	5.6
72 Allgaeu	136	1	137	0.4	131	4	136	3.2	139	8	147	5.2
73 Oberland	110	1	111	1.2	108	5	113	4.6	117	7	125	5.9
74 Suedostoberbayern	192	3	195	1.3	196	10	205	4.7	215	14	229	6.3
75 Berlin	872	5	877	0.6	803	31	834	3.8	791	69	861	9.1
99 Bundesgebiet	22248	149	22397	0.7	21938	1060	22998	4.6	22394	1833	24227	7.6

Quelle: Eigene Berechnungen aufgrund amtlicher Statistiken.

Sehr viel deutlicher wird dieses Gefälle im Jahr 1982. Seit 1976 sind weitere knapp 800 000 Arbeitslose hinzugekommen. Die Arbeitslosenquote lag bei 7,6 vH. Anteile von über 10 vH erreichen auch in diesem Jahr, bis auf die Ruhrgebietsregion Bochum, nur ländliche Regionen. Insgesamt waren es sechs, davon fünf in Norddeutschland. Eine mit fast 2 Prozentpunkten deutlich über dem Bundesdurchschnitt liegende Arbeitslosenquote hatte zudem das Ruhrgebiet zu verzeichnen. Baden-Württemberg lag nunmehr um fast 3 Prozentpunkte unter dem Bundesdurchschnitt, bei einer weiterhin geringen Streuung zwischen den Raumtypen. Mit einer Arbeitslosenquote von etwas mehr als 5 vH stellt sich die Arbeitsmarktsituation in den Verdichtungsregionen Hessens vergleichsweise günstig dar.

6.5 Zusammenfassung der Ergebnisse: Zur Entwicklung der regionalen Arbeitsmarktbilanzen

In dieser Zusammenfassung ist versucht worden, die Einflüsse zu bilanzieren, die zum einen von der in Abschnitt 5 diskutierten Entwicklung der Zahl der Erwerbstätigen und zum anderen vom Angebot von Arbeitskräften in den Regionen auf die regionalen Arbeitsmärkte ausgegangen sind. In der Nachfrage nach Arbeitskräften kommen sowohl die Entscheidungen der Unternehmer über das Niveau ihrer Produktion und die Gestaltung der Produktionsprozesse als auch die Entscheidungen der öffentlichen Haushalte über ihren Personalbestand zum Ausdruck.

Die bisherigen Analysen der Angebotsseite haben gezeigt, daß die Erwerbsbeteiligung in den Regionen - insbesondere bei den Frauen - relativ breit streut. Dies ist ein Indikator dafür, daß es nicht nur die altersmäßige Zusammensetzung der erwerbsfähigen Bevölkerung ist, mit der die Entwicklung des Angebots an Arbeitskräften erklärt werden kann. Vielmehr ist zu vermuten, daß veränderte Verhaltensweisen mit dazu beigetragen haben, daß sich die Erwerbsbeteiligung verändert hat.

Hier ist versucht worden, diesen Sachverhalt auch quantitativ zu erfassen. Zu diesem Zweck wurde berechnet, welche Erwerbsbeteiligung in den

Regionen im Jahr 1982 zu erwarten gewesen wäre, wenn die nach 5-Jahres-Altersgruppen und Geschlecht differenzierte Bevölkerung im erwerbsfähigen Alter sich mit den gleichen Quoten am Erwerbsleben beteiligt hätte wie 1970. Die sich daraus ergebenden Änderungen in der geschlechtsspezifischen Erwerbsbeteiligung insgesamt lassen sich als bevölkerungsbedingt interpretieren. In den Differenzen dieser bevölkerungsbedingten Erwerbsbeteiligung zu der tatsächlichen Entwicklung kommen die Verhaltensänderungen zum Ausdruck.

Aus Materialgründen war eine vertiefende Untersuchung dieses Zusammenspiels von Angebots- und Nachfragefaktoren auf regionaler Ebene allerdings nur für die Periode von 1970 bis 1982 möglich. Für diesen Zeitraum standen Informationen sowohl über die Entwicklung der Nachfrageseite regionaler Arbeitsmärkte als auch über das Angebot an Erwerbspersonen zur Verfügung. Allerdings muß einschränkend bemerkt werden, daß es noch nicht gelungen ist, die Bausteine der demographischen Gesamtrechnung konsistent mit den auf dem Konzept der Volkswirtschaftlichen Gesamtrechnungen der Länder basierenden Berechnungen der Erwerbstätigkeit abzustimmen. Die Berechnungen für die Angebotsseite stützen sich auf Ergebnisse der Volkszählung 1970 und des Mikrozensus 1982. Die Zahlen für die Nachfrage nach Arbeitskräften entstammen dem mit der VGR der Länder abgestimmten regionalstatistischen Informationssystem (vgl. Anhang).

Dies hat Schwierigkeiten insbesondere für die Ermittlung derjenigen Personengruppe bereitet, die als Stille Reserve dem Arbeitsmarkt zwar zur Verfügung steht, aber nicht als arbeitslos registriert ist. In die Analyse des Niveaus der Unterbeschäftigung in den Regionen konnte daher die Stille Reserve nicht explizit einbezogen werden. Auf die Entwicklung der Komponenten der Arbeitsmarktbilanz haben diese Abgrenzungsunterschiede allerdings keinen großen Einfluß. Deshalb konnten hier auch die Ergebnisse der Analysen des Erwerbsverhaltens berücksichtigt werden.

Werden die aufgefächerten Angebotsfaktoren der Arbeitsnachfrage gegenübergestellt, die ihren Niederschlag in der Zahl der Erwerbstätigen findet, so ergibt sich die in Tabelle 6.7 dargestellte Arbeitsmarktbilanz. Sie

Tabelle 6.7

Komponenten der Veränderung der Arbeitsmarktbilanz 1970 - 1982

(Inländerkonzept)

Veränderung der Komponenten			Personen in 1000	vH
Angebot an Erwerbspersonen	Bevölkerungsbedingt		+ 2 653	10,0[1]
	Verhaltensbedingt	Männer	-1 441	- 7,6[2]
		Frauen	+ 582	5,6[2]
	Insgesamt		1 794	6,7[1]
Saldo der Arbeitsmarktbilanz	Stille Reserve		(+1 113)	4,2[1]
	Arbeitslose		+1 684	6,9[3]
Arbeitsnachfrage	Erwerbstätige Insgesamt		- 1 003	-3,8[4]
	Selbständige u. mithelfende Familienangehörige		-1 150	-26,0[4]
	Arbeitnehmer		+ 147	+ 0,7[4]

1) Bezogen auf das Erwerbspersonenpotential 1970. - 2) Bezogen auf das jeweilige mit den altersspezifischen Erwerbsquoten von 1970 errechnete Erwerbspersonenpotential 1982. - 3) Veränderung der Arbeitslosenquote in Prozentpunkten. - 4) Bezogen auf die jeweiligen Erwerbstätigenzahlen 1970.

Quelle: Eigene Berechnungen aufgrund amtlicher Statistiken.

enthält diejenigen Komponenten, deren Veränderung in der Periode von 1970 bis 1982 für die Regionen quantifiziert werden konnten und gleichzeitig die zahlenmäßigen Ergebnisse für das Bundesgebiet.

In diesen 12 Jahren hat das Angebot an Erwerbspersonen um 1,8 Mill. Personen zugenommen; das sind 6,7 vH mehr als 1970. Gleichzeitig ist die Zahl der Beschäftigten um rund 1,0 Mill. zurückgegangen. Rückläufig entwickelt hat sich allerdings nur die Zahl der Selbständigen und mithelfenden Familienangehörigen, die von 4,4 Mill. auf 3.2 Mill geschrumpft ist. Die Zahl der Arbeitnehmer hat in der gleichen Zeit dagegen noch um 140 000 zugenommen.

Aus diesen beiden Entwicklungstrends errechnet sich eine Veränderung des Angebotsüberhangs auf dem Arbeitsmarkt von 2,8 Mill. Davon sind rund 1,7 Mill. als zusätzliche Arbeitslose registriert worden. Die restliche Differenz läßt sich mit allen Vorbehalten als Stille Reserve interpretieren. Für das Bundesgebiet liegt die hier errechnete Zahl von 1,1 Mill. etwas höher als die Zahl von 950 000, die das Institut für Arbeitsmarkt- und Berufsforschung (IAB) für die Veränderung der Stillen Reserve in den zwölf Jahren von 1970 bis 1982 ermittelt hat[1].

Generell verstärkt sich das Ungleichgewicht der Arbeitsmarktbilanz, wenn das Angebot an Erwerbspersonen zunimmt und gleichzeitig die Nachfrage nach Arbeitskräften zurückgeht. Ebenso wie im gesamten Bundesgebiet war dies auch in den Regionen der Bundesrepublik zwar nicht durchgängig, aber doch überwiegend der Fall. Betrachtet man die regionalen Entwicklungsmuster im einzelnen, so muß man berücksichtigen, daß Reaktionen auf der Angebotsseite nicht ausbleiben, wenn die Nachfrage nach Arbeitskräften permanent zurückgeht. Darauf ist bereits hingewiesen worden. Dabei lassen sich verschiedene Verhaltensweisen unterscheiden, deren quantitatives Gewicht sich auch in den Komponenten auf der Angebotsseite niederschlägt:

- Reagieren die Arbeitsuchenden mit Abwanderungen, so wird die bevölkerungsbedingte Komponente tangiert, das Angebot an Erwerbspersonen also. In dieser Komponente schlagen sich in erster Linie die

Veränderungen in der altersmäßigen Zusammensetzung der Erwerbsbevölkerung nieder, darüber hinaus aber auch die Wanderungsbewegungen.

- Reaktionen sind aber auch im Erwerbsverhalten möglich. Dies gilt in erster Linie für Frauen, bei denen man noch am ehesten vermuten kann, daß ihre Bereitschaft zur Erwerbstätigkeit nicht unabhängig von der regionalen Arbeitsmarktlage ist. Zwar hat sich gezeigt, daß die im Trend zunehmende Erwerbsbeteiligung der Frauen ein vergleichsweise stabiler Prozeß ist. Für Regionen wird man dies aber nicht ohne weiteres annehmen können.

- Bei den Männern ist die generell rückläufige Erwerbsbeteiligung in starkem Maße bestimmt von bundeseinheitlichen Trends zur Verkürzung des Arbeitslebens. In diesen Zahlen kommt daher in erster Linie die Einführung der flexiblen Altersgrenze am Ende des Arbeitslebens sowie die generell steigende Bildungsbeteiligung vor dem Einstieg in das Erwerbsleben zum Ausdruck.

Die Ergebnisse für das Bundesgebiet zeigen, daß die bevölkerungsbedingten Einflußfaktoren einen erheblichen Einfluß auf die Entwicklung der Erwerbspersonen haben. Wären keine Änderungen im Erwerbsverhalten hinzugekommen, so hätte auf Bundesebene in diesen 12 Jahren der zahlenmäßige Zuwachs an Erwerbspersonen knapp 2,7 Mill. betragen, das sind 10 vH des Erwerbspersonenpotentials von 1970.

Deutlich wird auch, daß das veränderte Erwerbsverhalten die bevölkerungsbedingte Angebotsausweitung erheblich abgemildert hat. Dies ist allerdings nur auf die beträchtliche Reduktion der Erwerbsbeteiligung bei den Männern zurückzuführen. Bei den Frauen hat die gestiegene Erwerbsbeteiligung per Saldo zu einer Zunahme des Angebots auf den Arbeitsmärkten geführt, die sich rechnerisch auf knapp 600 000 Personen beziffern läßt. Die Ergebnisse dieser Berechnungen sind in Tabelle 6.8 und in zusammengefaßter Form in Tabelle 6.9 dargestellt worden.

Tabelle 6.8

Veraenderung der Arbeitsmarktbilanz 1970 - 1982

	in 1000 Personen								in vH						
	Veraenderung des Angebots an Erwerbspersonen				Veraenderung der Arbeitsnachfrage		Saldo der Arbeitsmarktbilanz		Veraenderung des Angebots an Erwerbspersonen				Veraenderung der Arbeitsnachfrage 3)		Veraenderung der Arbeitslosenquote 4)
	ins-gesamt	bevoelk. bedingt	verhaltensbedingt Maenner	Frauen	Erwerbs-taetige	besch. Arbeitn.	ins-gesamt	davon Arbeitsl.	ins-gesamt 1)	bevoelk. bedingt 2)	verhaltensbedingt Maenner	Frauen	Erwerbs-taetige	besch. Arbeitn.	
1 Schleswig-Holstein	169	162	-57	63	22	68	147	83	16,3	15,6	-7,1	15,9	2,1	7,9	8,1
Hochverdichtet	89	89	-22	22	47	54	42	22	29,3	29,3	-8,5	16,5	15,1	20,7	6,5
Mit Verdichtungsansaetzen	40	40	-23	23	-15	3	55	38	8,8	8,8	-6,8	13,7	-3,3	0,7	8,6
Laendlich	40	34	-12	19	-10	11	50	23	14,4	12,1	-5,8	18,6	-3,8	5,7	9,5
2 Hamburg	-55	-22	-46	13	-145	-112	90	50	-6,6	-2,6	-9,2	4,2	-17,0	-14,6	7,1
3 Niedersachsen	247	352	-189	84	-158	16	406	235	8,2	11,6	-8,5	7,3	-5,1	0,7	8,4
Hochverdichtet	121	147	-55	29	-20	40	141	79	12,1	14,6	-7,4	7,3	-1,8	4,6	7,9
Mit Verdichtungsansaetzen	81	136	-98	43	-117	-40	198	115	5,4	9,1	-9,1	7,6	-7,7	-3,2	8,5
Laendlich	45	68	-35	12	-21	17	66	41	8,7	13,4	-9,1	6,1	-4,1	4,3	8,9
4 Bremen	0	7	-19	12	-24	-19	24	26	,0	2,4	-9,2	11,1	-7,7	-6,7	8,7
Hochverdichtet	-3	3	-16	10	-30	-27	28	21	-1,0	1,3	-9,5	11,3	-11,7	-11,4	9,1
Mit Verdichtungsansaetzen	3	4	-3	2	6	8	-3	5	4,6	7,3	-7,9	10,5	11,3	16,5	7,1
5 Nordrhein-Westfalen	380	643	-448	185	-313	-131	693	530	5,4	9,2	-8,6	7,6	-4,5	-2,1	8,1
Hochverdichtet	255	455	-378	179	-337	-197	592	456	4,2	7,6	-8,6	8,7	-5,6	-3,7	8,1
- Ruhrgebiet	15	54	-123	83	-164	-123	179	160	0,7	2,7	-8,5	14,0	-8,3	-6,8	8,6
- Restl. Verdichtungsr.	240	401	-256	96	-173	-73	413	296	6,0	10,0	-8,7	6,5	-3,8	-2,1	7,8
Mit Verdichtungsansaetzen	112	161	-53	4	30	63	82	60	14,3	20,5	-8,3	1,5	3,9	10,1	7,8
Laendlich	13	28	-16	2	-6	3	19	15	6,5	13,6	-10,1	2,4	-2,9	1,8	7,9
6 Hessen	178	277	-143	44	-83	9	261	128	7,4	11,5	-8,2	4,7	-3,4	0,4	5,8
Hochverdichtet	134	185	-82	32	-36	2	170	73	8,9	12,2	-7,6	5,2	-2,3	0,1	5,0
Mit Verdichtungsansaetzen	41	79	-52	13	-55	-10	96	48	5,3	10,3	-9,2	4,7	-7,3	-1,6	7,4
Laendlich	3	13	-9	-1	8	17	-5	7	2,3	9,8	-9,4	-2,2	6,3	18,8	6,0
7 Rheinland-Pfalz	115	149	-74	40	-68	30	183	91	7,5	9,8	-6,7	7,0	-4,4	2,4	6,5
Hochverdichtet	19	16	-9	13	-13	-5	32	13	8,2	7,0	-5,6	15,5	-5,2	-2,5	5,9
Mit Verdichtungsansaetzen	91	115	-51	27	-53	17	144	67	8,3	10,5	-6,4	6,7	-4,7	1,9	6,7
Laendlich	4	19	-14	0	-3	18	7	11	2,2	9,4	-9,9	-0,5	-1,5	13,6	6,4
8 Baden-Wuerttemberg	304	489	-209	24	-39	141	344	174	7,3	11,7	-7,2	1,3	-0,9	4,1	4,6
Hochverdichtet	125	188	-99	36	-19	38	144	79	6,4	9,6	-7,3	4,2	-1,0	2,2	4,3
Mit Verdichtungsansaetzen	143	231	-81	-7	-14	74	157	69	8,9	14,3	-7,2	-0,9	-0,9	5,8	4,8
Laendlich	36	70	-29	-5	-6	29	42	27	5,9	11,5	-7,1	-1,9	-1,1	6,1	5,1
- Alpenvorland	37	58	-19	-2	5	31	32	19	8,7	13,6	-6,4	-1,0	1,3	9,7	4,9
- Restl. laendliche Regionen	-1	12	-11	-3	-12	-2	10	8	-0,7	6,7	-8,7	-4,1	-6,4	-1,5	5,3
9 Bayern	529	630	-178	78	-88	217	618	268	10,8	12,8	-5,3	3,6	-1,8	5,9	6,2
Hochverdichtet	213	243	-63	34	31	68	183	89	13,4	15,2	-5,6	4,8	2,0	5,1	6,0
Mit Verdichtungsansaetzen	133	150	-34	18	-5	62	138	62	12,4	13,9	-4,6	3,8	-0,5	7,7	6,6
Laendlich	183	237	-80	26	-114	88	297	117	8,2	10,6	-5,4	2,6	-5,1	5,6	6,3
- Alpenvorland	88	97	-22	13	-13	34	102	25	14,5	16,0	-5,1	4,5	-2,2	7,7	4,9
- Restl. laendliche Regionen	94	140	-59	13	-101	54	195	92	5,8	8,6	-5,5	1,9	-6,1	4,8	6,8
10 Saarland	24	28	-18	14	-4	7	28	34	5,8	6,8	-5,8	10,9	-0,9	2,0	8,1
11 Berlin	-97	-63	-60	26	-101	-81	4	64	-10,0	-6,5	-11,1	7,0	-10,6	-9,3	7,5
12 Bundesrepublik Deutschland	1794	2653	-1441	582	-1003	147	2797	1684	6,7	10,0	-7,6	5,6	-3,8	0,7	6,9
Hochverdichtet	825	1268	-849	407	-627	-213	1453	980	5,5	8,4	-8,0	7,2	-4,1	-1,6	6,9
- Ruhrgebiet	15	54	-123	83	-164	-123	179	160	0,7	2,7	-8,5	14,0	-8,3	-6,8	8,6
- Restl. Verdichtungsr.	811	1214	-727	324	-463	-90	1274	820	6,2	9,3	-7,9	6,4	-3,5	-0,8	6,6
Mit Verdichtungsansaetzen	645	916	-395	124	-223	177	867	463	8,8	12,5	-7,4	4,2	-3,0	3,0	7,0
Laendlich	324	468	-196	51	-153	183	477	241	7,8	11,2	-6,7	2,9	-3,7	6,0	6,7
- Alpenvorland	125	155	-40	11	-8	65	134	44	12,1	15,0	-5,6	2,3	-0,8	8,5	4,9
- Restl. laendliche Regionen	198	313	-155	41	-145	118	343	197	6,3	10,0	-7,1	3,2	-4,6	5,2	7,3
Nord-Regionen	361	500	-311	172	-306	-46	667	394	6,9	9,6	-8,3	8,7	-5,8	-1,1	8,2
Nordrhein-Westfalen	380	643	-448	185	-313	-131	693	530	5,4	9,2	-8,6	7,6	-4,5	-2,1	8,1
Mitte-Regionen	316	454	-235	98	-155	47	472	253	7,3	10,4	-7,4	6,0	-3,5	1,3	6,3
Sued-Regionen	834	1119	-387	102	-128	358	962	443	9,2	12,3	-6,2	2,6	-1,4	5,0	5,5
Berlin	-97	-63	-60	26	-101	-81	4	64	-10,0	-6,5	-11,1	7,0	-10,6	-9,3	7,5

1) Bezogen auf das Erwerbspersonenpotential 1970. - 2) Bezogen auf das jeweilige mit den altersspezifischen Erwerbsquoten von 1970 errechnete Erwerbspersonenpotential 1982. - 3) Bezogen auf die jeweilige Erwerbstätigenzahlen 1970. - 4) In Prozentpunkten.

Veraenderung der Arbeitsmarktbilanz 1970 - 1982

	in 1000 Personen								in vH					
	Veraenderung des Angebots an Erwerbspersonen				Veraenderung der Arbeitsnachfrage		Saldo der Arbeitsmarktbilanz		Veraenderung des Angebots an Erwerbspersonen				Veraenderung der Arbeitsnachfrage 3)	Veraenderung der Arbeitslosenquote 4)
	ins-gesamt	bevoelk. bedingt	verhaltensbedingt		Erwerbs-taetige	besch. Arbeitn.	ins-gesamt	davon Arbeitsl.	ins-gesamt 1)	bevoelk. bedingt 1)	verhaltensbedingt		Erwerbs-taetige	besch. Arbeitn.	
			Maenner	Frauen							Maenner 2)	Frauen 2)			
1 Schleswig	31	25	-8	14	-4	9	35	16	18,2	14,6	-5,9	22,0	-2,3	7,3	10,3
2 Mittelholstein	25	29	-14	11	-8	3	34	24	8,9	10,0	-6,7	10,4	-3,0	1,2	8,8
3 Dithmarschen	9	8	-4	5	-6	2	15	7	8,1	7,8	-5,6	12,7	-6,1	3,2	8,1
4 Ostholstein	15	11	-9	12	-6	0	21	14	8,7	6,7	-7,1	19,1	-3,8	,0	8,3
5 Hamburg	84	116	-77	45	-62	-16	146	82	6,7	8,7	-8,7	9,1	-4,8	-1,5	6,9
6 Lueneburg	15	14	-6	8	-5	2	21	8	13,5	12,3	-7,7	17,9	-4,8	2,8	8,0
7 Bremerhaven	6	14	-9	1	7	13	-2	10	4,2	10,5	-8,9	1,5	5,4	11,8	7,6
8 Wilhelmshaven	-2	10	-10	-2	2	3	-4	9	-2,0	9,4	-13,1	-4,9	1,9	3,9	10,7
9 Ostfriesland	6	18	-11	-2	-5	6	10	12	4,0	12,9	-10,0	-3,2	-3,3	5,6	9,3
10 Oldenburg	30	27	-6	9	-19	0	50	15	17,6	15,8	-4,9	14,1	-10,1	0,3	9,3
11 Emsland	17	24	-9	1	-9	4	25	12	12,2	18,0	-8,0	1,2	-6,2	4,3	9,9
12 Osnabrueck	13	33	-18	-1	-8	7	21	16	6,2	15,1	-11,0	-1,6	-3,4	3,9	8,4
13 Bremen	45	58	-29	15	-26	8	71	43	8,3	10,8	-7,3	7,5	-4,8	1,8	8,7
14 Hannover	41	70	-57	28	-87	-48	128	74	4,3	7,5	-8,8	7,8	-8,9	-5,7	8,4
15 Braunschweig	22	40	-33	16	-56	-38	78	35	4,5	8,2	-9,7	8,9	-10,8	-8,3	7,6
16 Goettingen	5	3	-10	13	-13	-1	18	16	2,2	1,1	-6,9	15,3	-6,2	-0,6	8,1
17 Muenster	76	113	-36	-1	13	32	62	40	15,2	22,8	-8,8	-0,7	2,7	7,8	8,2
18 Bielefeld	44	60	-33	17	-11	14	55	46	7,2	9,8	-7,6	7,4	-1,9	2,9	8,2
19 Paderborn	21	30	-9	0	10	19	11	10	16,2	23,2	-8,4	0,4	7,8	19,9	7,9
20 Dortmund-Sauerland	40	66	-46	20	-17	2	57	58	6,0	10,0	-9,0	9,3	-2,6	0,3	9,1
21 Bochum	-8	-2	-17	11	-36	-30	27	20	-3,6	-0,7	-10,2	15,0	-14,8	-13,6	9,4
22 Essen	-19	4	-56	33	-104	-84	85	64	-2,2	0,5	-9,0	12,7	-11,6	-10,3	8,0
23 Duisburg	15	13	-19	21	-14	-8	29	32	3,7	3,1	-6,3	17,8	-3,6	-2,2	8,3
24 Krefeld	13	25	-12	0	-11	-1	24	15	6,8	13,2	-8,3	-0,2	-5,8	-0,7	8,8
25 Moenchengladbach	5	13	-16	8	-10	-7	16	18	2,5	6,0	-10,1	10,1	-5,0	-3,8	9,2
26 Aachen	23	60	-29	-7	-17	-6	41	31	6,3	15,9	-9,5	-5,6	-4,5	-1,8	8,7
27 Duesseldorf	21	50	-41	12	-27	-16	48	45	3,1	7,4	-8,6	5,0	-3,9	-2,6	6,9
28 Wuppertal	-20	-6	-20	6	-63	-51	43	21	-6,0	-1,8	-9,4	5,1	-18,5	-17,1	7,7
29 Hagen	1	9	-28	20	-39	-28	40	34	0,2	2,1	-9,3	13,7	-8,8	-7,1	8,3
30 Siegen	15	18	-8	6	7	13	8	10	9,7	11,3	-6,5	10,7	4,8	10,0	6,6
31 Koeln	85	115	-59	29	-10	3	95	71	9,4	12,8	-8,6	8,9	-1,1	0,4	8,0
32 Bonn	68	75	-17	10	16	19	52	15	25,0	27,6	-7,4	9,2	5,8	8,1	5,3
33 Nordhessen	0	34	-35	1	-39	-14	39	28	,0	7,9	-11,4	0,7	-9,3	-4,2	8,2
34 Mittelhessen	31	39	-14	6	-14	2	45	17	10,7	13,6	-6,6	5,7	-5,0	0,8	6,7
35 Osthessen	3	13	-9	-1	8	17	-5	7	2,3	9,8	-9,4	-2,2	6,3	18,8	6,0
36 Untermain	67	92	-48	22	-34	-10	101	45	7,1	9,8	-7,3	5,9	-3,5	-1,1	5,1
37 Starkenburg	34	52	-24	5	-2	6	36	19	8,5	13,1	-7,9	3,5	-0,5	1,6	4,9
38 Rhein-Main-Taunus	43	47	-14	10	-2	8	45	11	18,7	20,6	-8,0	10,4	-0,7	3,8	5,0
39 Mittelrhein-Westerwald	46	54	-17	9	-23	10	69	28	10,2	12,1	-5,0	5,6	-5,1	2,8	6,9
40 Trier	4	19	-14	0	-3	18	7	11	2,2	9,4	-9,9	-0,5	-1,5	13,6	6,4
41 Rheinhessen-Nahe	29	36	-18	11	-18	2	47	19	9,1	11,6	-7,7	8,6	-5,6	0,9	6,9
42 Rheinpfalz	28	28	-14	14	-11	1	39	19	8,4	8,5	-5,9	11,3	-3,2	0,3	6,0
43 Westpfalz	8	12	-11	7	-13	-1	20	13	3,3	5,2	-7,2	8,1	-5,3	-0,5	6,2
44 Saar	24	28	-18	14	-4	7	28	34	5,8	6,8	-5,8	10,9	-0,9	2,0	8,1
45 Unterer Neckar	34	49	-26	11	-26	-10	60	23	7,6	10,8	-8,0	6,0	-5,8	-2,7	5,7
46 Franken	21	34	-17	4	-6	17	26	14	6,4	10,6	-7,8	2,6	-1,8	7,0	5,0
47 Mittlerer Oberrhein	26	38	-22	11	3	17	23	19	6,7	9,8	-8,3	6,8	0,8	5,1	5,0
48 Nordschwarzwald	24	36	-11	0	-9	0	33	9	10,6	15,9	-7,3	-0,4	-3,9	0,3	4,5
49 Mittlerer Neckar	65	102	-51	14	4	31	61	37	5,8	9,1	-6,7	3,1	0,3	3,1	3,5
50 Ostwuerttemberg	-1	12	-11	-3	-12	-2	10	8	-0,7	6,7	-8,7	-4,1	-6,4	-1,5	5,3
51 Donau-Iller (Bad.-Wuert.)	13	25	-9	-3	-1	11	14	8	6,9	13,3	-6,8	-3,6	-0,7	7,6	5,1
52 Neckar-Alb	26	38	-12	1	-4	11	30	12	9,9	14,2	-6,8	0,5	-1,6	5,1	4,9
53 Schwarzwald-Baar-Heuberg	8	18	-10	-1	2	10	6	10	3,7	8,7	-7,0	-1,1	1,0	6,2	5,2
54 Suedlicher Oberrhein	53	68	-13	-2	16	33	37	17	14,5	18,7	-5,2	-0,9	4,4	11,7	5,2
55 Hochrhein-Bodensee	7	30	-17	-6	-9	2	16	9	2,8	12,0	-9,8	-5,6	-3,6	1,1	4,1
56 Bodensee-Oberschwarzwald	29	40	-9	-1	3	21	26	9	13,6	18,3	-5,8	-0,9	1,5	13,4	4,7
57 Bayer. Untermain	18	19	-6	6	4	9	14	9	13,8	14,0	-6,1	10,6	3,3	8,7	6,9
58 Wuerzburg	34	25	-4	12	3	16	30	11	17,4	13,2	-2,9	15,0	1,8	11,1	6,2
59 Main-Rhoen	3	14	-10	-1	-19	3	22	13	1,5	7,6	-7,9	-1,9	-10,2	2,6	8,6
60 Oberfranken-West	10	24	-13	-2	-15	5	25	17	3,9	9,5	-7,6	-1,4	-5,7	2,5	7,6
61 Oberfranken-Ost	1	1	-5	5	-39	-18	40	14	0,6	0,6	-3,7	5,1	-15,1	-9,2	7,1
62 Oberpfalz-Nord	1	10	-8	0	-18	-1	20	13	0,5	4,5	-5,8	-0,5	-8,6	-0,6	7,2
63 Mittelfranken	51	58	-22	16	-13	3	64	39	9,6	10,8	-6,2	6,8	-2,4	0,7	7,6
64 Westmittelfranken	10	10	-5	5	-15	10	24	7	5,3	5,3	-4,2	5,7	-7,9	9,7	5,7
65 Augsburg	24	37	-11	-3	-18	1	42	18	7,3	11,3	-4,8	-1,8	-5,6	0,5	6,5
66 Ingolstadt	18	27	-8	0	0	14	18	9	12,5	18,6	-7,7	-0,7	,0	14,0	7,0
67 Regensburg	36	42	-8	2	-1	16	37	17	15,0	17,4	-4,6	1,8	-0,3	9,4	8,0
68 Donau-Wald	33	33	-7	7	2	22	31	14	13,3	13,3	-4,0	6,2	0,8	14,2	6,0
69 Landshut	19	21	-2	0	3	17	15	5	12,4	13,7	-2,4	0,5	2,4	19,4	4,0
70 Muenchen	162	185	-41	18	44	64	118	50	15,3	17,4	-5,4	3,8	4,4	7,5	5,1
71 Donau-Iller (Bay.)	21	27	-6	1	7	20	15	8	11,9	14,9	-4,7	0,7	3,6	15,1	5,2
72 Allgaeu	8	19	-9	-2	-12	3	19	7	4,2	10,1	-7,7	-2,0	-6,1	2,4	4,8
73 Oberland	29	30	-7	6	-4	7	33	6	18,9	19,5	-6,2	8,3	-2,7	6,7	4,8
74 Suedostoberbayern	52	49	-6	8	2	23	50	12	19,2	18,1	-2,8	6,8	0,8	12,0	5,0
75 Berlin	-97	-63	-60	26	-101	-81	4	64	-10,0	-6,5	-11,1	7,0	-10,6	-9,3	7,5
99 Bundesgebiet	1794	2653	-1441	582	-1003	147	2797	1684	6,7	10,0	-7,6	5,6	-3,8	0,7	6,9

1) Bezogen auf das Erwerbspersonenpotential 1970. - 2) Bezogen auf das jeweilige mit den altersspezifischen Erwerbsquoten von 1970 errechnete Erwerbspersonenpotential 1982. - 3) Bezogen auf die jeweilige Erwerbstaetigenzahlen 1970. - 4) In Prozentpunkten.

Quelle: Eigene Berechnungen aufgrund amtlicher Statistiken.

Betrachtet man die regionalen Arbeitsmarktbilanzen, so zeigt sich, daß per Saldo das Angebot an Erwerbspersonen in den verdichteten Regionen schwächer zugenommen hat als im Bundesdurchschnitt. Diese Entwicklung ist allerdings weitgehend auf Abwanderungen Erwerbsfähiger in andere Regionen zurückzuführen. Dagegen hat die Erwerbsbeteiligung der Frauen in diesen Regionen überdurchschnittlich zugenommen, so daß der demographische Einfluß von daher etwas gemindert worden ist. Von dieser Entwicklung haben in erster Linie die Regionen mit Verdichtungsansätzen profitiert, wenn man vom Alpenvorland absieht.

Eine solche Durchschnittsbetrachtung für Regionen mit Verdichtungsräumen verdeckt allerdings große Unterschiede in der Veränderung des Angebots an Erwerbspersonen im einzelnen. Sieht man von der Entwicklung in den Hansestädten, die im wesentlichen durch Stadt-Umland-Wanderungen bestimmt worden sind, ab und klammert auch Berlin mit seinen Sonderproblemen aus, so fällt vor allem die nach unten abweichende Entwicklung im Ruhrgebiet sowie die weit überdurchschnittliche Entwicklung in den hochverdichteten Regionen Bayerns ins Auge.

Der unterschiedliche Einfluß demographischer Prozesse auf das Angebot an Erwerbspersonen spiegelt sich auch in den Ergebnissen für Bundesländer wider. In Bayern, Baden-Württemberg und Hessen hat das Erwerbspotential aus diesen Gründen stärker zugenommen als in den Nord-Regionen und den übrigen Flächenstaaten. Dieses Bild ändert sich allerdings, wenn in Nordrhein-Westfalen das Ruhrgebiet und die übrigen Teile des Landes gesondert betrachtet werden. Dabei zeigt sich, daß im übrigen Nordrhein-Westfalen die Bevölkerungskomponente die gleiche Größenordnung hat wie in Hessen und den beiden südlichen Bundesländern.

Die beträchtliche Abweichung der Entwicklung im Ruhrgebiet vom Bundesdurchschnitt ist teilweise darauf zurückzuführen, daß sich aus den Veränderungen im Altersaufbau der erwerbsfähigen Bevölkerung nur unterdurchschnittliche Zugänge ergaben. Von größerem Einfluß auf die außerordentlich geringe bevölkerungsbedingte Zunahme der Zahl der Erwerbspersonen waren jedoch Abwanderungen. Diese für den Arbeitsmarkt entlastenden Wirkungen wurden auch durch die überdurchschnittliche

Tabelle 6.9

Veränderung der Arbeitsmarktbilanz in den Bundesländern 1970 - 1982[1]

in 1000 Personen

	Veränderung des Angebots an Erwerbspersonen				Veränderung der Arbeitsnachfrage [2]			Saldo der Arbeitsmarktbilanz	
	bevölkerungsbedingt	verhaltensbedingt		Insgesamt	Arbeitnehmer	Selbständ.u. mithelfende Familienang.	Erwerbstät. insgesamt	Insgesamt	davon Arbeitslose
		Männer	Frauen						
Schleswig-Holstein	162	-57	63	169	68	-46	22	147	83
Hamburg	-22	-46	13	-55	-112	-33	-145	90	50
Niedersachsen	352	-189	84	247	16	-174	-158	405	235
Bremen	7	-19	12	0	-19	-5	-24	24	26
Nord-Regionen	500	-311	172	361	-46	-260	-306	667	394
Nordrhein-Westfalen	643	-448	185	380	-131	-182	-313	693	530
davon: Ruhrgebiet	54	-123	83	15	-123	-41	-164	179	160
übriges NRW	589	-325	102	365	-8	-141	-149	514	370
Hessen	277	-143	44	178	9	-92	-83	261	128
Rheinland-Pfalz	149	-74	40	115	30	-98	-68	183	91
Saarland	28	-18	14	24	7	-11	-4	28	34
Mitte-Regionen	454	-235	98	316	47	-202	-155	471	253
Baden-Württemberg	489	-209	24	304	141	-180	-39	343	174
Bayern	630	-178	78	529	217	-305	-88	617	268
Süd-Regionen	1 119	-387	102	834	358	-486	-128	962	443
Berlin	-63	-60	26	-97	-81	-20	-101	4	64
Bundesgebiet	2 653	-1 441	582	1 794	147	-1 150	-1 003	2 797	1 684

1) Inländerkonzept. - 2) Die geringfügigen Abweichungen gegenüber den Ergebnissen der VGR der Länder sind auf das angewandte Schätzverfahren für die Regionalisierung der Beschäftigtenzahlen zurückzuführen.

noch Tabelle 6.9

Veränderung der Arbeitsmarktbilanz in den Bundesländern 1970 - 1982

in vH

	Veränderung des Angebots an Erwerbspersonen				Veränderung der Arbeits-Nachfrage 3)			Veränderung der Arbeits-losenquote 4)
	bevölkerungs-bedingt 1)	verhaltensbedingt		insge-samt 1)	Arbeit-nehmer	Selbständ.u. Mithelfende	Erwerbstät. insgesamt	
		Männer 2)	Frauen 2)					
Schleswig-Holstein	15,6	-7,1	15,8	16,3	7,9	-26,2	2,1	8,1
Hamburg	-2,6	-9,1	4,2	-5,3	-14,6	-37,5	-17,0	7,1
Niedersachsen	16,5	-8,5	7,3	8,2	0,7	-29,5	-5,1	8,4
Bremen	2,2	-9,0	11,1	0	-6,7	-17,3	-7,7	8,7
Nord-Regionen	9,6	-8,3	8,7	6,9	-1,1	-29,5	-5,8	8,1
Nordrhein-Westfalen	9,2	-8,6	8,7	5,4	-2,1	-21,8	-4,5	8,0
davon: Ruhrgebiet	2,7	-8,5	14,0	0,8	-6,8	-24,3	-8,3	8,6
übriges NRW	11,8	-8,6	5,6	7,3	-0,3	-21,2	-3,3	7,8
Hessen	11,5	-8,2	4,7	7,4	0,4	-24,8	-3,4	5,8
Rheinland-Pfalz	9,8	-6,7	7,0	7,5	2,4	-30,5	-4,4	6,5
Saarland	6,8	-5,8	10,9	5,9	2,0	-21,2	-0,9	8,2
Mitte-Regionen	10,4	-7,4	6,0	7,3	1,3	-27,0	-3,5	6,2
Baden-Württemberg	11,7	-7,2	1,3	7,3	4,1	-25,7	-0,9	4,6
Bayern	12,8	-5,3	3,6	10,8	5,9	-26,8	-1,8	6,2
Süd-Regionen	12,3	-6,2	2,6	9,2	5,0	-26,4	-1,4	5,5
Berlin	-6,5	-11,1	7,1	-10,0	-9,3	-26,1	-10,6	7,5
Bundesgebiet	10,0	-7,6	5,6	6,7	0,7	-26,0	-3,8	6,9

1) Bezogen auf das Erwerbspersonenpotential 1970. - 2) Bezogen auf das jeweilige mit den altersspezifischen Erwerbsquoten von 1970 errechnete Erwerbspersonenpotential 1982. - 3) Bezogen auf die jeweilige Erwerbstätigenzahlen 1970. - 4) In Prozentpunkten.

Quelle: Eigene Berechnungen aufgrund amtlicher Statistiken.

Zunahme der Frauenerwerbstätigkeit nur wenig geschmälert. Die Größenordnungen, um die es hier geht, werden deutlich, wenn man einmal annimmt, daß die demographische Komponente im Ruhrgebiet das gleiche Gewicht hätte, wie in den übrigen Verdichtungsregionen. Das Arbeitsmarktungleichgewicht wäre dann um 160 000 Personen größer gewesen, d.h. die Zahl der Arbeitslosen von 175 000 hätte sich ohne Abwanderungen im Extremfall fast verdoppelt. Allerdings ist in der gleichen Zeit auch die Arbeitsnachfrage im Ruhrgebiet um mehr als 8 vH und damit doppelt so stark zurückgegangen wie im Bundesdurchschnitt. Dennoch hat die Konstellation der Einflußfaktoren auf der Angebotsseite die Arbeitsmarktlage im Ruhrgebiet per Saldo erheblich entlastet.

Das Spiegelbild dieser Entwicklung ist Bayern. Die Bevölkerungskomponente liegt hier sogar um drei Prozentpunkte über dem Bundesdurchschnitt. Dies ist eine Folge der erheblichen Wanderungsgewinne, die dieses Land bei den Erwerbspersonen zu verzeichnen hatte. Demgegenüber hat die Erwerbsbeteiligung der Frauen hier deutlich weniger stark zugenommen als im Bundesdurchschnitt.

Mit einem Plus von rund 11 vH hat Bayern damit unter den Ländern den größten Zuwachs an Erwerbspersonen zu verzeichnen, wenn man von Schleswig-Holstein absieht, dessen Entwicklung von den Stadt-Umland-Wanderungen der Hamburger Bevölkerung verzerrt wird. Daß die Zunahme der Arbeitslosenquote bei dieser Konstellation noch unter dem Bundesdurchschnitt lag, ist auf die weit überdurchschnittliche Zunahme der Zahl der abhängig Beschäftigten zurückzuführen. Mit einer Zunahme von fast 6 vH nimmt Bayern hier den Spitzenplatz ein, von Schleswig-Holstein wiederum abgesehen.

In der Nordregion, im übrigen Nordrhein-Westfalen, in Hessen, Rheinland-Pfalz und Baden-Württemberg unterscheiden sich die Ausgangsbedingungen auf der Angebotsseite kaum voneinander: Der Zuwachs des Erwerbspersonenpotentials lag hier überall in der Größenordnung von 7 vH.

In Baden-Württemberg ist dies allerdings wesentlich mit darauf zurückzuführen, daß die Erwerbsbeteiligung der Frauen kaum noch zugenommen hat. In den Regionen mit Verdichtungsansätzen und den ländlichen Regionen dieses Landes hat sie sogar abgenommen (vgl. Tabelle 6.4). Dabei muß allerdings berücksichtigt werden, daß hier schon 1970 die Frauenerwerbsbeteiligung sehr hoch war und im Landesdurchschnitt beinahe das Niveau von Berlin erreicht hat. Auf die Verhaltenskomponente insgesamt hat sich dieser schwache Anstieg der Frauenerwerbstätigkeit allerdings nicht ausgewirkt, weil in diesen Regionen von den Möglichkeiten zur Verringerung der Arbeitszeit bei den Männern offensichtlich weniger Gebrauch gemacht wurde als in anderen Regionen. Dieser Abstand zu den anderen Regionen ist in Bayern ausgeprägter als in Baden-Württemberg.

Unterschiede in den Arbeitsplatz-Defiziten dieser Länder lassen sich daher nur erklären mit Unterschieden in der Entwicklung der Arbeitsnachfrage. Während in Baden-Württemberg die Zahl der Erwerbstätigen nur um 1 vH zurückgegangen ist, waren es in den Nord-Regionen 6 vH. Die gleiche Spanne in den Wachstumsraten auf einem um fünf Prozentpunkte höheren Niveau ergibt sich für die Zahl der Arbeitnehmer: Plus 4 vH in Baden-Württemberg, minus 1 vH in den Nord-Regionen. Dieses Gefälle erklärt im großen und ganzen auch die Unterschiede in der Entwicklung der Arbeitslosenquote.

Zur Verdeutlichung dieses Sachverhalts sind in der nachfolgenden Tabelle 6.10 die Eckdaten der Arbeitsmarktbilanz für diese fünf Länder und Regionen nach der Rangfolge der Entwicklung bei der Zahl der Arbeitnehmer zusammengestellt und mit den Entwicklungsunterschieden im Anstieg der Arbeitslosenquote konfrontiert worden. Um das Bild abzurunden, sind in die Tabelle auch die beiden in bezug auf die Entwicklung des Angebotspotentials vom Durchschnitt sehr stark abweichenden Regionen, das Land Bayern und das Ruhrgebiet, aufgenommen worden.

Für die fünf Länder und Regionen mit gleichen Ausgangsbedingungen auf der Angebotsseite verhält sich die Zunahme der Arbeitslosenquote (in Prozentpunkten gemessen) erwartungsgemäß spiegelbildlich zu der Entwicklung der Zahl der Arbeitnehmer. Von Einfluß ist aber auch die Entwicklung bei den Selbständigen und mithelfenden Familienangehörigen

Tabelle 6.10

Zusammengefaßte Ergebnisse zur Entwicklung der Arbeitsmarktbilanz

Veränderung 1970 - 1982 in vH

	Erwerbs-personen	Arbeitnehmer		Erwerbstätige		Arbeitslosenquote	
	Zuwachsrate	Zuwachsrate	Rang-folge	Zuwachs-rate	Rang-folge	Prozent-punkte	Rang-folge
Bayern	10,8	5,0	1	-1,9	2	6,2	3
Baden-Württemberg	7,3	3,9	2	-1,1	1	4,6	1
Rheinland-Pfalz	7,5	2,5	3	-4,3	5	6,5	4
Hessen	7,4	0,3	4	-3,6	4	5,8	2
übriges NRW	7,3	-0,3	5	-3,3	3	7,8	5
Nord-Region	6,9	-1,0	6	-6,0	6	8,1	6
Ruhrgebiet	0,8	-6,8	7	-8,3	7	8,6	7

Quelle: Eigene Berechnungen

(vgl. Tab. 6.9). Hier haben Rheinland-Pfalz und die Nord-Regionen mit über 30 vH die größten Einbußen hinnehmen müssen. Dies mag auch der Grund dafür sein, daß in Rheinland-Pfalz die Arbeitslosenquote stärker gestiegen ist als man bei der Entwicklung der Zahl der Arbeitnehmer erwarten würde. Im übrigen Nordrhein-Westfalen sind solche Effekte in umgekehrter Richtung, die man bei dem unterdurchschnittlichen Rückgang der Zahl der Selbständigen und mithelfenden Familienangehörigen hätte vermuten können, nicht eingetreten. Eine gewisse Entkoppelung von Beschäftigtenentwicklung und Arbeitslosenquote bei in etwa gleichen Angebotsbedingungen auf dem Arbeitsmarkt ist auch in Hessen zu beobachten. Hier hat die Arbeitslosenquote schwächer zugenommen als man nach der Beschäftigtenentwicklung erwarten würde.

In Bayern und im Ruhrgebiet kommen Einflüsse von der Entwicklung der Angebotsseite hinzu. Sie vermögen jedoch die Dominanz derjenigen Faktoren, die letztlich die Arbeitsnachfrage bestimmen, nicht zu erschüttern: In einer wirtschaftlich florierenden Region, wie Bayern, ist auch eine weit überdurchschnittliche Angebotsausweitung auf dem Arbeitsmarkt ohne große Friktionen verkraftet worden. Umgekehrt haben in wirtschaftlich benachteiligten Regionen, wie im Ruhrgebiet, Reaktionen der erwerbsfähigen Bevölkerung, die zu einer Verminderung des Angebots an Arbeitskräften geführt haben, nicht ausgereicht, um die Arbeitsmarktsituation zu entschärfen.

Anmerkungen zu Abschnitt 6

1) Vgl. W. Klauder, P. Schnur, M. Thon: Arbeitsmarktperspektiven der 80er und 90er Jahre. Neue Modellrechnungen für Potential und Bedarf an Arbeitskräften, in: Mitteilungen aus der Arbeitsmarkt- und Berufsforschung 18. Jg./1985, S. 41 ff., insbesondere Tabelle 3, S. 60. - Die Veränderung der Stillen Reserve in Höhe von 950 000 zwischen 1970 und 1982 entspricht auch dem erreichten Niveau im Jahr 1982, da es 1970 keine Stille Reserve gab.

7 Technische Infrastruktur und regionale Entwicklung*)
7.1 Vorbemerkungen

Die regionale Ausstattung mit infrastrukturellen Kapazitäten wird in Regionalwissenschaft und Regionalpolitik als eine der wichtigsten Determinanten regionaler Entwicklungsunterschiede angesehen. Es stellt sich daher die Frage, inwieweit die regionalen Entwicklungsdivergenzen auf Unterschiede in der infrastrukturellen Ausstattung und auf auftretende Infrastrukturengpässe zurückgeführt werden können. Dies ist besonders auch deswegen interessant, weil die Infrastrukturausstattung im Gegensatz zu anderen Standortfaktoren zu den strategiefähigen Faktoren gehört, d.h. zumindest teilweise für raumordnerische Ziele instrumentalisierbar ist.

Die verbreitete Überzeugung von der Bedeutung der Infrastruktur für die Entwicklung von Regionen hat theoretische wie empirische Wurzeln. In der Theorie betrachtet man die regionale Infrastrukturausstattung als einen das regionale Angebotspotential determinierenden Faktor, der relativ immobil und relativ schwierig gegen andere Faktoren substituierbar ist[1]. Zumindest auf längere Sicht bestimmen nach dieser Auffassung die immobilen und nicht substituierbaren Produktionsfaktoren die regionalen Produktionsmöglichkeiten, da die regionale Verteilung der mobilen Faktoren sich der der immobilen anpassen kann[2].

Auf diese Vorstellung gründet sich die Überzeugung, der Staat könne durch Infrastrukturinvestitionen multiplikative Wirkungen erzielen, da verbesserte Infrastrukturkapazitäten private Investitionen nach sich ziehen, die ihrerseits Arbeitskräftewanderungen auslösen, so daß schließlich die Kapazitäten sich über den Preismechanismus die kapazitätsauslastende Nachfrage selber schaffen.

Gestützt auf Theorien kumulativer Verursachung und auf die Wachstumspoltheorien wird auch vermutet, daß Infrastrukturinvestitionen nicht nur zur Anpassung an ein neues Gleichgewicht führen, sondern einen selbsttragenden kumulativen Wachstumsprozeß auslösen können. Danach sind neue Infrastrukturkapazitäten Initialzünder, die andauernde Wachstumsmotoren in Gang setzen und räumliche Strukturen umwälzen können.

Gegen die dargestellten Argumentationsketten lassen sich jedoch eine Reihe von kritischen Einwänden vorbringen. Sie betreffen weniger die innere logische Konsistenz, sondern eher ihren empirischen Aussagegehalt überhaupt und insbesondere ihre Relevanz für die Erklärung aktueller räumlicher Entwicklungstendenzen. Faßt man den Begriff Infrastruktur so weit, daß darunter alle immobilen materiellen, personellen und institutionellen Ausstattungen verstanden werden, deren Leistungsabgabe konsumtive und produktive Grundbedürfnisse erfüllt[3], so kann gegen die Aussage, Infrastruktur determiniere gemeinsam mit naturräumlichen Bedingungen letztlich das regionale Produktionspotential, in der Tat wenig eingewandt werden. Sie verliert jedoch ihre empirische Aussagekraft durch die rein definitorische Identifizierung von Infrastruktur und standortdeterminierenden Faktoren überhaupt.

Zu Aussagen mit empirischem Gehalt kann man daher nur durch einen engeren Infrastrukturbegriff gelangen. Betrachtet man nur die materielle Infrastruktur, so steht und fällt die Potentialfaktoren-Idee mit der Antwort auf die Frage, ob die räumliche Anpassungsgeschwindigkeit der Infrastruktur größer oder kleiner ist als die anderer Standortfaktoren, insbesondere des Arbeits- und Qualifikationspotentials sowie der Siedlungsstruktur, die in engerer Begriffsdefinition nicht zur Infrastruktur zu zählen wäre. Es kann nämlich logisch ebenso schlüssig argumentiert werden, daß die regionale Wirtschaftsentwicklung von siedlungsstrukturellen Gegebenheiten und von der Verfügbarkeit qualifizierter Arbeitskräfte abhängt, während das Angebot an Infrastruktur lediglich der Entwicklung nachfolgt. Dann wäre die räumliche Verteilung der Infrastruktur eher Folge als Ursache der wirtschaftlichen Entwicklung. Zwar können auch in diesem Fall mangelnde Infrastrukturkapazitäten theoretisch zu einem Entwicklungsengpaß werden; solche Engpässe haben jedoch über längere Frist keinen Bestand, da bei privat angebotenen Kapazitäten der Markt und bei öffentlich angebotenen Kapazitäten der weitgehend bedarfsorientierte Planungsprozeß für eine Anpassung des Angebots an die Nachfrage sorgen.

Wie erwähnt läßt sich die Relevanz des Potentialfaktorenansatzes auch dann in Zweifel ziehen, wenn man diese grundsätzlichen Einwände nicht teilt. Die Kritik setzt daran an, daß weite Teile der Einrichtungen, die herkömmlich zur Infrastruktur gerechnet werden, ubiquitär sind. Selbst wenn also theoretische Schranken in der Ausstattung mit diesen Einrichtungen bestünden, werden sie praktisch nicht wirksam.

Weiter wird gegen den Potentialfaktorenansatz eingewandt, daß die vorhandenen Kapazitäten sich auch nicht über den Preismechanismus ihre eigene Auslastung schaffen können, weil sie, wie erwähnt und wie allgemein anerkannt ist, sowohl zu anderen Faktoren als auch untereinander in weitgehend limitationaler Beziehung stehen. Bei Limitationalität wird ein im Überschuß angebotener Faktor auch dann nicht notwendigerweise ausgelastet, wenn er kostenlos angeboten wird.

Selbst wenn Infrastrukturkapazitäten global limitierend wirken, folgt daraus nicht ihre räumliche "Gestaltungskraft"[4]. Dies liegt am Netzcharakter eines Großteils der Infrastruktur (Verkehr und Kommunikation) sowie der bei dem heutigen Entwicklungsniveau erreichten Kostengünstigkeit der Raumüberwindung. Sie nimmt auftretenden Kapazitätsgrenzen ihre regionsspezifische Wirkung. Beispielsweise kann ein flächendeckendes Energie- oder Kommunikationsnetz global ausgelastet sein, ohne daß regionale Schranken erreicht sind. In diesem Fall könnte jede Region - wenn auch immer auf Kosten einer anderen - die Nachfrage nach den Diensten des Netzes erhöhen.

Ferner unterstellt der Potentialfaktorenansatz, daß die Ökonomie sich in einem permanenten Gleichgewichtszustand befindet und das Angebot sich durch eine über die Zeit stabile Produktionsfunktion beschreiben läßt. Dem ist die bei weitem plausiblere Vermutung entgegenzuhalten, daß wir uns in einem strukturellen Umbruch mit sich wandelnden Techniken und Präferenzen befinden, so daß räumliche Veränderungen eher auf die Änderung von Produktions- und Nachfragebedingungen als auf die Veränderung der immobilen Faktoren zurückzuführen sind. Während nach dem gleichgewichtstheoretischen Szenario Regionen mit freien Infrastrukturkapazitäten die besten Entwicklungschancen haben müßten, zeichnet das "Ungleichgewichtsszenario" ein ganz anderes Bild: Danach verzeichnen Regionen Verluste, die besonders gut mit Kapazitäten solcher Produktionsfaktoren ausgestattet sind, die für Produktion und Konsumtion im Strukturwandel besonders stark an Bedeutung verlieren. Zu denken ist beispielsweise an material- und transportintensive industrielle Aktivitäten, die in Regionen mit guten Erreichbarkeiten im Gütertransportnetz konzentriert sind. In einer Unterbeschäftigungssituation wie der heutigen ist mit diesen Verlusten nicht automatisch ein Zuwachs in anderen Bereichen verbunden. Regionen müssen kumulative Schrumpfungsprozesse hinnehmen, weil ihnen durch gute Ausstattungen in bestimmten Bereichen der materiellen Infrastruktur ein veralterndes Spezialisierungsmuster aufgeprägt ist.

Demnach käme man zu dem Schluß, daß die Ausstattung mit Infrastrukturkapazitäten, deren Leistungen im Zuge des technischen Wandels als Produktionsinputs von sinkender Bedeutung sind, eher negativ mit dem regionalen Wachstum korreliert sein dürften, während bei anderen Ausstattungsarten, deren Bedeutung zunimmt, eine positive Korrelation beobachtet werden müßte. Konkret wäre also z.B. ein negativer Zusammenhang zwischen Wachstum und klassischer "Betoninfrastruktur" (Transportwege etc.) und ein positiver Zusammenhang zwischen Wachstum und Wissenschafts-, Bildungs- und Kommunikationsinfrastruktur anzunehmen. Diese Hypothese wird weiter unten noch zu prüfen sein.

Empirisch stützt sich die Hypothese von der strategischen Bedeutung der Infrastruktur auf die Beobachtung, daß in entwickelten Ländern im allgemeinen und in der Bundesrepublik im besonderen meist positive Korrelationen zwischen Pro-Kopf-Einkommen und der - anhand von Inputindikatoren (Ausstattung pro Fläche oder pro Kopf) gemessenen - Infrastrukturausstattung im regionalen Querschnitt bestehen[5].

Dieser Sachverhalt bestätigt sich auch in den hier vorgestellten empirischen Untersuchungen. Dieses Resultat sagt jedoch nichts über die Richtung des Zusammenhangs zwischen Output und Infrastruktur aus. Wie bereits erwähnt, ist denkbar, daß die Infrastruktur eher der - durch andere Faktoren bedingten - Produktionsentwicklung folgt und nicht umgekehrt. Dies wäre nur anhand längerer Zeitreihen durch statistische Prüfung der zeitverzögerten Zusammenhänge klärbar. Soweit solche Untersuchungen vorgenommen wurden, deuten sie eher auf die zuletzt genannte Wirkungsrichtung hin[6].

7.2 Abgrenzung der untersuchten Infrastrukturbereiche

Unter Infrastruktur werden nach Jochimsen[7] die wachstums-, integrations- und versorgungsnotwendigen Basisfunktionen einer Gesamtwirtschaft verstanden, die materieller, personeller und institutioneller Art sein können. Die Untersuchung hier beschränkt sich auf die materielle Infrastruktur, d.h. auf Einrichtungen mit Sachkapitalcharakter, die die genannten Basisfunktionen erfüllen. Wesentliche Merkmale von Infrastruktureinrichtungen sind die relative Immobilität, die Unteilbarkeit, die Nicht-Substituierbarkeit von Infrastrukturleistungen durch Leistungen anderer Produktionsfaktoren sowie verschiedener Infrastrukturleistungen untereinander und die Nicht-Anwendbarkeit des Ausschlußprinzips. Charakteristisch sind ferner die lange Lebensdauer und hohe Kapitalintensität. Allerdings treffen nicht alle der genannten Charakteristika auf alle Einrichtungen, die üblicherweise zur Infrastruktur gezählt werden, in gleichem Maße zu.

Eine genaue Abgrenzung dessen, was in diesem Sinne zur Infrastruktur zu zählen ist, kann daher nur enumerativ erfolgen. Dabei lassen sich Anlagen aus folgenden Bereichen unterscheiden:

- Energie- und Wasserversorgung
- Entsorgung
- Verkehrsbedienung
- Telekommunikation
- Ausbildung, Wissenschaft und Forschung
- Gesundheit, Sport, soziale und kulturelle Einrichtungen.

Im Prinzip sind alle diese Infrastrukturkategorien für die regionale Wirtschaftsentwicklung von Bedeutung, weil ihre Leistungen entweder direkt als Inputs in die Produktion eingehen (produktionsorientierte Infrastruktur) oder aber indirekt über den Faktor Arbeit die Wirtschaftsentwicklung beeinflussen (haushaltsorientierte Infrastruktur), da die Qualifikationen sowie das Mobilitätsverhalten u.a. durch infrastrukturelle Einrichtungen mitbestimmt werden können.

Die meisten Infrastrukturbereiche sind sowohl haushalts- als auch produktionsorientiert. Lediglich die Infrastrukturbereiche Gesundheit, Sport sowie soziale und kulturelle Einrichtungen sind ausschließlich haushaltsorientiert. Aus den weiteren Betrachtungen sind diese Infrastrukturbereiche allerdings ausgeklammert worden, weil nur eine sehr differenzierte Betrachtung dieses Teils der Infrastruktur Aussagen darüber zulassen würde, welche Beziehungen zur wirtschaftlichen Entwicklung von Regionen bestehen. Im übrigen ist auch zu vermuten, daß sich solche Beziehungen - wenn überhaupt - nur für kleinere regionale Einheiten nachweisen lassen. Hier spricht allerdings viel dafür, daß die Attraktivität bestimmter Standorte auch etwas mit der Infrastrukturausstattung in diesen Bereichen zu tun hat.

Nicht berücksichtigt wurde ferner die Entsorgungsinfrastruktur, - dies allerdings nicht aus grundsätzlichen Erwägungen, sondern wegen der bestehenden Meßprobleme. Ein outputorientiertes Meßkonzept, wie es hier verwendet werden soll, erfordert die Messung der Entsorgungsleistung durch Indikatoren der Umweltqualität. Diese sind jedoch wegen der prekären Datenlage insbesondere im Bereich der Immissionsstatistik schwer zu beschaffen. Da die Umweltqualität hochgradig negativ mit der Verdichtung korreliert ist, könnte lediglich der Agglomerationsindikator, wie er in den folgenden Untersuchungen verwendet wird, als indirekter Indikator für Entsorgungsengpässe gewertet werden. Da jedoch auch eine Vielzahl anderer bedeutsamer Wachstumsdeterminanten mit der Siedlungsstruktur in gleicher Weise zusammenhängt, ist bei einer solchen Interpretation Vorsicht geboten.

Die Telekommunikationsinfrastruktur ist aus den empirischen Untersuchungen ebenfalls ausgeklammert worden, weil - wie später ausführlich diskutiert wird - deren Leistungen zu weitgehend gleichen Tarifen und in gleicher Qualität überall in der Bundesrepublik verfügbar sind, so daß regionale Effekte vom Infrastrukturangebot hier offensichtlich bislang nicht ausgehen. Damit verbleiben drei Infrastrukturbereiche, für die es Indikatoren zu quantifizieren gilt: Die Energie- und Wasserversorgung, die Verkehrsbedienung sowie die Ausbildung, Wissenschaft und Forschung.

7.3 Messung von Infrastrukturleistungen

Bei der Quantifizierung von Indikatoren lassen sich inputorientierte und outputorientierte Konzepte unterscheiden. Inputkonzepte, wie sie beispielsweise bei der Berechnung des Infrastrukturindikators für die Gemeinschaftsaufgabe regionale Wirtschaftsförderung zur Anwendung kommen[8], sind für die hier zur Debatte stehende Fragestellung ungeeignet, da für Standortentscheidungen weder die insgesamt vorhandene noch die tatsächlich in Anspruch genommene Kapazität relevant ist. Vielmehr kommt es auf die Verfügbarkeit, den Preis und die Qualität der durch Infrastruktureinrichtungen abgegebenen Leistungen an. Es ist daher versucht worden, diese Leistungen mit outputorientierten Merkmalen zu quantifizieren.

Hinsichtlich der Verkehrsinfrastruktur wird mit Erreichbarkeitsindikatoren gearbeitet, die auf der Basis von Netzmodellen unter Beachtung des gegenwärtigen Ausbaustandes des Verkehrsnetzes berechnet sind.

Ausgehend von der Überlegung, daß bei der Wasserversorgung eher Qualitäts- als Preisdifferenzen eine Rolle spielen, wird hier ein Qualitätsindikator verwendet. Dadurch bleiben allerdings möglicherweise entwicklungshemmende Mengenbeschränkungen außer acht. In der Elektrizitätsversorgung dagegen sind für den Abnehmer allein Preisdifferenzen entscheidend. Man kann davon ausgehen, daß Kapazitätsbeschränkungen, sofern sie im integrierten Netz überhaupt regionale Bedeutung haben, sich in Preisdifferenzen niederschlagen.

Die Outputmessung für den Bereich Ausbildung, Wissenschaft und Forschung ist schwierig. Bei der Ausbildung sind die Berechnungen beschränkt worden auf die Hochschul- und Fachhochschulausbildung in technischen und naturwissenschaftlichen Disziplinen, die durch die entsprechenden Studentenzahlen erfaßt sind. Schulausbildungsindikatoren sind hier ungeeignet, weil regionale Unterschiede z.B. von Abiturientenanteilen wegen der bedarfsorientierten Versorgung mit Sicherheit nicht auf Unterschiede im Bildungsangebot zurückgeführt werden können. Die innerbetriebliche Ausbildung, die nicht zur Infrastruktur im engeren Sinne gehört, bleibt außer Betracht, obwohl ihre Relevanz nicht geleugnet werden soll. Der Output von Forschungseinrichtungen wird hilfsweise durch die Zahl der in Forschungseinrichtungen Tätigen gemessen.

7.4 Indikatoren der wirtschaftlichen Entwicklung

Die wirtschaftliche Entwicklung, der die Infrastrukturindikatoren gegenübergestellt werden sollen, wird zum einen auf sehr aggregierter Ebene durch die Wachstumsrate der Produktion gemessen. Als Indikator wurde hier das Bruttoinlandsprodukt gewählt, das nur geringfügig von der in den übrigen Abschnitten verwendeten Bruttowertschöpfung abweicht. Nachrichtlich wurden auch die Korrelationskoeffizienten zwischen den Infrastrukturindikatoren und dem Pro-Kopf-Einkommen ausgewiesen, um die grundlegenden Unterschiede zwischen den Determinanten des heute erreichten Niveaus und denen der beobachteten Veränderungstendenzen zu verdeutlichen.

Das Hauptgewicht wird jedoch auf die Analyse der Korrelationen zwischen Infrastrukturindikatoren und Beschäftigungsentwicklung gelegt. Um Einflüsse auszuschalten, die auf regionale Unterschiede der Sektorstruktur zurückzuführen sind, ist als Indikator der Standortfaktor von Shift-Analysen verwendet worden. Auch hier mußte eine andere statistische Basis verwendet werden, da auf das im Rahmen dieser Untersuchung erarbeitete Informationssystem für Raumordnungsregionen noch nicht zurückgegriffen werden konnte. Die Berechnungen wurden einmal für die Periode 1970-78 durchgeführt. Dafür stand das Material zur Verfügung, das für die Aktualisierung der Raumordnungsprognose von der Prognos-AG erarbeitet worden ist[9]. Die Berechnungen für die zweite Periode 1978-82 basieren auf Ergebnissen der Statistik der sozialversicherungspflichtig Beschäftigten.

Die Standortfaktoren wurden sowohl für die Beschäftigungsentwicklung insgesamt, als auch gesondert für das verarbeitende Gewerbe und den Dienstleistungsbereich berechnet. Sie zeigen an, wie stark die Zahl der Beschäftigten am Ende der jeweils betrachteten Periode von der Zahl abweicht, die sich ergeben hätte, wenn die einzelnen Branchen sich in der Region genauso wie im Bundesgebiet entwickelt hätten. Im Standortfaktor wird also die um die sektorale Strukturkomponente bereinigte Beschäftigungsentwicklung gemessen.

7.5 Statistische Tests

Zusätzlich sind einige statistische Tests durchgeführt worden. Mit Hilfe einer einfachen Varianzanalyse wurde geprüft, ob bestimmte Merkmale sich nach siedlungsstrukturellen Regionstypen signifikant (bei einer Irrtumswahrscheinlichkeit von 5 vH) unterscheiden.

Weiter ist überprüft worden, inwieweit es signifikante Ähnlichkeiten der Region mit benachbarten Regionen gibt. Sie sind vorhanden, wenn der sogenannte standardisierte Morankoeffizient[10] Werte annimmt, die größer sind als 2.

Überprüft wurde auch der Zusammenhang mit dem Bevölkerungspotential der Region sowie die Frage, ob ein Nord-Süd-Gefälle besteht. Das Bevölkerungspotential beschreibt die regionale Bevölkerungsverdichtung unter Einbeziehung umliegender Regionen. Es ist in den Agglomerationsräumen am größten und fällt von dort ab zu den peripheren, dünn besiedelten Regionen. Negative Vorzeichen zeigen an, daß das beobachtete Merkmal in der Region bei geringem Bevölkerungspotential besonders ausgeprägt ist.

Bei der Überprüfung der These eines Nord-Süd-Gefälles, die über die Korrelation mit der geographischen Breite durchgeführt wurde, zeigt ein negatives Vorzeichen ein Süd-Nord-Gefälle des beobachteten Merkmals an. In beiden Fällen ist der Korrelationskoeffizient bei Werten über 21 vH mit einer Irrtumswahrscheinlichkeit von 5 vH signifikant von Null verschieden.

7.6 Verkehrsinfrastruktur

Der Verkehrsinfrastruktur wird noch heute ein dominierender räumlicher Einfluß zuerkannt. Dies schlägt sich beispielsweise darin nieder, daß in der Bundesfernstraßenplanung regelmäßig ohne Einzelnachweise pauschale Nutzenkomponenten für die durch Nutzung neuer Fernstraßen geschaffenen Arbeitsplätze angesetzt werden. In jüngerer Zeit mehren sich jedoch kritische Stimmen gegen diese Auffassung. In der Tat kann, wie oben für die Infrastruktur im allgemeinen bereits erläutert, die historische Parallelität von Wirtschafts- und Verkehrsinfrastrukturentwicklung eine noch anhaltende Raumwirksamkeit von Verkehrsinfrastrukturinvestitionen nicht beweisen. Andere Untersuchungen führen zu dem Ergebnis, daß der Autobahnbau heute keine großräumigen Standortwirkungen mehr hat und lediglich für die Mikrostandortwahl von Betrieben und Haushalten von Bedeutung ist[11].

Die folgenden Korrelationsuntersuchungen bestätigen die Auffassung von der schwindenden Bedeutung der Verkehrsinfrastruktur als raumgestaltendem Faktor. Die Verkehrsbedienungsqualität wurde hier anhand von fünf Indikatoren für die Qualität der Verkehrsanbindung quantifiziert, die von der BfLR berechnet wurden[12].

Der Indikator DB-Netzanschuß mißt die Zahl der Zughalte von E-, D-, IC- und TEE-Zügen pro Werktag im Durchschnitt der zur Raumordnungsregion gehörenden Verflechtungsbereiche mittlerer Stufe (Mittelbereiche). Ein hoher Wert zeigt einen guten Anschluß an das Eisenbahnnetz an. Wie zu erwarten, gibt es ein signifikantes Gefälle der Anschlußqualität von den Zentren zur Peripherie (siehe Abbildung 7.1). Schlecht ist der Anschluß insbesondere im äußersten Nordwesten, im Südosten und im Alpenvorland. Ein generelles Süd-Nord- oder Nord-Süd-Gefälle gibt es nicht.

Der Indikator Flughafenanschluß mißt die PKW-Reisezeiten zum nächsten internationalen Verkehrsflughafen in Minuten, und zwar gemittelt über die Mittelzentren der jeweiligen Raumordnungsregion (vgl. Abbildung 7.2). Ein hoher Wert gibt also einen ungünstigen Flughafenanschluß an. Auch hinsichtlich des Flughafenanschlusses sind die Agglomerationen im Vor-

Abbildung 7.1

Qualität der Verkehrsinfrastruktur -
DB-Netzanschluß (Anzahl Zughalte/Tag)

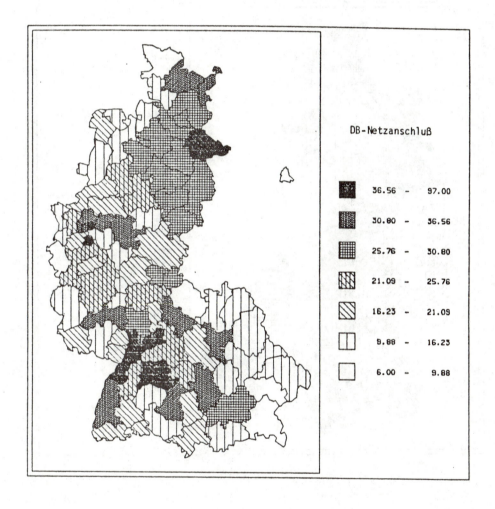

Siedlungstypen:	Mittelwert:	Signifikanz für Unterschiede der Mittelwerte	x
Hochverdichtet	29,2		
mit Verdichtungsansätzen	21,8	Ähnlichkeit mit benachbarten Regionen	x
Ländlich	17,3	Nord-Süd-Gefälle	-
Insgesamt	23,3	Abhängigkeit vom Bevölkerungspotential	positiv

Abbildung 7.2

Qualität der Verkehrsinfrastruktur -
Flughafenanschluß (Reisezeit in Minuten)

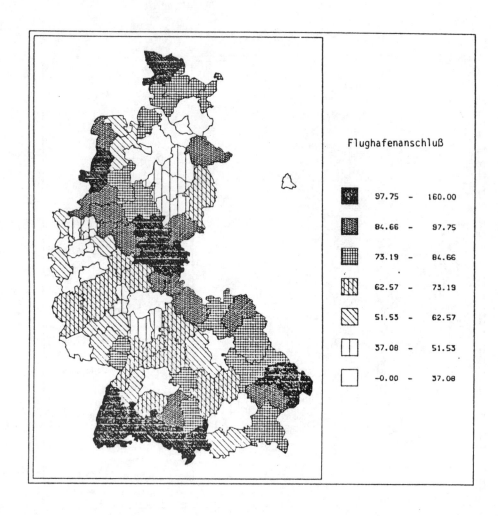

Siedlungstypen:	Mittelwert:	Signifikanz für Unter-	
Hochverdichtet	41,8	schiede der Mittelwerte	x
mit Verdichtungs- ansätzen	77,4	Ähnlichkeit mit benach- barten Regionen	x
Ländlich	89,0	Nord-Süd-Gefälle	-
Insgesamt	67,5	Abhängigkeit vom Bevölkerungspotential	negativ

teil. Im Mittel braucht man hier nur halb so lange wie in ländlichen Regionen, um den nächsten Flughafen zu erreichen. Vergleichsweise ungünstig ist die Situation in den Grenzräumen nach Dänemark, Holland, zur Schweiz und zum Ostblock sowie in Nordhessen und Westfalen. Signifikante generelle Nord-Süd-Unterschiede gibt es auch hier nicht.

Der Indikator Verbindungsqualität mißt die mittlere luftlinienbezogene Reisegeschwindigkeit im Straßenverkehr von den regionalen Mittelzentren zu einem Satz von mindestens 9 benachbarten Mittelzentren, in deren Einzugsbereich mindestens 200 Tsd. Einwohner leben (vgl. Abbildung 7.3). Ein hoher Wert bezeichnet demnach eine gute intraregionale Verbindungsqualität. Die Rechnungen basieren auf dem in der Bundesfernstraßenplanung verwendeten Netzmodell. Durch die auf die Luftlinie bezogene Geschwindigkeit mißt man sowohl die Qualität der Strecken als auch die der Streckenführung. Der Indikator ist in den Agglomerationszentren signifikant kleiner als in weniger agglomerierten Regionen, was auf die Netzbelastung in den Zentren zurückzuführen ist. Schlecht ist die Verbindungsqualität besonders in Hamburg, im Ruhrgebiet und in der Stuttgarter Agglomeration.

Der Indikator "großräumige Lagegunst" mißt die mittlere Reisezeitsumme von den Mittelzentren der Region zu einem ausgewählten Satz benachbarter Oberzentren, zu dem mindestens die nächsten 10 Oberzentren gehören, in denen mindestens 3 Mill. Einwohner erreicht werden und von denen mindestens 3 in den großen Verdichtungsräumen liegen (vgl. Abbildung 7.4). Die Reisezeitsummen sind für Schiene und Straße addiert. Hohe Werte kennzeichnen demnach eine ungünstige Verkehrslage. Für die Straße basieren die Rechnungen auf dem schon erwähnten Netzmodell, für die Schiene auf einem Modelliniennetz nach dem Winterfahrplan 1974/75. Die großräumige Verkehrslage ist in den Zentren signifikant günstiger als in der Peripherie. Zudem ist dies der einzige Indikator für den Bereich Verkehrsinfrastruktur, der einen signifikanten Nord-Süd-Unterschied aufweist. Danach ist die großräumige Verkehrslage im Norden deutlich günstiger als im Süden.

Abbildung 7.3

Qualität der Verkehrsinfrastruktur -
Verbindungsqualität zwischen den regionalen Mittelzentren
(luftlinienbezogene Reisegeschwindigkeit in km/h)

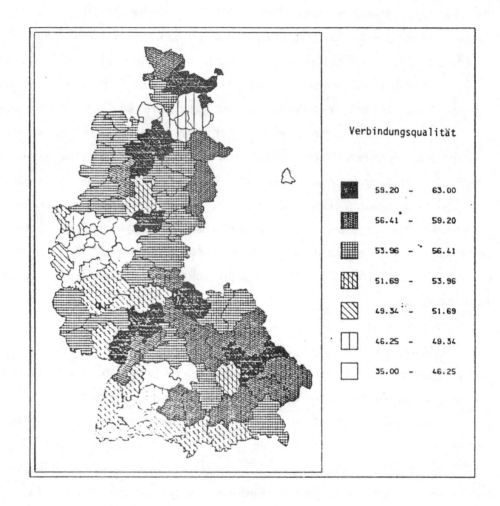

Siedlungstypen:	Mittelwert:	Signifikanz für Unter- schiede der Mittelwerte	x
Hochverdichtet	50,0		
mit Verdichtungs- ansätzen	54,3	Ähnlichkeit mit benach- barten Regionen	x
Ländlich	54,3	Nord-Süd-Gefälle	-
Insgesamt	52,7	Abhängigkeit vom Bevölkerungspotential	negativ

Abbildung 7.4

Qualität der Verkehrsinfrastruktur - großräumige Lagegunst
(Reisezeitsumme zu einem Satz benachbarter Oberzentren
in Min., Schiene und Straße)

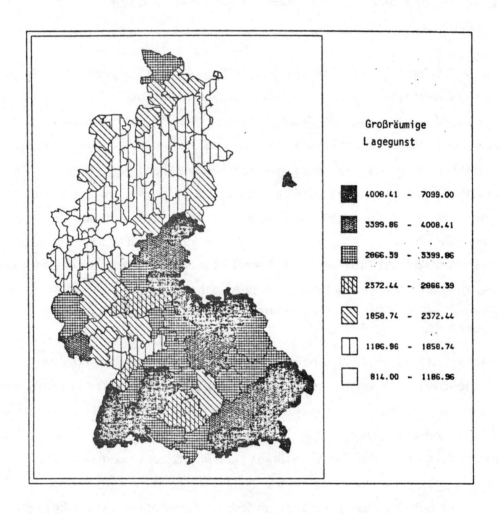

Siedlungstypen:	Mittelwert:	Signifikanz für Unterschiede der Mittelwerte	
Hochverdichtet	1 900		x
mit Verdichtungsansätzen	2 578	Ähnlichkeit mit benachbarten Regionen	x
Ländlich	3 594	Nord-Süd-Gefälle	negativ
Insgesamt	2 609	Abhängigkeit vom Bevölkerungspotential	negativ

Der Indikator "kleinräumige Lagegunst" schließlich gibt - addiert für Schiene und Straße - den Anteil der Bevölkerung in vH an, der mehr als 30 Min. Fahrzeit zum nächsten Oberzentrum benötigt (vgl. Abbildung 7.5). Auch hier kennzeichnet also ein hoher Wert eine ungünstige Verkehrslage. Die kleinräumige Verkehrslage ist ebenfalls in verdichteten Gebieten signifikant günstiger als in weniger verdichteten. Signifikante Nord-Süd-Unterschiede gibt es nicht.

Tabelle 7.1 faßt in den beiden linken Spalten die Einfachregressionen zwischen den Indikatoren der Verkehrsinfrastruktur auf der einen Seite und dem BIP/Kopf sowie der Wachstumsrate des BIP auf der anderen Seite zusammen. Da für den DB-Netzanschluß und die Verbindungsqualität hohe Indikatorenwerte gute Verkehrsinfrastruktur anzeigen, wird hier ein positives Vorzeichen erwartet, für die anderen Indikatoren dagegen, wo das Umgekehrte gilt, ein negatives. Bei den Korrelationen mit dem BIP/Kopf zeigen alle Indikatoren bis auf die Verbindungsqualität das erwartete Vorzeichen auf und drei der fünf Korrelationskoeffizienten erweisen sich als signifikant. Insoweit scheint sich der positve Zusammenhang zwischen Verkehrsinfrastrukturqualität und BIP/Kopf zu bestätigen.

Auffällig ist jedoch, daß einzig bei dem Indikator, nach dem sich eine vergleichsweise schlechte Verkehrsinfrastruktur in den Zentren ergibt, das falsche Vorzeichen auftaucht. Dies läßt vermuten, daß die Korrelationen lediglich den Zusammenhang zwischen BIP/Kopf und siedlungsstruktureller Verdichtung, der in der Tat signifikant positiv ist, zum Ausdruck bringen.

Diese Vermutung bestätigt sich in Regressionsrechnungen, die neben jeweils einem Indikator noch die bereits erwähnte Agglomerationsvariable als zweiten Regressor enthalten. Die beiden rechten Spalten in Tabelle 7.1 geben die partiellen, um den Agglomerationseinfluß bereinigten, Korrelationskoeffizienten aus diesen Zweifachregressionen an. In allen Zweifachregressionen (mit BIP/Kopf als Regressand) erweist sich der Einfluß der Agglomerationsvariable als hoch signifikant mit positivem Vorzeichen, während die Signifikanz der Verkehrsinfrastrukturindikatoren verlorengeht. Der in den Einfachregressionen auftretende Effekt geht sozusagen auf die Agglomerationsvariable über. Ein selbständiger Effekt der Infra-

Abbildung 7.5

Qualität der Verkehrsinfrastruktur - kleinräumige Lagegunst
(Anteil der Einwohner mit einer Fahrzeit zum nächsten Oberzentrum
von mehr als 30 Min. in vH, Schiene und Straße)

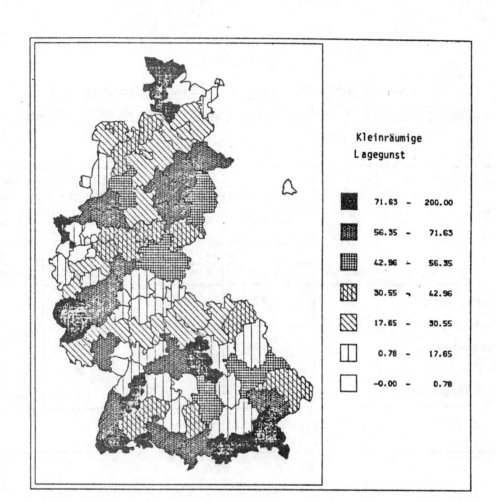

Siedlungstypen:	Mittelwert:	Signifikanz für Unterschiede der Mittelwerte	x
Hochverdichtet	15,4		
mit Verdichtungsansätzen	42,7	Ähnlichkeit mit benachbarten Regionen	x
Ländlich	55,4	Nord-Süd-Gefälle	-
Insgesamt	36,2	Abhängigkeit vom Bevölkerungspotential	negativ

Tabelle 7.1

Korrelation zwischen BIP pro Kopf 1982 sowie Wachstumsrate des BIP (=W-BIP) 1978-1982 und Indikatoren der Verkehrsinfrastruktur

	Erwartetes Vorzeichen	Einfachregression		Zweifachregression unter Einschluß der Agglomerationsvariablen	
		Korrelationskoeffizient in vH		Partieller Korrelationskoeffizient in vH	
		BIP/Kopf	W-BIP	BIP/Kopf	W-BIP
DB-Netzanschluß	+	23*	1	1	4
Flughafenanschluß	−	−36**	0	−17	3
Verbindungsqualität	+	−15	6	14	−10
Großräum. Lagegunst	−	−14	3	8	4
Kleinräum. Lagegunst	−	−26*	9	−8	7

```
** = signifikant bei 5 vH Irrtumswahrscheinlichkeit.
 * = signifikant bei 1 vH Irrtumswahrscheinlichkeit.
```

strukturindikatoren läßt sich dann nicht mehr statistisch nachweisen und tritt auch in multiplen Regressionsanalysen, die noch weitere Erklärungsvariablen enthalten, die aber an dieser Stelle nicht dokumentiert werden können, nicht zu Tage.

Aus Tabelle 7.1 ist weiter ersichtlich, daß es zwischen Verkehrsinfrastruktur und Wachstumsrate des BIP überhaupt keinen statistisch signifikanten Zusammenhang gibt, weder in der Einfach- noch in der Zweifachregression. Als Wachstumsmotor spielt also offensichtlich die Qualität der Verkehrsanbindung keine Rolle und es wird sich zeigen, daß bei Betrachtung der Beschäftigtenentwicklung sogar negative Zusammenhänge sichtbar werden.

Die Tabelle 7.2 gibt die Korrelationsbeziehungen zwischen den Standortfaktoren für die Industrie, den Dienstleistungssektor und die Gesamtwirtschaft auf der einen Seite und den Verkehrsinfrastrukturleistungen auf der anderen Seite an.

Interessanterweise ergeben sich gegenüber der ersten Spalte von Tabelle 7.1 genau die umgekehrten Vorzeichen, wobei alle Koeffizienten hoch signifikant sind. Also für alle Indikatoren bis auf den Indikator Verbindungsqualität entspricht das Vorzeichen nicht dem erwarteten: Gute Verkehrsanbindung korreliert mit (strukturbereinigtem) Beschäftigungsrückgang. Demnach drängt sich auch hier die Vermutung auf, daß die Vorzeichen in Wahrheit den Zusammenhang zwischen Beschäftigtenentwicklung und siedlungsstruktureller Verdichtung zum Ausdruck bringen, der in der Tat signifikant negativ ist; denn es ist auffällig, daß die mit der Verdichtung positiv korrelierte Variable (DB-Netzanschluß) mit dem Standortfaktor negativ korreliert, und daß die übrigen, mit der Verdichtung negativ korrelierten Variablen mit dem Standortfaktor positiv korrelieren. Die Zweifachregression, in der wiederum die Agglomerationsvariable als zusätzlicher Regressor aufgenommen ist, bestätigt, daß die signifikanten Zusammenhänge nach Korrektur um den Agglomerationseinfluß verloren gehen. Auch hier geht der in der Einfachregression auftretende Effekt auf die Agglomerationsvariable über. Die um den Agglomerationseinfluß bereinigten partiellen Korrelationen sind nicht

Tabelle 7.2

Korrelation zwischen dem Standortfaktor und Indikatoren für die Verkehrsinfrastruktur

	Erwartetes Vorzeichen	Einfachregression		Zweifachregression unter Einschluß der Agglomerationsvariablen	
		Korrelationskoeffizient in vH		Partieller Korrelationskoeffizient in vH	
		70-78	78-82	70-78	78-82
Industrie					
DB-Netzanschluß	+	-37**	-38**	-15	-15
Flughafenanschluß	-	41**	37**	19	12
Verbindungsqualität	+	36**	38**	8	7
Großräum. Lagegunst	-	33**	34**	13	11
Kleinräum. Lagegunst	-	33**	35**	13	13
Dienstleistungen					
DB-Netzanschluß	+	1	-42**	10	-23*
Flughafenanschluß	-	7	29**	-2	4
Verbindungsqualität	+	8	39**	-2	14
Großräum. Lagegunst	-	2	37**	-6	18
Kleinräum. Lagegunst	-	-5	22*	-14	0
Wirtschaftszweige insgesamt					
DB-Netzanschluß	+	-32**	-43**	-9	-22
Flughafenanschluß	-	38**	37**	16	12
Verbindungsqualität	+	37**	41**	11	14
Großräum. Lagegunst	-	34**	41**	15	23
Kleinräum. Lagegunst	-	18**	31**	-5	10

** = signifikant bei 5 vH Irrtumswahrscheinlichkeit.
 * = signifikant bei 1 vH Irrtumswahrscheinlichkeit.

mehr signifikant. Die Ergebnisse zeigen, daß man für den Dienstleistungsbereich und für alle Wirtschaftszweige zusammengenommen dieselben Resultate erhält - mit Ausnahme der Entwicklung 1970-78 im Dienstleistungssektor, die vom sonst zu beobachtenden Trend deutlich abweicht.

Als empirisches Resultat läßt sich daher festhalten, daß - gemessen an der Beschäftigungsentwicklung - eine bessere Verkehrsanbindung heute keine Wachstumsvorteile mehr begründet. Man kann sogar eine entgegengesetzte Tendenz beobachten: Regionen mit guten Erreichbarkeitsverhältnissen zeichnen sich eher durch einen Beschäftigungsrückgang aus. Dies gilt - in sehr abgeschwächter Form - auch dann noch, wenn man die Berechnungen um die generell wachstumshemmenden Effekte hoher Verdichtung bereinigt.

Die Ursache für diese Entwicklung ist u.a. darin zu suchen, daß die Bedeutung von Transportkostenvorteilen zurückgeht, so daß Regionen, die sich im Laufe ihrer Entwicklung auf Produkte spezialisiert haben, bei deren Produktion und Absatz die günstige Verkehrslage einen komparativen Vorteil begründete, ihren Standortvorteil verlieren. Die zurückgehende Bedeutung von Transportkostenvorteilen liegt zum einen am Rückgang der Materialintensität des modernen Produktionsprozesses, zum anderen am bereits erwähnten ubiquitären Charakter der Verkehrsinfrastruktur in der Bundesrepublik.

Hinsichtlich der Kosten für Geschäftsreisen ist zwar davon auszugehen, daß dieser Faktor auch im Zuge der Revolutionierung der Telekommunikationstechnologie nicht wesentlich zurückgeht, so daß Vorteile der Verkehrslage hier nach wie vor von Bedeutung sein können, doch nimmt die relative Bedeutung dieser Kosten als Standortfaktor wegen des allgemein hohen Niveaus der Verkehrsversorgung ebenfalls ab.

Zusammenfassend kann weder davon ausgegangen werden, daß Unterschiede in der verkehrsinfrastrukturellen Versorgung die Standortentscheidungen der jüngsten Vergangenheit erklären können, noch daß in Zukunft Verkehrsinfrastrukturinvestitionen als regionalpolitisches Instrument eine wesentliche Rolle spielen können.

7.7 Energie und Wasser

Hinsichtlich der Bedeutung der Energieversorgung für die regionale Entwicklung beschränkt sich die empirische Untersuchung hier auf den Einfluß der Strompreise für die Industrie. Sofern von der Energieversorgungsinfrastruktur überhaupt regionale Effekte ausgehen, dürfte die Stromversorgung für die Industrie der bedeutendste Faktor sein. Bei fehlender Mengenrestriktion können Standortvorteile allein in Preisvorteilen bestehen. Als Indikator wird daher der Strompreis für die Industrie verwendet[13].

Das Strompreisniveau fällt von der Peripherie zu den Zentren hin ab, wie aus der Varianzanalyse und der negativen Korrelation mit dem Bevölkerungspotential (siehe Abbildung 7.6) hervorgeht. Sehr viel deutlicher ist allerdings ein ausgeprägtes Ost-West-Gefälle des Strompreises sowie überhaupt die Großflächigkeit der Strompreisunterschiede.

Hinsichtlich der Wasserversorgung wird davon ausgegangen, daß direkte Mengenschranken von untergeordneter Bedeutung sind und daß die Preisdifferenzen ebenfalls zweitrangig sind, weil in nur wenigen Produktionsprozessen der Wasserinput einen erheblichen Kostenfaktor darstellt. Die Wasserqualität hingegen kann als Indikator für Umweltengpässe angesehen werden, die als restringierender Faktor industrieller Entwicklung von zunehmender Bedeutung sind. Die Wasserqualität wird nach dem Nitrat- und Chloridgehalt durch eine Qualitätsnote auf der Skala 1 bis 6 gemessen. Eine hohe Note kennzeichnet schlechte Qualität[14].

Wie zu erwarten, ist die Wasserqualität in den hochverdichteten Regionen am schlechtesten und in den ländlichen am besten (vgl. Abbildung 7.7). Die Unterschiede sind in der Varianzanalyse hoch signifikant. Einen generellen Nord-Süd-Unterschied gibt es nicht. Der äußerste Norden und der äußerste Südosten weisen eine deutlich günstigere Qualität als der Rest der Bundesrepublik auf.

Nach den Korrelationsergebnissen in Tabelle 7.3 gibt es keine signifikanten Zusammenhänge zwischen Strompreisniveau auf der einen sowie

Abbildung 7.6

Energie- und Wasserversorgung -
Strompreis für die Industrie (Pf/KWh)

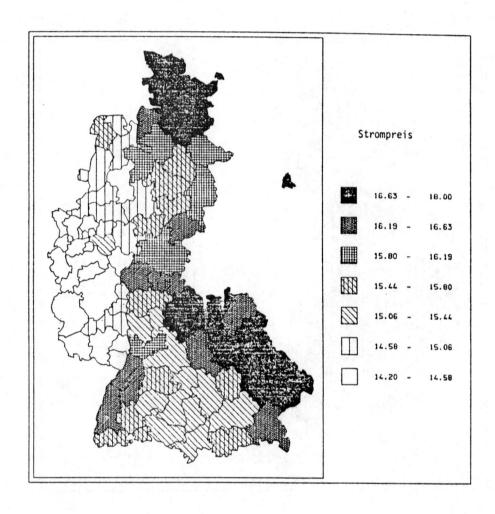

Siedlungstypen:	Mittelwert:	Signifikanz für Unterschiede der Mittelwerte	x
Hochverdichtet	15,3		
mit Verdichtungsansätzen	15,5	Ähnlichkeit mit benachbarten Regionen	x
Ländlich	16,1	Nord-Süd-Gefälle	-
Insgesamt	15,6	Abhängigkeit vom Bevölkerungspotential	negativ

Abbildung 7.7

Energie- und Wasserversorgung -
Trinkwasserqualität (Qualitätsnoten zwischen 1 und 6)

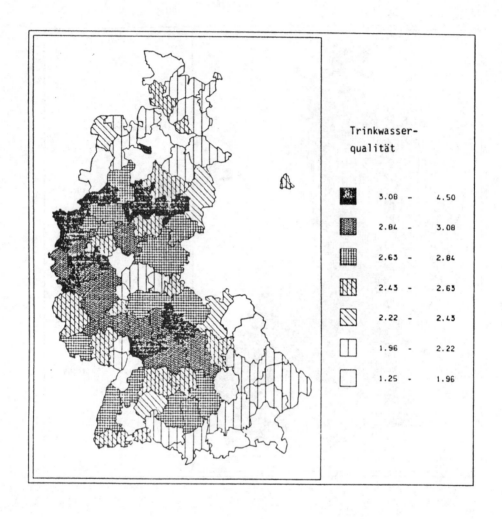

Siedlungstypen:	Mittelwert:	Signifikanz für Unter-	
Hochverdichtet	2,78	schiede der Mittelwerte	x
mit Verdichtungs- ansätzen	2,54	Ähnlichkeit mit benach- barten Regionen	x
Ländlich	2,15	Nord-Süd-Gefälle	-
Insgesamt	2,52	Abhängigkeit vom Bevölkerungspotential	positiv

Tabelle 7.3

Korrelation zwischen BIP pro Kopf 1982 sowie Wachstumsrate des BIP (=W-BIP) 1978-1982 und Strompreis sowie Wasserqualität

	Erwartetes Vorzeichen	Einfachregression		Zweifachregression unter Einschluß der Agglomerationsvariablen	
		Korrelationskoeffizient in vH		Partieller Korrelationskoeffizient in vH	
		BIP/Kopf	W-BIP	BIP/Kopf	W-BIP
Strompreis	-	-11	3	8	1
Wasserqualität	-	21*	-30**	-1	-30**

** = signifikant bei 5 vH Irrtumswahrscheinlichkeit.
* = signifikant bei 1 vH Irrtumswahrscheinlichkeit.

Tabelle 7.4

Korrelation zwischen dem Standortfaktor in der Industrie und Strompreis sowie Wasserqualität

	Erwartetes Vorzeichen	Einfachregression		Zweifachregression unter Einschluß der Agglomerationsvariablen	
		Korrelationskoeffizient in vH		Partieller Korrelationskoeffizient in vH	
		70-78	78-82	70-78	78-82
Strompreis	-	16	12	-7	-15
Wasserqualität	-	-32**	-34**	-10	-10

** = signifikant bei 5 vH Irrtumswahrscheinlichkeit.
* = signifikant bei 1 vH Irrtumswahrscheinlichkeit.

Niveau und Entwicklung des BIP auf der anderen Seite. In der Einfachkorrelation zeigt sich zwischen Wasserqualität und BIP/Kopf ein signifikanter Zusammenhang mit "falschem" Vorzeichen. Die um den Agglomerationseinfluß korrigierte partielle Korrelation ist jedoch praktisch Null, woraus folgt, daß die positive Einfachkorrelation wiederum nur dem Agglomerationseinfluß zuzurechnen ist.

Dagegen stellt sich ein hoch signifikant negativer - d.h. erwartungsgemäßer - Zusammenhang zwischen der Wasserqualität und dem BIP-Wachstum heraus, der eindeutig nichts mit der Verdichtung zu tun hat. Dies kann als Hinweis auf die restringierende Rolle von Umweltbelastungen gewertet werden.

Bei der Beschäftigungsentwicklung der Industrie wird dieser Zusammenhang allerdings nicht mehr so deutlich (vgl. Tabelle 7.4). Auch hier ergibt sich eine ungünstigere Entwicklung in Regionen mit geringer Trinkwasserqualität, doch die um den Agglomerationseffekt bereinigte Korrelation ist nicht mehr signifikant, wenn sie auch das erwartete Vorzeichen behält. Der spezielle Effekt schlechter Wasserversorgung läßt sich demnach nicht klar von anderen wachstumshemmenden Urbanisierungsnachteilen trennen.

Der Einfluß von Strompreisdifferenzen erweist sich als nicht signifikant, wenn auch das Vorzeichen in der Zweifachregression den Erwartungen entspricht.

Zusammenfassend ist festzustellen, daß die häufig unterstellte wachstumsstimulierende Bedeutung niedriger regionaler Energiepreise empirisch nicht nachgewiesen werden kann. Dagegen sind Umweltengpässe wahrscheinlich ein wachstumsbeschränkender Faktor, dessen Einfluß auf die Regionalentwicklung zunimmt, besonders in den Ballungsgebieten.

7.8 Ausbildung, Wissenschaft und Forschung

Die Bundesrepublik spezialisiert sich im internationalen Wettbewerb zunehmend auf humankapitalintensive Produkte und Prozesse, so daß diejenigen Regionen Wachstumsvorteile gewinnen, die über ein hohes Qualifikationspotential verfügen. Darauf ist bereits eingegangen worden[15].

Da für höherwertige Funktionen häufig eine Hochschul- oder Fachhochschulausbildung nötig ist, liegt die Vermutung nahe, daß Regionen mit einer guten Ausbildungskapazität in diesen Stufen relativ günstige Wachstumsvoraussetzungen bieten. Ferner kann man die Hypothese aufstellen, daß ein Teil der industriellen Forschung und Entwicklung auf die Zusammenarbeit mit öffentlichen und privaten Forschungseinrichtungen angewiesen ist oder zumindest von dieser profitieren kann, so daß das Forschungspotential dieser Einrichtungen ebenfalls das Wachstum positiv beeinflussen müßte.

Für die Korrelationsuntersuchungen, mit denen diese Hypothesen geprüft werden sollen, ist der Ausbildungsoutput durch die Zahl der Studenten der Fachbereiche Natur- und Ingenieurwissenschaften an Universitäten und Fachhochschulen (ohne pädagogische Hochschulen) quantifiziert worden. Es wurde also nur auf technische Qualifikationen abgestellt, weil anderenfalls der Indikator auch das gesamte Ausbildungsvolumen für Qualifikationen im öffentlichen Bereich umfassen würde, was hier nicht beabsichtigt ist. Ein Teil dieser Ausbildung (z.B. naturwissenschaftliche Lehrerausbildung) ist auch bei der hier gewählten Einschränkung enthalten, was sich jedoch nicht vermeiden läßt. Andererseits sind wesentliche Qualifikationen für den privaten Sektor wie Juristen und Wirtschaftswissenschaftler, die zugleich im öffentlichen Bereich bedeutsam sind, durch diese Einschränkung ausgeschlossen. Als Maß für das Ausbildungsvolumen an "technischer Intelligenz" dürfte der Indikator jedoch geeignet sein.

Man muß davon ausgehen, daß das von den Hochschulen und Fachhochschulen ausgehende Qualifikationsangebot nicht nur für den Hochschul bzw. Fachhochschulort selbst, sondern - je nach Mobilitätsverhalten der Abgänger - auch für die weitere Umgebung von Bedeutung ist. Der

Indikator muß daher so konstruiert werden, daß nicht nur das Ausbildungsvolumen in der jeweiligen Region, sondern auch das der näheren und weiteren Umgebung berücksichtigt wird - allerdings mit abnehmendem Gewicht bei zunehmender Entfernung. Dies geschieht durch die Berechnung des Potentialindikators: Der Indikator Technikstudenten ist definiert als gewichtete Summe über die Zahl der Technikstudenten (im oben genannten Sinne) in der eigenen und in allen anderen Regionen, wobei die Gewichte mit wachsender Entfernung zu den anderen Regionen sinken.

Analog ist der Indikator Beschäftigte in Wissenschaft und Forschung definiert, wobei hier summiert wird über die Zahl der Beschäftigten in universitären und außeruniversitären Forschungseinrichtungen[16].

Die Abbildungen 7.8 und 7.9 lassen erkennen, daß das regionale Muster beider Indikatoren nahezu identisch ist. Es gibt auch hier keine ausgeprägten Nord-Süd-Unterschiede, aber eine äußerst enge Korrelation mit dem Agglomerationsgrad. Die Infrastruktur für technisch-wissenschaftliche Ausbildung und Forschung konzentriert sich in höchstem Maße auf die großen Agglomerationen.

Die Korrelationsuntersuchungen, die in den Tabellen 7.5 und 7.6 zusammengefaßt sind, bringen allerdings zum Teil überraschende Resultate: Während - wie in den anderen Infrastrukturbereichen - das BIP-Wachstum keinerlei Zusammenhang zu diesen Indikatoren aufweist, ist das BIP/Kopf mit ihnen eng positiv korreliert, und die Korrelation bleibt auch nach Ausschaltung des Agglomerationseinflusses positiv, beim Indikator Beschäftigte in Wissenschaft und Forschung sogar hoch signifikant.

Dagegen haben die Korrelationen zwischen den Indikatoren für Bildungs- und Wissenschaftsinfrastruktur und den Standortfaktoren der Beschäftigtenentwicklung durchgehend ein den Eingangshypothesen widersprechendes negatives Vorzeichen. Die negative Korrelation ist äußerst eng in den Einfachkorrelationen, sie bleibt aber auch nach Ausschaltung des Agglomerationseffektes in der Zweifachkorrelation bestehen, wenngleich nur noch teilweise mit statistischer Signifikanz.

Abbildung 7.8

<u>Ausbildung, Wissenschaft und Forschung -
Technikstudenten (Potentialindikator standardisiert)</u>

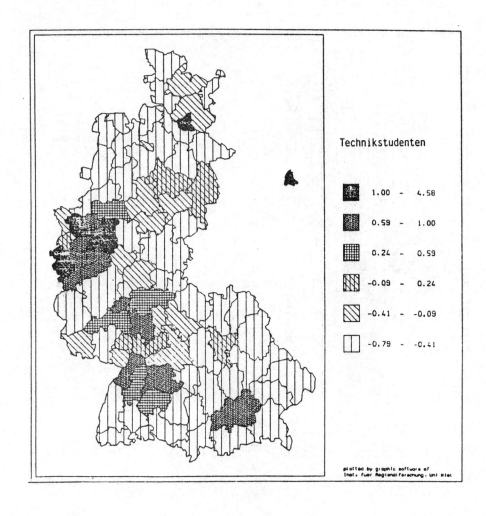

Siedlungstypen:	Mittelwert:	Signifikanz für Unterschiede der Mittelwerte	x
Hochverdichtet	0,85		
mit Verdichtungsansätzen	-0,34	Ähnlichkeit mit benachbarten Regionen	x
Ländlich	-0,69	Nord-Süd-Gefälle	-
Insgesamt	0,00	Abhängigkeit vom Bevölkerungspotential	positiv

Abbildung 7.9

Ausbildung, Wissenschaft und Forschung -
Beschäftigte in Wissenschaft und Forschung
(Potentialindikator standardisiert)

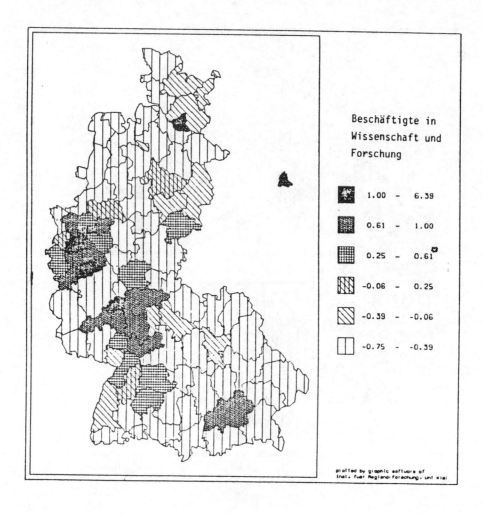

Siedlungstypen:	Mittelwert:	Signifikanz für Unterschiede der Mittelwerte	x
Hochverdichtet	0,77		
mit Verdichtungsansätzen	-0,29	Ähnlichkeit mit benachbarten Regionen	x
Ländlich	-0,65	Nord-Süd-Gefälle	-
Insgesamt	0,00	Abhängigkeit vom Bevölkerungspotential	positiv

Tabelle 7.5

Korrelation zwischen BIP pro Kopf 1982 sowie Wachstumsrate des
BIP (=W-BIP) 1978-1982 und Indikatoren der Bildungs- und Wissenschaftsinfrastruktur

	Erwartetes Vorzeichen	Einfachregression		Zweifachregression unter Einschluß der Agglomerationsvariablen	
		Korrelationskoeffizient in vH		Partieller Korrelationskoeffizient in vH	
		BIP/Kopf	W-BIP	BIP/Kopf	W-BIP
Beschäftigte in Wissensch. u. Forsch.	+	51**	-5	28**	-0
Technikstudenten	+	47**	-4	15	1

** = signifikant bei 5 vH Irrtumswahrscheinlichkeit.
* = signifikant bei 1 vH Irrtumswahrscheinlichkeit.

Tabelle 7.6

Korrelation zwischen Standortfaktoren und Indikatoren
der Bildungs- und Wissenschaftsinfrastruktur

	Erwartetes Vorzeichen	Einfachregression		Zweifachregression unter Einschluß der Agglomerationsvariablen	
		Korrelationskoeffizient in vH		Partieller Korrelationskoeffizient in vH	
		70-78	78-82	70-78	78-82
Industrie					
Beschäftigte in Wissensch. u. Forsch.	+	-64**	-53*	-41**	-17
Technikstudenten	+	-63*	-59**	-34**	-19
Dienstleistungen					
Beschäftigte in Wissensch. u. Forsch.	+	-21*	-49**	-12	-18
Technikstudenten	+	-17	-56**	-3	-24*
Insgesamt					
Beschäftigte in Wissensch. u. Forsch.	+	-55**	-51**	-28**	-16
Technikstudenten	+	-55**	-57**	-20	-19

** = signifikant bei 5 vH Irrtumswahrscheinlichkeit.
* = signifikant bei 1 vH Irrtumswahrscheinlichkeit.

Dafür, daß der erwartete positive Zusammenhang nicht nachgewiesen werden kann, lassen sich verschiedene Gründe anführen. So geht aus Untersuchungen über Mobilitätsverhalten von Studienabgängern hervor, daß Absolventen einen Verbleib in der Umgebung des Studienortes (möglicherweise verbunden mit Einkommensverzicht) nicht in dem Maße präferieren, daß daraus ein Standortvorteil bei der Beschaffung qualifizierter Arbeitskräfte in den Regionen mit hohem Hochschul- oder Fachhochschulausbildungsvolumen resultieren könnte[17].

Ähnlich kann für die Forschungsinfrastruktur argumentiert werden, daß die Verwertung von Forschungsergebnissen nicht auf die räumliche Umgebung der Forschungseinrichtungen beschränkt ist, so daß bei einer hochentwickelten Kommunikationsinfrastruktur regionale Forschungskapazitäten keinen Wachstumsvorteil mehr begründen können.

Schwerer zu begründen und an dieser Stelle auch nicht zu klären sind die Ursachen für den deutlich inversen Zusammenhang zwischen Ausbildungs- und Forschungsvolumen auf der einen und Beschäftigtenentwicklung auf der anderen Seite.

Zusammenfassend bleibt festzuhalten, daß die Relevanz höherer Qualifikationen sowie von Forschungs- und Entwicklungstätigkeit für das regionale Wachstum zwar außer Frage steht, daß aber der Einfluß der Ausbildungs- und Wissenschaftsinfrastruktur auf die Wachstumsfaktoren gering ist. Offensichtlich fehlt es in Regionen mit schrumpfender Industrie nicht an der Möglichkeit, qualifizierte Hochschulabgänger zu bekommen, möglicherweise aber an einem Markt für Qualifikationen, die nur "on the job" zu erwerben sind, und erst recht an der Fähigkeit der in den Regionen vertretenen Unternehmen, qualifizierte Arbeitskräfte ertragbringend einzusetzen.

7.9 Telekommunikationsinfrastruktur

Es wurde bereits darauf hingewiesen, daß mit sinkender Materialintensität von Produktionsprozessen sowie bei dem hochentwickelten Stand der Transportinfrastruktur in der Bundesrepublik die Kosten des Gütertransportes von abnehmender Bedeutung sind. Die wachsende Bedeutung von Informationsübertragung und -verarbeitung wirft damit naturgemäß die Frage auf, inwieweit von räumlichen Unterschieden in der Versorgung mit Kommunikationsinfrastruktur sowie von der expandierenden Telekommunikationstechnologie räumlich divergierende Impulse auf die Wirtschaftsentwicklung ausgehen. Dabei geht es zum einen um die Frage, ob sich gegenwärtige Entwicklungsunterschiede aus unterschiedlicher Ausstattung mit der heute bereits vorhandenen Telekommunikationsinfrastruktur erklären lassen und zum zweiten darum, welche regionalen Auswirkungen von Neuerungen im Telekommunikationssystem zu erwarten sind.

Bei der Diskussion der zuerst genannten Frage zeigt sich besonders deutlich, wie wenig ergiebig es ist, mögliche Potentialeffekte dieser Infrastrukturkomponente mit Hilfe herkömmlicher Inputindikatoren wie regionale Netzlängen pro Fläche oder Anschlußdichten zu quantifizieren. Für den Anwender und damit für raumrelevante Entscheidungen sind weder die Kapazität der Netze noch die Akzeptanz eines Dienstes, sondern allein der Grad seiner Verfügbarkeit sowie die Kosten seiner Nutzung von Interesse. Hierüber können die genannten Inputindikatoren keine Auskunft geben, da die derart gemessenen regionalen Versorgungsunterschiede sowohl angebots- als auch nachfragebedingt sein können. Sind die entsprechenden Dienste flächendeckend zu einheitlichen Tarifen und im wesentlichen in gleicher Qualität verfügbar, so sind z.B. unterschiedliche Anschlußdichten auf Unterschiede in der Akzeptanz des betreffenden Dienstes zurückzuführen, der meist positiv mit dem Stand der Entwicklung korreliert ist. Dann erklären sich Anschlußdichten aus Unterschieden in den pro-Kopf-Einkommen und nicht umgekehrt. Aus positiven Korrelationen zwischen pro-Kopf-Einkommen und Anschlußdichten einen Produktionseffekt des Infrastrukturangebots abzuleiten, wäre demnach gänzlich irreführend.

In der Bundesrepublik werden die verschiedenen Kommunikationsdienste ausschließlich von der Deutschen Bundespost angeboten. Beim Fernsprechdienst steht die flächendeckende Verfügbarkeit in praktisch gleicher Qualität und zu einheitlichen Tarifen außer Zweifel, so daß zu beobachtende regionale Unterschiede der Anschlußdichte eindeutig nachfragebedingt sind. Zwar hat es in einer Übergangsphase zwischen 1950 und 1970 deutliche Preis- und Qualitätsunterschiede insofern gegeben, als der Anschluß an den Selbstwählferndienst sich regional ungleichmäßig entwickelte. Mitte der sechziger Jahre waren hier große Teile Norddeutschlands deutlich im Rückstand[18]. Doch waren durch die Vollautomatisierung diese Unterschiede bis 1970 bereits wieder verschwunden und können daher schwerlich als Grund für regionale Entwicklungsdivergenzen angeführt werden.

In den letzten zehn Jahren wurden nun eine Reihe von neuen Diensten eingeführt oder befinden sich in der Einführungsphase, die der Fernübermittlung von Daten, Texten und unbewegten Bildern dienen. Im Unterschied zu den vorangegangenen Technologiesprüngen (Einführung von Telefon, Telex und Selbstwählferndienst) zeichnet sich die Einführung dieser Dienste jedoch dadurch aus, daß sie nicht die Herstellung oder Erneuerung eines Netzes voraussetzen. Sie werden auf den bereits flächendeckend vorhandenen Netzen, dem Fernsprechnetz und dem integrierten Fernschreib- und Datennetz (IDN), installiert[19]. Aus diesem Grunde sind bei der Einführung dieser Dienste bedeutende regionale Verzögerungen im Ausbreitungsprozeß nicht zu beobachten bzw. nicht zu erwarten. Beispielsweise war die Diffusionsphase des Datex-L-Dienstes mit mindestens 2,4 kbit/s Übertragungskapazität, der auf das IDN aufgebracht wurde, von der ersten Einführung bis zur flächendeckenden Verfügbarkeit nicht länger als 5 Jahre.

Allerdings bleibt auch bei prinzipiell flächendeckender Verfügbarkeit und räumlicher Tarifeinheit die Möglichkeit regionaler Unterschiede der Angebotsqualität bestehen, die sich in regional divergierenden Anschlußwartezeiten und Netzbelastungen niederschlägt. Da die Bundespost die Dienste trotz regional erheblich divergierender Kosten zu einheitlichen Tarifen anbietet, wäre eine räumliche Qualitätsdifferenzierung durchaus naheliegend; sie läßt sich aber bislang nicht in einem solchen Maße beobachten, daß daraus spürbare Unterschiede in regionalen Entwicklungschancen erklärt werden könnten.

Schließlich ist nach den regionalen Konsequenzen der zu erwartenden Expansion der Kommunikationstechnologie zu fragen, die sich wegen der Antizipation auch schon in gegenwärtig zu beobachtenden Entwicklungen niederschlagen, obwohl die technischen Neuerungen nur in ersten Ansätzen realisiert sind. Von der rasanten technischen Entwicklung auf diesem Gebiet können vielfältige für die Raumentwicklung relevante Effekte ausgehen, über deren Gesamtwirkung in der angelaufenen wissenschaftlichen Diskussion zu diesem Thema jedoch keine Einigkeit herrscht[20]. Zu unterscheiden ist zwischen Wirkungen, die von der Herstellung der neuen Technik, und solchen, die von ihrer Anwendung ausgehen. Unter dem Gesichtspunkt der Bedeutung von Infrastruktur für regionale Entwicklungen ist hier nur der zweite Aspekt von Interesse. Hier wiederum ist zu unterscheiden zwischen Auswirkungen auf die Raumentwicklung aufgrund

(1) der Reduktion der Kommunikationskosten überhaupt,
(2) der durch die Kommunikationstechnologie induzierten technologischen und organisatorischen Innovationen bei den Anwendern,
(3) der auftretenden regionalen Unterschiede in der Verfügbarkeit, dem Preis und der Qualität der angebotenen Dienste und
(4) der regional differierenden Akzeptanz der angebotenen neuen Dienste.

Um Infrastruktureffekte im engeren Sinne geht es bei den zu (3) genannten Gesichtspunkten.

Der gegenwärtig anlaufende technische Schub in der Entwicklung der Telekommunikation im Informationsübertragungsbereich zielt auf die Entwicklung eines schmalbandigen, dienstintegrierenden, digitalen Fernmeldenetzes (ISDN) mit einer Übertragungskapazität von 64 kbit/s ab, dessen Einführung ab 1988 beginnen soll.

ISDN bietet dem Nutzer die Möglichkeit, die verschiedenen Dienste zur Sprach-, Text-, Daten- und Festbildübertragung über einen einzigen ISDN-Basisanschluß mit einer einzigen Rufnummer zu nutzen, bei einer gegenüber heute erhöhten Übertragungskapazität von 64 kbit/s, die allerdings noch keine Bewegtbildübertragung erlaubt. ISDN wird ebenfalls auf das bestehende Netz aufgebracht, dessen Kapazität durch Digitalisierung der Übertragungs- und Vermittlungstechnik auf das geforderte Niveau angehoben werden kann.

Parallel zu ISDN entwickeln sich Versuchsnetze für vermittelte Breitbanddienste (Bildtelefon, Videokonferenz) und breitbandige Verteilnetze für Rundfunk und Fernsehen, die auf lange Sicht mit ISDN in ein integriertes Breitbandfernmeldenetz (IBFN) zusammengeführt werden sollen. Diese letzte Stufe setzt allerdings die Herstellung eines flächendeckenden Glasfasernetzes (möglicherweise kombiniert mit Satellitenübertragungstechniken) voraus und ist damit unter regionalökonomischen Gesichtspunkten unter Umständen anders zu beurteilen als ISDN.

Die durch ISDN bzw. IBFN bewirkte generelle Reduktion von Kommunikationskosten kann, wie die Reduktion von Raumüberwindungskosten überhaupt, zentralisierende und dezentralisierende Wirkungen haben. Sinkende Kommunikationskosten führen einerseits dazu, daß Urbanisierungsvorteile sich abschwächen, weil die Kostenvorteile räumlicher Nähe sich reduzieren. Flächenkosten sowie andere Diseconomies hoher Verdichtung sorgen dann für einen Deglomerationsprozeß. Andererseits wachsen die Möglichkeiten, Informations- und Kontrollaktivitäten zu zentralisieren. Diese Tendenz wird dann stark sein, wenn solche Aktivitäten untereinander unstandardisierte Information austauschen, die zur Fernübertragung ungeeignet ist, während für die Informationsübertragung nach und von außen Telekommunikation verwendet werden kann. Welche dieser widerstrebenden Tendenzen dominiert, kann a priori nicht gesagt werden.

Es besteht aber wohl weitgehende Einigkeit darüber, daß das Dezentralisierungspotential der Breitbanddienste höher als das der schmalbandigen ist, da sie die als Deglomerationsbremse wirkende Notwendigkeit zu face-to-face-Kontakten reduzieren, wobei jedoch nach empirischen Untersuchungen die Ersetzbarkeit persönlicher Geschäftskontakte durch elektronische Kommunikationsformen äußerst begrenzt ist[21].

Zur Beantwortung der Frage, ob regionale Wirkungen vom regional differierenden Angebot der neuen Kommunikationsinfrastruktur ausgehen, muß zunächst die Ausbaustrategie der Post betrachtet werden. Hinsichtlich ISDN ist die Antwort auf die Frage entscheidend, wann, wo und zu welchen Kosten und mit welchen Anschlußwartezeiten ISDN-Anschlüsse zur Verfügung gestellt werden. Die Ausbaustrategie ist noch nicht in allen Einzelheiten absehbar. Wegen der in Kommunikationsnetzen auftretenden erheblichen Skalenvorteile führt eine rein betriebswirtschaftlich ausgerichtete Strategie zum bevorzugten Ausbau der Verdichtungsgebiete und Verdichtungsachsen. Dies könnte tatsächlich zu spürbaren Standortnachteilen peripherer Gebiete führen, die die oben erwähnte Dezentralisierungstendenz stoppen oder sogar umkehren würde.

Die Post plant derzeit die Einführung von ISDN in den 100 größten Ortsnetzen der Bundesrepublik bis 1990, die etwa 50 vH aller Fernsprechteilnehmer enthalten. Obwohl die Digitalisierung des gesamten Netzes bis ins nächste Jahrhundert dauert, wird jedoch betont, daß durch Fernschaltung auch Teilnehmer außerhalb dieser 100 Ortsnetze als sogenannte Fernteilnehmer an ISDN herangeführt werden[22]. Auf diese Weise sollen innerhalb von 5 Jahren nach Inbetriebnahme ISDN-Anschlüsse flächendeckend zu einheitlichen Tarifen angeboten werden. Wenn dies zutrifft, würde die von den Zentren ausgehende Ausbaustrategie in peripheren Regionen nur dann zu Engpässen führen, wenn die Nachfrage sich dort so schnell entwickelt, daß sie durch die genannten Übergangsmaßnahmen nicht mehr bewältigt werden kann. Da die neuen Dienste nach bisherigen Erfahrungen in peripheren Regionen deutlich langsamer angenommen werden als in den Zentren[23], ist das Auftreten solcher Engpässe wenig wahrscheinlich - obwohl nicht völlig auszuschließen.

Hinsichtlich der Tarifgestaltung hält die Post an der Tarifeinheitlichkeit fest, obwohl unter Kostengesichtspunkten periphere Anschlüsse mit ceteris paribus höheren Gebühren als zentrale zu belasten wären. Die Einheitstarife im Raum sind rechtlich geboten und auch regionalpolitisch erwünscht. Sie sind auch insoweit im Interesse des Monopolanbieters Post, als eine Gebührenerhöhung in peripheren Räumen dort zu einer geringeren Anschlußdichte und damit zu einer sinkenden Attraktivität des Gesamtnetzes führen würde. Man muß jedoch im Auge behalten, daß bei sehr starken Abweichungen der Gebühren- von der Kostenstruktur der Druck auf das Postmonopol wächst und, wie ausländische Erfahrungen zeigen, zu dessen Einschränkung oder Aufhebung führen kann.

Noch schwer abzusehen sind die von der regional ungleichmäßigen Entwicklung der Breitbandkommunikationsinfrastruktur ausgehenden Wirkungen. Die Konzentration auf die Verdichtungsräume und -achsen kann hier sehr viel gravierendere Konsequenzen haben, weil - wie erwähnt - die Breitbanddienste voraussetzen, daß das benötigte Netz vollständig erneuert wird. Dies kann nur gestreckt über einen längeren Zeitraum geschehen, so daß periphere Räume von diesem Infrastrukturangebot über lange Zeiträume abgeschnitten wären und entscheidender infrastruktureller Voraussetzungen für ein Bestehen im Wettbewerb beraubt würden. Wie weit dies tatsächlich eintritt, hängt davon ab, ob parallel zur Verkabelung in dünner besiedelten Räumen die Breitbanddienste über Satellit angeboten werden und ob dies zu denselben Kosten geschieht.

Zusammenfassend kann festgehalten werden, daß im Bereich Telekommunikation Infrastruktureffekte im engeren Sinne, also Effekte räumlich differierender Verfügbarkeiten und Kosten der Infrastrukturleistungen auf die Raumentwicklung, bislang nicht zu beobachten sind. Die Ursachen für regional differierende Diffusionsgeschwindigkeiten und Versorgungsgrade sind bislang eindeutig auf der Anwendungsseite zu suchen. Die sich gegenwärtig abzeichnenden Neuerungen im Bereich Telekommunikation können allerdings durch die Senkung der Kommunikationskosten sowie infolge des mit diesen Neuerungen verbundenen technischen und organisatorischen Wandels regionale Umstrukturierungen zur Folge haben. Die Netto-Effekte einer solchen Entwicklung sind freilich noch nicht absehbar. Regionale Beschränkungen des Infrastrukturangebotes von fühlbarem Ausmaß sind auch hier nicht zu erwarten. In fernerer Zukunft könnten im Zusammenhang mit der Entwicklung von Breitbanddiensten über längere Zeiträume erhebliche Versorgungsunterschiede zwischen Verdichtungsräumen und -achsen einerseits, und dünner besiedelten Gebieten andererseits entstehen. Auf gegenwärtige Standortentscheidungen wirken sich diese Perspektiven wahrscheinlich noch nicht aus.

7.10 Zusammenfassung der Ergebnisse

In diesem Teil der Untersuchung ist der Einfluß der technischen Infrastruktur auf die wirtschaftliche Entwicklung der Regionen untersucht worden. In die Betrachtung einbezogen wurde die Verkehrsinfrastruktur, die Energie- und Wasserversorgung sowie die Infrastruktur im Bereich von Ausbildung, Wissenschaft und Forschung, nicht dagegen die Telekommunikationsinfrastruktur, weil von diesen Einrichtungen Infrastruktureffekte im engeren Sinne auf die Raumentwicklung bislang nicht zu beobachten sind.

Der Verkehrsinfrastruktur wird noch heute ein dominierender räumlicher Einfluß zuerkannt. Dies schlägt sich beispielsweise darin nieder, daß in der Bundesfernstraßenplanung regelmäßig ohne Einzelnachweise pauschale Nutzenkomponenten für die durch Nutzung neuer Fernstraßen geschaffenen Arbeitsplätze angesetzt werden. In jüngerer Zeit mehren sich jedoch kritische Stimmen gegen diese Auffassung. In der Tat kann, wie oben für die Infrastruktur im allgemeinen bereits erläutert, die historische Parallelität von Wirtschafts- und Verkehrsinfrastrukturentwicklung eine noch anhaltende Raumwirksamkeit von Verkehrsinfrastrukturinvestitionen nicht beweisen. Andere Untersuchungen führen zu dem Ergebnis, daß der Autobahnbau heute keine großräumigen Standortwirkungen mehr hat und lediglich für die Mikrostandortwahl von Betrieben und Haushalten von Bedeutung ist. Die hier angestellten Untersuchungen bestätigen die Auffassung von der schwindenden Bedeutung der Verkehrsinfrastruktur als raumgestaltendem Faktor.

Bei der Energieversorgung konnte die häufig unterstellte wachstumsstimulierende Bedeutung niedriger regionaler Energiepreise empirisch nicht nachgewiesen werden. Dagegen sind Umweltengpässe wahrscheinlich ein wachstumsbeschränkender Faktor, dessen Einfluß auf die Regionalentwicklung zunimmt.

Die Untersuchungen im Bereich Ausbildung, Wissenschaft und Forschung haben zu dem Ergebnis geführt, daß die Relevanz höherer Qualifikationen sowie von Forschungs- und Entwicklungstätigkeit für das regionale Wachstum zwar außer Frage steht, daß aber der Einfluß der Ausbildungs- und Wissenschaftsstruktur auf diese Wachstumsfaktoren gering ist. Offensichtlich fehlt es in Regionen mit schrumpfender Industrie nicht an der Möglichkeit, qualifizierte Hochschulabgänger zu bekommen, wohl aber an einem Markt für Qualifikationen, die nur "on the job" zu erwerben sind, erst recht an der Fähigkeit der in den Regionen vertretenen Unternehmen, qualifizierte Arbeitskräfte ertragbringend einzusetzen.

Anmerkungen zu Abschnitt 7

*) Bei diesem Abschnitt handelt es sich um Teilergebnisse eines von der DfG geförderten Forschungsprojekts "Regionales Wachstum" unter der Leitung von Karin Peschel, Universität Kiel.

1) Vgl. D. Biehl, E. Hußmann, K. Rautenberg, S. Schnyder, V. Südmeyer: Bestimmungsgründe des regionalen Entwicklungspotentials, Kieler Studien 133, Tübingen 1975, S. 41; R. Thoss, R.W. Erfeld: Die Kapitalausstattung als Bestandteil des endogenen Entwicklungspotentials in den Regionen der Bundesrepublik Deutschland, in: Gleichwertige Lebensbedingungen durch eine Raumordnungspolitik des mittleren Weges, Veröffentlichungen der Akademie für Raumforschung und Landesplanung, Forschungs- und Sitzungsberichte, Bd. 140, Hannover 1983, S. 101-144.

2) Wird nur ein immobiler Produktionsfaktor unterstellt, so läßt sich auf Basis neoklassischer gleichgewichtstheoretischer Vorstellung sogar weitergehend argumentieren, daß ein funktionsfähiger Faktorpreismechanismus bei von Faktorpreisdifferenzen abhängigen interregionalen Faktorbewegungen dafür sorgen würde, daß die mobilen sich dem immobilen Faktor auch tatsächlich anpassen und daß die Kapazitäten voll ausgelastet werden.

3) Vgl. etwa R. Jochimsen: Theorie der Infrastruktur, Grundlagen der marktwirtschaftlichen Entwicklung, Tübingen 1966.

4) Voigt gebraucht dieses Bild im Zusammenhang mit der Verkehrsinfrastruktur (vgl. F. Voigt: Die volkswirtschaftliche Bedeutung des Verkehrssystems, in: Verkehrswissenschaftliche Forschungen, Schriftenreihe des Verkehrswissenschaftlichen Seminars der Universität Hamburg, Bd. 1, Berlin 1960).

5) Zu neueren Ergebnissen in dieser Richtung vgl. z.B. Infrastructure Study Group: The Contribution of Infrastructure to Regional Development, Final Report, Document of the Commission of the European Communities, Luxembourg 1986.

6) Vgl. Pedersen, in: Infrastructure Study Group, 1986, S. 363f.

7) R. Jochimsen, a.a.O., S. 145.

8) Vgl. C. Krieger, K. Lammers, J. Seitz, C. Thoroe, W. Weskamp: Aktualisierung des Infrastrukturindikators für eine Neuabgrenzung der Fördergebiete der Gemeinschaftsaufgabe "Verbesserung der regionalen Wirtschaftsstruktur", Kiel 1980.

9) D. Eckerle, K. Masuhr (PROGNOS AG): Überarbeitung, Aktualisierung und Fortschreibung der Raumordnungsprognose auf der Basis der 75 hzw. 88 Raumordnungsregionen, Studie im Auftrag des Bundesministers für Raumordnung, Bauwesen und Städtebau, Basel 1981.

10) Vgl. A.D. Cliff, J.K. Ord, Spatial Autocorrelating, London 1973.

11) Vgl. H. Lutter: Raumwirksamkeit von Fernstraßen, in: Bundesforschungsanstalt für Landeskunde und Raumentwicklung, Forschungen zur Raumentwicklung, Bonn 1980.

12) Vgl. H.P. Gatzweiler: Die Ermittlung der Gleichwertigkeit regionaler Lebensbedingungen mit Hilfe von Indikatoren, in: Gleichwertige Lebensbedingungen durch eine Raumordnungspolitik des mittleren Weges, Veröffentlichungen der Akademie für Raumforschung und Landesplanung, Forschungs- und Sitzungsberichte, Bd. 140, Hannover 1983, S. 25-61, sowie Bundesminister für Raumordnung, Bauwesen und Städtebau: Indikatoren zur Raum- und Siedlungsstruktur im bundesweiten Vergleich (Indikatorenkatalog), Bad Godesberg 1983.

13) Mittelwert für 4 Abnahmefälle für 1978 in Pf pro kWh, Bundesminister für Raumordnung, Bauwesen und Städtebau: Indikatorenkatalog, a.a.O., Indikator 16.3.

14) Vgl. E.R. Koch, F. Vahrenholt: Die Lage der Nation, Hamburg 1983.

15) Vgl. Abschnitt 5.6.

16) Vgl. Bundesministerium für Forschung und Technologie: Faktenbericht zum Bundesbericht Forschung, Bonn 1982.

17) Vgl. G. Engelbrech, G. Küppers, J. Sonntag: Regionale Wirkungen von Hochschulen. Forschungsprojekt im Auftrage des Bundesministers für Raumordnung, Bauwesen und Städtebau, in: "Schriftenreihe Raumordnung" des Bundesministers für Raumordnung, Bauwesen und Städtebau, Bonn 1978.

18) Vgl. K. Thomas und Th. Schnöring: Regionalpolitische Aspekte beim Angebot von Telekommunikationsdiensten, in: Jahrbuch der Deutschen Bundespost 1985, Bad Windsheim 1985, Bild 3, S. 560.

19) Auf dem IDN sind dies die Dienste Datex (Datenübertragung), Teletex (Bürofernschreiben) und HfD (festgeschaltete Datenleitungen), auf dem Fernsprechnetz die Datenübermittlung mittels Modem, Telefax (Fernkopieren), Btx, Temex (Fernwirken) sowie Zusatzdienste zum Fernsprechdienst (Service 130 und dezentrale Anrufweiterschaltung), vgl. Deutsche Bundespost (o.J., a) ISDN - Die Antwort der Deutschen Bundespost auf die Anforderungen der Telekommunikation von morgen, sowie Mittelfristiges Programm für den Ausbau der technischen Kommunikationssysteme, o.O., O.J.

20) Vgl. z.B. den Überblick bei Ewers und Fritsch. H.-J. Ewers und M. Fritsch: Telematik und Raumentwicklung - Mögliche Auswirkungen neuer Telekommunikationstechniken auf die Raumstruktur und Schlußfolgerungen für die raumbezogene Politik, in: Schriftenreihe der Gesellschaft für regionale Strukturentwicklung, Bonn 1983.

21) Vgl. G. Claisse: Transport und Telecommunikation, in: OECD (Hrsg.), Transport- und Telecommunication, Paris 1973.

22) Vgl. K. Thomas, Th. Schnöring, a.a.O., S. 569.

23) Vgl. H.-J. Ewers, M. Fritsch, a.a.O., S. 67-70; R. Hoberg: Raumwirksamkeit neuer Kommunikationstechniken - innovations- und diffusionsorientierte Untersuchungen am Beispiel des Landes Baden-Württemberg, Raumforschung und Raumordnung, Bd. 41, 1983, S. 211-222; H. Thomas, Th. Schnöring, a.a.O., Bild 8, S.574.

8. Zusammenfassung der Ergebnisse

Im Dezember 1984 hat der Bundesminister für Wirtschaft das Deutsche Institut für Wirtschaftsforschung beauftragt, eine vergleichende Analyse der wirtschaftlichen Entwicklung der Bundesländer in den siebziger und achtziger Jahren durchzuführen. An sich besteht kein Mangel an Untersuchungen über die wirtschaftliche und demographische Entwicklung in den Bundesländern. Die meisten beschäftigen sich jedoch jeweils nur mit einem Bundesland. Vergleiche beschränken sich in der Regel auf einzelne Indikatoren, ohne daß bestehende Zusammenhänge zwischen den Indikatoren hinreichend berücksichtigt werden. Mit diesem Forschungsvorhaben wird der Versuch unternommen, beide Aspekte etwas stärker zu verzahnen. Dabei liegt das Schwergewicht auf Analysen der wirtschaftlichen Entwicklung und ihren Auswirkungen auf die Beschäftigung. Sie werden ergänzt durch Analysen der demographischen Faktoren, von denen das Angebot an Arbeitskräften abhängt.

Der Gang der Untersuchung orientiert sich an einer Gliederung, bei der zunächst die Zusammenhänge zwischen Einkommen und Nachfrage diskutiert werden (Abschnitt 2). Die regionalen Wirkungen öffentlicher Haushalte sind gesondert betrachtet worden, da es hier nicht nur um die staatliche Nachfrage geht, sondern auch um die Wirkungen des Umverteilungsprozesses (Abschnitt 3). In einem weiteren Abschnitt wird den Beziehungen zwischen dem regionalen Wachstum und verschiedenen Ausprägungen des Strukturwandels nachgegangen (Abschnitt 4). Dieser Abschnitt leitet über zu dem Teil der Untersuchung, in dem es um die Produktion und den Einsatz von Produktionsfaktoren und damit die Reaktionen des Angebotspotentials der Regionen auf die Nachfrageimpulse geht (Abschnitt 5). Der Abschnitt 6 beschäftigt sich mit denjenigen Faktoren, von denen die Entwicklung des Angebots an Arbeitskräften in den Regionen abhängt. Gleichzeitig sind die Ergebnisse, die sich aus den Analysen von Nachfrage und Produktion für die Beschäftigung ergeben, mit den Determinanten der Angebotsseite zusammengeführt worden, um Rückschlüsse auf die Entwicklung der regionalen Arbeitsmärkte ziehen zu können.

An vielen Stellen dieser Untersuchung wird deutlich, daß über den harten Kern ökonomischer Bestimmungsgrößen hinaus eine Fülle weiterer Einflußfaktoren die wirtschaftliche Entwicklung in den Regionen mitbestimmt. In Abschnitt 7 ist ein Komplex aus diesem Bereich herausgegriffen und untersucht worden, welche Beziehungen zwischen der Ausstattung mit technischer Infrastruktur und der regionalen Entwicklung besteht.

In der Aufgabenbeschreibung ist als räumliches Bezugssystem nur die Länderebene angesprochen. Die von dieser Untersuchung erwarteten Ergebnisse machen es jedoch unerläßlich, bei der Analyse so weit als möglich von kleineren Einheiten auszugehen, da die Unterschiede in den regionalen Aktivitätsniveaus innerhalb der Flächenländer so groß sind, daß eine Nivellierung der Aussagen auf Länderebene problematisch erscheint. Hinzu kommt, daß die Stadtstaaten als eigenständige Bundesländer in großräumiger Betrachtung nur zusammen mit ihrem in den Flächenstaaten gelegenen Umland betrachtet werden können. Deshalb werden in den Analysen so weit als möglich auch die Raumordnungsregionen als regionale Gliederung verwendet. In vielen Analysebereichen ist es allerdings kaum möglich, die Länderebene zu unterschreiten.

Werden sowohl Raumordnungsregionen als auch Länder betrachtet, so erhöhen sich die ohnehin schon sehr großen Schwierigkeiten, die Ergebnisse ohne wesentliche Informationsverluste zusammenzufassen. Hier wurde so verfahren, daß der Schwerpunkt in dieser Zusammenfassung auf einer Darstellung der Länderergebnisse liegt, daß aber an den Stellen, wo Zusammenhänge nur erkennbar werden, wenn regional stärker differenziert wird, auch diese Ergebnisse kommentiert werden.

8.1 Ausgangsbedingungen für die wirtschaftliche Entwicklung von Regionen

Wenn es um die Frage geht, welchen Einfluß die Entwicklung der Nachfrage auf die Produktion in den Regionen und auf den regionalen Sturkturwandel gehabt hat, muß berücksichtigt werden, daß es schon auf Bundesebene eine Reihe von Ausgangsbedingungen gibt, die als weitgehend unbeeinflußbar auf diesen Prozeß einwirken. Die Entwicklung des Welthandels ist eine solche Determinante, aber auch die Bevölkerungsentwicklung.

Für die Regionen des Bundesgebietes erhöht sich das Gewicht dieser unmittelbar kaum beeinflußbaren Ausgangsbedingungen beträchtlich. Es ist nicht nur der Welthandel, von dem das Volumen der Außenbeziehungen einer Region abhängt. Auch die inländischen Güterströme, sofern sie die Regionsgrenzen überschreiten, gehören für die Regionen zum Außenhandel. Die außenwirtschaftlichen Beziehungen einer Region sind damit wesentlich größer als die für das Bundesgebiet als Gesamtraum. Dies gilt sowohl für die Ausfuhr als auch für die Einfuhr.

Das Gewicht der Rahmenbedingungen vergrößert sich aber nicht nur im Bereich der außenwirtschaftlichen Beziehungen. Grundlegend anders stellt sich die Situation einer Region auch im Bereich der staatlichen Aktivitäten dar. Wie im Außenwirtschaftsbereich ist die Region hier im wesentlichen Betroffener der Entwicklung und nicht Akteur mit entsprechenden Handlungsspielräumen. Dies gilt für Bundesländer sicherlich weniger als für Raumordnungsregionen unterhalb der Landesebene. Dennoch liegt die Kompetenz für den weitaus gewichtigeren Teil der wirtschaftspolitischen Aktivitäten auf der Bundesebene. Unmittelbar einsichtig ist dies für die Geldpolitik und die Haushalte des Bundes und der Sozialversicherungen. Da die Gesetzgebungskompetenz jedoch in allen wesentlichen Bereichen der Wirtschafts- und Finanzpolitik ebenfalls beim Bund liegt, gilt dies auch hier.

Diese Abhängigkeit der Regionen von den auf Bundesebene gesetzten Rahmenbedingungen engt insbesondere die Gestaltungsspielräume auf der

Nachfrageseite erheblich ein. Im Grunde sehen sich Regionen weitgehend mit exogenen und von der Region kaum beeinflußbaren Nachfrageimpulsen konfrontiert, auf die sie reagieren müssen. Gleichzeitig wird damit aber auch deutlich, welche Bedeutung einer der jeweiligen Problemlage angemessenen Wirtschaftspolitik auf gesamtstaatlicher Ebene zukommt.

Auf der Angebotsseite sind die regionalen Spielräume für Reaktionen größer. Insofern ist die Entwicklung von Regionen nicht in erster Linie das Ergebnis nachfragepolitischer Aktivitäten, sondern abhängig von den Strategien der Akteure auf der Angebotsseite. Der "Erfolg" einer Region im interregionalen Vergleich bemißt sich somit letztlich an ihrer Fähigkeit, ihr Angebotspotential an die weitgehend gesamtwirtschaftlich determinierte Nachfrage anzupassen. Dabei sind häufig solche Regionen im Vorteil, wo die Möglichkeit besteht, sich - frei vom Ballast alter Produktionsstrukturen - in zukunftsträchtigen Bereichen zu engagieren. Dies wird in vielen Teilen der Untersuchung deutlich.

Weiterhin hat sich gezeigt, daß Veränderungen der Einflußfaktoren für die wirtschaftliche Entwicklung von Regionen oft wichtiger sind als das erreichte Niveau. Dies gilt zum Beispiel für den Zusammenhang zwischen höherwertigen produktionsorientierten Diensten und Beschäftigung. Hier war nicht so sehr das erreichte Niveau entscheidend, sondern vor allem die Entwicklung dieser Beschäftigtengruppe in den Regionen. Da bei niedrigeren Niveaus Veränderungen jedoch im allgemeinen stärker zu Buche schlagen als in den Fällen, in denen das erreichte Niveau schon über dem Durchschnitt liegt, kommen in der Entwicklungsdynamik auch Aufholprozesse derjenigen Regionen zum Ausdruck, die sich am unteren Ende der Skala befinden.

Aussagen über die Entwicklungsdynamik sind damit zumeist auch Aussagen über den Stand der Regionen im längerfristigen Entwicklungsprozeß. Diese Prozesse gehen nicht nur in eine Richtung, sondern haben auch zyklische Elemente. Zur Begründung dieser Zusammenhänge kann unmittelbar angeknüpft werden an Überlegungen, wie sie etwa über den Alterungsprozeß von Produkten in Produktzyklus-Hypothesen angestellt worden sind. Im Grunde lassen sich Zyklen in der Entwicklung von

Regionen gut verdeutlichen, wenn man sie als Spiegelbilder solcher Produktzyklen versteht.

Immer dann, wenn eine Region beginnt, sich an der Produktion bestimmter Güter zu beteiligen, ist damit zu rechnen, daß in erster Linie diejenigen Produkte produziert werden, die sich im aufsteigenden Ast des Zyklus befinden. Diese erste Phase wird abgelöst durch eine zweite, in der eine breitere für eine Branche typische Produktpalette angeboten wird. Am anderen Ende stehen Regionen, in denen die Zusammensetzung der Produktion einer Branche stark geprägt wird von solchen Gütern, die sich im Produktzyklus auf dem absteigenden Ast befinden. Diese Regionen haben im Zeitverlauf häufig umfangreiche Kapazitäten zur Produktion dieser Güter aufgebaut, die nicht ohne weiteres an veränderte Anforderungen angepaßt werden können. Hinzu kommt, daß sich häufig auch die berufliche Struktur der Arbeitskräfte stärker als in anderen Regionen an dieser Produktion orientiert hat. In diesen Fällen sind die Produktionsprozesse zumeist ausgereift und die vorhandenen Produktivitätspotentiale ausgeschöpft. Wenn diese Phase dann auch noch zu einer Zeit erreicht wird, wo das Marktpotential - national wie international - stagniert oder gar schrumpft, entstehen Anpassungszwänge, die nur in sehr langen Fristen zu bewältigen sind.

Diese Entwicklungsmuster finden sich - mehr oder weniger ausgeprägt - in allen Regionen wieder. In jeder Region gibt es Unternehmen, deren Produktpalette bestimmten Phasen in diesen Produktzyklen zugerechnet werden kann. Worauf es ankommt, ist die Gewichtsverteilung innerhalb des in der Region produzierten Güterbündels.

Welche Auswirkungen sich für die Regionen aus dem Zwang zur Anpassung überholter Strukturen ergeben, hängt aber nicht nur vom Gewicht ab, das solche Prozesse haben, sondern auch von der Phase der gesamtwirtschaftlichen Entwicklung, in der solche Anpassungszwänge auftreten. Fällt der Zwang, Strukturprobleme solcher Art zu bewältigen, in einer Zeit allgemeiner Wachstumsdynamik, so gelingt dies reibungsloser als in Phasen, in denen die gesamtwirtschaftlichen Aktivitäten nur schwach expandieren.

So sind eine Reihe gravierender struktureller Anpassungsprobleme in der Bundesrepublik einfach deshalb bewältigt worden, weil sie in eine Phase raschen wirtschaftlichen Wachstums fielen. Dies gilt für die Integration der Flüchtlinge und die Anpassung der Landwirtschaft an die veränderten Erfordernisse ebenso wie für den Kohlenbergbau, dessen Probleme im Ruhrgebiet und in anderen Bergbauregionen Anfang der siebziger Jahre noch verhältnismäßig reibungslos bewältigt werden konnten.

Seitdem fallen die Strukturprobleme dagegen in eine Phase, in der sich Alternativen für eine Nutzung der freigesetzten Kapazitäten in anderen Bereichen nicht ohne weiteres anbieten. Dies ist wohl der entscheidende Grund dafür, daß die Schwierigkeiten der Anpassung größer geworden sind.

In diesem Zusammenhang wird häufig auf den Dienstleistungsbereich als neues Wachstumsfeld verwiesen, der in der Lage sei, freigesetzte Arbeitskräfte in den vom Strukturwandel betroffenen Bereichen aufzunehmen. Dies ist in der Tendenz sicherlich richtig, gilt aber nur mit einer Reihe von Einschränkungen:

- Im konsumtiven Bereich ist das Vordringen des Dienstleistungsbereichs nicht nur von dem erreichten Einkommensniveau und seiner Struktur abhängig, sondern von der Dynamik seiner Entwicklung. Insofern gilt hier das gleiche, was für die Bewältigung struktureller Anpassungsprozesse generell gilt.
- Im Bereich der konsumtiven Dienstleistungen spielen die Organisationsformen eine große Rolle. In der Bundesrepublik werden mehr als anderswo konsumtive Dienste von den öffentlichen Haushalten angeboten. Für sie gelten damit andere Finanzierungsmodalitäten als im Bereich der privaten Dienstleistungen. Die starken Vorbehalte, die es gibt, sich mit steigenden Abgaben an der Finanzierung öffentlich angebotener Dienstleistungen zu beteiligen, begrenzen damit zwangsläufig den Spielraum für die Ausweitung in diesem Sektor. Dabei spielen auch Effizienzgesichtspunkte beim Angebot staatlicher Dienstleistungen eine Rolle.
- Bei den unternehmensbezogenen Dienstleistungen haben das größte Gewicht diejenigen, die in den güterproduzierenden Unternehmen

selbst inkorporiert sind. Dies bedeutet aber, daß sie nicht unabhängig von der Güterproduktion ausgeweitet werden können, sondern nur in Zusammenhang mit ihr. Eine Dynamik in diesem Segment der Dienstleistungen ist daher nur zu erwarten, wenn sie gepaart ist mit entsprechenden Entwicklungsperspektiven in den güterproduzierenden Bereichen.

8.2 Einkommen und Nachfrage

Der Analyse der Nachfrageseite des Wirtschaftsprozesses in den Bundesländern sind dadurch Grenzen gesetzt, daß die wirtschaftlichen Beziehungen zum Ausland nur teilweise, der Austausch zwischen den Bundesländern überhaupt nicht statistisch erfaßt werden. Dieser Mangel hat einmal zur Folge, daß nicht alle Nachfragekomponenten in die Betrachtung einbezogen werden können. Zum anderen können die Wachstums- und Beschäftigungsimpulse in ihrer Gesamtheit nicht abgeschätzt werden, weil für die meisten Nachfragebereiche nicht bekannt ist, welcher Teil der regionalen Nachfrage aus regionaler Produktion und welcher Teil durch Bezug von außen gedeckt wird. Die überregionale Verflechtung ist tendenziell um so intensiver, je kleiner die untersuchten Regionen sind. Abgesehen davon muß im allgemeinen davon ausgegangen werden, daß die Zuverlässigkeit der vorhandenen statistischen Informationen mit der Größe der betrachteten Regionen abnimmt.

Ein sehr globaler Indikator für das Ergebnis des regionalen Wettbewerbs um die Gesamtnachfrage sind regionale Einkommensunterschiede. Betrachtet man die Wertschöpfung pro Kopf der Wirtschaftsbevölkerung, so liegt der Einkommensabstand zum Durchschnitt nach oben in der betrachteten Periode in den großen Ballungsregionen ziemlich konstant bei etwa 10 vH. Auch an der Spitzengruppe in der Einkommenshierarchie hat sich im Zeitablauf nicht sehr viel geändert. Immer dazu gehört haben Hamburg, Düsseldorf und der Frankfurter Raum; in jüngster Zeit hinzugekommen ist München, etwas abgefallen ist Hamburg. Das Ruhrgebiet konnte bis in die Mitte der siebziger Jahre hinein seine Einkommenssituation deutlich verbessern: 1970 lagen die Pro-Kopf-Einkommen noch knapp unter dem Bundesdurchschnitt, 1976 um 5 vH darüber. Diese Entwicklung war jedoch nicht von Dauer, wie die Ergebnisse für 1982 zeigen. In diesem Jahr ist das Ruhrgebiet wieder hinter den Bundesdurchschnitt zurückgefallen.

Auf Länderebene gibt es auch Informationen über die Entwicklung des Bruttosozialprodukts. Dabei zeigen sich ganz beträchtliche Unterschiede zwischen den Bundesländern: Das Sozialprodukt Bayerns ist um rund

Abbildung 8.2.1

Bruttosozialprodukt je Einwohner

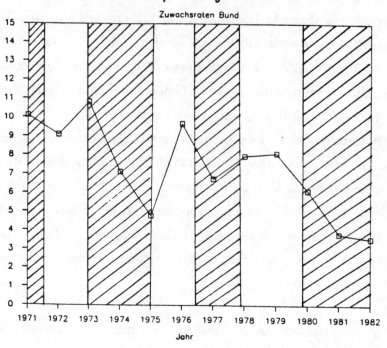

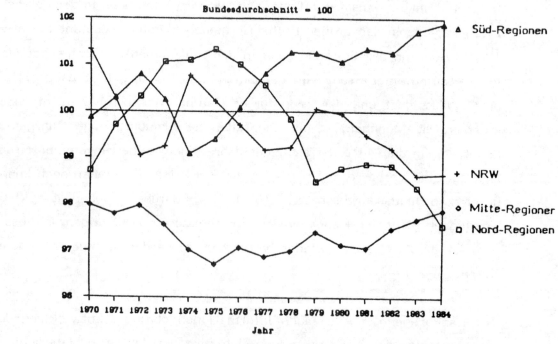

Bruttosozialprodukt je Einwohner

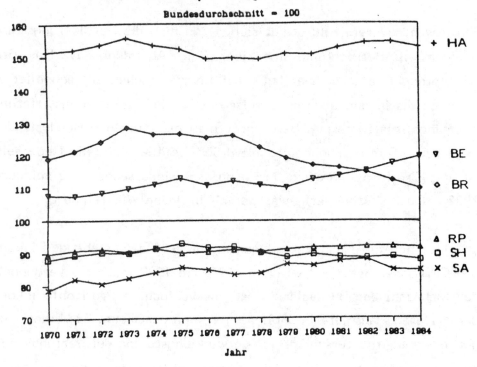

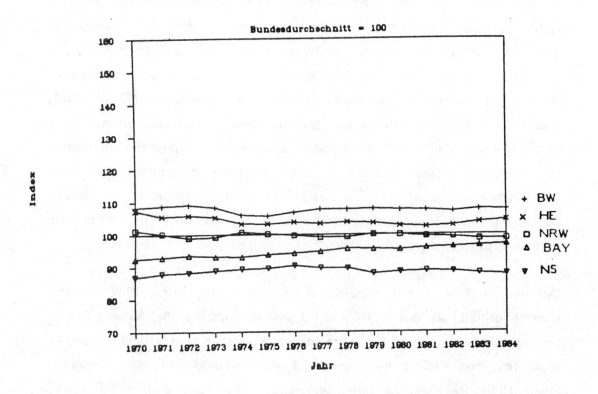

25 Prozentpunkte stärker gestiegen als dasjenige Nordrhein-Westfalens. Insgesamt ist das Wachstumstempo im Süden deutlich höher als in den anderen Regionen.

Ein etwas anderers Bild ergibt sich, wenn man die Bevölkerungsentwicklung in die Betrachtung einbezieht (vgl. Abbildung 2.1). Das Bruttosozialprodukt je Einwohner hat zwar im Süden ebenfalls schneller zugenommen als in den anderen Landesteilen. Die Entwicklungsdifferenz ist allerdings relativ gering. Betrachtet man die einzelnen Bundesländer, so kann von einem durchgängigen Nord-Süd-Gefälle nicht die Rede sein. So ist das Bruttosozialprodukt pro Kopf in Niedersachsen - zumindest bis 1982 - deutlich schneller gewachsen als in Baden-Württemberg.

Das letztlich für den privaten Konsum zur Verfügung stehende Einkommen pro Einwohner hat sich zwischen 1970 und 1982 mehr als verdoppelt. In der Mehrzahl der Bundesländer ist das verfügbare Pro-Kopf-Einkommen der privaten Haushalte in ähnlichem Tempo gestiegen. Die relativ geringen regionalen Unterschiede im Entwicklungstempo der verfügbaren Einkommen sind auch durch die Nivellierungswirkung der Einkommensumverteilung bedingt. Im Süden sind die öffentlichen Abgaben überdurchschnittlich gestiegen. Die Transfereinkommen haben zwar nicht langsamer zugenommen als im Norden, ihr Niveau war aber wesentlich geringer. Deutlich schneller als im Bundesdurchschnitt ist das verfügbare Einkommen nur in Bremen, im Saarland und in Bayern gewachsen (vgl. Abbildung 8.2.2). In Bremen hat dabei die Zunahme der Transfereinkommen eine große Rolle gespielt. Insgesamt haben sich beim verfügbaren Einkommen pro Einwohner ebenso wie beim Bruttosozialprodukt die Niveauunterschiede zwischen den Bundesländern von 1970 bis 1982 vermindert. Die Werte für die Flächenländer lagen 1982 alle in der Spanne von 93 bis 103 vH des Bundesdurchschnitts.

Der private Verbrauch je Einwohner hat sich von 1970 bis 1982 deutlich stärker erhöht als das verfügbare Einkommen, d.h. die Sparquote ist gesunken. Diese Entwicklung war in den einzelnen Bundesländern unterschiedlich ausgeprägt. In Hessen ist der geringe Einkommensanstieg hinsichtlich der Konsumentwicklung durch einen sehr starken Rückgang

Abbildung 8.2.2

Verfügbares Einkommen je Einwohner

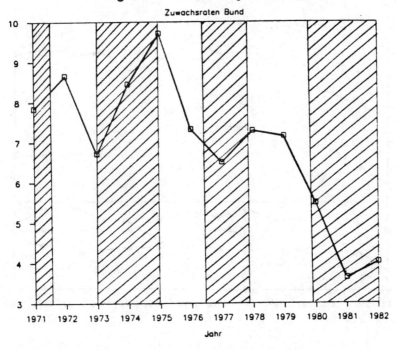

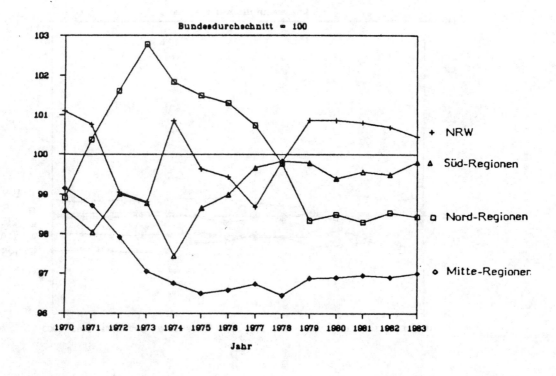

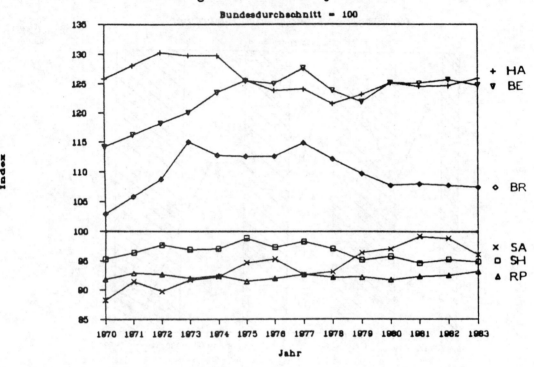
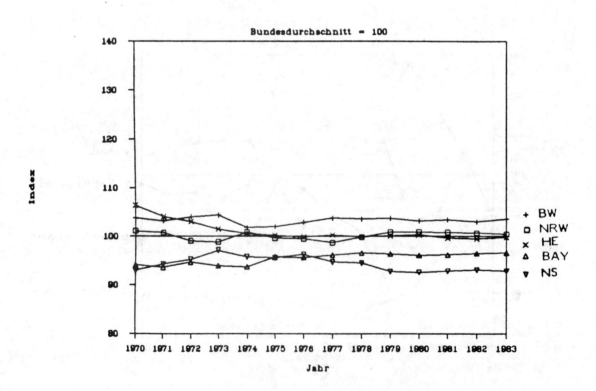

der Sparquote kompensiert worden. In Nordrhein-Westfalen, Niedersachsen, Bremen und im Saarland hat die Sparquote dagegen nur wenig abgenommen. Aufgrund dieser regionalen Unterschiede ist die Schere im Wachstumstempo der Verbrauchsausgaben zwischen Norddeutschland und Nordrhein-Westfalen einerseits und Süddeutschland andererseits größer gewesen als es von der Einkommensentwicklung her zu erwarten war. Immerhin hat der Pro-Kopf-Verbrauch in Bayern um rund 17 vH-Punkte mehr expandiert als in Nordrhein-Westfalen. Das Land hat damit den zu Beginn der siebziger Jahre existierenden beträchtlichen Niveaurückstand gegenüber dem Bundesdurchschnitt fast aufgeholt.

Der gesamte Komplex der Außenbeziehungen wird im Sozialprodukt nur als Saldo berücksichtigt. Das Gewicht der Außenwirtschaftsbeziehungen ist für die Teilregionen erheblich größer, als für das Bundesgebiet insgesamt, weil neben den Auslandsaktivitäten noch grenzüberschreitende Güter- und Dienstleistungsströme hinzukommen, die mit den übrigen inländischen Regionen bestehen. Modellrechnungen haben ergeben, daß der grenzüberschreitende Handel zwischen den Raumordnungsregionen für die meisten Raumordnungsregionen vermutlich ein größeres Gewicht hat als die wirtschaftlichen Beziehungen mit dem Ausland.

Betrachtet man nur die Warenexporte, so haben 1983 im Bundesdurchschnitt die am Warenexport beteiligten Branchen rund 25 vH ihrer Gesamtproduktion im Ausland abgesetzt. Die Expansion der Warenausfuhr ist seit Mitte der siebziger Jahre im Süden, vor allem in Bayern, deutlich stärker als in den anderen Landesteilen. Darüber hinaus hat sich gezeigt, daß die Güterstruktur des Exports hinsichtlich der Wachstums- und Beschäftigungseffekte im Süden günstiger ist als in den übrigen Bundesländern.

Für die Ausfuhr in den jeweiligen Bundesländern war es möglich, die Beschäftigungswirkungen zumindest überschlägig abzuschätzen. In diesen Beschäftigungsintensitäten kommen die Unterschiede in der Zusammensetzung der Warenexporte in ihrer Wirkung auf die Beschäftigung in den Bundesländern zum Ausdruck (vgl. Tabelle 8.2.1). Die geringsten Beschäftigungsintensitäten ergeben sich für die Länder der Mitte-Region. Dabei

Tabelle 8.2.1

Beschäftigungswirkungen der Exporte 1980

	Mit den branchenspezifischen Länderanteilen aufgeschlüsselte Exporte in den warenproduzieren Wirtschaftszweigen 1) in der Abgrenzung der VGR	von den Exporten der warenproduzierenden Wirtschaftszweige ausgelöste Beschäftigungseffekte			einschl.d. Sekundäreffekte f.d.Bundesgebiet	zum Vergleich: Beschäftigte insgesamt
		den Ländern zurechenbare Primäreffekte				
	Mrd. DM	1 000 Personen	Anteil an den Beschäftigten insgesamt	Beschäftigte je 1 Mrd.DM Export	1 000 Personen	
Nord-Regionen 2)	60,0	430	7,2	7 170	843	5 979
Nordrhein-Westfalen	103,4	736	10,7	7 120	1 403	6 905
Mitte-Region	56,4	392	9,1	6 950	756	4 302
Baden-Württemberg	62,5	490	11,6	7 840	892	4 232
Bayern	53,7	420	8,7	7 820	782	4 833
Bundesrepublik	336,0	2 468	9,4	7 350	4 676	26 251

1) Ohne Energiewirtschaft und Baugewerbe.
2) Einschl. Berlin.

spielt sicherlich das große Gewicht von Exporten chemischer Erzeugnisse in Hessen und Rheinland-Pfalz eine Rolle, die mit hoher Arbeitsproduktivität hergestellt werden. Dicht auf folgen die Nord-Regionen und Nordrhein-Westfalen. Auch in Nordrhein-Westfalen entfällt ein großer Teil der Ausfuhr auf Produkte der Grundstoffindustrien mit überdurchschnittlichen Arbeitsproduktivitäten. Diese Exportstruktur hat zur Folge, daß die Beschäftigungsintensitäten hier deutlich geringer ausfallen als in den beiden südlichen Bundesländern, wo der Maschinenbau, der Fahrzeugbau und die Elektrotechnik als Exportbranchen dominieren. Zusätzlich bleibt festzuhalten, daß die Exportstruktur von Bayern und Baden-Württemberg nicht nur wachstumsträchtiger ist als in Nordrhein-Westfalen, sondern auch beschäftigungsintensiver.

Im folgenden sind die wichtigsten Ergebnisse für die jeweiligen Bundesländer zusammengefaßt dargestellt worden. Einbezogen wurden hier neben dem privaten Verbrauch, den Anlageinvestitionen der Unternehmen und der Warenausfuhr auch der Staatsverbrauch und die staatlichen Investitionen.

Das Bruttosozialprodukt zu Marktpreisen hat in den vier <u>norddeutschen Bundesländern</u> von 1970 bis 1982 geringfügig schwächer zugenommen als im Durchschnitt aller Länder (vgl. Abbildung 8.2.3). Da sich auch die Zahl der Einwohner etwas ungünstiger entwickelt hat, stieg das Sozialprodukt pro Kopf genauso stark wie im Bundesgebiet insgesamt; auch sein Niveau entsprach im Jahr 1982 fast dem Bundeswert. In den Jahren 1983 und 1984 hat sich die Position Norddeutschlands allerdings verschlechtert.

Eine ähnliche Konstellation im interregionalen Vergleich ergibt sich beim verfügbaren Einkommen der privaten Haushalte und beim privaten Konsum pro Einwohner. Der Anteil des Konsums am Bruttosozialprodukt ist in Norddeutschland - auch bedingt durch die unterdurchschnittliche Zunahme der Einwohnerzahl - etwas weniger gestiegen als im Bundesdurchschnitt.

Der Anteil des Staatsverbrauchs am Bruttosozialprodukt hat in Norddeutschland ein stark überproportionales Gewicht. Dies ist entscheidend durch die Häufung militärischer Standorte in den beiden Flächenländern

Abbildung 8.2.3

Nord-Regionen

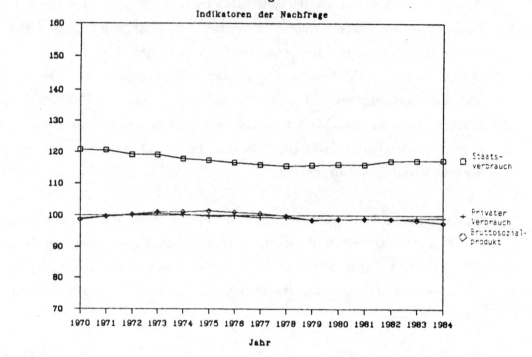

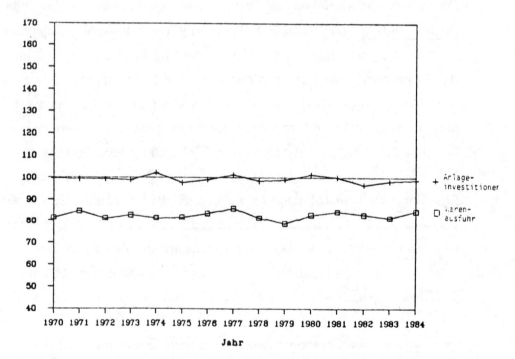

bedingt. Der öffentliche Verbrauch pro Einwohner und sein Anteil an der Gesamtnachfrage sind weniger gestiegen als im Durchschnitt aller Länder. Etwas ungünstiger als im Bundesdurchschnitt hat sich auch die Investitionstätigkeit im Zeitraum 1970 bis 1982 entwickelt. Dabei sind die privaten Bauinvestitionen nur schwach, die privaten Ausrüstungsinvestitionen und die öffentlichen Investitionen dagegen vergleichsweise kräftig ausgeweitet worden. Der Anteil der Anlageinvestitionen insgesamt am Sozialprodukt ist in Norddeutschland bis 1982 etwas stärker zurückgegangen als in der gesamten Volkswirtschaft. In den Jahren 1983 und 1984 hat er sich dagegen vergleichsweise günstig entwickelt.

Von der Auslandsnachfrage gingen in Norddeutschland - wie in allen Bundesländern - expansive Effekte aus. Der Warenexport hat in der Zeit von 1970 bis 1984 etwa ebenso stark zugenommen wie im Bundesgebiet insgesamt. Sein Anteil am Bruttosozialprodukt ist aber noch immer unterdurchschnittlich.

Eine getrennte Darstellung der Entwicklung von Einkommen und Nachfrage in den vier einzelnen norddeutschen Bundesländern wäre sehr problematisch. Erstens reichen die statistischen Informationen nicht aus, um die intensive Verflechtung der beiden Stadtstaaten mit ihrem jeweiligen Umland richtig zu erfassen. Zweitens erscheint es in mancher Hinsicht auch gar nicht sinnvoll, einzelne administrativ abgegrenzte Teile zusammengehörender Wirtschaftsräume isoliert zu betrachten. Der Tendenz nach läßt sich feststellen, daß sich Einkommen und Nachfrage in den Ländern Schleswig-Holstein/Hamburg günstiger entwickelt haben als in Niedersachsen/Bremen.

In Nordrhein-Westfalen ist das Bruttosozialprodukt von 1970 bis 1982 unterdurchschnittlich gestiegen. Auch pro Einwohner ergibt sich noch ein etwas geringeres Wachstum als in der Bundesrepublik insgesamt (vgl. Abbildung 8.2.4). In den Jahren 1983 und 1984 hat sich diese Tendenz fortgesetzt. Ein Rückstand Nordrhein-Westfalens zeigt sich auch bei der Entwicklung der Bruttoerwerbs- und -vermögenseinkommen der privaten Haushalte. Dieser wurde zwar weitgehend dadurch kompensiert, daß das Land bei der Umverteilung des Einkommens durch Steuern und Transfers

Abbildung 8.2.4

Nordrhein-Westfalen

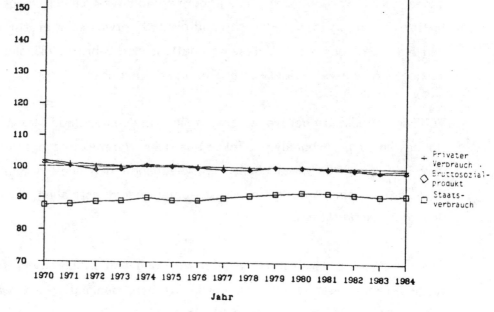

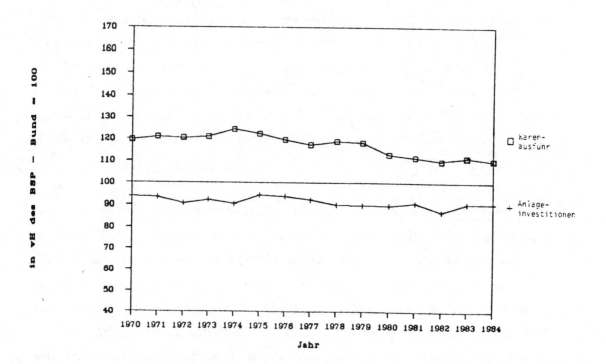

vergleichsweise günstig abschnitt. Gleichzeitig hat aber die Ersparnisbildung relativ stark zugenommen, so daß der private Verbrauch pro Einwohner schwächer expandierte als im Bundesdurchschnitt.

Die Verbrauchsausgaben des öffentlichen Sektors expandierten in Nordrhein-Westfalen stärker als im Bundesdurchschnitt. Der Anteil des Staatsverbrauchs am Bruttosozialprodukt war aber 1984 immer noch unterdurchschnittlich. Relativ ungünstig hat sich die Investitionstätigkeit in Nordrhein-Westfalen entwickelt. Das gilt für den Unternehmenssektor und in noch stärkerem Maße für den Staat. Der Anteil der Bruttoanlageinvestitionen am Sozialprodukt, der bereits zur Beginn des Untersuchungszeitraums vergleichsweise niedrig war, hat deutlich stärker abgenommen als im Bundesgebiet insgesamt.

Von der starken Ausweitung der ausländischen Nachfrage konnte Nordrhein-Westfalen verhältnismäßig wenig profitieren. Der Warenexport ist deutlich schwächer gestiegen als in den anderen Bundesländern. Die Exportquote liegt jedoch immer noch um 10 vH über dem Bundesdurchschnitt und ist damit gleich hoch wie in Baden-Württemberg.

Hessen gehört - gemessen an den im Land entstandenen Einkommen - zu den wachstumsstärksten Bundesländern. Das Einkommen der im Land ansässigen Einwohner bzw. Wirtschaftseinheiten, das Bruttosozialprodukt, ist im Zeitraum 1970 bis 1982 allerdings schwächer gestiegen als im Bundesdurchschnitt. Offenbar werden in erheblichem Umfang Unternehmensgewinne, die in Hessen entstehen, an Empfänger außerhalb des Landes transferiert. In diesem Zusammenhang dürfte auch der Gewinn der Bundesbank eine Rolle spielen.

Das unterdurchschnittliche Wachstum des Bruttosozialprodukts und die überdurchschnittliche Zunahme der Bevölkerungszahl hatten zur Folge, daß sich das Bruttosozialprodukt pro Einwohner in Hessen immer mehr dem Bundesdurchschnitt näherte (vgl. Abbildung 8.2.5). Im Jahr 1982 lag es nur noch wenig darüber. In den Jahren 1983 und 1984 hat sich die Position des Landes wieder verbessert.

Abbildung 8.2.5
Hessen

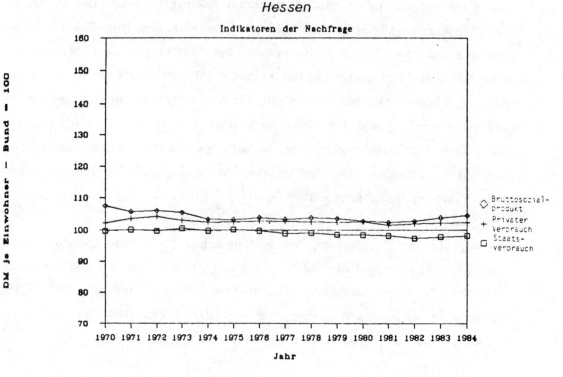

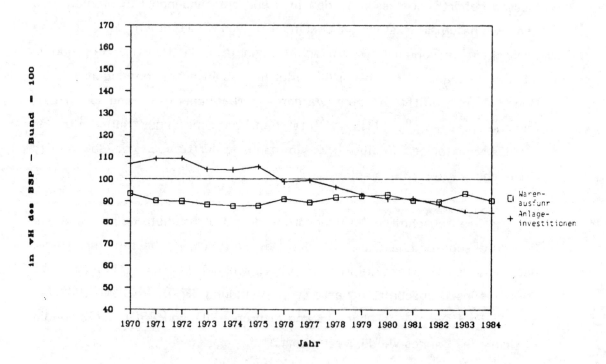

Trotz der ungünstigen Entwicklung der Einkommen hat der Konsum pro Einwohner in Hessen fast mit demselben Tempo zugenommen wie im Bundesgebiet insgesamt; die Ersparnis wurde - abweichend von der allgemeinen Entwicklung - deutlich vermindert.

Der öffentliche Sektor hat seine Verbrauchsausgaben in Hessen von 1970 bis 1982 ebenso stark erhöht wie in den anderen Bundesländern. Ihr Anteil am Sozialprodukt ist damit etwas stärker gewachsen als im Durchschnitt. Bezogen auf die Zahl der Einwohner hat sich der Staatsverbrauch unterdurchschnittlich entwickelt.

Die Investitionstätigkeit hat sich in Hessen - von einem hohen Niveau zu Beginn der siebziger Jahre aus - sehr ungünstig entwickelt. Dies ist zumindest das Ergebnis der regionalisierten volkswirtschaftlichen Gesamtrechnungen. Wenn dieses Bild nicht durch statistische Ungenauigkeiten verzerrt ist, zeigt dieser Befund, daß ein vergleichsweise hohes Wachstumstempo der wirtschaftlichen Leistung auch über einen längeren Zeitraum nicht unbedingt mit einer expansiven Investitionsfähigkeit verbunden sein muß.

Die Warenausfuhr Hessens hat sich in der ersten Hälfte der siebziger Jahre eher ungünstig entwickelt. Danach ist sie ebenso stark gestiegen wie im Durchschnitt aller Bundesländer. Ihr Anteil am Sozialprodukt ist - über den gesamten Zeitraum betrachtet - etwa gleich geblieben.

Das Bruttosozialprodukt von Rheinland-Pfalz ist im Zeitraum 1970 bis 1982 mit durchschnittlichem Tempo gewachsen. Da die Einwohnerzahl - anders als im gesamten Bundesgebiet - etwas zurückgegangen ist, stieg das Sozialprodukt pro Kopf stärker als im Bundesdurchschnitt; das Niveau war 1982 aber immer noch um rund 8 vH niedriger (vgl. Abbildung 8.2.6). Dieser Abstand hat sich in den Jahren 1983 und 1984 wieder etwas vergrößert.

Ein ähnliches Bild ergibt sich beim Vergleich des Einkommens und des Verbrauchs der privaten Haushalte je Einwohner. Der Verbrauch des öffentlichen Sektors hat relativ schwach zugenommen. Sein Anteil am

Abbildung 8.2.6

Rheinland-Pfalz

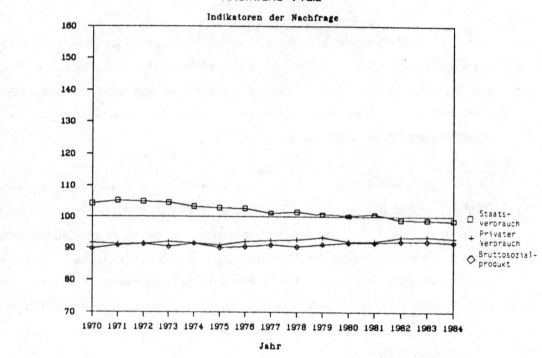

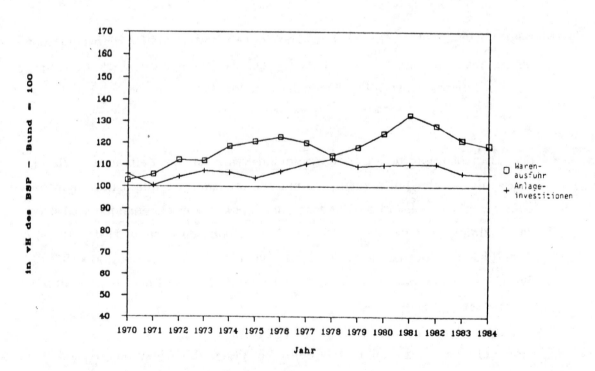

Bruttosozialprodukt war 1982 aber immer noch höher als im Bundesgebiet insgesamt.

Die Anlageinvestitionen sind in Rheinland-Pfalz leicht überdurchschnittlich gestiegen. Dies ist allein Folge einer kräftigen Ausweitung der Bauinvestitionen; die Ausrüstungsinvestitionen wurden dagegen vergleichsweise wenig erhöht.

Wesentlich stärker als im Bundesgebiet insgesamt hat der Warenexport in Rheinland-Pfalz zugenommen. Sein Anteil am Bruttosozialprodukt war 1981 um rund ein Drittel höher als im Bundesdurchschnitt. Diese Differenz hat sich seither allerdings deutlich verringert. Rheinland-Pfalz liegt bei der Exportquote jedoch immer noch an der Spitze der Bundesländer.

In Baden-Württemberg ist das Bruttosozialprodukt von 1970 bis 1982 geringfügig stärker gewachsen als im Bundesgebiet insgesamt. Das Sozialprodukt pro Einwohner, das 1970 um rund 8 vH über dem Bundeswert lag, hat dagegen etwas weniger zugenommen als im Durchschnitt (vgl. Abbildung 8.2.7).

Das verfügbare Einkommen pro Einwohner hat sich ähnlich entwickelt wie das Sozialprodukt. Der Niveauvorsprung des Landes ist dabei aber wesentlich geringer. Das Ergebnis der Umverteilung der Primäreinkommen durch direkte Steuern und Transfers ist für Baden-Württemberg deutlich ungünstiger als für die meisten anderen Bundesländer.

Die überdurchschnittliche Zunahme der Einwohnerzahl und die Annäherung der Sparquote an den Bundeswert hatten zur Folge, daß sich der Anteil des privaten Konsums am Bruttosozialprodukt in Baden-Württemberg von 1970 bis 1982 stärker erhöhte als im Durchschnitt der Länder. Vergleichsweise stark ist auch der Anteil des Staatsverbrauchs gestiegen.

Die Investitionstätigkeit und die Warenausfuhr haben sich in Baden-Württemberg bis Mitte der siebziger Jahre relativ ungünstig entwickelt. Danach haben beide Nachfragekomponenten kräftig expandiert. Das gilt

Abbildung 8.2.7

Baden-Württemberg

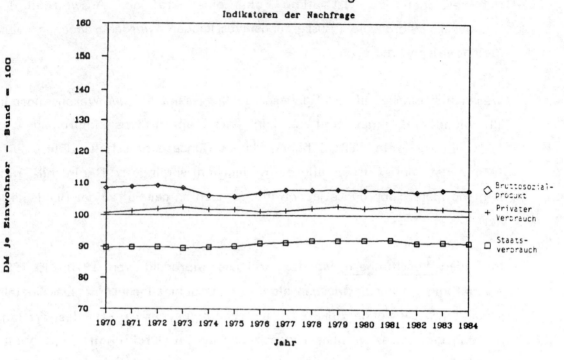

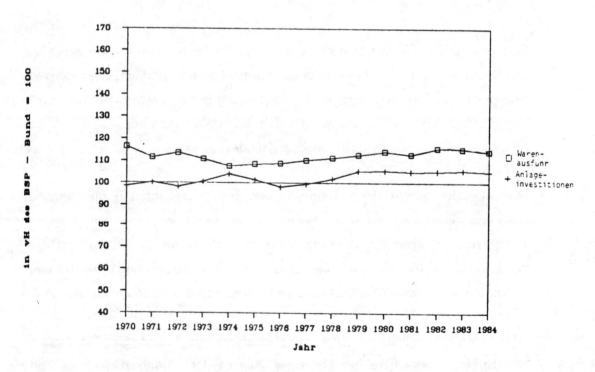

vor allem für die Investitionen der Unternehmen. In den Jahren 1983 und 1984 hat sich die seit Mitte der siebziger Jahre anhaltende Tendenz eines überdurchschnittlichen Sozialproduktswachstums in Baden-Württemberg fortgesetzt.

Am stärksten ist das gesamtwirtschaftliche Einkommen in Bayern gewachsen. Auch das Bruttosozialprodukt pro Einwohner ist vergleichsweise kräftig gestiegen. Es lag 1982 allerdings noch immer um knapp 4 vH unter dem Bundesdurchschnitt (vgl. Abbildung 8.2.8).
Beim verfügbaren Pro-Kopf-Einkommen der privaten Haushalte war die Wachstumsdifferenz gegenüber dem Bundesgebiet geringer als beim Sozialprodukt. Hinsichtlich der Wirkung auf den privaten Konsum wurde dies dadurch kompensiert, daß die Sparquote überdurchschnittlich gesunken ist.

Die Verbrauchsausgaben des öffentlichen Sektors sind in Bayern ebenso stark ausgeweitet worden wie im Bundesgebiet insgesamt. Bezogen auf die Zahl der Einwohner und auf das Bruttosozialprodukt war der Zuwachs damit vergleichsweise gering.

Die Anlageinvestitionen sind in Bayern, das schon 1970 ein relativ investitionsintensives Land war, stark gestiegen. Das gilt sowohl für den Unternehmenssektor als auch für den Staat. Die Investitionsquote ist im Zeitraum 1970 bis 1982 deutlich weniger zurückgegangen als im Durchschnitt der Bundesländer.

Ein wesentlicher Grund für das überdurchschnittliche Wachstumstempo in Bayern ist die Expansion der Warenausfuhr des Landes. Ihr Anteil am Sozialprodukt war zu Beginn des Untersuchungszeitraums noch um ein Fünftel niedriger als in der gesamten Volkswirtschaft. Bis 1984 ist diese Differenz weitgehend abgebaut worden.

Das Bruttosozialprodukt des Saarlandes ist bis 1982 - bei deutlich rückläufiger Bevölkerungszahl - etwas schneller gewachsen als im Bundesdurchschnitt. Im Zuge dieser Entwicklung hat das Saarland hinsichtlich des Pro-Kopf-Einkommens und des Pro-Kopf-Verbrauchs der privaten Haus-

Abbildung 8.2.8

Bayern
Indikatoren der Nachfrage

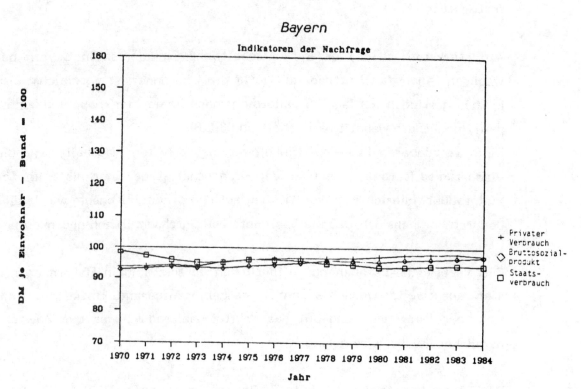

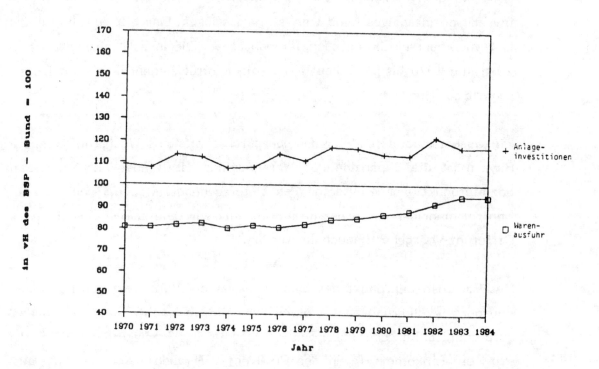

halte erheblich aufgeholt. Im Jahr 1982 lagen diese Größen nur noch wenig unter den Bundeswerten.

Wesentlich kräftiger als im Bundesdurchschnitt sind die Anlageinvestitionen im Saarland ausgeweitet worden. Ihr Anteil am Bruttosozialprodukt war 1982 mit fast 26 vH ebenso hoch wie 1970; in den übrigen Ländern ist die Investitionsquote gesunken.

Für die Jahre 1983 und 1984 ergibt sich ein deutlich ungünstigeres Bild der Einkommens-und Nachfrageentwicklung im Saarland.

In Berlin ist das Bruttosozialprodukt in den siebziger Jahren wesentlich schwächer gestiegen als im Bundesdurchschnitt. Sehr ungünstig hat sich dabei die vom privaten Sektor ausgehende Nachfrage entwickelt. Der Staat hat den Wirtschaftsprozeß dagegen sowohl durch seine Verbrauchsausgaben als auch durch seine Investitionen in erheblichem Maße gestützt. In den Jahren von 1980 bis 1984 hat sich die Position Berlins im interregionalen Vergleich deutlich verbessert.

8.3 Regionale Wirkungen öffentlicher Haushalte

Die Analyse der regionalen Wirkungen öffentlicher Haushalte konzentriert sich auf die Wirkungen, die sich für die Regionen aus dem Wechselspiel von staatlichem Verhalten und gesamtwirtschaftlichen Entwicklungsbedingungen ergeben: Die Haushaltspolitik nimmt Einfluß auf den Wirtschaftsverlauf und wird selbst wiederum von diesem geprägt; zugleich haben fast alle Aktivitäten des Staates räumliche Wirkungen.

Im letzten Jahrzehnt war die Finanzpolitik ständig im Zwiespalt, einerseits mittels staatlicher Impulse die gesamtwirtschaftliche Entwicklung zu forcieren, andererseits aber den Anstieg der Staatsverschuldung zu begrenzen. Dieser Zwiespalt führte zu starken Schwankungen der staatlichen Aktivitäten, wobei die Schwankungen in der Wirkungsrichtung zwischen Bundesländern und Gemeinden häufig ähnlich verteilt waren; gemessen am Umfang der Impulse rangiert der Bund an erster Stelle. Dieser Befund stützt die Vermutung, daß die Spielräume für eine eigenständige Finanzpolitik regionaler Instanzen begrenzt sind.

Trotz vieler Zurechnungsprobleme ist versucht worden, die Bedeutung der unmittelbaren Nachfrage des Staates für die regionale Entwicklung herauszufiltern. Die unmittelbare Staatsnachfrage drückt sich in den Käufen von Gütern und Dienstleistungen (öffentlicher Verbrauch und öffentliche Investitionen) aus. In den Nord-Regionen (Schleswig-Holstein, Hamburg, Bremen und Niedersachsen) liegt pro Kopf der Bevölkerung der Staatsverbrauch um rund ein Viertel über dem in den südlichen Bundesländern (Bayern und Baden-Württemberg), während die öffentlichen Investitionen pro Kopf der Bevölkerung im Süden um ein Fünftel höher waren als im Norden. Nordrhein-Westfalen weist in beiden Fällen das niedrigste Niveau auf, während die mittleren Regionen jeweils etwa den Bundesdurchschnitt markieren. In allen Regionen hat das staatliche Einstellungsverhalten per Saldo stabilisierend auf die Beschäftigungsentwicklung gewirkt, auch wenn die Lage im öffentlichen Dienst von den Schwankungen der gesamtwirtschaftlichen Aktivitäten nicht unberührt geblieben ist. Hingegen waren die öffentlichen Investitionen überall besonders starken - meist prozyklischen - Schwankungen ausgesetzt; dies deshalb, weil sie von allen Ausgaben noch am ehesten variabel sind. Insgesamt besitzen die staatlichen Nachfrageimpulse ein großes Gewicht für die wirtschaftliche Entwicklung der Regionen, im Norden mehr als in den übrigen Teilräumen. Die Verlaufsanalyse des staatlichen Verhaltens macht allerdings auch deutlich, daß die Unterschiede stärker im Niveau als in der Entwicklung der Impulse angelegt sind.

In einem weiteren Schritt werden Struktur und Entwicklung aller Einnahmen- und Ausgabenströme der regionalen öffentlichen Haushalte, das sind die der Länder und Gemeinden, analysiert. Eine regionale Verteilung der Finanzströme des Bundes und der Sozialversicherung ist - abgesehen von der nicht unproblematischen Verteilung der Staatskäufe im Rahmen der VGR der Länder - nicht möglich.

Struktur und Verlauf der Einnahmen in den Länderhaushalten spiegeln nur bedingt die regionalen Entwicklungsunterschiede der Wirtschaftskraft wider. Der Finanzausgleich trägt erheblich zur Minderung der Finanzkraftunterschiede bei. Noch stärker als die Ausgleichszahlungen der finanzstarken Länder oder Ergänzungszuweisungen des Bundes schlägt zu Buche, daß bei Lohn- und Körperschaftsteuer vom Prinzip des örtlichen Aufkommens abgewichen wird ("Steuerzerlegung"), damit die Steuerkraftunterschiede vorab verringert werden und die Empfänger weniger abhängig von den Gebern sind. Insgesamt sind 1984 auf den vier Stufen des Länderfinanzausgleichs 9,5 Mrd. DM umverteilt worden, davon allein 3,5 Mrd. infolge der Lohn- und Körperschaftsteuerzerlegung.

Durch den Länderfinanzausgleich und die Zuschüsse des Bundes werden die finanzschwachen Länder in die Lage versetzt, ein ähnlich hohes Ausgabenniveau wie die finanzstarken Länder zu finanzieren. Läßt man die Stadtstaaten außer acht, da sie auch kommunale Aufgaben wahrnehmen, so bestehen die größten Unterschiede zwischen Baden-Württemberg und Schleswig-Holstein: Ohne Finanzausgleich und Bundeszuschüsse liegen die Einnahmen Baden-Württembergs um fast zwei Drittel über denen von Schleswig-Holstein, nach dem Ausgleich sind es nur noch ein Zehntel.

Nach Finanzausgleich deutet die Entwicklung der Pro-Kopf-Einnahmen auf keine ausgeprägten Entwicklungsunterschiede hin. Von den Flächenstaaten sind die Pro-Kopf-Einnahmen in Niedersachsen (Förderabgabe!) und Baden-Württemberg am höchsten, in Nordrhein-Westfalen am niedrigsten.

Die regionale Verteilung der Ausgaben weicht von der Verteilung der Einnahmen teilweise erheblich ab, denn hier stehen die finanzschwachen Länder neben Baden-Württemberg an der Spitze. Die Differenzen von Einnahmen- und Ausgabenentwicklung schlagen sich im Finanzierungssaldo nieder, sie liegen in Baden-Württemberg und Bayern weit unter, im Saarland und Bremen deutlich über dem Durchschnitt der Bundesländer. Teils waren sie auf Unterschiede in der Wirtschaftsentwicklung, teils auf Versuche, Konjunktur und Wachstum zu beschleunigen, zurückzuführen. Die Erfolge dieser Politik hielten sich in Grenzen, denn je kleiner die Region, um so schwieriger ist es wegen der finanziellen Belastungen, eine eigenständige Ankurbelungspolitik zu betreiben.

Die Unterschiede in den Länderhaushalten resultieren auch daraus, daß die Aufgabenverteilung zwischen Land und Gemeinden in den einzelnen Bundesländern unterschiedlich geregelt sind. Die Gemeinden bilden als Teile der Länder zwar keine dritte staatliche Ebene, doch wird ihnen vom Grundgesetz das kommunale Selbstverwaltungsrecht garantiert. Aus dieser Position heraus ergeben sich nicht selten Konflikte zu ihrer Stellung in der Finanzverfassung, die dadurch gekennzeichnet ist, daß den Gemeinden zwar eigene Steuereinnahmen zustehen, die jeweiligen Bundesländer dennoch die Hauptverantwortung für die kommunale Finanzausstattung tragen.

Mehr als bei den Ländern besteht auf kommunaler Ebene ein Zusammenhang zwischen regionalem Wirtschaftsverlauf und Finanzlage: Je günstiger die wirtschaftliche Entwicklung, um so höher sind die Einnahmen der Gemeinden und ihre Möglichkeiten der Kreditaufnahme und um so größer sind Ausgabenspielräume, insbesondere die Möglichkeiten zu investieren. Im Norden liegen die Pro-Kopf-Einnahmen der Kommunen unter, im Süden über dem Durchschnitt, wobei der Süden im Zeitablauf noch zugelegt hat.

Die nordrhein-westfälischen Gemeinden markieren den Durchschnitt, nachdem sie in den frühen siebziger Jahren noch überdurchschnittlich mit Finanzmitteln ausgestattet waren. Lage und Entwicklung in den mittleren Regionen differieren erheblich. Die Ausgabenseite ist ziemlich genau das Spiegelbild der Einnahmenentwicklung.

Faßt man Ausgaben und Einnahmen von Ländern und Gemeinden zusammen, so werden die Entwicklungsunterschiede zwischen den verschiedenen Haushaltsebenen teilweise kompensiert. Per Saldo haben die Pro-Kopf-Ausgaben im Norden etwas rascher zugenommen als im Süden; in beiden Regionen war der Anstieg größer als in Nordrhein-Westfalen und in den Mitte-Regionen. Ein ähnliches Bild zeigt sich bei den Einnahmen. Das Niveau der Pro-Kopf-Ausgaben ist im Norden mit fast 5 700 DM am höchsten, es folgt der Süden mit knapp 5 400 DM, am niedrigsten waren sie im Westen (5 100 DM); auch bei den Einnahmen bildet Nordrhein-Westfalen mit 5 400 DM das Schlußlicht.

Niveau und teilweise auch Entwicklung der staatlichen Investitionen deuten auf ein ausgeprägtes Nord-Süd-Gefälle hin. Die überdurchschnittlichen Investitionsausgaben pro Kopf der Bevölkerung gehen einher mit unterdurchschnittlichen Defiziten. Im Norden und Westen, aber zum Teil auch in den mittleren Regionen lagen die Defizite meistens über und die Investitionsausgaben unter dem Durchschnitt. Im Süden war der finanzpolitische Gestaltungsspielraum größer als in den übrigen Teilräumen. Hierzu trugen nicht nur die höheren Einnahmen bei, sondern wohl auch die Tatsache, daß die Personal- und laufenden Sachausgaben sowie die Transferausgaben pro Kopf der Bevölkerung im Niveau und in der Entwicklung unterhalb des Bundesdurchschnitts lagen: Dem Süd-Nord-Gefälle bei den Sachinvestitionen steht ein Nord-Süd-Gefälle bei den übrigen Ausgaben gegenüber.

Diese Ergebnisse mögen die Auffassung stützen, daß die regionalen Diskrepanzen im Verhältnis von "konsumtiven" und "investiven" Ausgaben zum gesamtwirtschaftlichen Entwicklungsgefälle beigetragen haben. Allerdings muß vor einer unkritischen Verwendung dieses Begriffspaares gewarnt werden, denn ein Teil der Personalausgaben vor allem im

Tabelle 8.3.1

EINNAHMEN, AUSGABEN UND FINANZIERUNGSSALDO DER LAENDER UND GEMEINDEN JE EINWOHNER

BUNDESDURCHSCHNITT = 100

AUSGABEN JE EINWOHNER

	1970	1971	1972	1973	1974	1975	1976	1977	1978	1979	1980	1981	1982	1983
SCHLESWIG-HOLSTEIN	95.07	95.04	94.62	94.01	92.97	93.20	90.35	90.05	89.80	90.16	89.94	90.11	89.14	91.41
HAMBURG	141.43	138.79	138.44	134.62	136.38	138.55	138.52	144.77	140.18	133.77	129.99	132.63	138.02	143.09
NIEDERSACHSEN	90.49	91.50	91.54	93.33	93.72	94.32	93.85	95.19	93.55	94.85	95.29	96.29	95.51	93.77
BREMEN	117.65	119.82	121.56	125.41	130.96	137.19	137.73	139.05	138.22	135.44	140.33	136.66	135.96	139.41
NORDRHEIN-WESTFALEN	92.74	92.11	93.28	93.47	94.32	94.35	93.80	92.41	94.96	94.60	95.31	95.01	94.17	92.99
HESSEN	107.38	108.30	107.13	106.54	105.54	103.18	106.88	102.34	100.76	99.93	97.68	98.52	99.07	98.99
RHEINLAND-PFALZ	98.06	100.63	100.02	97.98	95.98	93.52	91.66	92.33	91.26	91.18	89.68	91.35	90.48	90.43
BADEN-WUERTTEMBERG	102.95	103.27	102.25	101.99	101.32	100.22	98.76	101.29	102.25	103.51	105.14	102.80	102.18	102.51
BAYERN	94.45	93.25	92.55	91.80	90.87	91.99	92.85	92.45	91.84	92.49	91.66	92.04	92.85	93.00
SAARLAND	85.85	85.80	87.28	90.39	90.03	87.11	87.76	92.64	91.49	92.65	92.60	93.34	100.04	102.04
BERLIN	161.32	164.16	167.76	172.49	177.39	183.56	189.89	192.63	188.25	185.81	186.73	188.28	191.22	197.46
BUNDESGEBIET	100.00	100.00	100.00	100.00	100.00	100.00	100.00	100.00	100.00	100.00	100.00	100.00	100.00	100.00
NORD-REGIONEN	100.64	100.88	100.77	101.28	101.80	102.82	101.91	103.50	101.72	101.48	101.41	102.14	102.11	102.37
NORDRHEIN-WESTFALEN	92.74	92.11	93.28	93.47	94.32	94.35	93.80	92.41	94.96	94.60	95.31	95.01	94.17	92.99
MITTE-REGIONEN	101.66	103.09	102.44	101.75	100.49	98.04	99.44	97.76	96.42	96.07	94.32	95.45	96.13	96.27
SUED-REGIONEN	98.35	97.85	97.00	96.49	95.68	95.77	95.56	96.50	96.60	97.53	97.84	96.98	97.13	97.36
BERLIN	161.32	164.16	167.76	172.49	177.39	183.56	189.89	192.63	188.25	185.81	186.73	188.28	191.22	197.46

EINNAHMEN JE EINWOHNER

	1970	1971	1972	1973	1974	1975	1976	1977	1978	1979	1980	1981	1982	1983
SCHLESWIG-HOLSTEIN	93.03	94.06	92.34	92.27	93.27	91.61	87.46	87.23	90.82	89.54	91.66	87.91	87.99	87.86
HAMBURG	135.67	137.63	134.11	133.39	139.37	141.28	141.01	144.80	148.38	142.14	140.68	144.13	142.58	145.96
NIEDERSACHSEN	90.86	90.48	91.93	92.23	91.12	92.92	90.64	93.56	92.89	92.71	95.14	95.47	95.78	94.59
BREMEN	123.00	121.08	122.81	119.20	123.08	120.37	122.14	123.26	126.01	122.37	129.88	129.70	132.66	130.37
NORDRHEIN-WESTFALEN	94.06	93.94	94.03	94.00	94.00	92.36	93.01	92.07	91.18	91.62	90.52	89.67	90.79	90.16
HESSEN	104.65	104.03	103.25	104.16	103.13	101.36	100.76	101.02	102.21	101.07	98.87	98.21	99.14	100.52
RHEINLAND-PFALZ	94.58	94.59	94.42	94.67	93.16	93.42	90.82	92.42	92.62	91.33	89.83	90.38	89.47	88.67
BADEN-WUERTTEMBERG	102.08	103.55	103.75	101.89	101.52	101.69	103.12	103.58	102.78	103.56	105.12	104.78	103.93	105.47
BAYERN	95.44	94.37	94.50	94.97	94.43	95.33	94.70	94.69	96.46	96.27	96.61	95.32	95.01	95.01
SAARLAND	86.63	86.57	85.93	87.63	85.54	81.55	81.12	87.58	89.18	86.17	87.54	89.94	87.48	88.03
BERLIN	166.30	168.90	170.44	175.05	183.62	195.36	196.68	194.40	196.16	196.03	195.12	203.63	205.45	205.97
BUNDESGEBIET	100.00	100.00	100.00	100.00	100.00	100.00	100.00	100.00	100.00	100.00	100.00	100.00	100.00	100.00
NORD-REGIONEN	99.90	99.98	99.97	99.73	100.29	101.05	98.84	101.02	101.97	100.47	102.54	102.34	102.44	101.98
NORDRHEIN-WESTFALEN	94.06	93.94	94.03	94.00	94.00	92.36	93.01	92.07	91.18	91.62	90.52	89.67	90.79	90.16
MITTE-REGIONEN	99.04	98.74	98.22	99.00	97.70	96.35	95.47	96.55	97.44	96.07	94.50	94.59	94.53	95.05
SUED-REGIONEN	98.49	98.58	98.75	98.15	97.69	98.25	99.51	98.74	98.39	99.71	100.33	100.36	99.27	99.80
BERLIN	166.30	168.90	170.44	175.05	183.62	195.36	196.68	194.40	196.16	196.03	195.12	203.63	205.45	205.97

FINANZIERUNGSSALDO JE EINWOHNER

	1970	1971	1972	1973	1974	1975	1976	1977	1978	1979	1980	1981	1982	1983
SCHLESWIG-HOLSTEIN	121.76	103.61	134.95	136.08	89.69	103.64	121.75	159.99	72.93	98.78	71.88	108.30	100.34	142.65
HAMBURG	216.51	148.88	214.96	164.32	104.29	120.68	111.59	143.95	4.91	17.38	17.78	37.30	93.82	101.69
NIEDERSACHSEN	85.76	100.45	84.55	119.75	121.71	103.46	128.70	135.39	104.54	124.57	96.82	103.07	92.92	81.86
BREMEN	47.98	108.85	99.50	275.04	215.72	247.62	306.99	529.45	339.63	317.20	249.95	194.32	167.99	269.71
NORDRHEIN-WESTFALEN	75.57	76.19	79.88	80.81	97.85	107.41	102.38	100.90	157.30	136.06	145.60	139.20	127.00	133.74
HESSEN	143.03	145.52	175.58	163.74	131.54	116.13	135.16	74.87	135.18	84.09	85.17	101.09	98.32	76.86
RHEINLAND-PFALZ	143.37	153.17	199.00	177.53	126.33	94.19	100.76	90.08	68.89	89.10	88.04	99.40	100.27	115.80
BADEN-WUERTTEMBERG	114.33	100.84	75.65	104.59	99.16	90.62	51.47	44.64	93.52	102.84	105.31	86.36	85.19	59.91
BAYERN	81.54	83.51	58.05	15.37	52.56	70.06	53.81	37.05	44.77	37.21	43.26	54.18	68.90	64.05
SAARLAND	75.66	79.13	111.21	156.87	138.33	123.66	159.85	217.69	129.59	182.67	145.76	121.52	221.88	304.08
BERLIN	96.51	122.87	120.28	110.80	110.40	106.06	116.28	149.10	57.79	43.73	98.61	61.01	53.25	74.88
BUNDESGEBIET	100.00	100.00	100.00	100.00	100.00	100.00	100.00	100.00	100.00	100.00	100.00	100.00	100.00	100.00
NORD-REGIONEN	110.25	108.71	114.81	138.78	118.08	114.38	135.25	164.61	97.68	115.50	89.52	100.53	98.87	108.10
NORDRHEIN-WESTFALEN	75.57	76.19	79.88	80.81	97.85	107.41	102.38	100.90	157.30	136.06	145.60	139.20	127.00	133.74
MITTE-REGIONEN	135.71	141.00	176.95	167.92	130.41	109.13	142.58	127.89	79.63	96.14	92.47	102.60	111.73	113.95
SUED-REGIONEN	96.60	91.46	66.13	56.39	73.99	79.50	52.73	40.52	67.08	67.26	71.72	68.94	76.37	62.15
BERLIN	96.51	122.87	120.28	110.80	110.40	106.06	116.28	149.10	57.79	43.73	98.61	61.01	53.25	74.88

Quelle: Eigene Berechnungen aufgrund amtlicher Statistiken.

Bildungs- und Wissenschaftssektor hat investiven Charakter. Nicht überbewertet werden sollte auch der Beitrag, den die öffentlichen Investitionen in einer doch relativ kurzen Zeitspanne zur Verbesserung der Ausstattung mit Infrastruktureinrichtungen geleistet haben.

Faßt man die Ergebnisse für die jeweiligen Bundesländer zusammen, so zeigt sich, daß sich in Schleswig-Holstein der unmittelbare Einfluß des Staates auf die Nachfrage - gemessen an den staatlichen Käufen - im Zeitablauf nur wenig verändert hat. Der Anteil der Käufe am Sozialprodukt schwankte zwischen 30 und 33 vH und war damit höher als in allen übrigen Regionen. Wegen der Bedeutung des Militärs schlagen in Schleswig-Holstein die Verbrauchsausgaben des Bundes überdurchschnittlich zu Buche. Eine regionale Aufteilung aller staatlichen Transfers ist nicht möglich. Die Transferzahlungen aus dem Landesetat und aus den Gemeindehaushalten haben nur unterdurchschnittlich zugenommen. Die gesamten Pro-Kopf-Ausgaben des Landesetats und der Gemeindehaushalte waren 1983 niedriger als in den übrigen Regionen, obwohl Schleswig-Holstein durch die verschiedenen Stufen des Finanzausgleichs wie auch durch die Leistungen des Bundes (Gemeinschaftsaufgaben usw.) mehr als alle übrigen Regionen begünstigt wurde. Einschließlich Finanzausgleich und der Zahlungen des Bundes erreichten die Einnahmen 96 vH des Bundesdurchschnitts, ohne diese Effekte waren es nur etwas über 70 vH, d.h. je Einwohner sind dem Land über 1 000 DM zugeflossen. Nimmt man die Veränderung des Finanzierungssaldos als Maßstab zur Beurteilung des konjunkturellen Impulses, der von den regionalen Haushalten (Land und Gemeinden) auf die Region ausgegangen ist, so zeigt sich, daß die expansiven Impulse in der Krise 1974/75 geringer und 1981 zur Abwehr der Rezession stärker als im Bundesdurchschnitt waren; auch sind nach 1981 die Defizite nicht so drastisch wie anderswo reduziert worden. Insgesamt waren die Schwankungen der staatlichen Aktivitäten weniger stark ausgeprägt als in anderen Regionen.

Die Entwicklung in den Stadtstaaten Bremen und Hamburg kann mit der in den Flächenstaaten kaum verglichen werden, da die Stadtstaaten auch kommunale Aufgaben wahrnehmen und der Ausgabenbedarf der Kommunen in Abhängigkeit von der Einwohnerzahl steigt. Auf der anderen Seite war in all den Jahren Hamburgs Beitrag zum Länderfinanzausgleich am höchsten; je Einwohner hat Hamburg zuletzt 1 500 DM geleistet. Obwohl die staatlichen Käufe pro Kopf der Bevölkerung fast ebenso hoch sind wie in Schleswig-Holstein und damit um rund ein Fünftel über dem Bundesdurchschnitt liegen, ist der Anteil am Sozialprodukt mit 19 vH der geringste von allen Bundesländern. Wie in Bremen liegt auch in Hamburg der Anteil der vom Bund getätigten Käufe von Gütern und Diensten weit unter dem Durchschnitt. Die Transferausgaben je Einwohner sind in Hamburg vor allem in den 80er Jahren stärker als auf Bundesebene gestiegen. Per Saldo haben sich die Ausgaben und Einnahmen im Landeshaushalt - freilich auf höherem Niveau - fast parallel zum Bundesdurchschnitt entwickelt. Die Finanzierungsdefizite lagen bis 1977 über, danach bis 1982 unter dem Durchschnitt; markant war die Verringerung der Defizite im Jahre 1978. Gemessen an der Entwicklung der Finanzierungssalden waren die Schwankungen der staatlichen Aktivitäten ausgeprägter als anderswo.

In Bremen haben die Staatskäufe für die Nachfrageentwicklung ein höheres Gewicht als in Hamburg. Auch die Ausgaben des Landeshaushalts sind überproportional ausgeweitet worden, während die Einnahmen nur durchschnittlich zugenommen haben. Die Transferausgaben sind schwächer als im Bundesdurchschnitt gestiegen. Im Gegensatz zu Hamburg spielen der Finanzausgleich und die Verflechtungen mit dem Bund für Bremen nur eine untergeordnete Rolle. Die Finanzierungsdefizite - pro Kopf der Bevölkerung - sind 1974/75 in die Höhe geschnellt und weisen seitdem mit Abstand das höchste Niveau aller Bundesländer auf. Ende der 70er, Anfang der 80er Jahre hat sich der Abstand verringert, 1983 ist er wieder größer geworden. Per Saldo sind vom Staat überdurchschnittlich starke Impulse auf die gesamtwirtschaftliche Entwicklung ausgegangen.

Ähnlich wie in Schleswig-Holstein spielen auch in <u>Niedersachsen</u> die staatlichen Käufe für die Gesamtwirtschaft gleichbleibend eine überdurchschnittlich große Rolle. Gemessen am Bundesdurchschnitt sind die Ausgaben und Einnahmen von Land und Kommunen überdurchschnittlich gestiegen. Finanzausgleich und Bundeszuschüsse führten dazu, daß die Einnahmen im Landeshaushalt den Bundesdurchschnitt fast erreichten;

ohne diese Einflüsse hätten die Einnahmen um rund ein Fünftel unter dem Durchschnitt gelegen. Die Finanzierungsdefizite waren zu Beginn der 70er Jahre niedriger als im Bundesdurchschnitt, danach sind sie überdurchschnittlich erhöht worden. Anfang der 80er Jahre pendelten sie sich auf den Durchschnitt ein, zuletzt sind sie stärker als der Durchschnitt gekürzt worden.

In Nordrhein-Westfalen betrug der Anteil der staatlichen Käufe am Bruttosozialprodukt etwas über ein Fünftel; auch hier waren die Schwankungen gering. Knapp die Hälfte der Ausgaben wurden vom Bund getätigt. Die Transferausgaben sind bis Mitte der 70er Jahre schneller, danach etwa im gleichen Tempo wie auf Bundesebene expandiert. Die Ausgaben von Land und Kommunen haben sich parallel zum Bundesdurchschnitt entwickelt, wobei die Pro-Kopf-Ausgaben im Niveau immer etwas unter dem Durchschnitt lagen. Die Einnahmen sind in der Entwicklung etwas hinter dem Durchschnitt zurückgeblieben. Der Finanzausgleich spielt für Nordrhein-Westfalen nur eine geringe Rolle. Die relative Finanzierungsposition hat sich seit 1978 merklich verschlechtert, d.h. die Defizite waren seitdem deutlich höher als im Bundesdurchschnitt; 1983 sind sie überaus kräftig reduziert worden. Per Saldo sind nach 1977 vom Staat überdurchschnittlich starke Impulse auf die wirtschaftliche Entwicklung ausgegangen.

In Hessen sind die Ausgaben des Landes und der Gemeinden unterdurchschnittlich gestiegen, ebenso die Einnahmen. Bis 1977 lagen die jährlichen Finanzierungsdefizite deutlich über, danach unter dem Durchschnitt; 1983 wurden die Defizite drastisch, nämlich um fast die Hälfte, abgebaut. Gemessen am Bundesdurchschnitt waren nach 1978 die staatlichen Impulse für die wirtschaftliche Entwicklung schwächer. Der Anteil der Staatskäufe am Bruttosozialprodukt schwankte um 22 vH, wobei die Ausgaben des Bundes mit rund 45 vH der Käufe zu Buche schlugen. Die Transfers liegen deutlich unter dem Bundesdurchschnitt; auch haben sie sich nur unterdurchschnittlich entwickelt. Durch den Finanzausgleich verschlechterte sich die Finanzlage im Landeshaushalt: Ohne den Finanzausgleich hätten die Einnahmen etwas über dem Durchschnitt gelegen, nach dem Finanzausgleich erreichten die Einnahmen in den 80er Jahren nur 96 vH des Durchschnitts.

Gemessen am Bruttosozialprodukt besitzen die staatlichen Käufe in Rheinland-Pfalz mit mehr als einem Viertel ein überdurchschnittliches Gewicht; dies hängt mit dem hohen Bundesanteil - rund die Hälfte der Käufe tätigt der Bund - zusammen. Die Transfers der Länder und Gemeinden haben sich zu Beginn der 70er Jahre unterdurchschnittlich entwickelt, danach sind sie entsprechend dem Durchschnitt gestiegen. Per Saldo haben Einnahmen und Ausgaben etwas schwächer als im Bundesdurchschnitt zugenommen, und auch die Finanzierungsdefizite waren - bei meist ähnlichem Verlauf - fast immer etwas niedriger. Ohne Finanzausgleich und Bundeszuschüsse hätten die Einnahmen in Rheinland-Pfalz in den 80er Jahren nur vier Fünftel des Durchschnitts betragen, tatsächlich waren es 98 vH.

Auffälligstes Merkmal im Saarland ist die rasante Zunahme der Finanzierungsdefizite in den 80er Jahren. Während 1982/83 die Defizite - pro Kopf der Bevölkerung - in den anderen Bundesländern merklich gedrosselt wurden, haben sie sich im Saarland - ohnehin von hohem Niveau ausgehend - verdoppelt; ihr Niveau liegt über dem von Bremen. Während die Ausgaben von Land und Gemeinden weit überdurchschnittlich zugenommen haben und ihr Niveau inzwischen über dem Bundesdurchschnitt liegt, sind die Einnahmen nur mäßig expandiert und hinken nach wie vor dem Bundesdurchschnitt merklich hinterher; und dies, obwohl das Saarland vom Finanzausgleich und den Bundeszuschüssen ähnlich stark wie Schleswig-Holstein und Niedersachsen begünstigt wird. Ins Auge sticht der starke Anstieg der Transferausgaben. Der Anteil der staatlichen Käufe am Bruttosozialprodukt liegt mit rund einem Viertel etwas über dem Bundesdurchschnitt, doch hat er sich im Zeitablauf per Saldo kaum verändert. Insgesamt hatte im Saarland der staatliche Einfluß größere Bedeutung für die wirtschaftliche Entwicklung als anderswo.

Völlig anders stellt sich die Finanzlage in Baden-Württemberg dar: Während die Einnahmen überdurchschnittlich gestiegen sind und von den Flächenstaaten inzwischen mit Abstand das höchste Niveau aufwiesen, haben sich die Ausgaben - auf hohem Niveau - nicht rascher entwickelt als im Durchschnitt aller Länder. In fast allen Jahren waren die Finanzierungsdefizite von Land und Gemeinden niedriger als anderswo. Die wirtschaftliche Entwicklung Baden-Württembergs war offensichtlich weniger als andere Regionen auf staatliche Impulse angewiesen. Durch den Finanzausgleich wird der Einnahmevorsprung Baden-Württembergs merklich gedrückt: Ohne Bundeszuschüsse und Finanzausgleich lagen die Pro-Kopf-Einnahmen des Landeshaushalts zuletzt um 17 vH über dem Durchschnitt, unter Einschluß beider Tatbestände waren es nur 6 vH. Der Anteil der staatlichen Käufe am Bruttosozialprodukt schwankte um ein Fünftel und war damit ähnlich niedrig wie in Hamburg; hierzu trug der relativ geringe Anteil der Bundesausgaben bei.

Die Entwicklung in Bayern war von einem leicht überdurchschnittlichen Einnahmenzuwachs und einem Ausgabenanstieg, der weitgehend dem Bundesdurchschnitt entsprach, gekennzeichnet. Die Pro-Kopf-Ausgaben von Land und Kommunen weichen nach unten in stärkerem Maße als die Einnahmen vom Durchschnitt ab, so daß Bayern - neben Hamburg - zu den Ländern mit den niedrigsten Finanzierungsdefiziten gehört. Der Anteil der staatlichen Käufe am Bruttosozialprodukt lag in den meisten Fällen nahe dem Bundesdurchschnitt. Finanzausgleich und Zuschüsse des Bundes haben als Einnahmequelle für den Landeshaushalt im Zeitablauf immer mehr an Bedeutung verloren; zuletzt profitierte Bayern - relativ gesehen - kaum mehr von diesen Regelungen. Auch in Bayern hat der staatliche Einfluß für die wirtschaftliche Entwicklung etwas weniger Gewicht.

8.4 Regionales Wachstum und Strukturwandel

Mißt man den sektoralen Strukturwandel an der Produktion, so zeigt sich, daß im Bundesdurchschnitt nicht mehr die Landwirtschaft Einbußen erlitten hat, sondern die Umschichtung im wesentlichen zu Lasten des warenproduzierenden Gewerbes gegangen ist. Sein Anteil an der Produktion ist um 6 Prozentpunkte zurückgegangen, vornehmlich zu Gunsten der Dienstleistungsbereiche. In geringem Umfang haben auch die Distributionsbereiche an Gewicht gewonnen. Diese Anteilsverschiebungen auf Bundesebene streuen in den Regionen erheblich. Es sind nicht nur die großen Ballungsgebiete, die Dienstleistungsanteile gewonnen haben, sondern auch andere Regionen. Dennoch sind per Saldo die hochverdichteten Regionen Gewinner im Strukturwandel, obwohl ihre Dienstleistungsanteile auch 1970 schon überdurchschnittlich hoch waren. Einen Überblick über die Verteilung der Produktion auf die vier großen Wirtschaftsbereiche, Land- und Forstwirtschaft, warenproduzierendes Gewerbe, Handel und Verkehr sowie Dienstleistungen, gibt Tabelle 8.4.1.

Auch in dieser Untersuchung hat sich bestätigt, daß das Produktionswachstum einer Region sich nicht mit Struktureinflüssen erklären läßt, bei deren Berechnung angenommen wird, daß die Branchen einer Region ihre Produktion mit jeweils bundeseinheitlichen Wachstumsraten ausweiten (vgl. Abbildung 8.4.1). Vielmehr sind regionsspezifische Determinanten für das Produktionswachstum in den Regionen ausschlaggebend, die sich in den - positiven oder negativen - Standorteinflüssen niederschlagen.

Für das Bundesgebiet haben Meßziffern für die Intensität des strukturellen Wandels zu dem Ergebnis geführt, daß sich parallel zu dem im Trend verlangsamten Tempo des Produktionswachstums auch das Tempo des Strukturwandels verlangsamt hat. Diese Meßziffern sind auch für Regionen berechnet worden. Sie zeigen, daß das Tempo des Strukturwandels in den Regionen unterschiedlich ist. Daraus lassen sich jedoch keine Rückschlüsse auf das Wachstumstempo der Produktion in den Regionen ziehen.

Tabelle 8.4.1

Branchenstruktur der Produktion

	Anteile in vH			Veränderung gegenüber 1970				Bundendurchschnitt = 100, 1982			
	Land-u. Forst- wirt.	Waren- prod. Gewerbe	Handel und Verkehr	Dienst- leist.	Land-u. Forst- wirt.	Waren- prod. Gewerbe	Handel und Verkehr	Dienst- leist.	Land-u. Forst- wirt.	Waren- prod. Gewerbe	Handel und Verkehr	Dienst- leist.
Schleswig-Holstein	8	34	17	41	1	-3	2	2	242	80	102	110
Hochverdichtet	7	42	15	35	0	-7	2	5	232	99	93	84
Mit Verdichtungsans.	5	32	18	44	-2	-2	-2	0	175	75	111	117
Ländlich	11	30	16	43	0	-1	1	2	353	72	96	113
Hamburg	0	30	30	39	0	-5	-3	2	15	72	179	104
Niedersachsen	8	40	16	38	0	-6	2	4	202	94	95	101
Hochverdichtet	6	38	18	37	0	-8	4	4	177	85	110	106
Mit Verdichtungsans.	6	43	15	36	0	-5	0	4	183	101	88	97
Ländlich	10	38	14	38	0	-8	3	4	313	90	85	100
Bremen	1	40	26	34	-1	0	-3	5	17	93	157	90
Hochverdichtet	0	41	26	33	0	0	-4	4	4	96	155	88
Mit Verdichtungsans.	3	31	28	38	-1	-4	2	4	103	73	160	101
Nordrhein-Westfalen	2	45	16	37	0	-8	1	7	61	106	99	97
Hochverdichtet	1	46	17	36	0	-8	1	7	43	107	101	96
Ruhrgebiet	1	50	17	32	0	-7	1	7	24	117	105	85
Restl. Verdichtungsr	2	43	16	39	0	-8	0	7	52	102	99	102
Mit Verdichtungsans.	6	41	15	39	0	-7	1	6	177	97	88	102
Ländlich	5	47	14	34	-1	-4	0	5	157	111	83	90
Hessen	2	36	20	43	-1	-4	3	5	56	84	116	113
Hochverdichtet	1	35	21	44	-1	-6	3	6	28	82	124	118
Mit Verdichtungsans.	3	38	17	41	-1	-8	4	7	111	90	103	109
Ländlich	7	38	19	36	0	-6	2	3	223	88	115	96
Rheinland-Pfalz	4	46	14	36	0	-3	1	1	131	109	84	94
Hochverdichtet	2	60	12	26	-1	-2	2	1	68	141	74	68
Mit Verdichtungsans.	4	44	14	39	0	-4	0	5	126	103	84	102
Ländlich	9	39	17	35	-2	-3	3	3	272	93	101	94
Baden-Württemberg	3	50	14	34	0	-4	-3	5	92	117	83	89
Hochverdichtet	1	51	14	35	0	-4	0	5	39	120	88	92
Mit Verdichtungsans.	5	46	12	30	0	-5	0	5	145	109	88	82
Ländlich	5	53	12	31	0	-3	0	4	167	124	71	80
Alpenvorland	6	61	10	28	1	-7	0	3	166	120	75	83
Restl.ländl.Regionen	5	67	15	39	0	-6	-1	6	171	134	61	73
Bayern	5	41	16	36	0	-6	-4	5	147	97	92	103
Hochverdichtet	1	36	15	46	0	-4	-1	3	47	85	100	121
Mit Verdichtungsans.	2	44	16	34	0	-6	0	3	201	103	95	91
Ländlich	5	45	14	34	0	-6	-3	3	225	106	83	89
Alpenvorland	7	40	15	38	0	-3	-4	6	199	95	93	101
Restl.ländl.Regionen	6	45	14	33	-1	-4	-1	6	236	110	79	87
Saarland	1	48	16	36	0	-4	0	2	34	114	94	83
Berlin	0	40	14	46	0	-6	-2	9	6	94	85	121
Bundesrepublik	3	43	17	38	0	-6	1	5	100	100	100	100
Ruhrgebiet	1	42	18	39	0	-7	1	6	47	99	107	102
Restl. Verdichtungsr	2	50	17	32	0	-7	1	7	24	117	105	85
Mit Verdichtungsans.	5	41	18	40	0	-6	0	6	50	97	107	104
Ländlich	7	42	15	37	0	-6	-4	5	159	100	92	99
Alpenvorland	6	44	14	35	0	-4	-4	3	236	103	84	92
Restl.ländl.Regionen	8	43	14	35	-1	-4	-4	4	254	102	84	92
Nordregion	5	37	20	39	0	-5	0	3	154	86	120	102
Nordrhein-Westfalen	2	45	16	37	0	-8	1	7	61	106	99	97
Mittelregion	2	40	17	40	-1	-5	1	4	78	95	105	105
Südregion	4	45	15	36	0	-5	0	4	121	106	88	96
Berlin	0	40	14	46	0	-6	-2	9	6	94	85	121

Quelle: Eigene Berechnungen aufgrund amtlicher Statistiken.

Abbildung 8.4.1

Wachstum und Struktureinfluß

1970 bis 1982

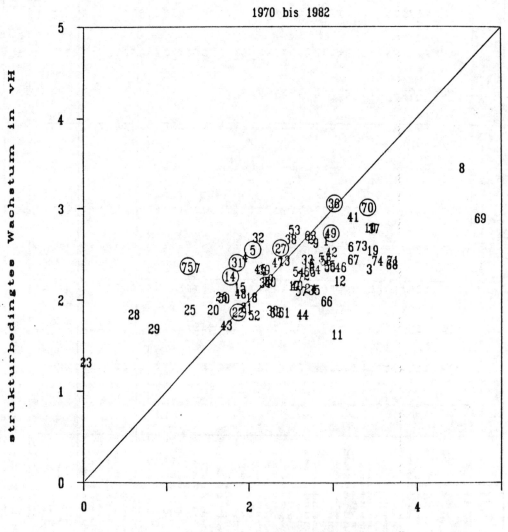

8.5 Produktion und Beschäftigung

In dieser Zusammenfassung ist versucht worden, die Ergebnisse nicht nur dem Gang der Analysen entsprechend zu kommentieren, sondern auch in ihrer Bedeutung für die Entwicklung in den Bundesländern.

Im Vordergrund stehen dabei die längerfristigen Entwicklungstendenzen und nicht die jeweiligen länderspezifischen Besonderheiten im konjunkturellen Verlauf. Eine strikte Trennung zwischen der längerfristigen und der konjunkturellen Entwicklung ist allerdings kaum möglich, da vielfach gerade konjunkturelle Einbrüche Wendepunkte in der längerfristigen Entwicklung charakterisieren.

Vergleicht man die Ergebnisse für die zeitliche Entwicklung in den Bundesländern mit den Ergebnissen, die im Rahmen der Querschnittsuntersuchungen gefunden wurden, so zeigt sich, daß die gefundenen Zusammenhänge in der Regel auch für die zeitliche Entwicklung gelten. Allerdings treten diese Zusammenhänge nicht immer in voller Schärfe hervor, da die Einflüsse zum Teil erst mit zeitlicher Verzögerung wirksam werden.

Auf die Produktion in den Ländern haben sich die Phasen der gesamtwirtschaftlichen konjunkturellen Entwicklung unterschiedlich stark ausgewirkt (vgl. Abbildung 8.5.1). Dies gilt schon für die Rezessionsperiode von 1973 bis 1975, stärker aber für die Rezessionsperiode von 1980 bis 1983. Im Vergleich der drei großen Bundesländer Nordrhein-Westfalen, Baden-Württemberg und Bayern zeigt sich, daß Nordrhein-Westfalen gemessen am Bundesdurchschnitt am günstigsten in den Jahren 1973/74 dagestanden hat. In diesen Jahren hatten die beiden südlichen Bundesländer eine erhebliche Verschlechterung ihrer relativen Position hinnehmen müssen. 1974 ist auch das einzige Jahr, in dem die Entwicklung der Produktion in Nordrhein-Westfalen günstiger verlief als in Bayern und Baden-Württemberg zusammengenommen.

Beträchtliche Abweichungen vom Bundesdurchschnitt lassen sich auch für die Aufschwungsphase von 1975 bis 1979 beobachten. Deutlich wird, daß

Abbildung 8.5.1
Entwicklung der Produktion

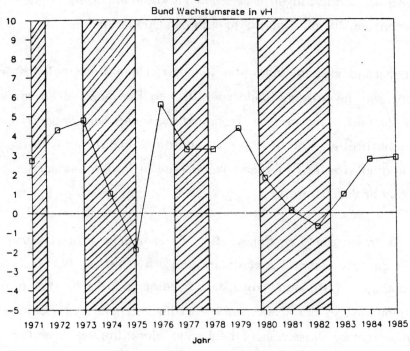

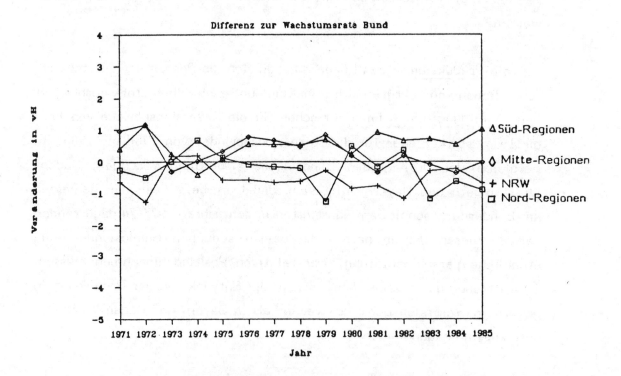

Entwicklung der Produktion

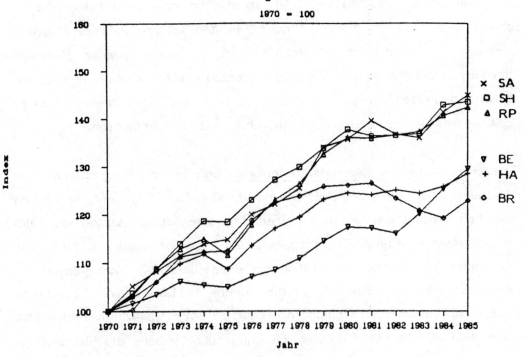

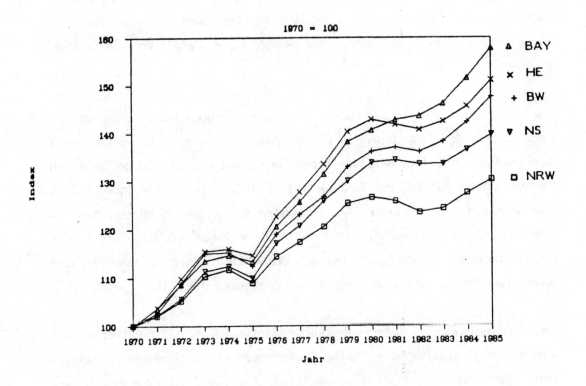

Nordrhein-Westfalen von der bundesdurchschnittlichen Entwicklung von nun an ständig nach unten abweicht; ein Trend, der sich nach 1980 noch verstärkt hat. Gewinner ist Bayern, dessen Produktionswachstumsrate in der untersuchten Periode von 1970 an ständig über dem Bundesdurchschnitt liegt, mit steigender Tendenz in den letzten Jahren. Dagegen wechseln in Baden-Württemberg und Hessen immer wieder Perioden überdurchschnittlichen mit Perioden unterdurchschnittlichen Wachstums ab. In den letzten Jahren sind allerdings auch für diese beiden Länder positive Abweichungen zum Bundesdurchschnitt zu beobachten.

Betrachtet man die Beschäftigtenentwicklung in den Bundesländern in Abbildung 8.5.2, so haben sich von den großen Bundesländern die beiden südlichen weitaus am besten gehalten. Ihr Beschäftigungsstand lag 1985 nur um etwa eineinhalb Prozentpunkte unter dem Niveau von 1970. Bis 1977 lagen sie in der Entwicklung noch gleichauf mit Nordrhein-Westfalen. Erst danach öffnete sich die Schere zu Lasten von Nordrhein-Westfalen, dessen Beschäftigungsniveau 1985 um etwa 4,5 Prozentpunkte unter dem Niveau von 1977 lag. Demgegenüber haben die Südregionen ihre Position gegenüber 1977 um 2 Prozentpunkte verbessern können. Noch ungünstiger als in Nordrhein-Westfalen war die Beschäftigtenentwicklung in den Nordregionen, wenn 1970 als Basis gewählt wird. Von 1973 an entsprach das Profil der Entwicklung etwa dem von Nordrhein-Westfalen.

Das Bindeglied von Produktions- und Beschäftigtenentwicklung ist die Entwicklung der Arbeitsproduktivität. Wie für einzelne Branchen zeigt sich auch für die Regionen eine recht enge positive Korrelation zwischen Produktionswachstum und Produktivitätsanstieg (vgl. Abbildung 8.5.3). Das bedeutet, daß regionale Abweichungen in der Beschäftigtenentwicklung vom Bundesdurchschnitt in der Regel geringer ausfallen als in der Produktionsentwicklung. Auch bei den Produktivitätsniveaus gibt es einen deutlichen Trend zur Annäherung an den Bundesdurchschnitt.

Der Zusammenhang zwischen Produktionsentwicklung und Produktivitätsanstieg ist in den meisten Bundesländern auch im Zeitvergleich relativ eng. Allerdings gilt dies in erster Linie für die Schwankungen dieser

Abbildung 8.5.2

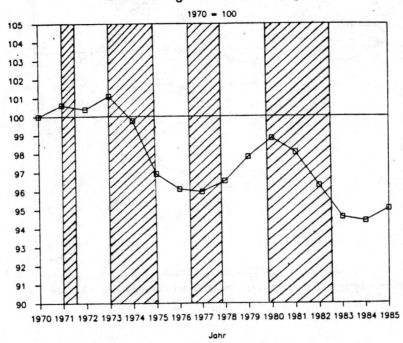

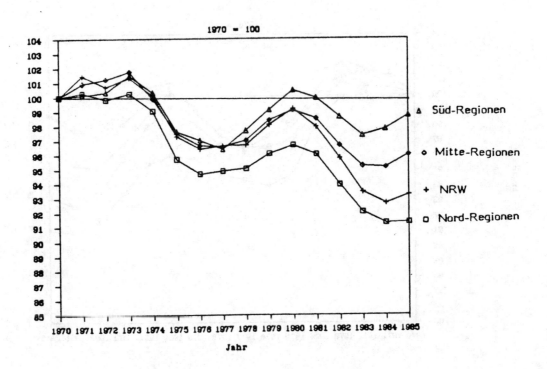

477

Entwicklung der Erwerbstätigkeit

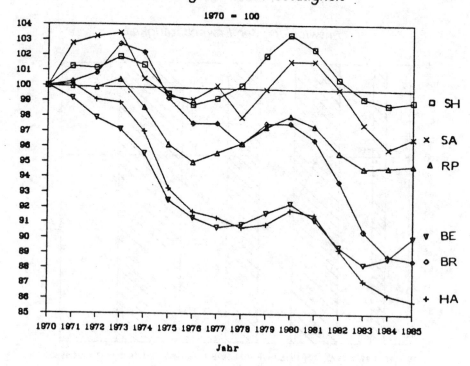

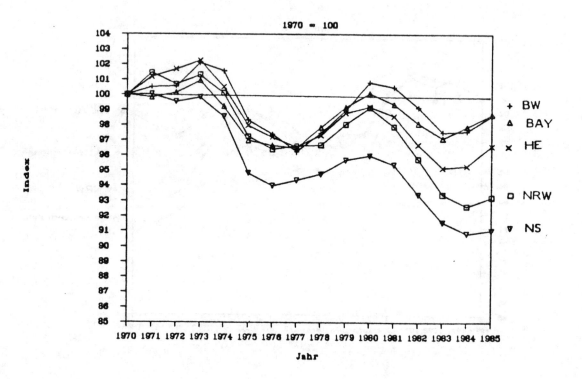

Abbildung 8.5.3

Produktionswachstum und Produktivitätsanstieg

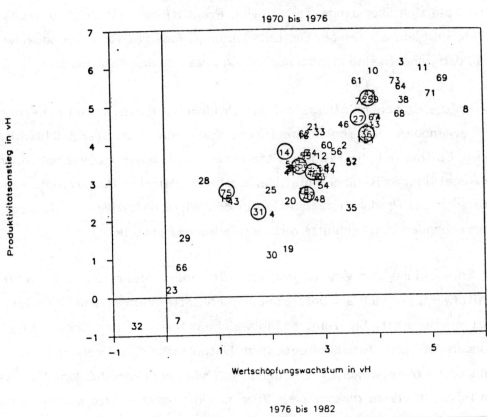

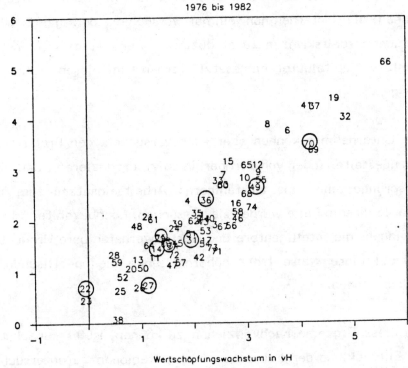

Größen um den längerfristigen Trend. Betrachtet man dagegen die trendmäßige Entwicklung, so sind deutliche Unterschiede zu erkennnen. In Baden-Württemberg und in Bayern steigt die Produktion deutlich schneller als die Produktivität. In der Nordregion dagegen öffnet sich die Schere in der entgegengesetzten Richtung. In Nordrhein-Westfalen und in Hessen entwickeln sich über lange Zeit hinweg Produktions- und Produktivitätsanstieg im gleichen Tempo. Die Entwicklungspfade der Arbeitsproduktivität in den Ländern sind in Abbildung 8.5.4 zusammengestellt worden.

Werden die Brancheneinflüsse auf den Produktivitätsanstieg eliminiert so wird erkennbar, daß regionsspezifische Faktoren einen vergleichsweise großen Einfluß auf die Produktivitätsentwicklung einer Region haben. In der Regel liegt in Regionen mit überdurchschnittlichem Produktivitätsanstieg auch der Produktivitätsanstieg in den Wirtschaftszweigen über dem entsprechenden Durchschnittswert für die Bundesrepublik.

Die Entwicklung der Arbeitsproduktivität einer Region ist ein Durchschnittswert, der sich aus unterschiedlichen Entwicklungstrends der Region zusammensetzt. Sie zeigt an, in welchem Maße es den Unternehmen gelungen ist, den Arbeitseinsatz pro Outputeinheit zu verringern und damit dem Lohnkostendruck zu begegnen. Dabei sind verschiedene Strategien möglich, die zu diesem Ziele führen. Um Arbeitskräfte einzusparen, können die Unternehmen einmal versuchen, den gleichen Output mit weniger Arbeitskräften zu produzieren. Zumeist müssen mehr oder effizientere Kapitalgüter eingesetzt werden, um diesen Prozeß in Gang zu bringen.

Die Unternehmer können aber auch versuchen, den Produktionsprozeß so umzugestalten (oder von vornherein so zu produzieren), daß die Effizienzvorsprünge eines leistungsfähigeren Arbeitseinsatzes zum Tragen kommen. In diesem Falle würden sie versuchen, hochbezahlte Arbeitskräfte zu gewinnen, die intelligentere und wettbewerbsfähigere Produkte herstellen und auf diese Weise trotz höherer Löhne die spezifischen Lohnkosten senken können.

Um diese Prozesse nachvollziehen zu können, ist es zunächst notwendig, die Entwicklung der Lohnsätze in den Regionen zu untersuchen. Wie die

Abbildung 8.5.4

Entwicklung der Arbeitsproduktivität

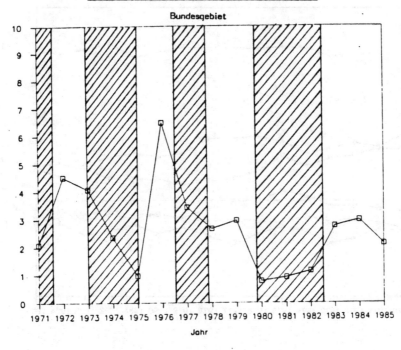

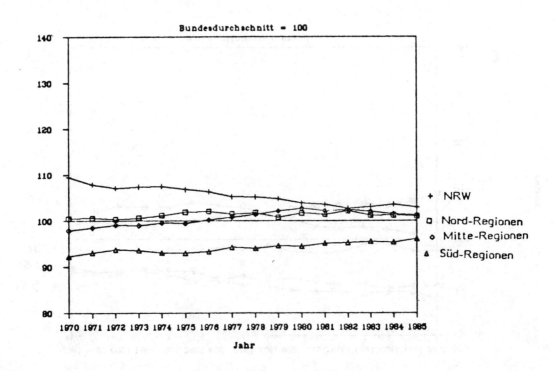

Entwicklung der Arbeitsproduktivität

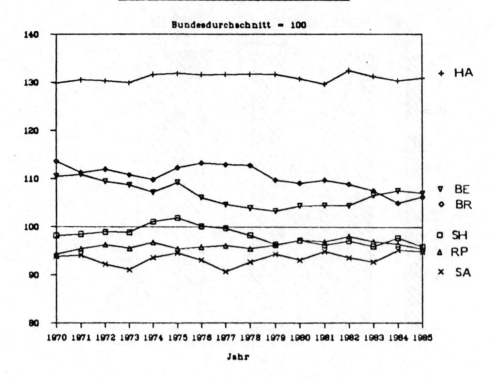

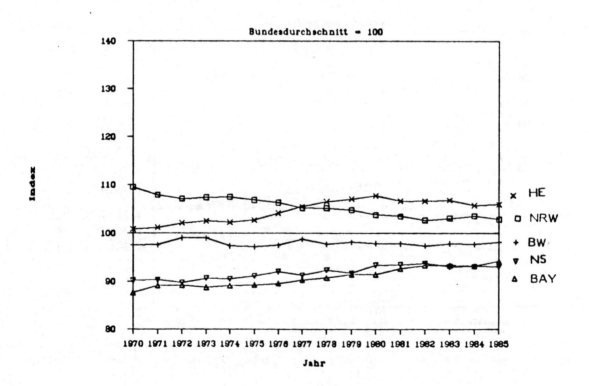

Ergebnisse für die Bundesländer zeigen, ist im Zeitablauf tendenziell eine Angleichung der Lohnsätze zu beobachten, ohne daß die Lohnhierarchie dadurch wesentlich verändert worden ist (vgl. Abbildung 8.5.5). Dieser Prozeß vollzog sich bei einer Halbierung des Lohnsatzanstiegs in der ersten Hälfte der achtziger Jahre im Vergleich zur ersten Hälfte der siebziger Jahre.

An der Spitze der Lohnhierarchie steht nach wie vor Nordrhein-Westfalen, wenn auch mit einem nur halb so hohen Abstand zum Bundesdurchschnitt wie 1970. Am unteren Ende ist Bayern angesiedelt mit einem Abstand von immer noch 5 Prozentpunkten. Baden-Württemberg lag bis 1976 etwa gleichauf mit dem Bundesdurchschnitt, in der Zeit danach hat sich sein Lohnniveau allerdings um 1 bis 2 Prozentpunkte nach oben verschoben und liegt jetzt schon nicht mehr so sehr weit ab von Nordrhein-Westfalen. Insofern täuscht auch die Entwicklung der Süd-Region etwas über die tatsächlichen Verhältnisse, da die Lohnniveaus in Bayern und Baden-Württemberg um etwa 7 Prozentpunkten auseinanderklaffen. Seit 1976 hat sich auch in der Nordregion das Lohngefälle zum Bundesgebiet verschoben und zwar deutlich nach unten, allerdings bei einer erheblichen Streuung um diesen Durchschnitt.

Auch hier zeigen Berechnungen, in denen die Brancheneinflüsse auf den Lohnsatzanstieg eliminiert werden, daß regionsspezifische Faktoren einen signifikanten Einfluß auf die Lohnsatzentwicklung in den Regionen haben. Das heißt nichts anderes, als daß in Regionen mit überdurchschnittlichen Lohnsatzsteigerungen auch in den meisten Wirtschaftszweigen die Lohnsätze überdurchschnittlich steigen.

Auch wenn man die Lohnniveaus in den Wirtschaftszweigen analysiert, zeigt sich, daß in Hochlohnregionen selbst traditionelle Niedriglohnbranchen in der Lage sind, höhere Löhne zu zahlen. Dies wird offenbar dadurch ermöglicht, daß gleichzeitig über dem Branchendurchschnitt liegende Arbeitsproduktivitäten realisiert werden. Die verfügbaren Indikatoren können somit die These, daß durch hohe regionale Lohnsätze Niedriglohnbranchen benachteiligt werden, nicht bestätigen. Wenn dies zuträfe, wäre zu erwarten, daß sich die regionalen Unterschiede im Lohnniveau verstär-

Abbildung 8.5.5
Entwicklung der Lohnsätze

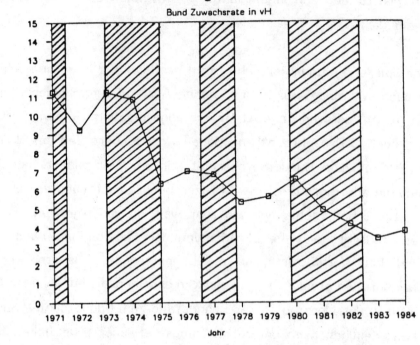

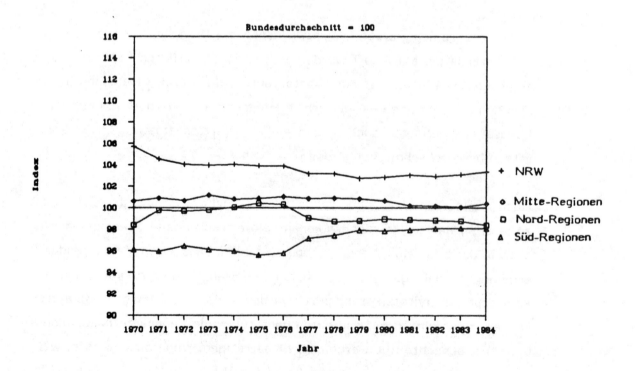

Entwicklung der Lohnsätze

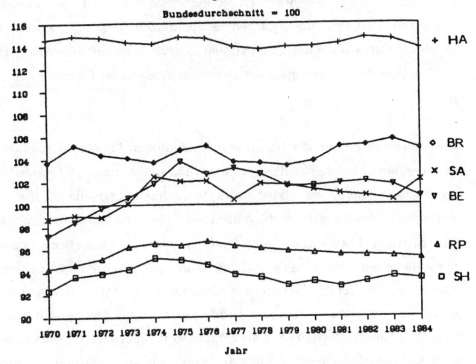

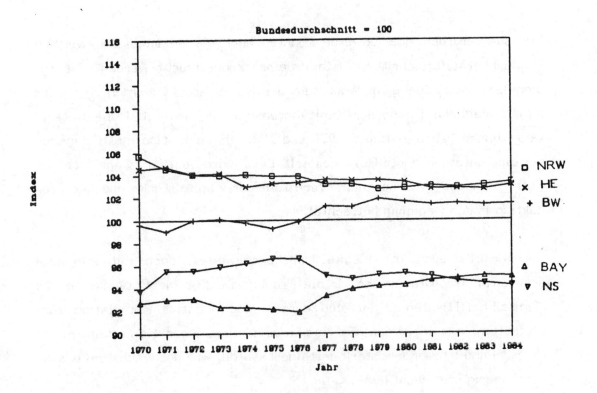

ken, da die betroffenen Unternehmen ihre Produktion einschränken oder aufgeben, so daß eine regionale Konzentration von Hochlohnbranchen stattfindet. Das Gegenteil ist jedoch der Fall. Es ist allerdings zu vermuten, daß sich die Unternehmen in diesen Regionen, sowohl was ihre Produktpalette als auch ihre Produktionsprozesse anbelangt, deutlich von den Unternehmen der gleichen Branche in anderen Regionen unterscheiden.

Im Querschnitt über die Raumordnungsregionen konnte allerdings ein Zusammenhang zwischen Lohnsatzsteigerung und Produktivitätsanstieg nicht gefunden werden, da strukturelle Verschiebungen diesen für einzelne Wirtschaftszweige sehr wohl geltenden Zusammenhang überdeckt haben. Die zeitliche Entwicklung zeigt, daß es zum Teil Übereinstimmung in den Schwankungen dieser beiden Größen um den Trend gibt. Erkennbar ist auch, daß in Bundesländern mit überdurchschnittlich steigenden Lohnsätzen in der Regel auch die Produktivität überdurchschnittlich steigt. Einzige Ausnahme hiervon ist Hessen mit überdurchschnittlichem Produktivitätsanstieg und gegenüber dem Bundesdurchschnitt zunehmend nach unten abweichenden Lohnsätzen.

Für das verarbeitende Gewerbe konnten auch die Beziehungen zwischen Produktivitätsfortschritt und Kapitaleinsatz untersucht werden. Die regionalen Unterschiede im Wachstum des Kapitalstocks wurden durch das unterschiedliche Tempo der Kapitalintensivierung geprägt; Kapazitätserweiterungen haben zwischen 1970 und 1982 als Investitionsmotiv dagegen nur eine untergeordnete Rolle gespielt. Dies wird deutlich, wenn man den Zusammenhang zwischen dem Wachstum des Kapitalstocks und der Produktion in den Regionen betrachtet.

Zwar wurde auch der Kapitalstock ausgeweitet, doch mit erheblich geringeren Wachstumsraten als die Produktion. Für die Entwicklung des Kapitalkoeffizienten ergibt sich daraus eine negative Korrelation zum Wachstum; d.h. in denjenigen Regionen, in denen der Kapitaleinsatz je Outputeinheit besonders stark gesteigert wurde, war das Wachstum besonders niedrig oder sogar negativ.

Nur sehr schwache Beziehungen bestehen zwischen der Entwicklung der Kapitalintensität und dem Produktionswachstum des verarbeitenden Gewerbes (vgl. Abbildung 8.5.6). Der Nachweis, daß bei einem rascheren Anstieg der Kapitalintensität sich die Wachstumschancen vergrößern, läßt sich jedenfalls nicht führen. Wie nicht anders zu erwarten, besteht dagegen ein positiver Zusammenhang zwischen den Niveaus der Arbeitsproduktivität in den Regionen und des Kapitaleinsatzes je Erwerbstätigen. Diese Befunde stützen die Vermutung, daß auch andere Strategien zur Produktivitätssteigerung als die Kapitalintensivierung an Bedeutung gewinnen.

Produktivitätsfortschritte lassen sich auch dadurch mobilisieren, daß hochqualifizierte Arbeitskräfte eingesetzt werden. Wenn es auf diese Weise gelingt, Wettbewerbsvorsprünge zu erlangen, eröffnen sich für die Unternehmen zusätzliche Wachstumsspielräume. In der Theorie würde man hier von der Akkumulation von Humankapital sprechen und die Lohnsatzdifferenzen zu minderqualifizierten Arbeitskräften als Verzinsung des von den qualifizierten Arbeitskräften eingebrachten Humankapitals interpretieren.

Allerdings sagt die Lohnsatzdifferenz noch nichts darüber aus, worin sich zinstragendes Humankapital manifestiert. Hier wurde versucht, aus der Qualifikation von Arbeitskräften nach Tätigkeitsmerkmalen Rückschlüsse auf diesen Sachverhalt zu ziehen. Unterscheidet man zunächst nach Fertigungsaktivitäten und Diensten, so schält sich innerhalb der Dienste eine Berufsgruppe besonders heraus, die Tätigkeiten im Forschungs- und Entwicklungsbereich und in einigen anderen unternehmensbezogenen Diensten wie Unternehmensberatung, Marketing und EDV ausübt. In einer etwas anderen regionalen Abgrenzung konnte für diese Berufsgruppe nachgewiesen werden, daß ihr Anteil hoch korreliert ist mit der Entwicklung der Beschäftigung in der Region insgesamt.

1976 gehörten im Bundesdurchschnitt nur 3 vH der Beschäftigten zu dieser Berufsgruppe. Im Zeitablauf hat der Anteil dieser Beschäftigten allerdings kräftig zugenommen, im Bundesdurchschnitt um 18 vH. Bei den Zuwächsen der Zahl der Beschäftigten in diesen Berufen läßt sich das Gefälle

Abbildung 8.5.6

Zunahme der Kapitalintensität und Produktionswachstum im verarbeitenden Gewerbe

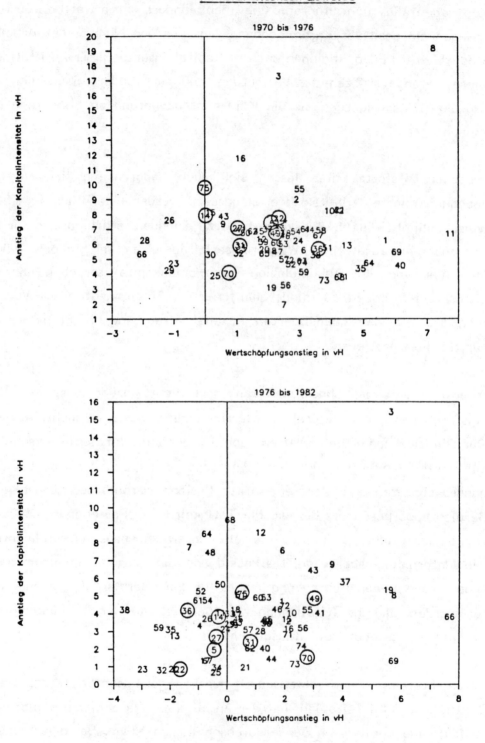

nicht eindeutig mit den zentralen Funktionen großer Ballungsräume erklären. Zuwächse von über 20 vH erreichten auch Regionen mit Verdichtungsansätzen und in Bayern auch ländliche Regionen. Von den Flächenländern hatte Nordrhein-Westfalen die geringste Zunahme des Anteils dieser Beschäftigtengruppe zu verzeichnen. Dies ist nicht nur auf die Entwicklung im Ruhrgebiet zurückzuführen. Auch in der Mehrzahl der übrigen Regionen dieses Bundeslandes ist eine eher unterdurchschnittliche Entwicklung festzustellen. Besonders stark war die Anteilszunahme der höherwertigen produktionsorientierten Dienste in den hochverdichteten Regionen Bayerns, Baden-Württembergs und Hessens. In Bayern und Baden-Württemberg entwickelten sich aber auch die anderen Siedlungstypen in der Regel günstiger als im Bundesdurchschnitt, so daß sich in der Differenzierung nach Ländergruppen nur für die Süd-Regionen ein überdurchschnittlicher Anteilszuwachs ergab.

Für die großen Ballungsregionen zeigt sich deutlich, daß ein hoher Anteil dieser Berufsgruppen zusammenfällt mit hohen Wachstumsraten für die Beschäftigung, die Produktion sowie die Produktivität und umgekehrt. Bezieht man alle Raumordnungsregionen in die Betrachtung ein, so ergeben sich signifikant positive Korrelationskoeffizienten für die Wirtschaftszweige insgesamt allerdings nur für die Beziehung zwischen der Zahl der Beschäftigten in den höherwertigen produktionsorientierten Dienstleistungen und dem Produktionswachstum bzw. dem Lohnsatzanstieg, nicht dagegen für die Beziehung zur Produktivitäts- und Beschäftigtenentwicklung.

Die Wirkung steigender Lohnkosten auf die Erlöse hängt neben der Mobilisierung von Arbeitsproduktivitätsfortschritten auch von der Stärke des Preiswettbewerbs ab; hohe Löhne lassen sich da am besten verkraften, wo Unternehmen mit hochbezahlten Arbeitskräften in Marktsegmenten operieren, in denen der Preiswettbewerb keine große Rolle spielt.

Welche Bedeutung solche Verhaltensweisen für die regionale Entwicklung haben, läßt sich mit den verfügbaren Informationen über die Preis- und Erlösentwicklung kaum untersuchen. Die errechneten Preisindizes liefern nur in gewissem Umfang Hinweise über die Wettbewerbsfähigkeit der

Region. Für die Periode von 1976 bis 1982 ist allerdings deutlich zu erkennen, daß unterdurchschnittliche Preissteigerungen mit einem überdurchschnittlichen Produktionsanstieg verbunden waren. Diesem Ergebnis entspricht tendenziell auch die Entwicklung in Hessen, Rheinland-Pfalz und Baden-Württemberg. Angesichts der begrenzten Aussgagefähigkeit der ermittelten Preisindizes wird man aus diesem Ergebnis allerdings kaum die Aussage ableiten können, daß die unterdurchschnittlichen Preissteigerungen diesen Bundesländern zu einem überdurchschnittlichen Absatz verholfen haben. Vielmehr deutet dieses Ergebnis darauf hin, daß in diesen Ländern vor allem Wirtschaftszweige überdurchschnittlich expandierten, deren Produkte unterdurchschnittliche Preissteigerungsraten aufweisen.

Umgekehrt kann daraus sicherlich auch nicht der Schluß gezogen werden, daß Preiserhöhungen zu Wachstumseinbußen führen müssen. In denjenigen Regionen jedoch, in denen standardisierte Produkte mit hoher Preiselastizität einen vergleichsweise großen Anteil an der Produktion haben, mag dieser Zusammenhang bestehen.

Ein Beispiel hierfür ist das Ruhrgebiet, wo standardisierte Produkte mit hoher Preiselastizität einen vergleichsweise großen Anteil an der Produktion haben. Da der Preiswettbewerb bei solchen Gütern nicht nur im nationalen Rahmen eine Rolle spielt, kommen Einflüsse der Wechselkursentwicklung hinzu, die bei solchen Gütern durch qualitative Produktdiversifikation kaum überspielt werden können. Entsprechende Produktionseinbußen sind die zwangsläufige Folge.

Daß die Entwicklung in diese Richtung gelaufen ist, wird auch deutlich, wenn man sich die Exportentwicklung in Nordrhein-Westfalen vergegenwärtigt. Bei bestimmten für Nordrhein-Westfalen typischen Exportgütern (Eisen- und Stahlerzeugnisse, Maschinenbauerzeugnisse mit starken Akzenten im Bereich des Schwermaschinenbaus, Erzeugnisse des Kohlenbergbaus), auf die 1984 mehr als 30 vH der Güterexporte dieses Bundeslandes entfielen, lag der Exportanstieg gegenüber 1978 nur bei 29 vH. Klammert man diese Nordrhein-Westfalen-typischen Gütergruppen aus, so nähert sich die Zuwachsrate für die restlichen Exporte in Nordrhein-Westfalen mit 60 vH schon fast dem Bundesdurchschnitt.

Nur wenn die Wettbewerbsposition der Unternehmen stark genug ist, lassen sich schwache Produktivitätssteigerungen durch Preissteigerungen ohne Wachstums- und Gewinneinbußen kompensieren. Sind nicht sehr wettbewerbsstarke Unternehmen gezwungen, die Preise zu erhöhen, so müssen sie mit Absatzeinbußen rechnen. Verzichten die Unternehmen auf Preiserhöhungen und nehmen dafür Gewinneinbußen in Kauf, so werden expansive Strategien von der Finanzierungsseite eingeengt, mit der Folge, daß längerfristig Wachstumseinbußen zu erwarten sind. In beiden Fällen sind die Auswirkungen auf die regionale Entwicklung negativ.

Daß dem so ist, zeigt ein Vergleich der Lohnstückkostenentwicklung mit dem Produktionswachstum (vgl. Abbildung 8.5.7). Im Ergebnis haben Regionen mit überdurchschnittlichem Lohnstückkostenanstieg zugleich ein unterdurchschnittliches Wachstumstempo. Dieser Zusammenhang ist in den Jahren nach 1976 noch enger geworden. Er gilt für die verdichteten Regionen wie auch für die übrigen Raumordnungsregionen. Wie auch immer die Unternehmen reagiert haben, wenn es ihnen nicht gelungen ist, den Anstieg der Lohnstückkosten zu bremsen, waren in der Regel Wachstumseinbußen die Folge.

Der negative Zusammenhang zwischen dem Produktionsanstieg und der Lohnstückkostenentwicklung, der im Querschnitt über die Raumordnungsregionen gefunden wurde, wird in der Zeitreihenanalyse lediglich für die Bundesländer Nordrhein-Westfalen und Hessen mit jeweils umgekehrtem Vorzeichen bestätigt. In Baden-Württemberg dagegen steigt die Produktion bei gleichzeitig überdurchschnittlichem Anstieg der Lohnstückkosten.

Daß in Regionen mit expansiver Produktionstätigkeit auch die Gewinne sich günstiger entwickelten, konnte in der Analyse für die Raumordnungsregionen lediglich an Hand der in diesem Fall sinkenden Lohnquote gezeigt werden. Auf Länderebene ist es möglich, als Indikator für die Gewinnentwicklung auch die Profitquote (Bruttoeinkommen aus Unternehmertätigkeit und Vermögen in vH der Bruttowertschöpfung zu Marktpreisen) heranzuziehen. In der Mehrzahl der Bundesländer steht die Entwicklung der Profitquote zu dem für die Raumordungsregionen gewonnenen Ergeb-

Abbildung 8.5.7

Lohnstückkostenanstieg und Produktionswachstum

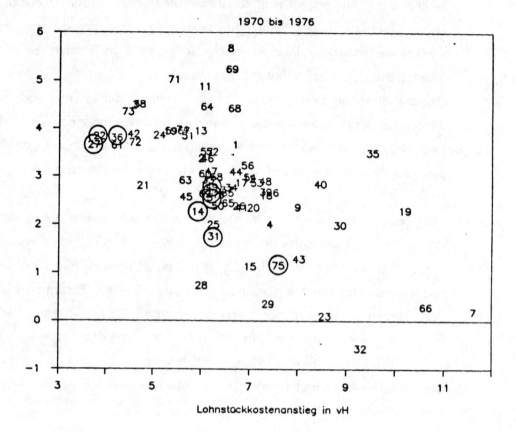

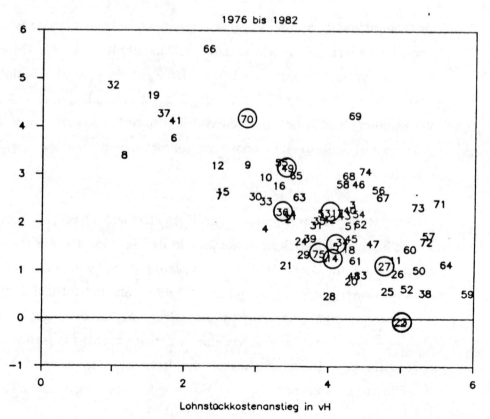

nis nicht im Widerspruch. Ausnahmen sind die Bundesländer Rheinland-Pfalz und Baden-Württemberg, in denen die Profitquote trotz überdurchschnittlicher Ausweitung der Produktion im Vergleich zum Bundesdurchschnitt sinkt. Umgekehrt ist in der Nordregion die Profitquote trotz unterdurchschnittlicher Produktionsausweitung zum Teil erheblich gestiegen.

Im folgenden sind die Ergebnisse nochmals für die größeren Bundesländer zusammengefaßt worden. Für die nördlichen Bundesländer ist wegen der Stadtstaatenproblematik eine isolierte Darstellung unzweckmäßig. Aus diesem Grund sind Schleswig-Holstein, Hamburg, Niedersachsen und Bremen auch hier zu den Nord-Regionen zusammengefaßt worden. Zur Verdeutlichung ist die zeitliche Entwicklung der wichtigsten Determinanten von Produktion und Beschäftigung jeweils für die einzelnen Bundesländer auch graphisch dargestellt worden. Da es in diesem Zusammenhang vor allem auf die relative Position der Länder ankommt, sind die Größen jeweils auf den Bundesdurchschnitt normiert worden.

Wenn man die Angebotsfaktoren für ein Bundesland als Ganzes im Zusammenhang diskutieren will, so ist es hilfreich von der Vorstellung auszugehen, daß es sich bei diesem Bundesland um ein Unternehmen handelt, dessen Ertragslage zur Debatte steht. Kriterium für die Effizienz der Produktionsprozesse dieses "Unternehmens Bundesland" ist damit die Gewinnsituation, hier gemessen an den Einkommen aus Unternehmertätigkeit und Vermögen. Diese Gewinne hängen ab von der Entwicklung der zu jeweiligen Preisen gemessenen Produktion (Bruttowertschöpfung zu jeweiligen Preisen) und der Entwicklung der Profitquote, dem Anteil der Einkommen aus Unternehmertätigkeit und Vermögen an der Bruttowertschöpfung zu jeweiligen Preisen.

Die Entwicklung der zu konstanten Preisen bewerteten Produktion und der Arbeitsproduktivität bestimmen den Pfad der Beschäftigung und damit zu einem wesentlichen Teil auch die Höhe der Arbeitslosigkeit. Die Entwicklung dieser Größen ist jeweils in dem oberen Diagramm "Produktion und Beschäftigung" zusammengestellt worden.

Die Profitquote wiederum ist abhängig von der Entwicklung von Lohnstückkosten und Preisen. Hält man sich vor Augen, daß die Entwicklung der Lohnstückkosten definiert ist als Quotient aus Lohnsatzanstieg und Wachstum der Arbeitsproduktivität, so ergibt sich das folgende Einflußschema:

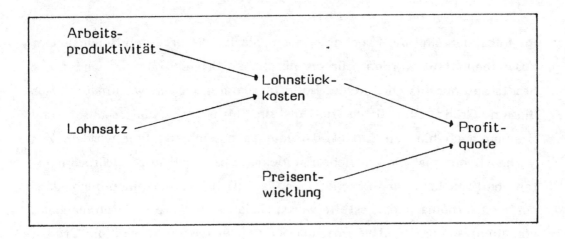

Die Entwicklung dieser hier als Angebotsfaktoren bezeichneten Größen ist in dem unteren Diagramm zusammengestellt worden. Die schraffierte Fläche, die jeweils durch die Indizes für die Preisentwicklung und die Entwicklung der Lohnstückkosten begrenzt wird, macht deutlich, in welche Richtung sich die Profitquote entwickelt: Verschieben sich die relativen Positionen von Preisindex und Lohnstückkosten in der Weise, daß sich bei steigenden Lohnstückkosten der Preisindex abschwächt, so verschlechtert sich die relative Position der Profitquote und umgekehrt.

In den Nord-Regionen lag die Entwicklung der Produktion bis 1976 im Trend nur leicht unter dem Bundesdurchschnitt. Überdurchschnittliche Produktivitätssteigerungen wirkten sich allerdings bereits in diesen Jahren deutlich negativ auf die Beschäftigung aus. In den Jahren danach setzte sich die Abkoppelung der Beschäftigungsentwicklung vom Bundesdurchschnitt unvermindert fort. Ausschlaggebend hierfür war nun nicht mehr die Produktivitätsentwicklung - sie entsprach im Trend der durchschnittlichen Entwicklung -, sondern der sich deutlich gegenüber dem Bundesdurchschnitt abschwächende Produktionsanstieg (vgl. Abbildung 8.5.8).

Abbildung 8.5.8

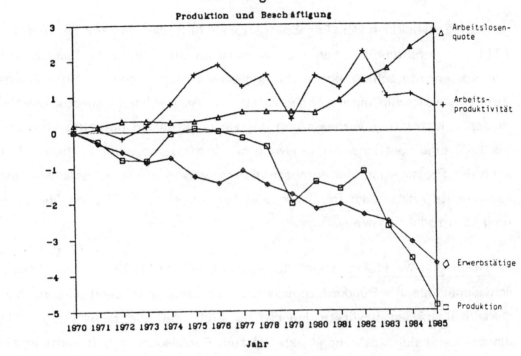

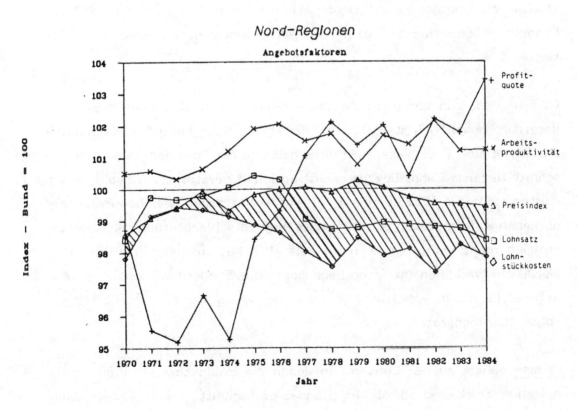

In den Jahren nach 1982 verschlechterte sich die Position der Nord-Regionen bei der Produktionsentwicklung ziemlich stark. Da sich gleichzeitig jedoch der Produktivitätsanstieg verlangsamte, hat sich die schon zuvor überdurchschnittliche Beschäftigtenabnahme nur wenig beschleunigt.

Bei der Entwicklung der Angebotsfaktoren fällt die Umkehr bei dem bis 1976 überdurchschnittlichen Lohnsatzanstieg auf. Diese Entlastung auf der Kostenseite schlug sich trotz abgeschwächten Produktivitätsanstiegs in einem weiterhin unterdurchschnittlichen Anstieg der Lohnstückkosten nieder. Die relative Verbesserung der Kostensituation bewirkte aber nur bis 1978 eine deutliche Verbesserung der Profitquote, weil in dieser Zeit auch der Preisanstieg überdurchschnittlich war. In den letzten Jahren ging der erneute Anstieg der Profitquote einher mit einer deutlichen Abkoppelung des Produktionswachstums.

In Nordrhein-Westfalen stieg die Produktion seit 1970 nahezu ständig schwächer als im Bundesdurchschnitt. Der unterdurchschnittliche Produktivitätsanstieg bewirkte jedoch bis 1980, daß die Beschäftigung in diesem Land sich weitgehend parallel zum Bundesdurchschnitt entwickelte. Danach ging die Beschäftigung stärker zurück, da sich seit 1982 der Produktivitätsanstieg auf dem bundesdurchschnittlichen Niveau stabilisierte.

Obwohl über den gesamten Zeitraum hinweg auch die Lohnsätze leicht unterdurchschnittlich stiegen, war die Abkoppelung beim Produktivitätsanstieg größer. Dies hatte zur Folge, daß sich der über dem Bundesdurchschnitt liegende Lohnstückkostenanstieg leicht verstärkte. Obwohl dieser Kostendruck seit 1981 zu einem Teil in überdurchschnitt-lichen Preissteigerungen weitergegeben wurde, konnte eine Verschlechterung der Gewinnposition nicht verhindert werden: Seit 1974 hat sich die Profitquote in Nordrhein-Westfalen im Trend gegenüber dem Bundesdurchschnitt erheblich verringert. In Anbetracht dieser Entwicklung war der Beschäftigtenabbau eher moderat.

Hessen gehört zu den Ländern, in denen die Produktion bis 1980 kontinuierlich stärker stieg als im Bundesdurchschnitt. Diese Entwicklung

Abbildung 8.5.9

Nordrhein-Westfalen

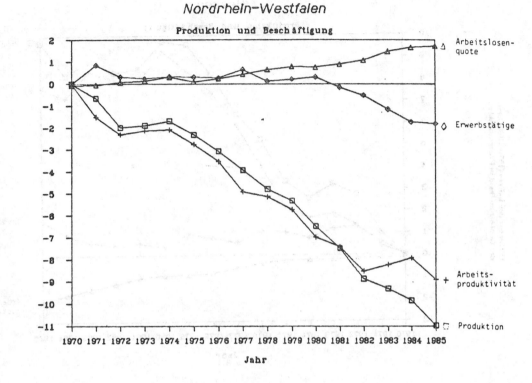

Nordrhein-Westfalen

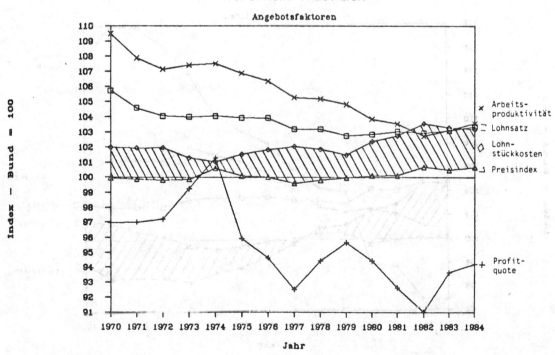

Abbildung 8.5.10

Hessen

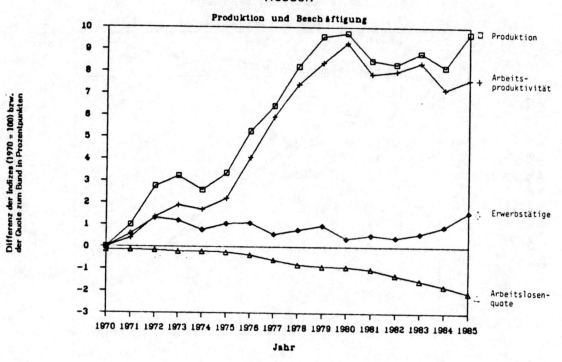

Hessen

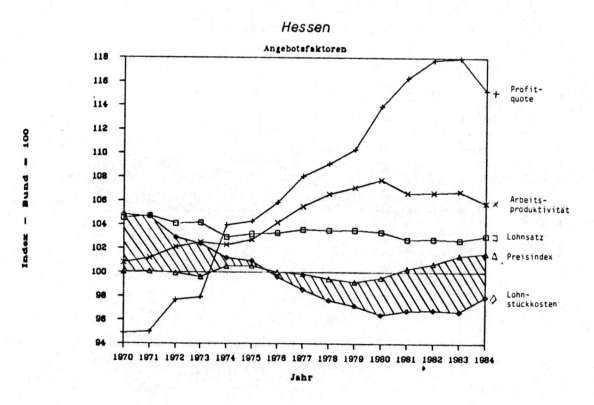

wurde begleitet von einem fast gleich starken Produktivitätsanstieg. Zu einer nennenswerten vom Durchschnitt abweichenden Beschäftigtenausweitung kam es lediglich Anfang der siebziger Jahre. Ziemlich abgekoppelt von der Entwicklung der Produktivität war in Hessen die Entwicklung der Lohnsätze, die zwar im Niveau über dem Bundesdurchschnitt liegen, deren Entwicklung jedoch kaum vom Durchschnitt abwich. Bis 1980 blieb der Anstieg der Lohnstückkosten daher deutlich unter dem Bundesdurchschnitt.

Dementsprechend ausgeprägt war auch die Verbesserung der Gewinnsituation in Hessen. Die Profitquote, die 1970 im Niveau noch unter dem Bundesdurchschnitt gelegen hatte, erhöhte sich beträchtlich und übertraf in den Jahren 1982/83 den Bundesdurchschnitt mit dem Rekordsatz von 18 vH. Der auslösende Faktor für die Gewinnsteigerung war allerdings nach 1980 nicht mehr die Steigerung der Arbeitsproduktivität, sondern die überdurchschnittlichen Preissteigerungen. Gleichzeitig fand die überdurchschnittliche Expansion der Produktion ein Ende.

Die Entwicklung in Rheinland-Pfalz war bis 1982 durch ein im Trend überdurchschnittliches Produktionswachstum geprägt. Weitgehend parallel dazu entwickelte sich die Produktivität, so daß die Entwicklung der Beschäftigung alles in allem kaum vom Bundesdurchschnitt abwich. Diese Parallelität von Produktions- und Produktivitätsentwicklung hielt auch in der Phase der Abkoppelung von der bundesdurchschnittlichen Entwicklung nach unten an, die nach 1982 zu beobachten war.

Trotz der überdurchschnittlichen Produktivitätssteigerungen kam es bis 1979 zu einer deutlichen Annäherung der meist überdurchschnittlichen Profitquote an den Bundesdurchschnitt. Neben den zu Beginn der siebziger Jahre leicht überdurchschnittlichen Lohnsatzsteigerungen wirkten erlösschmälernd vor allem die im gesamten Zeitraum unterdurchschnittlich steigenden Preise. Während dieser Einfluß bis zur Gegenwart anhielt, trat auf der Kostenseite seit 1978 eine Entlastung ein. Die Lohnsätze blieben im Anstieg unter dem Bundesdurchschnitt. Da gleichzeitig die Produktivität bis 1982 überdurchschnittlich stieg, war der Rückgang ausgeprägter

Abbildung 8.5.11
Rheinland-Pfalz

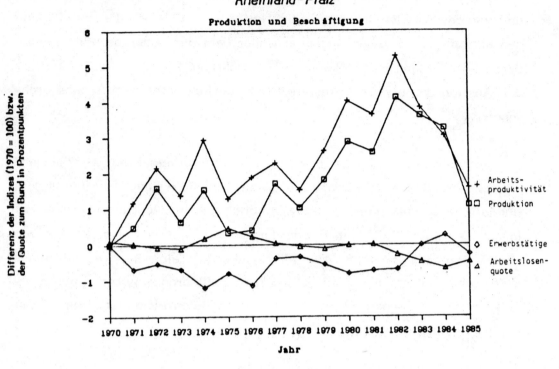

Rheinland-Pfalz

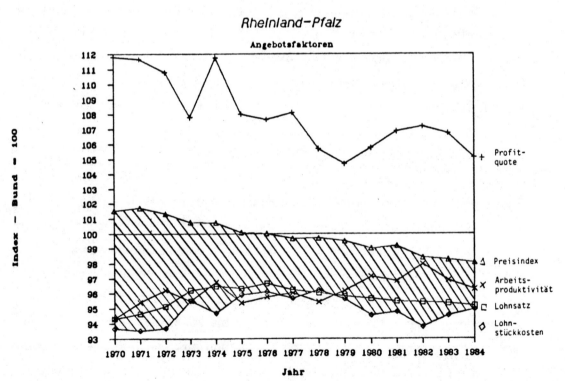

hoch bei den Lohnstückkosten. Nach 1979 wirkte sich dies auch positiv auf die Entwicklung der Profitquote aus.

Die Produktion in Baden-Württemberg stieg im Trend und vor allem von 1978 an deutlich stärker als im Bundesdurchschnitt. Da sich die Produktivitätsentwicklung in diesem Bundesland im Trend kaum von der Entwicklung im Bundesdurchschnitt unterschied, kam es nach 1977 zu einem überdurchschnittlichen Beschäftigtenanstieg, der aber kaum von einem überdurchschnittlichen Anstieg der Lohnsätze begleitet war. Auch die im Niveau weit überdurchschnittlichen Lohnstückkosten weichen in ihrem Anstieg nur wenig vom Bundesdurchschnitt nach oben ab. Dennoch stieg die Kostenbelastung weit überdurchschnittlich; die Schere zwischen den auf den Bundesdurchschnitt bezogenen Lohnstückkosten und Preisen öffnete sich von weniger als 3 auf mehr als 5 Prozentpunkte mit entsprechenden Konsequenzen für die Profitquote. Sie lag Anfang der siebziger Jahre noch über dem Bundesdurchschnitt und verschlechterte ihre Position bis 1984 um mehr als 15 Prozentpunkte. Baden-Württemberg als "Unternehmen" hat damit die typische Strategie des Mengenanpassers bei sinkenden Stückgewinnen verfolgt und damit auch die Arbeitslosigkeit relativ gering gehalten.

In Bayern war das Produktionswachstum stärker als in allen anderen Bundesländern. Trotz eines überdurchschnittlichen Produktivitätsanstiegs wurde auch die Beschäftigung kräftig ausgeweitet. Bis 1976 entwickelten sich die Lohnsätze fast wie im Bundesdurchschnitt auf allerdings wesentlich niedrigerem Niveau. Der leicht überdurchschnittliche Anstieg in den Jahren danach tangierte die Lohnstückkosten nur wenig, da auch die Arbeitsproduktivität stärker zunahm als im Bundesdurchschnitt. Auch die relative Position von Preisen und Lohnstückkosten veränderte sich kaum, so daß die weit über dem Durchschnitt liegende Profitquote in Bayern ihren Abstand zum Bundesdurchschnitt während des gesamten Beobachtungszeitraums kaum veränderte.

Die Ergebnisse für die Bundesländer machen deutlich, daß es ein einheitliches Nord-Süd-Muster in der wirtschaftlichen Entwicklung nicht gibt.

Abbildung 8.5.12
Baden-Württemberg

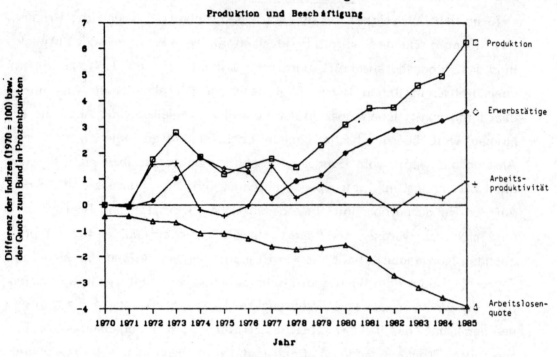

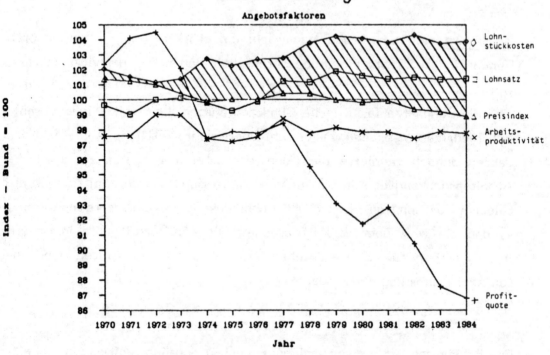

Abbildung 8.5.13

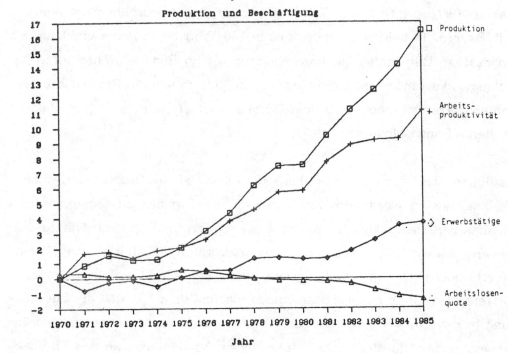

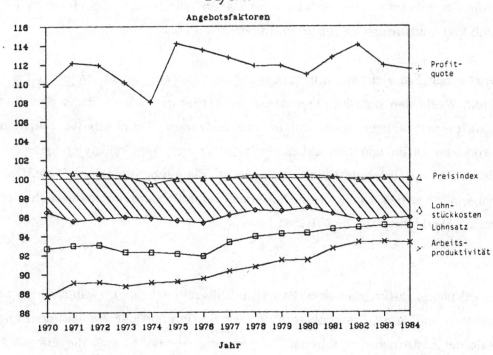

Deutlich wurde, daß die Produktions- wie auch die Beschäftigtenentwicklung generell in Bayern und Baden-Württemberg günstiger verlief als in den Nord-Regionen und in Nordrhein-Westfalen. Bei den Angebotsfaktoren in den Bundesländern findet man bei der Beurteilung der Entwicklung in Baden-Württemberg mehr Gemeinsamkeiten mit Nordrhein-Westfalen als mit Bayern. In beiden Ländern konnte die Produktivitätsentwicklung den Lohnsatzanstieg schlechter kompensieren als im Bundesdurchschnitt. Der Lohnstückkostenanstieg war überdurchschnittlich und die Profitquote verschlechterte sich gegenüber dem Durchschnitt stärker als in den anderen größeren Bundesländern.

Lediglich das Tempo dieser Veränderungen ist in Baden-Württemberg geringer als in Nordrhein-Westfalen, die Profitquote ausgenommen. Im Niveau der Produktivität weicht Baden-Württemberg gegenwärtig von Bayern soweit nach oben ab, wie Nordrhein-Westfalen von Baden-Württemberg. Das gilt auch für die Lohnsätze mit allerdings geringeren Differenzen. Diese Niveauunterschiede machen deutlich, daß die Entwicklung in Bayern, sieht man von der Wachstumsregion München ab, geprägt ist von einem allerdings sehr erfolgreichen Aufschließen an den Entwicklungspfad in den restlichen Bundesländern. Dies wird auch deutlich an dem gegenüber Nordrhein-Westfalen und Baden-Württemberg geringeren Einfluß konjunktureller Faktoren in Bayern.

Von einer Entwicklung mit umgekehrten Vorzeichen ist dagegen Nordrhein-Westfalen geprägt. Von dem hier erreichten hohen Stand der Wirtschaftskraft zeugen noch immer die über dem Durchschnitt liegenden Produktivitäten und Lohnsätze. Er wird jedoch von Industrien getragen, deren Produktionspalette nur schwer an die sich wandelnde Nachfrage angepaßt werden kann. Die Folge sind Anpassungsprozesse, die sich nicht ohne Schwierigkeiten bewältigen lassen.

Ein Beispiel dafür, daß eine derartige Entwicklung nicht zwangsläufig ist, sondern von dem Güterspektrum der Produktion und der Anpassungsfähigkeit der Unternehmen abhängt, ist Hessen. Hier haben sich die Lohnsätze bei überdurchschnittlichem Niveau kaum anders entwickelt als in Nordrhein-Westfalen. Die Produktivität dagegen hat in den achtziger Jahren das höchste Niveau aller Flächenländer erreicht. Das gleiche gilt für die Profitquote.

Auch in den Nord-Regionen hat die Profitquote ein beachtliches Niveau erreicht. Bei der Produktivität liegen die Nord-Regionen zwar nur an dritter Stelle hinter Hessen und Nordrhein-Westfalen. Die Ähnlichkeiten in der Entwicklung der Angebotsfaktoren zwischen den Nord-Regionen und Hessen sind insgesamt größer als zu den anderen Bundesländern. Im Unterschied zu den Nord-Regionen hat Hessen allerdings die Produktion kräftig ausweiten können. In den Nord-Regionen ist dagegen die Produktion im Vergleich zum Bundesdurchschnitt geschrumpft, mit der Konsequenz überdurchschnittlicher Beschäftigungseinbußen.

8.6 Angebot und Nachfrage auf den regionalen Arbeitsmärkten

Die Beziehungen zwischen Nachfrage, Produktion und Beschäftigung finden ihren Niederschlag auf den regionalen Arbeitsmärkten als Nachfrage nach Arbeitskräften. Dem steht das Angebot an Arbeitskräften in den Regionen gegenüber, das abhängig ist von der demographischen Entwicklung sowie den Wandlungen im Erwerbsverhalten.

Insgesamt hat die Wohnbevölkerung in der Bundesrepublik Deutschland im Zeitraum 1970 bis 1984 um rund eine halbe Million Einwohner zugenommen. Der Bevölkerungsanstieg beschränkte sich auf die Jahre bis 1981. Danach ist ein leichter Bevölkerungsrückgang erkennbar. Die unterschiedliche regionale Entwicklung der Wohnbevölkerung hat jedoch zu keiner gravierenden Veränderung der Bevölkerungsverteilung geführt (vgl. Tabelle 8.6.1).

In der Entwicklung der Bevölkerung saldieren sich die Ergebnisse von Prozessen, die Veränderungen der Zahl bestimmter Bevölkerungsgruppen zur Folge haben. Für die Fragestellung dieser Untersuchung besonders wichtig ist die Trennung in demographische Einflüsse und solche, die durch Wanderungsbewegungen ausgelöst werden. Seit 1978 ist auf der Ebene der Bundesländer lediglich in Baden-Württemberg ein leichter demographisch bedingter Bevölkerungsanstieg erkennbar, der vornehmlich auf die Bevölkerungszunahme in den ländlichen Gebieten zurückgeführt werden kann. Von den Flächenländern ist insbesondere in Schleswig-Holstein und im Saarland die negative demographische Bevölkerungskomponente besonders ausgeprägt.

Seit 1978 hat die natürliche Bevölkerungsentwicklung bei den 24-65 jährigen aufgrund der geburtenstarken Jahrgänge zu einer Zunahme ihrer Zahl um 3 vH geführt. Im allgemeinen liegen die Werte in den Flächenstaaten ziemlich dicht beieinander (+3,8 in Baden-Württemberg, +2,6 in Schleswig-Holstein). Deutlich vom Bundesdurchschnitt nach unten abweichende Ergebnisse sind für Berlin zu verzeichnen.

Neben der natürlichen Bevölkerungsentwicklung gehen von den Wanderungen in vielen Regionen starke Einflüsse auf die Einwohnerzahl aus. Vor

Tabelle 8.6.1

Natürliche Bevölkerungsentwicklung und Wanderungen 1977-1984

in vH der Bevölkerung Ende 1978

	Bevölkerung		demographische Entwicklung		kumulierter Wanderungssaldo	
	Insgesamt	darunter 24-64-jährige	Insgesamt	darunter 24-64-jährige	Insgesamt	darunter 24-64-jährige
Schleswig-Holstein	0,9	3,8	-1,7	2,6	2,6	1,2
Hamburg	-4,3	0,4	-3,7	1,8	-0,7	-1,4
Niedersachsen	-0,1	3,3	-1,3	2,7	1,2	0,6
Bremen	-4,7	0,7	-2,6	2,2	-2,0	-1,5
Nord-Region	-0,7	2,8	-1,8	2,5	1,0	0,3
Nordrhein-Westfalen	-1,8	2,2	-1,0	3,0	-0,7	-0,8
davon: Ruhrgebiet	-3,8	1,0	-1,7	2,3	-2,0	-1,3
übriges NRW	-1,0	2,4	0,7	3,2	-0,2	-0,6
Hessen	-0,3	3,1	-1,2	3,1	0,9	0
Rheinland-Pfalz	-0,2	3,4	-1,2	2,8	1,0	0,6
Saarland	-2,1	2,9	-1,6	3,1	-0,5	-0,2
Mitte-Region	-0,5	3,2	-1,2	3,0	0,8	0,2
Baden-Württemberg	1,1	3,7	0,3	3,8	0,8	-0,1
Bayern	1,2	3,7	-0,6	3,2	1,7	0,5
Süd-Region	1,1	3,7	-0,2	3,5	1,3	0,2
Berlin	-3,2	0,7	-5,0	1,2	1,8	-0,5
Bundesgebiet	-0,4	2,9	-1,1	3,0	0,6	-0,1

Quelle: Eigene Berechnungen aufgrund amtlicher Statistiken.

allem in den Regionen des Ruhrgebietes wird die negative demographische Komponente durch negative Wanderungssalden im Zeitraum 1979 bis 1984 verstärkt.

Für die meisten Regionen prägen Umzüge innerhalb des Bundesgebiets die Entwicklung stärker als der Saldo der Zu- und Fortzüge aus dem Ausland. Im Zeitraum 1979 bis 1984 wanderten per Saldo lediglich 39 000 Personen anderer Staatszugehörigkeit zu. Dagegen ist der positive Außenwanderungssaldo der Deutschen mehr als achtmal so groß. Von den Außenwanderungsüberschüssen der Deutschen entfiel in dieser Zeit ein Drittel auf das Ruhrgebiet. Diese Zuwanderungen haben jedoch nicht ausgereicht, um den negativen Binnenwanderungssaldo des Ruhrgebietes auszugleichen. Auch die Außenwanderungssalden der Ausländer weisen länderspezifisch starke Differenzen auf. Während in Nordrhein-Westfalen und Baden-Württemberg die Rückkehr in die Heimatländer überwiegt, haben die übrigen Bundesländer weiterhin per Saldo einen Zustrom von Personen aus dem Ausland zu verzeichnen, er ist relativ am größten in Berlin, liegt aber auch in Hamburg weit über dem Durchschnitt.

Seit 1978 ist die Zahl der ausländischen Mitbürger nur noch um rund 350 000 gestiegen. Etwa 90 vH dieser Zunahme ist auf ihre natürliche Bevölkerungsentwicklung zurückzuführen. Außer den Stadtstaaten Hamburg und Berlin weisen die Flächenländer Hessen, Baden-Württemberg und Nordrhein-Westfalen überdurchschnittliche Ausländeranteile auf. Dagegen liegt der Anteil der ausländischen Einwohner in den nördlichen Regionen unter dem Bundesdurchschnitt. Zwar ist ein deutliches Süd-Nord-Gefälle erkennbar, aber ebenso ein eher noch ausgeprägteres West-Nord-Gefälle.

Die Zahl der Einwohner im erwerbsfähigen Alter in den Regionen wird von der Bevölkerungsentwicklung und den Wanderungen unterschiedlich beeinflußt. Bei den 25-64 jährigen wurde nach 1978 der demographisch bedingte Anstieg in 40 vH aller Raumordnungsregionen durch Wanderungsverluste abgeschwächt. Die Städte des Ruhrgebietes wiesen beispielsweise einen unter dem Bundesdurchschnitt liegenden Zuwachs aus der natürlichen Bevölkerungsentwicklung auf, dessen Wirkungen auf das Angebotspotential an Arbeitskräften darüber hinaus durch den negativen Wanderungssaldo um mehr als die Hälfte verringert worden ist. Eine ähnliche Entwicklung ist in den Stadtstaaten zu beobachten. Dagegen war in den verdichteten Regionen Baden-Württembergs und Bayerns der demographisch bedingte Nettozuwachs so groß, daß er durch die Wanderungsverluste nur um ein Fünftel verringert wurde. In diesen Regionen lag der Bevölkerungszuwachs in dieser Altersgruppe daher per Saldo weit über dem Bundesdurchschnitt.

Von den Wanderungsgewinnen der erwerbsfähigen Bevölkerung in Schleswig-Holstein und Niedersachsen entfällt sicherlich ein großer Teil auf Wanderungen in das Umland der Hansestädte. Wanderungsgewinne in dieser Altersgruppe gibt es ansonsten nur noch in Rheinland-Pfalz und Bayern. Betrachtet man die Entwicklung der Bevölkerung im Alter von 24 bis 64 Jahren in den Bundesländern ohne die länderübergreifenden Stadt-Umland-Wanderungen in Norddeutschland, so lagen Baden-Württemberg und Bayern mit einen Plus von 3,7 vH vorn, gefolgt von Rheinland-Pfalz (+ 3,4 vH) und Hessen (+ 3,1 vH).

Wie sich die Entwicklung der erwerbsfähigen Bevölkerung auf das Angebot auf dem Arbeitsmarkt, die Zahl der Erwerbspersonen also, auswirkt, hängt von der Entwicklung der Erwerbsquote ab. Untersuchungen für die Zeit von 1970 bis 1982 haben ergeben, daß in diesem 12-Jahreszeitraum die Erwerbsquote der Männer um mehr als 8 vH zurückgegangen ist, während sie bei den Frauen um 9,5 vH zugenommen hat. Dieses Grundmuster der Entwicklung gilt für fast alle Regionen, mit geringeren regionalen Abweichungen bei den Männern und einer größeren Streuung bei den Frauen. Vereinzelt ist in dieser Periode auch die Frauenerwerbsquote geringfügig zurückgegangen.

Ingesamt hat die Zahl der Erwerbspersonen in dieser Zeit um 1,8 Mill. zugenommen, davon waren 0,4 Mill. Männer und 1,4 Mill. Frauen (vgl. Tabelle 8.6.2). Betrachtet man die Entwicklung in den Ländern unter Berücksichtigung der sich kompensierenden Effekte in den nördlichen Bundesländern, so nimmt bei den männlichen Erwerbspersonen Bayern mit einem Plus von mehr als 8 vH mit weitem Abstand die Spitzenposition ein, gefolgt von Baden-Württemberg mit knapp 4 vH. Am anderen Ende der Skala liegt Berlin, mit einem Rückgang von 13 vH. Auch Nordrhein-

Tabelle 8.6.2

Zunahme der Erwerbspersonen 1970 bis 1982

	in 1000			in vH von 1970		
	Insgesamt	Männer	Frauen	Insgesamt	Männer	Frauen
Schleswig-Holstein	169	59	110	16,3	8,6	31,1
Hamburg	-55	-49	-6	-6,6	-9,8	-1,7
Niedersachsen	247	56	191	8,2	2,8	18,3
Bremen	0	-13	13	0	-6,3	12,1
Nord-Region	361	53	309	6,9	1,6	16,8
Nordrhein-Westfalen	380	-11	391	5,4	-0,2	17,6
davon: Ruhrgebiet	15	-83	98	0,7	-5,9	16,9
übriges NRW	365	72	293	7,3	2,1	17,8
Hessen	178	40	138	7,4	2,5	16,2
Rheinland-Pfalz	115	31	84	7,5	3,1	15,9
Saarland	24	3	20	5,8	1,2	16,8
Mitte-Region	316	75	242	7,3	2,6	16,2
Baden-Württemberg	304	102	203	7,3	3,9	12,6
Bayern	529	253	277	10,8	8,6	14,1
Süd-Region	834	354	480	9,2	6,4	13,4
Berlin	-97	-73	-24	-10,0	-13,2	-5,9
Bundesgebiet	1 794	397	1 397	6,7	2,3	14,6

Quelle: Eigene Berechnungen aufgrund amtlicher Statistiken.

Westfalen hat Einbußen zu verzeichnen, die sich jedoch auf das Ruhrgebiet konzentrieren. Das übrige Nordrhein-Westfalen liegt mit einem Plus von 2 vH im Mittelfeld zusammen mit der Nord-Region (1,6 vH) und Hessen (2,5 vH).

Berlin hat auch bei den weiblichen Erwerbspersonen einen Rückgang von fast 6 vH zu verzeichnen. Ansonsten lagen die Flächenstaaten - die Nord-Region wieder zusammengefaßt - mit Zuwächsen zwischen knapp 13 und 18 vH relativ dicht beeinander. Auffällig ist, daß die beiden südlichen Bundesländer bei den Zuwächsen hier das Schlußlicht bilden mit 12,6 vH (Baden-Württemberg) und 14,1 vH (Bayern).

Bei einer Bilanzierung der Einflüsse, die zum einen von der Nachfrage nach Arbeitskräften, und zum anderen vom Angebot von Arbeitskräften in den Regionen auf die regionalen Arbeitsmärkte ausgehen muß berücksichtigt werden, daß beide Seiten der Arbeitsmarktbilanz sich nicht unabhängig voneinander entwickeln. Bei Arbeitsplatzdefiziten haben Arbeitsuchende in der Vergangenheit häufig mit Abwanderungen in andere Regionen reagiert, in denen es eher möglich war, einen Arbeitplatz zu finden. In Zeiten hoher Arbeitslosigkeit sind jedoch generell die Chancen hierfür geringer.

Zu einer Nivellierung der Arbeitsmarktungleichgewichte auf Länderebene haben Wanderungsbewegungen allerdings nicht geführt. Seit dem letzten Tiefstand der Arbeitslosigkeit in den Jahren 1979/80 hat sich die Streuung der Arbeitslosigkeit zwischen den Bundesländern sogar vergrößert. Das Nord-Süd-Gefälle bei der Arbeitslosigkeit wird allerdings nicht nur in den Niveaudifferenzen der Arbeitslosenquoten - im Verhältnis von etwa 2 zu 1 - deutlich, sondern auch in der Entwicklung in den letzten Jahren: Während in den Nord-Regionen die Arbeitslosenquote zwischen 1983 und 1985 um einen Prozentpunkt auf über 12 vH gestiegen ist, ging sie in den Süd-Regionen um einen halben Prozentpunkt auf knapp 7 vH zurück. Damit wird deutlich, daß Einflußfaktoren, die auf die Angebotsseite regionaler Arbeitsmärkte wirken, die Ungleichgewichte auf den regionalen Arbeitsmärkten nur mildern können. Ohne die Reaktionen auf der Angebotsseite, wäre das regionale Gefälle der Arbeitslosigkeit allerdings sehr viel größer. Um diejenigen Faktoren, die die Entwicklung des Angebots an Arbeitskräften beeinflussen, genauer bestimmen zu können, wurde bei den Zuzügen an Erwerbspersonen über die Differenzierung nach dem Geschlecht hinaus auch

- die bevölkerungsbedingte Komponente, in der sich Veränderungen in der altersmäßigen Zusammensetzung und Wanderungsbewegungen der Erwerbspersonen niederschlagen sowie
- Änderungen im Erwerbsverhalten, die bei den Männern zu einer Abnahme, bei den Frauen dagegen zu einer Zunahme der Erwerbsbeteiligung geführt haben,

berücksichtigt. Werden die aufgefächerten Angebotsfaktoren der Arbeitsnachfrage gegenübergestellt, die ihren Niederschlag in der Zahl der Erwerbstätigen findet, so ergibt sich die in Tabelle 8.6.3 dargestellte Arbeitsmarktbilanz. Sie enthält diejenigen Komponenten, deren Veränderung in der Periode von 1970 bis 1982 für die Regionen quantifiziert werden konnten und gleichzeitig die zahlenmäßigen Ergebnisse für das Bundesgebiet.

In diesen 12 Jahren hat das Angebot an Erwerbspersonen um 1,8 Mill. Personen zugenommen; das sind 6,7 vH mehr als 1970. Gleichzeitig ist die Zahl der Beschäftigten um rund 1,0 Mill. zurückgegangen. Rückläufig entwickelt hat sich allerdings nur die Zahl der Selbständigen und mithelfenden Familienangehörigen, die von 4,4 Mill. auf 3.2 Mill geschrumpft ist. Die Zahl der Arbeitnehmer hat in der gleichen Zeit dagegen noch um 140 000 zugenommen.

Aus diesen beiden Entwicklungstrends errechnet sich eine Veränderung des Angebotsüberhangs auf dem Arbeitsmarkt von 2,8 Mill. Davon sind rund 1,7 Mill. als zusätzliche Arbeitslose registriert worden. Die restliche Differenz läßt sich mit allen Vorbehalten als Stille Reserve interpretieren. Für das Bundesgebiet liegt die hier errechnete Zahl von 1,1 Mill. etwas höher als die Zahl von 950 000, die das Institut für Arbeitsmarkt- und Berufsforschung (IAB) für die Veränderung der Stillen Reserve in den zwölf Jahren von 1970 bis 1982 ermittelt hat.

Tabelle 8.6.3

Komponenten der Veränderung der Arbeitsmarktbilanz 1970 - 1982
(Inländerkonzept)

Veränderung der Komponenten			Personen in 1000	vH
Angebot an Erwerbspersonen	Bevölkerungsbedingt		+ 2 653	10,0[1]
	Verhaltensbedingt	Männer	-1 441	- 7,6[2]
		Frauen	+ 582	5,6[2]
	Insgesamt		1 794	6,7[1]
Saldo der Arbeitsmarktbilanz	Stille Reserve		(+1 113)	4,2[1]
	Arbeitslose		+1 684	6,9[3]
Arbeitsnachfrage	Erwerbstätige Insgesamt		- 1 003	-3,8[4]
	Selbständige u. mithelfende Familienangehörige		-1 150	-26,0[4]
	Arbeitnehmer		+ 147	+ 0,7[4]

1) Bezogen auf das Erwerbspersonenpotential 1970. - 2) Bezogen auf das jeweilige mit den altersspezifischen Erwerbsquoten von 1970 errechnete Erwerbspersonenpotential 1982. - 3) Veränderung der Arbeitslosenquote in Prozentpunkten. - 4) Bezogen auf die jeweiligen Erwerbstätigenzahlen 1970.

Quelle: Eigene Berechnungen aufgrund amtlicher Statistiken.

Generell verstärkt sich das Ungleichgewicht der Arbeitsmarktbilanz, wenn das Angebot an Erwerbspersonen zunimmt und gleichzeitig die Nachfrage nach Arbeitskräften zurückgeht. Ebenso wie im gesamten Bundesgebiet war dies auch in den Regionen der Bundesrepublik zwar nicht durchgängig, aber doch überwiegend der Fall. Betrachtet man die regionalen Entwicklungsmuster im einzelnen, so muß man berücksichtigen, daß Reaktionen auf der Angebotsseite nicht ausbleiben, wenn die Nachfrage nach Arbeitskräften permanent zurückgeht. Darauf ist bereits hingewiesen worden. Dabei lassen sich verschiedene Verhaltensweisen unterscheiden, deren quantitatives Gewicht sich auch in den Komponenten auf der Angebotsseite niederschlägt:

- Reagieren die Arbeitssuchenden mit Abwanderungen, so wird die bevölkerungsbedingte Komponente tangiert, das Angebot an Erwerbspersonen also. In dieser Komponente schlagen sich in erster Linie die Veränderungen in der altersmäßigen Zusammensetzung der Erwerbsbevölkerung nieder, darüber hinaus aber auch die Wanderungsbewegungen.

- Reaktionen sind aber auch im Erwerbsverhalten möglich. Dies gilt in erster Linie für Frauen, bei denen man noch am ehesten vermuten kann, daß ihre Bereitschaft zur Erwerbstätigkeit nicht unabhängig von der regionalen Arbeitsmarktlage ist. Zwar hat sich gezeigt, daß die im Trend zunehmende Erwerbsbeteiligung der Frauen ein vergleichsweise stabiler Prozeß ist. Für Regionen wird man dies aber nicht ohne weiteres annehmen können.

- Bei den Männern ist die generell rückläufige Erwerbsbeteiligung in starkem Maße bestimmt von bundeseinheitlichen Trends zur Verkürzung des Arbeitslebens. In diesen Zahlen kommt daher in erster Linie die Einführung der flexiblen Altersgrenze am Ende des Arbeitslebens sowie die generell steigende Bildungsbeteiligung vor dem Einstieg in das Erwerbsleben zum Ausdruck.

Die Ergebnisse für das Bundesgebiet zeigen, daß die bevölkerungsbedingten Einflußfaktoren einen erheblichen Einfluß auf die Entwicklung der

Erwerbspersonen haben. Wären keine Änderungen im Erwerbsverhalten hinzugekommen, so hätte auf Bundesebene in diesen 12 Jahren der zahlenmäßige Zuwachs an Erwerbspersonen knapp 2,7 Mill. betragen, das sind 10 vH des Erwerbspersonenpotentials von 1970.

Deutlich wird auch, daß das veränderte Erwerbsverhalten die bevölkerungsbedingte Angebotsausweitung erheblich abgemildert hat. Dies ist allerdings nur auf die beträchtliche Reduktion der Erwerbsbeteiligung bei den Männern zurückzuführen. Bei den Frauen hat die gestiegene Erwerbsbeteiligung per Saldo zu einer Zunahme des Angebots auf den Arbeitsmärkten geführt, die sich rechnerisch auf knapp 600 000 Personen beziffern läßt. Die Ergebnisse dieser Berechnungen sind für Länder und Ländergruppen in der nachfolgenden Tabelle 8.6.4 zusammengefaßt worden.

Betrachtet man die regionalen Arbeitsmarktbilanzen, so zeigt sich, daß per Saldo das Angebot an Erwerbspersonen in den verdichteten Regionen schwächer zugenommen hat als im Bundesdurchschnitt. Diese Entwicklung ist allerdings weitgehend auf Abwanderungen Erwerbsfähiger in andere Regionen zurückzuführen. Dagegen hat die Erwerbsbeteiligung der Frauen in diesen Regionen überdurchschnittlich zugenommen, so daß der demographische Einfluß von daher etwas gemindert worden ist. Von dieser Entwicklung haben in erster Linie die Regionen mit Verdichtungsansätzen profitiert, wenn man vom Alpenvorland absieht.

Eine solche Durchschnittsbetrachtung für Regionen mit Verdichtungsräumen verdeckt allerdings große Unterschiede in der Veränderung des Angebots an Erwerbspersonen im einzelnen. Sieht man von der Entwicklung in den Hansestädten, die im wesentlichen durch Stadt-Umland-Wanderungen bestimmt worden sind, ab und klammert auch Berlin mit seinen Sonderproblemen aus, so fällt vor allem die nach unten abweichende Entwicklung im Ruhrgebiet sowie die weit überdurchschnittliche Entwicklung in den hochverdichteten Regionen Bayerns ins Auge.

Der unterschiedliche Einfluß demographischer Prozesse auf das Angebot an Erwerbspersonen spiegelt sich auch in den Ergebnissen für Bundeslän-

Tabelle 8.6.4

Veränderung der Arbeitsmarktbilanz in den Bundesländern 1970 - 1982 [1)]

in 1000 Personen

	Veränderung des Angebots an Erwerbspersonen				Veränderung der Arbeitsnachfrage [2)]			Saldo der Arbeitsmarktbilanz	
	bevölkerungs-bedingt	verhaltensbedingt		Insgesamt	Arbeit-nehmer	Selbständ.u. mithelfende Familienang.	Erwerbstät. insgesamt	Insgesamt	davon Arbeitslose
		Männer	Frauen						
Schleswig-Holstein	162	-57	63	169	68	-46	22	147	83
Hamburg	-22	-46	13	-55	-112	-33	-145	90	50
Niedersachsen	352	-189	84	247	16	-174	-158	405	235
Bremen	7	-19	12	0	-19	-5	-24	24	26
Nord-Regionen	500	-311	172	361	-46	-260	-306	667	394
Nordrhein-Westfalen	643	-448	185	380	-131	-182	-313	693	530
davon: Ruhrgebiet	54	-123	83	15	-123	-41	-164	179	160
übriges NRW	589	-325	102	365	-8	-141	-149	514	370
Hessen	277	-143	44	178	9	-92	-83	261	128
Rheinland-Pfalz	149	-74	40	115	30	-98	-68	183	91
Saarland	28	-18	14	24	7	-11	-4	28	34
Mitte-Regionen	454	-235	98	316	47	-202	-155	471	253
Baden-Württemberg	489	-209	24	304	141	-180	-39	343	174
Bayern	630	-178	78	529	217	-305	-88	617	268
Süd-Regionen	1 119	-387	102	834	358	-486	-128	962	443
Berlin	-63	-60	26	-97	-81	-20	-101	4	64
Bundesgebiet	2 653	-1 441	582	1 794	147	-1 150	-1 003	2 797	1 684

1) Inländerkonzept. - 2) Die geringfügigen Abweichungen gegenüber den Ergebnissen der VGR der Länder sind auf das angewandte Schätzverfahren für die Regionalisierung der Beschäftigtenzahlen zurückzuführen.

noch Tabelle 8.6.4

Veränderung der Arbeitsmarktbilanz in den Bundesländern 1970 - 1982

in vH

	Veränderung des Angebots an Erwerbspersonen				Veränderung der Arbeits-Nachfrage 3)				Veränderung der Arbeits-losenquote 4)
	bevölkerungs-bedingt 1)	verhaltensbedingt		insge-samt 1)	Arbeit-nehmer	Selbständ.u. Mithelfende	Erwerbstät. insgesamt		
		Männer 2)	Frauen 2)						
Schleswig-Holstein	15,6	-7,1	15,8	16,3	7,9	-26,2	2,1		8,1
Hamburg	-2,6	-9,1	4,2	-5,3	-14,6	-37,5	-17,0		7,1
Niedersachsen	16,5	-8,5	7,3	8,2	0,7	-29,5	-5,1		8,4
Bremen	2,2	-9,0	11,1	0	-6,7	-17,3	-7,7		8,7
Nord-Regionen	9,6	-8,3	8,7	6,9	-1,1	-29,5	-5,8		8,1
Nordrhein-Westfalen	9,2	-8,6	8,7	5,4	-2,1	-21,8	-4,5		8,0
davon: Ruhrgebiet	2,7	-8,5	14,0	0,8	-6,8	-24,3	-8,3		8,6
übriges NRW	11,8	-8,6	5,6	7,3	-0,3	-21,2	-3,3		7,8
Hessen	11,5	-8,2	4,7	7,4	0,4	-24,8	-3,4		5,8
Rheinland-Pfalz	9,8	-6,7	7,0	7,5	2,4	-30,5	-4,4		6,5
Saarland	6,8	-5,8	10,9	5,9	2,0	-21,2	-0,9		8,2
Mitte-Regionen	10,4	-7,4	6,0	7,3	1,3	-27,0	-3,5		6,2
Baden-Württemberg	11,7	-7,2	1,3	7,3	4,1	-25,7	-0,9		4,6
Bayern	12,8	-5,3	3,6	10,8	5,9	-26,8	-1,8		6,2
Süd-Regionen	12,3	-6,2	2,6	9,2	5,0	-26,4	-1,4		5,5
Berlin	-6,5	-11,1	7,1	-10,0	-9,3	-26,1	-10,6		7,5
Bundesgebiet	10,0	-7,6	5,6	6,7	0,7	-26,0	-3,8		6,9

1) Bezogen auf das Erwerbspersonenpotential 1970. - 2) Bezogen auf das jeweilige mit den altersspezifischen Erwerbsquoten von 1970 errechnete Erwerbspersonenpotential 1982. - 3) Bezogen auf die jeweilige Erwerbstätigenzahlen 1970. - 4) In Prozentpunkten.

Quelle: Eigene Berechnungen aufgrund amtlicher Statistiken.

der wider. In Bayern, Baden-Württemberg und Hessen hat das Erwerbspotential aus diesen Gründen stärker zugenommen als in der Nord-Regionen und den übrigen Flächenstaaten. Dieses Bild ändert sich allerdings, wenn in Nordrhein-Westfalen das Ruhrgebiet und die übrigen Teile des Landes gesondert betrachtet werden. Dabei zeigt sich, daß im übrigen Nordrhein-Westfalen die Bevölkerungskomponente die gleiche Größenordnung hat wie in Hessen und den beiden südlichen Bundesländern.

Die beträchtliche Abweichung der Entwicklung im Ruhrgebiet vom Bundesdurchschnitt ist teilweise darauf zurückzuführen, daß sich aus den Veränderungen im Altersaufbau der erwerbsfähigen Bevölkerung nur unterdurchschnittliche Zugänge ergaben. Von größerem Einfluß auf die außerordentlich geringe bevölkerungsbedingte Zunahme der Zahl der Erwerbspersonen waren jedoch Abwanderungen. Diese für den Arbeitsmarkt entlastenden Wirkungen wurden auch durch die überdurchschnittliche Zunahme der Frauenerwerbstätigkeit nur wenig geschmälert. Die Größenordnungen, um die es hier geht, werden deutlich, wenn man einmal annimmt, daß die demographische Komponente im Ruhrgebiet das gleiche Gewicht hätte, wie in den übrigen Verdichtungsregionen. Das Arbeitsmarktungleichgewicht wäre dann um 160 000 Personen größer gewesen, d.h. die Zahl der Arbeitslosen von 175 000 hätte sich ohne Abwanderungen im Extremfall fast verdoppelt. Allerdings ist in der gleichen Zeit auch die Arbeitsnachfrage im Ruhrgebiet um mehr als 8 vH und damit doppelt so stark zurückgegangen wie im Bundesdurchschnitt. Dennoch hat die Konstellation der Einflußfaktoren auf der Angebotsseite die Arbeitsmarktlage im Ruhrgebiet per Saldo erheblich entlastet.

Das Spiegelbild dieser Entwicklung ist Bayern. Die Bevölkerungskomponente liegt hier sogar um drei Prozentpunkte über dem Bundesdurchschnitt. Dies ist eine Folge der erheblichen Wanderungsgewinne, die dieses Land bei den Erwerbspersonen zu verzeichnen hatte. Demgegenüber hat die Erwerbsbeteiligung der Frauen hier deutlich weniger stark zugenommen als im Bundesdurchschnitt.

Mit einem Plus von rund 11 vH hat Bayern damit unter den Ländern den größten Zuwachs an Erwerbspersonen zu verzeichnen, wenn man von

Schleswig-Holstein absieht, dessen Entwicklung von den Stadt-Umland-Wanderungen der Hamburger Bevölkerung verzerrt wird. Daß die Zunahme der Arbeitslosenquote bei dieser Konstellation noch unter dem Bundesdurchschnitt lag, ist auf die weit überdurchschnittliche Zunahme der Zahl der abhängig Beschäftigten zurückzuführen. Mit einer Zunahme von fast 6 vH nimmt Bayern hier den Spitzenplatz ein, von Schleswig-Holstein wiederum abgesehen.

In den Nord-Regionen im übrigen Nordrhein-Westfalen, in Hessen, Rheinland-Pfalz und Baden-Württemberg unterscheiden sich die Ausgangsbedingungen auf der Angebotsseite kaum voneinander: Der Zuwachs des Erwerbspersonenpotentials lag hier überall in der Größenordnung von 7 vH.

In Baden-Württemberg ist dies allerdings wesentlich mit darauf zurückzuführen, daß die Erwerbsbeteiligung der Frauen kaum noch zugenommen hat. In den Regionen mit Verdichtungsansätzen und den ländlichen Regionen dieses Landes hat sie sogar abgenommen. Dabei muß allerdings berücksichtigt werden, daß hier schon 1970 die Frauenerwerbsbeteiligung sehr hoch war und im Landesdurchschnitt beinahe das Niveau von Berlin erreicht hat. Auf die Verhaltenskomponente insgesamt hat sich dieser schwache Anstieg der Frauenerwerbstätigkeit allerdings nicht ausgewirkt, weil in diesen Regionen von den Möglichkeiten zur Verringerung der Arbeitszeit bei den Männern offensichtlich weniger Gebrauch gemacht wurde als in anderen Regionen. Dieser Abstand zu den anderen Regionen ist in Bayern ausgeprägter als in Baden-Württemberg.

Unterschiede in den Arbeitsplatz-Defiziten dieser Länder lassen sich daher nur erklären mit Unterschieden in der Entwicklung der Arbeitsnachfrage. Während in Baden-Württemberg die Zahl der Erwerbstätigen nur um 1 vH zurückgegangen ist, waren es in den Nord-Regionen 6 vH. Die gleiche Spanne in den Wachstumsraten auf einem um fünf Prozentpunkte höheren Niveau ergibt sich für die Zahl der Arbeitnehmer: Plus 4 vH in Baden-Württemberg, minus 1 vH in den Nord-Regionen. Dieses Gefälle erklärt im großen und ganzen auch die Unterschiede in der Entwicklung der Arbeitslosenquote.

Zur Verdeutlichung dieses Sachverhalts sind in der nachfolgenden Tabelle 8.6.5 die Eckdaten der Arbeitsmarktbilanz für diese fünf Länder und Regionen nach der Rangfolge der Entwicklung bei der Zahl der Arbeitnehmer zusammengestellt und mit den Entwicklungsunterschieden im Anstieg der Arbeitslosenquote konfrontiert worden. Um das Bild abzurunden, sind in die Tabelle auch die beiden in bezug auf die Entwicklung des Angebotspotentials vom Durchschnitt sehr stark abweichenden Regionen, das Land Bayern und das Ruhrgebiet, aufgenommen worden.

Für die fünf Länder und Regionen mit gleichen Ausgangsbedingungen auf der Angebotsseite verhält sich die Zunahme der Arbeitslosenquote (in Prozentpunkten gemessen) erwartungsgemäß spiegelbildlich zu der Entwicklung der Zahl der Arbeitnehmer. Von Einfluß ist aber auch die Entwicklung bei den Selbständigen und mithelfenden Familienangehörigen. Hier haben Rheinland-Pfalz und die Nord-Regionen mit über 30 vH die größten Einbußen hinnehmen müssen. Dies mag auch der Grund dafür sein, daß in Rheinland-Pfalz die Arbeitslosenquote stärker gestiegen ist als man bei der Entwicklung der Zahl der Arbeitnehmer erwarten würde. Im übrigen Nordrhein-Westfalen sind solche Effekte in umgekehrter Richtung, die man bei dem unterdurchschnittlichen Rückgang der Zahl der Selbständigen und mithelfenden Familienangehörigen hätte vermuten können, nicht eingetreten. Eine gewisse Entkoppelung von Beschäftigtenentwicklung und Arbeitslosenquote bei in etwa gleichen Angebotsbedingungen auf dem Arbeitsmarkt ist auch in Hessen zu beobachten. Hier hat die Arbeitslosenquote schwächer zugenommen als man nach der Beschäftigtenentwicklung erwarten würde.

In Bayern und im Ruhrgebiet kommen Einflüsse von der Entwicklung der Angebotsseite hinzu. Sie vermögen jedoch die Dominanz derjenigen Faktoren, die letztlich die Arbeitsnachfrage bestimmen, nicht zu erschüttern: In einer wirtschaftlich florierenden Region, wie Bayern, ist auch eine weit überdurchschnittliche Angebotsausweitung auf dem Arbeitsmarkt ohne große Friktionen verkraftet worden. Umgekehrt haben in wirtschaftlich benachteiligten Regionen, wie im Ruhrgebiet, Reaktionen der erwerbsfähigen Bevölkerung, die zu einer Verminderung des Angebots an Arbeitskräften geführt haben, nicht ausgereicht, um die Arbeitsmarktsituation zu entschärfen.

Tabelle 8.6.5

Zusammengefaßte Ergebnisse zur Entwicklung der Arbeitsmarktbilanz

Veränderung 1970 - 1982 in vH

	Erwerbs-personen	Arbeitnehmer		Erwerbstätige		Arbeits-losenquote	
	Zuwachsrate		Rang-folge	Zuwachs-rate	Rang-folge	Prozent-punkte	Rang-folge
Bayern	10,8	5,0	1	-1,9	2	6,2	3
Baden-Württemberg	7,3	3,9	2	-1,1	1	4,6	1
Rheinland-Pfalz	7,5	2,5	3	-4,3	5	6,5	4
Hessen	7,4	0,3	4	-3,6	4	5,8	2
übriges NRW	7,3	-0,3	5	-3,3	3	7,8	5
Nord-Region	6,9	-1,0	6	-6,0	6	8,1	6
Ruhrgebiet	0,8	-6,8	7	-8,3	7	8,6	7
Quelle: Eigene Berechnungen.							

Anhang A

Informationssystem für die Produktion und den Arbeitseinsatz in Raumordnungsregionen

1 Statistische Basis

Zu diesem Komplex liegen bisher konsistente und mit allen Teilstatistiken abgestimmte Informationen auf der Ebene der Bundesländer im Rahmen der Volkswirtschaftlichen Gesamtrechnungen der Länder vor. Außerdem gibt es für ausgewählte Jahre mit den Länderangaben abgestimmte Berechnungen der Wertschöpfung in den Kreisen[1]. Diese Informationen waren der Rahmen für ein ökonomisches Informationssystem für Raumordnungsregionen, das voll mit den Berechnungen der Volkswirtschaftlichen Gesamtrechnungen der Länder abgestimmt ist. Dieses Informationssystem besteht in seinem Kern aus den folgenden Größen:

- Erwerbstätige
- Beschäftigte Arbeitnehmer
- Bruttolohn- und -gehaltsumme
- Bruttowertschöpfung zu jeweiligen Preisen
- Bruttowertschöpfung zu Preisen von 1976,

die für insgesamt 52 Wirtschaftszweige in den 88 Raumordnungsregionen für die Jahre 1970, 1976 und 1982 berechnet worden sind.

Wichtige Basisstatistiken für diese Berechnungen waren die für Kreise zur Verfügung stehenden Daten der Arbeitsstättenzählung 1970, die Statistik der sozialversicherungspflichtig Beschäftigten für die Jahre 1976 und 1982, die Personalstandserhebung 1980 sowie die Landwirtschaftszählungen 1971 und 1979.

2 Gebietsstandsprobleme

In einem ersten Schritt wurden die Daten dieser Statistiken auf einen einheitlichen Gebietsstand umgerechnet. Dazu wurde von 326 Gebietseinheiten ausgegangen, die in der Mehrzahl identisch sind mit den gegenwärtigen Kreisen. Lediglich in zwei Fällen, in denen die verschiedenen Gebietsreformen einen zeitlichen Vergleich für Kreise unmöglich machten, wurden die Kreise zu größeren regionalen Einheiten zusammengefaßt. Dies betrifft einmal die Region um Lahn, Gießen, Wetzlar und dem Dill-Kreis und zum zweiten die Kreise Friesland und Wittmund.

Bei der Umrechnung der Daten auf die 326 regionalen Einheiten wurde grundsätzlich vom Rechtsnachfolgeprinzip ausgegangen. Abgewichen wurde von diesem Prinzip für alle vor 1977 erhobenen Daten (Landwirtschaftszählung 1971, Arbeitsstättenzählung 1970). Für die 326 Gebietseinheiten liegt die Zahl der Arbeitnehmer insgesamt sowohl für den Gebietsstand 1970 wie auch für den Gebietsstand 1977 aus einer Sonderaufbereitung der Arbeitsstättenzählung durch das Statistische Bundesamt vor. Somit war es möglich, regionale Umrechnungsfaktoren zu bilden, die die zwischen 1970 und 1977 stattgefundenen Gebietsreformen global berücksichtigen. Mit diesen Umrechnungsfaktoren wurden die Angaben für die Lohn- und Gehaltssumme und die Zahl der Selbständigen aus der Arbeitsstättenzählung 1970 sowie die Zahl der Familienarbeitskräfte und familienfremden Arbeitskräfte der Landwirtschaftszählung 1971 an den Gebietsstand von 1977 angepaßt.

Alle Berechnungen wurden zunächst auf der Ebene der 326 Gebietseinheiten durchgeführt. Nach Fertigstellung des Datensatzes auf dieser regionalen Ebene erfolgte eine Verdichtung auf die 75 Raumordnungsregionen und ihre Teilregionen sowie auf die Bundesländer in der siedlungsstrukturellen Gliederung der BfLR.

2.1 Gliederung nach Wirtschaftszweigen

Die Angaben der Arbeitsstättenzählung wie auch für die sozialversicherungspflichtig Beschäftigten liegen in einer vergleichsweise detaillierten sektoralen Gliederung vor. Allerdings ist die wirtschaftszweigsystematische Zuordnung in beiden Rechenwerken sehr unterschiedlich. Für die Statistik der sozialversicherungspflichtig Beschäftigten gilt die Wirtschaftszweigsystematik der Bundesanstalt für Arbeit (WS). Für die Arbeitsstättenzählung gilt die Grundsystematik der Wirtschaftszweige für das Jahr 1970 (WZ). Eine näherungsweise Zuordnung beider Systematiken zur Wirtschaftszweigsystematik der VGR (WZ 79) war für 52 Wirtschaftszweige möglich (vgl. Tabelle A1). Diese Tiefengliederung geht weit über das hinaus, was im Rahmen der VGR der Länder publiziert wird. Sie ist in Teilen des Dienstleistungsbereiches tiefer gegliedert als die VGR auf Bundesebene.

Tabelle A 1

Systematik der Wirtschaftszweige

	Lfd. Nr	Systematik der Wirtschaftszweige (WZ) Ausgabe 1961[1]	Systematik der Wirtschaftszweige (WZ) Ausgabe 1979[2]	Verzeichnis der Wirtschaftszweige für die Statistik der Bundesanstalt für Arbeit (WS)
Land- und Forstwirtschaft	1	0,4,5	0	01-03
Energiewirtschaft und Bergbau				
Energie-, Wasserversorgung	2	10	10	04
Kohlenbergbau	3	110,111	110,111	05
Übriger Bergbau	4	113-118	113-118	06-08
Verarbeitendes Gewerbe				
Vorleistungsproduzenten				
Chem. Ind., Spalt-, Brutstoffe	5	200	200,201	09-10
Mineralölverarbeitung	6	205	205	11
Kunststoffwaren	7	210	210	12
Gummiwaren	8	215	213,216	130,133
Steine, Erden	9	220	221-223,226	14,133
Feinkeramik	10	224	224	15
Glasgewerbe	11	227	227	16
Eisenschaffende Industrie	12	230	230-232	17
NE-Metallerzeugung u. -bearb.	13	232	233	18
Gießereien	14	234,236	234,236	19
Ziehereien u. Kaltwalzwerke	15	238,239	237-239	20-22
Investitionsgüterproduzenten				
Stahl- u. Leichtmetallbau	16	240	240,241,247	23,24
Maschinenbau	17	2420,2425	242	26,27
Büromaschinen, ADV	18	2425	243	33
Straßenfahrzeugbau	19	244	244,245,2491	28-30,379
Schiffbau	20	246	246	31
Luft- u. Raumfahrzeugbau	21	248	248	32
Elektrotechnik	22	250	250,259	34
Feinmechanik, Optik	23	252,254	252,254	35,36
EBM-Waren	24	256	256,257	370,379
Musikinstrumente, Spielwaren	25	258	258	38,39
Verbrauchsgüterproduzenten				
Holzbearbeitung	26	260	260	40
Holzverarbeitung	27	261	261,269	41,42
Zellstoff- u. Papiererzeugung	28	264	264	430
Papier- u. Pappeverarbeitung	29	265	265	431-433
Druckerei	30	268	268	44
Lederbe- und -verarbeitung	31	270-272	270-272,279	45,46
Textilgewerbe	32	275	275	47-51
Bekleidungsgewerbe	33	276,279	276	52,53
Ernährungsgewerbe	34	28,290,297	28,290,299 +T.a.9	54-57 o.561
Tabakverarbeitung	35	297	299	58
Baugewerbe				
Bauhauptgewerbe	36	119,30,318	30	59,60,616
Ausbaugewerbe	37	310,318	31	25,610-615
Handel				
Großhandel, Handelsverm.	38	40-42	40-42 +T.a.8,9	620,621
Einzelhandel	39	43	43	622-625
Verkehr und Nachrichten				
Eisenbahnen	40	500	511	63
Übriger Verkehr	41	501-505,509	512-516,55	65-68
Bundespost	42	507	517,607	64
Kreditinstitute u. Versicherungen				
Kreditinstitute	43	60	60, o.607	690
Versicherungsunternehmen	44	61	61	691
Sonstige Dienstleistungen				
Gastgewerbe, Heime	45	700	71,72	T.a.70,71
Bild., Wiss., Kunst., Unterhalt	46	706-708	75-76	T.a.74-77
Gesundheits- u. Veterinärwesen	47	710,711	77	T.a.78
Reinigung u. Körperpflege	48	701,702	73,74,o.739,745	72,73, T.a.84
Rechts- u. Wirtschaftsber.	49	712-714	780,789	79,80,T.a.82
Restl. Dienste	50	717,718	79,739,745, 789,653,655 657,83	81,83,85,86,T.a.84
Staat	51	90,96	90,98,99	91-94, 561, T.a.70,71, 74-78,84
Priv. HH., Org. o. Erwerbscharakter	52	80	85,81	87-90, T.a.70,71,74, 75,77,78

1) Für die Zwecke der Arbeitsstättenzählung.
2) Für die Zwecke der Volkswirtschaftlichen Gesamtrechnung.

Quelle: Eigene Zusammenstellung

2.2 Ermittlung der Ländervorgaben

Für Bundesländer liegen Angaben für
- die Arbeitnehmer
- die Erwerbstätigen
- die Bruttolohn- und -gehaltssumme
- die Bruttowertschöpfung zu jeweiligen Preisen
- die Bruttowertschöpfung zu konstanten Preisen

vor. Allerdings ist weder die sektorale Gliederung einheitlich, noch sind die einzelnen Datensätze auf dem gleichen Bearbeitungsstand.

Für die angestrebte Anpassung aller Daten an die VGR der Länder wurden daher zunächst die Länderwerte abgestimmt. Als Maßstab der Vereinheitlichung wurde der Berechnungsstand gewählt, den die VGR vor der jüngsten Revision von 1985 hatte (VGR 76)[2]. Basisjahr für die Berechnung zu konstanten Preisen ist somit das Jahr 1976.

Für die Unterbereiche der sonstigen Dienstleistungen (Lfd.-Nr. 45-50) wurden die Länderwerte für die Erwerbstätigen, die Arbeitnehmer und die Bruttolohn- und -gehaltssumme mit Hilfe der Angaben aus der Arbeitsstättenzählung, der Statistik der sozialversicherungspflichtig Beschäftigten und der gesamträumlichen VGR geschätzt. Auf der gleichen Datengrundlage wurden die Bruttolohn- und -gehaltssummen im Bereich des Handels auf die Wirtschaftszweige Großhandel (Lfd.-Nr. 38) und Einzelhandel (Lfd.-Nr. 39) aufgeteilt. Dabei wurden zunächst aus den regional tiefer gegliederten Angaben der genannten Primärstatistiken Länderwerte ermittelt. Diese wurden anschließend so an die VGR angepaßt, daß

a) für jedes Land die Summe über die Unterbereiche des Handels bzw. der sonstigen Dienstleistungen die aus der VGR der Länder bekannten höher aggregierten Branchenwerte ergibt und

b) für jeden Unterbereich die Summe über alle Länderwerte den Branchenwert der nationalen VGR ergibt.

Hierzu wurde das als Modell der doppelten Proportionalität bekannte MODOP-Verfahren eingesetzt[3].

Für die Aufteilung der Bruttowertschöpfung im Bereich der übrigen Dienste auf die Wirtschaftszweige Reinigung und Körperpflege, Rechts- und Wirtschaftsberatung und restliche Dienste gibt es keine Informationen aus der VGR. Für diese wurde daher die Wertschöpfung nach einem speziellen Verfahren aus der Umsatzsteuerstatistik geschätzt.

Da die Bemessungsgrundlage für die Steuerschuld in der Umsatzsteuerstatistik der in den Unternehmen erzeugte Mehrwert ist, bietet diese Statistik auch gute Voraussetzungen zur Schätzung der Wertschöpfung.

Der Mehrwert und auch die Wertschöpfung werden gedanklich ermittelt, indem von den Umsätzen bzw. dem Produktionswert die Käufe von Gütern bzw. die Vorleistungen abgezogen werden. Der wichtigste Unterschied zwischen den beiden Größen liegt darin, daß die Vorleistungen in Sinne der Volkswirtschaftlichen Gesamtrechnung nicht die Investitionen enthalten. Das heißt, daß der Mehrwert aus diesem Grunde gegenüber der Wertschöpfung tendenziell geringer ausfallen muß. Dennoch ist der Mehrwert besser als Indikator für die Wertschöpfung geeignet als beispielsweise die Umsätze, da mit dem Mehrwert in den Branchen unterschiedliche Vorleistungsquoten berücksichtigt werden.

Bei der Ermittlung des Mehrwerts ergeben sich allerdings Schwierigkeiten wegen der Vielzahl von Sonderregelungen im Mehrwertsteuergesetz. Dazu gehört, daß beispielsweise Auslandsumsätze nicht steuerpflichtig sind und daß es unterschiedliche Steuersätze in Abhängigkeit von der Art des Umsatzes und der Person des Steuerpflichtigen gibt.

Um diese Probleme zu umgehen, wurde angenommen, daß für alle Umsätze der volle Steuersatz gilt. Daraus ergab sich eine rechnerische Größe für die Umsatzsteuer vor Steuerabzug. Tabelle A 2 informiert darüber, wie sich diese Größe auf die rechnerische Steuer für die steuerfreien Umsätze und die tatsächlich von den Finanzämtern berechnete Umsatzsteuer aufteilt. Außerdem ist eine Position aufgeführt für jenen Teil der rechnerischen Steuer, der die verschiedenen Steuernachlässe und -befreiungen steuerpflichtiger Umsätze erfaßt.

Tabelle A 2

Ermittlung der Wertschöpfung der übrigen Dienstleistungen
mit Hilfe der Umsatzsteuerstatistik
- Bundesgebiet 1982 -

	Übrige Dienstleistungen			
	Insgesamt	Reinigung u. Körperpflege	Rechts- u. Wirtschaftsberatung	Restliche Dienstleistungen
- Umsätze -				
Umsätze	211,40	15,67	92,39	103,34
Steuerfrei mit Vorsteuerabzug 1)	25,20	0,20	8,53	16,47
Übrige 1)	186,19	15,47	83,86	86,86
Vorleistungen und Investitionen	113,47	4,71	45,43	63,33
Mehrwert 6)	97,93	10,96	46,96	40,01
nachrichtlich: Wertschöpfung ohne Investitionen in der VGR	96,55	.	.	.
- Steuern -				
Errechnete Umsatzsteuer vor Vorsteuerabzug	27,58	2,03	12,12	13,43
Errechnete UST der steuerfreien Umsätze 2)	3,39	0,03	1,22	2,14
Übrige UST 2)	24,19	2,00	10,90	11,29
Berechnete UST vor Vorsteuerabzug 1)	22,27	2,00	10,27	10,50
Nicht berechnete UST 3)	1,42	-	0,63	0,79
Errechnete Vorsteuer	14,80	0,61	5,96	8,23
Berechnete Vorsteuer 1)	13,88	0,61	5,62	7,65
Nicht berechnete Vorsteuer 4)	0,92	-	0,34	0,58
Errechnete Mehrwertsteuer 5)	12,78	1,42	6,16	5,20
Gezahlte Mehrwertsteuer 1)	8,89	1,39	4,65	2,85
Nicht gezahlte Mehrwertsteuer	3,89	0,03	1,51	2,35
Für steuerfreie Umsätze	3,39	0,03	1,22	2,14
Übrige Umsätze	0,50	-	0,29	0,21

1) Angaben der Umsatzsteuerstatistik. - 2) Ermittelt durch Multiplikation der entsprechenden Umsätze mit dem geltenden Steuersatz (14 vH). - 3) Als Rest ermittelt. - 4) Das Verhältnis zur berechneten Vorsteuer entspricht dem Anteil der nicht berechneten Umsatzsteuer zur berechneten Umsatzsteuer vor Vorsteuerabzug. - 5) Differenz aus errechneter Umsatzsteuer vor Vorsteuerabzug und errechneter Vorsteuer. - 6) Das Verhältnis zu den Umsätzen entspricht dem Verhältnis von errechneter Mehrwertsteuer zur errechneten Umsatzsteuer vor Vorsteuerabzug.

Quellen: Statistisches Bundesamt; eigene Berechnungen.

Eine derartige Position müßte auch bei der Vorsteuer berücksichtigt werden, da die Unternehmen nur die berechnete Vorsteuer von ihrer Umsatzsteuer vor Vorsteuerabzug abziehen dürfen. Die berechnete Vorsteuer enthält jedoch auch Steuern, die für Käufe berechnet werden, für die ein reduzierter Steuersatz gilt, so daß sie für sich genommen kein vollständiger Indikator für die Käufe der Unternehmen ist. Die Schätzung dieser Größen erfolgt an Hand der für die Umsatzsteuer vor Vorsteuerabzug ermittelten Relation. Die Tabelle macht deutlich, daß das Gewicht dieser geschätzten Größe verhältnismäßig gering ist.

Sind die rechnerischen Größen für die Umsatzsteuer vor Vorsteuerabzug und die Vorsteuer ermittelt, läßt sich durch Subtraktion die rechnerische Mehrwertsteuer ermitteln. Die Übersicht enthält zusätzlich die Information über den Anteil der gezahlten Mehrwertsteuer und den Anteil der Mehrwertsteuer, der sich wegen der unterschiedlichen Steuerbefreiungen und der unterschiedlichen Ausfuhranteile am Umsatz lediglich rechnerisch ergibt. Der Mehrwert wurde anschließend ermittelt, indem der Anteil der errechneten Mehrwertsteuer an der gesamten rechnerischen Umsatzsteuer ohne Vorsteuerabzug auf die Umsätze übertragen wurde.

Diese Werte wurden nach dem gleichen Verfahren wie die Erwerbstätigen, die Arbeitnehmer und die Bruttolohn- und -gehaltsumme sowohl an die in der Summe bekannten Länderwerte wie auch an die Bundessummen angepaßt. Die für die nominale Wertschöpfung ermittelten Werte waren die Basis für die Ermittlung der Bruttowertschöpfung zu Preisen von 1976, bei der ebenfalls die bekannten Ländersummen und Bundeswerte für die jeweiligen Wirtschaftszweige zugrunde gelegt wurden.

2.3 Informationen in tiefer regionaler Gliederung

Die Anpassung der Daten für die 326 Gebietseinheiten erfolgte für die 8 Flächenländer sowie Bremen und Bremerhaven jeweils länderweise.

Zunächst wurden die auf den einheitlichen Gebietsstand gebrachten Daten für die Beschäftigten der Landwirtschaftszählung 1971 und 1979 inter- bzw. extrapoliert, so daß mit Werten für die Jahre 1970, 1976 und 1982 gearbeitet werden konnte. Diese dienten der Ergänzung sowohl der Arbeitsstättenzählung als auch der Statistik der sozialversicherungspflichtig Beschäftigten.

Während in dem Datensatz der Arbeitsstättenzählung 1970 die Arbeitnehmer einschließlich der Beamten ausgewiesen sind, können aus der Statistik der sozialversicherungspflichtig Beschäftigten Informationen über die Zahl der Beamten nicht gewonnen werden. Für die Jahre 1976 und 1982 mußten diese daher hinzugeschätzt werden. Als Grundlage diente die Personalstandserhebung 1980. Die Beamtenzahlen dieser Erhebung wurden getrennt nach Teilzeit- und Vollzeitbeamten für Bahn, Post und Gebietskörperschaften an die Bundessummen für 1976 und 1982 angepaßt, indem die Regionalstruktur aus dem Jahr 1980 für jede der sechs Teilgruppen auf die Jahre 1976 und 1980 übertragen wurde.

Die Personalausgaben für die Beamten in den Jahren 1976 und 1982 liegen auf Bundesebene für Staat, Post und Bahn jährlich vor. Es wurde angenommen, daß die Teilzeitbeamten 60 vH der Bezüge der Vollzeitbeamten erhalten. Zur Regionalisierung der Bezüge wurden die zuvor ermittelten Beamtenzahlen in den Gebietseinheiten mit den durchschnittlichen Pro-Kopf-Bezügen getrennt nach Voll- und Teilzeitbeamten in Staat, Bahn und Post multipliziert. Anschließend wurden die Werte für die Teil- und Vollzeitbeschäftigten wieder zusammengefaßt und zu den entsprechenden Werten der sozialversicherungspflichtig beschäftigten Arbeitnehmer bei Bahn, Post und den Gebietskörperschaften hinzugerechnet.

Damit standen für die 326 Gebietseinheiten Ausgangsdatensätze für die Arbeitnehmer und die Bruttolohn- und -gehaltsumme in den Jahren 1970, 1976 und 1982 zur Verfügung, die noch nicht an die VGR angepaßt waren.

Die Ausgangsdatensätze für die beschäftigten Arbeitnehmer in den 326 Regionen wurden getrennt nach 52 Wirtschaftszweigen an die jeweiligen Ländervorgaben der VGR in allen drei Beobachtungsjahren angepaßt. Durch die Anpassung wurde implizit angenommen, daß es in allen Regionen einen ländereinheitlichen branchenspezifischen Anteil der Zahl der nicht sozialversicherungspflichtigen Arbeitnehmer gibt.

Zur Ermittlung der Erwerbstätigen mußten zusätzlich auch die Selbständigen und mithelfenden Familienangehörigen berechnet werden. Das ist außerhalb der Land- und Forstwirtschaft originär nur für 1970 auf der Grundlage der Arbeitsstättenzählung möglich. Die Zahl der Selbständigen und mithelfenden Familienangehörigen aus der Arbeitsstättenzählung, ergänzt um die Angaben der Landwirtschaftszählung, wurden nach dem gleichen Verfahren an die Ländervorgaben angepaßt wie die Zahl der Arbeitnehmer.

Zur Ermittlung der Zahl der Selbständigen und mithelfenden Arbeitnehmer in den anderen Jahren wurde in einem ersten Schritt in jeder Region und für jeden Wirtschaftszweig der Anteil dieser Erwerbstätigen und der entsprechenden Zahl der Arbeitnehmer für 1970 ermittelt. Mit diesen Quoten wurden die zuvor ermittelten Arbeitnehmerzahlen für die Jahre 1976 und 1982 multipliziert. Anschließend wurden die so ermittelten Werte an die Ländervorgaben für die Selbständigen und mithelfenden Familienangehörigen in den 52 Wirtschaftszweigen angepaßt. Von den in der Literatur diskutierten Verfahren zur Ermittlung der Selbständigen und mithelfenden Familienangehörigen bringt das hier gewählte Verfahren wegen des formalisierten Charakters die geringsten Irregularitäten mit sich. Es ist daher besser geeignet als beispielsweise eine Auswertung der Umsatzsteuerstatistik nach der Zahl der Einzelunternehmen zur Gewinnung von Selbständigenzahlen. Angesichts der abnehmenden Bedeutung der betroffenen Erwerbstätigengruppe ist auch damit zu rechnen, daß eventuell entstehende Fehler mit dem abnehmenden Abstand vom Ausgangsjahr immer kleiner werden. Hinzu kommt, daß der Fehler lediglich die regionale Verteilung der Selbständigen und mithelfenden Familienangehörigen eines Wirtschaftszweiges in einem Bundesland betrifft, nicht jedoch die Gesamtzahl dieser Erwerbstätigengruppe in dem Wirtschaftszweig dieses Bundeslandes.

Zur Anpassung der Lohn- und Gehaltssumme an die Ländervorgaben der VGR wurden die in den Ausgangsdatensätzen ermittelten Lohn- und Gehaltsummen je Arbeitnehmer mit der zuvor an die VGR angepaßten Zahl der beschäftigten Arbeitnehmer multipliziert. Die so errechnete Bruttolohn-und -gehaltsumme wurde anschließend an die entsprechenden Ländervorgaben der VGR für die Wirtschaftszweige angepaßt.

Bevor die Angaben aus der Statistik der sozialversicherungspflichtig Beschäftigten hierfür verwertet werden konnten, mußte allerdings eine Sonderrechnung vorgenommen werden, da hier nur diejenigen Einkommen erfaßt sind, die unterhalb der Versicherungspflichtgrenze liegen. Zu diesem Zweck wurde die Teilgruppe der Beschäftigten, deren sozialversicherungspflichtiges Einkommen exakt dem jeweiligen Wert für die Grenze der Versicherungspflicht entspricht, in jedem Wirtschaftszweig ermittelt. Von den 18,7 Mill. ganzjährig beschäftigten Arbeitnehmern des Jahres 1982 traf dies auf rund 4 vH, das sind 800 000 zu. Die Bruttolohn- und -gehaltsummen dieser Personengruppen werden um einen einheitlichen Zuschlag erhöht. Der verwendete Zuschlagsfaktor von 50 vH ergibt sich aus einer Rechnung, in der, ausgehend von der Zahl der Arbeitnehmer und der Bruttolohn- und -gehaltsumme in der VGR, zunächst jene Arbeitnehmer und deren Bezüge abgezogen wurde, die nicht in den 18,7 Mill. erfaßten sozialversicherungspflichtig Beschäftigten enthalten sind. Dabei handelt es sich einmal um 1,8 Mill. Beamte mit einer Bruttolohn- und -gehaltsumme von 78 Mrd. DM. In der noch verbleibenden Differenz von weiteren 1,8 Mill. Arbeitnehmern sind zum Teil die nicht der Sozialversicherungspflicht unterliegenden Arbeitnehmer enthalten. Zum größeren Teil handelt es sich jedoch um Personen, die nicht ganzjährig beschäftigt waren. Für diese Personengruppe wurde ein Pro-Kopf-Einkommen in Höhe von 70 vH der durchschnittlichen Bruttolohn- und -gehaltsumme angesetzt. Dies entspricht einer Bruttolohn- und -gehaltsumme für diese

Personengruppe in Höhe von 43 Mrd. DM. Nach Abzug der Beamtenbezüge und der Einkommen der übrigen Beschäftigten bleiben von der in der VGR ausgewiesenen Bruttolohn- und -gehaltsumme von 731 Mrd. DM 610 Mrd. DM, die auf die ganzjährig sozialversicherungspflichtig Beschäftigten entfallen, davon erhalten 542 Mrd. DM diejenigen Arbeitnehmer, deren Einkommen unter der Bemessungsgrenze der Sozialversicherungspflicht liegen und 68 Mrd. DM diejenigen Arbeitnehmer, deren Einkommen über dieser Grenze liegt. Die Ergebnisse dieser Berechnungen sind in Tabelle A 3 zusammengefaßt worden.

Die errechnete Bruttolohn- und -gehaltsumme für jeden Wirtschaftszweig in den Gebietseinheiten war Ausgangsgröße für die Ermittlung der Wertschöpfung in den Regionen. Dabei wurde angenommen, daß ein Teil des in dem jeweiligen Wirtschaftszweig entstandenen Einkommens aus Unternehmertätigkeit und Vermögen als Gegenwert für die Arbeitsleistung der Selbständigen und mithelfenden Familienangehörigen interpretiert werden kann. Als Indikator für den Wert der geleisteten Arbeit wurde das Pro-Kopf-Einkommen der Arbeitnehmer gewählt. Auf diese Weise war es möglich, die Bruttolohn- und -gehaltsumme im ersten Schritt um die Arbeitseinkommen der Selbständigen und mithelfenden Familienangehörigen zu ergänzen, um einen Ausgangsdatensatz für die Ermittlung der Bruttowertschöpfung zu erhalten. Durch dieses Verfahren wird sichergestellt, daß die auf dieser Grundlage ermittelte Bruttowertschöpfung eines Wirtschaftszweiges ceteris paribus in denjenigen Regionen überdurchschnittlich ist, in denen ein überdurchschnittlicher Anteil von Selbständigen und mithelfenden Familienangehörigen tätig ist.

Für die Wertschöpfung stehen zusätzlich auch Kreisangaben aus der VGR der Länder zur Verfügung. Bis auf die Angaben für die Land- und Forstwirtschaft, für die eine eigene Schätzung der Wertschöpfung daher entfallen konnte, handelt es sich dabei allerdings um Zahlen für die hochaggregierten Wirtschaftszweige: warenproduzierendes Gewerbe, Handel und Verkehr sowie Dienstleistungen in den Jahren 1970 und 1976. Für 1982 liegen zusätzlich Angaben für das verarbeitende Gewerbe und den Bereich Staat und Organisationen ohne Erwerbscharakter vor. Dafür ist die Wertschöpfung der Land- und Forstwirtschaft und der Wirtschafts-

Tabelle A 3

Ermittlung des Einkommenszuschlags für die Beschäftigten,
deren Einkommen über der Bemessungsgrenze
in der Sozialversicherung liegt

- 1982 -

	Arbeit-nehmer Mill.	Bruttolohn- und -gehalt-summe Mrd. DM	Durchschnitts-einkommen Tsd. DM
Insgesamt in der VGR	22.3	730.7	32.8
Beamte	1.8	78.2	43.4
Übrige Beschäftigte[1)	1.8	42.7	23.7
Sozialversicherungspflichtig Beschäftigte	18.7	609.8	32.6
mit Einkommen unter der Bemessungsgrenze	17.9	541.7	30.3
Übrige	0.8	68.1	85.1
davon			
Sozialversicherungs-pflichtiges Entgelt	-	45.1	-
Übriges Entgelt	-	23.0	-

1) Das Einkommen dieser Arbeitnehmergruppe, die aus den nicht sozialver-sicherungspflichtig Beschäftigten und den in der Jahreserhebung nicht voll erfaßten sozialversicherungspflichtig Beschäftigten besteht, wurde mit 70 vH des Durchschnittseinkommens angesetzt.

Quellen: Statistisches Bundesamt; Bundesanstalt für Arbeit; eigene Berech-nungen.

zweige der Energiewirtschaft, des Bergbaus und des Baugewerbes lediglich zusammengefaßt in den Berechnungen enthalten.

Für die Jahre 1970 und 1976 mußten die Daten der VGR der Länder zunächst umgerechnet werden, um den inzwischen eingetretenen Revisionen der Volkswirtschaftlichen Gesamtrechnung Rechnung zu tragen. Alle Kreisangaben wurden auf die 326 Gebietseinheiten aggregiert. Nicht berücksichtigt werden konnte die Gebietsreform von 1975 in Nordrhein-Westfalen, so daß für die Gebietseinheiten dieses Bundeslandes die Angaben für 1970 und 1976 nicht immer voll vergleichbar sind.

Die zuvor ermittelten Einkommen für einen Wirtschaftszweig in einer der 326 Gebietseinheiten wurde anschließend so angepaßt, daß

a) für jedes Land in einem Wirtschaftszweig die Summe über alle Gebietseinheiten mit den entsprechenden Ländervorgaben für die Wertschöpfung in den 52 Wirtschaftszweigen übereinstimmt und

b) in jeder Gebietseinheit die Summe über die Wirtschaftszweige mit der für diese Gebietseinheit jeweils vorgegebenen Wertschöpfung in der VGR der Länder übereinstimmt.

Als Rahmendaten für die Wertschöpfung standen für 1970 und 1976 Ergebnisse für die Bereiche warenproduzierendes Gewerbe, Handel und Verkehr sowie Dienstleistungen, für 1982 Ergebnisse für die Bereiche verarbeitendes Gewerbe, Handel und Verkehr, Dienstleistungen sowie den zusammengefaßten Bereich Land- und Forstwirtschaft, Energiewirtschaft, Bergbau und Baugewerbe in den Gebietseinheiten zur Verfügung. Da nach den Konventionen der VGR die Wertschöpfung des Staates sich definitorisch aus den Einkommen der beim Staat Beschäftigten ableitet, konnte für die Ermittlung der Wertschöpfung des Staates in den Gebietseinheiten auch auf diese Informationen zurückgegriffen werden.

Bei dem angewandten Verfahren fließen in die Schätzung der Wertschöpfung eines Wirtschaftszweiges in einer Gebietseinheit vier unabhängige statistische Informationen ein:

a) Die gesamten Wertschöpfung einer Gebietseinheit,

b) der Anteil der Selbständigen und mithelfenden Familienangehörigen an der Zahl der Erwerbstätigen in dem Wirtschaftszweig der Gebietseinheit,

c) die Bruttolohn- und -gehaltsumme in dem Wirtschaftszweig der Gebietseinheit,

d) die Wertschöpfung des Wirtschaftszweiges in dem Bundesland.

Drei davon sind regionsspezifische Informationen, so daß gewährleistet ist, daß die für die Region ermittelte Wertschöpfung ein hinreichend differenzierender Indikator für die wirtschaftlichen Vorgänge in der Region ist.

Um die Wertschöpfung zu Preisen von 1976 zu ermitteln, wurde die Wertschöpfung zu jeweiligen Preisen mit den auf Länderebene ermittelten Deflatoren für die 52 Wirtschaftszweige preisbereinigt. Sie stimmen weitgehend mit den bundesdurchschnittlichen Deflatoren überein, so daß in der Preiskomponente der regionalen Wertschöpfung lediglich der Struktureinfluß berücksichtigt wird, der auf die unterschiedlichen Anteile der Branchen an der Bruttowertschöpfung zurückzuführen ist. Dies entspricht einer sinngemäßen Anwendung des vom Arbeitskreis VGR der Länder angewandten Verfahrens. Unterschiede der Preisentwicklung der Bruttowertschöpfung in den jeweiligen Bundesländern ergeben sich damit aus der unterschiedlichen Struktur der Wirtschaftszweige.

Anmerkungen zum Anhang A:

1) Volkswirtschaftliche Gesamtrechnungen der Länder, Gemeinschaftsveröffentlichung der Statistischen Landesämter, Heft 8, Stuttgart 1978, Heft 10, Stuttgart 1979, Heft 14, Stuttgart 1985.

2) Statistisches Bundesamt, Volkswirtschaftliche Gesamtrechnungen, Fachserie 18, Reihe 1, Konten und Standardtabellen 1983, Wiesbaden 1984.

3) R. Stäglin, MODOP - Ein Verfahren zur Erstellung empirischer Transaktionsmatrizen, in: H. Münzner, W. Wetzel (Hrsg.) Anwendung statistischer und mathematischer Methoden auf sozialwissenschaftliche Probleme, Würzburg 1972, S. 69ff.

Anhang B

Bevölkerungs- und Erwerbstätigenzahlen nach dem Inlandskonzept und dem Inländerkonzept

Um die Niveaus der wirtschaftlichen Aktivitäten in Regionen vergleichbar zu machen, werden häufig Bevölkerungs- und Erwerbstätigenzahlen als Bezugsbasis verwendet. Dies gilt für die nach dem Inlandskonzept abgegrenzten Ergebnisse für die Wertschöpfung und ihre Komponenten ebenso wie für die nach dem Inländerkonzept abgegrenzten Ergebnisse für die Verwendung des Bruttosozialprodukts. Auch für die Berechnung regionaler Arbeitslosenquoten muß berücksichtigt werden, daß die regionale Zuordnung der Arbeitslosen nach dem Inländerkonzept erfolgt. Um derartige Kennziffern berechnen zu können, sind daher konsistente Informationen für die Bevölkerung und die Erwerbstätigen sowohl nach dem Inlandskonzept als auch nach dem Inländerkonzept erforderlich. Dabei wurde so vorgegangen, daß - ebenso wie bei dem Informationssystem für die Produktion und den Arbeitseinsatz in Raumordnungsregionen - zunächst die verfügbaren Informationen für Bundesländer ausgewertet wurden. Sie entstammen im wesentlichen den Volkswirtschaftlichen Gesamtrechnungen der Länder und liegen von 1970 an als Zeitreihen vor. Die Arbeitslosenzahlen werden regelmäßig von der Bundesanstalt für Arbeit veröffentlicht.

Auf Länderebene mußten die verfügbaren Informationen lediglich um Schätzungen für die nichterwerbstätigen Personen in Pendlerhaushalten, die sogenannte Mantelbevölkerung, ergänzt werden, um die Wirtschaftsbevölkerung errechnen zu können. Hier wurde - wie üblich - angenommen, daß die Erwerbsquote in den Pendlerhaushalten 50 vH beträgt. In der nachfolgenden Abbildung B 1 sind die sich daraus ergebenden Verknüpfungen der jeweiligen Aggregate für die Bevölkerung und die Erwerbstätigkeit zusammengestellt worden.

Auf der Ebene von Raumordnungsregionen sind die Informationen spärlicher. Ausgangsbasis der Berechnungen waren auch hier Daten aus den

Abbildung B 1

Informationen für Bundesländer

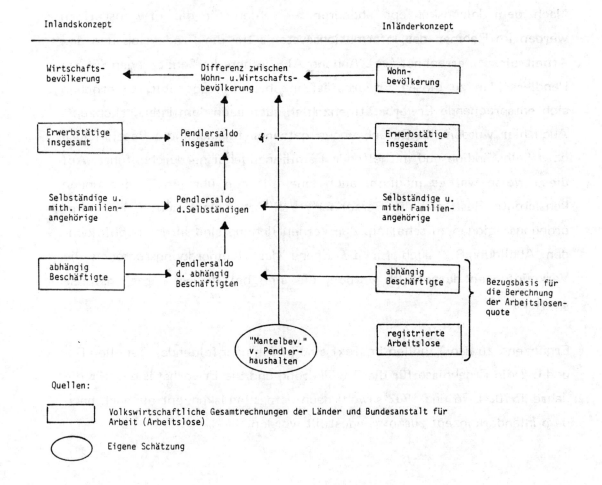

Volkswirtschaftlichen Gesamtrechnungen der Länder, in denen seinerzeit Kreisergebnisse für die Wohnbevölkerung und die Wirtschaftsbevölkerung für die Jahre 1970, 1972 und 1974 veröffentlicht worden sind. Die BfLR hat uns freundlicherweise zu Raumordnungsregionen aggregierte Ergebnisse für diese Jahre zur Verfügung gestellt. Aus diesen Informationen lassen sich - wieder unter Berücksichtigung der "Mantelbevölkerung" von Pendlerhaushalten - regional tief gegliederte Pendlersalden für diese Jahre errechnen. Die Schätzungen der Pendlersalden für ausgewählte Jahre danach basieren auf diesen Strukturen, wobei die Vorgaben für Bundesländer berücksichtigt wurden.

Nach dem Inlandskonzept abgegrenzte Zahlen für die Erwerbstätigen werden im Rahmen des Informationssystems für die Produktion und den Arbeitseinsatz errechnet (vgl. Anhang A). Werden die Schätzungen für die Pendlersalden zu diesen Erwerbstätigenzahlen hinzugezählt, so ergeben sich entsprechende Erwerbstätigenzahlen auch nach dem Inländerkonzept. Auch hier wurden die Berechnungen getrennt für abhängig Beschäftigte bzw. Selbständige und mithelfende Familienangehörige durchgeführt. Auf diese Weise war es möglich, auch eine mit den übrigen Berechnungen konsistente Basis für die Berechnung von Arbeitslosenquoten in Raumordnungsregionen zu schaffen. Zur Verdeutlichung sind in der nachfolgenden Abbildung B 2 auch für die Ebene der Raumordnungsregionen die Verknüpfungen dargestellt worden, die sich bei dieser Vorgehensweise ergeben.

Ergänzend zu den Tabellen im Text sind in den nachfolgenden Tabellen B 1 und B 2 die Ergebnisse für die Bevölkerung und die Erwerbstätigen für die Jahre 1970, 1976 und 1982 sowohl nach dem Inlandskonzept als auch nach dem Inländerkonzept zusammengestellt worden.

Abbildung B 2

Informationen für Regionen

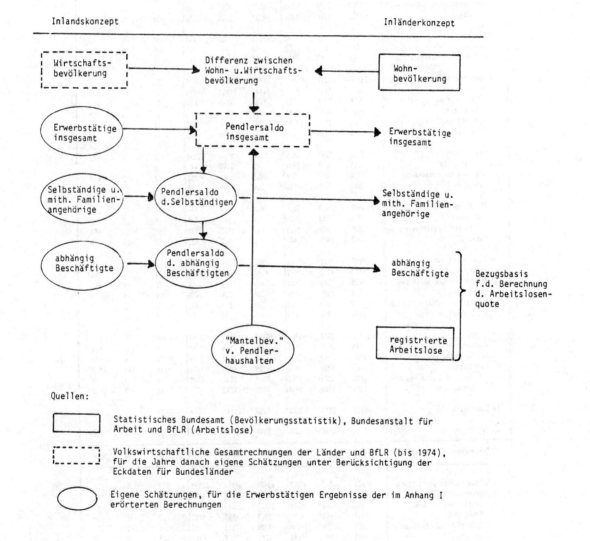

Tabelle B 1

Wohnbevoelkerung und Wirtschaftsbevoelkerung
in 1000

	Wohnbevoelkerung			Wirtschaftsbevoelkerung			Differenz		
	1970	1976	1982	1970	1976	1982	1970	1976	1982
1 Schleswig-Holstein	2494	2583	2619	2344	2417	2437	-150	-166	-182
Hochverdichtet	701	777	823	541	601	631	-160	-176	-192
Mit Verdichtungsansaetzen	1104	1115	1104	1116	1127	1116	12	12	12
Laendlich	689	691	691	687	689	689	-2	-2	-2
2 Hamburg	1794	1708	1630	2026	1984	1942	232	276	312
3 Niedersachsen	7082	7233	7262	6874	6979	6982	-208	-254	-280
Hochverdichtet	2270	2374	2397	2154	2224	2225	-116	-150	-172
Mit Verdichtungsansaetzen	3562	3579	3573	3506	3517	3507	-56	-62	-66
Laendlich	1250	1280	1291	1214	1238	1249	-36	-42	-42
4 Bremen	723	713	688	831	821	798	108	108	110
Hochverdichtet	582	571	550	688	677	658	106	106	108
Mit Verdichtungsansaetzen	140	143	138	142	145	140	2	2	2
5 Nordrhein-Westfalen	16914	17101	17004	16936	17167	17078	22	66	74
Hochverdichtet	14391	14460	14315	14441	14552	14415	50	92	100
- Restl. Verdichtungsr.	9324	9517	9519	9426	9645	9653	102	128	134
- Ruhrgebiet	5067	4943	4796	5015	4907	4762	-52	-36	-34
Mit Verdichtungsansaetzen	2006	2103	2154	1982	2081	2132	-24	-22	-22
Laendlich	518	539	535	514	535	531	-4	-4	-4
6 Hessen	5382	5544	5606	5350	5520	5584	-32	-24	-22
Hochverdichtet	3255	3390	3441	3247	3390	3443	-8	0	2
Mit Verdichtungsansaetzen	1827	1853	1864	1815	1841	1852	-12	-12	-12
Laendlich	300	301	300	288	289	288	-12	-12	-12
7 Rheinland-Pfalz	3645	3658	3639	3465	3486	3463	-180	-172	-176
Hochverdichtet	543	543	539	543	543	539	0	0	0
Mit Verdichtungsansaetzen	2620	2639	2628	2460	2485	2470	-160	-154	-158
Laendlich	482	476	471	462	458	453	-20	-18	-18
8 Baden-Wuerttemberg	8895	9136	9279	8957	9216	9357	62	80	78
Hochverdichtet	4137	4222	4272	4247	4342	4390	110	120	118
Mit Verdichtungsansaetzen	3458	3580	3653	3406	3536	3609	-52	-44	-44
Laendlich	1300	1335	1354	1304	1339	1358	4	4	4
- Restl. laendliche Regionen	396	397	400	398	399	402	2	2	2
- Alpenvorland	903	938	954	905	940	956	2	2	2
9 Bayern	10479	10807	10963	10413	10757	10909	-66	-50	-54
Hochverdichtet	3195	3400	3471	3313	3526	3593	118	126	122
Mit Verdichtungsansaetzen	2382	2448	2494	2312	2380	2426	-70	-68	-68
Laendlich	4903	4959	4998	4789	4851	4890	-114	-108	-108
- Restl. laendliche Regionen	3581	3573	3565	3507	3503	3495	-74	-70	-70
- Alpenvorland	1321	1386	1434	1281	1348	1396	-40	-38	-38
10 Saarland	1120	1093	1060	1152	1131	1098	32	38	38
11 Berlin	2122	1968	1879	2090	1940	1851	-32	-28	-28
12 Bundesrepublik Deutschland	60651	61543	61629	60439	61417	61499	-212	-126	-130
12 Bundesrepublik Deutschland	60651	61543	61629	60439	61417	61499	-212	-126	-130
Hochverdichtet	34111	34504	34380	34443	34908	34788	332	404	408
- Restl. Verdichtungsr.	29043	29561	29584	29427	30001	30026	384	440	442
- Ruhrgebiet	5067	4943	4796	5015	4907	4762	-52	-36	-34
Mit Verdichtungsansaetzen	17099	17459	17608	16739	17111	17252	-360	-348	-356
Laendlich	9441	9581	9642	9257	9399	9460	-184	-182	-182
- Restl. laendliche Regionen	7217	7257	7254	7071	7111	7108	-146	-146	-146
- Alpenvorland	2225	2324	2388	2187	2288	2352	-38	-36	-36
Nord-Regionen	12093	12237	12199	12075	12201	12159	-18	-36	-40
Nordrhein-Westfalen	16914	17101	17004	16936	17167	17078	22	66	74
Mitte-Regionen	10147	10294	10305	9967	10136	10145	-180	-158	-160
Sued-Regionen	19374	19943	20242	19370	19973	20266	-4	30	24
Berlin	2122	1968	1879	2090	1940	1851	-32	-28	-28

Wohnbevoelkerung und Wirtschaftsbevoelkerung
in 1000

	Wohnbevoelkerung			Wirtschaftsbevoelkerung			Differenz		
	1970	1976	1982	1970	1976	1982	1970	1976	1982
1 Schleswig	424	431	432	430	437	438	6	6	6
2 Mittelholstein	688	697	692	698	707	702	10	10	10
3 Dithmarschen	266	261	260	258	253	252	-8	-8	-8
4 Ostholstein	416	418	412	418	420	414	2	2	2
5 Hamburg	2778	2813	2810	2788	2823	2820	10	10	10
6 Lueneburg	271	276	278	259	262	264	-12	-14	-14
7 Bremerhaven	327	334	332	297	300	294	-30	-34	-38
8 Wilhelmshaven	250	251	248	252	253	250	2	2	2
9 Ostfriesland	350	360	361	342	350	351	-8	-10	-10
10 Oldenburg	416	425	433	422	431	439	6	6	6
11 Emsland	341	352	359	337	348	355	-4	-4	-4
12 Osnabrueck	522	538	545	524	540	547	2	2	2
13 Bremen	1231	1264	1250	1231	1264	1250	0	0	0
14 Hannover	2155	2165	2160	2173	2173	2168	18	8	8
15 Braunschweig	1115	1103	1125	1107	1095	1117	-8	-8	-8
16 Goettingen	544	549	504	540	545	500	-4	-4	-4
17 Muenster	1265	1334	1376	1237	1308	1350	-28	-26	-26
18 Bielefeld	1409	1441	1441	1419	1451	1451	10	10	10
19 Paderborn	337	358	371	331	352	365	-6	-6	-6
20 Dortmund-Sauerland	1694	1714	1698	1712	1734	1718	18	20	20
21 Bochum	628	603	576	640	617	590	12	14	14
22 Essen	2253	2169	2090	2173	2101	2024	-80	-68	-66
23 Duisburg	1011	995	966	1005	989	960	-6	-6	-6
24 Krefeld	469	479	484	501	515	520	32	36	36
25 Moenchengladbach	532	523	520	508	501	498	-24	-22	-22
26 Aachen	942	976	987	906	944	957	-36	-32	-30
27 Duesseldorf	1473	1492	1480	1547	1572	1562	74	80	82
28 Wuppertal	734	707	680	764	741	714	30	34	34
29 Hagen	1023	1006	981	1011	996	971	-12	-10	-10
30 Siegen	403	411	407	413	421	417	10	10	10
31 Koeln	2090	2171	2182	2124	2209	2222	34	38	40
32 Bonn	651	722	763	645	716	757	-6	-6	-6
33 Nordhessen	998	1002	999	998	1002	999	0	0	0
34 Mittelhessen	681	701	714	681	701	714	0	0	0
35 Osthessen	300	301	300	288	289	288	-12	-12	-12
36 Untermain	1971	2034	2056	2063	2126	2148	92	92	92
37 Starkenburg	900	956	947	800	864	857	-100	-92	-90
38 Rhein-Main-Taunus	533	549	591	521	537	579	-12	-12	-12
39 Mittelrhein-Westerwald	1113	1130	1128	1047	1066	1064	-66	-64	-64
40 Trier	482	476	471	462	458	453	-20	-18	-18
41 Rheinhessen-Nahe	737	745	750	725	733	738	-12	-12	-12
42 Rheinpfalz	771	776	772	735	742	736	-36	-34	-36
43 Westpfalz	541	531	517	495	487	471	-46	-44	-46
44 Saar	1120	1093	1060	1152	1131	1098	32	38	38
45 Unterer Neckar	1006	1021	1034	1072	1093	1104	66	72	70
46 Franken	696	704	715	688	696	707	-8	-8	-8
47 Mittlerer Oberrhein	857	866	871	871	882	887	14	16	16
48 Nordschwarzwald	466	487	503	444	467	483	-22	-20	-20
49 Mittlerer Neckar	2275	2334	2367	2305	2366	2399	30	32	32
50 Ostwuerttemberg	396	397	400	398	399	402	2	2	2
51 Donau-Iller (Bad.-Wuert.)	394	404	413	418	430	439	24	26	26
52 Neckar-Alb	550	573	587	546	569	583	-4	-4	-4
53 Schwarzwald-Baar-Heuberg	430	438	436	430	438	436	0	0	0
54 Suedlicher Oberrhein	804	848	868	798	842	862	-6	-6	-6
55 Hochrhein-Bodensee	548	564	567	512	532	535	-36	-32	-32
56 Bodensee-Oberschwarzwald	474	500	518	476	502	520	2	2	2
57 Bayer. Untermain	307	316	321	289	298	303	-18	-18	-18
58 Wuerzburg	454	460	466	448	454	460	-6	-6	-6
59 Main-Rhoen	420	417	412	418	415	410	-2	-2	-2
60 Oberfranken-West	551	551	553	529	531	533	-22	-20	-20
61 Oberfranken-Ost	524	510	496	530	516	502	6	6	6
62 Oberpfalz-Nord	502	492	478	486	476	462	-16	-16	-16
63 Mittelfranken	1119	1150	1164	1183	1218	1230	64	68	66
64 Westmittelfranken	371	366	362	349	346	342	-22	-20	-20
65 Augsburg	696	713	726	692	709	722	-4	-4	-4
66 Ingolstadt	320	332	345	312	324	337	-8	-8	-8
67 Regensburg	545	564	576	533	552	564	-12	-12	-12
68 Donau-Wald	565	572	577	563	570	575	-2	-2	-2
69 Landshut	328	332	341	320	324	333	-8	-8	-8
70 Muenchen	2076	2250	2307	2130	2308	2363	54	58	56
71 Donau-Iller (Bay.)	379	396	405	349	368	377	-30	-28	-28
72 Allgaeu	393	401	410	391	399	408	-2	-2	-2
73 Oberland	330	353	367	304	329	343	-26	-24	-24
74 Suedostoberbayern	598	633	657	586	621	645	-12	-12	-12
75 Berlin	2122	1968	1879	2090	1940	1851	-32	-28	-28
99 Bundesgebiet	60651	61543	61629	60435	61417	61511	-216	-126	-118

Quelle: Eigene Berechnungen aufgrund amtlicher Statistiken.

Tabelle B 2

Erwerbstaetige und Pendlersalden
in 1000

	Erwerbstaetige Inlandskonzept		Pendlersaldo		Erwerbstaetige Inlaenderkonzept	
	1970	1982	1970	1982	1970	1982
1 Schleswig-Holstein	954	959	-75	-91	1029	1050
Hochverdichtet	229	260	-80	-96	309	356
Mit Verdichtungsansaetzen	458	444	6	6	452	438
Laendlich	266	256	-1	-1	267	257
2 Hamburg	966	861	116	156	850	705
3 Niedersachsen	2998	2803	-104	-140	3102	2943
Hochverdichtet	1010	962	-58	-86	1068	1048
Mit Verdichtungsansaetzen	1487	1365	-28	-33	1515	1398
Laendlich	500	476	-18	-21	518	497
4 Bremen	366	342	54	55	312	287
Hochverdichtet	311	282	53	54	258	228
Mit Verdichtungsansaetzen	54	61	1	1	53	60
5 Nordrhein-Westfalen	6964	6677	11	37	6953	6640
Hochverdichtet	6008	5696	25	50	5983	5646
- Restl. Verdichtungsr.	4062	3905	51	67	4011	3838
- Ruhrgebiet	1946	1791	-26	-17	1972	1808
Mit Verdichtungsansaetzen	756	787	-12	-11	768	798
Laendlich	200	195	-2	-2	202	197
6 Hessen	2431	2353	-16	-11	2447	2364
Hochverdichtet	1558	1527	-4	1	1562	1526
Mit Verdichtungsansaetzen	750	695	-6	-6	756	701
Laendlich	123	131	-6	-6	129	137
7 Rheinland-Pfalz	1477	1411	-90	-88	1567	1499
Hochverdichtet	245	232	0	0	245	232
Mit Verdichtungsansaetzen	1042	991	-80	-79	1122	1070
Laendlich	190	188	-10	-9	200	197
8 Baden-Wuerttemberg	4197	4166	31	39	4166	4127
Hochverdichtet	2014	1998	55	59	1959	1939
Mit Verdichtungsansaetzen	1581	1571	-26	-22	1607	1593
Laendlich	603	596	2	2	601	594
- Restl. laendliche Regionen	185	173	1	1	184	172
- Alpenvorland	418	423	1	1	417	422
9 Bayern	4828	4745	-33	-27	4861	4772
Hochverdichtet	1594	1627	59	61	1535	1566
Mit Verdichtungsansaetzen	1032	1028	-35	-34	1067	1062
Laendlich	2202	2091	-57	-54	2259	2145
- Restl. laendliche Regionen	1607	1508	-37	-35	1644	1543
- Alpenvorland	595	583	-20	-19	615	602
10 Saarland	435	434	16	19	419	415
11 Berlin	944	845	-16	-14	960	859
12 Bundesrepublik Deutschland	26560	25598	-106	-65	26666	25663
12 Bundesrepublik Deutschland	26560	25598	-106	-65	26666	25663
Hochverdichtet	15314	14724	166	204	15148	14520
- Restl. Verdichtungsr.	13368	12934	192	221	13176	12713
- Ruhrgebiet	1946	1791	-26	-17	1972	1808
Mit Verdichtungsansaetzen	7161	6940	-180	-178	7341	7118
Laendlich	4085	3933	-92	-91	4177	4024
- Restl. laendliche Regionen	3072	2927	-73	-73	3145	3000
- Alpenvorland	1013	1006	-19	-18	1032	1024
Nord-Regionen	5283	4967	-9	-20	5292	4987
Nordrhein-Westfalen	6964	6677	11	37	6953	6640
Mitte-Regionen	4343	4198	-90	-80	4433	4278
Sued-Regionen	9025	8911	-2	12	9027	8899
Berlin	944	845	-16	-14	960	859

Erwerbstaetige und Pendlersalden
in 1000

	Erwerbstaetige Inlandskonzept		Pendlersaldo		Erwerbstaetige Inlaenderkonzept	
	1970	1982	1970	1982	1970	1982
1 Schleswig	167	163	3	3	164	160
2 Mittelholstein	288	280	5	5	283	275
3 Dithmarschen	99	93	-4	-4	103	97
4 Ostholstein	170	164	1	1	169	163
5 Hamburg	1289	1227	5	5	1284	1222
6 Lueneburg	106	100	-6	-7	112	107
7 Bremerhaven	122	125	-15	-19	137	144
8 Wilhelmshaven	92	93	1	1	91	92
9 Ostfriesland	140	135	-4	-5	144	140
10 Oldenburg	194	175	3	3	191	172
11 Emsland	139	130	-2	-2	141	132
12 Osnabrueck	220	212	1	1	219	211
13 Bremen	542	516	0	0	542	516
14 Hannover	989	897	9	4	980	893
15 Braunschweig	517	461	-4	-4	521	465
16 Goettingen	209	196	-2	-2	211	198
17 Muenster	481	495	-14	-13	495	508
18 Bielefeld	597	586	5	5	592	581
19 Paderborn	120	129	-3	-3	123	132
20 Dortmund-Sauerland	655	640	9	10	646	630
21 Bochum	247	213	6	7	241	206
22 Essen	854	757	-40	-33	894	790
23 Duisburg	390	376	-3	-3	393	379
24 Krefeld	210	201	16	18	194	183
25 Moenchengladbach	197	188	-12	-11	209	199
26 Aachen	361	347	-18	-15	379	362
27 Duesseldorf	721	698	37	41	684	657
28 Wuppertal	353	293	15	17	338	276
29 Hagen	439	401	-6	-5	445	406
30 Siegen	156	163	5	5	151	158
31 Koeln	913	907	17	20	896	887
32 Bonn	270	286	-3	-3	273	289
33 Nordhessen	420	380	0	0	420	380
34 Mittelhessen	279	265	0	0	279	265
35 Osthessen	123	131	-6	-6	129	137
36 Untermain	1012	978	46	46	966	932
37 Starkenburg	362	365	-50	-45	412	410
38 Rhein-Main-Taunus	236	235	-6	-6	242	241
39 Mittelrhein-Westerwald	421	399	-33	-32	454	431
40 Trier	190	188	-10	-9	200	197
41 Rheinhessen-Nahe	317	299	-6	-6	323	305
42 Rheinpfalz	332	321	-18	-18	350	339
43 Westpfalz	217	204	-23	-23	240	227
44 Saar	435	434	16	19	419	415
45 Unterer Neckar	480	456	33	35	447	421
46 Franken	318	312	-4	-4	322	316
47 Mittlerer Oberrhein	390	394	7	8	383	386
48 Nordschwarzwald	214	206	-11	-10	225	216
49 Mittlerer Neckar	1144	1149	15	16	1129	1133
50 Ostwuerttemberg	185	173	1	1	184	172
51 Donau-Iller (Bad.-Wuert.)	199	199	12	13	187	186
52 Neckar-Alb	260	256	-2	-2	262	258
53 Schwarzwald-Baar-Heuberg	202	204	0	0	202	204
54 Suedlicher Oberrhein	352	368	-3	-3	355	371
55 Hochrhein-Bodensee	238	230	-18	-16	256	246
56 Bodensee-Oberschwarzwald	216	219	1	1	215	218
57 Bayer. Untermain	120	124	-9	-9	129	133
58 Wuerzburg	185	189	-3	-3	188	192
59 Main-Rhoen	189	170	-1	-1	190	171
60 Oberfranken-West	247	233	-11	-10	258	243
61 Oberfranken-Ost	261	222	3	3	258	219
62 Oberpfalz-Nord	206	187	-8	-8	214	195
63 Mittelfranken	576	564	32	33	544	531
64 Westmittelfranken	173	159	-11	-10	184	169
65 Augsburg	325	306	-2	-2	327	308
66 Ingolstadt	145	145	-4	-4	149	149
67 Regensburg	237	236	-6	-6	243	242
68 Donau-Wald	252	254	-1	-1	253	255
69 Landshut	135	138	-4	-4	139	142
70 Muenchen	1018	1062	27	28	991	1034
71 Donau-Iller (Bay.)	166	173	-15	-14	181	187
72 Allgaeu	189	177	-1	-1	190	178
73 Oberland	138	135	-13	-12	151	147
74 Suedostoberbayern	268	270	-6	-6	274	276
75 Berlin	944	845	-16	-14	960	859
99 Bundesgebiet	26560	25598	-108	-59	26668	25657

Quelle: Eigene Berechnungen aufgrund amtlicher Statistiken.